KB189255

마하승기율 상

摩訶僧祇律 上

漢譯 | 佛陀跋陀羅·法顯

불타발타라(佛陀跋陀羅, 359~429). 북인도 출신의 비구. 출가하여 경전을 두루 섭렵했으며, 특히
선율(禪律)에 정통했다. 406년 중국 장안에 들어간 뒤 역경에 종사했으며, 동진(東晉)의 역경 삼장으로
불린다. 마하승기율을 비롯하여, 총 13부 125권을 번역했다. 429년 세수 71세의 나이로 입적했다.
여산(廬山) 18현(賢)의 하나로 꼽힐 만큼 이름을 떨쳤으며, 수많은 제자에게 영향을 주었다. 불대발타
(佛大跋陀), 각현(覺賢), 불현(佛賢). 발타라(跋陀羅)라고도 함.
법현(法顯, ?~?). 최초로 인도를 순례한 중국 동진의 승려. 399년에 중국을 떠나 402년 인도에
도착하여 중국과 인도 교류의 기반을 닦았다. 그의 여행 기록인 〈불국기〉는 수세기 동안의 인도
불교의 역사에 관한 귀중한 정보를 담고 있다.

國譯 | 釋 普雲(宋法燁)

대한불교조계종 제2교구본사 용주사에서 출가하였고, 문학박사이다. 현재 대한불교조계종 교육아사
리(계율)이고, 제방의 율원 등에도 출강하고 있다.

논저 | 논문으로 「율장을 통해 본 주불전의 장엄과 기능에 대한 재해석」 등 다수.
번역서로『십송율』(상·중·하),『보살계본소』,『근본설일체유부비나야약사』,『근본설일체유부비나
야파승사』,『근본설일체유부비나야잡사』(상·하),『근본설일체유부비나야』,『근본설일체유부필추
니비나야』,『근본설일체유부백일갈마 외』,『안락집』(상·하) 등이 있다.

마하승기율 상 摩訶僧祇律 上

佛陀跋陀羅·法顯 漢譯 | 釋 普雲 國譯

2022년 5월 30일   초판 1쇄 발행

펴낸이 · 오일주
펴낸곳 · 도서출판 혜안
등록번호 · 제22-471호
등록일자 · 1993년 7월 30일

주   소 · ⑫ 04052 서울시 마포구 와우산로 35길3(서교동) 102호
전   화 · 3141-3711~2 / 팩시밀리 · 3141-3710
E-Mail · hyeanpub@hanmail.net

ISBN 978-89-8494-681-1 03220

값 40,000 원

마하승기율 상

摩訶僧祇律　上

佛陀跋陀羅·法顯 漢譯 ｜ 釋 普雲 國譯

혜안

추천의 글

대한불교조계종 포교원장 범해

　수행자가 걸어가는 길은 험난한 과정이 이어지는 머나먼 길이고 불도를 장애하는 걸림돌이 많이 널려있는 산길을 달빛 아래에서 걷는 고독한 모습과 같습니다. 이러한 수행의 과정 속에서 수행자는 스스로의 지식이나, 세상을 바라보는 관념이 고착화될 수 있으므로, 유연한 믿음으로서 경장과 율장을 수지하지 않는다면 어긋난 사유를 인연하여 불도를 장애하는 인과가 일어날 수 있습니다.

　수행자들은 사부대중을 이끌어가면서 부처님의 정법이 이 세상에 영원토록 유지하기 위하여 정법구주(正法久住)의 실천행으로서 몇 가지를 노력하고 있습니다. 세간의 중생들에게 삶이 고통스럽다면 즐거움으로 향하게 이끌어주는 이고득락(離苦得樂)을 행하고 있고, 그릇됨을 막고 악함을 멈추게 하기 위하여 방비지악(防非止惡)를 행하고 있으며, 어리석은 미혹함을 돌이켜서 깨달음의 세계로 나아가도록 전미개오(轉迷開悟)를 행하고 있습니다.

　이러한 여러 방편행은 여러 경전에서도 강조되는 것입니다. 『화엄경(華嚴經)』에서는 "믿음은 도의 근원이고 공덕의 어머니이며, 일체의 모든 선근(善根)을 자라나게 한다."라고 설하고 있는데, 그 가운데에서도 근원에 율장이 하나로 자리잡고 있습니다. 일반적으로 지혜는 지식에서 나온다고 말하고 있으나, 수행자는 지식에서 나오는 것이 아니고 자기 마음속에서 나와야 하고, 자기 마음에서 나오려고 한다면 수행자의 위의가 확립되어야 하며, 율장에 대한 확고한 신념이 있어야 합니다.

　계율은 수행자들이 앞으로 나아가는 삶의 지침서이고, 어두운 무명(無

明)의 길에서 어둠을 밝혀주는 횃불과 같습니다. 육도의 세간에서 스스로가 존재의 중심이 되기 위하여서는 율장의 하나하나의 계목이 행주좌와의 근원이라는 믿음을 의지한다면, 사대의 움직임을 따라서 뒤에 스스로에게 신념이 생겨나고, 그 다음으로 신념이 공덕의 어머니로 이루어질 것이며, 또한 도의 근원이 성취되고 공덕의 어머니가 성취될 것입니다.

한국불교에서 계율의 중요성을 강조한 문헌이 많지 않은 것은 수행자들에게 계율에 의지하여 왔던 수행이 일상적이어서 세세하게 강조할 필요성이 대두되지 않았던 것입니다. 이러한 전통이 오랜 시간에 걸쳐서 이어져 오고 있는 것은 한국에서 불교가 중추적인 역할을 할 수 있었던 배경이 아닐까 합니다. 율장을 번역한다는 것은 그 당시의 문화와 역사 및 시대의 사상을 이해야 하는 지식의 축적과 문구를 이해하고 재구성하는 많은 고뇌와 노력이 필요한 어려운 일입니다. 여러 현실적인 문제를 잘 헤쳐오면서 여러 년도에 걸쳐 율장의 번역에 노력하여 주신 보운 스님에게 찬사를 전하며 추천의 글을 맺습니다.

불기 2566년(2022) 2월의 끝자락에

역자의 말
보운

　번역한 원고를 여러 번의 교정을 마친 시점에서 앞뜰을 바라보니 매화의 꽃잎이 하얀 눈처럼 흩날리고 있고, 앞의 산자락에는 푸르른 빛깔이 드러나고 있어 한해의 봄이 다시 가슴에 시리게 다가온다. 작년의 초여름에 시작하였던 번역이 끝자락에 서 있고, 오늘도 육신을 괴롭히는 고통은 지금까지 쌓아왔던 업력을 따라다니는 인과를 다시 되새기게 한다.

　다른 때보다도 육신의 고통을 마주하였던 시간이 길었고 어려웠던 순간순간이 지나가면 하루는 길고 지루하였으나, 한해는 매우 빠르게 지나간다. 고통을 잊고자 몸부림쳤던 시간은 번역에 대한 발원을 멈추게 하지 못하였으며, 2014년부터 시작하였던 번역의 시간도 9년의 세월이 지난 가운데에서 한역은 269권의 번역으로서 마무리하고자 한다. 처음으로 시작하던 마음은 즐거운 열정으로 시작하였으나, 어느덧 스스로가 되돌아보아도 인식하지 못할 정도의 많은 분량으로 쌓여가는 것을 따라서 번민도 증가하였으며, 육신의 고통보다도 더욱 두려운 것은 번역의 오류가 일어날 수 있다는 마음의 가운데에 자리잡고 있는 번뇌로서 수행자의 존재의미를 성찰하라고 화두를 던졌던 시간이었다.

　율장의 번역과정에서 절박하였던 마음은 부처님의 앞에서 번역불사의 끝맺음을 마칠 수 있는 시간의 연장을 위한 발원이 남겨진 생명의 불꽃을 태우는 것으로 승화되었고, 한 장 한 장의 원고를 넘기면서 번역을 마치는 때에는 따스한 부처님의 손길이 나의 차가운 마음을 따스하게 어루만져 주신다고 믿음을 지나온 시간을 봄의 꽃향기처럼 회향할 때이다.

8

　수행자로서 번역의 길을 걸어왔던 시간은 한 비구의 작은 몸짓이었더라도 스스로가 정법에 다가가는 다른 과정이었고, 스스로가 비구의 정체성을 확인하는 과정이었으며, 무지와 고뇌를 참회하고 청정하고 큰 발원을 일으킬 수 있는 삶의 지침이었다. 여러 년도에 걸쳐서 이루어진 역출은 불보살님들과 제대성중님들의 많은 가피를 받아서 원만하게 이루어졌으므로, 일체의 각자(覺者)들께 회향한다. 또한 번역불사의 과정에서 시주로 동참하신 대중들에게 현세에서 여러 이익이 충만하게 하시고, 세간의 삼재팔난의 장애의 파도를 넘어가게 하시며, 하나의 생(生)을 마치신 영가들은 극락정토에 왕생하시기를 간절하게 발원드린다.

　번역의 과정에서 스스로의 관점에서는 열정적인 노력이었으나, 부족함이 남아있을 것이다. 5부의 광율 가운데에서 『오분율』과 『사분율』은 이전부터 여러 승가의 구성원들에 의하여 번역되었고 유통되고 있어서 번역의 필요성이 부족하여 이후의 상념으로 남겨두면서, 더욱 수승(殊勝)한 새로운 번역이 나타나기를 기대한다. 지금부터는 일상적인 비구의 삶의 모습으로 되돌아가는 것을 기대하면서 은사이신 세영 스님과 죽림불교문화연구원의 사부대중들께 감사드리고, 불보살들의 가피가 항상 가득하기를 발원하면서 감사의 글을 마친다.

불기 2566년(2022) 3월의 끝자락에
서봉산 자락의 죽림불교문화연구원에서 사문 보운이 삼가 적다

출판에 도움을 주신 분들

경 국丘   현 혜丘   설 안尼   정영우   홍완표   이수빈   손영덕
손영상   손민하   윤민기   윤영기   윤여원   김병희   허완봉
이명자   허윤정   허남욱   장은지   허다은   이창우   이윤승
이승욱   김용곤   강석호   박혜경   강동구   박미라   강현구
채두석   황명옥   채수학   정송이   홍순학   최재희   홍지혜
홍기표   박순남   이재준   이소원   황선원   황창현   황유정
김혜진   고재형   고현주   조선행   이순호   권혁률   임춘웅
정종옥   정해관   최선화   정하연   이동현   구재용   구서운
김경희   하명춘   하혜수   강 운   정혜련   김성도   김도연
김소연   함인혜   권태임   허 민   허 승
김윤여靈駕 김진태靈駕 이지순靈駕 송재일靈駕 박복녀靈駕 김항영靈駕 박순형靈駕
김경준靈駕 최종갑靈駕 이선우靈駕 강성규靈駕 정호임靈駕 김하연靈駕 고장환靈駕
유순이靈駕 정현숙靈駕

차 례

12

마하승기율 제12권 598

마하승기율 제13권 634

일러두기

1. 이 책의 저본(底本)은 고려대장경(高麗大藏經) 21권 『마하승기율』이다.

2. 번역의 정밀함을 위하여 여러 시대와 왕조에서 각각 결집되었던 북전대장경과 남전대장경을 대조 비교하며 번역하였다.

3. 원문 속의 주석은 [ ]으로 표시하였다. 또 원문에는 없으나 독자의 이해를 위해 번역자의 주석이 필요한 경우 본문에서 ( ) 안에 삽입하여 번역하였다.

4. 원문의 한자 음(音)과 현재 불교용어로 사용되는 음이 다른 경우 현재 용어의 발음으로 번역하였다.

    예) 파일제(波逸提) → 바일제, 파라제제사니(波羅提提舍尼) → 바라제제사니

5. 원문에서 사용한 용어 중에 현재는 뜻이 통하지 않는 용어가 상당수 있다. 원문의 뜻을 최대한 살려 번역하였으나 현저하게 의미가 달라진 용어의 경우 현재 사용하는 단어 및 용어로 바꾸어 번역하였고, 원문은 괄호 안에 표시하여 두었다.

해 제

1. 개요

　현재까지 전해지는 여러 율장의 가운데에서 『마하승기율(摩訶僧祇律)』
은 5대 광율(廣律)인 『오분율(五分律)』, 『사분율(四分律)』, 『십송율(十誦
律)』, 『근본설일체유부비나야(根本說一切有部毘奈耶)』 등과 같이 전체의
내용이 완전한 형태를 갖춘 율장이다. 율장에서 마하라는 용어가 사용되
고 있어 다른 광율들과 다르게 대중부(大衆部)의 계율이라고 알려져 있으
나, 마하승기율사기에서는 "'마하승기(摩訶僧祇)'는 대중이 많았던 까닭으
로 이름하였고, '마하승기'는 대중의 이름이니라."라는 구절에서 율장의
이름이 아닌 대중을 나타내는 논리이고, 그 내용과 구성을 살펴보면
상좌부 율장인 십송율과 『근본설일체유부비나야』에서 전하고 있는 내용
과 많은 부분에서 일치하고 있다.

　그러나 대중부의 율장이라고 추정하는 관점은 계율 제정의 과정에서
연기(緣起)를 설명하면서 경장을 언급하고 있는 부분이 혼란을 일으키고
있으나, 이 율장에서 언급하고 있는 경전은 대부분이 상좌부의 경장을
언급하고 있고 그 내용이 율장과 일치하지 않는 부분도 있어서 부파불교시
대에 상좌부와 대중부가 일정부분에서 율장을 공유하였다는 추정은 가능
하다.

　『마하승기율』은 산스크리트어로 Mahāsaṅghikavinaya의 번역이고, 중

16

국 동진(東晉)시대인 416년에 불타발타라(Buddhabhadra, 佛馱跋陀羅)와 법현(法顯)이 도량사(道場寺)에서 번역하였으며, 이역본으로는『마하승기비구니계본』,『마하승기율대비구계본』 등이 있다.

2. 구성과 내용

『마하승기율』은 모두 40권으로 구성되어 있는데, 다른 율장과는 다르게 일정한 규칙에 따라서 율장을 나누어서 결집한 것이 아니고, 발거(跋渠)로 서 구분한 특징이 있다. 제1권부터 제22권까지는 비구 계율의 바라제목차 (波羅提木叉)를 결집하고 있고, 제23권부터 제35권까지는 다른 율장의 건도(犍度)에 해당하는 내용을 잡송(雜誦)으로 결집하고 있으며, 제36권부 터 제40권까지는 비구니 계율의 바라제목차를 결집하고 있다. 그렇지만 권수에서 살펴볼 수 있듯이 비구니 계율을 완전하게 수록하고 있는 다른 광율과 비교하여 아주 간략하게 결집하고 있는 특징이 있다.

비구계는 4바라이법(波羅夷法), 승잔계(僧殘戒), 2부정법(不定法), 30니 살기바야제법(尼薩耆波夜提法), 단제(單提) 90사법(事法), 4제사니(提舍 尼), 중학법(衆學法), 7멸쟁법(滅諍法), 법수순(法隨順), 잡송발거법(雜誦跋 渠法) 등이 있다. 비구니계는 8바라이법(波羅夷法), 19승잔법(僧殘法), 30사 (事), 141바야제법(波夜提法), 8제사니법(提舍尼法), 중학법(衆學法), 7멸쟁 법(滅諍法), 법수순법(法隨順法), 잡발거(雜跋渠) 등이 있다.

또한『마하승기율』에서 비구에게 해당하는 부분을 따로 모아서 편찬한 이역본으로는『마하승기율대비구계본(摩訶僧祇律大比丘戒本)』이 있고, 비구니에게 해당하는 부분만을 따로 편찬한『마하승기비구니계본(摩訶僧 祇比丘尼戒本)』이 있다.

그렇지만『마하승기율』은 다른 율장과 비교하여 구성이 체계적으로 결집되지 않았고, 연기의 부분을 설명하면서 여러 경장을 언급하고 있으 나, 바라제목차에서 등장하는 인물들이 다른 율장과 어긋나는 점과 부파

불교시대에 삽입된 것으로 추정되는 여러 내용이 전해지는 것으로 추정한다면, 그 시대의 여러 변화를 수용하였던 시대적 상황을 이해하는 단서를 제공한다는 점에 가치를 부여할 수 있을 것이다.

비구승계법(比丘僧戒法)

마하승기율(摩訶僧祇律) 제1권

동진 천축삼장 불타발타라(佛陀跋陀羅)·법현(法顯) 공역(共譯)
석보운(釋普雲) 번역(飜譯)

1. 사바라이(四波羅夷)의 법을 밝히다

1) 음계(婬戒) ①

만약 신심(信心)이 돈독한 선남자(善男子)가 다섯 일(五事)의 이익을 얻고자 한다면 마땅히 모든 이 율장을 수지(受持)해야 하느니라. 무엇이 다섯 가지인가? 만약 선남자가 세존의 법(佛法)을 세우고자 한다면 마땅히 모든 이 율장을 수지해야 하고, 정법(正法)을 오래 머물게 하려고 한다면 마땅히 모든 이 율장을 수지해야 하며, 의혹이 있으나 다른 사람을 청하여 묻고자 하지 않는 자는 마땅히 모든 이 율장을 수지해야 하고, 여러 비구와 비구니가 죄를 범하여 두려움이 있어서 의지함과 믿음을 지으려 하는 자는 한다면 마땅히 모든 이 율장을 수지해야 하며, 여러 지방을 유행(遊行)하고 교화(敎化)하면서 장애가 없고자 하는 자는 한다면 마땅히 모든 이 율장을 수지해야 한다. 이것을 '신심이 돈독한 선남자가 이 계율을 수지하여 다섯 가지 일에 이익을 얻는다.'라고 이름하는 것이다.

만약 능히 모든 위의(威儀)를
조어(調御)하며 수지한다면
다섯 가지 일에 공덕 얻는다고
세존께서 말씀하신 것을
이 율장을 수지하는 자는
그 뜻과 같게 잘 들을지니라.

만약 능히 모두 수지하고서
계율의 위의를 조어하고
세존의 가르침을 세우는 자는
이것을 진실한 불자(佛子)라고 이름하리라.

세존의 법이 오래 머무를 것이고
능히 정법을 행하고 베풀 것이니
역시 의혹과 참회가 일어나더라도
다른 사람을 청하여 묻지 않느니라.

비구와 비구니들이
죄를 범한 자가 믿고 의지할 것이고
여러 지방을 유행하며 교화하면서
가는 처소에 장애가 없을 것이리라.

바가바삼먁삼불타(婆伽婆三藐三佛陀)[1]께서는 근본을 따라서 일어났던 뜻을 따라서 수습(修習)하셨던 것을 지금에 성취하셨으나, 사람들을 제도하시는 까닭으로 사위성(舍衛城)에 머무셨다. 여러 천인(天人)들과 세간의

---

[1] '바가바'는 산스크리트어 bhagavat의 음사로서 유덕(有德)·중우(衆祐)·세존(世尊)이라 번역되고, '삼먁삼불타'는 산스크리트어 samyak-saṃbuddha의 음사로서 정등각(正等覺)·정변지(正遍知)라고 번역된다.

사람들이 공경하고 공양하며 존중(尊重)하고 찬탄하였는데, 시방(十方)에 공양한다고 들린다면 공양의 가운데에서 으뜸이라고 이름한다.

복(福)을 구하는 중생들을 위하여 복을 세우셨고, 과(果)를 구하는 중생들을 위하여 과를 세웠으며, 고뇌하는 중생들을 위하여 안온을 얻게 하셨고, 여러 천인들과 사람들을 위하여 감로(甘露)의 문(門)을 여셨으며, 16대국(大國)에서 받들고 절복하지 않음이 없었고, 지견(知見)을 스스로가 깨달아서 세존의 처소에 머무르셨거나, 천인들이 주처에 머무르셨거나, 범천(梵天)이 주처에 머무르셨거나, 현성(賢聖)이 주처에 머무르셨거나, 가장 수승한 주처에 머무르셨거나, 일체의 지혜로운 마음에 머무르셨거나, 자재(自在)함을 얻어서 뜻을 따라서 머무르셨는데, 이러한 까닭으로 여래(如來)께서는 사위국에 머무르셨다.

이때 존자(尊者) 사리불(舍利弗)은 혼자서 적정한 처소에서 가부좌(跏趺坐)를 맺고서 곧 삼매(三昧)에 들어갔고 삼매에서 깨어나서 이렇게 사유를 지었다.

'무슨 인연이 있어서 여러 불·세존(佛世尊)께서는 멸도(滅度)하신 뒤에는 법이 오래 머무르지 않았고, 무슨 인연이 있어서 불·세존께서는 열반하신 뒤에도 법의 가르침이 오래 머물렀는가?'

이때 존자 사리불은 포시(晡時)[2]에 삼매에서 일어났고 세존의 처소에 나아가서 머리숙여 세존의 발에 예경하였고, 곧 한쪽에 앉았다. 한쪽에 앉아서 세존께 아뢰어 말하였다.

"세존이시여. 제가 적정한 처소에서 삼매에 들어갔고 삼매에서 깨어나서 이렇게 사유를 지었습니다. '무슨 인연이 있어서 여러 불·세존(佛世尊)께서는 멸도(滅度)하신 뒤에는 법이 오래 머무르지 않았고, 무슨 인연이 있어서 불세존께서는 열반하신 뒤에도 법의 가르침이 오래 머물렀는가?"

이때에 세존께서 사리불에게 말씀하셨다.

"어느 여래께서는 제자를 위하여 널리 수다라(修多羅)와 기야(祇夜)와

_____
2) 오후 3시부터 5시까지를 말한다.

수기(授記)와 가타(伽陀)와 우타나(憂陀那)와 여시어(如是語)와 본생(本生)과 방광(方廣)과 미증유경(未曾有經) 등을 말씀하시지 않으셨네. 사리불이여. 여러 세존께서는 성문(聲聞)을 위하여 계율을 제정하지 않으셨고, 바라제목차(波羅提木叉)의 법을 세워서 말씀하시지 않으셨는데, 이러한 까닭으로 여래께서 멸도하신 뒤에 법이 오래 머물지 않았네.

사리불이여. 비유한다면 만사(鬘師)3)와 만사의 제자들이 여러 종류의 색깔인 꽃을 책상 위에 두었고 실로써 묶지 않았는데, 만약 사방에서 바람이 불면 곧 바람을 따라서 흩어지는 것과 같네. 왜 그러한가? 실로써 묶지 않았던 까닭이네. 이와 같이 사리불이여. 여래께서 제자들을 위하여 9부(九部)의 법을 널리 말씀하시지 않거나 성문을 위하여 계율을 제정하지 않거나, 바라제목차의 법을 세워서 말씀하시지 않았으면, 이러한 까닭으로 여래께서 멸도하신 뒤에 가르치신 법이 오래 머무르지 못하네.

사리불이여. 여래께서 제자들을 위하여 아홉 부의 법을 널리 말씀하신 것으로서, 성문을 위하여 계율을 제정하신 것으로서, 바라제목차의 법을 세워서 말씀하신 것으로서, 이러한 까닭으로 여래께서 멸도하신 뒤에 가르친 법이 오래 머무르네. 사리불이여. 비유한다면 만사와 만사의 제자들이 여러 종류의 색깔인 꽃을 실로써 그것을 묶었으므로, 만약 사방에서 바람이 불더라도 곧 바람을 따라서 흩어지지 않는 것과 같네. 왜 그러한가? 실로써 묶었던 까닭이네. 이와 같이 사리불이여. 여래께서 제자들을 위하여 아홉 부(九部)의 법을 널리 말씀하시거나 성문을 위하여 계율을 제정하시거나, 바라제목차의 법을 세워서 말씀하신다면, 이러한 까닭으로 여래께서 멸도하신 뒤에 가르치신 법이 오래 머무르거나, 오래 머무르지 않네."

이때 존자 사리불이 세존께 아뢰어 말하였다.

"오직 바라옵건대 세존이시여. 아홉 부의 경전을 널리 말씀하시고, 성문들을 위하여 계율을 제정하시며, 바라제목차의 법을 세우고 말씀하시

---

3) 꽃을 이용하여 생계를 유지하는 사람을 가리킨다.

어 가르치신 법이 오래 머무르고 여러 천인과 세간 사람들을 위하여 감로(甘露)의 문을 열어주십시오.”

이때 세존께서 사리불에게 알리셨다.

“여래께서는 허물과 근심의 인연이 없다면 제자를 위하여 계율을 제정하지 않으시는 것이고, 바라제목차의 법을 세워서 말씀하시지 않는 까닭이네. 사리불이여. 비유한다면 전륜성왕(轉輪聖王)은 허물과 근심이 없는 까닭으로 바라문과 거사를 위하여 형벌을 제정하지 않는 것과 같네. 이와 같이 사리불이여. 여래께서도 역시 다시 이와 같이 허물과 근심이 없는 까닭이면 제자를 위하여 계율을 제정하지 아니하고, 바라제목차의 법을 세워서 말씀하시지 않네.

그러나 사리불이여. 마땅히 미래에 바른 신심의 선남자가 있어서 불법의 가운데에서 신심으로 집에서 집 아닌 곳으로 집을 버리고서 출가하더라도 혹은 산란하고 전도된 마음이 있다면 청정한 생각을 일으키더라도 삼독(三毒)이 치성(熾盛)하여 여러 죄를 범하네. 사리불이여. 이때에 여래께서는 마땅히 제자를 위하여 계율을 제정하시고 바라제목차의 법을 세워서 말씀하시네. 사리불이여 멈추게. 여래께서는 스스로가 마땅히 때를 알 것이네.”

사리불이 말하였다.

“그렇게 하겠습니다. 세존이시여. 여래께서는 스스로가 마땅히 때를 아실 것입니다.”

이때에 사리불은
오른쪽 어깨를 드러내고 합장하고서
수순(隨順)하여 법륜(法輪)을 굴리면서
최고로 수승한 말씀을 청하며 구한다네.

세존께 권유하여 청하옵나니
지금이 바로 그때입니다.

원하건대 제자들을 위하여
계율의 위의를 널리 제정하십시오.

능히 세존의 정법으로
장야(長夜)에 오래도록 머물게 하시고
감로의 문을 나타내 보이시며
천인과 인간들을 열어서 교화하십시오.

그들이 최후의 몸으로 가도록
이렇게 권유하고 청하며 짓는다면
그때에 최고로 수승하다고
존자 사리불이 알렸다네.

제자가 죄가 있지 아니하여
대중 승가가 모두 청정하다면
제불(諸佛)께서는 일찍이 허물이 없다면
계율을 제정하지 않으시나니

비유하자면 세계의 주인인
왕이 그 국토를 다스리면서
허물이 없는 사람이 있다면
그에게 형벌을 가하지 않는 것과 같다네.

그것과 비유하듯이 이것도 역시 그것처럼
천인사(天人師)이신 세존께서는
허물 있는 자가 없다면
제자들에게 계율을 제정하지 않으시나니

허물과 근심이 이미 일어났다면
때에 악을 범하는 자가 있으니
이러한 때에 천인사께서는
대중을 위하여 계율의 위의를 제정한다네.

과거와 미래의 세상을
불안(佛眼)으로 보지 못함이 없으시므로
그 일의 가벼움과 무거움을 따라서
그것의 가법고 무거운 계율을 제정하시나니

이러한 정법을 말씀하시던 때는
기원(祇洹)에서 머무르셨고
사리불이 권유하여 청하였는데
세존의 대답은 이와 같았네.

그때 여러 비구들이 세존께 아뢰어 말하였다.
"세존이시여. 어찌하여 존자 사리불은 여러 비구들이 허물과 근심이
있지 않으나, 세존께 '계율을 제정하시고 바라제목차의 법을 세워서 말씀
하십시오.'라고 청하였습니까?"
세존께서 여러 비구들에게 알리셨다.
"사리불은 다만 오늘에 허물과 근심이 없었어도 계율을 제정하기를
청한 것이 아니고, 그는 옛날의 때에도 한 성읍(城邑)의 취락(聚落)에
있었으면서도 백성과 거사들이 허물과 근심이 없었어도, 역시 일찍이
나에게 여러 형벌(刑罰)을 제정하라고 청하였느니라."
여러 비구들이 세존께 아뢰었다.
"세존이시여. 나아가 지나간 옛날의 때에도 이미 이러한 것이 있었습니
까?"
세존께서 말씀하셨다.

"이와 같았느니라."

여러 비구들이 세존께 아뢰어 말하였다.

"세존이시여. 원하옵건대 즐거이 듣고자 합니다."

세존께서 여러 비구에게 알리셨다.

"과거의 세상의 때에 가시(迦尸)라고 이름하는 나라에 성이 있어서 바라나(波羅奈)라고 이름하였고, 그때의 국왕은 대명칭(大名稱)이라고 이름하였느니라. 법으로써 다스렸고 교화하였으므로 도둑(怨敵)이 없었고, 보시와 지계(持戒)로써 두루 사람들을 사랑하여 권속들을 잘 섭수하였다. 법왕(法王)이 세상을 다스리면서 백성들은 매우 번성하고 부유하며 진실로 풍요로웠으며, 취락과 촌읍(村邑)에는 닭들은 날아다니면서 서로 부딪혔고, 나라의 백성들을 살펴보면 다시 서로가 공경하고 사랑하며 여러 종류의 기악들을 함께 서로가 오락(娛樂)하였다.

이때 어느 대신이 도리(陶利)라고 이름하였는데, 여러 계책과 꾀가 많아서 이렇게 생각을 지었다.

'지금 국왕의 경계는 자연히 부유하고 즐거우며 백성들이 매우 치성하여서 성읍과 취락에 닭들이 서로 부딪히며, 나라의 백성들을 바라보면 서로 경애하고 여러 종류의 기악들을 함께 서로가 오락(娛樂)하고 있구나.'

이때 그 대신은 국왕에게 가서 아뢰어 말하였다.

"오늘날은 경계가 자연스럽게 풍요롭고, 백성들이 치성(熾盛)하며, 성읍과 취락의 닭들은 날면서 서로가 부딪치고, 나라의 백성들을 바라보면 다시 서로가 공경하고 사랑하며 여러 종류의 기악을 함께 서로가 오락하고 있습니다. 원하건대 대왕께서는 마땅히 이러한 것을 위하여 형벌(刑罰)을 제정하고 세우시어 극락(極樂)에 여러 허물과 근심이 생겨나지 않게 하십시오."

왕이 말하였다.

"그만하시오. 그만하시오. 이러한 말이 옳지 않소. 그것을 무슨 까닭으로 허물과 근심이 아직 일어나지 않았는데 형벌을 제정하고자 하시오."

대신이 다시 왕에게 아뢰었다.

"마땅히 미래를 방지하여 극락에 여러 허물과 근심이 생겨나지 않게 하십시오."

그때에 왕은 이렇게 사유를 지었다.

'지금 이 대신은 총명(聰明)하고 지모(智謀)가 있으며 여러 붕당(朋黨)이 많더라도, 졸속으로 제정할 수 없다. 지금 만약 꾸짖는다면 혹시 허물과 불화가 생겨날 것이다.'

그때 국왕은 가볍게 가르치고자 대신에게 곧 게송을 설하여 말하였다.

세력(勢力)은 진에(瞋恚)를 즐기나니
졸속으로 형벌을 제정하는 것은 어려우며
전횡하면 사람에게 허물과 근심이 생겨나니
이러한 일은 매우 옳지 못하다네.

대인(大人)은 자비와 연민이 많으므로
사람에게 진실로 허물이 있음을 알았어도
오히려 다시 관찰(觀察)하고서
애민하게 그 형벌을 주어야 한다네.

악인(惡人)은 다른 사람을 괴롭히면서 즐기나니
그의 허물과 죄를 살피지 않고서
그리고 그에게 형벌을 준다면
스스로를 해치는 악명(惡名)을 더한다네.

왕이 위엄과 분노를 좋아하는 것과 같아서
선량한 백성에게 피해를 끼친다면
악명이 사방에 멀리 유포되고
죽는다면 곧 악도(惡道)에 떨어진다네.

정법으로 백성(黎庶)들을 교화하고
몸과 입과 뜻을 청정하게 하며
인욕(忍辱)으로 사등(四等)[4]을 행한다면
이것을 사람의 가운데에서 왕이라고 말한다네.

왕은 사람의 가운데에서 상수(上首)이므로
마땅히 분노의 마음을 다스리고
인애(仁愛)로 죄가 있더라도 용서하며
애민하게 형벌을 주어야 한다네.

그때 대신은 왕의 말을 듣고 마음에서 크게 환희(歡喜)하며 계송으로
설하여 말하였다.

사람의 가운데에서 가장 수승한 왕이시여.
원하건대 영원히 백성들을 보호하시고
인욕으로 스스로 조복(調伏)하시며
도(道)로 교화한다면 원수가 스스로 항복할 것이니

왕의 복덕이 바깥이 없이 미치게 하시고
제위(帝位)가 융성하며 끝이 없으시고
도(道)로써 천하를 다스리시면서
항상 천인(天人)과 사람의 왕이 되십시오.

세존께서 여러 비구들에게 알리셨다.
"그때의 국왕인 대명칭이 어찌하여 다른 사람이겠는가? 곧 나의 몸이니
라. 그때의 대신인 도리는 사리불이니라. 그때의 성읍과 취락의 장자(長者)

---

4) 사무량심(四無量心)을 말하며, 모든 중생에게 평등하게 베푸는 마음이라는 뜻이
다.

와 거사들에게 허물과 근심이 일어나지 않았으나 그가 나에게 형벌을 제정하라고 청하였으며, 지금도 여러 비구들에게 허물과 근심이 일어나지 않았어도, 다시 나에게 여러 제자들을 위하여 계율을 제정하여 세우시고 바라제목차법(波羅提木叉法)을 말씀하시라고 청하였느니라."

그때 세존께서는 사위성(舍衛城)을 따라서 즐거이 머무셨으며, 교살라국(憍薩羅國)으로 인간세상을 유행하셨다.

대비구 5백의 대중이 앞과 뒤를 위요(圍遶)[5]하였고, 교살라국의 경전(耕田) 바라문의 취락에 이르셨으며 경전림(耕田林)의 가운데에서 머무르셨다. 그때에 세존께서는 포시(晡時)[6]에 삼매(三昧)에서 일어나시어 위와 아래 등의 여러 방위를 두루 관찰하셨고, 또한 다시 앞에 있는 평지를 보시고서 미소를 지으셨으며, 가시고 오시면서 경행하셨다.

이때 사리불은 세존께서 삼매에서 일어나서 위와 아래 등의 여러 방위를 두루 관찰하셨고, 또한 다시 앞에 있는 평지를 보시고서 미소를 지으시며 가고 오며 경행하시는 것을 보았으며, 대중들이 많은 비구들의 처소에 나아가서 비구들에게 말하였다.

"여러 장로여. 나는 세존께서 삼매에서 일어나시어 여러 방위를 관찰하시고 나아가 가시고 오시면서 경행하시는 것을 보았습니다. 여러 장로들이여. 여래·응공(應供)·정변지(正遍知)께서는 인연이 없는 까닭이라면 미소가 일어나지 않습니다. 만약 가서 청하여 묻는다면 반드시 과거세상의 숙명(宿命)인 오래된 일들을 말씀하시어 들려주실 것입니다. 우리들은 오늘 마땅히 세존께 나아가서 세존께 이와 같은 뜻을 묻고, 세존께서 말씀하신 것과 같이 우리들은 마땅히 받들어 행해야 합니다."

여러 비구들은 사리불의 말을 듣고서 곧 사리불과 함께 세존의 처소로 나아가서 머리숙여 세존의 발에 예경하고서 세존을 따라서 경행하였다. 이때 사리불이 세존께 아뢰어 말하였다.

5) 주위를 둘러싸는 모습을 가리킨다.
6) 해가 저물 때인 오후 3시부터 5시까지를 가리킨다.

"세존을 향하여 보았는데 삼매에서 일어나시어 여러 방위를 관찰하시고 나아가 가고 오며 경행하셨습니다. 저는 곧 대중들이 많은 비구들의 처소에 나아가서 비구들에게 말하였습니다. '여러 장로들이여. 세존을 향하여 보았는데 삼매에서 일어나시어 여러 방위를 관찰하시고 나아가 가고 오며 경행하셨습니다. 여러 장로들이여. 여래·응공·정변지께서는 인연이 없는 까닭이라면 미소를 짓지 않으십니다.

만약 가서 청하여 묻는다면 반드시 과거 세상의 숙명인 오래된 일들을 말씀하시어 들려주실 것입니다. 우리들은 오늘 마땅히 세존께 나아가서 이와 같은 뜻을 묻고, 세존께서 말씀하신 것과 같이 우리들은 마땅히 받들어 행해야 합니다. 자세히는 알 수 없으나 세존께서는 무슨 인연이 있으시어 미소가 일어나셨습니까?"

그때 세존께서는 황금색의 팔을 뻗어 땅을 가리키면서 사리불에게 알리셨다.

"그대는 이 땅을 보고 있는가?"

사리불이 말하였다.

"그렇습니다. 보고 있습니다."

세존께서 말씀하셨다.

"이 땅은 가섭불(迦葉佛)의 옛 원림(園林)의 처소이네. 이 한 곳은 가섭불의 정사(精舍)이고, 이 한 곳은 가섭불께서 경행하시던 처소이고, 이 한 곳은 가섭불께서 좌선하시던 처소이네."

그때 존자 사리불은 곧 승가리(僧伽梨)를 취하였고, 접어서 네 겹을 만들어 곧 땅에 펼쳐놓았으며, 오른쪽 어깨를 드러내고 오른쪽 무릎을 꿇고 합장하며 세존께 아뢰어 말하였다.

"오직 원하옵건대 세존이시여. 이 자리에 앉으십시오. 마땅히 이 땅을 두 분의 세존께서 앉으신 처소로 하겠습니다."

그때 세존께서 그 자리에 앉으셨다. 존자 사리불은 세존의 발에 예경하고서 한쪽에 앉아 세존께 아뢰어 말하였다.

"세존이시여, 몇 가지 일의 이익이 있다면 여래·응공·정변지께서는 제자들을 위하여 계율을 제정하시어 세우셨고 바라제목차법을 말씀하셨습니까?"

세존께서 사리불에게 알리셨다.

"열 가지 일의 이익이 있는 까닭으로 여러 세존이신 여래께서는 여러 제자들을 위하여 계율을 제정하시어 세우셨고 바라제목차법을 말씀하셨네. 무엇 등이 열 가지인가? 첫째는 승가를 섭수하려는 까닭이고, 둘째는 지극히 승가를 섭수하려는 까닭이며, 셋째는 승가를 안락하게 하려는 까닭이고, 넷째는 부끄러움이 없는 사람들을 절복(折伏)하려는 까닭이며, 다섯째는 참괴(慚愧)가 있는 사람을 안은(安隱)하게 하려는 까닭이고, 여섯째는 신심(信心)이 없는 자에게 신심을 얻게 하려는 까닭이며, 일곱째는 이미 신심이 있는 자에게 신심을 더욱 증가시키려는 까닭이고, 여덟째는 현법(現法) 가운데에서 누진(漏盡)을 얻게 하려는 까닭이며, 아홉째는 생겨나지 않은 여러 번뇌를 생겨나지 않게 하려는 까닭이고, 열째는 정법이 오래 머물러서 여러 천인들과 사람들에게 감로(甘露)인 보시의 문을 열려는 까닭이네. 이러한 열 가지의 일을 까닭으로 여래·응공·정변지께서는 제자들을 위하여 계율을 제정하시어 세우셨고 바라제목차법을 말씀하셨네."

이때에 사리불은
오른쪽 어깨를 드러내고 합장하고서
수순(隨順)하여 법륜을 굴리면서
최고로 수승하신 분께 청하여 물었네.

그는 최후신(最後身)에 머무시므로
합장하고 청하여 묻겠사오니
그때에 최고로 수승하신 분께서
존자 사리불에게 말씀하셨네.

열 가지 공덕의 이익이 있음을
여래께서 보아서 아시는 것이므로
여러 제자들을 위한 까닭으로
계율의 위의를 널리 제정하셨네.

승가를 섭수하고 지극히 섭수하며
승가를 안락하게 머물게 하시며
부끄럼이 없는 사람을 절복하시고
참괴하는 자는 안온을 얻게 하시며

신심이 없다면 신심에 들어가게 하시고
이미 신심이 있는 자는 더욱 증가시키시며
현법에서 누진을 얻게 하시고
생겨나지 않은 번뇌는 생겨나지 않게 하시며
정법이 오래 머물도록 하시고
감로인 보시의 문을 여신다네.

이러한 정법을 말씀하실 때에
경전림에서 머무시면서
사리불이 청하여 물었고
세존께서 이와 같이 대답하셨네.

그때 세존께서는 경전 취락을 따라서 즐거이 머무시는 것을 마치시고 교살라국을 유행하시면서 발기국(跋耆國)으로 향하셨다.
그때 세존께서는 5백의 비구들과 함께 발기국 비사리성(毘舍離城)에 이르시어 대림(大林)의 중각정사(重閣精舍)에 머무르셨다. 그때 비사리성은 백성이 기근(飢饉)으로 오곡(五穀)이 익지 않아서 백골(白骨)이 이곳저곳에 뒹굴었으므로 걸식을 얻기가 어려웠다.

비사리성에는 어느 장자의 아들이 야사(耶舍)라고 이름하였는데, 신심으로 집에서 집이 아닌 곳으로 집을 버리고서 출가하였으며, 그의 아버지는 가란타(迦蘭陀)라고 이름하는 까닭으로 여러 범행자(梵行子)들은 모두 "가란타의 아들"이라고 말하였다. 그때 세상은 기근으로 걸식을 얻기가 어려웠으므로 매일 식사 때에 이르면 많이 집으로 돌아와서 밥을 먹었다. 그의 어머니가 야사에게 말하였다.

"아들인 그대가 몹시 큰 괴로움을 겪는구나. 머리와 수염을 깎고 찢어진 납의(納衣)[7]를 입고 발우를 지니고 걸식하여 세상 사람들이 비웃는구나. 지금 이 집의 가운데에는 많은 재물이 있는데, 그대 부모의 금전이고 나아가 선조(先祖)들의 재보(財寶)이니, 그대가 마음대로 사용하게. 또한 그대의 사랑하는 아내도 지금도 오히려 옛날처럼 그대로 있으니 마땅히 함께 생활하게. 무슨 까닭으로 이와 같은 여러 고통을 많이 받는가? 그대는 마땅히 집에 돌아와서 오욕락(五欲樂)을 받으며, 스스로가 뜻으로 보시하고 여러 종류의 공덕으로 삼보(三寶)께 공양하게."

이때 야사가 어머니께 아뢰어 말하였다.

"원하건대 어머니여. 그만 멈추십시오. 저는 범행(梵行)을 닦는 것을 즐거워합니다."

그의 어머니가 다시 두 번, 세 번을 야사에게 처음과 같이 권하였으나 야사의 대답은 역시 이전과 같았다. 그의 어머니가 다시 거듭하여 말하였다.

"그대가 만약 집에 있는 것을 즐거워하지 않는다면 마땅히 나는 종자(種子)[8]로서 후사를 계승(繼嗣)하여 문호(門戶)[9]가 단절(斷絶)되어 재물이 관청에 몰수되지 않게 하게."

그때 야사가 곧 어머니에게 아뢰어 말하였다.

"지금 저에게 이 집안에 종자를 남기게 시킨다면 마땅히 이러한 분부는

---

7) '낡은 옷'이란 뜻으로 분소의를 가리킨다.
8) 대(代)를 잇는 아들을 가리킨다.
9) '문벌(門閥)'이란 뜻으로 '가문(家門)'을 가리키는 말이다.

받들겠습니다."

어머니는 곧 환희하면서 빠르게 며느리의 방에 들어가서 며느리에게 말하였다.

"그대는 빨리 옷을 장엄하라. 야사가 본래 좋아하였던 것으로 몸의 옷을 장엄하고서 함께 서로가 보도록 하라."

며느리가 대답하였다.

"알겠습니다."

곧 장엄하고서 지시한 가르침과 같게 하였다. 그때 야사는 곧 그의 신부(新婦)와 함께 서로 오락하였다. 그것은 세속의 법과 같았고 이로 인해 그의 아내는 마침내 곧 임신하였고 10달을 채워서 아들을 낳았다. 그의 집에서 의논하여 말하였다.

"본래 종자를 애원하였던 까닭이니, 지금 마땅히 '속종(續種)'이라고 이름을 세워야 합니다."

그때 세상 사람들은 모두 속종이라고 이름하였고, 속종의 아버지, 속종의 어머니, 속종의 할머니라고 하였으며, 금전과 재물 등의 일체에도 모두 속종이라고 이름하였다. 이와 같은 악명(惡名)을 소유하였고 유포되어 사문이나 세속 사람들이 모두 듣게 되었다. 그때 야사는 악명을 듣고서 아들 속종의 아버지인 것을 스스로가 크게 부끄러워하였고, 그것을 듣는 것이 부끄러워서 이렇게 사유하였다.

'사문인 석종(釋種)의 가운데에서 일찍이 이와 같은 일이 있다는 것을 보지도 듣지도 못하였다. 이것이 법인가? 비법(非法)인가? 내가 지금 마땅히 이 일을 사리불 존자에게 자세하게 말한다면, 사리불은 마땅히 이 일로써 갖추어 세존께 아뢸 것이니, 세존의 가르침과 같이 나는 마땅히 받들어 행해야겠다.'

이때 야사는 빠르게 갔으며 존자 사리불의 처소에 나아가서 앞의 일을 자세하게 말하였다. 존자 사리불은 야사와 함께 세존의 처소에 나아가서 머리숙여 세존의 발에 예경하고 물러나서 한쪽에 앉았다. 앉아서 존자 사리불은 앞의 일로써 세존께 자세히 아뢰었고, 세존께서는 야사에게 물으셨다.

"그대에게 진실로 이러한 일이 있었는가?"

대답하여 말하였다.

"진실로 그렇습니다."

세존께서 말씀하셨다.

"야사여. 이것은 큰 허물이니라. 비구 승가의 가운데에서는 일찍이 이러한 일이 없었느니라. 그대 어리석은 사람이여. 최초(最初)로 큰 죄의 문을 열었고 유루(有漏)의 근심이 없었으나 유루의 근심을 일으켰구나. 천마(天魔)인 파순(波旬)은 항상 여러 비구들의 단점을 구하였어도 능히 얻지 못하였는데, 그대가 지금 최초로 마(魔)의 지름길을 열었구나. 그대는 지금 곧 정법의 깃발을 훼손하고 파순의 깃발을 세웠구나.

그대 어리석은 사람이여. 오히려 날카로운 칼로 몸의 생지(生支)를 자르거나, 만약 독사의 입안에 집어넣거나, 만약 미친개의 입안에 집어넣거나, 만약 큰불의 가운데에 집어넣거나, 재나 숯불 속에 집어넣을지라도 마땅히 여인과 함께 음욕을 행하지 말라. 야사여. 그대는 항상 내가 무수(無數)한 방편으로 음욕을 꾸짖는 것을 듣지 않았는가? 욕망은 미혹에 취하게 하고, 욕망은 큰불과 같아서 사람의 선근(善根)을 불태우며, 욕망은 큰 근심이 되느니라.

나는 항상 여러 종류의 방편으로 욕망을 벗어나고 욕망을 끊으며 욕망을 건너가는 것을 찬탄(稱歎)하였느니라. 그대는 지금 어찌하여 이러한 선하지 않은 것을 지었는가? 야사여. 이것은 비법(非法)이고, 율이 아니며, 세존의 가르침이 아니니라. 이것으로써 선법(善法)을 장양(長養)할 수 없느니라."

이때 여러 비구들이 세존께 아뢰어 말하였다.

"세존이시여, 어찌하여 이 야사는 비구 승가의 가운데에서 일찍이 이러한 일이 없었는데, 그 야사는 처음으로 죄의 문을 열었고, 유루의 근심이 없었는데 유루의 근심을 일으켰다고 말합니까?"

세존께서는 여러 비구들에게 알리셨다.

"이 사람은 현세에만 나의 법 가운데에서 일찍이 유루의 근심이 없었으나, 유루의 근심을 일으킨 것이 아니니라."

여러 비구들이 세존께 아뢰어 말하였다.

"과거 세상의 때에서도 일찍이 이러한 일이 있었습니까?"

세존께서 말씀하셨다.

"이와 같으니라."

여러 비구들이 세존께 아뢰어 말하였다.

"세존이시여. 원하옵건대 즐거이 듣고자 합니다."

세존께서 여러 비구들에게 알리셨다.

"과거 세상의 때에서 이 세계의 겁(劫)이 끝나던 때에 여러 중생들은 광음천(光音天)에 태어났었고, 그리고 이곳의 대지가 다시 성립되었던 때에 여러 중생들은 광음천에서 이곳으로 다시 돌아왔느니라. 이때 그 중생들의 몸에는 묘(妙)한 광명이 있었고, 신족(神足)이 자재(自在)하였으며, 선열(禪悅)로 음식을 삼았고, 여러 필요한 것이 있다면 뜻에 따라서 소유하였느니라.

이 여러 중생들은 몸의 빛이 서로를 비추어서 해와 달과 별들이 없었고, 역시 낮과 밤도 없었으며, 역시 한 달·보름·사계절(四時)·연수(歲數)도 없었다. 이 대지에는 다시 자연스러운 지미(地味)가 있었는데 빛깔·향기·아름다운 맛이 모두 구족(具足)되어 천상의 감로와 같아서 다른 것이 없었다.

이때 한 명의 경박(輕躁)하고 탐욕스러운 중생이 있었는데 일찍이 이 지미의 향과 아름다운 맛을 알았고, 점차 취하여 그것을 먹었는데, 애착하는 마음이 생겨났다. 그 나머지 중생들도 그의 이러한 것을 보고서 전전(展轉)하여 서로가 본받았으며 모두가 다투어 취하여 먹었다. 그때 중생들은 지미를 먹었으므로 신체가 무거워지고 광명도 없어졌으며 오욕(五欲)에 탐착(貪着)하여 신족도 잃어버렸다. 그 이후에 세간에 다시 해·달·별·어둠·밝음이 있었고 보름·한 달·봄·가을·겨울·여름이 생겨났느니라."

세존께서는 여러 비구에게 알리셨다.

"그때에 경박했던 중생이 어찌 다른 사람이겠는가? 곧 야사 비구이니라. 그때 야사는 여러 중생들에게 유루의 근심이 아직 일어나지 않았으나, 먼저 유루를 일으켰으며, 오늘날에 다시 청정한 승가의 가운데에서 먼저 유루의 문을 열었느니라."

여러 비구들이 세존께 아뢰어 말하였다.

"세존이시여. 그 야사 비구는 이전의 세상에서부터 나아가 이와 같았습니까? 어찌하여 그의 어머니는 교묘한 방편을 지어 음욕으로써 그 아들을 유혹하고 속였습니까?"

세존께서 여러 비구에게 알리셨다.

"이것은 야사의 어머니가 다만 현세에 교묘하게 방편을 지어서 그 아들을 유혹하여 속인 것이 아니고, 과거 세상의 때에도 역시 일찍이 유혹하여 속였느니라."

여러 비구들이 세존께 아뢰어 말하였다.

"세존이시여. 과거에도 그렇게 하였습니까?"

세존께서 말씀하셨다.

"그러하였느니라."

여러 비구들이 세존께 아뢰어 말하였다.

"세존이시여. 원하옵건대 즐거이 듣고자 합니다."

세존께서 여러 비구에게 알리셨다.

"과거 세상의 때에 성(城)이 있어서 바라나(波羅奈)라고 이름하였고, 가시국(迦尸國)이라고 이름하였느니라. 이때 그 국왕은 대명칭(大名稱)이라고 이름하였는데, 여러 원수(怨敵)들을 벗어나고 보시와 지계로 널리 백성들을 사랑하여 법치(法治)로서 교화하였으며 권속들을 잘 섭수하였느니라. 이때 왕의 첫째 부인(夫人)이 새벽에 높은 누각에 올라가서 별들을 관찰하면서 한 황금빛 사슴왕이 남방을 따라서 왔고 허공을 날아서 북쪽으로 가는 것을 보았다. 부인은 보고서 곧 이렇게 생각을 지었다.

'내가 만약 이 황금빛 사슴의 가죽을 얻어 가지고 요를 만든다면 죽어도

한(恨)이 남지 않겠으나, 만약 얻지 못한다면 왕의 부인이 되었더라도 무엇을 하겠는가?'

곧 스스로가 생각하며 말하였다.

'만약 내가 황금빛 사슴을 보았다고 말하더라도 마땅히 누가 믿겠는가?'

다시 이렇게 생각을 지었다.

'만약 이 사슴이 허공을 타고 갔다고 마땅히 말할 수 없다. 만약 허공을 타고 다닌다면 마땅히 사슴이라고 말할 수 없다.'

부인은 믿지 않는 것을 근심하고 두려워하였던 까닭으로 곧 영락(瓔珞)을 벗었고 더럽고 찢어진 옷을 입었으며 우뇌방(憂惱房)으로 들어갔다. 왕이 전상(殿上)[10]에서 정사(政事)를 다스리는 것을 마치고 그녀의 방으로 돌아왔으나, 첫째 부인이 보이지 않았으므로 곧 시자(侍者)에게 물었고, 시자는 대답하여 말하였다.

"부인은 우뇌방에 들어갔습니다."

왕이 곧 나아가서 부인에게 물어 말하였다.

"누가 당신을 범하였는가? 대신(大臣)인가? 왕자인가?, 나머지의 부인이거나, 시자인가? 만약 그대를 범한 자라면 내가 마땅히 그의 죄를 무겁게 다스릴 것이오. 그대는 지금 필요한 것은 없소. 만약 금·은·진귀한 보배·향·꽃·영락 등을 원한다면 마땅히 서로에게 공급(供給)하겠소. 만약 죽이거나, 처벌하고자 한다면 보여주거나 말하시오."

왕은 여러 종류로 물었으나 부인은 대답하지 않았다. 왕은 밖으로 나와서 나머지 부인·대신·태자(太子) 등 다른 사람들에게 알렸다.

'경(卿)들이 솔선하여 가서 부인의 뜻을 물으시오.'

여러 사람들은 가르침을 받고 각각(各各) 물었으나, 부인은 오히려 일부러 묵연(默然)하고서 대답하지 않았다. 왕은 기구(耆舊)[11]인 청의(靑衣)를 시켜 다시 부인에게 물었다. 이 청의는 왕궁에서 태어나서 자랐고

---

10) 궁전(宮殿)에서 왕이 집무를 보던 자리를 가리킨다.

11) 늙은 사람인 기로(耆老)와 옛 신하인 구신(舊臣)을 합쳐 부르는 말로서 원로(元老)의 노성(老成)한 사람 또는 신하를 가리킨다.

방편이 많이 있었다. 곧 갔으며 방 안으로 들어가서 부인에게 물어 말하였다.

"왕은 왕비께서 믿는 분이십니다. 어찌하여 왕이 물었는데도 묵연하게 대답하지 않았습니까? 만약 구하는 것이 있다면 무슨 인연이라도 얻을 것입니다. 누가 부인을 범하였습니까? 대신과 왕자 및 다른 부인이라도 죽이려거나, 벌하고자 한다면 마땅히 왕에게 아뢰십시오. 부인께서 묵연히 한스럽게 말하지 아니한다면 곧 죽을 것입니다. 부인께서 만약 죽더라도 왕께서는 결국 서로가 함께 죽을 수 없으니, 매우 근심스럽습니다.

세월의 시간에서 중국(中國)12)에는 찰리(刹利)·바라문·장자·거사 등에게 모두 단정하고 묘하며 좋은 딸들이 많이 있습니다. 함께 서로가 오락한다면 만족한 까닭으로 근심을 잊을 것이니, 부인께서는 바로 헛되게 스스로가 죽는 것입니다. 비유한다면 벙어리가 잠자는 가운데에서 꿈꾸는 것과 같은데, 누가 볼 수 있겠습니까? 부인께서 말하지 않는다면 알기 어려운 것도 역시 그렇습니다."

그때 부인은 청의의 말을 듣고서 곧 스스로 사유하면서 말하였다.

"이 말은 적절한 말이다."

곧 청의에게 대답하였다.

"나를 범한 자는 없소. 별도로 기억하던 것이 있어서 고의로 말하지 않았소. 그대는 나의 말을 들어보세요. 내가 근래 새벽에 누각에 올라서 별들을 관찰하고 있던 때에 한 마리의 황금빛 사슴왕이 허공을 타고 남쪽에서 와서 북쪽으로 갔습니다. 만약 사람들에게 말하더라도 사슴이 허공을 날아다닌다는 말을 누가 능히 믿겠습니까? 나는 그 사슴의 가죽을 얻어서 가지고 요를 짓고자 하여도 능히 얻지 못할 것이오. 이러한 까닭으로 근심이 생겨났고 스스로 생각하였습니다. '대왕의 부인이 되었어도 무엇을 하겠는가?'"

이때 청의가 이러한 말을 듣고서 갖추어 대왕에게 아뢰었다. 왕은

---

12) 고대의 인도(印度)를 가리키는 말이다.

그녀의 뜻을 알고서 크게 기뻐하면서 곧 곁에 있는 신하에게 물었다.

"누가 능히 이 황금빛 사슴의 가죽을 얻을 것인가? 내가 지금 그것을 가지고 사용하여 요를 지어야겠소."

여러 신하들이 대답하여 말하였다.

"마땅히 사냥꾼에게 물으십시오."

왕이 대신들에게 알렸다.

"나의 국경 내 중국의 사냥꾼들에게 칙명하여 모두 모이게 하시오."

게송으로 설한 것과 같다.

여러 천인들은 생각을 따라서 감득(感得)하고
왕인 자는 소리를 따라 이르며
부자인 자는 재물로써 얻고
가난한 자는 힘으로써 준비한다네.

이와 같이 왕의 가르침이 내려졌고, 중국에 사냥꾼들이 모두 모였다. 사냥꾼들이 왕에게 알렸다.

"무슨 까닭으로 칙명하셨습니까?"

왕이 사냥꾼들에게 알렸다.

"내가 지금 급히 황금빛 사슴의 가죽이 필요하오. 가지고 사용하여 요를 짓고자 하오. 경(卿)들은 나를 위하여 빠르게 그것을 구하시오."

사냥꾼들이 왕에게 대답하여 말하였다.

"원하건대 얼마간의 시간이라도 주십시오. 함께 이 일을 의논하겠습니다."

왕이 말하였다.

"그렇게 하시오."

사냥꾼들이 돌아와서 서로 의논하여 말하였다.

"그대들은 사냥하면서 모두가 일찍이 황금빛 사슴을 보았거나 들었는가?"

대답하여 말하였다.

"우리들이 선조(先祖)부터 항상 사냥하였으나, 황금빛의 사슴이라는 이름을 듣지 못하였는데, 하물며 다시 눈으로 보았겠습니까?"

이때 여러 사냥꾼들이 함께 약속을 지어서 말하였다.

"지금 왕에게 가서 대답하면서 다르지 않게 합시다."

왕을 보고서 각자 알려 말하였다.

"저희들은 선조부터 대대로 사냥을 이어왔으나, 처음부터 황금빛 사슴의 이름을 듣지 못하였는데, 하물며 다시 눈으로 보았겠습니까?"

(게송으로) 설한 것과 같다.

왕은 힘이 자재(自在)하시므로
구하는 것을 가르침과 같이 짓겠습니다.

왕이 곧 유사(有司)[13]에게 칙명하여 사냥꾼들을 붙잡아 감옥에 가두었다. 이때 어느 한 사냥꾼은 산사(刪闍)라고 이름하였는데, 용맹(勇健)하고 힘이 많아서 달린다면 달리는 축생을 따라잡고, 우러러 활을 쏘면 날아가는 새들을 허공에서 떨어트리지 못한 것이 없었다. 그는 곧 생각하며 말하였다.

"나는 여러 사냥꾼들은 스스로가 오직 죄가 없으나 감옥에 갇힌 것을 보았다. 마땅히 계교(權計)를 베풀어 이 고난에서 벗어나도록 내가 마땅히 왕에 아뢰고 마땅히 사슴을 구하는 것을 모의하겠다. 만약 얻는다면 좋은 것이고, 만약 구하지 못하더라도 나는 우선 잡혀있는 여러 동료들을 풀려나게 해야겠다."

곧 왕에게 아뢰어 말하였다.

"누가 황금빛 사슴을 보았거나 들은 것이 있습니까?"

왕이 사냥꾼에게 알렸다.

---

13) 행정력이나 군사적 능력을 갖춘 관리를 가리킨다.

"그대는 스스로가 가서 부인에게 물어보시오."

그때 사냥꾼은 곧 왕궁에 나아가서 부인에게 아뢰어 말하였다.

"누가 이 황금빛 사슴을 보았거나 들었습니까?"

부인이 대답하여 말하였다.

"내가 직접 스스로 보았어요."

사냥꾼이 아뢰어 말하였다.

"어느 곳에서 보았습니까?"

부인이 대답하여 말하였다.

"내가 누각 위에서 별들을 관찰하면서 새벽에 한 마리의 황금빛 사슴왕이 남쪽에서 와서 허공을 타고 북쪽으로 가는 것을 보았습니다."

이때 그 사냥꾼은 새와 축생들의 상태를 잘 알았으므로 (이렇게 생각을 지었다.)[14]

'이 사슴왕이 머물고 자는 곳은 남쪽에 있고, 먹는 곳은 북쪽에 있다고 알겠구나. 머물고 자는 곳은 영원히 찾을 수 없으니 마땅히 먹는 곳을 찾아서 그것을 구해야겠다.'

이 사냥꾼은 곧 활과 화살을 가지고 점차(漸次) 북쪽으로 갔으며 설산(雪山)에 이르렀다. 이때 그 설산의 가운데에 신선이 머물고 있었는데, 샘물이 흐르고 목욕하는 연못에 꽃과 과일이 무성하였다. 그 가운데 선인(仙人)들은 두 가지 일로 욕망을 없앴으니, 첫째는 고행(苦行)이고, 둘째는 한가롭게 머무는 것이었다. 그때 사냥꾼은 여러 사냥하는 도구를 감추고 거짓으로 다른 이의 옷을 입고서 선인의 처소에 나아가서 예배(禮拜)하고 문신(問訊)하였다.

그 선인들의 처소는 깊은 산에 있어서 오랫동안 사람을 보지 못하였으므로 사냥꾼이 이른 것을 보고서 매우 크게 환희하며 나아가서 자리에 앉게 하였고 단 과일과 맛있는 장(漿)[15]을 주면서 함께 서로를 위로(慰勞)

---

14) 원문에는 없으나 『근본설일체유부비나야파승사(根本說一切有部毘奈耶破僧事)』 제15권에 비슷한 내용이 있으므로 문맥으로 추정하고 보완하여 번역하였다.
15) 씹는 음식이 아닌 마시는 음식으로 음료수와 같은 것이다.

하였다. 사냥꾼이 알려 말하였다.

"이곳에 머문 것이 오래입니까? 근래입니까"

대답하여 말하였다.

"이곳에 머물렀던 이래(以來)로 오래 지났을 것이오."

다시 선인에게 알렸다.

"이곳에 머물렀던 이래로 일찍이 기이한 일을 보았습니까?"

대답하여 말하였다.

"일찍이 보았소."

다시 물었다.

"무엇 등을 보았습니까?"

대답하여 말하였다.

"이 산의 남쪽에 한 나무가 있어서 니구율(尼拘律)이라고 이름하는데, 항상 황금빛 사슴왕이 날아와서 그 위에 있으면서 그 나뭇잎을 먹고서 배부르면 떠나가오."

사냥꾼이 말을 듣고서 크게 환희하며 이렇게 생각을 지으면서 말하였다.

'반드시 이것은 부인이 보았다는 황금빛 사슴왕이다. 지금 내가 들었으니 장차 소원이 이루어질 것이다.'

사냥꾼은 방편으로 다시 다른 일을 말하고서 그 뒤에 다시 물었다.

"니구율 나무에 가고자 합니다. 길은 어디에 있습니까?"

선인이 대답하여 말하였다.

"여기에서 가면서 중간에 구부러진 길이오."

그것을 자세하게 모두 말하였다. 사냥꾼은 이 말을 듣고서 기쁘게 축원(呪願)하면서 떠나갔다. 사냥 도구를 가지고 돌아와서 길을 따라 점차 앞으로 나가면서 멀리서 보니, 그 가지와 잎이 사방으로 늘어졌고 그늘이 매우 넓게 펼쳐져 있었다. 그 나무에 이르러 사슴왕을 찾았으나 종적은 보이지 않았고 또한 나뭇잎을 먹은 흔적도 없었다. 사냥꾼은 그 나무 밑에 숨어서 어렴풋이 기다렸다.

기다림이 오래지 않아 사슴왕을 보았는데 비유한다면 기러기왕이 허공을 날아오듯이 와서 나무 위에 앉았는데, 형색(形色)과 광명이 산골짜기를 비추었다. 그 나뭇잎을 먹고서 배부르면 남쪽으로 돌아갔다. 사냥꾼은 깊이 다시 생각하였다.

'이 나무는 높고 넓어 그물이나 활과 화살로는 미칠 수 없으니, 어떻게 잡을 수 있겠는가? 나는 지금 바라나성으로 돌아가야겠다. 그곳에는 총명하고 지혜로우며 덕이 있는 대신과 왕자들이 있으므로 나는 마땅히 그것을 물어보아야겠다.'

곧 그 나라로 돌아와서 왕에게 알려 말하였다.

"부인께서 보았던 것과 같습니다. 다만 사슴이 머물러 있는 곳은 그물이나 화살로 미칠 수 없어서 잡을 도리가 없었습니다."

왕이 사냥꾼에게 알렸다.

"그대는 스스로가 가서 부인에게 갖추어 알려라."

사냥꾼은 곧 부인에게 알렸다.

"황금빛 사슴왕을 보았으나 그물이나 활과 화살은 모두 미치지 못하므로 어떻게 잡아야 하는가를 알지 못하겠습니다."

부인이 물어 말하였다.

"그 사슴이 머무는 곳은 어느 곳에 있는가?"

대답하여 말하였다.

"니구율 나무 위에 있으면서 그 나뭇잎을 먹고서 배부르면 남쪽으로 돌아갑니다."

(게송으로) 설한 것과 같다.

찰리는 일백의 방편이 있으나
바라문은 두 배로 증가하고
왕은 천 종류의 계책이 있으나
여인은 계책이 무량(無量)하다네.

이와 같이 왕의 부인은 여러 방편이 많아서 곧 사냥꾼에게 가르쳤다.

"그대가 꿀을 가지고 떠나가서 그 나무에 올라 잎에 꿀을 바르면 사슴이 꿀의 냄새를 맡고 반드시 그 나뭇잎만 먹을 것이고, 모두 먹었다면 차례로 꿀을 바른 잎으로 내려와 그물을 펼친 곳에 이를 것이에요."

사냥꾼이 가르침과 같이 꿀을 가지고 설산으로 돌아왔고, 꿀을 가지고 나무 위에 올라가서 나뭇잎에 꿀을 발랐다. 그 사슴이 와서 먹으면서 꿀을 바른 나뭇잎을 모두 먹었고 꿀을 바르지 않은 잎은 먹지 않았으며, 꿀을 따라서 나뭇잎을 먹으면서 점차 내려왔다. (게송으로) 설한 것과 같다.

축생들은 그들의 코를 믿고
범지(梵志)들은 관상의 책을 의지하며
왕인 자는 유사에게 맡기면서
각각이 믿는 것이 있다네.

그 황금빛 사슴이 냄새를 찾아서 그 나뭇잎을 먹으며 점차 내려왔고 그물을 펼친 곳에 이르러서 곧 그물에 걸렸다. 사냥꾼이 생각하며 말하였다.

"내가 만약 그 사슴을 죽여서 그 가죽을 얻는다면 귀한 것이 아니다. 마땅히 이것을 살려서 데리고 돌아가야겠다."

이처럼 빠르게 돌아가면서 사냥꾼은 사슴을 감싸서 메고서 선인의 처소를 지나갔고, 선인이 멀리서 보고 놀라서 탄식하며 말하였다.

'쯧쯧. 재앙이 혹독하구나. 비록 능히 허공을 날았어도 능히 이 악한 사람의 손을 벗어나지 못하였구나.'

곧 사냥꾼에게 물었다.

"악한 사람이여. 그대는 이것을 어디에 사용하고자 하시오?"

사냥꾼이 대답하여 말하였다.

"가시국왕 첫째 부인이 이 사슴의 가죽을 가지고 요를 만들려는 것에 필요합니다."

선인이 다시 말하였다.

"그대는 이 사슴이 죽은 뒤에도 빛깔이 역시 이렇다고 생각하는가? 안에 생기(生氣)가 있는 까닭으로 바깥 색깔이 이와 같은 것이오. 살려서 데리고 떠나가야 그대는 상을 받을 것이오."

선인이 다시 물었다.

"그대는 무슨 방편으로 이 사슴을 잡았는가?"

대답하여 말하였다.

"나는 이와 같은 방편으로 이 사슴을 잡았습니다."

그때의 선인들은 스스로가 매우 적정한 것을 기뻐하였고, 이러한 여러 악이 없었으나, 부인의 교묘하고 악한 방편을 슬프게 생각하였으며, 그 사슴이 맛에 탐착하여 곤욕을 받는 것을 괴로워하였다. 그때 선인이 곧 게송을 설하여 말하였다.

세간에서의 큰 악(惡)은
즐거운 맛을 지나치는 것이 없나니
범부의 사람이 속였고
곧 숲속의 축생까지 속였으나
바람의 향기와 맛을 인연하여
이러한 고뇌와 근심을 받는다네.

사냥꾼이 선인에게 물어 말하였다.

"내가 무슨 방편을 짓고 이 사슴을 길러야 살려서 내 나라에 돌아갈 수 있겠습니까?"

선인이 대답하여 말하였다.

"꿀로써 나뭇잎에 바르고 그것을 이용하여 키우도록 하시오. 만약 인간 세상에 이르면 꿀을 밀가루에 반죽하여 먹이시오."

이와 같은 가르침대로 그것을 키우면서 점차 본국으로 돌아왔다. 인간 세상에 이르니 이 사슴의 모습은 단정하고 빛깔이 천금(天金)과 같으며, 뿔은 흰색으로 옥과 같고 눈은 자감색(紫紺色)이었으므로, 일체의 사람들이 보면 아름답고 기이하지 않음이 없었다. 점차 걸어서 바라나성에 나아갔고, 왕은 사슴이 이르렀다는 말을 듣고 여러 성안에 칙명하여 도로(道路)를 평평하게 고르고 물을 뿌려서 청소하였으며 향을 사르고 종을 쳤으며 북을 두드리면서 사슴왕을 맞이하였다.

구경하던 사람들이 구름처럼 모였고 기뻐하지 않는 자가 없었으며 대왕에게 길상(吉祥)이 멀리서 이른 것을 경하(慶賀)하였다. 부인이 보고서 환희하며 용약(踊躍)[16]하였고 능히 스스로가 참지 못하였으며, 사랑하는 마음이 컸던 까닭으로 앞에서 사슴왕을 껴안았으나, 옛날의 염오심(染汚心)이 무거웠던 까닭으로 그 사슴왕의 황금빛을 곧 없어지게 하였다. 왕이 왕비에게 알렸다.

"이 사슴의 금빛이 홀연히 변화하였으니, 마땅히 어떻게 해야겠소?"
부인이 대답하였다.
"이것은 지금 곧 쓸모가 없는 물건이니, 풀어주어서 떠나보내세요."
그때 세존께서는 여러 비구들에게 알리셨다.
"그때 황금빛 사슴왕이 어찌 다른 사람이겠는가? 지금의 야사 비구이니라. 그때의 부인은 지금 야사의 어머니이니라. 지난 옛날부터 일찍이 방편을 지어서 아들을 유혹하여 속여서 탐착에 떨어뜨렸고 여러 고뇌(苦惱)를 받게 하였느니라."
세존께서는 여러 비구에게 알리셨다.
"비사리성에 의지하고 있는 비구들은 모두 모이게 하라."
그때 세존께서는 이러한 인연으로 여러 비구들을 향하여 허물과 근심의 일을 일으킨 것을 널리 말씀하셨고, 여러 종류의 인연으로 허물과 근심되는 일이 일으키는 것을 꾸짖으셨으며, 여러 비구들을 위하여 열 가지 이익의 일을 수순(隨順)하여 설법하셨다.

---

16) 몹시 즐거워하며 기뻐하는 모습을 가리킨다.

"여래·응공·정변지께서는 여러 제자들을 위하여 계율을 제정하시고 세우셨으며 바라제목차법을 말씀하셨는데, 열 가지 일의 이익은 앞에서 자세히 설한 것과 같다.

이러한 까닭으로 여래는 오늘부터 마땅히 여러 비구들을 위하여 계율을 제정하겠나니, 듣지 못하였던 자는 들을 것이고, 이미 계율을 들었던 자라면 거듭하여 들을지니라. 만약 비구로서 화합하는 승가의 가운데에서 구족계(具足戒)를 받고서 음법(婬法)을 행한다면 비구로서 바라이를 얻나니 마땅히 함께 머무를 수 없느니라."

다시 세존께서는 비사리성에 머무셨으며, 자세한 설명은 앞에서와 같다.

이때 비사리성에는 두 명의 리차(離車)[17]의 아들이 있었는데, 신심으로 집에서 집이 아닌 곳으로 집을 버리고 출가하였다. 비사리성의 대중들이 지식이었으며, 능히 공양을 받아 사사(四事)[18]가 구족되었다. 그들은 때에 이르자 취락에 들어오는 때에 옷을 입고 발우를 지녔으며, 성안에 들어와서 차례대로 걸식하였다.

능히 몸과 입과 뜻을 섭수하지 못하여서 생각을 앞에 묶어두었으나 마음이 치달아 어지러웠고, 여러 근(根)을 섭수하지 못하여 색욕(色欲)에 염착(染着)되어 색(色)의 부정(不淨)[19]한 상(相)을 취하였으며, 색욕의 마음이 치성하였으므로 곧 이렇게 생각을 지었다.

'나는 법복(法服)을 입고 이러한 음욕의 일을 짓는 것이 매우 옳지 못하다. 나는 마땅히 법복을 버리고 세속의 옷을 입고서 7일간 승가로 돌아가지 않고서 마음대로 하겠다.'

---

17) 산스크리트어 Licchavi의 음사로 리차(利車), 율창(栗唱), 리창(黎昌), 리차비(梨車毘), 율고비(栗呫毘) 등으로 한역된다. 비사리성에 있는 찰제리(刹帝利) 종족의 명칭이다.
18) 음식(飮食), 의복(衣服), 와구(臥具), 의약품(醫藥品)의 네 가지의 공양을 가리킨다.
19) 원문에는 '부(不)'자가 누락되었으나 문맥을 살펴서 보완하여 번역하였다.

이러한 생각을 짓고서 곧 가사(袈裟)를 벗었고 세속의 옷을 입고서 음욕 일을 행하고, 7일이 지나자 다시 법복을 입고 승가로 돌아왔다. 승가에 들어와서 스스로 염오되었던 부끄러운 몸의 행을 돌아보고서 곧 이렇게 생각을 지었다.

'다른 여러 사문에게 이와 같은 일이 있다고 모두 보았거나 듣지 못하였다. 내가 지금 마땅히 이 일을 존자 사리불께 알린다면 존자 사리불이 마땅히 세존을 향하여 이 일을 갖추어 자세히 말할 것이다. 만약 세존의 가르침과 칙명이 있다면 내가 마땅히 받들어 행하겠다.'

이때 두 비구는 존자 사리불의 처소에 나아갔으며, 자세한 설명은 앞에서와 같다. 이때 존자 사리불은 두 비구를 데리고 세존께 나아가서 세존의 발에 예경하고서 한쪽에 물러나 머물렀으며, 앞에서의 인연을 자세히 아뢰었다. 세존께서는 사리불에게 알리셨다.

"이러한 어리석은 자들을 떠나보내고, 다시는 여래 법의 가운데에 머무를 수 없게 하며, 다시 출가하여 구족계를 받지 못하도록 하게."

이때 사리불은 애민(哀愍)하였던 까닭으로 오른쪽 어깨를 드러내고 호궤(胡跪) 합장하고서 세존께 아뢰어 말하였다.

"세존이시여. 미래에 어느 선남자가 세존 법의 가운데에 집에서 집이 아닌 곳에서 집을 버리고 출가하였으나, 미혹된 뜻으로 전도(轉倒)되어 부정한 생각을 일으켰으며, 참괴(慚愧)[20]가 없어서 삼독(三毒)이 치성하였습니다. 오직 바라옵건대 세존께서 방편을 여시어 이 선남자가 다시 여래 법의 가운데에서 출가하여 구족계를 받게 하십시오."

그때 세존께서는 여러 비구에게 알리셨다.

"비사리성에 의지하고 있는 비구들은 모두 모이게 하라. 여러 비구들을 위하여 계율을 제정하겠나니, 듣지 못하였던 자는 들을 것이고, 이미 계율을 들었던 자라면 거듭하여 들을지니라. 만약 비구로서 화합하는

---

20) 산스크리트어 hrī-apatrāpya의 한역으로 자신의 죄나 허물을 스스로 부끄러워하는 마음 작용을 참(慚)이라고 말하고, 자신의 죄나 허물에 대하여 다른 사람을 의식하여 부끄러워하는 마음 작용을 괴(愧)라고 말한다.

승가의 가운데에서 구족계를 받고서 환계(還戒)하지 않고서 음법을 행한
다면, 이 비구는 바라이를 얻나니, 마땅히 함께 머무를 수 없느니라."

다시 세존께서는 비사리성에 머무셨으며, 자세한 설명은 앞에서와
같다.

이때 여러 비구들이 여러 처소에서 안거하였고, 안거를 마치고 비사리
성에 돌아와서 나아갔으며, 세존의 처소에 이르러 예경하고 문신(問訊)하
였다. 문신이 끝나고 차례로 방사를 받았으나, 방사가 부족하여 받지
못하였으므로 난간이거나, 초암(草庵)21)이거나, 비어있는 땅이거나, 나무
아래를 의지하여 머무르는 자들이 있었다. 그때 한 비구가 나무 아래를
의지하여 앉아있으면서 이렇게 생각을 지었다.

'불법(佛法)에 출가한다면 매우 괴롭고, 범행(梵行)을 수습(修習)하여도
역시 매우 어렵구나. 낮에는 바람에 날리고 햇빛에 그을리며, 밤에는
모기와 등에와 독한 벌레에게 물린다. 나는 불법의 가운데에서 청정한
범행을 닦는 것을 견딜 수 없구나.'

그 비구가 이렇게 마음을 짓고 생각하면서 입으로 말하였다. 여러
비구들이 듣고서 곧 이 비구에게 말하였다.

"그대는 계율을 버릴 것인가?"

대답하여 말하였다.

"버리려는 것은 아닙니다. 나는 다만 이렇게 생각하였습니다. '여래
법의 가운데에서 청정한 범행을 닦는 것을 견딜 수 없구나.'"

여러 비구들이 이 인연으로써 세존께 가서 아뢰었다.

"이 비구가 계율을 버리고자 합니다."

그때 세존께서는 여러 비구들에게 알리셨다.

"그 비구를 불러오라."

왔으므로 세존께서 비구에게 물었다.

---

21) 갈대나 풀 등으로 지붕을 엮은 암자를 가리킨다.

"그대는 진실로 계율을 버리겠는가?"

대답하여 말하였다.

"버리지 않겠습니다. 세존께서는 무슨 인연으로 이렇게 말씀하십니까? 세존이시여. 저는 나무 아래에 머무르면서 이러한 마음을 짓고 생각하면서 입으로 말하였습니다. '불법의 가운데에 집을 버리고 출가하였으나, 몹시 크게 괴롭구나. 나는 여래 법의 가운데에서 청정한 범행을 닦으면서 견디는 것이 어렵구나.'"

세존께서는 비구에게 알리셨다.

"그대는 어찌하여 여래 법의 가운데에서 신심으로 집에서 집이 아닌 곳으로 집을 버리고 출가하여 이렇게 생각을 지었는가? '나는 여래 법의 가운데에서 청정한 범행을 닦으면서 견디는 것이 어렵구나.'"

세존께서 말씀하셨다.

"이 비구는 계율을 버렸다고 이름할 수는 없고, 이것은 계리(戒羸)[22]라고 이름하느니라. 그 비구가 계리를 지어서 말하였으므로 투란차죄(偸蘭遮罪)를 얻느니라."

그때 세존께서는 여러 비구들에게 알리셨다.

"비사리성에 의지하고 있는 비구들은 모두 모이게 하라. 여러 비구들을 위하여 계율을 제정하겠나니, 듣지 못하였던 자는 들을 것이고, 이미 계율을 들었던 자라면 거듭하여 들을지니라. 만약 비구로서 화합하는 승가의 가운데에서 구족계를 받고서 환계하지 않아서 계리이고, 계율을 버리지 않고서 곧 음법을 행한다면 이 비구는 바라이를 얻나니, 마땅히 함께 머무를 수 없느니라."

다시 다음으로 세존께서는 사위성(舍衛城)에 머무르셨으며, 자세한 설명은 앞에서와 같다.

이때 사위성의 어느 장로는 난제(難提)라고 이름하였다. 신심으로 집에

---

22) 계율에 약해진 상태를 가리킨다.

서 집이 아닌 곳으로 집을 버리고 출가하였고, 사위성의 대중들이 지식이 었으며, 능히 공양을 받아서 4사(事)가 구족되었다. 나머지의 난제라고 이름이 많았으나 이 장로였고, 다만 이 장로는 다니는 때에도 선(禪)이고, 머무는 때에도 선이며, 앉은 때에도 선이고, 누운 때도 선을 하였으므로, 이때의 사람들은 '참선하는 난제'라고 이름하였다.

이때 난제는 개안림(開眼林)의 가운데에 초암의 집을 짓고 그 안에서 초야(初夜)²³⁾부터 후야(後夜)까지 수행을 스스로가 업으로 삼았으므로 세속의 정수(正受)²⁴⁾를 얻고서 7년이 지났다. 7년이 지나서 선정(禪定)이 퇴실(退失)하였으므로, 다시 한 나무 아래 의지하여 다시 정수를 익히면서 본정(本定)을 구하였다. 이때 마(魔)의 권속이 항상 방편을 지어서 정법을 행하는 사람에게 그 단점을 구하고자 엿보았고 사람의 모습으로 변하였는 데, 단정하여 비교할 수 없었다. 여러 종류의 꽃과 향과 영락으로 그의 몸을 장엄하고 난제의 앞에 머물면서 난제에게 알려 말하였다.

"비구여. 함께 서로가 오락하면서 음욕의 일을 행하고자 왔습니다."

이때 난제가 말하였다.

"악하고 삿되구나. 빨리 사라져라. 악하고 삿되구나. 빨리 사라져라."

입으로 이렇게 말을 지으면서 눈으로 바라보지도 않았다. 천녀(天女)가 두 번·세 번을 앞에서와 같이 말하였으나, 이때 난제도 두 번·세 번을 역시 이와 같이 말하였다.

"악하고 삿되구나. 빨리 사라져라. 악하고 삿되구나. 빨리 사라져라."

그리고 눈으로 바라보지도 않았다. 이때 천녀는 곧 영락과 옷을 벗고서 그녀의 형체(形體)를 드러내면서 난제의 앞에 서 있으며 난제에게 말하였 다.

---

23) 인도에서 하루의 밤낮을 오전[신조(晨朝) 또는 일초(日初)], 정오[일중(日中) 또는 오시(午時)], 오후[일몰(日沒) 또는 일후(日後)], 초저녁[초야(初夜)], 한밤중[중야 (中夜)], 새벽[후야(後夜)]의 여섯 때로 구분하였으며, 하루의 초저녁을 가리킨다.

24) 산스크리트어 samapatti의 음사로 삼마발저(三摩鉢底), 삼마발제(三摩拔提)로도 음역되며, 등지(等至), 정수(正受), 정정현전(正定現前) 등으로 의역된다.

"함께 음욕을 행하고자 왔습니다."

이때 난제는 그녀의 형상(形相)을 보고 음욕심이 생겨나서 대답하여 말하였다.

"그렇게 합시다."

이때 천녀는 점차 물러났고 난제는 부르며 말하였다.

"그대는 잠시 기다리시오. 함께 서로가 오락합시다."

난제는 쫓아갔으나 천녀는 빠르게 떠나갔다. 난제가 쫓아가서 기원(祇洹)의 구덩이(塹)에 이르렀는데, 구덩이의 가운데에 왕가(王家)의 죽은 말이 있었다. 천녀는 죽은 말이 있는 곳에 이르러 형체를 숨기고 나타나지 않았다. 이때 난제는 음욕의 마음이 치성하였으므로 곧 죽은 말에 음행하였다. 음욕심이 없어졌으므로 곧 이렇게 생각을 지었다.

'나는 매우 선(善)하지 않구나, 이는 사문의 법이 아니다. 나는 믿음으로써 출가하였으나 바라이를 범하였다. 법복을 입고 사람들의 신심있는 보시를 먹겠는가?'

곧 법복을 벗어 오른손에 쥐고 왼손으로 얼굴을 가리고서 기원에 나아가서 여러 비구들에게 말하였다.

"장로들이여. 나는 바라이를 범하였습니다. 나는 바라이를 범하였습니다."

이때 여러 비구들은 기원정사의 문 앞에서 한가롭게 경행(經行)하였고, 스스로의 업을 사유하면서 함께 서로에게 알려 말하였다.

"이 자는 좌선(坐禪)하던 난제이고 범행을 닦던 사람이므로 마땅히 바라이를 범하지 않았을 것입니다."

난제가 다시 말하였다.

"여러 장로들이여. 그렇지 않습니다. 나는 진실로 바라이를 범하였습니다."

여러 비구들은 곧 그 인연을 물었고 난제는 앞의 일을 갖추어 말하였다. 여러 비구들이 이 일로써 갖추어 세존께 아뢰었고, 세존께서는 여러 비구들에게 알리셨다.

"이 난제인 선남자는 중죄를 범하였다고 스스로가 말하였으니, 마땅히 쫓아내도록 하라."

이때 여러 비구들이 세존의 가르침과 같이 쫓아내고서 세존께 아뢰어 말하였다.

"세존이시여. 어찌하여 장로 난제는 오랫동안 범행을 닦았으나, 이 천녀에게 미혹되어 미쳤습니까?"

세존께서는 여러 비구들에게 알리셨다.

"이 난제 비구는 다만 오늘에 천녀에게 미혹되어 범행을 퇴실한 것이 아니고, 과거 세상의 때에도 역시 그녀에게 미혹되어 범행을 잃었느니라."

여러 비구들이 세존께 아뢰어 말하였다.

"이미 일찍이 그러하였습니까?"

세존께서 말씀하셨다.

"이와 같았느니라."

세존께서는 여러 비구들에게 알리셨다.

"과거 세상의 때에 바라나라고 이름하는 성이 있었고 가시국이라고 이름하였느니라. 이때 남쪽 지방의 아반제국(阿槃提國)에 가섭(迦葉)의 성씨가 있어서 외도(外道)에 출가하였는데, 그는 총명하고 박식(博識)하여 종합적으로 여러 서적을 두루 연구하였고, 여러 묘한 기술에 밝아 열어서 통달하지 않은 것이 없었다. 그 외도는 임금을 도와서 나라를 다스렸는데, 이때 국왕은 간사한 도둑들을 잡아서 여러 종류로 죄를 다스리면서 혹은 손과 발을 자르거나, 머리칼을 자르거나, 귀와 코를 자르면서 심하게 괴롭히면서 다스렸다. 이때 그 외도는 깊이 스스로가 사유(思惟)하였다.

'나는 이미 출가하였는데 어찌하여 국왕과 함께 이러한 일에 참여하였는가?'

곧 왕에게 아뢰어 말하였다.

"나의 출가(出家)를 허락하십시오."

왕이 곧 대답하여 말하였다.

"스승께서는 이미 출가하였는데 어찌하여 비로소 다시 출가하고자 합니까?"

대답하여 말하였다.

"대왕이시여. 내가 지금 이러한 여러 종류의 형벌로 중생들을 고뇌하게 하는 것에 참여하였는데, 어찌하여 출가하였다고 이름하겠습니까?"

왕이 곧 물어 말하였다.

"스승께서는 지금 어느 도(道)에 출가하겠습니까?"

대답하여 말하였다.

"대왕이시여. 선인(仙人)에게 출가하여 배우고자 합니다."

왕이 말하였다.

"좋습니다. 뜻을 따라서 출가하십시오."

성에서 멀지 않은 곳에 백암산(百巖山)이 있었는데 흐르는 샘과 목욕하는 연못이 있었으며 꽃과 과일이 무성하였다. 곧 그 산에 정사(精舍)를 일으켜 세우고, 그 산속에서 외도를 수습하여 세속의 선정을 얻어 5신통을 얻었으며, 봄이 지난 뒤에는 달마다 여러 과일과 열매를 먹었는데 몸이 불편하면 그것을 인연하여 소변에서 부정(不淨)이 유출(流出)되었다.

이때 사슴들이 무리와 어울리고 서로 달리고 쫓으면서 갈증으로 물을 구하면서 이 소변을 마셨고 정액이 혀에 묻었으나 그 산도(産道)를 핥았다. 중생의 행보(行報)는 불가사의한 것이므로 이것을 인연하여 태(胎)를 받았고 항상 정사 옆에 있으면서 풀을 먹고 물을 마셨는데 때에 이르러 달이 찼으므로 한 작은 아이를 낳았다.

그때 가섭 선인이 나왔고 다니면서 과일을 따고 있었는데 사슴이 난산(難産)을 까닭으로 곧 크게 슬피 울고 있었다. 선인은 사슴이 우는 소리가 급한 것을 듣고 악한 벌레에게 피해를 받았다고 생각하고서 그것을 구하려 하였으나 마침내 그 사슴이 한 작은 아이를 낳고 있는 것을 보았다. 선인이 보고서 괴이하여 생각하며 말하였다.

'어찌하여 축생이 사람을 낳는가?'

급히 선정에 들어가서 사유하면서 본래의 인연을 보니, 곧 자기의 아들이었다. 그 작은 아이를 사랑하는 마음이 생겨나서 가죽옷으로 감싸고 돌아와서 길렀다. 선인이 안고 들어와서 어미 사슴의 젖을 먹었고 점점 장대하였으므로 녹반(鹿斑)이라고 이름하였다. 어미를 의지하여 태어난 까닭으로 몸의 반점이 어미와 비슷하였고 이러한 까닭으로 녹반이라고 이름하였다. 이 동자(童子)가 점점 장대하여서 7살이 되어서 존장(尊長)들에게 공손하였고 인애(仁愛)하였으며 효성스럽고 자비스럽게 수과(水果)를 채취하여 선인을 공양하였다. 이때 선인은 생각하며 말하였다.

"천하에 가장 두려운 것으로 여인을 넘어가는 것이 없구나."

곧바로 가르치고 훈계하며 아들에게 말하였다.

"천하에 가장 두려운 것으로 여인을 넘어가는 것이 없느니라. 바른 것을 패배시키고 덕을 무너트리는 것은 여인이 아닌 것은 없느니라."

이 동자를 선정으로써, 5신통으로써 가르치고 교화하였는데, 게송에서 말한 것과 같다.

일체 중생의 부류들은
죽음에 돌아가지 않음이 없으니
그가 지은 업을 따라서 나아가고
스스로가 그것의 과보를 받는다네.

선하였던 자는 천상에 태어나고
악하였던 자는 지옥에 들어가며
도를 행하고 범행을 닦았다면
누진으로 열반을 얻는다네.

그때 선인은 곧 목숨을 마쳤다. 이 아이가 청정하게 범행을 닦아서 외도의 사선(四禪)을 얻었고, 5신통을 얻어 큰 신력(神力)이 있었기에, 능히 산을 옮기고 물의 흐름을 멈추며 해와 달을 어루만졌다. 그때 석제환인(釋提桓因)이 흰 용과 코끼리를 타고 세상을 다니면서 생각하였다.

'누가 부모에게 효순(孝順)하고 사문과 바라문을 공양하며 능히 범행자

에게 보시와 지계를 닦고 있는가?'

세계를 다니면서 생각하였고 이 선인의 동자를 보고서 천제석(天帝釋)은 생각하며 말하였다.

"만약 이 동자가 천제석이나 범천왕(梵天王)을 구하고자 한다면 모두 능히 얻을 수 있을 것이다. 마땅히 일찍 무너트려야겠다."

게송에서 말한 것과 같다.

여러 천인들과 세간 사람들인
일체 중생의 부류들은
얽매이지 않는 자가 없으므로
목숨을 마치면 악도에 떨어진다네.

모두 간탐(慳貪)과 질투의 두 가지에 얽매이는 것이다. 여러 천인에게는 세 번의 때에 북(鼓)을 울렸는데, 여러 천인들이 아수라(阿修羅)와 싸우는 때에는 첫째의 북을 울렸고, 구비라원(俱毘羅園)에 여러 꽃이 피었을 때는 둘째의 북을 울렸으며, 선법강당(善法講堂)에 모여서 선법을 들을 때에는 셋째의 북을 울렸다. 석제환인이 설법의 북을 울렸으므로 무수(無數)한 백천의 천자(天子)들이 모두 와서 함께 아뢰었다.

"제석천왕이여. 무엇을 교회(敎誨)하고자 칙명하셨습니까?"

제석이 알려 말하였다.

"염부제(閻浮提)에 어느 선인인 동자는 녹반이라고 이름하는데, 큰 공덕이 있으므로 방편으로 그를 무너뜨리고자 하오."

이때 무수한 천자들은 이 말을 듣고서 즐겁지 않았다. 곧 스스로가 생각하며 말하였다.

"이 사람을 무너트린다면 장차 여러 천인의 대중을 감손(減損)시키고 아수라를 늘어나게 할 것이다. 평등한 마음의 가운데에 있다면 마땅히 성공과 실패도 없을 것이고 머무름도 없을 것이다."

또한 다시 환희(歡喜)하면서 그를 무너트리려고 돕고자 하였는데, 어느 한 천자가 외치면서 이렇게 말하였다.

"누가 마땅히 행하겠습니까?"

이때 누가 대답하여 말하였다.

"이것은 마땅히 천녀(天女)가 행해야 하오. 이것은 여러 천인들이 여러 유람(遊觀)하는 동산의 환희원에 있는 자이거나, 잡색원(雜色園)에 있는 자이거나 추삽원(麤澁園)에 있는 자인 천녀가 마땅히 행할 수 있소. 곧 그녀들을 부르시오."

마땅히 때에 백·천의 천녀들이 모두 와서 모였는데, 그중 한 천녀는 아람부(阿藍浮)라고 이름하였다. 그녀는 머리카락이 잡색(雜色)으로 푸르며 노랗고 붉으며 하얀 색의 네 가지가 있었던 까닭으로 잡색이라고 이름하였다. 이 천녀를 뽑았고 가서 염부제의 녹반 동자를 무너트리게 하였다. 이때 그 천녀가 제석에게 말하였다.

"저는 스스로가 옛날부터 자주 범행인(梵行人)을 무너트려서 신통을 잃게 하였습니다. 원하건대 나머지의 천녀가 단정(端正)하고 매우 좋으며 사람을 즐겁게 한다면 다시 보내십시오."

이때 제석이 다시 대중의 가운데에서 여러 종류의 게송을 설하여 천녀인 아람부에게 권유하였다.

"그대가 행하여서 구사빈두(俱舍頻頭)를 무너트리시오."

[『생경(生經)』의 가운데에서 말한 것과 같다.] 이 천녀는 곧 선인이었던 동자를 무너트렸느니라."

세존께서 여러 비구들에게 알리셨다.

"그때의 선인이었던 동자 구사빈두가 어찌 다른 사람이겠는가? 지금 참선하는 난제이고, 천녀인 아람부는 지금의 이 천녀이니라. 난제가 일찍이 그녀에게 무너졌고, 지금 비구가 되었어도 다시 그녀에게 무너졌느니라."

그때 세존께서는 다시 여러 비구들에게 말씀하셨다.

"나아가 비인(非人)의 가운데에서도 범한다면 역시 바라이를 범하나니, 마땅히 함께 머물 수 없느니라."

　다시 다음으로 세존께서는 왕사성(王舍城)에 머무셨으며, 자세한 설명은 앞에서와 같다.

　이때 여러 비구들은 여러 처소에서 하안거(夏安居)하였고, 안거를 마치고 왕사성으로 나아가서 세존께 예경하고 문신하였으며 각자 처소를 따라서 즐겁게 머물렀다. 혹은 비파라(毘婆羅) 정사에 머물렀고, 혹은 백산(白山) 정사에 머물렀으며, 혹은 방산(方山) 정사에 머물렀고, 혹은 선인굴(仙人窟)에 머물렀으며, 혹은 기사굴산굴(耆闍崛山窟)에 머물렀고, 혹은 변재암굴(辯才巖窟)에 머물렀으며, 혹은 구리원(拘利園) 정사에 머물렀고, 혹은 뇌타원(賴吒園) 정사에 머물렀으며, 혹은 사자원(師子園) 정사에 머물렀고, 혹은 칠엽원(七葉園) 정사에 머물렀으며, 혹은 온천(溫泉) 정사에 머물렀고, 혹은 산개굴(散蓋窟)에 머물렀으며, 혹은 암라굴(菴羅窟)에 머물렀고, 혹은 비시굴(卑尸窟)에 머물렀고, 혹은 원후(猿喉) 정사에 머물렀다.

　이때 어느 객비구가 이 원후 정사에 이르렀고 먼저 머물던 지식(知識) 비구의 처소에 나아가서 함께 서로가 위로(慰勞)하였다. 서로가 위로를 마치고 구주비구(舊住比丘)는 씻을 물을 공급(供給)하여 손발을 씻게 하였고 장(漿)을 주었으며 방사(房舍)를 보여주었다. 이때 객비구는 각자 쉬는 곳을 얻었다.

　그때 그 산 위에 한 마리의 암컷 원숭이가 있었는데 산 위에서 내려와서 구주비구의 앞에 이르러 앞과 뒤에 머물면서 음행하는 모습을 나타내었다. 이때 구주비구가 그 원숭이를 꾸짖어 쫓아냈는데, 이와 같이 다시 나머지의 비구들에게 이르러 앞과 뒤에 머물면서 음행하는 모습을 나타내었다. 이때 객비구는 이렇게 생각을 하였다.

　'축생의 법은 매우 두렵구나. 지금 쫓았는데도 떠나가지 않으니, 이것은 반드시 까닭이 있다. 이 가운데에서 장차 이 암컷 원숭이와 부정행을 짓지 않은 것이 없었겠는가?'

　이때 객비구가 구주비구에게 말하였다.

　"장로여. 나는 지금 떠나가겠으니, 그대는 평상과 요(褥)를 다시 거두시오."

구주비구가 말하였다.

"여러 장로들이여. 지금 이 주처(住處)에는 좋은 평상·요·전식(前食)·후식(後食)이 있어서 안은(安隱)하고 쾌락(快樂)합니다. 부디 마음을 돌려서 이곳에 함께 머무르시오."

대답하여 말하였다.

"머물 수 없소."

구주비구가 은근하게 세 번이나 청하였으나 객비구들은 그의 청을 받아들이지 않았다. 이렇게 떠나가는 때에 객비구들이 마음에 의심이 없는 자들은 곧 나가서 떠나갔고, 마음에 의심이 있는 자들은 곧 가까운 곳에 몸을 숨기고 함께 그것을 살폈다. 그때 구주비구는 객비구들이 떠난 것을 보고서 곧 와구(臥具)를 거두었으며 와구를 거두고 발을 씻고서 앉았다. 그때 산 위의 암컷 원숭이가 다시 그 산에서 내려와서 구주비구의 앞과 뒤에 머물렀고, 이때 비구는 이 암컷 원숭이와 함께 비법(非法)을 행하였다. 객비구들이 멀리서 보고서 함께 서로에게 의논하여 말하였다.

"우리들이 의심하던 것이 지금 드러났습니다."

이러한 인연으로써 가서 세존께 아뢰었다.

"장미원(長尾園) 가운데에서 구주비구가 이와 같은 악법(惡法)을 지었습니다."

세존께서 말씀하셨다.

"이 비구를 불러오라."

왔으므로 세존께서 비구에게 물으셨다.

"그대가 진실로 이러한 일을 지었는가?"

대답하여 말하였다.

"진실입니다. 세존이시여."

세존께서 비구에게 알리셨다.

"그대는 세존께서 계율을 제정하여 음법을 행하지 못하도록 하였던 것을 알지 못하는가?"

"세존이시여, 저는 계율을 제정하셨으나 사람과 비인(非人)과는 음행할 수 없다고 알았고, 축생은 아니라고 생각하였습니다."

세존께서 말씀하셨다.

"비구가 축생을 범한 자는 역시 바라이이니라. 비구가 마땅히 세 가지를 알았다면 바라이를 범하는 것이니, 무엇이 세 가지인가? 첫째는 사람이고, 둘째는 비인이며, 셋째는 축생이니라."

다시 다음으로 세존께서는 사위성(舍衛城)에 머무셨으며, 자세한 설명은 앞에서와 같다.

어느 한 비구가 때에 이르자 취락에 들어가는 옷을 입고 발우를 지녔으며, 성안에 들어와서 차례대로 걸식하면서 한 집에 이르렀다. 어느 한 여인이 비구에게 말하였다.

"들어오세요. 대덕이시여. 함께 이러한 일을 지으시죠."

대답하여 말하였다.

"세존께서 계율을 제정하시어 음행할 수 없소."

여인이 다시 말하였다.

"상도(常道)25)의 가운데에서는 행할 수 없으나, 스스로가 비도(非道)26)의 가운데에서는 행할 수 있습니다."

이때 이 비구는 곧 그 여인과 함께 비도에 음행하였고, 음행이 끝나자 곧 깊은 의심과 후회가 일어나서 세존께 가서 아뢰었다.

세존께서는 비구에게 알리셨다.

"그대는 세존께서 계율을 제정하여 음행하지 못하도록 하였던 것을 알지 못하는가?"

"세존이시여, 저는 계율을 제정하셨으나 상도에 음행할 수 없다고 알았고, 비도는 아니라고 생각하였습니다."

세존께서 알리셨다.

---

25) 여성의 음부(陰部)를 가리키는 말이다.
26) 음부를 제외한 다른 부분을 가리키는 말이다.

"비도에 음행하여도 역시 바라이를 범하느니라."

다시 다음으로 세존께서는 사위성에 머무셨으며, 자세한 설명은 앞에서와 같다.

어느 한 비구가 때에 이르자 취락에 들어가는 옷을 입고 발우를 지녔으며, 성안에 들어와서 차례대로 걸식하면서 한 집에 이르렀다. 그때 집안에 어느 한 남자가 비구에게 말하였다.

"이전에 대덕께서는 함께 이와 같은 일을 짓고자 왔었습니다."

비구가 대답하여 말하였다.

"세존께서 계율을 제정하시어 음행할 수 없소."

그가 말하였다.

"나는 계율을 제정하시어 여인과 함께 음행하지 못하도록 하였다고 알고 있습니다. 그러나 나는 남자입니다."

그 비구가 곧 그의 뜻을 따랐고, 그의 뜻을 따라서 음행하였으나, 의심과 후회가 일어나서 갖추어 세존께 아뢰었다. 세존께서는 비구에게 알리셨다.

"그대는 세존께서 계율을 제정하여 음행하지 못하도록 하였던 것을 알지 못하는가?"

"세존이시여. 저는 계율을 제정하셨으나 여인과 함께 음행하지 못한다고 알았고, 남자는 아니라고 생각하였습니다."

세존께서 말씀하셨다.

"비구여. 남자도 역시 바라이를 범하느니라."

다시 다음으로 세존께서는 사위성에 머무셨으며, 자세한 설명은 앞에서와 같다.

어느 한 비구가 때에 이르자 취락에 들어가는 옷을 입고 발우를 지녔으며, 성안에 들어와서 차례대로 걸식하면서 한 집에 이르렀다. 그때 어느 한 황문(黃門)27)이 비구에게 말하였다.

"이전에 대덕께서는 함께 이와 같은 일을 짓고자 왔었습니다."
비구가 대답하여 말하였다.

"세존께서 계율을 제정하시어 음행할 수 없소."
그가 말하였다.

"나는 계율을 제정하시어 남자나 여인과 함께 음행하지 못하도록 하였
다고 알고 있습니다. 그러나 나는 남자도 여인도 아닙니다."

그 비구가 곧 그의 뜻을 따랐고, 그의 뜻을 따라서 음행하였으나,
의심과 후회가 일어나서 갖추어 세존께 아뢰었다. 세존께서는 비구에게
알리셨다.

"그대는 세존께서 계율을 제정하여 음행하지 못하도록 하였던 것을
알지 못하는가?"

"세존이시여. 저는 계율을 제정하셨으나 남자나 여인과 함께 음행하지
못한다고 알았고, 지금 이 황문은 남자나 여인이 아니라고 생각하였습니
다."

세존께서 말씀하셨다.

"비구여. 황문도 역시 바라이를 범하느니라. 비구가 마땅히 세 곳을
범한다면 바라이를 범하나니, 무엇이 세 가지인가? 첫째는 남자이고,
둘째는 여인이며, 셋째는 황문이니라."

다시 다음으로 세존께서는 비사리성에 머무르셨으며, 자세한 설명은
앞에서와 같다.

어느 한 비구가 때에 이르자 취락에 들어가는 옷을 입고 발우를 지녔으
며, 성안에 들어와서 차례대로 걸식하면서 한 집에 이르렀다. 어느 한
여인이 비구에게 말하였다.

"이전에 대덕께서는 함께 이와 같은 일을 짓고자 왔었습니다."
비구가 대답하여 말하였다.

---

27) 남자로서 남근(男根)을 갖추고 있지 않거나, 남근이 불완전한 자를 가리킨다.

"세존께서 계율을 제정하시어 음행할 수 없소."

여인이 말하였다.

"나는 그대가 옷을 입은 몸이고 내가 곧 옷을 벗으면 죄를 얻지 않는다고 알고 있습니다."

그 비구가 곧 그의 뜻을 따랐고, 그의 뜻을 따라서 음행하였으나, 의심과 후회가 일어나서 갖추어 세존께 아뢰었다. 세존께서는 비구에게 알리셨다.

"그대는 세존께서 계율을 제정하여 음행하지 못하도록 하였던 것을 알지 못하는가?"

"세존이시여. 저는 계율을 제정하셨으나 제가 다만 옷을 입은 몸이고 여인이 옷을 벗은 모습이라면 범한 것이 아니라고 생각하였습니다."

세존께서 알리셨다.

"(그대가) 옷을 입었고 (여인은) 옷을 벗었더라도 역시 바라이를 범하느니라."

다시 다음으로 세존께서는 비사리성에 머무셨으며, 자세한 설명은 앞에서와 같다.

어느 한 비구가 때에 이르자 취락에 들어가는 옷을 입고 발우를 지녔으며, 성안에 들어와서 차례대로 걸식하면서 한 집에 이르렀다. 어느 한 여인이 비구에게 말하였다.

"이전에 대덕께서는 함께 이와 같은 일을 짓고자 왔었습니다."

비구가 대답하여 말하였다.

"세존께서 계율을 제정하시어 음행할 수 없소."

여인이 말하였다.

"나는 그대가 다만 옷을 벗은 몸이고 내가 옷으로 몸을 덮었다면 죄를 얻지 않는다고 알고 있습니다."

그 비구가 곧 그의 뜻을 따랐고, 그의 뜻을 따라서 음행하였으나, 의심과 후회가 일어나서 갖추어 세존께 아뢰었다. 세존께서는 비구에게 알리셨다.

"그대는 세존께서 계율을 제정하여 음행하지 못하도록 하였던 것을 알지 못하는가?"

"세존이시여. 저는 계율을 제정하셨으나 다만 그녀가 옷으로 몸을 덮었고 제가 옷을 벗은 모습이라면 범한 것이 아니라고 생각하였습니다."

세존께서 말씀하셨다.

"그녀가 옷으로 몸을 덮었고 그대가 옷을 벗고서 음행하였어도 역시 바라이를 범하며, 나아가 참깨(胡麻)와 같이 들어갔더라도 역시 바라이를 범하느니라."

다시 다음으로 세존께서는 사위성에 머무셨으며, 자세한 설명은 앞에서와 같다.

그때 한 비구가 다른 지방에서 왔는데, 몸이 크게 생겨나서 스스로가 후도(後道)[28]에 음행하였다. 음행하고서 의심과 후회가 일어나서 갖추어 세존께 아뢰었다. 세존께서는 비구에게 알리셨다.

"그대는 세존께서 계율을 제정하여 음행하지 못하도록 하였던 것을 알지 못하는가?"

"저는 세존께서 계율을 제정하시어 다른 사람과의 음욕을 금하셨으나, 스스로 자위하는 것은 아니라고 생각하였습니다."

세존께서 말씀하셨다.

"자기에게 음행하여도 역시 바라이이니라."

다시 다음으로 세존께서는 사위성에 머무셨으며, 자세한 설명은 앞에서와 같다.

그때 한 비구가 남방(南方)에서 왔는데 이전에 광대(伎兒)였다. 지절(支節)이 매우 유연하고 음욕이 치성하였으므로 곧 스스로가 입속에 음행하

---

28) 항문을 가리키는 말이다.

였다. 음행하고서 의심과 후회가 일어나서 갖추어 세존께 아뢰었다. 세존께서는 비구에게 알리셨다.

"그대는 세존께서 계율을 제정하여 음행하지 못하도록 하였던 것을 알지 못하는가?"

"저는 세존께서 계율을 제정하셨으나, 스스로 입에 하는 것은 아니라고 생각하였습니다."

세존께서 말씀하셨다.

"스스로 입에 음행하여도 역시 바라이이니라. 비구가 입과 대(大)·소변도(小便道)의 세 곳에 음행한다면 모두 바라이를 범하느니라."

다시 다음으로 세존께서는 왕사성에 머무셨으며, 자세한 설명은 앞에서와 같다.

어느 한 비구가 때에 이르자 취락에 들어가는 옷을 입고 발우를 지녔으며, 성안에 들어와서 차례대로 걸식하면서 한 음녀의 집에 이르렀다. 음녀가 비구에게 말하였다.

"대덕이여. 이전에는 함께 이러한 일을 지었습니다."

비구가 말하였다.

"세존께서 계율을 제정하시어 음행할 수 없소."

여인이 대답하여 말하였다.

"나도 역시 비구가 음행한다면 아니된다고 알고 있습니다. 다만 몸 안에서 음행하고 밖으로 부정을 쏟아내세요."

그 비구가 곧 그의 뜻을 따랐고, 그의 뜻을 따라서 음행하였으나, 의심과 후회가 일어나서 갖추어 세존께 아뢰었다. 세존께서는 비구에게 알리셨다.

"그대는 세존께서 계율을 제정하여 음행하지 못하도록 하였던 것을 알지 못하는가?"

대답하여 말하였다.

"세존이시여. 저도 계율을 제정하신 것을 알고 있습니다. 다만 몸

안에서 음행하였고 부정을 밖으로 쏟았습니다."

세존께서 말씀하셨다.

"몸 안에서 음행하고 부정을 밖으로 쏟아내거나, 몸 밖에서 음행하고 몸 안에 정액을 쏟아내었어도, 나아가 참깨와 같이 들어갔다면 역시 바라이를 범하느니라."

다시 다음으로 세존께서는 왕사성에 머무셨으며, 자세한 설명은 앞에서와 같다.

이때 북방에 있던 여러 상인(商客)들이 먼 지방을 따라서 와서 이르렀으며 이렇게 사유하였다.

'우리들이 그곳에서 오면서 안은하게 이곳에 이르면서 도둑들의 환란을 만나지 않았으니 마땅히 스스로가 축하해야겠다.'

곧 여러 종류의 음식을 준비하고 여러 악기들을 모아서 스스로가 즐기고자 하였다. 그때 왕사성 가운데에는 5백의 음녀(婬女)가 함께 한 곳에 있었다. 이때 상인들이 심부름꾼을 보내어 가장 뛰어나고 제일인 음녀에게 말하였다.

"그대가 와서 우리들과 오락하세."

음녀가 대답하여 말하였다.

"나는 이전에 왕과 약속하여 밤이 되면 곧 가서 묵을 것입니다. 그대들이 만약 보고자 낮에 부른다면 마땅히 서로에게 가겠습니다."

상인들이 분노하여 말하였다.

"무지(無知)한 폐물(弊物)아! 그대가 항상 왕의 처소에 이르더라도 무엇을 얻겠는가? 그대가 지금 만약 와서 우리들과 오락한다면 우리들은 마땅히 그대에게 여러 종류의 보물을 많이 주겠다."

이때 음녀는 보물을 탐내었던 까닭으로 곧 상인들에게 허락하였고, 곧 거짓으로 한 단정한 여노비를 장엄하여 보내어 왕에게 나아가게 하면서 곧 여노비에게 칙명하여 말하였다.

"그대가 왕의 처소에 나아가서 좋은 방편으로 나의 형상과 같게 지어서 왕이 내 몸이 아닌 것을 알지 못하도록 하라."

이때 왕은 목욕하고 장엄하였으며 그 음녀를 기다리면서 늦는다고 생각하였는데 잠깐 사이에 곧 이르렀다. 왕은 멀리서 여노비가 오는 것을 보았고 곧 그녀가 아닌 것을 알고서 언짢아서 꾸짖어 말하였다.

"그대는 누구인데 이곳에 이르렀는가?"

여노비는 이때 두려워서 사실대로 왕에게 아뢰었다.

"북방의 상객이 보물을 가지고 멀리서 왔습니다. 큰 보물을 가지고 저의 대가(大家)에게 많이 주었고, 대가는 그 재물이 매우 이익이었던 까닭으로 저를 보내어 왔으며, 다음으로 이전 약속에 왕께서 알지 못하시기를 바랐습니다."

왕은 여노비의 말을 듣고 곧 크게 성내면서 꾸짖어 말하였다.

"어느 패악한 여자가 감히 나를 속이고자 하는가?"

곧 사자(使者)를 보내어 그녀의 여근(女形)을 자르게 하였다. 이때 상인들은 멀리서 사자가 오는 것을 보았다. 왕의 처소에서 보냈다고 알았고 곧 빠르게 달아났으며 사자는 곧 음녀를 붙잡아 여근을 자르고 떠나갔다. 왕의 사자가 이미 돌아갔으므로 상인들이 곧 돌아왔고 음녀가 이와 같음을 보고 마음에서 각자 불쌍하게 생각하였으며 뛰어난 의사에게 크게 보상하여 그 상처를 치료하게 하였다. 이 의사가 여러 방법으로 치료하여 마침내 평소처럼 회복하였다. 이때 존자 우바리(優波離)가 이 음녀의 인연을 알았고 어느 때에 세존께 물었다.

"만약 어느 사람이 그 여근이 잘렸는데 만약 어느 비구가 파괴된 여근의 가운데에 음행하면 바라이를 범합니까?"

세존께서 말씀하셨다.

"바라이를 범하느니라."

또한 다시 물어 말하였다.

"세존이시여. 만약 몸이 잘렸는데, 나아가 이 잘린 몸에 음행하여도 바라이입니까?"

세존께서 말씀하셨다.

"투란차죄를 얻느니라."

또한 다시 물어 말하였다.

"세존이시여. 이 여근이 다시 합해졌으나 아직 낫지 않았는데 음행하면 바라이를 범합니까?"

세존께서 말씀하셨다.

"바라이를 범하느니라."

다시 다음으로 세존께서는 왕사성에 머무셨으며, 자세한 설명은 앞에서와 같다.

그때 아사세왕(阿闍世王)이 한 동자를 낳았고 우타이발타라(優陀夷跋陀羅)라고 이름하였다. 이 아이는 음부를 벌레가 먹었으므로 여러 종류의 약으로 치료하였으나 능히 치료할 수 없었다. 아이가 병을 앓는 것을 보았던 까닭으로, 이때 안아서 기르던 자가 항상 입으로 그의 음부를 빨아서 따뜻한 기운을 그곳에 불어넣었다. 그 고통이 조금은 나아졌고, 자주자주 빨아주면서 멈추지 않았다.

그곳이 따뜻한 기운을 얻으면 곧 부정이 흘러나왔고, 부정이 흘러나오면 이때는 벌레들도 부정을 따라서 나왔으므로 이 아이의 병이 나아져서 고통이 없어졌다. 이것을 쫓아서 이후에도 항상 이 방법을 배워서 입 안에서 음행하였고 이와 같이 오래 전전하여 나아가 다른 부인들까지 억지로 끌어들여 입 안에서 음행하게 하였다. 그 동자에게 부인이 있었는데 곧 이렇게 생각을 지었다.

'그가 이러한 습관을 멈추지 않는다면 마땅히 나에게도 다시 미칠 것이다. 마땅히 미리 방편을 지어서 이러한 악법을 멈추게 해야겠다.'

옷을 벗고 얼굴은 감싸고 그 몸을 드러내고서 시어머니의 처소로 가서 예배하고 문신하였다. 이때 시어머니가 꾸짖어 말하였다.

"그대는 미친 것인가? 어찌하여 이와 같은가?"

대답하여 말하였다.

"미치지 않았습니다. 다만 대가의 아들이 정상적인 법도를 버리고 입 안을 이용합니다. 이러한 까닭으로 얼굴을 덮은 것입니다."

곧 시어머니를 향하여 앞에 일을 갖추어 말하였다. 그때 궁전 안에서 전전하며 서로에게 말하였고, 궁전 밖의 집까지도 모두 들어서 알게 되었으며, 함께 입 안에서 음행하는 자가 많아졌다. 이때 왕사성에 있는 바라문과 거사들이 아사세왕의 처소에 나아가서 알려 말하였다.

"대왕이시여. 중국에 이러한 악법이 유행(流行)하고 있습니다. 어찌하여 입 안은 먹고 마시는 곳인데, 그러한데도 부정을 행하십니까?"

왕은 이러한 말을 듣고 매우 옳지 못하다고 생각하여 곧 교령(敎令)을 지었다.

"지금부터 이후로 만약 이렇게 짓거나, 다른 사람에게 시키는 자는 마땅히 그 죄를 무겁게 다스리겠노라."

그때 존자 우바리가 알았고, 어느 때에 세존께 물었다.

"만약 비구와 비구가 함께 서로 입 안에서 음행한다면 바라이를 범합니까?"

세존께서 말씀하셨다.

"함께 바라이를 범하느니라."

또한 다시 세존께 아뢰어 말하였다.

"세존이시여. 비구가 사미(沙彌)와 함께 입 안에 음행한다면 바라이를 범합니까?"

세존께서 말씀하셨다.

"비구는 바라이를 범하고, 사미는 쫓아내도록 하라."

또한 다시 아뢰어 말하였다.

"세존이시여. 비구가 백의(白衣)들과 함께 입안에 음행하면 어떠합니까?"

세존께서 말씀하셨다.

"비구는 바라이를 범하고, 백의는 그것이 무엇과 같은가를 알 것이다."

또한 세존께 아뢰었다.

"비구와 비구니가 함께 입 안에 음행한다면 그들은 바라이를 범합니까?"

세존께서 말씀하셨다.

"함께 바라이를 범하느니라."

"나아가 외도에 출가한 자와 비구가 함께 입 안에 음행한다면 어떠합니까?"

세존께서 말씀하셨다.

"비구는 바라이를 범하고, 외도에 출가한 자는 그것이 무엇과 같은가를 알 것이다."

마하승기율 제2권

동진 천축삼장 불타발타라·법현 공역
석보운 번역

2) 음계(婬戒) ② (음계의 나머지이다.)

다시 다음으로 세존께서는 사위성에 머무셨으며, 자세한 설명은 앞에서와 같다.

이때 울사니국(鬱闍尼國)에 한 남자가 있었는데 그의 아내가 삿되게 행동하면서 사람들과 함께 사통(私通)하였으므로 그는 성내면서 눈앞에서 꾸짖었다.

"뒤에도 다시 그렇다면 고통스러운 모습으로 다스리겠다."

그의 아내는 멈추지 않았고, 남편은 그녀의 음행하는 때를 엿보았고, 그 남자와 붙잡아서 함께 국왕에게 보내면서 알려 말하였다·

"대왕이시여. 이 아내가 불량(不良)하여 이 사람과 함께 사통하였습니다. 원하건대 대왕께서는 엄숙하고 고통스럽게 다스리십시오."

데리고서 왔다.

이때 왕은 대노(大怒)하여 그 유사(有司)에게 그녀의 손발을 자르고서 무덤의 가운데에 버리도록 칙명하였다.

이때 죄를 다스리는 자는 곧 무덤 사이에서 그녀의 손발을 자르고 몸을 위로 땅에 눕혀두었다. 이때 어느 비구가 무덤 사이를 경행하면서 이 여인이 벌거벗은 몸으로 땅에 누워있는 것을 보았다. 그는 올바르지 않게 사유하였고 곧 음욕의 생각이 생겨나서, 이 여인에게 말하였다.

"함께 이러한 일을 짓겠는가?"

여인이 곧 대답하여 말하였다.

"이러한 모습인데도 함께 음행하겠습니까?"

비구가 말하였다.

"그렇게 하겠소."

여인은 곧 허락하였고 곧 함께 음행하였고, 음행을 마치고서 떠나갔다. 그때 이 여인의 친족(親里)과 지식(知識)들이 함께 서로에게 의논하여 말하였다.

"마땅히 무덤가에 가서 이 여인이 죽었는지 살았는가를 살펴봅시다."

그 손발을 잘린 여자가 땅에 누워있었고 몸 위에는 오히려 새롭게 음행한 곳이 보였으므로 모두가 함께 꾸짖어 말하였다.

"그대는 고통의 가운데에서도 오히려 다시 이렇게 하였는가? 사람이 그것에 부끄러움이 없고 나아가 이와 같은가?"

그녀가 대답하여 말하였다.

"사람이 와서 핍박을 당했으니, 이것은 나의 허물이 아닙니다."

물어 말하였다.

"핍박한 자는 누구인가?"

대답하여 말하였다.

"사문인 석자(釋子)입니다."

여러 사람들은 놀라고 괴이하여 스스로가 서로에게 의논하여 말하였다.

"사문인 석자는 이 여인의 몸이 무너졌더라도 이와 같이 오히려 고의로 (음욕을) 버리지 않는데, 하물며 다시 온전한 여인이겠는가! 마땅히 함께 방호(防護)하여 문의 가까이 오지 못하도록 해야 합니다. 이러한 패배한 사람 등이 무슨 도(道)가 있겠습니까?"

그 비구는 뒤에 스스로가 의심하고 후회하면서 갖추어 세존께 아뢰었다. 세존께서는 말씀하셨다.

"비구여. 그대는 여래가 계율을 제정하여 음행하지 못하도록 하였던 것을 듣지 못하였는가?"

비구가 대답하여 말하였다.

"저는 몸이 온전한 여인에게 계율을 제정하셨다고 알았으나, 다만 이 여인은 손발이 잘려서 몸이 훼손되었습니다."

세존께서 말씀하셨다.

"손발을 자르는 자가 만약 왼손과 오른쪽 다리를 자르거나, 만약 오른손과 왼쪽 다리를 자른다면 이것을 올녀(兀女)라고 이름하며, 만약 음행하는 자는 바라이를 범하느니라."

다시 다음으로 세존께서는 사위성에 머무셨으며, 자세한 설명은 앞에서와 같다.

어느 한 비구가 기원의 가운데에서 음식을 먹고서 개안림(開眼林)의 가운데로 들어가서 좌선(坐禪)하였다. 이때 기원의 개안림의 가운데에 한 미친 여인이 땅에서 잠자고 있었는데, 바람이 불었고 옷이 날려서 형체(形體)가 드러났다. 이때 비구는 올바르지 않게 사유하였고 곧 음욕심이 마음 안에 일어나서 곧 함께 음행하였는데, 음행을 행하고서 곧 의심하였고 갖추어 세존께 아뢰었다. 세존께서는 비구에게 알리셨다.

"그대는 여래가 계율을 제정하여 음행하지 못하도록 하였던 것을 알지 못하였는가?"

비구가 대답하여 말하였다.

"저는 계율을 제정하셨다고 알고 있었으나, 다만 이 여인은 미쳐서 잠자고 있었습니다."

세존께서 말씀하셨다.

"미쳐서 잠자고 있는 여인도 역시 바라이를 범하느니라."

다시 다음으로 세존께서는 비사리성에 머무셨으며, 자세한 설명은 앞에서와 같다.

이때 한 거사의 아내가 있었는데 부모의 집에 오래 머물고 있었다. 남편의 집에서 서신(書信)을 보내어 아내에게 빨리 돌아오라고 불렀다.

아내는 돌아가면서 여러 종류의 음식을 지어서 갖고 가고자 하였고, 스스로 기구를 보내고자 하였다. 이때 바람이 칼날을 일으키고 날려서 여인의 몸을 찢었고 곧바로 목숨을 마쳤다. 비사리의 토지는 낮고 습(濕)하였으므로 죽은 사람을 오래 머무르게 할 수 없었다. 이때 종친(宗親)들이 모두 모였고, 곧 이때에 이 시체를 보냈다. 메고서 넓은 들판으로 갔으며 시체를 운반하면서 함께 서로가 의논하여 말하였다.

"마땅히 빠르게 떠나갑시다. 썩고 문드러져 사람들이 싫어하게 하지 맙시다."

시체를 운반하면서 큰 바람과 비를 만났으므로 시체를 한곳에 내려두고 풀로써 덮었으며 내일에 마땅히 와서 화장하고자 하였다. 밤에 비가 그쳤고 하늘이 맑으면서 달이 나타났다. 이때 어느 비구가 밤에 무덤 사이를 경행하면서 이곳에 이르러 지나면서 새로운 시체가 있다고 들었으나, 몸에 향을 바르고 있었으므로 곧 이것은 살아있는 사람이라고 생각하였다. 이 비구는 올바르지 못하게 사유하였고 음욕의 마음이 일어나서 곧 그 시체에 음행하였다.

음행을 행하였으나, 오히려 고의로 싫어하지 않아서 곧 시체를 매고서 스스로가 주처에 이르러 밤새워 음행하였고, 이른 아침에 문을 닫고서 취락에 들어가서 걸식하였다. 죽은 여자의 친족들은 다음 날에 향·기름·땔감을 가지고 시체를 화장하고자 본래 놓아두었던 곳에 이르렀으나 시체는 보이지도 않았고, 다시 새나 축생들이 먹었던 흔적도 찾을 수 없었다. 두루 찾았으나 찾지 못하였으므로 비구의 초암(草庵)을 열었는데, 시체가 안에 있는 것을 보았고, 시체 위에서 새롭게 음행한 곳을 보았다. 보고서 곧 서로에게 의논하여 말하였다.

"이상하구나. 사문인 석자들은 죽은 자에게도 오히려 (음욕을) 버리지 않는데, 하물며 살아있는 사람이겠는가! 지금부터 떠나가서 마땅히 각자 방호하여 사문이 사람의 집에 들어오지 못하도록 합시다. 이러한 패배한 물건 등이 무슨 도가 있겠습니까?"

그 비구는 뒤에 스스로가 의혹하여 갖추어 세존께 아뢰었다. 세존께서는 말씀하셨다.

"비구여. 그대는 여래가 계율을 제정하여 음행하지 못하도록 하였던 것을 듣지 못하였는가?"

비구가 대답하여 말하였다.

"저는 계율을 제정하셨다고 알았으나, 다만 그녀는 죽은 여인이었습니다."

세존께서 말씀하셨다.

"죽은 여자에게 음행하여도 역시 바라이를 범하느니라. 세 가지의 일로 비구가 음행하면 바라이니라. 무엇이 세 가지인가? 죽은 자·잠자는 자·잠에서 깨어난 자이니라."

그때 세존께서는 여러 비구에게 알리셨다.

"비사리성을 의지(依止)하는 비구들을 모두 모이게 하라. 열 가지의 이익을 까닭으로 여러 비구들에게 계율을 제정하여 주겠노라. 나아가 이미 계율을 들은 자는 마땅히 거듭하여 들을지니라. 만약 비구가 화합하는 승가의 가운데에서 구족계를 수지하고서 환계(還戒)하지 않았거나, 계영(戒贏)한 자는 음법을 행하는 모습을 나타내서는 아니되고, 나아가 축생과 함께 행하는 모습을 나타내서도 아니된다. 이러한 비구는 바라이를 얻었으므로 마땅히 함께 머무르지 못하느니라."

[첫째 바라이의 인연을 마친다.]

비구는 구족계를 수지하면서 구족계를 잘 수지해야 하나니, 여법(如法)하다면 수지하고 여법하지 않다면 수지하지 않으며, 화합승가에서는 수지하고 화합승가가 아니라면 수지하지 않으며, 찬탄(稱歎)한다면 수지하고 찬탄하지 않는다면 수지하지 않으며, 20명이라면 수지하고 20명이 아니라면 수지할 수 없다. 이것을 비구의 뜻이라고 이름한다.

'화합승가에서 구족계를 수지하다.'는 만약 비구가 구족계를 수지한다면 구족계를 잘 수지해야 하나니, 한 번을 아뢰고 세 번을 갈마하면서 장법(障法)이 없고, 화합승가는 별중(別衆)이 아니며, 10명의 승가를 채웠거나, 만약 넘었다면, 이것은 비구가 화합승가의 가운데에서 수계한 것이다.

'환계하지 않다.'는 먼저 환계를 밝히겠다. '환계'는 이 비구가 환계하는 때에 만약 근심하고 즐겁지 않거나, 마음으로 결정하여 사문의 법을 버리고자 하거나, 비구의 일을 행하는 것을 즐거워하지 않거나, 석종자(釋種子)를 즐거워하지 않으면서 '나는 사미(沙彌)를 짓고자 합니다. 나는 외도로 짓고자 합니다. 나는 속인을 지어서 5욕락(欲樂)을 받고자 합니다.' 라고 말하거나, 만약 비구·비구니·식차마니·사미·사미니·외도의 출가자 ·재가의 속인에게 '나는 여래를 버렸고, 법을 버렸으며, 승가를 버렸고, 학(學)을 버렸으며, 설(說)을 버렸고, 공주(共住)를 버렸으며, 공리(共利)를 버렸고, 경론(經論)을 버렸으며, 비구를 버렸고, 사문을 버렸으며, 석종(釋種)을 버렸습니다. 나는 비구가 아니고, 사문도 아니며, 석종도 아니고, 나는 사미이며, 외도이고, 속인으로 본래와 같이 5욕락을 나는 지금 그것을 받겠습니다.'라고 말하였다면 환계라고 이름한다.

무엇을 세존을 버린다고 말하는가? '세존을 버리다.'는 정각(正覺)을 버리고, 최고의 수승함을 버리며, 일체지(一切智)를 버리고, 일체견(一切見)을 버리며, 무여지견(無餘智見)을 버리고, 라후라(羅睺羅)의 아버지를 버리며, 금색신(金色身)을 버리고, 원광(圓光)을 버리며, 삼십이상(三十二相)을 버리고, 팔십종호(八十種好)를 버리는 것이다. 만약 하나하나의 세존의 명호(名號)를 버린다면 모두 세존을 버렸다고 이름한다.

이와 같이 세존을 버렸다면 계율을 버린다고 이름하지만, 만약 과거와 미래의 세존을 버리겠다고 말하였다면 이것은 계율을 버렸다고 이름하지 않고, 투란차죄(偸蘭遮罪)를 얻는다. 만약 "과거와 미래의 세존을 버린다." 라고 말하지 않고서 곧바로 "세존을 버리겠다."라고 말한다면 이것을 계율을 버린다고 이름한다. 만약 "벽지불을 버리겠다."라고 말하여도 이것을 계율을 버렸다고 이름하며, "과거와 미래의 벽지불인 세존을 버리겠다."라는 것도 같다.

또는 외도인 일체의 출가한 육사(六師)의 제자들도 각자 "불(佛)이 있다."라고 말하나니, 만약 비구가 진실로 이 세존을 버리고자 하면서 거짓으로 "외도의 세존을 버리겠다."라고 말한다면 이것을 계율을 버렸다고 이름하지 않으나 투란차죄를 얻는다. 만약 웃으면서 "세존을 버리겠다."라고 희롱한다면 월비니죄(越比尼罪)[1]를 얻는다. 만약 잘못되게 말하였거나 마음이 미쳤다면 무죄(無罪)이다.

무엇을 법을 버린다고 말하는가? '법'은 삼세(三世)에 섭수하는 것이 아니어서 그 상(相)이 항상 머무른다. 이를테면, 무위열반(無爲涅槃)은 여러 번뇌를 벗어나서 일체의 괴로움과 근심이 영원히 없어져서 남겨진 것이 없다. 만약 "이러한 법을 버리겠다."라고 말한다면 이것을 계율을 버렸다고 이름하고, 만약 "과거와 미래의 법을 버리겠다."라고 말하면 계율을 버렸다고 이름하지 않으나 투란차죄를 얻는다.

만약 "과거와 미래의 법은 버리겠다."라고 말하지 않았으나, 곧바로 "법을 버리겠다."라고 말한다면 이것을 계율을 버렸다고 이름한다. 일체의 외도들도 각자의 법이 있다. 만약 비구가 진실로 정법을 버리고자 하면서 거짓으로 "그들의 법을 버리겠다."라고 말한다면 이것을 계율을 버렸다고 이름하지 않으며 투란차죄를 얻는다. 만약 웃으면서 "법을 버리겠다."라고 희롱하였다면 월비니죄를 범한다. 만약 잘못되게 말하였거나 마음이 미쳤다면 무죄이다.

무엇을 승가(僧伽)를 버렸다고 말하는가? '승가'는 세존의 제자들이다. 승가가 규칙을 향하고 지혜를 향하며 법을 향하고, 다음으로 법은 수순법(隨順法)의 행을 향하는 것이니 이를테면, 사쌍팔배(四雙八拜)[2]·신성취(信

---

1) 비니(毘尼)에 어기는 죄로서 가벼운 죄라고 이해되며 돌길라죄와 비슷한 범주이다.

2) 초기불교의 깨달음을 얻은 성자들의 4가지 수행의 계위를 가리키며, 사도사과(四道四果), 사향사득(四向四得), 사과향(四果向), 팔보특가라(八補特迦羅) 등으로도 불린다. 수다원(須陀洹), 사다함(斯陀含), 아나함(阿那含), 아라한(阿羅漢)의 과위에 각각 향과 과를 배대하여 수다원향·수다원과, 사다함향·사다함과, 아나함향·아나함과, 아라한향·아라한과 등을 가리킨다.

成就)·계성취(戒成就)·문성취(聞成就)·삼매성취(三昧成就)·혜성취(慧成就)·해탈성취(解脫成就)·해탈지견성취(解脫知見成就) 등으로 마땅히 공경할 것이며, 무상(無上)의 복전(福田)이다.

만약 비구가 "나는 승가를 버리겠다."라고 말한다면 이것을 계율을 버렸다고 이름하고, 만약 "과거와 미래의 승가를 버리겠다."라고 말한다면 이것은 계율을 버렸다고는 이름하지 않으나 투란차죄를 얻는 것이며, 만약 과거와 미래의 승가라고 말하지 않고 곧바로 '승가를 버리겠다.'라고 말한다면 이것을 계율을 버렸다고 이름한다. 마땅히 비구 승가와 비구니 승가도 이와 같아서 만약 "내가 대중인 여러 비구를 버리겠다."라고 말한다면 이것은 계율을 버렸다고 말하지 않으나 투란차죄를 얻고, 만약 "내가 과거와 미래의 대중인 여러 비구들을 버리겠다."라고 말한다면 이것은 계율을 버렸다고 이름하지 않고 월비니죄를 얻는다.

만약 '과거와 미래의 대중인 여러 비구를 버리겠다.'라고 말하지 않고 곧바로 "대중인 여러 비구들을 버리겠다."라고 말한다면 이것은 계율을 버렸다고 이름하지 않으며 투란차죄를 얻는다. 대중인 여러 비구들과 대중인 여러 비구니들도 이와 같아서 만약 "우리들이 한 비구를 버리겠다."라고 말한다면 이것을 계율을 버렸다고 이름하지 않으나 월비니죄를 얻는다.

만약 "과거와 미래의 한 비구를 버리겠다."라고 말한다면 이것은 계율을 버렸다고 이름할 수 없으나, 월비니죄를 마음으로 참회해야 한다. "우리들은 과거와 미래의 한 비구를 버리겠다."라고 말하지 않았으나 곧바로 "한 비구를 버리겠다."라고 말한다면 이것은 계율을 버렸다고 이름할 수 없으며 월비니죄를 얻는다. 한 비구와 한 비구니도 이와 같다. 만약 "내가 화상(和上)을 버리겠다."라고 말한다면 이것을 계율을 버렸다고 이름하고, 차별하여 승가를 버렸다고 말하는 가운데에서 "내가 아사리(阿闍梨)를 버리겠다.'라고 말한다면 이것은 계율을 버렸다고 이름할 수 없으며 투란차죄를 얻는다.

만약 '내가 과거와 미래의 아사리를 버리겠다.'라고 말한다면 이것은 계율을 버렸다고 이름할 수 없으며 월비니죄를 얻는다. 만약 과거와 미래라고 말하지 않았으나 곧바로 "아사리를 버리겠다."라고 말한다면 이것은 계율을 버렸다고 이름할 수 없으며 투란차죄를 얻는다. 만약 웃으면서 "아사리를 버리겠다."라고 말하면서 희롱하여도 월비니죄를 얻는다. 만약 잘못되게 말하였거나 마음이 미쳤다면 무죄이다.

가령 외도가 "승가를 버리겠다."라고 말한다면 이것은 계율을 버렸다고 이름할 수 없으며 투란차죄를 얻는다. 만약 웃으면서 "승가를 버리겠다." 라고 말하며 희롱한다면 월비니죄를 얻는다. 만약 잘못되게 말하였거나 마음이 미쳤다면 무죄이다.

무엇을 학(學)을 버렸다고 말하는가? 학에는 세 종류가 있으니, 증상계학(增上戒學)과 증상의학(增上意學)과 증상혜학(增上慧學)이다. 증상계학은 이를테면 바라제목차를 자세하거나 간략하게 말한 것이다. 증상의학은 이를테면 구차제(九次第)[3)의 정수(正受)[4)이다. 증상혜학은 이를테면 사진제(四眞諦)[5)이다. 그 증상계학과 증상의학과 증상혜학을 모두 학이라고 이름하므로, 만약 비구가 이러한 학을 버리겠다고 말한다면 모두 계율을 버렸다고 이름하며, 앞에서 설한 가운데에서 세존을 버리겠다는 것과 같다.

세간에도 각자의 학이 있으니, 공교(工巧)[6)와 서산(書算)[7)과 기술(技術) 등을 모두 학이라고 이름한다. 만약 비구가 이러한 학을 버리고자 하면서 거짓으로 "그 학을 버리겠다."라고 말한다면 계율을 버렸다고 이름하지

---

3) 구차제정을 가리키고, 색계사선(色界四禪)과 사무색정(四無色定)과 상수멸정(想受滅定)을 포함한 아홉 단계의 수행의 계위를 말한다. 차제정(次第定)이라는 이름에서 알 수 있듯이 순차적인 단계를 나타내고 있으나, 수행의 단계는 기계적인 과정이 아니므로 건너뛸 수도 있는 것으로 이해된다.

4) 산스크리트어 samaya의 음사이고 등지(等至), 정수(正受), 정정현전(正定現前) 등으로 번역된다.

5) 산스크리트어 catvāri āryasatyāni의 음사이고, 사성제(四聖諦)를 다르게 부르는 말이다.

6) 미술·공예·문예·노래 등에 대한 재능을 가리킨다.

7) 글을 짓고 산술적으로 계산하는 것을 가리킨다.

않으며 투란차죄를 얻는다. 그 외도들도 각자 학이 있다. 비구가 이 학을 버리고자 하면서 거짓으로 "외도의 학을 버리겠다."라고 말한다면 계율을 버렸다고 이름하지 않으며 투란차죄를 얻는다. 만약 웃으면서 "학을 버리겠다."라고 말한다면 월비니죄를 얻는다. 만약 잘못되게 말하였거나 마음이 미쳤다면 무죄이다.

무엇을 설하는(說) 것을 버렸다고 말하는가? 설하는 것에는 세 종류가 있으니, 만약 14일이거나, 만약 15일이거나, 만약 중간(中間)의 포살(布薩)이다. '14일'은 겨울에 세 번째와 일곱 번째에 포살하는 것과, 봄의 세 번째와 일곱 번째에 포살하는 것과, 여름의 세 번째와 일곱 번째에 포살하는 것이다. 일 년 가운데에서 이 6번의 포살을 14일이라고 이름하고, 그 나머지 18번의 포살을 15일이라고 말하므로, 합하여 24포살이 된다. 이것을 14일과 15일 포살이라고 한다.

'중간포살'은 어느 비구가 포살하는 때에 만약 승가가 화합하지 못하였다면 한 비구가 승가의 가운데서 '만약 승가가 화합하는 때라면 마땅히 포살하겠다.'라고 창언(唱言)[8]하는 것이다. 만약 한 비구도 창언하는 자가 없다면 일체의 승가는 월비니죄를 얻으며, 한 비구라도 창언하였다면 일체의 승가는 무죄이다.

만약 15일에 화합하지 못하였다면 마땅히 초일(初日)[9]에 포살해야 하고, 초일에도 화합하지 못하였다면 2일, 나아가 12일에 포살해야 하며, 12일에도 화합하지 못하였다면 마땅히 13일에 포살해야 한다. 만약 14일에 마땅히 정포살(正布薩)해야 한다면 13일에 마땅히 중간 포살을 하지 말고 곧바로 14일에 포살해야 하나니, 중간 포살이라고 이름하고 역시 정포살이라고도 이름한다.

만약 대월(大月)[10]이라면 나아가 13일까지 화합하였다면 중간 포살을 지을 수 있으나, 만약 화합하지 못하였다면 14일에 포살할 수 없고 15일에

---

8) 대중에게 크게 외쳐서 알리며 말하는 것이다.
9) 음력 초하루인 1일을 가리킨다.
10) 음력이 30일까지 존재하는 달을 가리킨다.

포살하여야 하나니, 역시 중간포살이라고 이름하고 역시 정포살이라고도 이름한다. 왜 그러한가? 여러 날에다 포살할 수 없으므로 마땅히 격일(隔日)에 포살해야 하므로 이것을 중간포살이라 이름한다.

마땅히 14일에 포살해야 한다면 멈추고서 15일에 이를 수 없고, 마땅히 15일에 포살해야 한다면 거꾸로 14일에 할 수 없다. 만약 인연이 있어서 포살을 지었다면 14일이거나, 15일이거나, 중간포살이거나, 모두 설(說)이라고 이름한다. 만약 이와 같이 "내가 이 설을 버리겠다."라고 말한다면 이것을 계율을 버렸다고 이름하고, 앞의 '세존을 버리겠다.'라는 가운데에서 설한 것과 같다.

그 여러 외도들도 역시 각자의 설이 있다. 만약 진실로 이 설을 버리고자 하면서 거짓으로 "그 외도의 설을 버리겠다."라고 말한다면 계율을 버렸다고 이름하지 않으며 투란차죄를 얻는다. 만약 웃으면서 "이 설을 버리겠다."라고 말한다면 월비니죄를 얻는다. 만약 잘못되게 말하였거나 마음이 미쳤다면 무죄이다.

무엇을 공주(共住)를 버렸다고 말하는가? 공주에는 두 종류가 있으니, 첫째는 청정(淸淨)한 공주이고, 둘째는 비슷한 모습의 공주이다. '청정한 공주'는 대중이 모두 청정하게 함께 포살을 짓는 것이고, '비슷한 모습의 공주'는 대중이 청정하지 못하면서 청정한 모습을 지어 청정한 자와 함께 포살을 짓는 것이다. 청정한 공주와 비슷한 모습의 공주를 모두 공주라고 이름한다. 만약 "내가 공주를 버리겠다."라고 말한다면 이것은 계율을 버렸다고 이름하고, 앞의 "세존을 버리겠다."라는 가운데에서 설한 것과 같다.

그 외도들도 역시 공주가 있다. 만약 진실로 이 공주를 버리고자 하면서 거짓으로 "그 외도들의 공주를 버리겠다."라고 말하는 것은 계율을 버렸다고 이름하지 않으며 투란차죄를 얻는다. 만약 웃으면서 "이 설을 버리겠다."라고 말한다면 월비니죄를 얻는다. 만약 잘못되게 말하였거나 마음이 미쳤다면 무죄이다.

무엇을 공리(共利)를 버렸다고 말하는가? 공리에는 두 종류가 있으니,

첫째는 법의 이익이고, 둘째는 의식(衣食)의 이익이다. '법의 이익'은 받아서 외우고 묻고 대답하는 것이고, '의식의 이익'은 한 가지를 보시받는 것과 같으며, 그러한 법의 이익과 의식의 이익을 모두 공리라고 이름한다. 만약 비구가 "나는 이러한 이익을 버리겠다."라고 말한다면 이것은 계율을 버렸다고 이름하고, 앞의 "세존을 버리겠다."라는 가운데에서 자세하게 설한 것과 같다. 만약 "법의 이익을 버리겠다."라고 말한다면 이것은 계율을 버렸다고 이름하고, 앞의 "세존을 버리겠다."라는 가운데에서 자세하게 설한 것과 같다.

만약 다만 "나는 의식의 이익을 버리겠다."라고 말한다면 이것은 계율을 버렸다고 이름하지 않으며 투란차죄를 얻는다. 만약 "내가 과거와 미래의 의식의 이익을 버리겠다."라고 말한다면 이것은 계율을 버렸다고 이름하지 않으며 투란차죄를 얻는다. 만약 과거와 미래라고 말하지 않고 곧 "의식의 이익을 버리겠다."라고 말한다면 이것은 계율을 버렸다고 이름하지 않으며 투란차죄를 얻는다. 그 여러 외도들도 역시 공리가 있다.

만약 진실로 이러한 공리를 버리고자 하면서 거짓으로 '그 외도들의 공리를 버리겠다."라고 말한다면 이것은 계율을 버렸다고 이름하지 않으며 투란차죄를 얻는다. 만약 웃으면서 "이 설을 버리겠다."라고 말한다면 월비니죄를 얻는다. 만약 잘못되게 말하였거나 마음이 미쳤다면 무죄이다. 무엇을 경론(經論)을 버렸다고 말하는가? 여러 경론에는 9부(九部)가 있다. 만약 비구가 "나는 이러한 경론을 버리겠다."라고 말한다면 계율을 버렸다고 이름하고, 만약 "나는 과거와 미래의 경론을 버리겠다."라고 말한다면 이것은 계율을 버렸다고 이름하지 않으며 투란차죄를 얻는다.

만약 과거와 미래라고 말하지 않고 곧 "경론을 버리겠다."라고 말한다면 계율을 버렸다고 이름하며, 만약 기악(伎樂)을 짓는 가운데에서 세존의 말로써 가송(歌頌)을 지으면서 만약 "나는 이러한 가송의 가운데에서 세존의 말씀을 버리겠다."라고 말한다면 계율을 버렸다고 이름한다. 그 외도들도 역시 경론이 있다. 만약 진실로 이러한 경론들을 버리고자 하면서 거짓으로 "그들의 경론을 버리겠다."라고 말한다면 이것은 계율을 버렸다고 이름하지 않으며 투란차죄를 얻는다. 웃으면서 "경론을 버리겠다."라고 말한다면 월비니죄를 얻는다. 만약 잘못되게 말하였거나 마음이 미쳤다면 무죄이다.

다시 다음으로 만약 비구가 "나는 세존을 버리겠고 세존께서는 나를 버렸으며, 나는 세존을 떠나겠고 세존께서는 나를 떠났으며, 나는 세존과 멀어졌고 세존께서는 나와 멀어졌으며, 나는 세존을 싫어하고 세존께서는 나를 싫어하며, 나는 세존을 벗어나겠고 세존께서는 나를 벗어나셨다."라고 말한다면 이것은 모두 계율을 버렸다고 이름하고, 나아가 여러 경론을 버리는 것도 역시 이와 같으며, 이것을 환계(還戒)라고 이름한다.

환계가 아닌 것은 만약 성을 내었거나, 만약 갑자기 말하였거나, 만약 혼자서 말하였거나, 만약 명료하게 말하지 않았거나, 만약 다툼을 인연으로 말하였거나, 만약 혼자서 생각하여 말하였거나, 만약 앞의 사람들에게 말하였어도 이해하지 못하였거나, 만약 자는 사람을 향하여 말하였거나, 미친 자를 향하여 말하였거나, 고뇌(苦惱)하는 자를 향하여 말하였거나, 어린아이를 향하여 말하였거나, 비인(非人)을 향하여 말하였거나, 축생을 향하여 말하였으며, 이와 같이 여러 환계를 말하여도 이것은 계율을 버렸다고 이름하지 않는다.

'계영(戒羸)'은 그가 '나는 불·법·승을 버리는 것보다 못하고, 여러 경론을 버리는 것보다 같지 못하다.'라고 이렇게 생각을 짓거나, 그가 다시 '나는 마땅히 사미를 짓거나, 속인을 짓거나, 외도를 지어야겠다.'라고 이렇게 생각을 지으면서 그는 마음으로 생각하고 입으로 말하면서도 결정하지 못하였으나, 다른 사람에게 말한다면 이것을 계영이라 이름한다. 만약 계영의 일을 말하는 자는 말마다 투란차죄를 얻는다. 다시 마음으로 생각하고서 "나는 세존을 버리는 것보다 같지 못하다."라고 입으로 말하였거나, 나아가 "나는 본래 속인이 짓는 것보다 같지 못하다."라고 말하였거나, 다시 "나는 세존을 버리는 것이 수승하다.'라고 말하거나, '나는 본래 속인으로 수습하던 것이 수승하다.'라고 말한다면 이것을 '계영'이라고 이름한다. 만약 계영의 일을 말한다면 말마다 투란차죄를 얻는다. 이것을 계영이라고 이름한다.

만약 계영인 음법(婬法)을 행하는 것에서 '음법'은 이를테면, 생명이 있는 여인과 함께 세 곳에 음행하여 처음과 중간과 뒤에서 즐거움을 받는 이것을 음법을 행한다고 이름한다. 만약 비구가 계영인 음행의 법을 행한다면 바라이를 얻으므로 마땅히 함께 머무를 수 없느니라. 생명이 있는 여인이거나, 죽은 여인에게 세 곳에서 음행하여 처음과 중간과 뒤에 쾌락을 받았거나, 이와 같이 비인(非人)의 여인으로서 생명이 있거나 죽었거나, 축생의 암컷으로 생명이 있거나 죽은 것의 세 곳에서 음행하여 세 때에 즐거움을 받는다면, 이러한 비구는 바라이를 얻으므로 마땅히 함께 머무를 수 없느니라.

만약 생명이 있는 남자이거나, 죽은 남자에게 두 곳에서 음행하여 세 때에 쾌락을 받았다면 바라이를 얻으므로 마땅히 함께 머무를 수 없느니라. 만약 생명이 있는 황문(黃門)이거나, 죽은 황문이거나, 비인(非人)의 황문으로서 생명이 있거나 죽었거나, 축생의 황문으로 생명이 있거나 죽은 것의 두 곳에서 음행하여 세 때에 즐거움을 받는다면, 바라이를 얻으므로 마땅히 함께 머무를 수 없느니라.

'축생'은 코끼리와 말로부터 나아가 닭에 이르는 것이다. 만약 이러한 축생들을 범하는 자는 바라이를 얻고, 몸이 큰 코끼리로부터 나아가 몸이 작은 닭에 이르렀다면 투란차죄를 얻으며, 만약 몸이 작은 코끼리로부터 몸이 큰 닭에 이르렀다면 바라이를 얻는다. 이러한 까닭으로 나아가 축생과 함께 음행하더라도 바라이를 얻는다고 말하느니라.

'바라이'는 법의 지혜에서 퇴전(退沒)하고 타락(墮落)하여 도과분(道果分)이 없다면 바라이라고 이름한다. 이와 같이 미지지(未知智)·등지(等智)·타심지(他心智)와   고습진도지(苦習盡道智)·진지(盡智)·무생지(無生智) 등의 그 여러 지혜에서 퇴전하고 타락하여 도과분이 없으므로 이것을 바라이라고 이름한다. 또한 다시 바라이는 열반에서 퇴전하고 타락하여 증과분(證果分)이 없으므로 이것을 바라이라고 이름하며, 범행(梵行)에서 퇴전하고 타락하여 도과분이 없으므로 이것을 바라이라고 이름한다.

또한 다시 바라이는 범한 죄를 드러내고 참회하지 않게 하는 까닭으로 바라이라고 이름한다.

그러니 만약 비구가 염오심(染汚心)으로써 여인을 바라본다면 월비니죄를 얻으므로 마음으로 참회해야 한다. 만약 눈으로 보았거나, 만약 소리를 들었어도 월비니죄를 범하고, 각자 나신(裸身)으로 서로를 접촉하면 투란차죄를 얻으며, 나아가 호마(胡麻)11)와 같이 삽입하였어도 바라이를 범한다. 만약 그녀의 몸이 컸으므로 비록 들어갔으나 그녀의 주변을 접촉하지 않았다면 투란차죄를 범한다.

중생은 한 길(一道)이 있는데 이것을 따라서 음식을 먹고 이것이 대소변의 길이다. 만약 중생이 살았거나, 죽었거나, 만약 이 중생에게 음행하여 처음과 중간과 뒤에 즐거움을 받았다면 바라이를 범하고, 만약 여인의 몸이 잘려져서 두 부분이었는데 한 부분·한 부분에 음행하는 자는 투란차죄를 범한다. 만약 얽어매고 합쳐서 음행하는 자는 바라이를 범하고, 만약 여인이 세 부분으로 잘렸는데 비구가 아래의 부분에서 음행하면 바라이를 범하며, 가운데 부분에 음행하면 투란차죄를 범하고, 위의 부분에 음행하면 바라이를 얻는다.

만약 여인의 몸이 청어(靑瘀)12)하여 배가 부풀었는데 이곳에 음행하면 바라이를 범한다. 만약 몸이 허물어지고 문드러졌는데 음행하면 투란차죄이고, 몸이 완전히 말랐는데 음행하여도 역시 투란차죄이다. 만약 소유(酥油)와 물로써 윤기(潤氣)로 젖어있고 허물어지고 문드러지지 않았는데 음행하면 바라이를 범하고, 만약 몸이 허물어지고 문드러졌다면 투란차를 범한다.

뼈가 부러졌으나 서로 연결되어 있고 피고름이 흐르는데 음행하면 월비니죄를 범하고, 백골(白骨)이고 메말랐는데 음행하면 월비니죄를 마음으로 참회해야 한다. 돌과 나무로 조각한 여인이거나, 그림 속의 여인에게 음행하면 월비니죄를 범한다. 만약 비구가 환계하였다고 말하

---

11) 참깨와 검은깨를 통틀어 이르는 말이다.
12) 몸이 부패하여 파랗게 변한 상태를 가리킨다.

지도 않았거나, 환계하지 않았다고 말하지 않았거나, 만약 계영에서 환계
하였다고 말하지 않았거나, 환계하지 않았다고 말하지 않았거나, 곧 속인
을 지었다면 그 범한 것을 따라서 여법(如法)하게 다스려야 한다.

만약 외도를 지었고 역시 이와 같았으며, 만약 남자가 입었고 여자가
벗었거나, 남자가 입었고 여자가 벗었거나, 남자가 입었고 여자도 입었거
나, 남자가 벗었고 여자도 벗었거나, 나아가 호마와 같게 삽입하였어도
바라이를 범한다. 만약 비구가 환계하지 않았거나, 만약 계영이면서
모습을 드러내지 않았는데, 곧 속인의 형상과 의복을 지어서 죄를 범하는
자는 그 범한 것을 따라서 죄를 얻는다.

만약 비구가 비구니의 주변에서 강제로 음행하였다면 비구는 바라이를
얻고, 만약 비구니가 즐거움을 받았다면 역시 바라이를 얻는다. 만약
비구니가 비구의 주변에서 강제로 음행하였으면 비구니는 바라이를 얻고,
만약 비구가 즐거움을 받았으면 바라이를 얻는다. 만약 비구와 비구니가
전전(展轉)하면서 같이 음행하였다면 함께 바라이를 얻는다. 비구와 사미
가 전전하면서 같이 음행하였다면 비구는 바라이를 얻고, 그 사미는
쫓아내야 한다. 비구와 속인이 전전하면서 같이 음행하였다면 비구는
바라이를 얻고, 속인은 범한 것이 아니며, 나아가 외도도 역시 이와
같다.

비구에게 세 종류의 음행이 있으니 사람·비인(非人)·축생이다. 다시
세 종류가 있으니 여자·남자·황문(黃門)이다. 다시 세 종류가 있으니
상도(上道)·중도(中道)·하도(下道)이다. 다시 세 종류가 있으니 만약 깨어
있거나, 만약 잠잤거나, 만약 죽은 것이고 모두 바라이를 얻는다. 만약
비구가 잠들었거나, 마음이 미쳤거나, 선정에 들어갔는데, 어느 여인이
강제로 비구에게 나아가서 음행하였고, 그 비구가 만약 깨어나서 처음과
중간과 뒤의 세 때에 즐거움을 받았다면 바라이를 얻는다.

이 비구가 잠이 들었거나, 나아가 선정에 들어갔는데, 어느 여인이
강제로 비구에게 나아가서 음행하였고, 그 비구가 깨어나서 처음에는
즐거움을 받지 않았으나 중간과 뒤에 즐거움을 받았다면 역시 바라이를

얻는다. 비구가 잠이 들었거나, 나아가 선정에 들어갔는데, 어느 여인이 강제로 비구에게 나아가서 음행하였고, 그 비구가 깨어나서 처음과 중간에는 즐거움을 받지 않았으나 뒤에 즐거움을 받았다면 역시 바라이를 얻는다. 비구가 잠이 들었거나, 나아가 선정에 들어갔는데, 어느 여인이 강제로 비구에게 나아가서 음행하였으며, 그 비구가 깨어나서 처음과 중간과 뒤에 즐거움을 받지 않았다면 무죄이다.

'무엇을 즐거움을 받는다.'라고 말하고, 무엇을 '즐거움을 받지 않는다.' 라고 말하는가? '즐거움을 받는다.'는 비유한다면 굶주린 자가 여러 종류의 좋은 음식을 얻었는데 그 사람이 음식으로써 즐거움을 받는 것과 같다. 또는 목마른 자가 여러 종류의 좋은 마실 것을 얻었는데 그가 마시는 것으로써 즐거움을 받는 것과 같다. 즐거움을 받는 자는 역시 이와 같다. 즐거움을 받지 않는 자는 비유한다면 깨끗한 것을 좋아하는 사람에게 여러 종류의 시체를 목 위에 묶어 놓은 것과 같다. 또는 종기가 터진 곳에 뜨거운 철로 몸을 태우는 것과 같다. 즐거움을 받지 않는 자도 역시 이와 같다.

만약 비구가 음행하면서 만약 사서 얻었거나, 만약 고용해서 얻었거나, 만약 은의(恩義)로 얻었거나, 지식(知識)에게 얻었거나, 희롱(調戲)하여 얻었거나, 시험삼아 희롱하며 얻었거나, 없었어도 다시 일을 얻었거나, 이와 같은 일체를 얻어서 음행하는 자는 모두 바라이를 얻는다. 만약 마음이 미쳐서 스스로 알지 못하는 자는 무죄이다.

이러한 까닭으로 설하셨느니라.

"만약 비구가 화합승가의 가운데에서 구족계를 받고서 환계하지 않았거나, 계영하였으나 모습을 드러내지 않고서 음법을 행하고, 나아가 축생과 함께 음행하면, 이 비구는 바라이를 범하였으므로 마땅히 함께 머무를 수 없느니라."

세존께서 비사리성(毘舍離城)에서 성불(成佛)하시고서 5년째 겨울의 다섯 번째 보름(半月)의 12일에 낮의 식후에 동쪽을 향해 앉으셨는데,

(그림자가) 한 사람 절반이었다. 가란타(迦蘭陀)의 아들인 야사를 위하여
이 계율을 제정하셨고, 제정하여 마치셨으므로 마땅히 수순(隨順)하여
행하게 하셨다. 이것을 수순법(隨順法)이라고 이름한다.

[음계(婬戒)를 마친다.]

3) 도계(盜戒) ①

세존께서는 왕사성에 머무셨으며, 자세한 설명은 앞에서와 같다.

그때 와공(瓦師)의 아들인 장로(長老) 달이가(達膩伽)는 권화(勸化)하여
승방(僧房)를 세우고 여러 종류로 장엄하였는데, 높고 크며 매우 아름다웠
다. 좋은 무늬를 조각하였고 향유를 땅에 발라서 감색 유리의 색깔과
같았으며 항상 여러 종류의 음식을 준비하여 공급하였다. 이때 어느
장로 비구가 와서 달이가에게 물었다.

"장로여. 법랍이 몇 살입니까?"

대답하여 말하였다.

"그것은 몇 살입니다."

객비구가 말하였다.

"그대가 나보다 적으니, 나는 마땅히 이 가운데에서 머물겠습니다."

달이가는 상좌(上座)에게 방을 주어서 머물게 하였고, 다시 거듭하여
권화하였고 두 번째의 방사를 세웠다. 다시 어느 장로 비구가 왔고 앞에서
와 같이 차례대로 방을 주었다. 다시 거듭하여 권화하였고 세 번째의
방사를 지었는데, 다시 어느 장로 비구가 왔고 앞에서와 같이 차례로
방을 주었다. 이때에 달이가는 생각하면서 말하였다.

"내가 여러 종류의 심한 고생을 하고 방사를 지었으나 머무를 수 없구나.
나는 마땅히 어느 곳에 다시 재목(材木)과 인부를 얻어 다시 방사를
지어야 하는가? 항상 바람·비·추위·더위·모기·등에 등으로 인해 매우

고통스럽구나. 준비한 이런 방사들이 처음으로 완성되면 옆의 사람들이
기다리는 것이 고양이가 쥐를 노려보는 것과 같아서 완성되면 곧 보고서
빼앗는다. 어떻게 준비하겠는가?"

곧 이렇게 생각을 지었다.

'나는 스스로가 공교(工巧)가 있고 아울러 몸에 힘도 있으니, 마땅히
선인산굴(仙人山窟) 주변에 있는 흑석(黑石) 위에 기와집을 구워서 완성해
야겠다.'

달이가는 이렇게 생각을 짓고서 선인산굴의 주변의 흑석 위에 기와집을
구워서 완성하였고 여러 종류를 조각하였으며 그림을 그렸고 문과 창을
만들고서 창문과 문빗장과 옷의 시렁을 제외하고서 나머지는 한꺼번에
구워서 완성하였는데, 그 색깔이 매우 붉어서 우담발화(優曇鉢花)와 같았
다.

그때 세존께서는 비가 온 뒤에 하늘이 맑았으므로 기사굴산의 기슭을
왕래하면서 경행하셨다. 여래의 불안(佛眼)은 보지 못하시는 일이 없고,
듣지 못하시는 것이 없으며, 알지 못하시는 일이 없으시다. 이러한 인연으
로써 계경(契經)을 설하시어 비니(毗尼)를 오래 머물게 하시고자 하셨다.
(세존께서는) 아시면서도 일부러 여러 비구들에게 물으셨다.

"선인산굴 주변의 흑석의 위에 있는 것이 우담발화와 같은 빛깔인데
이것은 무엇인가?"

여러 비구들이 세존께 아뢰어 말하였다.

"세존이시여. 이 달이가 비구는 먼저 권화하여 승방(僧房)을 짓고서
문양을 조각하여 매우 좋게 장엄하였습니다. 완성하였으나 상좌(上座)가
차례로 받았고, 다시 두 번째와 세 번째의 승방을 지었으나 역시 다시
이와 같았습니다. 곧 선인산굴의 흑석 위에는 개인이 기와집을 구워서
지었는데 그 집의 빛깔이 묘하고 아름다워서 우담발화가 피어난 것과
같습니다. 지금 선인산굴의 흑석 위에 있는 것은 이것입니다."

그때 세존께서 아난(阿難)에게 알리셨다.

"나의 옷을 가지고 오게."

아난은 옷을 가져다가 여래께 드렸다. 그때 세존께서는 옷을 입으시고 선인산굴의 흑석 위로 가셨다. 세존께서는 최상의 위의(威儀)를 성취하셨는데 이를테면, 행주좌와(行住坐臥)이시다. 세존께서는 다시 용심(用心)하지 않으셨으나 이러한 위의를 행하셨다. 그것은 무슨 까닭인가? 업행(業行)과 공덕이 자연스럽게 수승하신데, 이것은 여러 천인(天人)이나 범천왕이 능히 미칠 수 없는 것이다. [위의는 수다라(修多羅)의 가운데에서 자세히 설한 것과 같다.]

그때 세존께서 수승한 위의로써 달이가가 기와집을 구워서 완성한 곳에 이르셨고, 천신(天神)은 집의 문이 스스로가 열리게 하였다. 그 문은 아래가 작았으나 여래께서는 평지처럼 들어가셨고, 비록 아래가 작았어도 걸리지 않고 좁지도 않았다. 그때 세존께서는 달이가가 구워서 완성한 집에 들어오셨고, 곧 금색의 완만한 손바닥을 합쳐서 집의 벽을 어루만지시면서 여러 비구들에게 말씀하셨다.

"그대들은 이 달이가 비구가 이렇게 좋은 집을 능히 잘 장엄한 것을 보았는가? 이 달이가 비구는 비록 출가하였으나 오히려 본래에 익혔던 것을 고의로 능히 싫어하지 않았고, 공교와 기술을 오히려 아직도 버리지 못하였으며, 다시 불태워서 중생들을 살상(殺傷)하였느니라. 또한 이 기와집은 추우면 매우 춥고 더우면 매우 더운 것이므로, 능히 사람의 눈을 손상시키고 사람들에게 병이 많게 하느니라.

이러한 여러 근심이 있으니, 그대들은 마땅히 이 집을 무너트려서 마땅히 미래의 여러 비구들이 이러한 집의 법을 익히지 않게 하라. 미래 세상의 비구들은 마땅히 '세존께서 머무시던 때에도 여러 비구들이 각자 스스로가 집을 지어서 머물렀다.'라고 말할 것이다. 이러한 까닭으로 마땅히 무너트려야 하느니라."

이때 여러 비구들은 곧 이 집을 무너트렸다. 세존께서는 이 집이 무너졌으므로 기사굴산으로 돌아오셨다. 이때 장로 달이가 비구는 취락을 따라서 걸식하고 돌아왔으며 집이 무너진 것을 보고서 이렇게 말하였다.

"누가 이 집을 무너트렸는가?"

이때 어느 비구가 달이가에게 말하였다.

"그대는 지금 좋은 이익을 크게 얻었습니다. 왜 그러한가? 여래께서 강림하셨고 이르러 이 집을 돌아보셨으므로, 그대는 이 집을 수용한 복을 받았습니다. 세존께서는 때를 아셨던 까닭으로 이 집을 무너트렸습니다."

이때 달이가는 이러한 말을 듣고서 희열하였고, 마음이 7일의 가운데에 이르도록 그 굶주림과 갈증을 잊었으며, 7일이 지난 뒤에 이렇게 생각을 지었다.

'나는 마땅히 어느 곳에서 다시 재목을 얻고 방사를 세워야 하는가? 병사왕(瓶沙王)의 목장대신(木匠大臣)인 야수타(耶輸陀)는 나의 본래 선지식이니, 반드시 재목(材木)이 있을 것이다.'

곧바로 옷을 입고 발우를 지니고서 취락에 들어갔고, 야수타의 집으로 나아가서 함께 서로가 위로(慰勞)하며 말하였다.

"무병하십시오. 장수(長壽)여. 내가 방사를 세우고 일으키고자 하는데, 재목이 없습니다. 그대가 능히 재목을 베풀어 주겠습니까?"

대신이 대답하여 말하였다.

"우리 집에는 재목이 없고 왕의 재목도 역시 없습니다. 만약 재목이 도착한다면 마땅히 존자에게 공급하여 주겠습니다."

달이가가 다시 말하였다.

"이러한 말을 짓지 마십시오. 어찌하여 왕가(王家)에 재목이 없다고 말합니까?"

대신이 또한 말하였다.

"존자여. 만약 믿지 못하겠다면 스스로 가서 살펴보십시오."

이때 달이가는 곧바로 나아가서 여러 재목을 구하면서 5매(枚)의 비제(飛梯)[13]가 있는 것을 보았고, 곧바로 2매를 취하였으며 가지고 돌아와서 집을 지었다. 선왕(先王)의 옛날의 법은 5일에 한 번을 다니면서 창고(府庫)

---

13) 성곽을 공격하면서 사용하던 사다리를 가리킨다.

를 살펴보았고, 금·은·보장(寶藏)·궁인(宮人)들의 의직(倚直)·코끼리와 말의 마구간·수레·무기의 수효를 살펴보는 것이다. 다음으로 목방(木坊)을 다니면서 비제의 나무 2매가 없어진 것을 보고서 곧 야수타에게 물었다.

"어찌하여 비제의 나무 2매가 없어졌는가?"

대답하여 말하였다.

"대왕이시여. 모두 있고 부족하지 않습니다."

이와 같이 두 번·세 번을 조사하였고 다시 야수타에게 물었다.

"비제의 재목이 무슨 까닭으로 부족한가?"

대답하여 말하였다.

"대왕이시여. 모두 있고 부족하지 않습니다."

왕은 곧 성내면서 말하였다.

"그대가 나의 재목을 불태웠는가? 나의 재목을 가자고 적국(敵國)에게 주었는가?"

곧 유사(有司)를 시켜서 야수타를 붙잡아서 가두었다. 야수타는 갇히고서 곧바로 사념(思念)하였다.

'근래에 존자 달이가가 일찍이 와서 재목을 찾았고, 재목이 없으므로, 나아가 가지고 떠나갔구나.'

곧바로 달이가에게 편지를 보내어 알려 말하였다.

"존자여. 일찍이 와서 재목을 찾았는데, 이 비제의 재목 2매를 가지고 떠나갔습니까?"

대답하여 말하였다.

"가지고 왔습니다."

다시 사자(使者)를 보내어 알렸다.

"존자여. 나는 앉아서 이 비제의 재목 2매를 잃은 까닭으로 붙잡혀 감옥에 갇혔습니다. 존자여. 마땅히 방편을 지어서 스스로가 허물이 없게 하고, 나도 빨리 풀려나게 하십시오."

달이가는 곧 알려 말하였다.

"그대는 다만 왕에게 아뢰십시오. '먼저 달이가 비구가 저에게 재목을

찾았으니, 혹시 능히 가지고 떠났을 것입니다. 원하건대 칙명하여 검교(撿
挍)14)하게 하십시오.'"

왕은 사자를 보내 달이가를 불렀고, 달이가는 곧 왕의 처소에 이르렀다.
장로 달이가는 사람이 단정하였고 위의와 용모가 단아(詳雅)하여 천상과
인간들이 공경하였다. 왕이 그를 보고서 곧 환희하며 물어 말하였다.

"존자 달이가여. 나의 비제의 재목 2매를 취하지 않았습니까?"

대답하여 말하였다.

"나는 취하였습니다."

왕이 말하였다.

"존자여. 어찌하여 출가한 사람으로서 주지 않는 물건을 취하였습니
까?"

달이가는 말하였다.

"대왕이시여. 먼저 주셨으므로 이것은 주지 않은 것이 아닙니다."

왕이 물었다.

"누가 주었습니까?"

대답하여 말하였다.

"대왕께서 스스로가 주신 것입니다."

왕이 말하였다.

"존자여. 나는 국왕이므로 비록 다시 일이 많으나, 그대를 보았던 기억이
없습니다. 어찌하여 주었다고 말합니까?"

달이가는 말하였다.

"대왕께서는 처음으로 왕위를 받는 때에 중국의 대신들을 모으셨고,
일체의 강물과 연못과 샘물을 모았으며, 일체의 여러 약과 일체의 종자를
물로써 적시셨고, 하얀 상아(象牙) 위의 물로 관정(灌頂)하시면서 예배하
고 왕이 되셨습니다. 대왕께서는 그때에 자신의 입으로 '내가 지금 왕이
되었으니 나라 안에서 소유한 물과 풀과 나무들을 사문과 바라문에게

---

14) '조사하여 비교한다.'는 뜻이다.

베풀겠노라.'라고 말씀하셨습니다. 이러한 까닭으로 대왕께서 주신 것이고 이것은 주지 않은 것이 아닙니다."

왕이 말하였다.

"존자여. 나는 나라 안에서 수호(守護)하는 사람이 없는 것을 주었으나, 수호하는 사람이 있는 것을 주지 않았습니다. 어찌하여 이전에 말을 의지하여 거짓의 말로 모함을 합니까?"

왕이 말하였다.

"이 야수타를 풀어주어 떠나가게 하시오."

나라 안의 여러 바라문과 존경하고 믿었던 사녀(士女)가 모두 환희하며 말하였다.

"옳도다. 존자 달이가는 방편과 지혜로 대왕에게 교묘하게 대답하여 이러한 허물을 벗어났고 또한 야수타를 안은하게 풀려나게 하였다."

이때 왕사성에서 여러 불법을 믿지 않는 자는 함께 성내면서 말하였다.

"어찌하여 이 사문 달이가는 거짓인 이치에 의지하여 왕을 속이고서 구차스럽게 죄를 벗어나는가? 지금부터 우리들의 집안에서 소유한 재목을 역시 마땅히 취하여 떠나가면서 대왕이 이전에 주었다고 말하는 것이 두렵구나. 마땅히 이것을 어떻게 하겠는가? 이와 같은 패배한 사람에게 무슨 도(道)가 있겠는가?"

여러 비구들이 이 인연으로써 갖추어 세존께 아뢰었고, 세존께서는 말씀하셨다.

"달이가 비구를 불러오라."

왔으므로 세존께서 달이가 비구에게 물으셨다.

"그대가 진실로 왕가의 비제의 재목을 취하였는가?"

대답하여 말하였다.

"진실로 취하였습니다."

세존께서 말씀하였다.

"그대는 출가한 사람으로 주지 않았는데, 어찌하여 다른 사람의 물건을 취하였는가?"

달이가가 말하였다.

"세존이시여. 왕이 먼저 주었으므로, 이것은 주지 않은 것이 아닙니다."

세존께서 말씀하였다.

"어찌하여 왕이 주었다고 말하는가?"

달이가가 말하였다.

"왕이 처음으로 왕위에 오르던 때에 자신의 입으로 말하였습니다. '나라 안에서 소유한 물과 풀과 나무들을 사문과 바라문에게 베풀겠노라.' 이러한 까닭으로 왕께서 주었던 것이고, 이것을 주지 않은 것은 아닙니다."

세존께서 말씀하였다.

"어리석은 사람이여. 왕은 수호하지 않는 것을 주었던 것이고, 수호하는 것을 주었던 것은 아니니라. 지금 이 왕가의 재목은 수호하는 사람이 있는데 어찌하여 주었다고 말하는가? 달이가여. 그대는 항상 세존께서 여러 종류의 인연으로 주지 않았는데 취한다면 꾸짖었고, 여러 종류로 주었고 뒤에 취한다면 칭찬(稱讚)하는 것을 듣지 못하였는가? 어찌하여 그대는 지금 주지 않은 것을 취하였는가? 달이가여. 이것은 법이 아니고 율이 아니며 이것은 세존의 가르침도 아니니라. 이 일로써 선법(善法)을 증장하지 못하느니라."

여러 비구들이 세존께 아뢰어 말하였다.

"세존이시여. 어찌하여 이 달이가 비구는 최초로 불여취(不與取)를 열었습니까?"

세존께서 여러 비구들에게 알리셨다.

"이 달이가 비구는 다만 오늘 최초로 불여취를 범한 것이 아니고, 과거 세상의 때에서도 일찍이 최초로 불여취를 범하였느니라."

여러 비구들이 세존께 아뢰어 말하였다.

"이전에도 그러하였습니까?"

세존께서 말씀하였다.

"이와 같았느니라. 과거 세상의 때에 이 세계의 겁이 끝났던 때이었고, 여러 중생들은 광음천(光音天)에 태어났으며, 이 세계가 다시 이루어졌으므로 광음천에서 여러 중생들이 와서 세간(世間)에 내려왔느니라. 이때 여러 천인들은 허공에 다니면서 머물렀는데, 선열(禪悅)로서 음식을 삼았으며, 쾌락하며 선하게 머물렀던 곳에 있으면서 유행하였고, 몸의 광명이 서로 비추었으므로 해와 달로써 밝히지 않았다. 그때의 중생들은 낮과 밤, 해와 달, 세수(歲數)와 시절이 없었다.

이때 물이 이미 사라졌으므로 지미(地味)가 곧 생겨났는데 하늘의 감로(甘露)와 같았다. 이때 이 맛을 욕심내는 경박하고 조급한 한 중생이 있었는데, 이 지미를 맛보고서 빛깔과 향과 아름다운 맛을 알았으며 마음에서 탐착하였다. 그 나머지의 중생들도 본받아 그것을 먹었고 역시 그 아름다운 맛을 알았으며 모두 함께 취해 먹었고 이미 먹었으므로 그들의 몸은 거칠고 무거워졌으며 신통이 퇴실(退失)하였고 광명이 모두 없어졌다.

세간은 곧 해와 달, 어두움과 밝음, 세수와 시절이 있게 되었다. 그때 중생들은 남자도 아니었고 여자도 아니었으나, 지미를 오래 먹었으므로 형색이 아울러 달라졌으며, 그것을 많이 먹은 자는 몸과 빛깔이 거칠고 추하였고, 그것을 적게 먹은 자는 몸과 형색이 단정(端正)하였다. 이때 단정한 자는 스스로 몸이 수승하다고 말하였고, 거칠고 추한 자를 보면 그들이 같지 않다고 경시하면서 단정함을 믿었던 까닭으로 곧 교만함을 일으켰으며, 교만을 일으켰던 죄를 까닭으로 지미는 곧 없어졌다. 다시 지부(地膚)가 생겨났고 맛이 순밀(純蜜)과 같았다. 이때 여러 중생들은 모두 놀라고 한탄하며 말하였다.

'어찌하여 지미가 갑자기 없어졌는가?'

곧 다시 서로가 함께 지부를 먹었는데, 그것을 많이 먹은 자는 형색이 거칠고 추하였고, 적게 먹은 자는 몸과 형색이 단정하였다. 그 단정한 자는 교만이 더욱 늘어났고 이와 같아서 뒤에 지부가 다시 없어졌다. 지부가 없어지고서 다음으로 지지(地脂)가 생겨났는데 맛은 석밀(石蜜)과 같았다. 그것을 많이 먹은 자는 거칠어졌고, 적게 먹은 자는 몸과 형색이 좋았으며, 역시 다시 이전과 같았고, 그 단정한 자는 두 배로 교만한 마음을 일으켰으며, 이 지지가 갑자기 없어졌다.

다시 지지가 없어지고서 다음으로 자연히 화생(化生)한 멥쌀(粳米)이 있었는데, 취하여도 다시 생겨나서 늘어나고 줄어드는 것을 알지 못하였다. 아침에 취하면 저녁에 다시 생겨났고 저녁에 취하면 아침에 다시 생겨났느니라.

비구들이여. 마땅히 알지니라. 이때의 여러 중생들이 지지가 없어지는 것을 보고서 마침내 우뇌(憂惱)가 생겨났는데, 비유하면 장부(丈夫)가 우뇌에 핍박을 받는 것과 같았다. 그때의 중생들은 비록 마음으로는 근심하고 두려워하였으나 스스로가 자기의 허물과 죄를 알지 못하였다.

그때의 중생들은 다시 자연히 생겨난 그 멥쌀을 먹었고 그 멥쌀을 점차 오랫동안 먹었으므로 곧 남자와 여자의 모습이 생겨났다. 다시 서로에게 염착(染着)하여 음욕이 전전하여 치성하였고 마침내 부부(夫婦)를 이루었으며, 자기와 다른 중생을 보면 성내며 때리고 집어던졌느니라.

'어찌하여 세간에 비법(非法)이 갑자기 생겨났는가? 이러한 모임은 천상의 법에서 생겨난 것이 아니다. 지금 이후부터는 마땅히 선법을 닦아서 천상의 모임에 태어나도록 하라.'"

세존께서 비구들에게 알리셨다.

"이때 어느 중생이 비법을 행하였고 참괴(慚愧)하였으나, 염오(染汚)되어 숨었으며, 혹은 하루·이틀, 나아가 한 달을 외출하지 않았느니라. 이곳에 곧 집을 짓고서 스스로가 막고서 가렸는데, 비법을 위하는 까닭이었다. 그때 중생이 곧 이렇게 생각을 지었다.

'우리들은 어찌하여 하루를 마치도록 피곤하고 괴로운가? 새벽에 함께 쌀을 취하고 아울러 내일에 먹을 것까지 취하는 것보다 못하다.'

다음 날에 어느 중생이 와서 함께 멥쌀을 취하고자 불렀고, 이 중생은 대답하여 말하였다.

"나는 어제 함께 취하였습니다."

그 중생이 말하였다.

"이것이 좋은 법이구나."

곧 서로가 본받아서 나아가 10일·20일·1개월·2개월의 양을 함께 취하였고, 탐욕의 마음으로 저축(儲蓄)하였던 까닭으로, 멥쌀이 변하여 쌀겨와 찌꺼기가 생겨났으며, 아침에 취한 곳에서는 저녁에 자라나지 않았다. 그때 중생들이 곧 함께 모였다. 이미 모였으므로 곧 서로에게 알려 말하였다.

"우리들이 본래의 때는 모두 자연스럽게 날아다녔고, 선열(禪悅)로 음식을 삼았고 쾌락하며 안온하였으며, 전전하여 지미를 먹었던 때에도 그 중생들에게 악법은 없었습니다. 악법이 일어난 까닭으로써 지미가 곧 없어졌고 지부가 생겨났으나, 지부가 이미 생겨났어도 오히려 향기롭고 또한 맛이 있었으며, 다음으로 지지가 생겨났고 나아가 멥쌀이 생겼어도 오히려 이전처럼 향기롭고 맛있었습니다. 우리들은 오늘부터 마땅히 제한(制限)을 세워서 쌀이 자라나는 땅을 나누고 둑을 경계로 삼아서 곧바로 이 부분은 나에게 귀속되고 저 부분은 그대에게 귀속시킵시다.'

이때 어느 중생이 이렇게 생각을 지었다.

'만약 내가 스스로의 몫을 취한다면 오래지 않아서 마땅히 없어질 것이다. 오히려 다른 사람의 적은 몫을 취하여 나의 몫이 오래 있도록 해야겠다.'

그 여러 중생들은 이 중생이 주지 않았으나 취하는 것을 보고 곧 그에게 말하였다.

"그대는 지금 어찌하여 주지 않았으나 취하는가? 다시 거듭하여 짓지 말라."

이 중생은 오히려 취하는 것을 멈추지 않았고, 나아가 두 번·세 번을 계속하였다. 다른 중생들은 거듭하여 이와 같은 것을 보고서 곧 말하였다.

"어찌하여 중생은 주지 않았어도 취하면서, 나아가 두 번·세 번을 계속하는가? 지금부터 이후에는 만약 주지 않았으나 취하는 자는 마땅히 형벌을 주겠다."

그는 기어코 멈추지 않았기에 곧바로 붙잡아 채찍과 몽둥이로 고통을 주었고, 그는 몽둥이를 맞고서 곧 크게 외치면서 말하였다.

"어찌하여 세간에 이러한 악법이 있어서 이렇게 중생이 몽둥이로 맞아야 하는가?"

이때 때리던 자도 몽둥이를 땅에 던지면서, 역시 크게 외치면서 말하였다.

"어찌하여 '세간에 이런 악법이 있는가?'라고 말하지만 어떤 종류의 중생이 주지 않았는데 취하면서도 망령되게 말하는 것이 있어도 부끄러움을 알지 못하는가?"

이 세간에는 곧 3악법(三惡法)이 나타났으니, 첫째는 불여취이고, 둘째는 망언(妄言)이며, 셋째는 몽둥이로 사람을 때리는 것이니라. 이것이 최초의 3악법이었던 것이니라."

세존께서 여러 비구들에게 알리셨다.

"이때 중생으로서 최초의 불여취인 자가 어찌 다른 사람이겠는가? 지금 와사(瓦師)의 아들인 달이가 비구이니라. 이 달이가는 과거를 쫓아서 최초로 불여취였고 지금에 다시 나의 정법의 가운데서도 역시 최초의 불여취이니라."

이때 여러 비구들이 다시 세존께 아뢰어 말하였다.

"어찌하여 이 달이가 비구는 세존의 은혜를 받아서 가사(袈裟)를 입었고, 병사왕은 보고서 곧 풀어주어 떠나게 하였습니까?"

세존께서 말씀하셨다.

"여러 비구들이여. 이와 같으니라. 달이가 비구는 다만 오늘에 나의 가사를 입어 죄를 벗어난 것이 아니고, 과거 세상의 때에서도 나의 은혜를 받아서 가사를 입었고, 또한 제도되어 벗어났느니라. 과거 세상의 때에 큰 바닷가에 섬바리수(睒婆梨樹)가 있었고, 그 위에 금시조(金翅鳥)가 있었으며, 이 새의 몸은 컸으므로 두 날개의 길이가 150유순(由旬)[15]이었다.

이 금시조의 법은 용으로써 음식으로 삼았고, 용을 잡으려는 때에는 먼저 두 날개로써 바닷물을 때려서 바닷물을 양쪽으로 갈랐으며, 곧

---

15) 산스크리트어 yojana의 음사로서 고대 인도의 거리의 단위로, 실제 거리는 명확하지 않지만 보통 약 8㎞로 추정된다.

용의 몸이 드러나면 그것을 취하여 먹었다. 여러 용들의 상법(常法)은 금시조를 두려워하여 항상 가사를 구하여 궁문(宮門) 위에 걸어 놓았고, 금시조가 가사를 본다면 공경하는 마음이 생겨났으므로 곧 다시 그 여러 용들을 잡아먹지 못하였다.

그때 금시조가 두 날개로써 바닷물을 때렸고 용을 보고 잡아먹고자 하였으며, 용은 크게 놀라서 곧 가사를 취하여 머리 위에 쓰고서 언덕을 찾아서 달아났다. 이때 그 용은 사람의 모습으로 변화하였고 금시조도 바라문의 모습으로 변화하여 이 용을 쫓아가면서 여러 종류로 꾸짖으며 말하였다.

"그대는 어찌하여 빨리 가사를 벗지 않는가?"

이 용이 죽음이 두려워서 급하게 가사를 붙잡았고 죽더라도 가사를 놓지 않았다. 그때 바닷가에는 선인(仙人)의 주처가 있었는데 꽃과 과일이 무성하였다. 이때 용은 두렵고 의지할 곳이 없어서 곧 갔고 나아가서 선인의 주처에 몸을 던졌다. 선인은 큰 위덕이 있어서 금시조는 감히 들어가지 못하고 멀리서 선인을 향하여 게송을 설하여 말하였다.

지금 이 폐악(弊惡)한 용이
스스로 변하여 사람이 되었고
죽음이 두려워서 해탈을 구하고자
이 가운데에 들어왔다네.

선인의 덕과 힘을 까닭으로
나는 마땅히 기갈(飢渴)을 참았는데
오히려 스스로 몸과 목숨을 잃더라도
다시는 이 용을 잡아먹지 않는다네.

그때 선인이 이렇게 생각을 지었다.
"누가 이 게송을 말하는가?"

곧 일어났고 나가서 이 용이 금시조에게 쫓기는 것을 보았고, 곧 게송을
설하여 금시조에게 대답하여 말하였다.

마땅히 그대가 오래 살면서
항상 천상의 감로를 먹게 하겠나니
기갈을 참으면서 용을 잡아먹지 않는 것은
나를 공경하는 마음의 까닭이라네.

이때 금시조는 선인의 위신(威神)을 받아서 기갈이 곧 없어졌다. 이때
선인은 다시 금시조에게 알려 말하였다.

"그대는 앉아서 계(戒)를 범하여 이러한 새의 몸을 받았으니, 지금
다시 살생을 익힌다면 마땅히 지옥에 떨어질 것이네."

십악(十惡)과 나아가 삿된 견해를 자세히 설명하였다.

"이와 같다면 하나하나가 모두 지옥·축생·아귀, 아수라에 떨어질 것이
니, 그대는 지금 마땅히 이 용과 함께 다시 서로가 참회하여 남은 원한이
없게 하게."

그들은 곧 참회하였고 참회하고서 각자 본래의 처소로 돌아갔느니라."

세존께서 여러 비구들에게 알리셨다.

"그때의 선인이 어찌 다른 사람이겠는가? 곧 나의 몸이니라. 금시조는
지금의 병사왕이고, 용은 달이가 비구이니라. 이 달이가 비구는 본래
나의 가사의 은혜로 금시조의 재난을 벗어났고, 지금에 다시 가사의
은혜로 왕의 재난을 벗어났느니라."

이때 여러 비구들이 세존께 아뢰어 말하였다.

"어찌하여 병사왕은 달이가 비구가 가사를 입은 것을 보았던 까닭으로
풀어주었습니까?"

세존께서 여러 비구들에게 알리셨다.

"다만 오늘이 아니고, 본래에도 일찍이 그러하였느니라."

이때 여러 비구들이 세존께 아뢰어 말하였다.

"이미 일찍부터 그러하였습니까?"

세존께서 말씀하셨다.

"이와 같았느니라. 과거 세상의 때에 왕이 있었고, 사람들을 잘 교화하여
여러 원적(怨敵)을 없게 하였으며, 오곡이 풍요롭게 익어 백성들이 많은
즐거움을 받았고, 절의(節義)가 있었으며, 은혜롭고 어질었으며, 인덕(仁
德)이 있었고, 효성스럽고 자애로웠으며, 보시와 지계를 행하였느니라.
이때 그 나라에 코끼리 사냥꾼이 있었는데, 살아가는 집이 빈궁하였고,
또한 자식들이 많았으므로 자식들 각자가 음식을 구하면서 헤매었다.
이때 사냥꾼의 아내가 남편에게 말하였다.

"집이 빈궁하고 굶주림과 추위가 이와 같은데, 어찌하여 가업(家業)에
부지런하지 않습니까?"

사냥꾼이 아내에게 대답하였다.

"무엇을 지어야 하오?"

아내가 말하였다.

"어찌하여 부지런히 조상(先人)의 업을 익히지 않습니까?"

이때 그 사냥꾼은 곧 식량(糧食)을 준비하였고 사냥하는 도구를 집지(執
持)하고서 설산(雪山) 근처에 이르렀다. 이때 여섯 개의 상아를 지닌
흰 코끼리가 설산 아래에 살고 있었는데, 일반적인 코끼리의 가운데에서
태어났으나. 이와 같은 지혜가 있었다. 곧 스스로가 생각하면서 말하였다.

"무슨 까닭으로 사람들이 고의로 나를 죽이고자 하는가? 나를 죽이려는
것은 나의 상아 때문이다."

이때 그 코끼리는 그의 조상들이 먼저 죽으면 코끼리의 상아를 취하여
한곳에 숨겨 두었고, 그의 아버지가 이어서 죽으면 다시 아버지의 상아를
취하여 한곳에 숨겨 두었으며, 코끼리 무리에서 밖으로 나와서 이리저리
돌아다니면서 음식을 먹었다. 그때 사냥꾼은 차례대로 돌아다니면서
사냥하였고 여러 산과 숲을 지나서 마침내 코끼리가 있는 곳에 이르렀다.
코끼리는 멀리서 사냥꾼을 보고서 곧 생각하면서 말하였다.

"어찌하여 장부가 나아가 이 가운데에 이르렀는가? 장차 사냥꾼이

죽이고자 온 것이 아니겠는가?"

곧 코를 들어서 사냥꾼을 불렀는데, 사냥꾼은 코끼리의 관상법을 분명
히 익혔었다.

'만약 내가 다가가지 않는다면 이것은 반드시 해칠 것이다.'

곧 코끼리가 있는 곳에 이르렀고, 코끼리는 곧 물어 말하였다.

"그대는 무엇을 구하고자 왔습니까?"

사냥꾼은 그 코끼리를 향하여 왔던 뜻을 말하였고, 코끼리는 말하였다.

"그대가 다시 오지 않는다면 그대에게 필요한 것을 주겠습니다."

사냥꾼이 대답하여 말하였다.

"나는 얻은 것이 있다면 다시 문밖을 나오지 않을 것인데, 하물며
이곳에 오겠는가?"

이때 코끼리는 곧 먼저 감추어 두었던 조상의 상아를 그에게 주었다.
사냥꾼은 얻고서 환희하며 본국에 돌아왔으나, 곧 이렇게 생각을 지었다.

'내가 이 상아를 가지고 돌아가더라도 아내와 자식이 입고 먹는다면
어찌 시간이 오래이겠는가? 나는 마땅히 가려진 곳에서 혼자서 먹으면서
지내야겠다. 만약 내가 강건(强健)하다면 아내와 자식이 있다. 하루아침에
내가 없다면 5전(錢)의 부분도 없을 것이다.'

곧 상아를 가지고 술집으로 갔고, 그때 술을 팔던 자는 멀리서 그가
오는 것을 보고서 이렇게 생각을 지었다.

'이 자는 어디에서 왔는가? 나는 오늘 반드시 적은 이익이라도 얻을
것이다.'

곧 평상과 담요를 깔아주었고 대신하여 상아(象牙)를 짊어졌으며 그에
게 앉으라고 권유하였다. 사냥꾼은 갈증이 심하여 술을 주어서 술에
취하게 하였다. 술에 취하여 다시 상아를 찾았고 곧 함께 문권(文券)[16]을

---

16) 재산과 노비, 권리의 매매, 양도, 저당 등에 관한 문서를 가리킨다. 내용을
　　적고서 화압(花押: 손을 펴서 손 전체로 눌러 찍는 손도장)하거나, 도장을 찍었으
　　며, 관청의 문서에는 문기(文記)라고 표현하였고 일반적인 사문서에 많이 문권이
　　라고 표현하였다.

썼는데 술값과 상아 값을 적었는데, 술값은 매우 적었으나 문권의 값은
매우 많았다. 다음날에 술에서 깨어나서 다시 술을 찾았으므로 술을
파는 자가 말하였다.

"무슨 까닭으로 다시 찾는가? 그대가 이해하지 못하는 것 같으니 마땅히
함께 값을 계산하여 만약 남은 금전이 있다면 마땅히 다시 그대에게
주겠소."

계산하였으나 이미 한 푼도 남아 있지 않았다. 그는 생각하며 말하였다.

"나는 마땅히 어느 곳에서 다시 금전을 얻겠는가? 바로 마땅히 설산에
들어가서 그 코끼리를 죽여야겠다."

곧바로 설산에 들어가서 이전의 코끼리의 처소에 이르렀다. 코끼리는
사냥꾼이 온 것을 보고서 물어 말하였다.

"무슨 까닭으로 다시 왔습니까?"

사냥꾼은 코끼리를 마주하고 그가 왔던 뜻을 말하였고, 코끼리는 말하
였다. "먼저 그대에게 주었던 것은 지금 어디에 있습니까?"

대답하여 말하였다.

"지혜가 없어서 방일(放逸)하게 모두 써버렸소."

코끼리가 말하였다.

"그대가 능히 다시 방일하지 않겠다면 마땅히 다시 그대에게 주겠소."

사냥꾼은 대답하여 말하였다.

"나는 이미 이전의 것을 후회하는데, 무슨 인연으로 거듭하여 그러하겠
는가? 만약 능히 다시 은혜를 베푼다면 진실로 문밖을 나가지 않겠소."

코끼리가 다시 아버지의 상아를 그에게 주었다. 사냥꾼은 곧 상아를
가지고 본국에 돌아왔으나, 다시 이전의 법과 같아서 헛되게 모두 써버렸
으며, 곧 이렇게 생각을 지었다.

'마땅히 그 코끼리를 죽여야겠다. 지금 만약 간다면 나를 보지 못하도록
하겠다.'

그 큰 코끼리는 봄의 뒤의 달에 천시(天時)가 크게 더웠으므로 연못에
들어가서 목욕하였다. 목욕하고 반대편으로 나와서 코끼리 무리의 앞쪽

나무 아래에서 시원하게 쉬고 있었다. 그때 사냥꾼이 독화살로 그 큰 코끼리를 쏘아 미간(眉間)을 맞추었으며 피가 흘러서 눈에 들어갔다. 코끼리가 머리를 들어서 화살이 왔던 곳을 보았고, 곧 사냥꾼을 보았으며 곧 멀리서 꾸짖었다.

"그대는 폐악한 사람이니, 반복(反復)하지 마시오. 나는 지금 힘이 있으므로 능히 그대를 죽일 수 있으나, 다만 가사를 공경하는 까닭으로 그대를 죽이지 않겠소."

곧 사냥꾼을 불렀다.

"그대는 빠르게 와서 나의 상아를 잘라서 취하시오."

큰 코끼리는 몸으로 그 사냥꾼을 보호하여 다른 코끼리들이 그를 해치지 못하도록 하였다. 그때 숲의 가운데에 있었던 여러 천신(天神)들이 계송을 설하여 말하였다.

안으로는 어리석은 옷을 떠나지 않았고
겉으로는 가사를 입고 의탁하였어도
마음에 항상 독해(毒害)를 품었으니
가사는 마땅한 곳이 아니라네.

삼매로 고요하여 상(相)이 없으면
번뇌의 근심을 영원히 없애고
안으로 마음이 항상 적멸(寂滅)하다면
가사는 마땅히 그가 입어야 한다네."

세존께서 여러 비구에게 알리셨다.

"그때의 큰 코끼리가 어찌 다른 사람이겠는가? 곧 지금의 병사왕이고, 사냥꾼은 지금의 달이가 비구이니라. 병사왕은 일찍부터 가사를 공경하였던 까닭으로 그 사냥꾼을 용서하였고, 지금 다시 달이가는 가사를 입었던 까닭으로 죄를 주지 않았느니라."

이때 여러 비구들이 세존께 아뢰어 말하였다.

"세존이시여. 어찌하여 이 병사왕은 달이가의 위의와 상서(庠序)를 보고 악한 마음을 일으키지 않았습니까?"

"다만 오늘에 위의에 애락(愛樂)하여 악심을 일으키지 않은 것이 아니니라."

이때 여러 비구들이 세존께 아뢰어 말하였다.

"세존이시여. 이미 일찍부터 그러하였습니까?"

세존께서 말씀하셨다.

"이와 같았느니라. 과거 세상의 때에 왕이 있었고, 사람들을 잘 교화하여 여러 원적을 없게 하였으며, 오곡이 풍요롭게 익어 백성들이 많은 즐거움을 받았고, 절의가 있었으며, 은혜롭고 어질었고, 인덕이 있었으며, 효성스럽고 자애로웠으며, 보시와 지계를 행하였느니라. 왕에게 한 마리의 코끼리가 있었고 대신(代身)이라고 이름하였다. 흉악하고 조복하기 어려웠으며 위엄을 원근(遠近)에 떨쳤다. 그때 여러 적국(敵國)에서 능히 당할 자가 없었다. 토벌하는 곳에서는 모두를 꺾어서 깨뜨렸고, 여러 왕법(王法)을 범한 자가 있으면 모두 이 코끼리에게 밟아서 죽이게 하였다. 왕은 이 코끼리를 믿어서 두려움이 없었다.

그런데 그 코끼리의 마구간이 무너졌고 코끼리는 곧 달아나서 정사 주변에 이르렀다. 여러 비구들의 위의와 상서를 보았고, 또한 송경(誦經)을 들었는데, 살생하면 고통의 과보를 받고 살생하지 않는다면 복을 얻는 것이었다. 코끼리는 이러한 소리를 듣고서 마음이 곧 유연해졌다. 이때 왕법을 범한 사람이 있어서 마땅히 죽여야 하였으므로, 왕은 유사에게 칙명하여 그 코끼리에게 밟아 죽이게 하였다. 그때 코끼리는 코로써 세 번 죄인의 냄새를 맡고서 도무지 죽일 마음이 없었다. 그 살인을 감시하던 자가 이 일로 왕에게 아뢰었다.

"코끼리가 죄인을 보고 코로 세 번 죄인의 냄새를 맡았으나, 죽일 마음은 전혀 없습니다."

왕은 이 말을 듣고서 크게 근심하고 두려워서 곧 왔던 감시자에게 말하였다.

"코끼리가 진실로 그와 같았는가?"

대답하여 말하였다.

"진실로 그렇습니다."

왕은 대신들을 불러서 함께 이 일을 의논하고자 하였고, 여러 대신들은 이미 모였다. 왕은 알려 말하였다.

"내가 왕이 되고서 능히 이길 수 있었던 것은 바로 이 코끼리를 믿었기 때문이었소. 지금 갑자기 이와 같으니 어떻게 해야 하겠소?"

대신은 이때 곧 코끼리의 사육사를 불렀고 물어 말하였다.

"근래에 코끼리 마구간이 무너졌는데, 코끼리가 어느 곳에 있었는가?"

코끼리 사육사는 대답하여 말하였다.

"정사(精舍)에 이르렀습니다."

그 대신은 총명하여 이 코끼리가 여러 비구들을 보았고, 반드시 경법(經法)을 들었으므로 마음이 유연해져서 살생하지 않는다고 짐작하여 알았으며, 곧 코끼리의 사육사를 가르쳤다.

"코끼리 마구간의 근처에 박희사(博戱舍)[17]를 짓게 하였고, 도살장을 짓게 하며, 감옥을 짓도록 하고, 그대는 곧 코끼리를 이 여러 집의 가까운 데에 묶어두게."

그 코끼리는 도박판에서 눈을 부릅뜨고 손을 휘두르며 높은 소리로 크게 떠드는 것을 보았고, 그 백정(屠者)이 잔인하게 중생을 죽이는 것을 보았으며, 또한 감옥에서 갇힌 자를 고문하는 것을 보았다. 그 코끼리는 이러한 것을 보고서 악한 마음이 다시 생겨나서 왕이 죄인을 보내면 곧 밟아서 죽였다. 그때 여러 천인들이 게송을 설하여 말하였다.

코끼리가 선한 율의(律儀)를 보았고
또는 죄와 복의 소리를 들었으므로

---

17) 박희는 노름을 가리킨다. 따라서 도박장이라는 뜻이다.

착한 마음이 낮과 밤으로 증가하여
악행은 점차 사라졌다네.

가까이서 여러 악업을 익힌다면
이전의 마음이 다시 일어나더라도
오직 밝은 지혜의 사람이어야
바르게 나아가고 돌아오지 않는다네."

세존께서 여러 비구에게 알리셨다.
"그때 대신이라는 코끼리가 어찌 다른 사람이겠는가? 곧 병사왕이니라. 병사왕은 이전 세상의 때에 일찍이 비구들의 위의와 상서를 보고서 애락(愛樂)하고 환희하였느니라. 지금 달이가의 위의와 상서를 보고 크게 환희하면서 그의 죄를 묻지 않은 것이다."
이때 달이가는 곧 이렇게 생각을 지었다.
'내가 첫 번째로 승방을 지었는데 상좌가 차례로 차지하고서 나를 쫓아내었고, 두 번째·세 번째도 승방을 지었으나 역시 나를 쫓아내었으며, 뒤를 이어서 기와집을 구워서 완성하였으나 세존께서 칙명하시어 부수게 하셨고, 왕가의 재목을 취하여 지니고 사용하여 집을 지었으나 세존께서 다시 여러 종류로 꾸짖으셨다. 헛되게 스스로가 매우 고통을 받았는데 많은 일을 하여도 소용이 없으니 대중 승가를 따르고 의지하며 고락(苦樂)을 뜻에 맡겨야겠다.'
이때 달이가는 곧 무사(無事)를 익혔고 낮과 밤으로 정성스럽게 오로지 도업(道業)을 닦았으므로 여러 선정(禪定)을 얻었고, 도과(道果)를 성취하여 육신통(六神通)을 일으켰으며 스스로 증득하였다고 알았다. 이때 달이가는 깊이 스스로를 즐겁게 위로하면서 게송을 설하여 말하였다.

적멸의 즐거움을 얻고자 한다면
마땅히 사문(沙門)의 법을 익힐 것이니

(일을) 멈추면 몸과 목숨을 지탱하는 것이
뱀이 쥐구멍에 들어가는 것과 같다네.

적멸의 즐거움을 얻고자 한다면
마땅히 사문의 법을 익힐 것이니
옷과 밥으로 몸과 목숨을 지탱하더라도
세밀하고 거칠다면 대중을 따라야 하네.

적멸의 즐거움을 얻고자 한다면
마땅히 사문의 법을 익힐 것이니
일체에서 멈춤과 만족함을 알고서
오로지 열반의 도를 닦을지니라."

그때 세존께서는 여러 비구들에게 알리셨다.
"왕사성을 의지하는 여러 비구들을 모두 모이게 하라. 나아가 이미
들은 자들은 마땅히 거듭하여 들을지니라. 만약 비구 중에 주지 않았는데
취하는 자는 바라이이고 마땅히 함께 머무르지 못하느니라."

다시 다음으로 세존께서는 왕사성에 머무셨으며, 자세한 설명은 앞에
서와 같다.
어느 한 비구가 때에 이르자 취락에 들어가는 옷을 입고 발우를 지니고
성안에 들어가서 분소의(糞掃衣)를 구하였다. 왕사성에서 두루 구하였으
나 얻지 못하였고, 곧 무덤의 사이에 이르렀어도 얻지 못하였으며, 물에서
찾으며 구하였으나 역시 다시 얻지 못하였고, 마지막으로 빨래터에 이르
러 분소의를 구하였다. 그때 빨래하던 사람은 빨래를 마치고서 다른
한 곳에 있으면서 사람들과 함께 떠들고 있었다. 이때 비구는 가서 빨래터
에 이르렀는데, 어느 다른 남자가 세탁하던 사람에게 말하였다.
"그 출가한 자가 그대의 옷을 취하고자 하오."

옷의 주인이 물어 말하였다.

"무슨 도(道)에 출가하였습니까?"

대답하여 말하였다.

"석종(釋種)에 출가하였습니다."

세탁하던 사람이 말하였다.

"걱정은 없습니다. 사문인 석자(釋子)들은 주지 않으면 취하지 않습니다."

잠깐 사이에 비구는 곧 이 옷을 취하였고, 다른 남자가 다시 빨래하던 사람을 향하여 말하였다.

"사문이 그대의 옷을 취하였습니다."

빨래하던 사람이 오히려 이전처럼 대답하여 말하였다.

"걱정은 없습니다. 사문인 석자들은 주지 않으면 취하지 않습니다."

이때 그 비구가 옷을 가지고 떠나갔고, 그 남자는 다시 빨래하던 사람에게 알려 말하였다.

"사문 석자가 이미 옷을 메고서 떠나갔습니다."

주인은 곧 일어나서 그것을 보았다.

"쯧쯧. 진실로 옷을 가지고 떠났구나."

곧 쫓았으며 부르며 말하였다.

"존자여. 존자여. 이 옷은 왕·대신의 것이고 장자(長者)의 것으로 각자 주인이 있습니다. 원하건대 메고서 떠나가지 마십시오."

그 비구는 고의로 떠나가며 오히려 옷을 내려놓지 않았다. 주인은 그 비구를 욕하면서 말하였다.

"패배한 행의 사문이여. 만약 나의 옷을 돌려주지 않는다면 마땅히 이와 같이 그대를 다스리겠습니다."

비구는 옷을 가지고 갔으며 주처에 이르러 창문을 열어놓고 옷을 승상(繩床)[18] 위에 펼쳐놓고서 문을 닫고 앉았다. 이때 빨래하던 자는

---

18) 노끈으로 얽어서 접었다 폈다 할 수 있게 만든 의자를 가리킨다.

다섯 종류의 재(灰)를 가지고 쫓으면서 기원에 들어왔다. 다른 비구들은 기원에 있으면서 문간(門間)에서 경행하거나, 다시 앉아서 사유하는 자도 있었다. 비구들은 곧 빨래하던 사람에게 알려 말하였다.

"무슨 까닭으로 소리를 높여 크게 부르는가?"

세탁하던 자가 말하였다.

"지금 나는 옷을 잃어버렸는데 무슨 까닭으로 나에게 소리 높여 크게 부르냐고 묻습니까?"

여러 비구들이 말하였다.

"누가 그대의 옷을 가지고 떠나갔는가?"

대답하여 말하였다.

"출가인이었습니다."

곧 물었다.

"무슨 도에 출가하였는가?"

대답하여 말하였다.

"석종자(釋種子)입니다."

여러 비구들이 물어 말하였다.

"가지고서 어디에 이르렀는가?"

세탁하던 자가 말하였다.

"이 방의 가운데입니다."

여러 비구들은 곧 그의 방으로 가서 손으로 문을 두드리며 불러 말하였다.

"장로여. 문을 여시오."

그 비구는 묵연히 대답이 없었고 나이가 젊고 힘이 많은 비구가 문을 강제로 비틀고서 들어갔는데, 옷을 훔쳤던 비구는 크게 부끄러워하면서 머리를 숙이고 말하지 못하였다. 이때 나이 젊은 비구가 문득 승상 위의 옷을 취하여 나왔고 그것을 세어보게 시키면서 세탁하는 사람에게 알려 말하였다.

"옷의 숫자가 서로 맞는가?"

대답하여 말하였다.

"서로가 맞습니다."

이때 여러 비구들이 세탁하는 사람에게 말하였다.

"이 가운데에 출가한 자는 여러 종류의 사람이 있습니다. 비유한다면 한 손에 다섯 손가락이 가지런하지 않은 것과 같이 여러 종성이 출가하였는데, 어찌하여 한 종족과 같겠습니까? 그대는 좋고 어진 사람이니, 사람들에게 널리 말하지 마십시오. 우리 스스로가 마땅히 세존께 아뢰겠습니다."

이때 세탁하는 사람은 곧 이렇게 말을 지었다.

"사문인 석자들은 왕의 힘이 있고, 바라문과 장자의 힘이 있습니다. 나는 이전에 다만 이 옷을 잃어버렸다고 두려웠으나, 지금 이미 되돌려 받았는데 어찌하여 다시 그것을 말하겠습니까?"

이때 여러 비구들은 이 인연으로써 세존께 자세히 아뢰었고, 세존께서는 말씀하셨다.

"그 비구를 불러오라."

곧바로 불렀고 왔으므로, 세존께서 물어 말씀하셨다.

"그대가 진실로 그러하였는가?"

대답하여 말하였다.

"진실로 그렇습니다. 세존이시여."

세존께서 여러 비구에게 알리셨다.

"그대는 세존이 계율을 제정하여 주지 않는다면 취할 수 없다고 듣지 못하였는가?"

"세존이시여. 저는 세존께서 계율을 제정하시어 성읍(城邑)과 취락을 말씀하셨다고 알았고, 공지(空地)는 아니라고 알았습니다."

세존께서 말씀하셨다.

"어리석은 사람이여. 취락의 가운데에서 주지 않거나, 공지에서 주지 않는 것이 무엇이 다르겠는가? 이것은 법이 아니고, 율도 아니며, 세존의 가르침도 아니니라. 이것으로써 선법을 장양하지 못하느니라."

여러 비구들이 세존께 아뢰었다.

"세존이시여. 어찌하여 세탁하는 사람은 옆 사람을 믿지 않았고, 그 비구가 그것을 훔치게 하였습니까?"

세존께서 여러 비구에게 알리셨다.

"이 세탁하는 사람은 다만 지금의 세상에서 믿지 않은 것이 아니고, 과거 세상의 때에도 역시 일찍이 그러하였느니라."

여러 비구들이 세존께 아뢰어 말하였다.

"세존이시여. 이전에도 일찍이 그러하였습니까?"

세존께서 말씀하셨다.

"이와 같았느니라. 과거 세상의 때에 두 바라문이 있었는데, 그들이 남천축(南天竺)에 가서 외도의 경론(經論)을 배웠고 이미 배웠으므로 그들의 본국으로 돌아왔느니라. 마땅히 그들이 돌아오는 길에 광야(曠野)의 방목하는 곳을 지나갔던 이유로, 두 마리의 염소가 길에서 함께 싸우는 것을 보았느니라. 염소가 서로 싸우는 법은 장차 앞으로 나아가려 한다면 곧 뒤로 물러서는 것이다. 이때 앞서가던 자는 오로지 미련하고 경솔하게 믿었으므로 뒤에 반려에게 말하였다.

"이 염소를 보건대 네 발의 축생으로 길을 양보하는 것입니다. 우리가 바라문으로 계율을 지키고 다문(多聞)인 것을 알아서, 자주자주 우리들을 위하여 곧 다니는 길을 열어주는 것입니다.'"

뒤의 반려가 대답하여 말하였다.

"바라문이여. 그대는 염소가 양보한다고 경솔하게 믿고 말하지 마십시오. 이것은 서로를 존중하여 길을 열어서 피하는 것은 아닙니다. 염소들의 싸우는 법은 장차 앞으로 나아가려고 한다면 반드시 물러서는 법입니다."

앞에 가던 자는 그의 말을 믿지 않아서 염소에게 받쳤다. 곧 뒤로 넘어져서 두 무릎이 손상되었고, 기절하면서 땅에 넘어졌으며, 의복과 일산은 모두 찢어져서 없어졌다. 그때 어느 천인이 게송을 설하여 말하였다.

의복이 찢어져서 모두 없어졌고
몸이 상하였으며 땅에 넘어졌는데
이러한 근심은 어리석음이 부른 것이고
이것은 어리석음을 믿었던 까닭이라네."

세존께서 여러 비구들에게 알리셨다.

"그때 앞에 가던 바라문이 어찌 다른 사람이겠는가? 지금 옷을 잃어버린 자이니라. 그때 뒤에 가던 바라문은 지금 알려주었던 다른 남자이고, 그때의 염소는 옷을 취하였던 비구이니라. 옷을 잃어버린 자는 이전에 뒤에 오던 바라문의 말을 믿지 않아서 염소에게 고통을 당하였으며, 지금 다시 믿지 않았으므로 스스로가 옷을 잃었던 것이니라. 본래부터 일찍이 뒤에 오는 자의 말을 믿지 않았고, 지금 비록 진실을 알렸어도 역시 믿지 않았느니라."

세존께서 여러 비구들에게 알리셨다.

"사위성에 의지하는 비구들을 모두 모이게 하라. 나아가 이미 들었던 자들도 마땅히 거듭하여 들을지니라. 만약 비구가 취락이나 공지에서 주지 않았는데 자주 취하는 자는 바라이이고 마땅히 함께 머무를 수 없느니라."

마하승기율 제3권

동진 천축삼장 불타발타라·법현 공역
석보운 번역

4) 도계(盜戒) ② (도계의 나머지이다)

세존께서는 왕사성에 머무셨으며, 자세한 설명은 앞에서와 같다.

병사왕(甁沙王)은 이전의 조상 때부터 죄인을 다스리는 법으로 훔치는 자는 손으로써 머리를 때리라고 엄하게 교령(敎令)하였다. 도둑들은 크게 부끄러워하였고 죽는 것과 다르지 않아서 뒤에는 다시 훔치지 않았다. 조부(祖父)가 왕이었던 때에 이르자 죄인을 다스리는 법으로 훔치는 자는 재(灰)를 몸에 바르고서 잠시 뒤에 풀어주었다. 도둑들은 크게 부끄러워하였고 죽는 것과 다르지 않아서 뒤에는 다시 훔치지 않았다.

부왕(父王) 때에 이르자 죄인을 다스리는 법으로 훔치는 자는 쫓아내면서 성 밖으로 내보냈다. 도둑들은 스스로가 크게 부끄러워하였고 죽는 것과 다르지 않아서 뒤에는 다시 훔치지 않았다. 병사왕의 법에도 훔치는 자는 쫓아내면서 성 밖으로 내보냈고 이것으로 교령을 삼았다. 이때 어느 한 도둑이 일곱 번을 반복하여 나라 밖으로 쫓겨났지만, 오히려 예전처럼 본국에 돌아와서 취락과 성을 약탈하고 사람을 죽였다. 그때 어느 사람들이 이 도둑을 붙잡아서 왕에게 보내면서 왕에게 아뢰어 말하였다.

"이 도둑을 일곱 번을 반복하여 나라 밖으로 쫓겨났으나, 예전처럼 본국에 돌아와서 취락과 성을 약탈하고 사람을 죽였습니다. 원하건대 대왕께서는 엄하고 고통스럽게 다스리십시오."

왕이 대신들에게 알렸다.

"이 도둑을 데리고 가서 그 죄로써 다스리시오."

대신이 아뢰어 말하였다.

"멈추십시오. 멈추십시오. 대왕이시여. 대왕께서 스스로가 죄를 다스리시고 신하들에게 맡기지 마십시오. 어찌하여 왕을 제쳐두고서 신하들이 쉽게 다스리겠습니까? 대왕께서 교령(敎令)하는 때에는 존중되는 것이 바르게 나타나는 것입니다. 대왕께서 다스려서 법이 오래 존재하게 하십시오."

왕이 말하였다.

"도둑을 데려가서 그의 새끼손가락을 자르시오."

그때 유사(有司)가 빠르게 죄인을 데려가서 왕이 후회하는 것이 두려웠으므로 빠르게 그의 손가락을 잘랐다. 이때 왕이 곧 스스로가 시험삼아 손가락을 깨물어보았는데 고통스러워 참을 수 없었으므로 곧바로 서신을 보내어 칙명하여 그 대신에게 말하였다.

"그의 손가락을 자르지 마시오."

대신이 대답하여 말하였다.

"이미 손가락을 잘랐습니다."

왕은 매우 근심하고 후회하였으며 스스로가 생각하면서 말하였다.

"나는 지금 곧 법왕(法王)의 말기(末期)이고 법왕의 시초는 아니구나. 일반적으로 왕이 된 자는 백성의 재물을 근심하면서 생각한다면, 어느 누구의 왕이 사람의 손가락을 잘라서 손상되게 하겠는가?"

그때 병사왕은 빠르게 칙명하여 장엄한 수레를 타고 세존께 나아갔고, 세존의 발에 머리숙여 예경하고서 물러나서 한쪽에 앉았으며, 세존께 아뢰어 말하였다.

"세존이시여. 나의 선조인 왕들께서는 죄인을 다스리는 법이 오직 자기의 손으로 머리를 때리게 하였습니다. 차례로 여러 왕들을 거치면서 나의 대에 이르렀으며 악법이 날마다 늘어났고 바른 교화는 점차 약해져서, 왕이 되어 그릇되게 사람들의 몸을 잘라서 상하게 하였습니다. 스스로가 사유하여도 도가 없어서 부끄럽고 두려움이 진실로 깊습니다."

세존께서 대왕에게 알리셨다.

"나라를 다스리면서 얼마의 금전의 죄와 같다면 마땅히 사형시키고, 얼마의 금전과 같다면 나라 밖으로 쫓아내며, 얼마의 금전과 같다면 형벌(刑罰)을 사용합니까?"

이때 병사왕은 세존께 아뢰어 말하였다.

"세존이시여. 19전(錢)으로 1계리사반(罽利沙槃)[1]으로 삼고, 1계리사반을 4분(分)으로 나누고서 만약 1분을 훔치거나, 만약 1분의 가치인 죄라면 마땅히 사형에 이릅니다."

그때 세존께서는 병사왕을 위하여 수순하여 설법하시어 보여주셨고 가르치셨으며 이익되고 기쁘게 하셨다. 근심이 곧 없어졌으므로 세존께 예경하고서 물러갔다. 왕이 떠나고서 오래지 않아서 그때 세존께서는 대중이 많은 비구들의 처소에 가셨고 자리를 펴고 앉으셨으며 여러 비구에게 알리셨다.

"먼저 병사왕이 나의 처소에 이르러 나에게 예경하고 한쪽에 앉아서 나에게 아뢰어 말하였느니라.

'세존이시여. 나의 선조께서 죄인을 다스리던 법은 자기의 손으로써 머리를 때리게 하였고, 바른 교화가 서로 이어져서 나의 대에 이르렀습니다.'

나는 곧 물어 말하였다.

'대왕이여. 얼마의 돈과 같은 죄라면 마땅히 사형시키고, 얼마의 금전의 죄와 같으면 나라의 밖으로 쫓아내고, 나아가 마땅히 형벌을 사용합니까?'

---

1) 산스크리트어 Kārṣāpaṇa의 음사로서 갈리사발나(羯利沙鉢那), 가리사반나(迦利沙般拏), 계리사반(罽利沙盤) 등으로 번역되고 패치(貝齒)로 번역되기도 한다. 혜림(慧琳)의 음의(音義)에서는 갈리사발나(羯利沙鉢拏)는 금명(金名)의 이름이고 계산하면 마땅히 4백전(四百錢)의 일과금(一顆金)이고 과(顆)는 과원대여강두(顆圓大如江豆)라고 말하고 있다.

왕은 말하였다.

'19전으로 1계리사반으로 삼고, 1계리사반을 4분으로 나누고서 만약 1분을 훔치거나, 만약 1분의 가치인 죄라면 마땅히 사형에 이릅니다.'

나는 병사왕을 위하여 수순하여 설법하였고 병사왕이 환희하면서 떠나갔느니라."

세존께서는 여러 비구에게 알리셨다.

"지금부터는 마땅히 19전을 옛날부터 1계리사반이라고 이름하나니, 1계리사반을 4분으로 나누어서 만약 1분을 훔치거나, 만약 1분의 가치와 같다면 바라이를 범하느니라."

여러 비구들이 세존께 아뢰어 말하였다.

"세존이시여, 어찌하여 이 병사왕이 죄와 나아가 그러한 것을 두려워합니까?"

세존께서는 여러 비구에게 알리셨다.

"다만 지금의 세상에서 이와 같이 죄를 두려워한 것이 아니고, 과거 세상의 때에도 역시 일찍이 죄를 두려워하였느니라."

여러 비구들이 세존께 아뢰어 말하였다.

"세존이시여. 이전에도 일찍이 그러하였습니까?"

세존께서 말씀하셨다.

"이와 같았느니라. 과거 세상의 때에 성이 있어서 바라나(波羅奈)라고 이름하였고, 나라는 가시(迦尸)라고 이름하였느니라. 그때 왕이 있어서 명칭(名稱)이라고 이름하였다. 그때 백성들은 모두 공교와 기술로써 스스로 생활하였는데 이를테면, 기악(伎樂)과 가송(歌頌), 혹은 금은·보배 그릇·화만(花鬘)·영락(瓔珞)·장엄구 등을 지었고, 혹은 코끼리와 말을 길들이거나, 나아가 여러 방도의 기술을 지었으므로 여러 종류의 공교를 갖추지 않은 것이 없었다.

이렇게 생활하였던 까닭으로 만약 공교와 기술이 없다면 어리석다고 말하였으며, 만약 훔치는 자가 있다면 그도 어리석은 자라고 이름하였다. 이때 어느 한 사람이 훔쳤으므로 백성들이 묶어 왕에게 보내면서 아뢰어 말하였다.

"대왕이시여. 이 사람은 어리석은 일을 지었습니다. 원하건대 왕께서 그자를 다스려 주십시오."

왕이 말하였다.

"그만두시오. 그만두시오. 세상 사람들은 재물을 잃었고, 세상 사람이 도둑이 되었는데, 내가 다시 무엇을 사용하여도 함께 악을 짓는 것이오."

왕은 곧 사유하였다.

'마땅히 무슨 방편을 지어야 내가 다스리는 왕의 일에서 여러 신하들에게 악법을 알지 못하게 하고, 일어나지 않게 하겠는가?'

다시 사유하였다.

'옛날부터 지금까지 처음으로 한 명의 어리석은 자가 있었으나, 이 어리석은 자가 능히 1천 명을 채우지 않았으니, 내가 곧 목숨을 마쳐야 한다.'

어리석은 자를 데리고서 한 대신에게 맡겼다.

"나는 반드시 어리석은 사람이 1천 명이라면 사용하여 대회(大會)를 짓겠으니, 만약 마땅히 숫자를 채운다면 나에게 알려주어서 알게 하시오."

대신은 곧 어리석은 자를 데려다가 한곳에 묶어두었다. 왕은 거듭 생각하면서 말하였다.

"이 어리석은 자가 굶어 죽지 않았는가?"

곧 대신에게 알렸다.

"어리석은 자를 데려오시오."

거듭하여 대신에게 알려 말하였다.

"이 사람을 잘 보살펴서 여위지 않게 할 것이고 나의 무우원(無憂園)의 가운데에 있게 할 것이며 오욕(五欲)의 오락과 기악을 공급하시오."

대신은 가르침을 받아서 곧 어리석은 자를 왕의 칙명과 같게 하였다. 그때 다시 어리석은 자가 있었고 왕이 어리석은 자를 붙잡았으며, 나아가 무우원 가운데에 있게 하였으며, 기악을 공급하였다. 곧 스스로 몸으로 대신의 처소에 나아가서 알려 말하였다.

"나는 어리석은 자입니다."

대신은 왕의 뜻을 취하고자 하였고, 왔다면 곧 무우원의 가운데에 보내어 있게 하였다. 이와 같아서 오래지 않아서 숫자가 1천 명을 채웠다. 대신이 왕에게 아뢰어 말하였다.

"어리석은 자의 숫자가 이미 1천 명을 채웠습니다. 다시 무엇 등이 필요하겠습니까? 마땅히 빠르게 그것을 준비하겠습니다."

왕은 이러한 말을 듣고서 크게 근심하였다.

'옛날부터 오랫동안은 어리석은 자가 한 명이 있었는데 어찌하여 오늘에는 얼마 지나지도 않았는데 벌써 1천 명이 있는가? 이것은 장차 말세이고 악법이 증장(增長)할 것이다.'

왕은 여러 신하에게 칙명하여 무우원의 가운데를 물을 뿌려서 쓸었고 향을 피웠으며 비단인 깃발과 일산을 매달았고 여러 종류의 술과 안주와 음식을 준비시켰다. 신하들은 곧 왕이 칙명한 가르침과 같이 준비하였다. 왕은 행차하는 때에 여러 대신들인 18부(部)의 대중과 함께 무우원으로 나아갔다. 왕은 이미 앉았고 여러 신하들에게 물었다.

"어리석은 자들은 지금 어디에 있소? 불러서 오게 하시오."

어리석은 자들이 모두 이르렀고 왕이 보았는데, 어리석은 자들이 오랫동안 무우원의 가운데에 있었으므로 입은 옷은 더러웠고 때가 묻었으며 손톱과 발톱이 길었고 머리카락은 헝클어져 있었다. 곧 여러 신하에게 칙명하였다.

"어리석은 자들을 데려가서 목욕시키고 새 옷으로 갈아입히며 머리카락과 손톱과 발톱을 깎은 뒤에 데리고 오시오."

데리고 왔으므로 여러 음식을 주었고 재보(財寶)를 하사하여 마음대로 가지게 하였으며 어리석은 자들에게 칙명하였다.

"그대들은 각기 집으로 돌아가서 부모를 공양(供養)할 것이고 가업(家業)을 부지런히 닦으며 다시는 훔치지 말라."

그때 어리석은 자들이 왕이 알린 칙명을 듣고 환희하며 받들어 행하였다. 그때 그 국왕은 곧 왕위(王位)를 태자에게 물려주었고, 출가하여 산에 들어가서 선인의 법을 배웠다. 이때 국왕이 게송을 설하여 말하였다.

본래는 어리석은 1천 명을 구하더라도
대회를 짓는 것이 어렵다고 생각했는데
마땅히 어찌하여 오래되지 않은 때에
1천 명의 숫자를 홀연히 채웠는가?

악법이 낮과 밤으로 늘어났으므로
대회를 이곳에서 끝내겠으며
세상의 악한 사람을 벗어나고자
마땅한 때에 마땅히 출가하였네."

세존께서 여러 비구들에게 알리셨다.

"그때의 국왕인 명칭이 어찌 다른 사람이겠는가? 곧 병사왕이니라. 병사왕은 이전의 세상부터 지금까지 항상 죄의 과보를 두려워하였고, 지금에 왕이 되었어도 계속하여 역시 죄를 두려워하였느니라."

여러 비구들이 세존께 아뢰어 말하였다.

"세존이시여, 어찌하여 병사왕이 명령을 내리고서 조금 있다가 다시 뉘우쳤습니까?"

"이는 병사왕이 오늘에만 명령을 내렸다가 조금 뒤에 다시 뉘우친 것이 아니고, 과거의 세상에서도 또한 뉘우쳤느니라."

"과거에도 이미 그러하였습니까?"

"그러하였느니라."

세존께서 여러 비구들에게 알리셨다.

"과거 세상 때에 바라문이 있었는데 그는 금전과 재물이 없어서 걸식으로 스스로 생활하였다. 이 바라문은 아내가 있었으나 아이를 낳지 못하였고, 그 집에 나구라충(那俱羅虫)이 있어서 새끼를 한 마리를 낳았다. 이때 바라문은 아들이 없었던 까닭으로 그 나구라의 새끼를 자기의 아들처럼 생각하였고, 나구라의 새끼도 바라문을 아버지같이 생각하였다.

이때 바라문은 다른 집의 모임에서 혹은 유락(乳酪)과 떡과 고기를 얻었다면 가지고 돌아와서 나구라에게 주었다. 또한 뒤의 때에 바라문의 아내가 홀연히 임신하였고 달을 채워서 아들을 낳았으므로 이렇게 생각을 지었다.

'이 나구라의 새끼는 길상(吉祥)을 주는 새끼로구나. 능히 나에게 아들을 있게 하였다.'

이때 바라문이 외출하여 걸식하고자 하였다. 곧 아내에게 당부하여 말하였다.

"그대가 만약 나가고자 한다면 마땅히 아이를 데리고 다닐 것이고 혼자 남겨두지 마시오."

이때 바라문의 아내는 아이와 함께 음식을 먹고 곧 비사(比舍)에 이르렀으며 절구를 빌려서 곡식을 찧고 있었다. 이때 어린아이에게 소락(酥酪)의 냄새가 났다. 이때 한 마리의 독사가 냄새를 맡기에 이르렀고 입을 벌리고 독기를 내뿜어서 어린아이를 죽이고자 하였다. 나구라의 새끼는 곧 이렇게 생각을 지었다.

'나의 아버지가 나갔고 어머니도 집에 없는데 어찌하여 독사가 내 동생을 죽이고자 하는가?'

게송으로 설한 것과 같다.

독사와 나구라와
날아가는 새와 토끼와 올빼미는
사문과 바라문의
어머니와 이전(前)의 자식을
항상 서로 미워하고 질투하며
독을 품어서 서로가 해치고자 하네.

이때 나구라는 곧 독사를 죽여서 일곱의 토막으로 만들었다. 다시 이렇게 생각을 지었다.

'내가 지금 독사를 죽여서 동생을 살렸으니 부모가 안다면 마땅히 나에게 상을 줄 것이다.'

피로써 입을 바르고서 마땅히 문 앞에 머물렀으며 부모들을 환희하게 하고자 하였다. 이때 바라문이 밖에서 돌아오면서 멀리 보았는데 그의 아내가 집 밖에 있었으므로 곧 성내면서 말하였다.

"내가 나가던 때에 마땅히 아이를 데리고 가라고 당부하였는데 무슨 까닭으로 혼자 다니는가?"

바라문은 문으로 들어오면서 나구라의 입안에 피가 있는 것을 보고 곧 이렇게 생각을 지었다.

'우리 부부가 없었으므로 이 나구라가 뒤에서 장차 나의 아들을 잡아먹은 것은 아닌가?'

성내면서 말하였다.

"헛되게 이 나구라 새끼를 길렀고 그에게 피해를 받았구나."

곧 앞의 막대기로 나구라를 때려서 죽였다. 문 안에 들어와서 스스로가 그의 아들을 보았는데 중정(中庭)[2]의 가운데에 앉아서 손가락을 빨면서 웃고 있었고, 또한 독사가 일곱 토막으로 땅 위에 있는 것을 보았다. 이것을 보고서 곧 크게 근심하고 후회하였다. 이때 바라문이 깊이 괴로워하고 스스로가 고통스럽게 꾸짖었다.

"이 나구라가 좋은 인정(人情)이 있어서 내 아들의 목숨을 구해주었는데, 나는 잘 관찰하지 않고서 갑자기 곧 그를 죽였으니 아프고 슬픈 일이구나."

곧바로 기절하며 땅에 넘어졌다. 이때 공중에 천인이 게송으로 설하여 말하였다.

마땅히 자세하게 관찰할 것이고
위엄과 성냄을 갑자기 행하지 마오.

---

2) 안채와 바깥채 사이에 마련된 작은 뜰을 가리킨다.

선우(善友)에게 은애(恩愛)를 떠난다면
몽둥이로 선량한 자를 상하게 하는 것이
비유하면 바라문이
나구라 죽이는 것과 같다네."

세존께서 여러 비구들에게 알리셨다.

"그때의 바라문이 어찌 다른 사람이겠는가? 곧 병사왕이니라. 그는 옛날부터 일찍이 경솔하게 일을 지었던 까닭으로 곧 후회하였는데, 지금도 다시 이와 같았느니라."

세존께서 여러 비구들에게 알리셨다.

"왕사성에 의지하는 비구들을 모두 모이게 하라. 나아가 이미 들은 자들도 마땅히 거듭하여 들을지니라. 만약 비구가 취락이나 공지에서 주지 않은 것을 자주 취하였는데 훔친 물건을 따라서 국왕이 혹은 붙잡거나, 혹은 죽이거나, 혹은 결박하거나, 혹은 쫓아내면서 '쯧쯧. 남자여. 그대는 도둑인가? 그대는 어리석은 사람인가?'라고 말하였으며, 비구도 이와 같이 주지 않는 것을 취하는 자는 바라이이고 마땅히 함께 머무르지 못하느니라."

[제2의 도계(盜戒)를 마친다.]

'비구'는 구족계(具足戒)를 받았다면 비구라고 이름한다.

'구족계를 잘 받았다.'는 백일·백사갈마(羯磨)를 무차법(無遮法)으로 10중(衆)이 화합하는 것이다.

'10중'은 나이가 20세 이상이라면 그 남자를 비구라고 이름한다.

'취락'은 만약 모두를 담장으로 둘러쌓았거나, 만약 수거(水渠)[3]와 구참(溝塹)[4]과 이책(籬柵)[5]으로 둘러쌓았다면 취락이라고 이름한다. 또는

---

3) 도랑이나 매우 좁고 작은 개울을 가리킨다.
4) 성 밖을 둘러싼 물이 있는 해자를 가리킨다.

다시 '취락'은 방목(放牧)하는 취락·광대(伎兒)의 취락·영거(營車) 취락·우면(牛眠) 취락·네 곳의 집·땔감을 한 곳에 쌓아놓은 곳도 역시 취락이라고 이름한다.

'공지(空地)'는 원장(垣牆)과 원(院)의 밖을 이름하고, 취락의 경계를 제외하며, 그 나머지를 모두 공지라고 이름한다.

'취락의 경계'는 울타리에서 멀지 않은 곳으로 많은 사람들이 다녀서 발자취가 이르는 곳을 취락의 경계라고 이름한다. 이와 같이 수거와 구참과 이책의 밖으로, 취락의 경계를 제외하고서 나머지는 공지라고 이름한다.

'방목하는 취락'은 최고의 변두리인 골목으로 집의 밖이고, 취락의 경계를 제외하면 모두 공지라고 이름한다.

'광대 취락'은 최고의 변두리인 수레의 밖이고, 취락의 경계를 제외하면 모두 공지라고 이름한다.

'영거 취락'은 최고의 변두리인 수레의 밖이고, 취락의 경계를 제외하면 모두 공지라고 이름한다.

'우면 취락'은 최고의 변두리인 집의 밖이고, 취락의 경계를 제외하면 모두 공지라고 이름한다.

'네 집과 땔나무를 한곳에 쌓은 곳의 취락'은 최고의 변두리인 집의 밖이고, 취락의 경계를 제외하면 모두 공지라고 이름한다.

'주지 않다.'는 만약 남자이거나, 여자이거나, 황문이거나, 이형(二形)이거나, 재가이거나, 출가이거나, 주었던 것이 없었으나 훔칠 마음으로 취하는 것이다.

'훔친 물건'은 물건에 8종류가 있으니, 첫째는 시약(時藥)이고, 둘째는 야분약(夜分藥)이며, 셋째는 7일약이고, 넷째는 진수약(盡壽藥)이며, 다섯째는 따르는 물건(隨物)이고, 여섯째는 무거운 물건(重物)이며, 일곱째는 부정(不淨)한 물건이고, 여덟째는 청정하면서 부정한 물건이니, 이것을

---

5) 나무로 만든 울타리를 가리킨다.

여덟 종류라고 이름한다.

'취하다.(取)'는 붙잡은 물건을 본래의 자리에서 옮긴 것을 취하였다고 이름한다. 이것을 취하였다고 이름한다.

'그 훔친 것을 따르다.'는 열여섯의 독감(督監)이 같지 않다. 왕가(王家)의 적은 금전을 취하여 오이를 사서 먹었는데, 왕에게 죽임을 당한 것 등이니, 왕은 정해진 법이 없어서 스스로가 그러한 마음에 따라서 혹은 좀도둑일지라도 죽이고, 혹은 많이 훔쳐도 죽이지 않는다.

마땅히 세존께서 병사왕의 법을 "대왕께서는 나라를 다스리면서 어느 한도의 금전을 훔치면 사형을 내리고 어느 한도의 금전을 훔치면 나라 밖으로 쫓아내며 어느 한도의 금전을 훔치면 형벌을 내립니까?"라고 물으신 것과 같고, 병사왕은 세존께 "19전이 1계리사반인데, 1계리사반을 넷으로 나누어 그 1분이거나 1분 값에 해당하는 물건을 취하면, 죄에 마땅히 사형을 내립니다."라고 대답하였다. 지금 훔친 것의 뜻을 따랐고, 이것으로써 기준으로 삼았다.

'왕'은 찰리(刹利)이거나, 바라문이거나, 장자이거나, 거사로서 직위를 받아서 왕이 되었다면 왕이라고 이름한다.

'왕이 붙잡다.'는 왕이 사람을 시켜서 붙잡는 것으로 혹은 그 손을 붙잡히거나 몸의 부분을 붙잡히는 것이니, 이것을 붙잡았다고 이름한다.

'죽이다.'는 그의 목숨을 뺏는 것이니, 이것을 죽인다고 이름한다.

'결박하다.'는 혹은 집으로써 구속하거나, 혹은 성으로써 구속하거나, 혹은 나무로써 구속하거나, 혹은 제반(鎖絆)6)으로써 구속하거나, 혹은 축계(杻械)7)로써 구속하는 것이니, 이것을 결박이라고 이름한다.

'쫓아내다.'는 취락에서 쫓아내거나, 성에서 쫓아내거나, 나라 밖으로 쫓아내는 것이니, 이것을 쫓아낸다고 이름한다.

'쯧쯧 남자여. 너는 도둑이고, 어리석은 자이며, 어리석은 자이다.'는

---

6) 고대의 형구로 사람의 목에 씌우던 형틀을 가리킨다.
7) 고대의 형구로 추(杻)는 손을 묶는 형구인 수갑이고, 계(械)는 발을 묶는 형구를 가리킨다.

그를 꾸짖는 말이다.

'비구도 이와 같다면 바라이를 범하여 마땅히 함께 머무를 수 없다.'에서 '바라이'는 법과 지혜에서 퇴전(退沒)하고 타락(墮落)하며 도과분(道果分)이 없는 것이니, 이것을 바라이라고 이름한다. 이와 같고, 나아가 진지(盡智)와 무생지(無生智) 등의 여러 지혜에서 퇴전하고 타락하여 도과분이 없는 것이니, 이것을 바라이라고 이름한다.

또한 다시 '바라이'는 열반에서 퇴전하고 타락하여 증과분(證果分)이 없는 것이니, 이것을 바라이라고 이름한다. 또한 다시 '바라이'는 훔치지 않는 법을 벗어났으므로 퇴전하고 타락하는 것이니, 이것을 바라이라고 이름한다. 또한 다시 '바라이'는 죄를 범한 것을 드러내어 허물을 참회하지 않는 까닭으로 바라이라고 이름한다.

'시약(時藥)'은 일체의 뿌리와 일체의 곡식과 일체의 고기이다.

'뿌리'는 독을 다스리는 초근(草根)과 우근(藕根)[8]과 두루근(筂樓根)과 우근(竽根)[9]과 나복근(蘿葍根)[10]과 총근(蔥根)[11]을 근(根)이라고 이름한다.

'곡식'은 17종류가 있으니, 첫째는 벼(稻)이고, 둘째는 붉은 벼(赤稻)이며, 셋째는 소맥(小麥)이고, 넷째는 면맥(麵麥)[12]이며, 다섯째는 소두(小豆)이고, 여섯째는 호두(胡豆)이며, 일곱째는 대두(大豆)이고, 여덟째는 완두(豌豆)이며, 아홉째는 조(粟)이고, 열째는 기장(黍)이며, 열한째는 삼씨(麻子)이고, 열두째는 강구(薑句)[13]이며, 열셋째는 사치(闍致)이고, 열넷째는 파살타(波薩陀)이며, 열다섯째는 유자(菕子)이고, 열여섯째는 지나구(脂那句)이며, 열일곱째는 구타바(俱陀婆)이니, 이것을 17종류의 곡식이라고 이름한다.

---

8) 연뿌리를 가리킨다.
9) 토란을 가리킨다.
10) 무우를 가리킨다.
11) 파뿌리를 가리킨다.
12) 밀을 가리킨다.
13) 생강을 가리킨다.

'고기'는 물과 육지의 동물의 고기이다. 무엇을 물의 동물이라 말하는 가? '물의 동물'은 물고기·거북·제미(提彌)·지라(祇羅)·수라(修羅)·수수라(修修羅)·수수마라(修修磨羅) 등이니, 이와 같은 물속의 동물로써 먹을 수 있다면 물의 동물이라고 이름한다. 무엇을 육지의 동물이라고 하는가? '육지의 동물'은 두 발이거나, 네 발이거나, 발이 없는 것이거나, 많은 발의 동물들을 모두 육지의 동물이라고 이름한다.

이와 같은 근식(根食)과 곡식(穀食)과 육식(肉食)을 모두 시식(時食)이라고 이름한다. 왜 그러한가? 때가 되면 먹을 수 있고 때가 안 되면 먹을 수 없다. 이것을 시식이라고 이름한다. 만약 비구가 훔치려는 생각으로 시약을 접촉한다면 월비니죄를 범하고, 그 물건들을 움직였다면 투란차죄를 범하며, 본래 있던 곳에서 옮겼고 5전을 채웠다면 바라이를 범한다.

'야분약(夜分藥)'은 14종류의 장(漿)[14]이 있으니, 첫째는 암라장(菴羅漿)이고, 둘째는 구리장(拘梨漿)이며, 셋째는 안석류장(安石榴漿)이고, 넷째는 전치리장(顚哆梨漿)이며, 다섯째는 포도장(葡桃漿)이고, 여섯째는 파루사장(波樓沙漿)이며, 일곱째는 건건장(揵揵漿)이고, 여덟째는 파초장(芭蕉漿)이며, 아홉째는 계가제장(罽伽提漿)이고, 열째는 겁파라장(劫頗羅漿)이며, 열한째는 파롱거장(婆籠渠漿)이고, 열두째는 감자장(甘蔗漿)이며, 열셋째는 가리타장(呵梨陀漿)이고, 열넷째는 가파리장(呿波梨漿)이다.

이러한 여러 장을 초야(初夜)에 받았다면 초야에 마실 것이고 중야(中夜)에 받았다면 중야에 마실 것이며 후야(後夜)에 받았다면 후야에 마셔야 한다. 식전(食前)에 받았다면 초야에 마셔야 하므로 야분의 약이라고 이름한다. 만약 비구가 훔치려는 생각으로 야분약을 접촉한다면 월비니죄를 범하고, 그 물건들을 움직였다면 투란차죄를 범하며, 본래 있던 곳에서 옮겼고 5전을 채웠다면 바라이를 범한다.

'7일약'은 소(酥)·기름(油)·꿀(蜜)·석밀(石蜜)·지방(脂)·생소(生酥) 등이다.

---

14) 물건에서 짜낸 액체인 즙(汁)을 가리키고, 현대의 음료와 같은 것이다.

'소'는 소(牛)·물소(水牛)의 소·고양(羖羊)15)과 누양(羺羊)16)의 소·낙타(駱駝)의 소 등이다.

'기름'은 호마(胡麻) 기름·무청(蕪菁)17) 기름·황람(黃藍)18) 기름·아타사(阿陀斯) 기름·곤마(菎麻) 기름·비루(比樓) 기름·비주만타(比周縵陀) 기름·가란차(迦蘭遮) 기름·차라(差羅)의 기름·아제목다(阿提目多)의 기름·만두(縵頭)의 유·대마(大麻) 기름과 나머지 여러 종류의 기름이니, 이것을 기름이라고 이름한다.

'꿀'은 군다(軍茶) 꿀·포저(布底) 꿀·황봉(黃蜂) 꿀·흑봉(黑蜂) 꿀 등의 이것을 꿀이라고 이름한다.

'석밀'은 반타(盤陀) 꿀(蜜)·나라(那羅) 꿀·만사(縵闍) 꿀·마하비리(摩訶毘梨) 꿀 등이니, 이것을 석밀이라고 이름한다.

'지방'은 물고기의 지방(魚脂)·곰의 지방(熊脂)·큰곰의 지방(羆脂)·수수라의 지방(修修羅脂)·돼지의 지방(猪脂) 등이다. 이 여러 지방은 뼈도 없고 살도 없으며 피도 없고 냄새도 없어서 음식의 기운(食氣)이 없으므로 한꺼번에 많이 받더라도 병든 비구가 7일(日)을 먹을 수 있다. 이것을 지방이라고 이름한다.

'생소'는 소와 염소 등의 여러 생소이니, 깨끗하게 거르고 씻으면 음식의 기운이 없으므로 한꺼번에 많이 받더라도 병든 비구가 7일을 먹을 수 있다. 이러한 여러 약들은 청정하고 음식의 기운이 없으므로 한꺼번에 많이 받더라도 병든 비구가 7일을 먹을 수 있는 까닭으로 7일약이라고 이름한다. 만약 비구가 훔치려는 마음으로 이 7일약을 접촉한다면 월비니죄를 범하고, 그 물건들을 움직였다면 투란차죄를 범하며, 본래 있던 곳에서 옮겼고 5전을 채웠다면 바라이를 범한다.

---

15) 염소를 가리킨다.

16) 어린 양을 가리킨다.

17) 십자화과의 한해살이풀 또는 두해살이풀인 순무를 가리킨다.

18) 국화과에 속하는 1년생 또는 2년생 초본식물로 잇꽃이며, 한자로는 홍화(紅花)라고 한다.

'진수약(盡壽藥)'은 가리륵(呵梨勒)·비혜륵(毘醯勒)·아마륵(阿摩勒)·필발(蓽茇)·호초(胡椒)·생강(薑)·장수과(長壽果)·선인과(仙人果)·유과(乳果)·두색과(豆色果)·피라실다과(彼羅悉多果)·반나과(盤那果)·소오근(小五根)·대오근(大五根)·일체의 소금·여덟 종류의 재(灰)를 제외한 일체의 재·석밀의 찌꺼기를 제외한 모든 흙(地)이니, 이러한 여러 약들은 음식의 기운이 없으므로 한꺼번에 많이 받더라도 병든 비구가 종신토록 복용할 수 있는 까닭으로 종신약이라고 이름한다. 만약 비구가 훔치려는 마음으로 이 종신약을 접촉한다면 월비니죄를 범하고, 그 물건들을 움직였다면 투란차죄를 범하며, 본래 있던 곳에서 옮겼고 5전을 채웠다면 바라이를 범한다.

'따르는 물건'은 삼의(三衣)·니사단(尼師檀)·부창의(覆瘡衣)·우욕의(雨浴衣)·발우(鉢)·대건자(大揵鎡)·소건자(小揵鎡)·발낭(鉢囊)·낙낭(絡囊)[19]·녹수낭(漉水囊)·두 종류의 요대(腰帶)[20]·도자(刀子)·동시(銅匙)[21]·발지(鉢支)[22]·침통(鍼筒)·군지(軍持)[23]·조관(澡罐)[24]·성유지병(盛油支瓶)·석장(錫杖)·혁사(革屣)[25]·산개(繖盖)[26]·부채(扇)와 나아가 다른 여러 가지의 마땅히 저축할 물건들이니, 이것을 따르는 물건이라고 이름한다.

다시 속인에게 따르는 물건이 있으니, 군기(軍器)·칼·막대기·의복과 또한 다른 여러 가지의 마땅히 저축할 물건들이니, 역시 따르는 물건이라고 이름한다. 만약 비구가 훔치려는 마음으로 이 따르는 물건들을 접촉한다면 월비니죄를 범하고, 그 물건들을 움직였다면 투란차죄를 범하며, 본래 있던 곳에서 옮겼고 5전을 채웠다면 바라이를 범한다.

---

19) 수행자가 휴대물품을 넣어 목에 걸고 다니는 자루를 가리킨다.
20) 허리띠를 가리킨다.
21) 구리로 만들어진 수저와 젓가락을 가리킨다.
22) 발우(鉢盂)를 올려놓는 받침대를 가리킨다.
23) 물병을 가리킨다.
24) 주전자와 비슷한 모양의 손을 씻는 물을 담아 두는 그릇을 가리킨다.
25) 가죽신을 가리킨다.
26) 일산(日傘)을 가리킨다.

'무거운 물건'은 상(牀)·와구(臥具) 및 나머지의 무거운 물건들이다.

'상과 와구'는 와상(臥牀)·좌상(坐牀)·소욕(小褥)·대욕(大褥)·구첩(拘氈)의 베개 등이다.

'또한 나머지의 무거운 물건'은 일체의 구리그릇(銅器)·나무그릇(木器)·대나무그릇(竹器)·질그릇(瓦器) 등이다.

'구리그릇'이라고 이름하는 것은 구리병(銅瓶)·구리 솥(銅釜)·구리 큰솥(銅鑊)·구리잔(銅杓) 및 나머지 여러 종류의 구리그릇 등이고, 이것을 구리그릇이라고 이름한다.

'나무 그릇과 대나무 그릇'은 나무 절구(木臼)·나무병(木瓶)·나무 그릇(木盆)·목완(木椀)·나무 밥그릇(木杓)·대나무 광주리(竹筐)·대나무 의자(竹席) 및 대나무 밥통(竹筥) 및 나머지의 일체의 나무 그릇과 대나무 그릇 등을 이름한다.

'질그릇'은 큰 옹기와 나아가 등잔(燈盞) 등의 이것을 질그릇이라고 이름한다. 상과 와구 및 여러 종류의 물건들을 무거운 물건이라고 이름한다. 만약 비구가 훔치려는 마음으로 이 무거운 물건들을 접촉한다면 월비니죄를 범하고, 그 물건들을 움직였다면 투란차죄를 범하며, 본래 있던 곳에서 옮겼고 5전을 채웠다면 바라이를 범한다.

'부정(不淨)한 물건'은 금전과 금은 등이니, 비구는 접촉할 수 없는 까닭으로 부정한 물건이라고 이름한다. 만약 비구가 훔치려는 마음으로 이 부정한 물건들을 접촉한다면 월비니죄를 범하고, 그 물건들을 움직였다면 투란차죄를 범하며, 본래 있던 곳에서 옮겼고 5전을 채웠다면 바라이를 범한다.

'청정하고 부정한 물건'은 진주(眞珠)·유리(琉璃)·가패(珂貝)·산호(珊瑚)·파리(頗梨)[27]·자거(車磲)[28]·마노(馬瑙)[29]·벽옥(璧玉)[30] 등이니, 이

---

27) 산스크리트어 sphaṭika의 음사로서 수정(水晶)을 가리킨다.

28) 바닷조개로서 조개의 가운데서 가장 크며, 껍데기는 부채를 펼쳐놓은 모양인데, 겉은 회백색이고 안은 우윳빛이다.

29) 마노(瑪瑙) : 화산암의 빈 구멍 내에서 석영, 단백석, 옥수 등이 차례로 침전하여

러한 여러 보물들은 접촉할 수는 있으나 착용할 수 없는 까닭으로 청정하고 부정한 물건이라고 이름한다. 만약 비구가 훔치려는 마음으로 이 청정하고 부정한 물건들을 접촉한다면 월비니죄를 범하고, 그 물건들을 움직였다면 투란차죄를 범하며, 본래 있던 곳에서 옮기는 자는 바라이를 범한다.

다시 16종류의 물건이 있으니, 첫째는 땅이고, 둘째는 땅속의 물건이며, 셋째는 물이고, 넷째는 물속의 물건이며, 다섯째는 배이고, 여섯째는 배 가운데의 물건이며, 일곱째는 타는 것(乘)이고, 여덟째는 타는 것 가운데의 물건이며, 아홉째는 네 발(四足)이고, 열째는 네 발 위의 물건이며, 열한째는 두 발(兩足)이고, 열두째는 두 발 위의 물건이며, 열셋째는 발이 없는 것(無足)이고, 열넷째는 발 없는 것 위의 물건이며, 열다섯째는 허공이고, 열여섯째는 허공 가운데의 물건이다.

무엇을 땅이라고 말하는가? 금광(金鑛)·은광(銀鑛)·적동광(赤銅鑛)·연광(鉛鑛)·석광(錫鑛)·백랍광(白鑞鑛)·공청(空靑)[31]·자황석(雌黃石)[32]·담염(膽鹽)과 석회(石灰)·적토(赤土)·백선(白墡)[33]과 나아가 와공(瓦師)들이 취하는 토지이니, 이것을 땅이라고 이름한다. 만약 비구가 훔치려는 마음으로 이 여러 땅을 접촉한다면 월비니죄를 범하고, 그 물건들을 움직였다면 투란차죄를 범하며, 본래 있던 곳에서 옮겼고 5전을 채웠다면 바라이를 범한다.

'땅 속의 물건'은 만약 사람이 땅속에 물건을 숨겨 두었던 것으로 이를테면,   금전·금·은·파리·가패·진주·자거·마노·소병(酥瓶)·유병(油瓶)·석밀병(石蜜瓶)·뿌리·줄기·가지·잎·과실 등의 여러 약과 여덟 종류의 물건

생긴 것으로 보통 불규칙한 구 모양에 평행한 줄무늬가 있다.
30) 벽(璧)은 납작한 구슬, 옥(玉)은 둥근 구슬을 가리킨다.
31) 금동광(金銅鑛)에서 생겨나는 푸른 빛의 광물(鑛物)이고, 물감과 약재 등으로 쓰인다.
32) 비소와 유황의 화합물로 선명한 황색을 띰. 주로 약용이나 안료(顔料)로 사용된다.
33) 색깔이 하얀 흙을 가리킨다.

들을 땅속에 감추었던 것이니, 이것을 땅속의 물건이라고 이름한다. 만약 비구가 훔치려는 마음으로 이 땅속의 물건들을 접촉한다면 월비니죄를 범하고, 그 물건들을 움직였다면 투란차죄를 범하며, 본래 있던 곳에서 옮겼고 5전을 채웠다면 바라이를 범한다.

'물'은 물에는 열 종류가 있으니, 하천(河水)의 물·연못의 물(池水)·우물의 물(井淨水)·용연(龍淵)³⁴⁾의 물·맑은 물(淸水)·온천(溫泉)의 물·병이 없는(不病) 물·장마(雨潦)의 물·공중(空中)의 물·긴 강물(長流)의 물 등이다. 어느 곳에서는 귀중하게 생각하고 어느 곳에서는 천하게 생각하므로 혹은 1전(錢)으로 네·다섯 병을 사고, 혹은 일체의 소유한 물건으로 한 병을 산다. 가까운 취락과 성읍에 좋은 물이 있다면 1전으로 다섯·여섯 병을 사겠으나 상인들이 있었고, 먼 길을 다니면서 넓고 멀어서 혹은 5유순이거나, 혹은 10유순이거나, 나아가 5백유순을 갔는데 도로에 물이 없었으므로 그 여러 상인들이 모두 각자 물을 짊어지고 떠나갔으며, 혹은 스스로가 공급하거나, 혹은 물을 파는 자가 있다. 이때 한 상인이 물이 적고 부족하여 열(熱)과 갈증에 핍박받아서 곧 이렇게 생각을 지었다.

'만약 내가 존재한다면 능히 금전을 얻을 수 있으나, 만약 내가 갈증으로 죽는다면 금전이 다시 무슨 소용이 있겠는가?'

모든 금전과 물건으로써 한 병의 물을 사게 된다.

이때 어느 비구가 상인을 따라서 떠났고 상인은 항상 이 비구에게 물을 공급하였다. 머무를 곳에 이르지 않았는데 곧 물이 없어지려고 하였고, 이때 상인이 비구에게 말하였다.

"도로는 오히려 멀고 물은 다시 없어지고자 합니다. 그 허락되는 물은 존자에게 공급하고 그 허락되는 물은 내가 마시겠습니다."

상인이 베풀어 주었던 것과 같더라도 비구는 마땅히 그 양을 마셔야 하는데, 만약 훔치려는 마음에서 많이 마셨다면, 많이 마신 자는 바라이를 범하고, 많이 마시지는 않았다면 투란차죄를 범한다. 상인이 다시 말하였

---

34) 용이 사는 연못을 가리킨다.

다.

"지금 존자에게 공급하는 물은 마시고 원하건대 다른 사람에게 주지 마십시오."

이때 늙고 병든 사람이 더위와 갈증에 핍박받았고 비구에게 와서 마실 물을 애원한다면 비구는 자비한 마음으로 병자에게 주면서 이렇게 사유를 지었다.

'주인이 비록 이렇게 말을 하였으나 그 병든 사람이 애민하였으므로 나는 지금 물로써 그에게 주어야겠다.'

주인이 일부러 마땅히 의심하고 꾸짖지 않는다면 동의(同意)한 까닭으로써 범한 것은 없다.

어느 사람이 배를 타면서 물을 실었는데 비구가 갈증에 핍박받아 훔치려는 마음으로 배 위의 물을 접촉하였다면 월비니죄를 범하고, 만약 발우이거나, 만약 건자(揵鎡)에 그 물을 담고서 배를 벗어나지 않았으면 투란차죄를 범하며, 만약 물을 가지고 떠나갔는데 몸과 옷이 모두 배에서 벗어났는데 옮겼는데 5전을 채웠다면 바라이를 범한다.

그 물이 담긴 그릇을 뚫었으면 월비니죄를 얻고, 만약 뚫어진 그 물구멍에 통을 대고 물을 마시면서 옮겼는데 5전을 채웠다면 바라이를 얻는다. 만약 조금씩 마시면서 자주자주 멈추는 자는 한입·한입에 투란차죄를 얻는다.

만약 그 물그릇에 이전에 막아두었던 뚜껑이 있었는데 비구가 훔치려는 마음에서 그 물그릇의 뚜껑을 잡아당기는 자는 월비니죄를 범하고, 만약 물을 그릇 안에서 퍼냈다면 투란차죄를 범하며, 만약 물을 퍼내면서 5전을 채웠다면 바라이를 범하고, 만약 물을 퍼내면서 멈추지 않았으나 곧 뉘우치는 마음을 일으켰고 무거운 죄를 범하는 것을 두려워하여 물을 본래의 그릇 속에 쏟은 자는 투란차죄를 범한다.

만약 배를 훔치려는 자가 힘을 합쳐서 수순하여 배를 끌었는데 배의 꼬리가 뱃머리를 지났다면 바라이를 범하고, 만약 반대로 배를 끌었는데 뱃머리가 배의 꼬리를 지났거나, 만약 오른쪽으로 끌었는데 왼쪽에서 오른쪽으로 지나갔다면 바라이를 범하며, 만약 왼쪽의 옆을 끌었어도 역시 이와 같다. 만약 작은 배는 움직임이 쉬우므로 비구가 훔치려는 마음에서 접촉하였다면 월비니죄를 범하고, 만약 작은 배를 움직였다면 투란차죄를 범하며, 만약 본래 있던 곳에서 옮겼고 5전을 채웠다면 바라이를 범한다.

만약 어느 사람이 물을 대어서 도랑에 흐르게 하였는데, 만약 하룻밤에 값이 1전(錢)이거나, 나아가 2전·3전·4전·5전이었는데, 만약 비구가 불·법·승을 위하여 훔치려는 마음에서 그 도랑을 파괴하면 월비니죄를 범하고, 물을 흘려 밭에 들어가게 하였다면 투란차죄를 범하며, 5전을 채웠다면 바라이를 범한다.

만약 비구가 곧 도랑을 파괴하지 않으려고 방편인 가령 벽돌이나 나무를 이끌어서 물이 흘러오게 하였다면 이끌었던 때에는 월비니죄를 범하고, 물이 흘러서 논에 들어간다면 투란차죄를 범하며, 5전을 채웠다면 바라이를 범한다. 만약 소·양·낙타로 방편을 지어 도랑을 파괴하는 자라면 역시 이와 같다. 만약 비구가 질투하는 마음에서 도랑을 파괴하고 물을 버리게 하는 자는 월비니죄를 범한다.

만약 비구가 상인과 같이 광야(曠野)를 다니는 가운데에서 어느 사람이 "내일이나 모레라면 마땅히 물가에 이를 것입니다."라고 말하였으며, 이때 어느 상인이 많은 물을 메고서 다녔고, 비구는 극심한 갈증으로 물을 구걸하였으나 얻지 못하여 곧 성내면서 "폐악(弊惡)한 사람이여. 그대는 어찌하여 이렇게 간탐하는가? 많은 물을 가지고 다니면서도 능히 스스로 마시지 않고 역시 축생에게도 물을 주지 않으며 사문이나 바라문에게도 나누어주지 않는구려. 오래지 않아서 마땅히 버릴 것인데, 물이 무슨 소용이 있겠는가?"라고 말하면서 비구가 물그릇을 깨뜨렸다면 악심을 까닭으로 월비니죄를 범한다.

만약 다른 사람의 집에 그릇으로 물을 저장하였고 만약 비구의 친족이나 지식이 불타고 있는데, 비구가 훔치려는 마음으로 물을 취하여 불을 끄면서 만약 물을 접촉하였다면 월비니죄를 얻고, 그 물그릇을 움직였다면 투란차죄를 얻으며, 물로 불을 끄면서 5전을 채웠다면 바라이를 얻는다. 만약 '마땅히 물을 돌려주겠다.'라고 생각하였거나, 만약 물값을 주고 취하여 사용하였다면 범한 것이 없다. 만약 그들의 집이 불타고 있으므로 그들의 물로써 불을 끄는 것을 돕는다면 범한 것이 없다.

만약 그때의 세상이 10년이나 20년 만의 가뭄을 만났고, 어느 사람이 연못의 물을 수호하였으며, 만약 우물을 수호하는데, 비구가 훔치려는 마음으로 물그릇을 가지고 물을 취하면서 그곳의 물을 접촉하였다면 월비니죄를 범하고, 그 물을 채웠던 때라면 투란차죄를 범하며, 만약 물을 메고서 연못을 떠났는데 5전을 채웠다면 바라이를 범한다.

만약 연못에 집(院)이 있어서 문을 달았는데 비구가 훔치려는 마음으로써 대나무 빨대를 가지고 멀리서 물을 마시면서 물을 연속으로 마시며 멈추지 않고서 5전을 채웠던 자는 바라이를 범하고, 한입·한입을 마시면서 쉬었다면 한입·한입에 투란차죄를 범한다. 우물에서 비구가 훔치려는 마음으로 두레박을 내렸던 때에는 월비니죄를 범하고, 만약 물이 두레박에 들어간 때에는 투란차죄를 범하며, 물을 가지고 우물을 떠났는데 5전을 채웠다면 바라이를 범한다.

어느 외도의 집에 그릇으로 물을 담아두었는데, 그 집이 갑자기 불타서 외도가 놀라고 두려워하였다. 비구가 그때 곧 '이와 같고 이와 같구나. 그대는 악하고 삿된 외도여서 항상 불을 질투하고 사문인 석자들을 헐뜯었는데 지금 그대도 마땅히 이와 같구나.'라고 이렇게 생각을 지으면서 곧 앞에서 막대기로 물그릇을 때려서 깨뜨렸다면, 악심으로 다른 사람의 물건을 파괴한 까닭으로 월비니죄를 범한다.

여러 유명한 물이 있으니 이를테면, 첨파국(瞻波國)에는 항수(恒水)가 있고, 왕사성(王舍城)에는 온천수(溫泉水)가 있으며, 파련불읍(巴連弗邑)에는 서노하수(恕奴河水)가 있고, 바라나국(波羅奈國)에는 불유행지수(佛遊行池水)가 있으며, 사지국(沙祇國)에는 현주수(玄注水)가 있고, 사위성(舍衛城)에는 포다리수(蒲多梨水)가 있으며, 마투라국(摩偸羅國)에는 요포나수(搖蒲那水)가 있고, 승가사국(僧伽舍國)에는 석밀수(石蜜水)가 있다.

어느 여러 귀인(貴人)들이 사자를 보내어 이러한 물을 취하여 길에서 쉬고 있었는데, 어느 비구가 갈증에 핍박받아서 훔치려는 마음으로 그 물을 접촉한다면 월비니죄를 범하고, 그 물에 그릇을 담갔다면 투란차죄를 범하며, 만약 물을 퍼내면서 5전을 채웠다면 바라이를 범한다. 만약 물을 퍼내면서 5전을 채우지 않은 가운데에서 무거운 죄를 범하는 것이 두려워서 후회하는 마음으로 물을 본래의 그릇에 부었다면 투란차죄를 범한다.

어느 여러 귀인들이 동산(園)의 가운데에서 유희(遊戱)하고자 향지(香池)의 물을 지었는데, 어느 비구가 훔치려는 마음으로 그 물을 취하면서 그 물의 향값(香價)을 따라서 이때에 금전의 값으로 계산하지 않는다면 죄를 범한다. 이것을 물이라고 말한다.

'물속의 물건'은 어느 물건이 물속에 있으면서 생겨나는 것이니 이를테면, 우발라(優鉢羅)35)·발담마(鉢曇摩)36)·구물두(拘物頭)37)·분다리(分陀梨)38)·수건제(須健提)39)·우근(藕根)40) 및 나머지 여러 종류의 물에서 생겨나는 물건이다. 만약 비구가 훔치려는 마음으로 이 물속에서 생겨나는 물건들을 접촉한다면 월비니죄를 범하고, 만약 그 물건들을 움직였다면 투란차죄를 범하며, 만약 본래 있던 곳에서 옮겼고 5전을 채웠다면 바라이를 범한다.

만약 하나의 꽃이라도 활짝 피어났다면 바라이를 범하고, 피어나지 않았다면 하나·하나가 투란차죄를 얻으나, 다만 꽃을 취하여 땅에 놓아두

---

35) 산스크리트어 utpala의 음사로서 연못 등에서 푸른색이나 붉은색 또는 흰색의 꽃을 피우는 수련(睡蓮)을 가리킨다.
36) 산스크리트어 padma의 음사로서 붉은색의 연꽃을 가리킨다.
37) 산스크리트어 kumuda의 음사로서 홍련화의 한 종류이고, 지희화(地喜花), 백련화(白蓮花), 청련화(靑蓮花), 황색화(黃色花)라고도 부르며 흰색이나 붉은색의 꽃이 피는 수련을 가리킨다.
38) 산스크리트어 pundarika의 음사로서 백련화(白蓮花)의 한 종류를 가리킨다.
39) 좋은 향(好香)을 가진 연꽃의 한 종류를 가리킨다.
40) 연뿌리를 가리킨다.

었다면 바라이를 범한 것은 없다. 꽃다발이 매우 무거워서 능히 끌고서 떠나갈 수 없다면 비록 멀리 갔더라도 바라이는 아니고, 들고서 땅을 떠났다면 바라이를 범하며, 일체의 물에서 생겨나는 물건은 역시 이와 같다.

만약 여러 귀인들이 유희하는 목욕하는 연못의 가운데에서 금·은·꽃· 여러 희롱하는 배·오리·기러기·원앙의 기이한 부류의 새 등을 만약 비구가 훔치려는 마음으로 그 물건에 접촉하는 때에는 월비니죄를 범하고, 만약 그 물건들을 움직였다면 투란차죄를 범하며, 만약 본래 있던 곳에서 옮겼고 5전을 채웠다면 바라이를 범한다.

만약 다시 금·은·유리·자거·마노·산호·호박·가패·적보(赤寶) 및 그 나머지의 여덟 종류를 지녔으므로 만약 사람이 이 여러 물건들을 가지고 물속에 감추었는데, 비구가 훔치려는 마음으로 그 물건을 접촉하였다면 월비니죄를 범하고, 만약 그 물건들을 움직였다면 투란차죄를 범하며, 만약 본래 있던 곳에서 옮겼는데 5전을 채웠다면 바라이를 범한다. 이것을 물속의 물건이라 이름한다.

'배의 물건'은 비구라선(毘俱羅船)·구가타선(俱呵吒船)·발구리선(拔瞿 梨船)·비시가선(毘尸伽船)·마면선(馬面船)·상면선(象面船)·어면선(魚面 船)·양면선(羊面船), 혹은 한 겹(重)부터 나아가 일곱 겹이거나, 혹은 벽(壁) 이 있거나, 혹은 벽이 없거나, 만약 코끼리를 실은 배이거나, 말을 실은 배이거나, 재물을 실은 배이거나, 질그릇(瓦器)을 실은 배이거나, 가죽을 실은 배이거나, 철그릇(鐵器)을 실은 배이거나, 나아가 뗏목들이다. 만약 이러한 배와 뗏목들이 한 곳에 묶여 있었는데, 만약 비구가 훔치려는 마음으로 그 배들을 접촉하였다면 월비니죄를 범하고, 만약 그 배들을 움직였다면 투란차죄를 범하며, 만약 본래 있던 곳에서 옮겼고 5전을 채웠다면 바라이를 범한다.

비록 다시 배를 묶었던 끈을 잘랐으나 본래에 있던 곳을 떠나지 않았다 면 투란차죄를 얻고, 비록 다시 본래에 있던 곳에서 떠났으나 만약 묶었던 끈을 자르지 않았다면 투란차죄를 얻으며, 묶었던 끈을 자르고 본래에 있던 곳에서 떠나면서 5전을 채웠던 자는 바라이를 범한다.

만약 본래 배를 훔치고자 하였고 물건은 훔치려고 하지 않았으나 다른 사람들이 아는 것이 두려웠던 까닭으로 물건도 합하여 타고서 떠났다면 비록 그 물건들을 본래에 있던 곳에서 옮겼어도 바라이를 범한 것은 없다. 만약 물건을 버리고서 배를 본래에 있던 곳에서 떠나면서 5전을 채웠다면 바라이를 범한다.

만약 본래에 물건을 훔치고자 하였고 배는 훔치려고 하지 않았으나 다른 사람들이 아는 것이 두려웠던 까닭으로 배도 합하여 타고서 떠났다면 바라이가 아니지만, 배를 버리고서 물건을 가지고 떠났다면 바라이를 범한다. 만약 배와 물건을 합하여 훔치고자 하였고 배를 본래에 있던 곳에서 옮겼고 5전을 채웠다면 바라이를 범하고, 만약 물속에서 가지고 떠나고자 하면서 물속에 들어갔다면 바라이를 범한다.

만약 어느 사람이 배를 언덕 주변에 묶어두고서 가려진 곳에 앉아 있었는데, 어느 비구가 배를 훔치고자 하였다. 그때 다른 사람이 배의 주인에게 말하였다.

"어느 출가인이 그대의 배를 훔치려고 합니다."

그때 배의 주인이 말하였다.

"무슨 도에 출가하였습니까?"

대답하여 말하였다.

"사문 석자입니다."

주인이 말하였다.

"걱정을 마시오. 사문 석자는 주지 않는다면 취하지 않습니다."

이때 비구가 몸으로 배를 접촉하는 때에 다른 사람이 다시 배의 주인에게 말하였다.

"이 비구가 그대의 배를 취하고자 합니다."

배의 주인은 곧 의심하였다.

'이 비구가 장차 나의 배를 훔치려는 것은 아닌가?'

곧 일어났고 물어 말하였다.

"존자여. 무엇을 짓고자 합니까?"

이때 비구는 묵연히 대답하지 않고서 곧 삿대로서 배를 저어서 떠나갔으므로 배의 주인은 쫓으면서 불러 말하였다.

"존자여. 배를 타고서 떠나가지 마십시오. 이 배는 임금의 것이거나, 대신의 것이거나, 바라문의 것이거나, 장자의 것이거나, 거사의 것이 아닙니다. 이것은 복을 짓는 배이고, 이것은 사람을 건네주는 배입니다."

또한 다시 비구에게 두렵게 말하였다.

"폐악(弊惡)한 사람이여. 만약 나의 배를 타고서 떠나가는 자는 내가 마땅히 뒤에 그대를 고통스럽게 다스리겠다."

이때 그 비구가 비록 배를 타고서 멀어졌어도 배의 주인이 배를 잃어버렸다는 생각을 짓지 않았고, 비구도 역시 배를 얻었다는 생각을 짓지 않았다면 바라이는 아니다. 배의 주인이 잃어버렸다고 생각하였고, 비구는 얻었다고 생각하였다면 바라이를 얻는다.

만약 배의 주인이 배를 언덕의 주변에 묶어 두었는데, 어느 객비구가 와서 배의 주인에게 말하였다.

"장수(長壽)여. 나에게 배를 빌려주어서 건너게 하십시오."

배의 주인이 대답하여 말하였다.

나는 홀로 한 사람인데 어찌하여 그대에게 빌려주어 건너가게 하겠습니까?"

비구가 다시 말하였다.

"장수여. 나는 음식의 때에 이르고자 합니다. 내가 음식을 잃지 않게 하십시오. 그대가 지금 나를 건네준다면 곧 나에게 음식을 주는 것이고, 곧 나에게 즐거움을 베푸는 것입니다. 나는 지금은 그대와 함께 지금의 세상과 다음의 세상에서 다시 서로를 건네줄 것입니다."

주인이 다시 말하였다.

"그대는 지금 비용이 없는데 어찌하여 무료로 건너고자 하십니까? 그대의 다리는 굶주린 새와 같아서 동쪽과 서쪽에 머무르지 않는데 누가 마땅히 그대를 건네주겠습니까?"

비구가 다시 비열한 말로 고통스럽게 구하였으나, 배의 주인이 다시 말하였다.

"스스로 건너가십시오. 존자는 지금 곧 한 사람인데 어찌하여 건너게 도와주겠습니까?"

비구가 대답하여 말하였다.

"그대는 다만 노를 붙잡고 있으십시오. 내가 스스로 힘을 짓겠습니다."

배의 주인이 허락하면서 곧 불렀다.

"대덕이여. 배에 오르십시오."

그 배가 강물의 가운데에 이르렀는데 비구가 막대기를 잡고서 배의 주인을 때리면서 꾸짖어 말하였다.

"폐악한 사람이로다. 감히 사문 석자를 헐뜯고 욕보였구나!"

꾸짖고서 배 주인의 손과 어깨와 다리와 정강이를 때려서 손상시켰고, 손상되어 고통이 심하였는데, 물속으로 밀쳤다면 투란차죄를 범하고, 배의 주인이 만약 죽었는데 비구가 먼저 죽일 마음이 있었다면 바라이를 범하며, 만약 죽이려는 마음이 없었으나 죽었다면 투란차죄를 범한다.

그때 비구가 만약 그 배를 훔쳤거나, 운행하는 도구(行具)를 훔쳤고 5전을 채웠다면 바라이를 범하고, 5전을 채우지 않았다면 투란차죄를 범한다. 만약 비구가 악심으로 그 배를 물에 가라앉혔거나, 만약 그 배를 파손하였거나, 만약 풀어놓아서 흐르는 물에 따라 흘러갔다면 다른 사람의 물건을 파손하고 잃게 하였던 까닭으로 월비니죄를 범한다.

어느 사람이 복을 지으려는 까닭으로 항상 배로써 사람들을 건네주었고, 비구가 만약 건넜다면 마땅히 언덕 주변에 묶어두어서 뒤의 사람들이 건너도록 해야 한다. 만약 비구가 그 배를 훔쳤거나. 만약 운행하는 도구를 훔쳤고 5전을 채웠다면 바라이를 범하고, 만약 물속에 가라앉게 하였거나, 만약 파괴하였거나, 만약 풀어놓아 흐르는 물을 따라서 떠나가게 하였다면 월비니죄를 범한다.

만약 비구가 뗏목을 타고서 그 언덕에 이르렀다면 마땅히 뗏목을 이끌어서 언덕 위의 보이는 곳에 묶어두어서 뒤의 사람이 건너게 할 것이고, 가려지고 더러운 곳에 숨기지 말라. 이것을 배의 물건이라고 이름한다.

'배 위의 물건'은 배 위에서 소유한 여러 물건이니 이를테면 금·은·진주·금전·재물·호박·유리·가패·산호·자거·적보(赤寶)·실(縷)·겁패(劫貝)[41], 나아가 일체의 의복과 곡식 및 8종류의 물건들이다. 만약 숨겨두었거나, 만약 숨겨두지 않았는데, 비구가 훔치려는 마음으로 배 위의 물건들을 접촉하였다면 월비니죄를 범하고, 만약 배 위의 물건들을 움직였다면 투란차죄를 범하며, 만약 본래 있던 곳에서 옮겼는데 5전을 채웠다면 바라이를 범한다.

'타는 것(乘)'은 만약 수레이거나, 만약 가마(輿)이거나, 만약 연(輦)[42]이거나, 만약 보만거(步挽車)[43]이거나, 나아가 아이들이 유희하는 수레라면, 이것을 타는 것이라고 이름한다. 만약 두 바퀴의 수레를 훔쳐서 끌었는데 뒤쪽이 앞쪽을 지나가면서 5전을 채웠다면 바라이를 범하고, 만약 거꾸로 앞을 밀어서 뒤를 지나가면서 5전을 채웠다면 바라이를 범한다. 만약 옆으로 밀어서 왼쪽 바퀴가 오른쪽 바퀴를 지나갔거나, 오른쪽 바퀴가 왼쪽 바퀴를 지나가면서 5전을 채웠다면 바라이를 범한다.

만약 비구가 그 타는 것을 부수었고 점차로 만약 하나하나의 나무를 훔쳐서 취하였고 5전을 채웠다면 바라이를 범하고, 5전을 채우지 않았다면 투란차죄를 범한다. 만약 타는 것이 작아서 전부 메고서 떠나갈 수 있는 것을 접촉하였다면 월비니죄를 범하고, 만약 그 타는 것을 움직였다면 투란차죄를 범하며, 만약 본래 있던 곳에서 옮겼고 5전을 채웠다면 바라이를 범한다. 이것을 타는 것이라고 이름한다.

'타는 것의 위에 물건(乘物)'은 만약 사자가죽 덮개·호랑이가죽 덮개·황흠바라(黃欽婆羅)[44] 덮개와 여러 종류의 덮개·일체의 부구(敷具)·일체의

---

41) 산스크리트어 karpāsa의 음사로서 목화(木花)를 가리킨다.
42) 왕 등이 거동할 때 타고 다니던 가마. 사람이 어깨에 메고 다니는 것이다
43) 사람이 직접 끄는 수레이고, 여러 사람이 탈 수 있다.
44) 산스크리트어 kambala의 음사이고 털실로 짠 모직(毛織)을 가리킨다.

타는 것을 장엄하는 물건들이다. '타는 것의 일체의 물건(乘物)'은 이를테면 금·은·진주·금전·재물·호박·유리·가패·산호·자거·적보 등이며, 일체의 의복과 곡식 및 여덟 종류의 물건들이다. 만약 숨겨두었거나, 만약 숨겨두지 않았는데, 비구가 훔치려는 마음으로 그 물건들을 접촉하였다면 월비니죄를 범하고, 만약 그 물건들을 움직였다면 투란차죄를 범하며, 만약 본래 있던 곳에서 옮겼고 5전을 채웠다면 바라이를 범한다. 이것을 타는 것 위의 물건이라고 이름한다.

'네 발의 물건'은 코끼리·말·낙타·소·나귀·노새·양·쥐·늑대 등이다. 만약 비구가 코끼리를 훔치고자 만약 이끌었거나, 만약 내몰았고, 한 발이거나 나아가 세 발을 들었으면 투란차죄를 범하고, 네 발로 본래 있던 곳에서 떠나갔는데 5전을 채웠다면 바라이를 범한다. 이와 같이 말과 낙타 나아가 양에 이르기까지 역시 같다. 만약 작아서 전부 메고서 떠나갈 수 있는 것을 접촉하였다면 월비니죄를 범하고, 만약 그 물건들을 움직였다면 투란차죄를 범하며, 만약 본래 있던 곳에서 옮겼는데 5전을 채웠다면 바라이를 범한다. 이것을 네 발의 물건이라고 이름한다.

'네발 위의 물건'은 코끼리의 장엄구, 나아가 쥐와 늑대의 장엄구와 여덟 종류의 물건들이다. 만약 숨겨두었거나, 만약 숨겨두지 않았는데, 비구가 훔치려는 마음으로 이 여러 물건들을 접촉하였다면 월비니죄를 범하고, 만약 이 여러 물건들을 움직였다면 투란차죄를 범하며, 만약 본래 있던 곳에서 옮겼고 5전을 채웠다면 바라이를 범한다. 이것을 네발 위의 물건이라고 이름한다.

'두 발의 물건'은 이를테면, 사람과 새 등이다. 만약 비구가 사람을 납치하였거나, 유혹하여 떠나가면서 만약 칼이나 몽둥이로 몰았으므로 한 발을 들었다면 투란차죄를 범하고, 두 발을 움직였다면 바라이를 범한다. 만약 작아서 메거나 지고서 떠나갈 수 있는 자를 접촉하였다면 월비니죄를 범하고, 만약 그 사람을 움직였다면 투란차죄를 범하며, 만약 본래 있던 곳에서 옮겼고 5전을 채웠다면 바라이를 범한다. 나아가 새들도 이와 같다. 이것을 두 발의 물건이라고 이름한다.

'두 발의 위에의 물건'은 이를테면, 여인의 장엄구와 남자의 장엄구, 나아가 앵무새의 장엄구이다. '여인의 장엄구'는 비녀와 팔찌와 의복 등이다. '남자의 장엄구'는 의관(衣冠)과 영락 등이다. '앵무새의 장엄구'는 여러 종류의 구슬과 방울 등으로써 그것의 목이나 발에 매다는 것과 나머지 여덟 종류의 물건들이다.

만약 숨겨두었거나, 만약 숨겨두지 않았는데, 비구가 훔치려는 마음으로 두 발의 위에 물건들을 접촉하였다면 월비니죄를 범하고, 만약 그 두 발의 위에 물건들을 움직였다면 투란차죄를 범하며, 만약 본래 있던 곳에서 옮겼고 5전을 채웠다면 바라이를 범한다. 이것을 두발 위의 물건이라고 이름한다.

'발이 없는 물건'은 이를테면, 뱀·왕뱀·먹을 수 있는 꽃·먹을 수 있는 과일·먹을 수 있는 고기·마시는 공기 등이다. 만약 뱀을 병 안에 넣어두었거나, 만약 상자 안에 넣어두었는데, 어느 한 비구는 본래 뱀의 조련사였고 뒤에 출가하였으므로 이 비구가 그 뱀을 훔치고 싶었다. 곧 뱀을 취하고자 하였으나, 뱀의 주인이 아는 것이 두려워 상자를 가지고 떠났다면 바라이를 범하지 않는다.

만약 뱀을 꺼냈고 상자를 벗어났는데 5전을 채웠다면 바라이를 범하고, 만약 본래 상자를 훔치고자 하였고 뱀은 훔치려고 하지 않았으나 주인이 아는 것이 두려웠던 까닭으로 뱀과 합쳐서 가지고 떠났다면 바라이를 범하지 않는다. 만약 뱀을 버리고 상자만 가지고 떠났는데 5전을 채웠다면 바라이를 범한다. 만약 뱀과 상자를 모두 훔치고자 하였고 메고서 본래에 있던 곳에서 옮겼고 5전을 채웠다면 바라이를 범한다.

만약 병 속의 뱀을 훔치고자 하였는데 뱀의 꼬리가 병의 주둥이를 벗어나지 않았다면 바라이를 범하지 않았으나, 뱀의 머리와 꼬리가 모두 병에서 벗어났고 5전을 채웠던 자는 바라이를 범한다. 만약 성내고 싫어하면서 곧 "악한 사람이여. 무슨 까닭으로 중생을 그릇에 가두었는가?"라고 꾸짖어 말하면서, 곧 뚜껑을 열어서 뱀이 나오게 하였다면 월비니죄를 얻고, 비구가 훔치려는 마음으로 발 없는 물건을 접촉하면 월비니죄를 얻으며, 만약 그 뱀을 움직였다면 투란차죄를 얻고, 그 뱀을 본래 있던 곳에서 옮겼고 5전을 채웠다면 바라이를 얻는다. 이것을 발 없는 물건이라고 이름한다.

'발 없는 것의 위에 물건'은 이를테면 금·은·진주·금전·재물·호박·유리·가패·산호·자거·적보 등이며, 일체의 의복과 곡식 및 여덟 종류의 물건들이다. 만약 숨겨두었거나, 만약 숨겨두지 않았고, 사람들이 이 발이 없는 물건이 두려운 까닭으로 감히 취하지 않았으나, 비구가 훔치려는 마음으로 이 발이 없는 물건들을 접촉하였다면 월비니죄를 범하고, 만약 이 발이 없는 물건들을 움직였다면 투란차죄를 범하며, 만약 본래 있던 곳에서 옮겼는데 5전을 채웠다면 바라이를 범한다. 이것을 발이 없는 것의 위에 물건이라고 이름한다.

'허공의 물건'은 이를테면, 암라수(菴羅樹)[45]·담복수(薝蔔樹)[46]·염부수(閻浮樹)[47]·야자수(椰子樹)·지파라수(只波羅樹)·용화수(龍花樹)·길상과수(吉祥果樹)[48] 나아가 일체의 여러 꽃과 과실수 등이다. 만약 비구가 훔치려는 마음으로 이 여러 나무들을 훔쳤고, 만약 한 그루가 5전을 채웠다면 바라이를 범하고, 5전을 채우지 않았다면 그가 뽑았던 나무의 그루 숫자를 따라서 투란차죄를 범하며, 만약 뽑았던 나무가 한곳에 쌓아두었다면 바라이를 범하지 않았으나, 들어서 땅에서 옮겼는데 5전을 채웠다면 바라이를 범한다.

만약 무거워서 능히 들어서 가지 못하고 끌고서 갔더라도 땅에서 떨어지지 않았으면 비록 멀리 갔더라도 바라이를 범하지 않았으나, 만약

---

45) 산스크리트어 āmra의 음사로서 망고(Mango) 나무를 가리킨다.
46) 산스크리트어 campaka의 음사로서 치자나무의 꽃을 가리킨다. 인도 북부에서 자라는 교목으로 잎은 윤택이 있고, 짙은 노란색의 꽃이 피는데 그 향기가 진하다.
47) 산스크리트어 jambu의 음사로서 인도에 널리 분포하고 있는 낙엽 교목이다. 4-5월경에 옅은 노란색의 작은 꽃이 피고, 짙은 자줏빛의 열매를 맺는다.
48) 인도가 원산으로 모양은 오이와 같고 색깔은 황적색이며, 중국의 석류(石榴)와 비슷하다.

들어서 땅에서 옮겼다면 바라이를 범한다. 만약 비구가 훔치려는 마음으로 허공의 물건들을 접촉하였다면 월비니죄를 범하고, 만약 허공의 물건들을 움직였다면 투란차죄를 범하며, 만약 본래 있던 곳에서 옮겼고 5전을 채웠다면 바라이를 범한다. 이것을 허공의 물건이라고 이름한다.

'허공 가운데 물건'은 이를테면, 암라과(菴羅果)로부터 길상과(吉祥果)까지이다. 만약 비구가 훔치려는 마음으로 이 여러 과일들을 먹었는데, 만약 하나의 과일을 먹으면서 5전을 채웠다면 바라이를 범하고, 만약 5전을 채우지 않았다면 한입·한입에 투란차죄를 범한다. 비구가 나무를 흔들어서 과일이 떨어졌고 땅에 있었다면 바라이를 범하지 않았으나, 만약 과일을 취하여 가지고 떠나면서 5전을 채웠다면 바라이를 범한다. 두 사람이 과일을 훔치면서 한 사람은 나무 위에서 과일을 떨어뜨렸고 한 사람은 나무 아래서 과일을 주웠다면 바라이를 범하지 않았으나, 만약 나무 위의 사람이 나무에서 내려왔으며 과일을 가져갔고 5전을 채웠다면 바라이를 범한다. 일체의 여러 과일을 취하는 것도 이와 같다.

만약 세존께서 태어나신 처소이거나, 만약 도를 얻으신 처소이거나, 법륜(法輪)을 굴리신 처소이거나, 아난 대회(大會)의 처소이거나, 라후라 대회의 처소이거나, 반사우슬(般闍于瑟)[49] 대회의 처소이거나, 이 여러 처소에서 모두 나무를 줄지어 심었고, 나무 위에 각각 여러 보배로서 그 나무들과 여덟 종류의 물건들을 장엄하였으며, 만약 숨겨두었거나, 만약 숨겨두지 않았는데, 비구가 훔치려는 마음으로 그 여러 보물들을 접촉하였다면 월비니죄를 범하고, 만약 그 여러 보물들을 움직였다면 투란차죄를 범하며, 만약 본래 있던 곳에서 옮겼고 5전을 채웠다면 바라이를 범한다. 이것을 허공의 물건이라고 이름하고, 이것을 열여섯 종류의 물건이라고 말한다.

만약 비구가 훔치려는 마음으로 그 물건들을 접촉하였다면 월비니죄를

---

49) 산스크리트어 pañca-vārṣika의 음사이고 오년대회(五年大會)라고 번역된다. 인도에서 왕이 5년에 한 번을 많은 비구들을 초청하여 공양을 베풀던 성대한 모임이다.

범하고, 만약 그 물건들을 움직였다면 투란차죄를 범하며, 만약 본래 있던 곳에서 옮겼고 5전을 채웠다면 바라이를 범한다.

다시 13종류의 분제(分齊)의 물건이 있으니, 무엇이 13종류인가? 첫째는 물분제(物分齊)이고, 둘째는 처분제(處分齊)이며, 셋째는 부정분제(不定分齊)이고, 넷째는 원장분제(垣墻分齊)이며, 다섯째는 롱분제(籠分齊)이고, 여섯째는 기분제(寄分齊)이며, 일곱째는 잡분제(雜分齊)이고, 여덟째는 번분제(幡分齊)이며, 아홉째는 상인분재(相因分齊)이고, 열째는 익분제(杙分齊)이며, 열한째는 원분제(園分齊)이고, 열두째는 적분제(賊分齊)이며, 열셋째는 세분제(稅分齊)이다.

'물분제'는 물건에 8종류가 있다. 무엇이 8종류인가? 첫째는 시약(時藥)이고, 둘째는 야분약(夜分藥)이며, 셋째는 7일의 약이고, 넷째는 종신약(終身藥)이며, 다섯째는 따르는 물건이고, 여섯째는 무거운 물건이며, 일곱째는 부정한 물건이고, 여덟째는 정부정(淨不淨)의 물건이다. 이것을 물분제라고 이름한다. 만약 비구가 훔치려는 마음으로 이 여러 물건들을 접촉하였다면 월비니죄를 얻고, 만약 그 물건들을 움직였다면 투란차죄를 얻으며, 만약 본래에 있던 곳에서 옮겼고 5전을 채웠다면 바라이를 얻는다.

'처분제'는 땅과 땅속의 물건·물과 물속의 물건·배와 배 위의 물건·탈 것(乘)과 탈 것 위의 물건·네발과 네발 위의 물건·두 발과 두 발 위의 물건·발이 없는 것과 발 없는 것 위의 물건·허공과 허공 가운데의 물건이다. 이것을 처분제라고 이름한다. 만약 비구가 훔치려는 마음으로 이 여러 물건들을 접촉하였다면 월비니죄를 얻고, 만약 그 물건들을 움직였다면 투란차죄를 얻으며, 만약 본래에 있던 곳에서 옮겼고 5전을 채웠다면 바라이를 얻는다.

'부정분제'는 말한 것과 같이 알았으나 망어하였다면 바야제(波夜提)를 범하고, 알지 못하고 망어하였어도 바야제를 범하며, 혹은 알고서 망어하였다면 바라이를 범하고, 혹은 알고서 망어하였다면 승가바시사(僧伽婆尸沙)를 범하며, 혹은 알고서 망어하였다면 투란차죄를 범하고, 혹은 알고서 망어하였다면 월비니죄를 범하며, 혹은 알고서 망어하였다면 바야제를 범한다.

'알고서 망어하였다면 바라이를 범한다.'는 만약 비구가 진실로 과인법(過人法)을 얻지 않았으나 스스로가 "나는 아라한의 도를 얻었다."라고 말한다면 바야제를 범한 것이 아니고 바라이를 범한 것이다.

'알고서 망어하였다면 승가바시사를 범한다.'는 만약 비구가 근거가 없는 바라이로서 청정한 비구를 비방하였다면 이것은 망어하였으므로 바야제를 범한 것이 아니고, 이것은 승가바시사를 범한 것이다.

'알고서 망어하였다면 투란차죄를 범한다.'는 비구가 "내가 아라한이다."라고 말한다면 이것은 알고서 망어하였으므로 바야제를 범한 것이 아니고, 이것은 투란차죄를 범한 것이다.

'알고서 망어하였다면 월비니죄를 범한다.'는 비구가 스스로 "나는 아라한인가?"라고 이렇게 말을 지었다면 이것은 알고서 망어하였으므로 바야제를 범한 것이 아니고, 이것은 월비니죄를 범한 것이다.

'알고서 망어하였다면 바야제를 범한다.'는 앞의 그러한 일을 제외하고 나머지의 일체의 망어이다. 이것은 알고서 망어하였으므로 바야제를 범한 것이다.

또한 다시 풀과 나무를 상(傷)하게 하고 죽게 한다면 바라이를 범하고, 어느 것은 풀과 나무를 상하게 하고 죽게 한다면 투란차죄를 범하며, 어느 것은 풀과 나무를 상하게 하고 죽게 한다면 바야제를 범한다.

'풀과 나무를 상하게 하고 죽게 한다면 바라이를 범한다.'는 나무와 꽃과 과일을 수호하는 주인이 있는데 비구가 훔치려는 마음으로 취하면서 풀과 나무를 상하게 하고 죽게 하였다면 이것은 바야제를 범한 것이 아니고, 5전을 채웠다면 바라이를 범한다.

'풀과 나무를 상하게 하고 죽게 한다면 투란차죄를 범한다.'는 나무와 꽃과 과일을 수호하는 주인이 있는데 비구가 훔치려는 마음으로 취하면서 풀과 나무를 상하게 하고 죽게 하였다면 이것은 바야제를 한 것이 아니고, 5전을 채우지 않았다면 투란차죄를 범한다.

'풀과 나무를 상하게 하고 죽게 한다면 바야제를 범한다.'는 일체의 풀과 나무들을 상하게 하고 죽게 한다면 바야제를 범한다. 또한 일체의 풀과 나무를 때가 아닌 때에 먹더라도 바야제를 범한 것은 없다. 어떤 것은 때가 아닌 때에 먹는다면 바라이를 범하며, 어떤 것은 때가 아닌 때에 먹는다면 투란차죄를 범하고, 어느 것은 때가 아닌 때에 먹는다면 바야제를 범한다.

'때가 아닌 때에 먹는다면 바라이를 범한다.'는 만약 비구가 훔치려는 마음으로 다른 사람의 음식을 취하여 때가 아닌 때에 씹었고 5전을 채웠다면 바야제를 범한 것이 아니고, 이것은 바라이를 범한 것이다.

'때가 아닌 때에 먹는다면 투란차죄를 범한다.'는 것은 만약 비구가 훔치려는 마음으로 다른 사람의 음식을 취하여 때가 아닌 때에 씹었고 5전을 채우지 않았다면 바야제를 범한 것이 아니고, 이는 투란차죄를 범한 것이다.

'때가 아닌 때에 먹는다면 바야제를 범한다.'는 만약 비구가 이치로서 음식을 얻었으나 때가 아닌 때에 먹는다면 바야제를 범한다.

또한 다시 술을 마시더라도 일체가 바야제를 범한 것은 없다. 어떤 것은 술을 마시면 바라이를 범하고, 어떤 것은 술을 마시면 투란차죄를 범하며, 어떤 것은 술을 마시면 바야제를 범한다.

'술을 마시면 바라이를 범한다.'는 만약 비구가 훔치려는 마음으로 다른 사람의 술을 취하여 마셨고 5전을 채웠다면 바야제를 범한다.

'술을 마시면 투란차죄를 범한다.'는 만약 비구가 훔치려는 마음으로 다른 사람의 술을 취하여 마셨고 5전을 채우지 않았다면 바야제를 범한다.

'술을 마시면 바야제를 범한다.'는 만약 비구가 이치로서 술을 얻고서 마셨다면 비야제를 범한다. 만약 비구가 부정분제의 물건에서 훔치려는 마음으로 접촉하였다면 월비니죄를 얻고, 만약 그 물건들을 움직였으면 투란차죄를 얻으며, 그 물건들을 본래 있던 곳에서 옮겼고 5전을 채웠다면 바라이를 범한다. 이것을 부정분제라고 이름한다.

'원장분제'는 코끼리의 마구간(廐)·말의 마구간·낙타의 마구간·노새의 마구간·소의 마구간·양의 우리(欄)·무우 밭·채소 밭·오이 밭·사탕수수

밭 등이다.

만약 비구가 훔치려는 마음으로 그 코끼리를 취하였고, 코끼리의 한쪽 발을 들였거나, 나아가 네 발로 마구간의 문을 지나면서 몸의 부분이 마구간의 문을 지나가지 않았다면 투란차죄를 범하고, 몸의 부분이 마구간의 문을 지났다면 바라이를 범하며, 나아가 나귀 등도 이와 같다.

만약 비구가 훔치려는 마음으로 양을 취하는데, 양이 놀라서 달아났으므로 성내면서 양을 때려서 죽였다면 비야제죄를 범하고, 만약 비구가 고기를 베어서 울타리 밖으로 던졌다면 바라이를 범하지 않았으나, 비구가 울타리 밖으로 나가서 그 고기를 메고서 땅에서 떠나면서 5전을 채웠다면 바라이를 범하며, 만약 우리 안에 들어가서 고기를 먹으면서 5전을 채웠다면 바라이를 범한다.

만약 비구인 두 사람이 양을 훔치면서 한 사람은 울타리 밖에 있고 한 사람은 울타리 안에 있으면서 고기를 잘라서 우리 밖으로 던졌다면 바라이를 범하지 않았으나, 그가 밖으로 나왔고 고기를 집고서 땅을 벗어나면서 5전을 채웠다면 바라이를 범한다.

만약 비구가 훔치려는 마음으로 무우의 뿌리를 취하면서 만약 한 뿌리라도 뽑으면서 5전을 채웠다면 바라이를 범한다. 만약 5전을 채우지 않았다면 뿌리·뿌리를 뽑는 때에 투란차죄를 범한다. 만약 무우 뿌리를 뽑아서 큰 무더기로 쌓았어도 바라이를 범하지 않았으나, 들고서 가지고 밭을 떠났다면 바라이를 범한다. 만약 뽑아서 묶었으나 너무 무거워서 능히 들어 올리지 못하였고 끌고서 떠나갔다면 비록 멀리 갔더라도 바라이를 범하지 않았으나, 만약 땅에서 벗어났고 5전을 채웠다면 바라이를 범한다. 일체의 채소와 나아가 오이 등도 역시 이와 같다.

만약 비구가 훔치려는 마음으로 다른 사람의 사탕수수를 취하여 먹는 때에 만약 하나의 사탕수수라도 5전을 채웠다면 바라이를 범한다. 만약 5전을 채우지 않았다면 뿌리·뿌리에 투란차죄를 범한다. 만약 사탕수수를 잘라서 울타리 밖으로 던졌다면 바라이가 아니고 바야제를 범하며, 만약 밭에서 나가서 가지고 떠나갔는데 5전을 채웠다면 바라이를 범한다.

만약 비구가 훔치려는 마음으로 교묘한 속임수를 지었고 그 사탕수수로써 발에 묶고 끌고서 떠나갔다면 비록 멀리 갔더라도 바라이를 범하지 않았으나, 땅에서 벗어났고 5전을 채웠다면 바라이를 범한다. 만약 비구가 한 사람은 밭의 밖에 있었고 한 사람은 밭의 안에서 그 사탕수수를 밭의 밖으로 던졌다면 전을 채웠다면 바라이를 범한다. 그가 밭 밖에 나가서 들고서 땅을 벗어났고 5전을 채웠다면 바라이를 범한다.

만약 비구가 사탕수수를 가지고 떠나가는 때에 줄기와 잎이 밭을 접촉하면서 벗어나지 않았다면 바라이를 범하지 않았으나, 땅을 벗어났다면 바라이를 범한다. 만약 비구가 훔치려는 마음으로 이 여러 물건들을 접촉하였다면 월비니죄를 얻고, 만약 그 물건들을 움직였다면 투란차죄를 얻으며, 만약 본래 있던 곳에서 옮겼고 5전을 채웠다면 바라이를 얻는다.

'롱분제'는 이를테면, 앵무새 등의 여러 종류의 새들과 사자 등의 여러 축생들이다. 만약 비구가 훔치려는 마음으로 그 여러 새들을 취하는 때에 새를 훔치고자 하였고 새장(籠)은 훔치려고 하지 않았으나 다른 사람이 아는 것을 두려워하였던 까닭으로 새장을 가지고 떠나갔다면 바라이를 범하지 않았으나, 만약 새장을 버리고 새를 가지고 떠나가면서 5전을 채웠다면 바라이를 범한다.

만약 새장을 훔치고자 하였고 새는 훔치려고 하지 않았으나 다른 사람이 아는 것을 두려워하였던 까닭으로 새까지 합쳐서 가지고 떠나갔다면 바라이를 범하지 않았으나, 만약 새를 버리고 새장을 가지고 떠나가면서 본래의 있던 곳을 벗어났고 5전을 채웠다면 바라이를 범한다.

만약 비구가 훔치려는 마음으로 새를 취하고자 손을 새장 안에 넣었다면 월비니죄를 얻고, 다리 하나를 밖으로 끌어냈다면 투란차죄를 범하며, 두 다리를 끌어냈는데 날개와 꼬리가 새장 밖으로 나오지 않았다면 바라이를 범하지 않았으나, 날개와 꼬리가 새장을 벗어났고 5전을 채웠다면 바라이를 범한다.

만약 비구가 훔치려는 마음으로 사자를 취하고자 손을 우리 안에 넣었다면 월비니죄를 얻고, 다리 하나를 밖으로 끌어냈다면 투란차죄를

범하며, 나아가 네 다리를 밖으로 끌어냈는데 꼬리가 우리 밖으로 나오지
않았다면 바라이를 범하지 않았으나, 꼬리가 우리를 벗어났고 5전을
채웠다면 바라이를 범한다. 일체의 축생이 다 이와 같아서 만약 비구가
훔치려는 마음으로 그 롱분제의 물건들을 접촉하였다면 월비니죄를 얻고,
만약 그 물건들을 움직였으면 투란차죄를 얻으며, 그 물건들을 본래
있던 곳에서 옮겼는데 5전을 채웠다면 바라이를 범한다.

'기분제'는 만약 화상(和上)·아사리(阿闍梨)·제자·지식(知識)들이 물건
을 맡기고자 서로에게 보내어 이르렀는데, 만약 발우이거나, 만약 옷과
나머지의 여러 물건이었다. 받아서 떠맡은 자가 이렇게 생각을 지었다.

'맡겼던 자는 멀리 갔고 받을 사람도 알지 못한다. 그러니 이 물건들은
내가 취해야겠다.'

곧 훔치려는 마음이 생겨나서 땅에서 무릎 위로 입었거나, 무릎을
땅에 대고서 왼쪽 어깨에서 오른쪽 어깨까지 입었거나, 나아가 머리에서
어깨까지 입었는데, 하나·하나를 입으면서 5전을 채웠다면 바라이를
범한다.

만약 비구가 맡긴 물건을 받고서 혹은 강물을 건너가거나, 혹은 연못을
건너가거나, 혹은 노수(潦水)50)를 건너가거나, 혹은 다시 비를 만났으므로
옷이 젖는 것이 두려웠던 까닭으로 곧 맡았던 그것을 꺼내서 보았고,
그 옷이 좋은 것을 보고서 이렇게 생각을 지었다.

'맡겼던 자는 멀리 갔고 받을 사람도 알지 못한다. 그러니 이 물건들은
내가 취해야겠다.'

곧 훔치려는 마음이 생겨나서 땅에서 무릎 위로 입었거나, 무릎을
땅에 대고서 왼쪽 어깨에서 오른쪽 어깨까지 입었거나, 나아가 머리에서
어깨까지 입었는데, 하나·하나를 입으면서 5전을 채웠다면 바라이를
범한다.

만약 물건을 받아서 맡았던 비구가 길을 따라서 갔는데, 다른 비구가

---

50) 호수를 다르게 부르는 말이다.

앞에서 오는 것을 보고서 곧 다른 비구에게 물었다.

"장로여. 어느 곳에서 왔습니까?"

대답하여 말하였다.

"어느 곳에서 왔습니다."

물었다.

"누구 비구를 아십니까?"

대답하여 말하였다.

"알고 있습니다."

다시 물었다.

"누구 비구는 평안하십니까?"

대답하여 말하였다.

"벌써 죽었습니다. 만약 니원(泥洹)[51]한다면 이 여러 옷과 물건들은 마땅히 현전승가(現前僧伽)에 귀속됩니다."

만약 맡았던 비구는 법을 알았으나 거짓이 많았으므로 곧 이렇게 생각을 지었다.

'내가 어찌하여 이런 비구와 나누겠는가?'

묵연히 다른 비구를 버리고 떠나갔고 보이지도 들리지도 않는 곳으로 벗어나서 곧 이렇게 말하였다.

"어느 비구는 무상(無常)하구나. 만약 반열반(般涅槃)을 하였다면 그 비구에게 있었던 옷과 발우와 그 나머지의 물건과 같은 것을 마땅히 현전승가가 나누어야 하겠으나 현전승가가 없으므로 내가 지금 마땅히 받겠다."

이미 받았다면 이 비구는 속였던 마음의 까닭으로 혼자서 받았으므로 월비니죄를 얻는다.

만약 물건을 받아서 맡았던 비구가 배를 타고서 강물을 건너고자 하였는데, 어느 다른 비구가 저곳에서 건너서 왔으므로 이 비구에게

---

51) 반열반(般涅槃)이나 열반(涅槃)을 다르게 부르는 말이다.

물어 말하였다.

"장로여. 어느 곳에서 왔습니까?"

대답하여 말하였다.

"어느 곳에서 왔습니다."

또한 물었다.

"그 비구를 아십니까?"

대답하여 말하였다.

"알고 있습니다."

다시 물었다.

"누구 비구는 평안하십니까?"

대답하여 말하였다.

"만약 죽었거나, 만약 반니원을 하였는데, 그때 이 여러 옷과 물건들은 마땅히 현전승가에 귀속됩니다."

이 비구는 법을 알았으나, [이하 자세한 내용은 생략한다.] 나아가 속이려는 마음으로 갈마를 지었으므로 월비니죄를 얻는다.

만약 물건을 받아서 맡았던 비구가 배를 타고서 강물을 건너면서 중간(中流)에 있었는데, 다른 비구가 저곳에서 건너서 왔으므로 이 비구에게 물어 말하였다.

[이하 자세한 내용은 생략한다.] 나아가 속이려는 마음으로 갈마를 지었으므로 월비니죄를 얻는다.

만약 물건을 받아서 맡았던 비구가 저쪽의 언덕에 이르러 배에서 내렸는데, 다른 비구가 저곳에서 처음으로 배를 타고자 왔으므로, [이하 자세한 내용은 생략한다.] 나아가 속이려는 마음으로 갈마를 지었으므로 월비니죄를 얻는다.

만약 물건을 받아서 맡았던 비구가 언덕 위로 떠나가는데, 다른 비구가 그 도로를 따라서 왔으므로, 물어 말하였다.

"장로여. 어느 곳에서 왔습니까?"

대답하여 말하였다.

"어느 곳에서 왔습니다."

[이하 자세한 내용은 생략한다.] 나아가 속이려는 마음으로 갈마를 지었으므로 월비니죄를 얻는다.

이 비구가 만약 '마땅히 앞에서 같은 이름이 많이 있는 것을 보았다. 결국에 알았으니 어찌하여 반드시 그곳에 이르지 않겠는가?'라고 사유하였고, 그곳에 이르러서 다시 물어 말하였다.

"그 비구는 평안하십니까?"

대답하여 말하였다.

"만약 죽었거나, 만약 반니원을 하였는데, 그때 이 여러 옷과 물건들은 마땅히 현전승가에 귀속됩니다."

만약 맡았던 비구는 법을 알았으나 거짓이 많았으므로 곧 이렇게 생각을 지었다.

'이러한 옷을 어찌하여 여러 사람들과 함께 나누겠는가?'

은밀하게 지식인 비구를 불렀고 경계 밖에 나가서 이렇게 말을 지었다.

"누가 비구가 무상하게 만약 반니원을 하였다면 소유한 옷과 발우 및 여러 가지 물건들은 마땅히 현전승가에 나누어야 합니다. 나도 지금 현전승가이니 우리들도 마땅히 받아야 합니다."

마땅히 받았어도 속이려는 마음으로 갈마하였으므로 월비니죄를 얻는다.

이 비구가 만약 '이 옷과 발우를 본래 탑과 승가에게 주겠다고 나에게 말하지 않았다. 그 물건들을 주었던 비구는 이미 죽어서 반니원을 하였다.'라고 이렇게 생각을 짓고서 이 물건들을 가지고 본래의 비구에게 돌려주었다면 무죄이다. 이것을 기분제라고 이름한다. 만약 비구가 훔치려는 마음으로 이 맡겼던 분제물을 접촉하였다면 월비니죄를 얻고, 나아가 본래 있던 곳에서 옮겼고 5전을 채웠다면 바라이를 범한다.

'잡물분재'는 방목하는 사람과 같이 여러 가지의 축생들을 풀어놓은 것이니 이를테면, 만약 코끼리이거나, 만약 말이거나, 만약 소이거나, 만약 낙타이거나, 만약 노새이거나, 만약 염소 등이다.

'코끼리'는 코끼리에는 여러 종류가 있으니, 만약 우량하고 빛깔이 좋고 건강하게 달리는 것이다. 만약 비구가 훔치려는 마음으로써 코끼리를 취하여 타고서 갈고리로 다스리면서 한쪽으로 이끌면서 만약 동쪽으로 향하고자 하였으나 코끼리가 날뛰면서 남쪽이나 서쪽이나 북쪽으로 나아갔다면 바라이를 범한 것은 없다. 만약 훔치려는 마음으로 코끼리를 취하여 남쪽으로 향하고자 하였으나 코끼리가 날뛰면서 서쪽이나 북쪽이나 동쪽으로 나아갔다면 바라이를 범한 것은 없다. 서쪽이나 북쪽도 이와 같다. 만약 훔치려는 마음으로 코끼리를 동쪽으로 향하였고 코끼리가 곧 동쪽으로 향하였다면 바라이를 범하고, 남쪽이나 서쪽이나 북쪽으로 향하였어도 이와 같다. 만약 먼저 정해진 방향이 없었고 가는 곳을 따라서 떠났는데, 코끼리가 네 발을 움직였다면 바라이를 범한다.

'말'은 말에는 여러 종류가 있으니, 만약 우량하고 빛깔이 좋고 건강하게 달리는 것이다. 만약 비구가 훔치려는 마음으로써 이 말을 취하였고 말을 탔으므로 동쪽으로 향하고자 하였으나 말이 날뛰면서 남쪽이나 서쪽이나 북쪽으로 나아갔다면 바라이를 범하지 않았고, 이와 같이 남쪽이나 서쪽이나 북쪽도 역시 이와 같다. 말이 방향을 따라서 떠났어도 앞에서와 같다. 만약 정해진 방향이 없었고 가는 곳을 따라서 떠났는데, 말이 네 발을 움직였다면 바라이를 범한다.

만약 비구가 우량한 말을 훔쳐서 타고서 달아났는데 말의 주인이 알았고 곧 말을 타고 쫓아왔어도 말의 주인이 말을 잃었다는 생각을 짓지 않았고 비구도 말을 얻었다고 생각하지 않았다면 바라이를 범하지 않았으나, 만약 말의 주인이 말을 잃었다고 생각을 지었고 비구도 말을 얻었다는 생각을 지었다면 바라이를 범한다. 만약 비구가 훔치려는 마음으로 만약 소금으로써, 만약 풀로써 유인하여 다른 사람의 말을 데리고 떠나가서 보이고 들리는 곳을 벗어났다면 바라이를 범한다.

'소'는 소에는 여러 종류가 있으니, 만약 우량하고 빛깔이 좋고 건강하게 달리는 것이다. 만약 비구가 훔치려는 마음으로 막대기를 가지고 소를 몰아서 동쪽으로 향하였다면, 죄를 범하고 범하지 않는 것은 코끼리의 가운데에서 설한 것과 같고, 나아가 소의 주인이 알고서 쫓아왔는데 소의 주인이 잃었다는 생각을 짓지 않았고 비구도 얻었다고 생각하지 않았다면 바라이를 범하지 않았으나, 만약 소의 주인이 잃었다고 생각을 지었고 비구도 얻었다고 생각을 지었다면 바라이를 범한다.

만약 비구가 훔치려는 마음으로 만약 소금으로써, 만약 풀로써 유인하여 다른 사람의 소를 데리고 떠나가서 보이고 들리는 곳을 벗어났다면 바라이를 범한다. 소와 같이 그 나머지의 낙타와 노새와 양도 역시 이와 같다. 이것을 잡분제라고 이름한다. 만약 비구가 훔치려는 마음으로 이 잡분재를 접촉하였다면 월비니죄를 얻고, 나아가 본래 있던 곳에서 옮겼고 5전을 채웠다면 바라이를 범한다.

'번분제'는 세존께서 탄생하신 처소이거나, 도를 얻으신 처소이거나, 법륜을 굴리신 처소이거나, 아난의 대회의 처소이거나, 라후라 대회의 처소이거나, 반차우슬 대회의 처소이거나, 이러한 여러 대회가 있는 곳에 여러 종류로 장엄하여 매다는 비단의 번개(幡蓋)와 여러 보령(寶鈴)이다. 만약 비구가 훔치려는 마음으로 번개를 취하여 노끈의 한 매듭을 풀었다면 바라이를 범하지 않았으나, 노끈의 두 매듭을 풀었으면 바라이를 범한다. 만약 비구가 훔치려는 마음으로 거짓으로 여러 번개를 나누어 펼치면서 여러 곳에서 중간에 취하였다면 바라이를 범하지 않았으나, 취하고 가지고서 떠나갔는데 5전을 채웠다면 바라이를 범한다. 만약 비구가 화만(花鬘)을 훔치고자 노끈 한 매듭을 풀었다면 바라이를 범하지 않았으나, 노끈의 두 매듭을 풀었으면 바라이를 범한다.

만약 두 비구가 어두운 곳에서 번개를 훔치면서 함께 서로를 알지 못하고 각자 노끈의 한 매듭을 풀어서 거두어들이면서 함께 중간에 마주쳐서 서로가 "그대는 누구인가?"라고 물었고, 놀라고 두려워서 번개를 버리고서 달아났다면 투란차죄를 범한다. 이 두 비구가 서로에게 묻는 때에 각자 번개를 훔친다고 말하면서 곧 함께 번개를 훔쳤고 5전을 채웠다면 바라이를 범한다.

만약 여러 색의 번개를 하나의 노끈으로 묶었으므로 매우 무거워서 각자 한 매듭을 풀고서 땅에 늘어뜨렸어도 능히 들어서 메지 못하여 땅에 끌면서 떠나갔다면 비록 멀리 갔어도 바라이를 범하지 않았으나, 들어서 땅을 벗어났다면 함께 바라이를 범한다.

만약 이 비구들은 이렇게 생각을 지었다.

'이렇게 탑을 장엄한 물건을 취한다면 큰 죄이니, 나는 오직 하나의 색깔인 물건이 필요하다.'

곧 하나의 색깔인 물건을 취하였고 5전을 채웠다면 바라이를 범한다. 만약 '나는 절반의 색깔이 필요하다.'라고 말하면서 절반의 색깔을 취하였고 5전을 채우지 않았다면 투란차죄를 범하고, 5전을 채웠다면 바라이를 범한다. 만약 두 비구가 어두운 곳에서 번개를 훔치면서 서로가 알지 못하고 각자 노끈의 한 매듭을 풀었고 거두어들이면서 함께 중간에서 서로가 "그대는 누구인가?"라고 물으면서 놀라고 두려워서 번개를 버리고 달아났으면 투란차죄를 얻는다.

어느 비구가 이른 아침에 탑을 돌면서 이 번개가 탑의 아래 있는 것을 보고 곧 훔치려는 마음으로 가지고 떠나갔는데 5전을 채웠다면 이 비구는 바라이를 범한다. 어느 사람이 보리수를 공양하면서 보리수를 칠보(七寶)로 장엄하면서 금·은·진주·머리 핀·여러 종류의 번개와 꽃 등을 금줄(金繩)로 이어주었고 금사슬(金鎖)로 방울을 매달았으며 박산(博山)의 금빛(金光)을 사용하여 공양하였다. 만약 비구가 훔치려는 마음으로 접촉하였고 5전을 채웠다면 바라이를 범한다.

또는 여러 외도들의 탑을 여러 종류의 증채(繒綵)[52]로 공양하였는데 비구가 훔치려는 마음으로 취하였고 5전을 채웠다면 바라이를 범한다. 만약 바람에 날려서 땅에 떨어졌고 이것이 탑 위에 공양구라고 알았다면 마땅히 취하지 않을 것이며, 만약 바람에 날렸고 먼 곳에서 먼지와 때로 검게 더럽혀져서 분소(糞掃)라고 생각을 짓고 취하였다면 무죄이다.

만약 천사(天寺)[53]의 가운데에 여러 옷과 물건들이 있었는데 비구가

---

52) 비단인 견직물의 총칭으로 여러 색깔의 비단을 가리킨다.
53) 천인(天人)을 제사하는 사당을 가리키며, 대체적으로 천사(天祠)라고 번역된다.

훔치려는 마음으로 취하였고 5전을 채웠다면 바라이를 범한다. 만약 바람에 날렸고 먼 곳에서 먼지와 때로 검게 더럽혀져서 분소라고 생각을 짓고 취하였다면 무죄이다. 이것을 번분제라고 이름한다.

만약 비구가 훔치려는 마음으로 그 번분제의 물건들을 접촉하였다면 월비니죄를 얻고, 만약 그 물건들을 움직였으면 투란차죄를 얻으며, 그 물건들을 본래 있던 곳에서 옮겼는데 5전을 채웠다면 바라이를 범한다.

'상인분제'는 만약 장자의 집에 거두어들이지 않을 물건들이 다른 곳에 있으니 이를테면, 의복과 영락 등이다. 이때 비구가 사미를 데리고 장자의 집에 들어갔고, 그때 이 비구가 훔치려는 마음으로 장자의 옷과 물건들을 취하여 걸망 안에 집어넣고서 사미에게 메고서 떠나가게 하였던 때에는 월비니죄를 얻고, 사미가 가지고 떠나가서 집의 경계를 나갔던 때라면 투란차죄를 범하며, 얻는다고 생각을 지었고 5전을 채웠다면 바라이를 범한다.

그때 주인이 알고서 비구에게 말하였다.

"장로여. 무엇을 짓습니까?"

대답하여 말하였다.

"장수여. 나의 손이 스스로 움직였습니다."

이렇게 말하는 때에는 월비니죄를 얻는다. 속인을 시켜서 가지고 떠나가게 하였어도 역시 앞에서의 것과 같고, 긴 털의 염소를 인연하여 가운데에 물건을 가지고 떠난 것과 같아도 마땅히 이와 같다.

만약 비구가 장자의 집에 들어갔는데 송아지가 비구의 옷 색깔을 보고 그의 어미라고 생각하여 와서 비구에게 나아갔다면 비구는 마땅히 쫓아서 돌려보내야 한다. 만약 소금이나 풀로써 그 송아지를 유인하였으면 월비니죄를 얻고, 데리고 아직 경계 밖으로 나오지 않았다면 투란차죄를 범하며, 경계 밖으로 나왔다면 바라이를 범한다.

만약 비구가 음식을 먹을 때에 훔치려는 마음으로 옆에 놓여있는 건자(揵鎡)[54]를 취하여 자기의 발우에 넣고서 제자에게 가지고 떠나가게 하였다면 월비니죄를 얻고, 제자가 경계 밖으로 나왔다면 투란차죄를 범하며, 만약 얻었다는 생각을 지었다면 바라이를 범한다.

만약 그 비구가 알았으므로 곧 말하였다.

"장로여. 무엇을 짓습니까?"

대답하여 말하였다.

"나는 장난하였습니다."

이렇게 말을 지었다면 월비니죄를 얻는다.

만약 비구가 상인과 함께 다녔는데 다시 어느 상인이 저곳에서 왔으므로 도중에서 서로가 만났고 함께 한곳에서 묵었다. 비구가 밤중에 훔치려는 마음이 일어나서 다른 사람의 수레를 붙잡아 다른 수레에 묶었거나, 다른 남자를 붙잡아 다른 남자에게 묶었거나, 다른 여자를 붙잡아 다른 여자에게 묶었거나, 다른 어린아이를 붙잡아 다른 어린아이에게 묶어서 각각 서로를 이끌고 떠나가게 하고자 하면서 이러한 방편을 지었다면 월비니죄를 얻고, 머물렀던 곳의 경계를 떠났으면 투란차죄를 범하며, 얻었다고 생각을 지었다면 바라이를 범한다. 이것을 상인분제물(相因分齊物)이라고 이름한다.

만약 비구가 훔치려는 마음으로 상인분제물을 접촉하였다면 월비니죄를 얻고, 만약 그 물건들을 움직였다면 투란차죄를 얻으며, 그 물건들을 본래 있던 곳에서 옮겼고 5전을 채웠다면 바라이를 범한다.

'익분제(杙分齊)'는 만약 세존께서 탄생하신 처소이거나, 도를 얻으신 처소이거나, 법륜을 굴리신 처소이거나, 아난의 대회의 처소이거나, 라후라 대회의 처소이거나, 반차우슬 대회의 처소이거나, 이러한 정사(精舍) 안을 장엄하게 꾸미고 여러 곳에 말뚝을 박아서 여러 번개를 매달고 여러 종류의 보배를 말뚝 위에 매달아 놓았는데, 만약 비구가 훔치려는 마음으로 이 말뚝 위의 여러 보배를 취하면서 손으로써 보배를 들어 올렸고 보배가 비록 들렸으나 노끈이 아직 말뚝을 벗어나지 않았다면

---

54) 작은 철발우를 가리킨다.

바라이를 범하지 않았으나, 말뚝을 벗어났다면 바라이를 범한다.

만약 노끈이 견고하였는데 보배를 들었던 때에 노끈이 말뚝을 벗어났으면 바라이를 범한다. 노끈과 말뚝을 합쳐서 훔치면서 손으로 접촉하였다면 월비니죄를 얻고, 만약 말뚝을 움직였으면 투란차죄를 얻으며, 그 물건들을 본래 있던 곳에서 옮겼고 5전을 채웠다면 바라이를 범한다.

만약 말뚝의 위에 소락 병(酥瓶)·기름 병·꿀 병이나 만약 발우와 누환(縷丸)[55]을 매달아 두었는데 만약 비구가 훔치려는 마음으로 이 소락 병을 취하면서 손으로써 들어 올리는 때에 만약 노끈이 부드럽고 말뚝이 곧았으면 비록 들어 올렸어도 바라이를 범하지 않았으나, 일체가 말뚝을 벗어났다면 바라이를 범한다.

만약 노끈이 단단하고 말뚝이 굽은 것은 비록 들어 올렸어도 바라이를 범하지 않았으나, 일체가 말뚝을 벗어났다면 바라이를 범한다. 만약 노끈이 부드럽고 말뚝이 굽었다면 비록 들어서 올렸어도 바라이를 범하지 않았으나, 일체가 말뚝을 벗어났고 5전을 채웠다면 바라이를 범한다. 만약 노끈이 단단하고 말뚝이 곧았다면 비록 들어 올렸어도 바라이를 범하지 않았으나, 일체가 말뚝을 벗어났고 5전을 채웠다면 바라이를 범한다.

만약 물병을 뚫었다면 월비니죄를 범하고, 만약 그릇으로써 그릇에 넣었다면 투란차죄를 범하며, 물을 흘리면서 멈추지 않고 5전을 채웠다면 바라이를 범하고, 물을 흘리면서 멈추지 않았으나 곧 무거운 죄를 범한 것을 후회하고 두려워하면서 본래의 그릇에 다시 부었다면 투란차죄를 얻는다. 기름 병과 꿀 병도 역시 이와 같다.

만약 비구가 발우를 훔치고자 하면서 손으로 들었던 때에 노끈이 부드럽고 말뚝이 곧았다면 비록 들었더라도 바라이를 범하지 않았으나, 발우가 말뚝을 벗어났다면 바라이를 범한다. 만약 노끈이 단단하고 말뚝이 굽었으면 비록 들었더라도 바라이를 범하지 않았으나, 말뚝을 벗어났

---

55) 실타래 또는 실꾸러미를 가리킨다.

다면 바라이를 범한다. 노끈이 부드럽고 말뚝이 굽었으면 들어서 지녔더
라도 바라이를 범하지 않았으나, 말뚝을 벗어났다면 바라이를 범한다.
만약 노끈이 단단하고 고리가 솟았는데 들었다면 바라이를 범한다.

　만약 누환(縷丸)을 훔치는 때에 누환의 끈과 말뚝은 앞에서 설한 것과
같다. 또한 다시 누환을 훔치는 때에 만약 '내가 약간 허락된 누환이
필요하다.'라고 이렇게 생각을 지었고 나아가서 위에 묶인 실(縷)을 취하였
으나 끊어지지 않았다면 바라이를 범하지 않았으나, 만약 실이 끊어졌다
면 바라이를 범한다. 이 비구가 묶인 실을 잡아당기는 때에 실이 끊어지지
않았는데, 곧 무거운 죄를 범한다고 후회하고 두려워하면서 본래 있던
곳에 돌려놓았다면 투란차죄를 범한다. 이것을 익분제라고 이름한다.

　만약 비구가 훔치려는 마음으로 익분제를 접촉하였다면 월비니죄를
얻고, 만약 그 물건을 움직였다면 투란차죄를 얻으며, 그 물건들을 본래
있던 곳에서 옮겼고 5전을 채웠다면 바라이를 범한다.

　'원분제(園分齊)'는 어느 때 장자가 있었는데 그의 집은 크게 부유하였다.
어느 한 비구는 구로(俱盧)라고 이름하였고 항상 그 집에 출입하였으며
주인의 형제와 부모가 있었을 때부터 함께 생활하였다. 부모가 세상을
떠났고 집안이 불화(不和)하여 아우는 재산을 나누고자 하였고 형은 즐거
워하지 않으면서 함께 의롭게 살고자 하였으나 아우가 재산을 나누는
것을 구하면서 멈추지 않았다. 형은 정을 벗어날 수 없어서 곧 그것을
허락하면서 서로가 의논하며 말하였다.

　"누가 능히 재산을 나눌 수 있겠는가?"

　대답하여 말하였다.

　"아사리 구로입니다. 부모가 계실 때부터 소중하게 공양하였으므로
집안의 있고 없는 것을 모두 아십니다."

　모두 말하였다.

　"매우 좋습니다."

　그때 아우는 아첨으로 곧 구로에게 나아가서 예배하고 문신하였으며
문신이 끝나자 이렇게 말을 지었다.

"아사리시여. 우리 부모의 처소에서 존중받았고 우리 형제들이 공경하고 있으며, 우리 집안의 있고 없는 것을 모두 아십니다. 부모가 평소처럼 계신다면 형제가 함께 살았으나 지금은 부모가 돌아가셨고 집안은 불화하여 함께 재산을 나누려는 까닭으로 와서 여쭙니다. 저는 재산을 나누고 살아간다면 뒤에는 마땅히 아사리를 공양할 것이고, 공양의 나머지로서 마땅히 스스로 살아가겠습니다. 원하건대 아사리께서 재산을 나누는 날에 좋은 것을 주십시오."

비구가 그가 말하는 것을 받아들였다면 월비니죄를 범하고, 만약 좋은 물건을 남겨두었던 때라면 투란차죄를 범하며, 물건을 나누도록 결정하였다면 바라이를 범한다.

물건을 나누고자 하는 때에 비구가 물어 말하였다.

"먼저 무엇을 나누겠는가?"

주인은 말하였다.

"먼저 두 발인 것과 네 발인 것부터 나누겠습니다."

비구가 먼저 두 발인 것을 나누었는데 노비의 가운데에서 늙고 병들어서 부리기 어렵고 믿기 어려운 자를 일분(一分)으로 나누어서 지었고, 나이가 젊고 병이 없으며 부릴 수 있고 믿을 수 있는 자를 일분으로 나누었으며, 네 발인 것을 나누는 때에 여러 소의 가운데에서 여위고 늙었으며 힘이 없고 거칠며 사나워서 부리기 어렵고 조금의 우유도 생산하지 못하거나 새끼를 낳기 어려운 소로 일분으로 나누고, 이빨이 튼튼하고 살찌고 씩씩하며 부리기가 쉽고 새끼를 낳고 우유가 많은 얼룩소로 일분을 나누었다.

다시 방사(房舍)를 나누면서 낡고 오래되어 피폐한 것을 일분으로 짓고, 만약 새롭고 좋은 것을 만약 일분으로 지었으며, 누각과 점사(店肆)[56]도 역시 이와 같았고, 나아가 밭을 나누면서도 척박하고 잡초가 많은 것을 가지고 일분으로 짓고, 비옥하여 좋은 것으로 다시 일분을

---

56) 작은 규모로 물건을 차려놓고 파는 점포를 가리킨다.

지었거나, 원림(園林)의 가운데에 꽃과 과일이 적은 것을 가지고서 일분을
짓고, 원림에 숲과 꽃과 파일이 무성하여 수승한 것으로써 일분을 지었다.
다시 곡식·쌀·금·은·금전·재산들을 나누고자 하였고, 그때 그의 형이
비구에게 말하였다.

"아사리여. 우리 부모가 공경하였고 우리 형제가 존중합니다. 어찌하여
재산 나눈 것이 더욱 이와 같습니까? 아사리여, 다시 잠시 돌아가서
사유하십시오."

세존께서는 말씀하셨다.

"만약 비구가 이와 같은 마음으로 다른 사람의 재산을 나누면 주인이
비록 허락하지 않더라도 월비니죄를 얻는다."

구로는 돌아갔고 곧 다시 의논하였다.

"다시 마땅히 우리 부모가 존중하신 사람이 누구이겠는가? 오래되었던
대덕은 집에 있고 없음을 알고 있으므로 거두어서 재산을 나누게 하세.
만약 빠르게 나누지 않았는데 왕이 듣는다면 혹은 능히 세금으로 빼앗을
것이네. 잠시 생각해 보건대 대덕은 허물이 없네. 구로를 마땅히 다시
청하여 이 재산을 나누게 하세."

형제가 의논하여 뜻을 합쳤고 곧 구로에게 나아가서 예배하고 문신하였
으며 한쪽에 앉아 있으면서 구로에게 말하였다.

"아사리여. 부모가 존중하는 분이고, 우리 집에 있고 없는 것을 잘
아시니, 지금 우리를 위하여 이 재산을 나누어 주십시오."

그때 구로는 그들이 이전의 때에 처분(處分) 받아들이지 않았으므로
알려 말하였다.

"그대 형제는 의리가 얇아서 의심이 많고 믿음이 적었네. 누가 마땅히
인내하면서 그대들을 위하여 재산을 나누겠는가?"

그 형제가 말하였다.

"이전에는 진실로 그러하였습니다. 매우 갑작스럽게 일이 있어서 아사
리께 부끄럽습니다. 아사리께서는 이전부터 우리 집의 많고 적은 이것을
모두 외우고 있습니다. 지금 원하건대 이 금전과 재산을 나누어 주십시오.

임금이 이 사실을 안다면 혹은 능히 세금으로 빼앗을 것입니다. 이러한 까닭으로 빠르게 나누어 주십시오."

비구가 대답하여 말하였다.

"그대들은 반드시 나에게 재산을 나누게 하려는가?"

대답하여 말하였다.

"진실입니다. 아사리여!"

그 비구가 말하였다.

"만약 반드시 그렇다면 마땅히 약속을 지어야 하겠네. 재물을 나누고서 뒤에 나눈 것을 취하면서 다른 말이 없다면 내가 마땅히 그대들을 위하여 재산을 나누겠네."

그들이 각자 대답하여 말하였다.

"가르침을 따르고 감히 다시 어기지 않겠습니다."

이 비구는 그들의 청을 받아들여서 마땅히 평등하게 나누었다. 그들의 토지를 나누는 때에는 노끈을 끌고서 토지를 헤아려야 하는데, 만약 치우친 마음으로 땅을 헤아리면서 하나의 보리의 차이라도 알았다면 이 비구는 바라이를 범하는 것이니, 땅으로서 가격이 없는 까닭이다. 이것을 원분제라고 이름한다. 만약 비구가 훔치려는 마음으로 이 원분제 물을 접촉한다면 월비니죄를 얻고, 나아가 이를 훔치면서 5전을 채웠다면 바라이를 범한다.

'적분제(賊分齊)'는 비구들이 길에 있으면서 다니고 있었고 도둑들이 있는 곳에서 겁탈당하였는데 도둑의 숫자는 적고 비구의 수는 많았다. 그때 여러 비구들이 서로에게 의논하여 말하였다.

"지금 도둑들은 적고 우리들은 많으므로 마땅히 서로 힘을 합쳐서 본래의 물건을 취하여 되찾읍시다."

곧바로 서로에게 주었고 함께 벽돌이나 돌을 붙잡고 그 도둑들을 쫓아가면서 함께 멀리서 꾸짖어 말하였다.

"폐악한 죄의 도적들이여. 우리들은 스스로가 머리와 수염을 깎았으나,

그대들이 다시 우리들의 손과 발을 잘라주고 떠나겠다.”

이때 도둑들이 놀라고 두려워하면서 곧 옷과 발우를 놓아두고 각자 스스로가 흩어져서 도망갔으며, 그 비구들이 만약 아직 잃어버렸다는 생각을 짓지 않았고 본래의 물건을 취하여 되찾았으면 무죄이고, 이미 잃어버렸다는 생각을 지었는데 취하여 되찾았다면 곧 도둑이 되어 다시 겁탈하는 것이니, 5전을 채웠다면 바라이를 범한다.

비구들이 길에 있으면서 다니고 있었고 도둑들이 있는 곳에서 겁탈당하였으므로 여러 비구들은 옷과 발우를 잃어버리고 수풀 속에 숨어 있었다. 그때 도둑들이 생각하였다.

‘우리들의 반당(伴黨)[57]이 많고 이 물건은 적으니 어떻게 서로 나누어 주겠는가? 다시 조금 더 구해야겠다.’

곧 옷과 발우를 한곳에 감추어 놓고서 다시 길에서 거듭하여 다른 사람들을 겁탈하였다. 그때 비구들이 그 물건을 감추어 두었던 것을 엿보았고, 도둑들이 떠나간 뒤에 곧 옷과 발우를 취하였는데, 이 비구들이 만약 먼저 잃어버렸다는 생각을 짓지 않았고 본래의 물건들을 취하여 되찾았다면 무죄이고, 만약 잃어버렸다는 생각을 지었다면 마땅히 취할 수 없다. 만약 취하는 자는 곧 도둑이 되어 다시 겁탈하는 것이니, 5전을 채웠다면 바라이를 범한다.

또한 비구들이 길에 있으면서 다니고 있었고 도둑들이 있는 곳에서 겁탈당하였다. 그때 도둑들은 여러 비구들의 옷과 발우를 겁탈하여 길을 따라서 떠나갔고, 그때 여러 비구들은 뒤를 따르면서 멀리서 보면서 그 도둑들이 어느 곳에 이르는가를 살폈으며, 추적하면서 멈추지 않아서 취락에 점차 가까워졌는데 도둑들이 곧 물건들을 나누었으므로, 비구들이 곧 도적들에게 말하였다.

“장수여. 우리들 출가인은 다른 사람을 의지하여 목숨을 살아가고 있으므로 그대들에게 우리들의 옷과 발우를 애원합니다. 그대들에게

---

57) 같이 어울려 다니는 무리 또는 죄인(罪人)의 일당(一黨)을 가리킨다.

이 옷과 발우가 무슨 소용이 있습니까?"

만약 비구가 이와 같이 얻었다면 무죄이다. 만약 도둑들이 꾸짖어 말하였다.

"폐악한 사문이여. 우리가 이미 그대들의 목숨을 살려주었소. 어찌하여 감히 다시 와서 옷과 발우를 얻으려 하는가?"

비구들이 생각하며 말하였다.

"이 도둑들은 이미 취락에 근처이니 반드시 우리를 해치지 않을 것이다. 마땅히 무섭고 두렵게 해야겠다."

곧 도둑들에게 말하였다.

"그대들은 우리들이 믿는 것이 없다고 말하지 말라. 우리들은 마땅히 왕과 여러 대신들에게 알려서 그대들이 도둑인 것을 알게 하겠다."

만약 도둑들이 두려워하여 물건을 돌려받았다면 무죄이다. 도둑들이 다시 성내면서 말하였다.

"결국 돌려주지 않겠다. 그대들은 떠나가서 마음대로 하라."

만약 비구가 취락의 주인에게 알려서 여러 도둑들을 붙잡았거나, 만약 결박하였거나, 만약 죽였거나, 마땅히 알리지 않고 만약 취락의 주인에게 말하여 방편으로 위로하여 옷과 발우를 돌려받았다면 무죄이다.

어느 비구가 옷과 발우가 많이 있었고 여러 제자들을 양육하였는데 그의 여러 제자들은 계행(戒行)을 닦지 않고 이렇게 생각을 지었다.

'화상과 아사리의 방안으로 가서 여러 옷과 발우를 훔쳐야겠다. 자기들의 옷과 발우도 역시 스승의 방에서 얻은 것이다.'

곧 함께 약속하였다.

"그대들이 옷과 발우를 얻는다면 나와 함께 나누고 만약 내가 얻더라도 역시 그대들과 함께 나누겠네."

곧 방 안에 들어갔고 옷의 시렁(衣架)에 나아가서 화상과 아사리의 옷을 잡아서 자기 옷으로 옮겼는데 본래의 옷걸이를 벗어나지 않았다면 투란차죄를 범하고, 만약 스승의 옷을 들었고 옷걸이를 벗어나서 자기의 옷 위에 입었다면 바라이를 범한다. 만약 스승의 의대(衣帶)와 의각(衣角)

에 실이 늘어져서 옷걸이를 벗어나지 않았다면 바라이를 범하지 않았으나, 일체가 벗어났다면 바라이를 범한다.

그 화상과 아사리가 이 제자가 '혹은 능히 나의 옷과 발우를 훔칠까?'라고 의심하여, 곧 스스로 옷과 발우를 다른 곳에 감추어 두었는데, 그 제자가 곧 어두운 밤에 훔치고자 들어갔다가 잘못하여 자기의 옷과 발우를 훔쳐서 밖으로 나왔으나 나누지 않은 까닭으로 이 가운데 옷을 절반을 훔쳤어도 5전을 채웠다면 바라이를 범한다.

어느 한 비구가 마하라(摩訶羅)[58]로 출가하였으나 계행을 잘 지키지 않았다. 어느 비구가 말하였다.

"장로여, 함께 와서 훔칩시다."

마하라가 말하였다.

"나는 본래 재가에 있으면서 처음부터 훔치지 않았습니다. 내가 지금 출가하여 어떻게 도둑이 되겠는가?"

그 비구가 말하였다.

"그대가 훔치지 않겠다고 하니, 그대는 다만 문을 지키시오. 마땅히 그대에게 한 몫을 주겠습니다."

마하라는 생각하며 말하였다.

"내가 훔치지 않아도 나에게 한 몫을 나누어 주겠다고 하는데, 무슨 이유로 떠나가지 않겠는가?"

대답하여 말하였다.

"그렇게 하겠습니다."

곧 함께 떠나가서 마하라는 문을 지키게 하고 그 비구는 곧 들어가서 훔치려는 마음으로 접촉하였다면 둘은 함께 월비니죄를 얻고, 만약 그 물건을 움직였던 때에는 둘은 함께 투란차죄를 범하며, 만약 본래에 있던 곳에서 옮겼고 5전을 채웠다면 둘이 함께 바라이를 범한다.

만약 어느 객비구가 와서 혹은 식당(食堂)에 있었거나, 혹은 선방(禪房)

---

58) 산스크리트어 mahallaka의 음사로서 노(老)·구(舊)·무지(無知)라고 번역된다. 늙은이나 어리석은 자를 가리키는 말이다.

에 머물러 묵고서 새벽에 떠나갔는데, 혹은 옷과 발우 등과 여러 물건들을 잊고서 떠나갔다. 그때 구주비구인 마마제(摩摩提)[59]가 방사(房舍)를 안행(安行)하면서 객비구는 떠났는가? 아닌가를 알아보았고, 곧 옷과 발우를 보았으며 곧 훔치려는 마음이 생겨났고 취하여 다른 곳에 옮겨서 감추어 두었다면 바라이를 얻는다.

다시 다른 비구가 와서 이 옷과 물건을 보고 역시 훔치려는 마음이 생겨났고 취하여 다른 곳에 옮겨서 감추어 두었다면 역시 바라이를 얻는다. 다시 제3의 비구가 훔치려는 마음이 생겨났고 취하여 다른 곳에 옮겨서 감추어 두었다면 역시 바라이를 얻는다. 사람을 따라 조금이라도 훔치려는 마음이 일어나서 다른 곳으로 옮겼다면 일체가 모두 바라이를 얻는다. 그 옷과 물건의 주인이 멀리 갔으나 기억하여 생각하였고 돌아와서 취하여 얻었다면 무죄이다.

어느 비구가 옷과 발우를 잃어버렸고 다른 비구가 보고 훔치려는 마음이 일어났으나, 스스로 손으로 취하지 않았으며 곧 한 명의 마하라에게 취하였는데, 마하라는 이것이 그의 옷과 발우라고 생각하여 곧 그것을 취하면서 접촉하는 때에 이것을 훔치고자 하였던 마음의 비구라면 월비니죄를 얻고, 움직였다면 투란차죄를 범하며, 본래 있던 곳에서 옮겼고 5전을 채웠다면 바라이를 얻는다. 마하라는 훔치려는 마음을 짓지 않았던 까닭으로 세 때였다면 모두 무죄이다.

만약 먼저 마하라에게 "이 옷과 발우를 훔쳐서 마땅히 함께 그것을 나눕시다."라고 말하였고, 마하라는 그것들을 훔치려는 마음으로 접촉하였다면 함께 월비니죄를 범하고, 움직였다면 함께 투란차죄를 범하며, 만약 본래 있던 곳에서 옮겼고 5전을 채웠다면 바라이를 범한다.

만약 마하라가 보고서 이렇게 생각을 지었다.

'어찌하여 그들과 나누어야 하는가? 내가 마땅히 혼자서 취해야겠다.'

곧 가지고 떠나갔다면 바라이를 범하고, 그 비구는 투란차죄를 범한다.

---

59) 사찰의 주지(住持)와 같은 소임을 맡은 비구이다.

만약 비구가 마마제로 탑을 짓고자 하였으나 물건이 없었고 대중 승가에게 물건이 있었으므로 곧 이렇게 생각을 지었다.

'천상과 인간들이 대중 승가에게 공양하는 것은 모두 세존의 은혜를 받은 것이다. 세존에게 공양하는 것은 곧 대중 승가에게 공양하는 것이다.'

곧 승가의 물건을 가지고 탑을 보수한다면 이 마마제는 바라이를 범한다. 만약 탑에는 물건이 있었고 대중 승가에는 물건이 없었으므로 곧 이렇게 생각을 지었다.

'승가에게 공양하는 것은 역시 세존께서도 그 가운데 머무시는 것이다.'

곧 탑의 물건을 가지고 대중 승가를 공양하면서 사용하였다면 마마제는 바라이를 범한다.

만약 탑에는 물건이 없었고 대중 승가에는 물건이 있었다면 여법(如法)하게 빌려서 사용할 것이고, 다만 분명히 소(疏)로 기록하면서 말하라.

"어느 때에 빌려서 사용하고 어느 때에 마땅히 되돌려놓겠습니다."

만약 승가에게는 물건이 없었고 탑에는 물건이 있었어도 여법하게 빌려서 사용하는 것이며 역시 이와 같다.

그 지사인(知事人)[60]이 만약 교대(交代)하였을 때는 마땅히 승가의 가운데에서 소를 읽어서 분명하게 부수(付授)하여야 하나니, 만약 소를 읽지 않는다면 월비니죄를 얻는다. 이것을 빌려서 사용하는 것이라고 이름한다.

어느 두 비구가 함께 마땅히 재산을 나누면서 한 비구가 훔치려는 마음으로 혼자서 자기의 몫을 제외한 다른 비구의 몫을 취하였고 5전을 채웠다면 바라이를 범한다. 만약 동의(同意)하여 취하는 자는 무죄이다. 만약 '내가 지금 사용하고서 뒤에 마땅히 되돌려서 갚겠다.'라고 이렇게 생각을 지었다면 무죄이다.

어느 교화(教化)하는 두 비구가 함께 제한(制限)하면서 말을 지었다.

"장로여. 지금부터 이후에는 만약 나에게 주었던 것이라면 마땅히

---

60) 마마제와 같은 소임자를 가리킨다.

두 사람이 함께 나누고 그대가 물건을 가지십시오."

뒤의 때에 한 비구가 좋은 옷감(衣段)을 얻었는데, 곧 이렇게 생각을 지었다.

'만약 뒤에 다시 얻더라도 반드시 이것에 미치지 못한다.'

곧 반려에게 "오늘부터 처음으로 얻는 것은 각자 마음대로 서로가 기록하고, 만약 그대가 얻은 것은 그대가 스스로 취하며, 내가 얻은 것은 내가 스스로 취하겠습니다."라고 말하였다면 이전에 얻은 물건은 제한에 어긋나는 까닭으로 이 가운데에서 절반을 채웠다면 바라이를 범한다.

만약 이 비구가 보시를 받아 축원을 마쳤는데 "잠시 그대의 옆에 놓아두시오. 내가 뒤에 마땅히 취하겠습니다."라고 시주에게 말하였으며, 곧 반려에게 돌아와서 "장로여. 오늘부터는 처음으로 얻은 것은 각자 서로가 마음대로 기록하고, 만약 그대가 얻은 것은 그대가 스스로 취하며, 내가 얻은 것은 내가 스스로 취하겠습니다."라고 말하였다면, 이렇게 말하는 때에 투란차죄를 얻는다.

만약 이 비구는 그 비구가 옷을 보시하겠다고 들었으므로 곧 먼저 반려에게 "장로여. 오늘부터는 처음으로 얻는 것은 각자 서로가 마음대로 기록하고, 만약 그대가 얻은 것은 그대가 스스로 취하며, 내가 얻은 것은 내가 스스로 취하겠습니다."라고 말하였다면, 이렇게 말하는 때에 월비니죄를 얻는다.

어느 두 명의 분소의(糞掃衣) 비구가 함께 약속하였다.

"지금부터 처음으로 만약 분소의를 얻는다면 마땅히 함께 나누겠습니다."

이때 한 비구가 좋은 분소의를 얻고서 곧 이렇게 생각을 지었다.

'이 옷은 매우 좋구나. 설사 뒤에 다시 얻더라도 반드시 이것에 미치지 못한다.'

곧 반려에게 "오늘부터 처음으로 얻는 것은 각자 마음대로 서로가 기록하고, 만약 그대가 얻은 것은 그대가 스스로 취하며, 내가 얻은 것은 내가 스스로 취하겠습니다."라고 말하였다면 이 비구는 본래의 약속을 어겼던 까닭으로 이 가운데에서 절반을 채웠다면 바라이를 범한다.

만약 이 비구가 좋은 분소의를 얻었으나 취하지 않고 곧 풀·벽돌·기와·돌 등으로 그것을 감추어 두고서 곧 돌아와서 앞에서와 같이 약속을 해제하였다면 이 비구는 투란차죄를 얻는다. 만약 이 비구가 좋은 분소의를 보고서 취하지도 않고 감추지도 않고서 곧 돌아와서 앞에서와 같이 약속을 해제하였다면 이 비구는 월비니죄를 얻는다.

만약 비구가 승가의 물건을 알았다면 마땅히 주어야 할 사람이 있고, 마땅히 주지 않을 사람이 있는 것을 알아야 한다. 누구를 마땅히 주어야 한다고 말하는가? 만약 손해되는 자이거나, 만약 이익되는 자라면 마땅히 주어야 한다. 누구를 손해되는 자라고 말하는가? 어느 도둑들이 와서 사찰로 나아갔으며 여러 종류의 음식을 찾았는데 만약 음식을 주지 않는다면 혹은 능히 불태우고 겁탈한다면 비록 마땅히 주지 않아서 손해되는 일을 짓는 것이 두려운 까닭이므로, 따라서 어느 정도를 주는 것이다.

누구를 이익되는 자라고 말하는가? 만약 대중 승가가 방사를 수리하면서 미장공(泥工)이거나, 목공(木工)이거나, 화공(畵工) 및 대중 승가의 물건을 요리하는 사람이라면 마땅히 전식(前食)과 후식(後食) 및 몸에 바르는 기름(塗身油)과 비시장(非時漿) 등을 주어야 하고, 만약 왕이거나 여러 큰 세력이 있는 자라면 마땅히 음식을 주어야 한다. 이것을 이익되는 자에게는 반드시 주어야 한다고 이름한다.

어느 비구가 옷과 발우 등의 물건을 잃었는데, 만약 버리겠다는 생각을 짓지 않은 뒤에 잃었던 곳을 알았고 마땅히 쫓아서 찾았다면 찾는 자는 범한 것은 없다. 만약 버리겠다는 생각을 짓고서 뒤에 비록 잃었던 곳을 알았어도 마땅히 쫓아서 찾지 않을 것이니, 찾는 자는 월비니죄를 범한다. 만약 먼저 마음이 생겨나서 말하였고 뒤에 만약 잃었던 곳을 알았다면 마땅히 따라서 찾고 취할 것이니, 이와 같이 찾아서 취하였다면 무죄이다.

어느 두 명의 비구들이 마땅히 함께 경을 받아서 함께 송경(誦經)하는 것을 제한을 지었는데, 뒤에 경을 받지 않고 외우지 않는 자는 월비니죄를 얻는다. 이것을 적분제물이라고 이름한다. 만약 비구가 훔치려는 마음으로 이 적분제물을 접촉하였다면 월비니죄를 얻고, 만약 그 물건들을 움직였다면 투란차죄를 얻으며, 만약 본래 있던 곳에서 옮겼고 5전을 채웠다면 바라이를 범한다.

'세분제(稅分齊)'는 어느 비구가 상인과 함께 길을 갔는데 비구에게는 큰 도중(徒衆)이 있었다. 이때 상인이 곧 한 비구에게 말하였다.

"그대의 스승인 대덕께서 세관처(稅關處)에 이르면 누가 감히 검교(檢校)[61]를 하겠습니까? 그대가 나를 위하여 이 물건을 가지고 그대의 스승 옷의 걸망 안에 넣고서 이 세관인 곳을 지나갑시다."

이 제자가 곧 그렇게 하겠다고 허락하고서 그가 맡기는 물건을 가지고 스승의 옷의 걸망 안에 넣었다면 이 제자는 월비니죄를 얻고, 스승은 알지 못하였으므로 무죄이다. 만약 세관처에 이르렀다면 제자는 투란차 죄를 얻고, 스승은 범한 것이 없다. 만약 세관처를 지나갔다면 제자는 바라이를 얻고 스승은 범한 것이 없다.

만약 상인이 그 스승에게 말하였다.

"아사리는 복덕이 있습니다. 도중과 함께 다니는데 누가 마땅히 검교하겠습니까? 원하건대 저를 위하여 이 작은 물건을 아사리 제자의 걸망 안에 넣고서 세관처를 지나가겠습니다."

그 스승이 곧 그렇게 하겠다고 허락하고서 취하여 제자의 옷의 걸망 안에 넣는 때에 월비니죄를 얻고, 제자는 알지 못하였으므로 무죄이다. 만약 세관처에 이르렀다면 스승은 투란차죄를 얻고, 제자는 범한 것이 없다. 만약 세관처를 지나갔다면 스승은 바라이를 얻고 제자는 범한 것이 없다. 만약 이것을 함께 말하였고 함께 그렇게 하겠다고 허락하였다면 월비니죄를 얻고, 만약 세관에 이르렀으면 함께 투란차죄를 얻으며,

---

61) 소지품을 검사하는 것을 가리킨다.

만약 세관을 통과하였으면 함께 바라이를 범한다.

만약 비구가 상인과 함께 길을 가면서 취락에 이르렀고 비구가 손을 씻었으므로 상인이 말하였다.

"장로여. 무엇을 짓고자 합니까?"

대답하여 말하였다.

"나는 걸식하러 떠나고자 합니다."

상인이 말하였다.

"아사리여. 걸식하지 마십시오. 제가 마땅히 음식을 드리겠습니다."

곧 비구에게 여러 맛있는 음식을 주었다. 음식을 먹었으므로 비구에게 말하였다.

"아사리여. 저를 위하여 작은 물건을 가지고 이 세관처를 지나가 주십시오."

비구가 말하였다.

"세존께서 계율을 제정하시어서 내가 세물(稅物)을 가지고 세관처를 지나가는 것을 허락하지 않으셨습니다."

상인은 생각하며 말하였다.

'관세(官稅)도 역시 잃는 것이고, 비구에게 주어도 잃는 것이다. 두 가지 모두가 잃는 것이나 비구에게 주면 복덕을 얻는다.'

곧 말하였다.

"여러 비구들이여. 차례로 서십시오. 제가 보시하고자 합니다."

상인은 곧바로 차례로 보시하면서 각자 발우에 가득하게 보물을 주었다. 이미 보시하고서 먼저 세관 밖으로 나가서 여러 비구들을 기다렸다. 여러 비구들이 곧 뒤에 이르니, 이 상인은 여러 비구들의 발에 예배하고 알려 말하였다.

"여러 존자시여. 보았고 알았습니까?"

비구들이 대답하여 말하였다.

"알았습니다."

"내가 이전에 보시한 것을 아십니까?"

대답하여 말하였다.

"알고 있습니다."

"만약 아셨다면 내가 어찌하여 보시하였겠습니까?"

대답하여 말하였다.

"그대는 복을 짓고자 하였습니다."

상인이 말하였다.

"진실로 그렇습니다. 다만 내 처자(妻子)는 마땅히 옷과 음식이 필요하고, 부채를 갚아야 합니다. 원하건대 보시하였던 물건을 돌려주십시오."

비구들은 마땅히 말하였다.

"폐악한 사람이구려. 그대는 감히 우리들을 속였습니다. 이전에는 복을 짓는다고 말하였고 지금 되돌려 받는구려."

이렇게 말을 지었어도 그가 오히려 찾았던 까닭으로 비구들이 돌려주었다면 범한 것은 없다. 만약 본래 진실로 보시하지 않았다고 알면서도 비구들이 받아서 세관처를 지나고서 돌려주었다면 바라이를 범한다.

만약 비구들이 상인과 함께 길을 가면서, 나아가 "세존께서 맡기는 물건을 받아서 세물을 가지고 세관처를 지나가는 것을 허락하지 않으셨습니다."라고 말하였는데, 상인이 비구들에게 "비구들께서 이 물건을 가지고 세관을 지나가라는 것이 아니고, 잠시 나를 위해 지켜주십시오. 내가 잠깐 세관을 지키는 자를 보고서 잠시 뒤에 곧 돌아오겠습니다."

비구들이 맡기는 물건을 받았고 상인은 세관 밖으로 나가서 머무르며 비구를 기다렸으며, 비구들은 오래 머물렀고 이 물건을 부촉할 수 없어서 곧 가지고 세관을 지나갔다면 세관을 지나간 자는 바라이를 범한다.

만약 비구들이 상인과 함께 길을 가면서, 나아가 "세존께서는 비구들이 마땅히 세물을 받고 맡아서 세관을 지나가는 것을 허락하지 않으셨습니다."라고 말하였는데, 상인이 비구들에게 "비구들께서 이 물건을 가지고 세관을 지나가라는 것이 아니고, 잠시 나를 위해 지켜주십시오. 내가 잠깐 세관을 지키는 자를 보고서 잠시 뒤에 곧 돌아오겠습니다."라고 말하였으므로, 비구들이 곧 지키면서 말하였다.

"그대가 만약 돌아오지 않는다면 우리들은 그대의 물건을 버리고 떠나 겠습니다."

상인은 다시 이렇게 생각을 지었다.

'비구들이 비록 이렇게 말을 지었으나, 결국 나의 물건을 버리고 떠나가지 않을 것이다.'

곧 세관 밖에서 머무르며 비구들을 기다렸고, 비구들이 오랫동안 머물렀으나 그가 돌아오지 않으므로 곧 물건들을 버리고 세관을 지나서 떠나갔는데, 상인이 비구들에게 말하였다.

"나의 물건은 어디에 있습니까?"

비구들은 성내면서 말하였다.

"그대가 감히 우리를 희롱하는가? 우리들은 이전에 말하지 않았던가? '그대가 곧 돌아오지 않는다면 마땅히 그대의 물건을 버리고 떠나가겠습니다.' 그대의 물건은 본래 있던 곳에 그대로 있으니, 스스로 돌아가서 취하시오."

비구들이 이와 같다면 범한 것은 없다.

만약 비구들이 상인과 함께 길을 가면서, 나아가 "세존께서는 비구들이 마땅히 세물을 받고 맡아서 세관을 지나가는 것을 허락하지 않으셨습니다."라고 말하였는데, 상인이 비구들에게 "비구들께서 이 물건을 가지고 세관을 지나가라는 것이 아니고, 잠시 나를 위해 지켜주십시오. 내가 잠깐 세관을 지키는 자를 보고서 잠시 뒤에 곧 돌아오겠습니다."라고 말하였으므로, 비구들이 곧 지키면서 말하였다.

"그대가 만약 돌아오지 않는다면 우리들은 그대의 물건을 가지고 세관인(稅官人)의 주변에 맡기겠습니다."

상인은 다시 이렇게 생각을 지으면서 말하였다.

'비구들이 비록 이렇게 말을 지었으나, 어찌하여 마땅히 나의 물건을 가지고 세관인의 주변에 맡기는 것이 마땅하겠는가!'

곧 세관 밖에서 머무르며 비구들을 기다렸고, 비구들이 오랫동안 머물렀으나 그가 돌아오지 않으므로 곧 물건들을 가지고 지키는 세관인에게 맡기면서 말하였다.

"이러한 모습의 부류가 있고, 이러한 이름을 가진 장사꾼이 온다면 그대가 곧 그에게 관세를 취하고 나머지는 그에게 돌려주십시오."

비구들이 세관을 나왔으므로 상인이 말하였다.

"나의 물건은 어디에 있습니까?"

비구들은 성내면서 말하였다.

"그대가 감히 우리를 희롱하는가? 우리들은 이전에 말하지 않았던가? '그대가 곧 돌아오지 않는다면 우리들은 세관인의 주변에 맡기겠습니다.' 그대의 물건은 세관인의 주변에 있으니, 스스로 돌아가서 취하시오."

비구들이 이와 같다면 범한 것은 없다.

비구의 정사(精舍) 근처에 큰 도로가 있었다.

비구가 도로 주변에서 경행(經行)하고 있었고, 상인이 비구에게 말하였다.

"나에게는 마땅히 세물이 있습니다. 원하건대 장로께서 저를 위하여 물건을 가지고 성에 들어가겠습니까?"

비구가 대답하여 말하였다.

"세존께서는 우리들이 마땅히 세물을 받고 맡아서 세관처를 지나가는 것을 허락하지 않으셨습니다. 그러나 내가 지금 마땅히 그대에게 방편을 가르쳐 주겠습니다. 그대가 곧 나를 따라서 뚫린 담장의 틈새를 지나가거나, 만약 울타리의 틈새를 지나가거나, 만약 물의 가운데로 지나가거나, 또는 이미 관세를 주었던 자의 수레 위에 맡겨서 넣어두거나, 또는 왕가(王家)의 그릇 안에 맡겨서 넣어두거나, 또는 여노비의 물병 안에 맡겨서 넣어두거나, 또는 양털 안에 맡겨서 넣어두고서 떠나가십시오."

이와 같이 지시하고 가르쳐서 성안에 들어가게 하였다면 월비니죄를 얻고, 성안에서 지시하고 가르쳐서 성 밖으로 나가게 하였어도 역시 이와 같다.

만약 비구가 세물이라고 마땅히 알았거나, 세물을 지나가는 것을 알지 못하였어도 바라이를 범하고, 이 세물이 지나갔는데 5전을 채웠다면 바라이를 얻는다. 비구가 세물이 지나가는 것을 알았다면 바라이를 얻고, 이 물건이 마땅히 세물이라고 알지 못하였으나 이 물건을 지나갔어도, 5전을 채웠다면 바라이를 얻는다.

비구가 마땅히 세물이라고 알았고, 역시 세물이 지나가는 것을 알았어도 바라이를 얻으며, 이 물건이 지나갔고 5전을 채웠다면 바라이를 얻는다. 비구가 마땅히 세물이라고 알지 못하였고, 역시 세물이 지나가는 것을 알지 못하였어도 바라이를 얻는다. 그러나 (단순히) 지나가게 하였다면 범한 것은 없다.

무슨 물건 등은 세금이 마땅하지 않고 무슨 물건 등은 세금이 마땅한가? 세존의 제자인 비구와 비구니와 일체 외도의 출가인의 물건은 세금이 마땅하지 않다고 이름한다. 만약 팔고 사는 물건이라면 마땅히 세금을 납부해야 한다. 이것을 세분제(稅分齊)라고 이름한다.

만약 비구가 훔치려는 마음으로 세분제의 물건을 접촉하였다면 월비니죄를 얻고, 나아가 5전을 채웠다면 바라이를 범한다.

만약 한 비구가 훔치려는 마음으로 시약(時藥)을 접촉하였다면 월비니죄를 얻고, 만약 그 물건들을 움직였다면 투란차죄를 얻으며, 만약 본래 있던 곳에서 옮겼고 5전을 채웠다면 바라이를 범한다. 만약 두 명이거나, 세 명이거나, 나아가 대중이 많은 비구들이 훔치려는 마음으로 시약을 접촉하였다면 월비니죄를 얻고, 나아가 5전을 채웠다면 바라이를 범한다.

만약 비구가 한 사람을 보내어 훔치려는 마음으로 시약을 접촉하였다면 월비니죄를 얻고, 나아가 5전을 채웠다면 바라이를 범한다. 만약 두 명이거나, 세 명이거나, 나아가 대중이 많은 비구들을 보내어 훔치려는 마음으로 시약을 접촉하였다면 월비니죄를 얻고, 나아가 5전을 채웠다면 바라이를 범한다. 만약 보내졌던 비구가 다시 한 비구를 보냈고, 이와 같이 제2의 비구와 제3의 비구와 나아가 여러 많은 비구를 보내어 훔치려는 마음으로 시약을 접촉하였다면 월비니죄를 얻고, 나아가 5전을 채웠다면 바라이를 범한다.

　이와 같이 야분약(夜分藥)·칠일약(七日藥)·종신약(終身藥), 나아가 정부정물(淨不淨物)도 역시 이와 같다.

　비구는 5법의 불여취(不與取)를 구족하고서 5전을 채웠다면 바라이를 범한다. 무엇이 다섯 가지인가? 이를테면, 만족한 것·주인이 있는 것·주인이 있다고 아는 것·훔치려는 마음이 생겨나는 것·본래 있던 곳에서 옮긴 것이다. 다시 5법의 불여취(不與取)를 구족하고서 5전을 채웠다면 바라이를 범한다. 무엇이 다섯 가지인가? 그 물건들을 주지 않았다는 생각·자기의 것이 아니라는 생각·주인이 있다는 생각·동의(同意)하지 않았다는 생각·잠깐 사용하지 않는다는 생각이다.

　5법이 구족하고 있다면 바라이를 범하지 않는다. 무엇이 다섯 가지인가? 주었다는 생각·자기의 것이라는 생각·주인이 없다는 생각·동의했다는 생각과 잠깐 사용한다는 생각이다. 이것을 5법에서 비구들이 주지 않았어도 취하였으나 바라이가 아니라고 이름한다.

　만약 비구가 주지 않았으나 취하면서 동방·남방·서방·북방·허공의 주처(住處)에 이르렀다면 모두 바라이이다. 만약 비구가 주지 않았으나 취하면서 만약 노비를 보냈거나, 만약 사람에게 짓게 하였거나, 만약 지식에게 짓게 하였거나, 만약 시험삼아 지었거나, 만약 일찍이 짓지 않은 것을 지으면서 만약 아는 것이 없고 부끄러움이 없으면서 청정하다고 생각하였다면 모두 범한다. 범하지 않는 것은 만약 미쳐서 마음이 어지러웠다면 무죄이다.

　이러한 까닭으로 "만약 비구가 취락이나 공지(空地)에서 주지 않았으나 취하면서 훔치는 물건을 따라서 왕이 혹은 붙잡거나, 혹은 죽이거나, 혹은 결박하거나, 혹은 쫓아내면서 '쯧쯧 남자여. 그대는 도둑인가? 그대는 어리석은가?'라고 말하였거나, 비구가 이와 같이 주지 않았으나 취하는 자는 바라이이고 마땅히 함께 머무를 수 없다."라고 말씀하셨다.

　세존께서 왕사성에서 성불하시고 6년의 겨울철의 제2의 보름의 10일에 동쪽을 향해 앉으셨고 공양하신 뒤에 그림자 길이가 두 사람의 절반이었다.

　사자(師子) 장로 달이가와 병사왕 및 분소의를 인연하여 비구들에게 이 계율을 제정하셨다. 이미 이 계율을 제정하셨으므로 마땅히 따라서 행하라. 이것을 수순법이라고 이름한다.

[도계를 마친다.]

마하승기율 제4권

동진 천축삼장 불타발타라·법현 공역
석보운 번역

5) 살계(殺戒)

세존께서는 비사리(毘舍離)에 머무르셨다.

이때 비사리에서 어느 한 병든 비구가 병을 오래 앓았으므로 치료하였어도 낫지 않았다. 이때 간병하던 비구는 마음에 피로와 싫증이 생겨나서 곧 병든 비구에게 말하였다.

"장로여. 내가 병을 간병하면서 화상과 아사리를 오래도록 받들어 모실 수 없었고, 역시 경(經)을 받아서 송경하고 사유하면서 도를 행할 수 없었습니다. 장로의 병은 이미 오래 치료하였으나 낫지 않아서 나도 역시 피로하고 괴롭습니다."

병든 비구가 말하였다.

"마땅히 그것을 어찌해야 합니까? 나도 역시 병으로 고통스럽고 참을 수 없습니다. 그대가 만약 능히 나를 죽여준다면 좋겠습니다."

이 비구는 곧바로 그를 죽였다. 여러 비구들은 듣고서 이 인연으로써 갖추어 세존께 아뢰었다. 세존께서 말씀하셨다.

"그 비구를 불러오라."

왔으므로 세존께서는 앞의 일을 자세하게 물으셨다.

"비구여. 그대가 진실로 이러한 일을 지었는가?"

대답하여 말하였다.

"진실입니다. 세존이시여."

세존께서 말씀하셨다.

"어리석은 사람이여. 그대는 항상 내가 무량(無量)한 방편으로 범행인(梵行人)의 처소에서 몸으로 자비를 행하고 입으로 자비를 행하며 뜻으로 자비를 행하며 필요한 것을 공양하고 공급하는 것을 칭찬(稱讚)하는 것을 듣지 못하였는가? 그대는 지금 어찌하여 스스로가 손으로 사람의 명근(命根)1)을 끊었는가? 이것은 비법이고, 율이 아니며, 세존의 가르침과 같지 않으니라. 이러한 일로서 선법을 장양하지 못하느니라."

세존께서는 여러 비구에게 알리셨다.

"비사리성을 의지하여 머무르는 여러 비구들을 모두 모이게 하라. 열 가지의 이익을 위한 까닭으로 여러 비구에게 계율을 제정하겠나니, 나아가 이미 들은 자는 마땅히 거듭하여 들을지니라. 만약 비구가 스스로 손으로 사람의 명근을 끊는다면 이 비구는 바라이이고 마땅히 함께 머무를 수 없느니라."

다시 세존께서는 비사리에 머무르셨다.

이때 어느 한 명의 병든 비구가 병을 오래 앓았으므로 치료하였어도 낫지 않았다. 이때 간병하던 비구는 마음에 피로와 싫증이 생겨나서 곧 병든 비구에게 말하였다.

"장로여. 내가 병을 간병하면서 화상과 아사리를 오래도록 받들어 모실 수 없었고, 역시 경을 받아서 송경하고 사유하면서 도를 행할 수 없었습니다. 장로의 병은 이미 오래 치료하였으나 낫지 않아서 나도 역시 피로하고 괴롭습니다."

병든 비구가 말하였다.

"마땅히 그것을 어찌해야 합니까? 나도 역시 병으로 고통스럽고 참을 수 없습니다. 그대가 만약 능히 나를 죽여준다면 좋겠습니다."

---

1) 근(根)은 작용이나 능력을 뜻하므로. 생명을 지속시키는 힘의 근본을 가리킨다.

이 비구가 말하였다.

"세존께서 계율을 제정하시어 스스로 손으로 사람을 죽이지 못하도록 하셨습니다."

병든 비구가 말하였다.

"그대가 만약 능히 스스로 손으로 나를 죽이지 못한다면 그대가 나를 위하여 칼을 지닌 자를 구하여 오십시오."

이때 간병하던 비구는 곧 녹장외도(鹿杖外道)가 있는 곳으로 가서 말하였다.

"장수여. 그대가 능히 어느 비구를 죽인다면 마땅히 그대에게 옷과 발우를 주겠소."

그는 말과 같이 병든 비구를 죽이고서 그의 옷과 발우를 취하였다. 여러 비구들은 듣고서 이 인연으로써 갖추어 세존께 아뢰었다. 세존께서 말씀하셨다.

"간병하던 비구를 불러오라."

왔으므로 세존께서는 간병하던 비구에게 물으셨다.

"그대가 진실로 이러한 일을 지었는가?"

대답하여 말하였다.

"진실입니다. 세존이시여."

세존께서 말씀하셨다.

"어리석은 사람이여. 그대는 항상 내가 무량한 방편으로 범행인의 처소에서 몸으로 자비를 행하고 입으로 자비를 행하며 뜻으로 자비를 행하며 필요한 것을 공양하고 공급하는 것을 칭찬하는 것을 듣지 못하였는가? 그대는 지금 어찌하여 칼을 지닌 사람을 구하여 명근을 끊게 하였는가? 이것은 비법이고, 율이 아니며, 세존의 가르침과 같지 않으니라. 이러한 일로써 선법을 장양하지 못하느니라."

세존께서는 여러 비구에게 알리셨다.

"비사리성을 의지하여 머무르는 여러 비구들을 모두 모이게 하라. 열 가지의 이익을 위한 까닭으로 여러 비구에게 계율을 제정하겠나니,

나아가 이미 들은 자는 마땅히 거듭하여 들을지니라. 만약 비구가 스스로 손으로 사람의 명근을 끊거나, 칼을 지닌 사람을 구하여 사람의 목숨을 빼앗았다면, 이 비구는 바라이이고 마땅히 함께 머무를 수 없느니라."

다시 세존께서는 비사리에 머무르셨다.

이때 어느 오래 병들었던 비구를 간병하던 비구가 있었고, 나아가 오래 병들었던 비구에게 말하였다.

"나는 경을 받아서 송경하거나, 사유하며 도를 행하지 못합니다. 또한 다시 사람을 따라서 병을 따라서 음식과 탕약을 구하면서 찾으므로 사람들이 모두 나를 싫어하고 역시 나도 피곤하고 괴롭습니다."

병든 비구가 말하였다.

"마땅히 그것을 어찌해야 합니까? 나도 역시 병으로 고통스럽고 참을 수 없소. 그대가 만약 능히 나를 죽여준다면 좋겠습니다."

이 비구가 말하였다.

"세존께서 계율을 제정하시어 스스로 손으로 사람을 죽이지 못하도록 하셨습니다."

병든 비구가 말하였다.

"만약 그렇다면 그대가 나를 위하여 칼을 지닌 자를 불러오십시오."

비구가 다시 말하였다.

"그대는 세존께서 계율을 제정하시어서 칼을 가진 자를 구하여 사람을 죽이지 못하도록 하신 것을 듣지 못하였습니까?"

병든 비구가 말하였다.

"지금 마땅히 어떻게 해야 합니까?"

간병하는 비구가 말하였다.

"그대가 다만 스스로 살아가도록 구하고자 하고 죽이고자 하지 않습니다. 만약 죽고자 한다면 스스로에게 칼이 있으니 그것을 사용하여 자살하거나, 역시 독약을 마시거나, 노끈을 사용하여 스스로가 죽거나, 불구덩이에 몸을 던지고 불에 뛰어들거나, 무거운 돌을 안고서 연못에 뛰어들거나,

자살하는 법도 역시 매우 많습니다."

이렇게 찬탄하는 말을 짓고서, 나아가 피하여 밖으로 나왔다. 이때 병든 비구가 뒤에 자살하였고, 여러 비구들은 듣고서 이 인연으로써 갖추어 세존께 아뢰었다. 세존께서 말씀하셨다.

"그 간병하던 비구를 불러오라."

이미 왔으므로 세존께서는 앞의 일을 자세하게 물으셨다.

"그대가 진실로 이러한 일을 지었는가?"

대답하여 말하였다.

"진실입니다. 세존이시여."

세존께서 말씀하셨다.

"어리석은 사람이여. 그대는 항상 내가 무량한 방편으로 범행인의 처소에서 몸으로 자비를 행하고 입으로 자비를 행하며 뜻으로 자비를 행하며 필요한 것을 공양하고 공급하는 것을 칭찬하는 것을 듣지 못하였는가? 그대는 지금 어찌하여 죽는 것을 찬탄하였는가? 이것은 비법이고, 율이 아니며, 세존의 가르침과 같지 않으니라. 이러한 일로써 선법을 장양하지 못하느니라."

세존께서는 여러 비구에게 알리셨다.

"비사리성을 의지하여 머무르는 여러 비구들을 모두 모이게 하라. 열 가지의 이익을 위한 까닭으로 여러 비구에게 계율을 제정하겠나니, 나아가 이미 들은 자는 마땅히 거듭하여 들을지니라. 만약 비구가 스스로의 손으로 사람의 명근을 끊거나, 칼을 지닌 자를 구하여 사람의 목숨을 끊거나, 죽는 것을 가르치고 죽는 것을 칭찬하였다면, 이 비구는 바라이이고 마땅히 함께 머무를 수 없느니라."

다시 세존께서는 비사리에 머무르셨고, 자세한 설명은 앞에서와 같다.

이때 녹장외도는 비구를 죽이고서 매우 크게 근심하고 번뇌하며 이렇게 생각을 지으면서 말하였다.

'내가 지금 어찌하여 범행인의 목숨을 끊었는가? 이러한 악법(惡法)을

지었으니 나는 목숨을 마친 뒤에는 장차 악도(惡道)에 떨어져서 니리(泥
犁)²⁾의 가운데에 들어갈 것이다.'

그때 천마(天魔)인 파순(波旬)은 항상 방편을 지어서 여러 악을 증장(增
長)하였으므로 곧 공중(空中)에서 외도에게 말하였다.

"그대는 근심하고 번뇌하여 악도에 떨어지는 것을 두려워하지 말라.
왜 그러한가? 그대가 지금 지은 것은 사람을 고통과 근심에서 벗어나게
하였고, 제도되지 않은 자를 제도하였으니, 공덕이 무량하다."

이때 그 장외도는 이렇게 생각을 지었다.

'내가 비구를 죽인 것은 나아가 큰 복을 얻었고, 능히 여러 천인들에게
따라서 기뻐하고 찬탄하게 하였다.'

이렇게 생각을 짓고서 뒤에 날카로운 칼을 가지고 승방(僧房)의 가운데와
경행하는 곳에 이르렀고 여러 곳에서 여러 비구들에게 외쳐서 말하였다.

"누가 고통을 벗어나고자 하고 누가 제도되는 것을 구하는가? 내가
능히 고통에서 벗어나게 하고 해탈을 얻게 하겠다."

그때 세존께서는 여러 비구들을 위하여 부정관(不淨觀)을 말씀하셨으
므로 여러 비구들은 부정관을 닦아서 몸의 괴로움을 근심하고 싫어하여서
그 가운데는 노끈으로 스스로를 죽이거나, 독약을 먹거나, 칼로써 자해(自
害)하거나, 구덩이에 몸을 던지고 불에 뛰어들면서 자살하는 이가 많았고,
또한 녹장외도에게 앞뒤로 살해된 자가 한 사람·두 사람·셋·넷·다섯
사람·열 사람, 나아가 60명에 이르렀다.

그때 세존께서는 한 달의 15일에 승가의 가운데 앉으시어 앞뒤로
위요(圍遶)되어 포살(布薩)을 짓고자 하셨다. 세존께서는 좌우로 관찰하시
어 승가가 적은 것을 보셨고 아난에게 물어 말씀하셨다.

"지금 비구 승가가 무슨 까닭으로써 적으며, 무슨 까닭으로 어느 비구들
을 볼 수 없는가?"

아난이 세존께 아뢰어 말하였다.

---

2) 산스크리트어 niraya의 음사로서 지옥을 가리킨다.

"세존이시여. 이전에 여러 비구들을 위하여 부정관을 말씀하셨고, 부정관을 닦는 공덕을 찬탄하셨으므로 이 여러 비구들은 부정관을 부지런히 닦았습니다. 부정관을 닦으면서 매우 몸을 싫어하고 걱정하면서 혹은 칼로써 자살하는 자가 있었고, 나아가 녹장외도가 그들의 목숨을 끊게 시켰는데 보름 동안에 나아가 60명에 이르렀습니다. 많은 오지 않은 자는 모두 죽었습니다. 오직 원하옵건대 세존께서는 다시 다른 법을 여시어 여러 비구들이 몸을 싫어하여 자살하지 않게 하시고, 여러 현성(賢聖)들이 이 세상에 오래 머물면서 천상과 사람들을 이익되게 하십시오."

이곳에서 세존께서는 아난에게 알리셨다.

"다시 삼매(三昧)가 있으니, 여러 비구들이 쾌락하고 잘 배워서 몸을 매우 싫어하지 않게 하라. 무엇 등의 삼매가 쾌락하고 잘 배우면 몸을 매우 싫어하지 않는가? 이를테면 아나반나염(阿那般那念)3)이니라. 무엇을 비구가 아나반나염을 닦으면 증득을 성취하여 안락하게 머무르는가? 만약 비구가 성읍이나 취락을 의지하여 머무르면서 때에 이르면 옷을 입고 발우를 지니고 성에 들어가서 걸식하면서 몸과 입과 뜻을 섭수하고 몸을 잘 머물게 하려는 생각이라면, 마음이 치달려서 어지럽지 않게 하고 항상 정수(正受)4)를 행하며 여러 근(根)을 섭수하고 지니면서 성에 들어가 걸식하라.

걸식을 마치면 돌아와서 그 적정(寂靜)한 곳에 이르러 안좌(安坐)하는 것이니 이를테면, 공지(空地)·산·계곡·바위굴·무덤 사이에 풀을 깔고 바로 앉아서 여러 탐욕·진애(瞋恚)·수면(睡眠)·도회(掉悔)·의개(疑蓋) 등의 여러 장애를 없애고, 마음과 지혜의 힘으로 밝게 마음을 붙잡아서 호흡에 있게 하는 것이다.

숨이 들어오는 때에 숨이 들이쉬는 것을 알고, 숨을 내쉬는 때에 숨을

---

3) 산스크리트어 ānāpāna의 음사로 '아나'는 들숨, '파나'는 날숨을 뜻하며, 호흡이란 뜻이다.
4) 산스크리트어 samaya의 음사로 산란한 마음을 버리고 무념무상(無念無想)의 경계에서 불법을 받아들이는 일을 가리킨다.

내쉬는 것을 알며, 숨을 길게 들이쉬는 때에 숨을 길게 들이쉬는 것을 알고, 숨을 내쉬면서 긴 때에는 숨을 내쉬면서 긴 것을 알며, 숨을 들이쉬면서 짧은 때에는 숨을 들이쉬면서 짧은 것을 알고, 숨을 내쉬면서 짧은 때에는 숨을 내쉬면서 짧은 것을 알며, 숨을 들이쉬면서 몸에 가득한 때에는 숨을 들이쉬면서 가득한 것을 알고, 숨을 내쉬면서 몸에 가득한 때에는 숨을 내쉬면서 몸에 가득한 것을 안다.

숨을 들이쉬면서 몸의 행(行)을 버리는 때에는 들이쉬는 숨이 몸의 행을 버리는 것을 알고, 숨을 내쉬면서 몸의 행을 버리는 때에는 내쉬는 숨이 몸의 행을 버리는 것을 알며, 들이쉬는 숨에 기쁜 때에는 들이쉬는 숨이 기쁜 것을 알고, 내쉬는 숨에 기쁜 때에는 내쉬는 숨이 기쁜 것을 알며, 들이쉬는 숨에 즐거운 때에는 들이쉬는 숨이 즐거운 것을 알고, 내쉬는 숨에 즐거운 때에는 내쉬는 숨이 즐거운 것을 알며, 들이쉬는 숨에 뜻으로 행하는 때에는 들이쉬는 숨이 뜻으로 행하는 것을 알고, 내쉬는 숨에 뜻으로 행하는 때에는 내쉬는 숨이 뜻으로 행하는 것을 알며, 들이쉬는 숨에 뜻으로 행함을 버리는 때에는 들이쉬는 숨이 뜻으로 행함을 버리는 것을 알고, 내쉬는 숨에 뜻으로 행함을 버리는 때에는 내쉬는 숨이 뜻으로 행함을 버리는 것을 안다.

들이쉬는 숨에 마음을 아는 때는 들이쉬는 숨에 마음을 알고, 내쉬는 숨에 마음을 아는 때에는 내쉬는 숨에 마음을 알며, 들이쉬는 숨에 마음이 기뻐하는 때에는 들이쉬는 숨에 마음의 기쁨을 알고, 내쉬는 숨에 마음이 기뻐하는 때에는 내쉬는 숨에 마음이 기쁨을 알며, 들이쉬는 숨에 선정일 때에는 들이쉬는 숨에 선정인 것을 알고, 내쉬는 숨에 선정일 때에는 내쉬는 숨에 선정인 것을 알며, 들이쉬는 숨에 마음이 해탈일 때에는 들이쉬는 숨에 마음이 해탈임을 알고, 내쉬는 숨에 마음이 해탈일 때에는 내쉬는 숨에 마음의 해탈인 것을 안다.

들이쉬는 숨에 무상(無常)한 때에는 들이쉬는 숨에 무상함을 알고, 내쉬는 숨에 무상한 때에는 내쉬는 숨에 무상한 것을 알며, 들이쉬는 숨에 끊기는 때에는 들이쉬는 숨에 끊기는 것을 알고, 내쉬는 숨에 끊기는 때에는 내쉬는 숨에 끊기는 것을 알며, 들이쉬는 숨이 무욕(無欲)일 때에는 들이쉬는 숨이 무욕인 것을 알고, 내쉬는 숨이 무욕인 때에는 내쉬는 숨이 무욕인 것을 알며, 들이쉬는 숨이 멸(滅)하는 때에는 들이쉬는 숨이 멸하는 것을 알고, 내쉬는 숨이 멸하는 때에는 내쉬는 숨이 멸하는 것을 아느니라.

이와 같이 아난이여. 이렇게 생각을 짓는 자를 '기쁘고 즐겁게 잘 배워서 지극히 몸을 싫어하지 않는다.'라고 이름하고, 여러 현성들이 이 세상에 오래 머무르며 천인과 사람들을 이익되게 하는 것이니라."

세존께서는 여러 비구에게 알리셨다.

"비사리성을 의지하여 머무르는 여러 비구들을 모두 모이게 하라. 열 가지의 이익을 위한 까닭으로 여러 비구에게 계율을 제정하겠나니, 나아가 이미 들은 자는 마땅히 거듭하여 들을지니라. 만약 비구가 스스로의 손으로 사람의 명근을 빼앗거나, 칼을 지니고 죽여주는 자를 구하였거나, 죽는 것을 가르치고 죽는 것을 칭찬하면서, '쯧쯧. 남자여. 악하게 산다면 무슨 소용이 있겠는가? 죽는 것이 사는 것보다 수승하다.'라고 이와 같은 뜻과 이와 같은 생각에서 방편으로 죽음을 찬탄하고 칭찬하여 그를 죽게 하였다면 다른 것은 아니고 비구의 바라이이며, 마땅히 함께 머무를 수 없느니라."

'비구'는 나아가 나이 20세이고 구족계를 받았다면 비구라고 이름한다.

'스스로 손'은 자신의 몸의 부분과 몸의 힘이다.

'스스로 몸'은 온몸으로 눌러서 사람을 죽이는 것으로 바라이를 범한다. 이것을 스스로 몸이라고 이름한다.

'몸의 부분'은 만약 손이거나, 만약 팔꿈치이거나, 만약 다리이거나, 만약 무릎 및 나머지의 몸의 부분으로 사람을 죽이는 것으로 바라이를 범한다. 이것을 몸의 부분이라고 이름한다.

'몸의 힘'은 만약 몽둥이거나, 만약 돌이거나, 만약 벽돌 등을 멀리 던져서 사람을 죽이는 것으로 바라이를 범한다. 이것을 몸의 부분이라고 이름한다.

'사람'은 목숨이 있고 인취(人趣)에 섭수되는 것이다.

'목숨을 빼앗다.'는 그 명근(命根)이 서로 이어지지 않게 하고 사대(四大)를 분산(分散)하는 것이다. 이것을 목숨을 빼앗는다고 이름한다.

'구하다.'는 칼을 지닌 자를 구하는 것으로 만약 남자이거나, 여자이거나, 늙었거나, 젊었거나, 재가이거나, 출가한 자이다.

'칼'은 만약 검(劍)이거나, 창(戟)[5]이거나, 긴 칼이거나, 짧은 칼이거나, 모(鉾)[6]이거나, 삭(槊)이거나, 철륜(鐵輪)인 일체의 날카로운 무기, 나아가 바늘(鍼) 등이다.

'죽음을 찬탄하다.'는 악하게 사는 것보다 죽는다면 곧 수승한 삶이라고 말을 사용하는 것이다.

'이와 같은 뜻'은 죽이려는 뜻이다.

'이와 같은 생각'은 죽이려는 생각이다.

'죽음을 찬탄하고 즐거워하다.'는 그 사람을 죽게 하는 것이다.

'나머지가 아니다.'는 이것을 인연하여 죽는 것이고, 이 비구는 바라이를 범하였으므로 마땅히 함께 머무를 수 없다.

'바라이'는 법지(法智)에 있어서 퇴전하고 타락하여 도과분(道果分)이 없으며, 이와 같이 나아가 진지(盡智)와 무생지(無生智)의 이러한 여러 지혜에 퇴전하고 타락하여 도과분이 없으므로 이것을 바라이라고 이름한다. 또한 바라이는 니원(泥洹)에서 퇴전하고 타락하여 증과분(證果分)이 없으므로 이것을 바라이라고 이름한다. 또한 바라이는 죽이지 않는 것에서 벗어나서 퇴전하고 타락하므로 이것을 바라이라고 이름한다. 또한 바라이는 죄를 범하였으나 허물을 드러내고 참회하지 않으므로 이것을 바라이라고 이름한다.

---

5) 좌우로 갈라진 창을 가리킨다.

6) 긴 자루의 끝에 찌르는 창과 비슷한 무기이다. 양쪽의 날 끝을 자루의 끝에 붙이고서 양 손에 쥐고 직선적으로 끝으로 적을 향해 찌르는 것으로 중국에서 보병이 사용하는 것은 4.5m이고, 전차병이 사용하는 것은 5.4m라고 알려져 있다.

'비구가 사람을 죽이다.'는 만약 칼을 사용하여 죽이거나, 만약 독약으로 죽이거나, 만약 독약을 발라서 죽이거나, 만약 토하게 하여 죽이거나, 만약 설사하게 하여 죽이거나, 만약 낙태(墮胎)하여 죽이거나, 만약 죽는 모습을 설명하면서 죽음을 찬탄하는 것이다.

'칼'은 만약 검(劍)이거나 크고 작은 칼이거나, 나아가 바늘 등이다.

죽이려는 마음으로 몸이 움직이는 때라면 월비니죄를 얻고, 그의 몸을 접촉하는 때라면 투란차죄를 범하며, 이것을 인연하여 죽었고 다른 것이 아니었다면 바라이를 범한다. 이것을 칼로 죽인다고 이름한다.

'독약으로 죽이다.'는 세 종류의 독약이 있으니, 생독약(生毒藥)이 있고, 지은 독약이 있으며, 고독약(蠱毒藥)이 있다. '생독약'은 어느 나라의 토지에서 생산되는 독약이니, 예루국(倪樓國)에서 생산되는 승거(勝渠) 독약과 울사니국(鬱闍尼國)에서 생산되는 가라(伽羅) 독약 등이다. 이것을 생독약이라 이름한다.

'만든 독약'은 사냥꾼들이 만든 독약과 같으니, 뿌리·줄기·꽃·잎을 화합하여 만든 것이다. 이것을 만든 독약이라고 이름한다.

'고독약'은 만약 뱀의 독·나구라(那俱羅)의 독·고양이의 독·쥐의 독·개의 독·큰곰의 독·사람의 독 등이다. 이와 같은 여러 종류의 독을 고독이라 이름한다.

만약 비구가 사람을 죽이려는 마음으로 이러한 세 종류의 약을 취하였다면 월비니죄를 얻고, 그의 몸에 독약이 이르렀다면 투란차죄를 범하며, 만약 이 독약을 인연하여 죽었다면 바라이를 범한다. 이것을 독약으로 죽이는 것이라고 이름한다.

'독약을 발라서 죽이다.'는 만약 비구가 사람을 죽이려는 까닭으로 손으로 독약을 잡았던 때에는 월비니죄를 얻고, 그의 몸에 발랐다면 투란차죄를 범하며, 그가 이러한 인연으로 죽었다면 바라이를 범한다. 이것을 독약을 발라 죽인다고 이름한다.

'토하게 하여 죽이다.'는 만약 비구가 사람을 죽이려는 까닭으로 토하는 독약을 섞으면서 '내가 이 약을 가지고 그 사람에게 주어서 마땅히 고름과 이와 내장을 토하게 하겠다.'라고 이렇게 생각을 지었다면 월비니죄를 얻고, 그 사람에게 토하는 약을 주었다면 투란차죄를 범하며, 그가 이 약을 인연하여 토하고서 죽었다면 바라이를 범한다.

'설사약(下藥)'은 비구가 사람을 죽이려는 까닭으로 설사하는 약을 짓는 때에 '이 약을 가지고 그에게 주어서 고름과 피를 설사하게 하고 나아가 내장을 설사하게 하겠다.'라고 이렇게 생각을 지었다면 월비니죄를 얻고, 만약 그에게 약을 주었다면 투란차죄를 범하며, 만약 이 설사약을 인연하여 죽었다면 바라이를 얻는다. 이것을 설사약으로 죽인다고 이름한다.

'낙태하여 죽이다.'는 만약 비구가 어머니인 사람을 죽이려고 낙태시키는 자는 월비니죄를 얻고, 낙태시키고자 하였는데 어머니가 죽었어도 월비니죄를 얻으며, 어머니를 죽이고자 하였는데 어머니가 죽었다면 바라이를 얻는다. 낙태시키고자 하였고 태아(胎兒)가 나누어져서 나아가 몸과 명근이 떨어졌다면 바라이를 범한다. 만약 사람이 축생을 낙태시켰다면 월비니죄를 얻는다. 이것을 낙태하여 죽이는 것이라고 이름한다.

'상(相)을 말하다.'는 만약 비구가 사람에게 "내가 지금 그대의 상을 보니 반드시 죽는다고 정해졌으니 곧 자살하시오. 이렇게 괴롭게 살아서 무엇하겠는가?"라고 말하였고 이 사람이 이 말을 인연하여 죽었다면 이 비구는 바라이를 얻는다. 또는 다시 "내가 꿈에서 보았던 것과 같이 그대는 지금 반드시 죽을 것이오."라고 말하였거나, 또는 다시 "내가 야간의 울부짖음과 올빼미의 소리와 까치의 울음을 들었고, 내가 지금 그대의 얼굴색과 비뚤어진 코를 보았는데, 그대가 장차 반드시 죽을 것이니 곧 자살하시오. 이렇게 괴롭게 살아서 무엇하겠는가?"라고 말하였고 이 사람이 이 말을 인연하여 죽었다면 이 비구는 바라이를 얻는다.

또한 다시 "그대의 나이는 몇 살인가?"라고 물어 말하였고, "나는 몇 살입니다."라고 대답하였으며, 또한 "나는 일체의 성명(性命)을 이해하는데, 그대는 올해에 반드시 죽으니 그대가 자살하는 것보다 못하오. 이렇게 괴롭게 살아서 무엇하겠는가?"라고 말하였고 이 사람이 이 말을 인연하여 죽었다면 이 비구는 바라이를 얻는다. 또한 다시 "그대는 어느 별(星)에

속하였는가?"라고 물어 말하였고, "나는 어느 별에 속하였습니다."라고 대답하였으며, 곧 "나는 그 별을 알고 있는데, 마땅히 그대는 지금 반드시 죽음에 장애가 없으니 자살하는 것보다 못하오. 이렇게 괴롭게 살아서 무엇하겠는가?"라고 곧 말하였고 이 사람이 이 말을 인연하여 죽었다면 이 비구는 바라이를 얻는다.

또한 다시 "그대의 이름은 무엇인가?"라고 물어 말하였고, "나는 누구라고 이름합니다."라고 대답하였으며, 또한 "나는 일체의 성명(名姓)을 이해하는데, 그대는 지금 반드시 죽을 것이오."라고 다시 말하였거나, 다시 "그대는 무엇을 먹었는가?"라고 물어 말하였고, "이와 같은 음식을 먹었습니다."라고 대답하였으며, 다시 토하도록 가르쳤고 토하였으므로 "그대가 이러한 음식을 먹는다면, 반드시 죽음에 장애가 없을 것이오."라고 말하였거나, 다시 "그대는 어디에서 먹었는가?"라고 물었고, "어디에서 먹었습니다."라고 대답하였으며, 다시 토하도록 가르쳤고 토하였으므로 "어느 곳은 독이 있으니, 그대는 지금 반드시 죽을 것이니 자살하는 것보다 못하오. 이렇게 괴롭게 살아서 무엇하겠는가?"라고 곧 말하였고 이 사람이 이 말을 인연하여 죽었다면 이 비구는 바라이를 얻는다.

만약 비구가 사람을 죽이려는 까닭으로 죽는 상을 말하였다면 월비니죄를 얻고, 그에게 방편으로 곧 자살하고자 하게 지었다면 투란차죄를 범하며, 만약 자살하였으면 바라죄를 얻는다. 이것을 상을 말하여 죽이는 것이라고 이름한다.

'죽음을 찬탄하다.'는 보시와 지계(持戒)와 과보이다.

'보시'는 비구가 "그대가 보시하는가?"라고 물어 말하였고, "보시합니다."라고 대답하여 말하였으며, 비구가 "그대는 이미 공덕을 지었으니 반드시 좋은 곳에 태어날 것인데, 어찌하여 자살하지 않고 괴롭게 살아서 무엇하겠는가?"라고 말하였다면, 이것을 보시라고 이름한다.

'지계'는 비구가 사람에게 "그대는 계율을 지녔는가?"라고 물었고, "계율을 지녔습니다."라고 대답하였으며, "세존께서는 '계율을 지닌다면 만약 천상이거나 만약 인간의 가운데의 두 곳에 태어난다.'라고 말씀하셨는데,

괴롭게 살아서 무엇하겠는가?"라고 말하였다면, 이것을 지계를 찬탄한다고 이름한다.

'과보'는 비구가 "그대는 이미 수다원과(須陀洹果)를 얻었으니, 악취(惡趣)에 떨어지지 않을 것이고, 지극히 일곱 번을 천상과 인간에 왕래하면서 곧 괴로움을 끝내고 악취의 문을 닫을 것인데, 어찌하여 자살하지 않고 괴롭게 살아서 무엇하겠는가?"라고 말하였거나, 다시 "그대는 이미 사다함과(斯多舍果)를 얻었으니, 세간에 한 번을 온다면 곧 괴로움을 끝낼 것인데, 어찌하여 자살하지 않고 괴롭게 살아서 무엇하겠는가?"라고 말하였거나, 다시 "그대는 이미 아나함과(阿那舍果)를 얻었으므로 세간에 돌아오지 않고 곧 괴로움을 끝냈는데, 어찌하여 자살하지 않고 괴롭게 살아서 무엇하겠는가?"라고 말하였거나, 다시 "그대는 이미 아라한과(阿羅漢果)를 얻어서 음욕과 성냄과 어리석음이 없어져서 번뇌를 따르지 않으며 마음에 자재(自在)를 얻었는데 어찌하여 자살하지 않고 괴롭게 살아서 무엇하겠는가?"라고 말하였거나, 만약 비구가 사람을 죽이려는 까닭으로 보시와 지계와 과위를 찬탄하는 자는 월비니죄를 얻고, 그가 방편으로 자살하고자 하였던 때라면 투란차죄를 얻으며, 만약 자살하였다면 바라이를 얻는다.

만약 길을 가면서 죽이거나, 만약 혼자 버려두어서 죽이거나, 만약 비타라(毘陀羅)의 주문으로 죽이거나, 만약 가루약으로 죽이거나, 만약 오만토(烏滿吐)로 죽이거나, 만약 구덩이에 빠트려서 죽이거나, 만약 아파흠만(阿波欽滿)으로 죽이거나, 만약 길을 가르쳐서 죽이거나, 만약 강물에서 죽이거나, 만약 대신(大臣)으로 죽이거나, 만약 승방(僧坊)으로 죽이거나, 만약 호랑이로 죽이거나, 만약 외도로 죽이는 것이다.

'길을 가면서 죽이다.'는 만약 10인이거나 만약 20인이 함께 길을 따라가면서 비구가 먼저 원한(怨恨)이 있었으므로 앞 사람을 해치고자 하였으나 잘못하여 중간의 사람을 해쳤다면 월비니죄를 얻고 중간의 사람을 해치고자 하였으나 잘못하여 뒤의 사람을 해쳤으면 월비니죄를 얻는다. 뒤의 사람을 해치고자 하였으나 잘못하여 중간 사람을 해쳤다면 월비니죄를 얻고, 중간 사람을 해치고자 하였으나 잘못하여 앞 사람을 해쳤다면 월비니죄를 얻는다. 앞사람을 해치고자 하였고 앞 사람을 해친 자는 바라이를 범하고, 중간 사람이나 뒷사람을 해치고자 하였고 중간 사람이나 뒷사람을 해친 자는 바라이를 범한다. 만약 모든 일체에게 죽이려는 마음이 있었던 자는 사람을 해치는 것을 따라서 바라이를 범한다. 이것을 길을 가면서 죽인다고 이름한다.

'혼자 버려두어서 죽이다.'는 만약 어느 비구가 죽이려는 마음으로 혼자 버려두고자 하면서 만약 도중(道中)에 혼자 버려두었을 때는 월비니죄를 얻고, 상대자가 고통을 받은 때에는 투란차죄를 얻으며, 만약 그가 죽었다면 바라이를 얻는다. 이것을 혼자 버려두어서 죽인다고 이름한다.

'비타라의 주문'은 만약 비구가 사람을 죽이려는 까닭으로 비타라의 주문을 지었는데, 해치려는 마음으로 주문을 짓는 때라면 월비니죄를 얻고, 그에게 공포심을 생겨나게 하는 때라면 투란차죄를 얻으며, 그가 죽었다면 바라이를 얻는다. 이것을 비타라의 주문으로 죽인다고 이름한다.

'가루약으로 죽이다.'는 만약 비구가 사람을 죽이려는 까닭으로 가루약을 지으면서 끝에 '이 약을 가지고 마땅히 그 사람을 죽이겠다.'라고 이렇게 생각을 지었다면 월비니죄를 얻고, 만약 약으로 그 사람의 몸에 문질렀다면 투란차죄를 얻으며, 만약 그 사람이 죽었으면 바라이를 얻는다. 이것을 가루약으로 죽이는 것이라고 이름한다.

'오만토'는 만약 비구가 사람을 죽이려는 까닭으로 도중에 오만토를 지었는데, 만약 비구가 사람을 죽이려는 마음으로 지었던 때라면 월비니죄를 얻고, 그가 고통을 받았다면 투란차죄를 범하며, 만약 죽었다면 바라이를 얻는다. 이것을 오만토로 죽인다고 이름한다.

'구덩이에 빠뜨려서 죽이다.'는 만약 비구가 사람을 죽이려는 까닭으로 마땅히 도중에 구덩이를 짓고서 여러 종류의 날카로운 창을 설치하고서 풀과 흙으로 위를 덮고서 그를 떨어뜨려서 죽이는 것이다. 죽이려는 마음으로 짓는 때라면 월비니죄를 얻고, 만약 고통을 받았다면 투란차죄를 범하며, 만약 죽었으면 바라이를 얻는다. 이것을 구덩이에 빠뜨려서 죽인다고 이름한다.

'아바흠만으로 죽이다.'는 만약 비구가 사람을 죽이려는 까닭으로 도중에 아바흠만을 설치하여 두었는데, 만약 비구가 사람을 죽이려는 마음으로 지었던 때라면 월비니죄를 얻고, 그가 고통을 받았다면 투란차죄를 범하며, 만약 죽었다면 바라이를 얻는다. 이것을 아바흠만으로 죽인다고 이름한다.

'길을 가르쳐서 죽이다.'는 만약 비구가 길가에 있으면서 경행하였고, 어느 사람이 와서 비구에게 "장로여. 나는 어느 취락에 가고자 합니다. 도로는 어느 곳에 있습니까?"라고 물어 말하였는데, 비구는 이전에 그 사람과 원한과 미움이 있었으므로 '나는 지금 이 사람이 길을 물었는데, 곧 마땅히 나쁜 길을 가르쳐 주어서 살아날 길이 하나도 없게 하겠다.'라고 이렇게 생각을 지었고, 곧 험한 길을 가르쳐 주어서 왕의 난(難)이거나, 만약 사자·호랑이·늑대의 난이거나, 만약 독사의 난이 있는 이러한 험한 길을 가르쳐 주었다면 월비니죄를 얻고, 고통을 받을 때는 투란차죄를 얻으며, 죽었다면 바라이를 얻는다. 이것을 길을 가르쳐서 죽인다고 이름한다.

'강물로 죽이다.'는 만약 비구가 강변에서 있으면서 경행하였고, 어느 사람이 와서 비구에게 "장로여. 나는 어느 처소에 가고자 합니다. 마땅히 어느 곳을 건너야 합니까?"라고 물어 말하였는데, 비구는 이전에 그 사람과 원한과 미움이 있었으므로 '나는 지금 이 사람이 길을 물었는데, 곧 마땅히 이 건너가지 않을 곳을 가르쳐 주어서 한 사람도 벗어나지 못하도록 하겠다.'라고 이렇게 생각을 지었고, 곧 건너지 않을 곳을 가르쳐 주어서 만약 강물이 소용돌이치는 곳이거나, 돌이 솟아 있어서 마라(摩羅)[7] 등이 가끔 시체를 건져내는 곳이거나, 만약 그곳에 오르더라도 왕금(王禁)의 환란이 있고 도둑의 환란이 있으며 사자·호랑이·늑대·독충 등의 어려움이 있었는데, 그 건너가지 않을 곳을 가르쳐 주었다면 월비니

---

7) 산스크리트어 malla의 음사로서 힘이 강한 사람을 가리킨다.

죄를 얻고, 고통을 받을 때는 투란차죄를 얻으며, 죽었다면 바라이를 얻는다. 이것을 강물로 가르쳐서 죽인다고 이름한다.

'대신'은 만약 어느 대신이 포학(暴虐)하고 무도(無道)하여 사람들의 재물을 탐하면서 취하였고, 스스로가 공급하고 사용하면서 죄와 벌을 두려워하지 않으며, 제멋대로 방일하여 '오히려 오늘에 까마귀가 될지라도 내일의 공작이 되지 않겠다.'라고 이렇게 생각을 지었으므로, 왕이 이것을 듣고서 잡아들여 묶고 가두었으며 죄로써 꾸짖었으므로 그 대신이 죽음이 두려웠던 까닭으로 일체의 재물과 재산을 가지고 사용하여 목숨을 구하고자 하였다. 그때 어느 비구가 그의 집을 출입하였으므로 곧 가서 위로하며 그 집의 즐거움과 고통을 물으니, 그 아내가 대답하여 말하였다.

"가주(家主)가 일이 있어서 붙잡혀 감옥에 있는데 무슨 즐거움이 있겠습니까? 아사리여. 마땅히 아십시오. 지금 가주는 죄로 죽는 것이 두려웠던 까닭으로 일체의 재물과 재산을 모두 가지고 목숨을 구하고자 합니다. 금전과 재산이 만약 없어진다면 곧 마땅히 빈궁하여 스스로가 살아갈 이유가 없습니다."

비구가 말하였다.

"그대는 근심하지 마십시오. 내가 마땅히 그대의 남편에게 말하여 재물을 사용하지 않게 하겠습니다."

곧 감옥에 이르러 위로하며 말하였다.

"무병하시오. 장수여."

대신은 비구가 온 것을 보고 마음으로 크게 기뻐서 말하였다.

"아사리여. 밖에서 무엇을 들었습니까?"

비구가 대답하여 말하였다.

"그대가 마땅히 죽게 되었으므로 모든 집안의 재산을 가지고 스스로가 사용하여 목숨을 구하려고 하였다고 들었습니다. 만약 이와 같다면 그대의 아내와 아들이 장차 빈곤해져서 굶주리고 추위 속에 구걸하게 될 것입니다. 또 그대 가문(家門)의 악명(惡名)이 유포(流布)될 것입니다."

대신이 대답하여 말하였다.

"마땅히 어떻게 하여야 합니까?"

비구가 말하였다.

"이 왕이 무도(無道)하므로 설사(設使) 그대의 재물을 모아서 모두를 바치더라도 서로를 살려줄 가능성이 없으니, 삼가하여 재물을 주지 말고 다만 마땅히 그의 재량에 맡기십시오."

만약 대신이 그렇게 하겠다고 말하는 때에는 이 비구는 월비니죄를 얻고, 만약 고통을 받았다면 투란차죄를 얻으며, 만약 죽었다면 바라이를 얻는다.

만약 대신이 그 비구의 말을 듣고서 "아사리여. 나의 지식으로는 금전과 재물을 아끼고 내가 살아나는 것에 사용하지 않는다면, 내가 죽은 뒤에는 가령(假使) 해와 달이 비추지 않더라도 내가 근심할 것이 아닌데, 하물며 다시 나머지의 일이겠습니까? 아사리여. 돌아가서 사유하여 보십시오. 세존께서는 '길흉(吉凶)과 좋고 나쁨에는 미리 존중되는 일이 없다.'라고 말씀하셨습니다."라고 대답하여 말하였다면, 그때 월비니죄를 얻는다.

대신이 곧바로 '비구가 말한 것과 같아서 이 왕은 무도하니 설사 재물을 다 주더라도 반드시 나를 죽일 것이다. 내가 이미 죽는다면 아내와 자식들이 굶주리고 추워서 스스로 살아갈 이유가 없고, 가문이 부끄럽고 욕되어 고통이 죽는 것보다도 극심할 것이다. 내가 지금 몸으로 스스로가 마땅히 죽음을 받겠고, 재물을 주지 않겠다.'라고 사유하였으며, 곧 비구의 말과 같이 재물을 사용하지 않은 까닭으로 이 사람이 죽었다면, 이 비구가 먼저 방편을 가르쳐 주었던 까닭으로 투란차죄를 얻는다.

어느 사람이 왕법(王法)을 범하였으므로 유사(有司)가 그를 붙잡아서 묶어서 왕에게 보냈고, 왕은 하교하여 데리고 떠나가서 그 죄를 따라서 다스리게 하였다. 이때 형을 집행하는 자는 가비라(伽毘羅) 꽃으로 죄인의 머리를 장식하고 죄인의 두 손을 묶고서 북을 치고 소라(貝)를 불면서 큰소리로 외치게 하였고, 외쳤으므로 데리고 성문을 나와서 죄인을 처형하는 곳에 이르렀다. 이때 마하라 비구는 계상(戒相)을 잘 알지 못하였으나, 이 죄인의 고통을 애민하게 생각하여 형을 집행하는 자에게 말하였다.

"이 사람은 불쌍하니 고통받게 하지 말고 그대가 칼을 가지고 한 번에 찔러 죽이시오."

그때 형 집행자가 대답하여 말하였다.

"가르침과 같게 하겠습니다."

곧 날카로운 칼을 가지고 한 번을 찔러서 죽였다면 이 마하라 비구는 바라이를 얻는다. 만약 괴회(魁膾)[8]가 "그대는 이렇게 시행해야 한다고 알고 있으나, 나는 스스로가 왕의 하교와 같이 그것을 행하겠으니, 그대도 또한 돌아가서 세존께서 말씀하신 것을 사유하시오."라고 말하였다면, 그때에 월비니죄를 얻는다. 괴회가 곧 '비구가 말한 것을 행해야겠다.'라고 사유하면서 한 번에 찔렀다면 곧 비구의 말을 듣고서 시행한 까닭이 아니므로 이 마하라 비구는 투란차죄를 얻는다. 이것을 대신(大臣)이라고 이름한다.

'승방'은 어느 객비구가 와서 마땅히 차례로 방사(房舍)를 받았다. 이때 방사를 맡은 비구가 객비구와 이전에 원한과 미움이 있었으므로 곧 '내가 지금 너를 만났으니 마땅히 파괴된 방을 주어서 그를 반드시 죽이겠다.'라고 이렇게 생각을 지었고, 곧 파괴된 방을 주었다. 기둥과 벽이 위태롭게 파괴되어 비다라(毘多羅)의 공포와 가까운 곳과 부단나(富單那)의 여러 악한 귀신과 가까운 곳과 살모사가 가까운 곳을 주었거나, 만약 보여주는 때에는 월비니죄를 얻고, 고통을 받을 때는 투란차죄를 얻으며, 죽었다면 바라이를 얻는다.

그 객비구가 새벽에 일어났고 옛 비구를 쫓아서 세수할 물건을 찾았는데, 옛 비구가 벌·전갈·지네·독사들을 취하여 병 안에 넣고 뚜껑을 덮고서 객비구에게 "이 병 안에 세수할 물건이 있으니 그대가 제멋대로 취하여 사용하시오."라고 말하였으므로 객비구가 취하는 때에는 월비니죄를 얻고, 고통을 받을 때는 투란차죄를 얻으며, 죽었다면 바라이를 얻는다. 이것을 승방으로 죽인다고 이름한다.

---

8) 죄인을 다스리고 형을 집행하던 관리를 가리킨다.

'호랑이'는 아련야(阿練若)의 주처(住處)에서 항상 호랑이가 사람을 해치고 있었다. 이때 대중들이 한 처소에 모여서 "여러 장로들이여. 이 아련야 주처의 가운데에서 호랑이가 사람을 상해하는 두려움이 있습니다. 누가 능히 이 호랑이를 조복시키겠습니까?"라고 이렇게 의논하여 말하였다. 그때 대중 가운데에서 어느 한 비구가 다른 한 비구와 원한과 미움이 있었으므로 대중에게 "내가 능히 호랑이를 조복시키겠다."라고 말하였으며, 이 비구가 저녁에 활과 화살을 가지고 나왔다. 그때 원한이 있었던 비구가 노란 옷을 입고 머리와 얼굴을 검게 하고서 호랑이 나오는 크고 작은 다니는 곳에 이르렀다.

이 비구가 그때 비구를 죽이고자 하였으나 호랑이를 죽였다면 월비니죄를 얻고, 호랑이를 죽이고자 하였으나 비구를 죽였다면 월비니죄를 얻으며, 비구를 죽이고자 하였고 비구를 죽였다면 바라이를 범하고, 호랑이를 죽이고자 하였고 호랑이를 죽였다면 바일제죄(波逸提罪)를 범한다. 만약 호랑이와 비구를 함께 죽이려는 마음이 있어서 해쳤다면 그 죽인 것을 따라서 죄를 얻는데, 비구는 곧 바라이를 범하고 호랑이는 바일제죄를 범한다. 이것을 호랑이로 죽인다고 이름한다.

'외도'는 어느 여러 외도가 해와 달을 받들어 섬기면서 일식이나 월식의 때에 여러 바라문들의 군당(群儻)[9]이 서로를 쫓으면서 손에 그릇이나 막대기를 들고서 외치면서 해와 달을 구하기 위한 까닭으로 정사(精舍)의 옆을 지나가면서 여러 비구들을 보고서 곧 "사문인 석자(釋子)들은 아수라(阿修羅)의 군당이니, 지금 마땅히 그들을 죽이겠다."라고 성내어 말하였다. 이때 비구들은 이러한 악한 음성 소리를 들었고, 이러한 악한 음성을 듣고서 곧 건치(犍椎)를 두드려서 승가를 모았는데, 어느 한 비구가 "우리들은 오늘 함께 약속하여 이렇게 악하고 삿된 외도들이 한 사람도 살지 못하도록 합시다."라고 말하였다면 비법(非法)으로 약속을 지었던 까닭으로 일체의 승가는 월비니죄를 얻고, 그 외도들이 고통을 받았다면 일체의

---

9) 특정한 집단의 이익을 쫓는 무리를 가리킨다.

승가는 투란차죄를 얻으며, 그 외도들이 죽었다면 일체의 승가는 바라이를 얻는다.

만약 함께 "죽이지는 말고 다만 고통을 받게 하여 악을 고치고 선을 생각하게 합시다."라고 약속하였다면 일체의 승가는 월비니죄를 얻고, 그 외도들이 고통을 받았다면 일체의 승가는 투란차죄를 얻는다.

그때 여러 비구들이 "여러 장로들이여. 마땅히 그들을 해쳐서는 아니되고 역시 사람들에게 고통을 주어서도 아니됩니다. 세존께서 '비구는 만약 도둑과 원수의 집에서 만약 톱이나 칼로써 몸을 베고 자르더라도 그때 악심(惡心)을 일으키지 않고, 입으로 악한 말을 사람에게 가(加)하지 않으며, 마땅히 자비심과 요익심(饒益心)과 인욕심(忍辱心)을 일으켜라.'고 마땅히 설하셨습니다. 여러 비구들이여. 마땅히 함께 사유합시다. 세존께서 톱과 칼은 경전에 비유한 것이니 조금씩 방편을 지어 능히 인욕을 행합시다."라고 말하고서, 뒤에 다만 문을 굳게 닫고 크게 소리쳐서 그 외도를 두렵게 하였다면 무죄이고, 일체의 승가가 함께 법요(法要) 맹세를 지었더라도 일체의 승가는 무죄이다.

어느 한 비구가 바라문의 아들을 때렸는데 거의 죽음에 이르렀고, 곧 스스로 사유하였다.

'이 사람이 만약 죽는다면 사문 석자의 법을 파괴하는 것이다. 지금 마땅히 의사를 구하여 그를 치료하여서 낫게 해야겠다.'

만약 다시 어느 다른 비구가 이 비구에게 말하였다.

"그대는 무엇을 짓습니까?"

대답하여 말하였다.

"내가 이 바라문을 때렸는데 거의 죽음에 이르렀고, 나는 다시 '만약 마땅히 죽는다면 사문 석자의 법을 파괴하는 것이다. 지금 의사를 구하여 그를 치료하여서 낫게 하고자 합니다.'라고 스스로가 생각하였습니다."

만약 다른 비구가 "그대는 떠나가서 의사를 찾으십시오. 나는 그대를 위해 그를 지키겠습니다."

이 때렸던 비구가 떠나간 뒤에 다른 비구가 뒤에 그의 목숨을 끊었다면 이전에 때렸던 비구는 투란차죄를 얻고, 뒤에 죽인 비구는 바라이를 얻는다. 이것을 외도를 죽인다고 이름한다.

만약 한 비구가 사람을 죽이려는 까닭으로 칼을 잡았으면 월비니죄를 얻고, 만약 칼이 그의 몸에 접촉하였다면 투란차죄를 얻으며, 만약 그를 죽였다면 바라이를 얻는다. 만약 두 사람이거나, 만약 세 사람이거나, 나아가 많은 대중이 사람을 죽이려는 까닭으로 칼을 잡았다면 월비니죄를 얻고, 죽였다면 바라이를 얻는다.

만약 한 비구가 다른 한 비구를 보내서 사람을 죽이려는 까닭으로 칼을 잡았을 때는 월비니죄를 얻고, 죽였다면 바라이를 얻는다. 두 사람을 보냈거나, 세 사람을 보냈거나, 나아가 많은 대중을 보내서 사람을 죽이려는 까닭으로 칼을 잡았을 때는 월비니죄를 얻고, 죽였다면 바라이를 얻는다. 보내졌던 비구가 죽이려는 까닭으로 다시 한 비구를 보내서 칼을 잡았다면 월비니죄를 얻고, 죽였다면 바라이를 얻는다. 이와 같이 제2의 사람을 보냈거나, 제3의 사람을 보냈거나, 나아가 많은 대중을 보내서 칼을 잡게 하였을 때는 월비니죄를 얻고, 죽였다면 바라이를 얻는다. 이와 같이 독약으로 죽이거나, 독약을 발라서 죽이거나, 토하게 하여 죽이거나, 설사하게 하여 죽이거나, 낙태하여 죽이거나, 상(相)을 말하여 죽이거나, 죽음을 찬탄하여 죽이더라도 역시 이와 같다.

다섯 가지의 일이 구족되고 사람을 죽였다면 바라이를 범한다. 무엇이 다섯 가지인가? 첫째는 사람이고, 둘째는 사람이라는 생각이며, 셋째는 죽을 방편을 일으키는 것이고, 넷째는 죽이려는 마음이며, 다섯째는 목숨을 끊는 것이다. 이것을 다섯 가지의 일이라 이름한다.

만약 노예를 보내서 죽이거나, 만약 작인(作人)을 보내서 죽이거나, 만약 지식을 보내서 죽이거나, 만약 시험삼아 죽이거나, 만약 일찍이 짓지 않았으나 짓고서 무지(無智)하고 부끄러움이 없으며 청정하다는 생각이라면 모두 죄를 범한다. 범한 것이 없는 것은 미쳤거나 어리석고 마음이 어지러웠다면 무이다. 이러한 까닭으로 "만약 비구가 스스로 손으로 사람의 목숨을 빼앗았거나, 칼을 가진 자를 구하여 죽이거나,

죽음을 가르치거나, 죽음을 찬탄하면서 '쯧쯧. 사람이여. 악하게 산다면 소용이 있겠는가? 죽는 것이 수승한 삶이오.'라고 이러한 뜻을 짓고 이러한 생각을 지으면서 방편으로 죽음을 찬탄하면서 그 사람을 죽게 하였다면, 나머지가 아니더라도 이 비구는 바라이를 범하여 마땅히 함께 머무를 수 없다."라고 말씀하였다.

세존께서는 비사리성에서 성불하시고서 6년째의 겨울철 제3의 보름인 9일 식전(食前)에 북쪽을 향하고 앉으셨고, 그림자 길이가 한 사람 절반이었다. 간병하던 많은 대중들과 녹장외도를 인연하여 이 계율을 제정하셨다. 이미 제정하셨으므로 마땅히 수순(隨順)하여 행해야 한다. 이것을 수순법(隨順法)이라고 이름한다.

[제3계를 마친다.]

6) 망어계(妄語戒)

세존께서는 사위성에 머무르셨으며. 자세한 설명은 앞에서와 같다.

그때 한 취락의 가운데에서 두 대중(衆)이 안거(安居)하였다. 이때 한 대중은 안거를 마치고 사위성으로 돌아와서 세존께 문신(問訊)하고 세존의 발에 정례(頂禮)하고서 한쪽에 앉아있었다. 세존께서는 아시면서도 일부러 물으셨다.

"비구들이여. 그대들은 어느 곳에서 안거하고서 왔는가?"

대답하여 말하였다.

"어느 취락에서 안거하였습니다."

세존께서 비구들에게 물으셨다.

"안거는 안락하였는가? 걸식은 쉽게 얻었는가? 행도(行道)는 여법하였는가? 안거를 마치고서 안거의(安居衣)를 얻었는가? 여러 우바새(優婆塞)들은 자주 왕래하였는가?"

여러 비구들이 세존께 아뢰어 말하였다.

"세존이시여. 하안거(夏安居)는 안락하였고, 행도는 여법하였으며, 걸식은 얻기 어려웠고, 옷과 물건은 부족하였으며, 여러 우바새들은 자주 왕래하지 않았습니다."

세존께서는 여러 비구들에게 알리셨다.

"출가인이 어찌하여 능히 항상 세상의 이익을 얻겠는가? 비구들이여. 마땅히 알라. 세간에는 여덟 가지의 법이 항상 세상 사람들을 따르고, 세상 사람들도 역시 항상 세상의 여덟 가지의 법을 따르느니라. 무엇이 여덟 가지인가? 첫째는 이익이고, 둘째는 불이익이며, 셋째는 칭찬하는 것이고, 넷째는 칭찬하지 않는 것이며, 다섯째는 찬탄하는 것이고, 여섯째는 헐뜯는 것이며, 일곱째는 즐거움이고, 여덟째는 괴로움이니라.

이와 같이 비구들이여. 어리석은 범부들은 들었던 것이 적고 아는 것이 적으며 정법(正法)의 가운데에서 마음이 조복(調伏)되지 않았고 현성(賢聖)의 법에서 마음을 개오(開悟)하지 않았느니라. 만약 세상에 이익이 일어난다면 이 세상의 이익이 생기더라도 곧 이것은 무상(無常)이고 마멸(磨滅)되는 법이라고 잘 관찰하지 못한다. 만약 법이 진실로 무상하여 마멸한다면 마땅히 이러한 이익이 비록 생겨나더라도 빠르게 마멸하여 머물지 않는다고 알아야 하느니라. 만약 이러한 진실한 뜻을 잘 관찰하지 않는다면 이자는 범부이고 진실로 지혜가 없으므로 세속의 법을 수순하느니라.

이와 같은 불이익과 나아가 즐거움과 괴로움을 역시 관찰하지 아니한다. 이러한 즐거움이 비록 생겨나더라도 이것은 곧 무상하여 마멸되는 법이다. 만약 법이 진실로 무상하여 마멸한다면 마땅히 알아야 하나니, 이러한 즐거움과 괴로움이 비록 생겨나더라도 빠르게 마멸되어 머물지 않느니라. 만약 이러한 진실한 뜻을 잘 관찰하지 않는다면 이자는 범부이고 진실로 지혜가 없으므로 세속의 법을 수순하느니라.

비구들이여. 마땅히 알라. 이러한 세속의 법을 관찰하지 않았던 까닭으로 만약 세상에 이익이 일어나면 곧 탐착이 생겨나고, 만약 이익이 일어나지 않는다면 곧 우환(憂患)이 생겨나며, 나아가 즐거움과 괴로움도 역시 이와 같으니라.

비구들이여. 이와 같이 3수(三受)[10]가 증장(增長)하나니, 3수가 이미 증장한다면 4취(四取)[11]가 치연(熾然)하는 것이고, 4취가 치연하는 까닭으로 곧 태어나는 인연이 있는 것이다. 생(生)·노(老)·병(病)·사(死)·우비(憂悲)·고뇌(苦惱)·심란(心亂)·발광(發狂) 등의 이와 같은 습(習)이 일어나서 고음(苦陰)이 증광(增廣)하는 것이다.

비구들이여. 마땅히 알라. 현성의 제자는 들었던 것이 많고 지혜가 많아서 정법의 가운데에서 마음을 잘 조복한다면 현성의 법 가운데에서 마음이 열리어 해탈을 얻게 되나니, 세상의 이익이 이미 생겨났다면 마땅히 잘 관찰하라. 세상의 이익이 일어나는 것은 모두 무상하여 마멸되는 법이니, 만약 법이 진실로 무상하여 마멸한다면 마땅히 알라. 이러한 이익은 비록 일어났더라도 빠르게 마멸되어 머무르지 않으며, 나아가 즐거움과 괴로움도 역시 이와 같으니라.

비구들이여. 마땅히 알라. 이렇게 관찰을 짓는 자는 만약 세속의 이익이 일어나도 탐착하는 마음이 생겨나지 않고, 세상의 이익이 일어나지 않아도 마음에 근심과 걱정이 없으며, 나아가 즐거움과 괴로움도 역시 이와 같나니, 애증(愛憎)이 생겨나지 않는다면 여러 깨달음에 수순하여 여러 근심과 걱정을 벗어나고 나아가 즐거움과 괴로움, 고음(苦陰)이 모두 없어지므로 곧 열반을 얻느니라."

그때 세존께서 이 법문을 설하셨고 거듭 게송으로 설하여 말씀하셨다.

이익과 손해 및 헐뜯음과 찬탄과
칭찬과 속임수와 괴로움과 즐거움과 같은

---

10) 과보(果報)에 대하여 느끼는 세 가지 감정으로 첫째는 고수(苦受)이고, 둘째는 낙수(樂受)이며, 셋째는 불고불락수이다.

11) 취(取)는 번뇌를 뜻하고, 번뇌를 네 가지로 나눈 것이다. 첫째는 욕취(欲取)이고, 둘째는 견취(見取)이며, 셋째는 계금취(戒禁取)이고, 넷째는 아어취(我語取)이다

여덟 가지의 법은 항상 서로 찾으며
갔더라도 다시 회전(廻轉)하는 것과 같다네.

여덟 가지의 법은 견고(牢固)하지 않아서
마멸되고 변화하는 법이니,
이를테면 성스러운 제자들은
무상(無常)의 거울을 잡고서 비추어라.

세상의 여덟 법을 자세히 관찰하면
잠시도 머무르지 않아서
네 가지의 즐거움과 이익에도
일찍이 기울거나 움직이지 않는다네.

만약 헐뜯음과 속임과 비방을 만나더라도
근심과 걱정의 마음으로 지내지 않고
만약 세상의 여덟 법을 벗어나면
이것을 지혜로운 스승이라고 이름하나니
능히 욕심의 강물에서 나와서
생사의 바다를 건너서 벗어난다네.

이때 여러 비구들은 세존의 말씀을 듣고서 모두 크게 환희하였으며 함께 세존께 아뢰어 말하였다.

"세존이시여. 옳습니다. 옳습니다. 좋고 교묘한 방편으로 세상의 여덟 법을 말씀하셨으니 일찍이 없었던 것입니다."

세존께서는 여러 비구들에게 알리셨다.

"여래·응공·정변지께서는 삼달(三達)[12]이시고 장애가 없으시므로 지

---

12) 삼명(三明)을 다르게 부르는 말로서 첫째는 숙명지증명(宿命智證明)이고, 둘째는 생사지증명(生死智證明)이며, 셋째는 누진지증명(漏盡智證明)이다.

혜가 밝음이 달의 둥글게 가득한 것과 같은데, 세상의 여덟 법을 말하는
것이 어찌하여 기이하다고 만족하겠는가? 내가 옛날의 때에 축생도의
가운데에서 앵무새가 되어 능히 다른 새들을 위하여 세상의 여덟 법을
말하였는데 이것은 나아가 기이한 것이니라."

여러 비구들은 세존께 아뢰어 말하였다.

"옛날에도 일찍이 그러하셨습니까?"

세존께서 말씀하셨다.

"이와 같았느니라. 과거 세상의 때에 한 국왕이 있었고 두 마리의
앵무새를 길렀으며, 첫째는 나대(羅大)라 이름하였고 둘째는 파라(波羅)라
고 이름하였는데, 모두 사람의 말을 이해하였으므로 왕은 매우 사랑스럽
게 생각하면서 황금 새장에 넣어두었고 음식을 먹으면서 밥상(案)을
같이 하였느니라. 이때 어느 대신이 한 마리의 원숭이를 가지고 대왕께
받들어 바쳤다. 인정(人情)은 새로운 것을 즐거워하는 것이어서 왕은
곧 그 원숭이를 사랑스럽게 생각하면서 음식을 주면서 길렀는데 앵무새보
다 수승하였다. 이때 바라의 앵무새는 곧 나대를 위하여 게송을 설하여
말하였다.

먼저는 왕과 밥상과 같아서
세간의 최상의 반찬이었는데
지금은 원숭이에게 빼앗겼으니
마땅히 함께 헛되게 가야 한다네.

그때 나대가 대답하여 말하였다.

"이것은 역시 무상하나니, 지금 이 원숭이도 오래지 않아서 다시 이
이양(利養)을 잃을 것이오."

곧 바라를 위하여 게송을 설하여 말하였다.

이익과 손해 및 헐뜯음과 찬탄과

칭찬과 속임수와 괴로움과 즐거움과 같은
이것은 항상한 법이 아닌데
어찌하여 근심하고 기뻐하면서 만족하리오?

이때 바라가 다시 게송을 설하여 말하였다.

눈으로 접촉하고 보아도 즐겁지 않고
사랑하고 즐거워하는 모습이 있지 않으며
다만 헐뜯는 소리만 들리고
영원한 칭찬과 찬탄은 없으니
내가 날아가는 새의 뜻을 보였다면
어찌하여 이러한 괴로움을 받겠는가?

이 새끼 원숭이는 어렸던 때에는 털빛이 윤택하였고 뛰놀고 날뛰면서
사람들에게 희롱 받았으나, 점차 장대(長大)하면서 털빛이 초췌(憔悴)하였
으므로 사람들이 보는 것을 싫어하였으며, 귀를 세우고 입을 벌리면
어린아이들이 무서워하였다. 그때 나대 앵무새가 곧 이 게송으로 바라에
게 알려 말하였다.

귀를 세웠고 검은 얼굴이며
으르렁거리면서 어린애를 놀라게 하니
스스로가 죄를 짓고 쌓으며 앉았으니
오래지 않아서 이양(利養)을 잃을 것이네.

이 원숭이가 점점 커졌으므로 왕이 사랑하던 마음은 마침내 없어졌고
곧 좌우의 신하에게 칙명하여 마구간의 기둥에 묶어두었다. 이때 왕자는
나이 어렸는데, 손에 음식을 잡고서 원숭이의 곁에 이르렀고 원숭이는
음식을 구하였으나 왕자가 주지 않았으므로 원숭이는 성내면서 왕자의

얼굴을 할퀴어 상처내고 왕자의 의복을 찢었다. 왕자는 놀라고 두려워서 큰소리로 외치며 울었다. 왕은 듣고서 옆의 사람에게 물었다.

"왕자가 무슨 까닭으로 우는가?"

옆의 사람은 이 일로써 왕에게 대답하였다. 왕은 곧 크게 성내었고, 사람에게 칙명하여 원숭이를 때려서 죽였고 해자의 가운데에 던져서 만타(曼陀)[13]가 먹게 하였다. 이때 바라 앵무새는 곧 나대 앵무새에게 게송을 설하여 말하였다.

그대는 지혜로운 자이므로
그 원숭이의 미래를 미리 보았고
새와 축생은 무지(無知)하니 죽어서
그 만타의 먹이가 되었다네."

세존께서 여러 비구에게 알리셨다.

"그때의 나대 앵무새가 어찌 다른 사람이겠는가? 곧 나의 몸이고, 바라 앵무새였던 자는 아난이었느니라. 내가 앵무새가 되었던 때에 능히 그를 위하여 세상의 여덟 법이 무상하고 변천(變遷)하여 오래 보존되지 못함을 말하였고, 하물며 다시 지금 정각(正覺)을 이루고서 세상의 여덟 법을 말하였는데, 무엇이 기이함을 갖추었겠는가?"

이때 두 번째의 대중들이 하안거를 마치고 곧 왔으며 세존의 발에 예경하고서 한쪽에 앉았다. 세존께서는 아시면서도 일부러 물으셨다.

"비구들이여. 그대들은 어느 곳에서 안거하고서 왔는가?"

대답하여 말하였다.

"어느 처소에서 안거하였습니다."

세존께서 비구들에게 물으셨다.

---

13) 독말풀속 또는 다투라는 가지과에 속하며 독성이 있는 한해살이다. 일반적으로 '독말풀'이라고 불리고, '달빛꽃'이라고 불리기도 한다.

"안거는 안락하였는가? 도로를 다니면서 피로하지 않았는가? 걸식은 쉽게 얻었는가? 하안거를 마치고서 안거의를 얻었는가? 여러 우바새들은 자주 왕래하였는가?"

여러 비구들이 세존께 아뢰어 말하였다.

"세존이시여. 하안거는 안락하였고, 도로를 다니면서 피곤하지 않았으며, 걸식은 얻기가 쉬웠고, 안거의를 많이 얻었으며, 여러 우바새들은 자주 왕래하였습니다."

세존께서는 비구들에게 물으셨다.

"무슨 인연이 있어서 두 대중이 함께 하나의 취락에서 안거하였는데 한 대중은 혼자서 공양을 많이 얻었고 한 대중은 얻지 못하였는가?"

여러 비구들이 세존께 아뢰어 말하였다.

"세존이시여. 저희들은 무량한 방편으로 삼보(三寶)를 찬탄하였고, 역시 항상 세존의 대제자(大弟子)인 존자 사리불(舍利弗)과 대목건련(大目揵連) 등을 찬탄하였으며, 더불어 스스로가 수습(修習)하였던 공덕을 찬탄하였습니다."

세존께서는 비구들에게 물으셨다.

"그대들이 찬탄한 것이 진실로 그것과 같았는가?"

"세존이시여. 저희들이 삼보와 사리불 존자 등을 찬탄한 것은 진실이지만 스스로를 찬탄한 것은 진실이 아닙니다."

세존께서는 비구들에게 말씀하셨다.

"이것은 악한 일이니라. 어찌하여 몸의 이양을 위하여 진실이 아니고 공허한 것을 스스로가 찬탄하였는가? 오히려 재와 숯을 먹고 똥과 흙을 삼키며 날카로운 칼로 배를 찢을지라도 망령된 과인법(過人法)을 칭찬한 까닭으로써 공양을 얻지 않아야 하느니라."

세존께서는 비구들에게 알리셨다.

"나는 항상 욕심이 적고 만족을 아는 것을 찬탄하였느니라. 그대들은 어찌하여 욕심이 많아서 만족하기 어렵고 널리 구하면서 싫어함이 없는가? 이것은 법이 아니고 율이 아니며 세존의 가르침이 아니니라. 이것으로써 선법을 장양할 수 없느니라."

세존께서는 여러 종류로 그 비구들을 꾸짖으셨다.

여러 비구들이 그 취락에서 안거하는 때에 취락에 들어가서 걸식하면서 스스로가 칭찬하였던 자는 걸식을 얻는 것이 쉬웠고, 스스로가 칭찬하지 않는 자는 매우 심하게 걸식을 얻는 것이 어려웠다. 이때 어느 한 장로 비구가 이렇게 생각을 지었다.

'내가 어찌하여 허망하게 과인법을 얻었다고 스스로가 찬탄하는 까닭으로써 스스로의 목숨을 살리겠는가? 나는 오늘부터 다시 허망하게 자신을 칭찬하지 않겠다.'

새벽에 옷을 입고 발우를 가지고 취락에 들어가서 걸식하였다. 그때 어떤 사람이 물었다.

"장로여. 그대는 성인의 과위를 얻은 것이 있습니까?"

이 비구가 곧 스스로가 칭찬하지 않았고, 곧 이때에 걸식하는 곳곳마다 걸식을 얻지 못하여서 하루의 때를 지내고자 하여도 굶주리고 궁핍하여 여위었으며, 다시 스스로가 칭찬하면 얻는 것이 있었다. 어느 다른 비구들이 이 장로가 잠깐을 망어하고서 잠깐 진실한 말을 하는 것을 듣고서 곧 세존께 아뢰어 말하였다.

"세존이시여. 어찌하여 이 장로 비구는 뜻이 약하여 항상함이 없고 가볍고 조급하며 그렇습니까?"

세존께서 여러 비구들에게 알리셨다.

"이 장로는 다만 오늘에 뜻이 약하여 항상함이 없고 가볍고 조급하였던 것이 아니고 과거 세상의 때에서도 역시 이와 같았느니라."

여러 비구들이 세존께 아뢰어 말하였다.

"세존이시여. 과거에도 이미 그러하였습니까?"

세존께서 말씀하셨다.

"이와 같았느니라. 과거 세상의 때에 시절이 아니었으나 연속으로 7일을 비가 왔으며 그치지 아니하니, 여러 방목(放牧)하는 자들이 7일을 나가지 못하였느니라. 이때 굶주린 늑대가 음식을 구하면서 취락을 두루 돌아다녔고, 나아가 일곱 취락을 다녔어도 모두 음식을 얻지 못하였으므로 곧 스스로가 꾸짖었다.

'내가 얼마나 박복한 상(相)이므로 일곱 취락을 지나면서도 모두 음식을 얻지 못하는가? 나는 지금부터 재계를 지키며 머물러야겠다.'

곧 산림으로 돌아왔고, 스스로가 굴속에서 축원(呪願)하여 말하였다.

"일체의 중생들이 모두 안은(安隱)함을 얻게 하십시오."

그러한 뒤에 몸을 섭수하고 편안하게 앉아서 눈을 감고 사유하였다. 제석천(帝釋天)의 법은 재일(齋日)인 매달 8일과 14일과 15일에 이르면 이라(伊羅)라는 흰 용과 코끼리를 타고 내려와서 '어느 중생이 부모에 효순(孝順)하고 사문과 바라문에게 공양하며 보시와 지계로 범행을 닦으며 여덟 가지의 계율을 받는가?'라고 세간을 관찰한다. 그때 석제환인(釋提桓因)은 두루 다니면서 관찰하였고 그 산속의 굴에 이르러 이 늑대가 눈을 감고 사유하는 것을 보고 곧 이렇게 생각을 지었다.

'아! 늑대는 축생이지만 매우 기특(奇特)하구나. 사람들도 오히려 이러한 마음이 없는데 하물며 이 늑대는 축생이지만 능히 이와 같은가? 곧 그에게 시험하면 그의 거짓과 진실을 알 것이다.'

제석은 곧 몸을 변화시켜 한 마리의 양이 되었고 굴 앞에서 머무르면서 큰 소리로 무리에게 명령하였다. 늑대는 이때 양을 보고 곧 이렇게 생각을 지었다.

'특이하구나. 재복(齋福)의 과보가 마땅히 빠르게 이르렀구나. 내가 일곱 취락을 돌아다니면서 음식을 구하여도 얻지 못하였는데 지금 잠깐 재계를 지켰는데 부엌이 공급하여 좋은 반찬이 스스로 와서 이미 이르렀으니 지금은 다만 마땅히 먹어야겠다. 먹고서 그러한 뒤에 재계를 지키겠다.'

곧 굴에서 나와 양이 있는 곳에 나아갔고, 양은 늑대가 오는 것을 보고서 놀라서 곧 달아났으며, 늑대는 곧 양을 찾아서 쫓아갔으나 양은 머물지 않고 달아났다. 양을 쫓아서 이미 멀어졌는데 양이 개로 변하여 네모난 입으로 귀를 늘어트리고 반대로 늑대를 쫓으며 큰소리로 짖었다.

늑대는 개가 오는 것을 보고서 놀라고 두려웠으므로 다시 달아났고, 개는 급하게 그를 쫓았으므로 간신히 벗어났으며 다시 굴속에 이르러 이렇게 생각을 지었다.

'내가 그것을 잡아먹고자 하였으나 반대로 잡아먹히려고 하였다.'

그때 제석은 다시 늑대의 앞에서 다리를 절룩이는 양으로 변하여 울면서 머물렀고, 늑대는 이렇게 생각을 지었다.

'이전에는 개였는데 내가 굶주려서 번민하여 눈(眼)의 꽃을 양이라고 생각하였는데, 지금 보이는 것은 이것이 진실한 양이구나.'

다시 거듭 자세히 관찰하여 살펴보아도 귀·뿔·털·꼬리가 진실로 양이었다. 곧 밖으로 나갔고 양은 다시 놀라서 달아났으며 빠르게 달렸으므로 거의 잡을 수 있었는데, 다시 개로 변하여 반대로 늑대를 쫓았으며, 역시 이전과 같았다.

'내가 그것을 잡아먹고자 하였으나 반대로 잡아먹히려고 하였다.'

그때 천제석은 곧 늑대의 앞에서 새끼 양으로 변하여 무리 속에서 슬피 울면서 어미를 불렀다. 늑대는 곧 성내면서 말하였다.

'그대가 고기 토막을 짓더라도 나는 오히려 나가지 않을 것인데 하물며 새끼 양이 되어 나를 속이고자 하는구나.'

반대로 다시 재계를 지키며 적정한 마음으로 사유하였다. 이때 천제석은 늑대의 마음이 다시 재계를 생각하는 것을 알고서 오히려 고의로 새끼 양이 되어 늑대 앞에 머물렀다. 이때 늑대가 곧 게송을 설하여 말하였다.

만약 진실로 양이라면
오히려 고의로 능히 벗어날 수 없는데
하물며 다시 허망하게 개를 짓고서
이전과 같이 나를 두렵게 하는구나.

내가 반대로 재계하는 것을 보고

그대가 다시 와서 시험하지만
가령 고깃덩이가 되더라도
오히려 믿을 수 없는데
하물며 다시 새끼 양으로 지어
음메·음메하면서 거짓으로 부르는구나."

이것을 세존께서 게송으로 설하여 말씀하셨다.

만약 어느 출가인의
지계의 마음이 가볍고 조급한다면
능히 이양을 버리지 못하며
오히려 늑대가 재계를 지키는 것과 같다네."

그때 세존께서는 여러 비구에게 알리셨다.
"그때의 늑대가 어찌 다른 사람이겠는가? 곧 이 비구이니라. 본래 늑대였을 때에도 지조(志操)가 항상함이 없었고 지금 비록 출가하였어도 마음이 옛날처럼 가볍고 조급하느니라."
이때 세존께서는 여러 비구들에게 알리셨다.
"사위성을 의지하여 머무르는 여러 비구들을 모두 모이게 하라. 열 가지의 이익을 위한 까닭으로 여러 비구에게 계율을 제정하겠나니, 나아가 이미 들은 자는 마땅히 거듭하여 들을지니라. 만약 비구가 알지 못하였거나 깨닫지 못하였는데, '과인법과 성스러운 지견(知見)을 얻어서 수승하나니, 이와 같고 이와 같다고 아시오.'라고 스스로가 찬탄하였다면, 이러한 비구는 바라이를 얻었고, 마땅히 함께 머무를 수 없느니라."

다시 다음으로 세존께서는 사위성에 머무셨으며, 자세한 설명은 앞에서와 같다.
이때 어느 두 비구가 아련야(阿練若)의 주처(住處)에 있었는데, 한 비구는 잠시 근(根)·력(力)·각(覺)·도(道)14)를 성취하여 탐욕과 성냄을 일으키지 않았다. 두 번째의 비구에게 말하였다.

"장로여. 나는 선지식의 처소에서 공경받고 존중받을 것입니다. 지금 장로를 향하여 비밀스러운 일을 말하고자 합니다."

그가 말하였다.

"그대는 무엇 등을 말하려고 합니까?"

곧 말하였다.

"장로여. 나는 아라한(阿羅漢)의 과를 얻었습니다."

그가 곧 대답하여 말하였다.

"장로여. 세존께서는 이 세상에 머무시면서 직접 법을 받게 가르쳐 주시니 부지런히 닦고 정진하면 도과(道果)를 성취할 것입니다. 그것이 마땅한 것입니다."

이 비구는 뒤의 때에 여러 취락을 유행하면서 여러 근(根)이 방종(放縱)하였고 지관(止觀)을 수습하는 것을 그만두었으므로, 곧 번뇌가 일어났고 어리석음과 애욕이 일어남을 깨닫고서 곧 그 도반에게 말하였다.

"나는 본래 얻었다고 말하였으나 결정적으로 스스로가 얻지 못하였습니다. 무슨 까닭으로써 그것을 알았는가? 스스로가 마음의 가운데에 번뇌가 있음을 깨달았습니다."

그 비구가 말하였다.

"장로여. 망령되게 과인법을 얻었다고 찬탄하면 바라이를 범합니다."

이 비구가 말하였다.

"내가 알지 못하고서 망어하였어도, 진실되게 말하였습니다."

여러 비구들이 이러한 일로써 갖추어 세존께 아뢰어 말하였다.

"어느 비구가 망령되게 '과인법을 얻었다.'라고 스스로가 찬탄하였습니다."

세존께서 말씀하셨다.

"불러오라."

---

14) 37조도법인 사념처(四念處)·사정근(四正勤)·사신족(四神足)·오근(五根)·오력(五力)·칠각지(七覺支)·팔정도(八正道)를 가리킨다.

왔으므로 세존께서는 비구에게 물으셨다.

"그대가 진실로 허망하게 스스로가 과인법을 얻었다고 찬탄하여 말하였는가?"

"세존이시여. '저는 허망하게 과인법을 얻었다.'고 스스로가 찬탄하여 말하지 않았습니다. 저는 얻은 것이 있다고 생각하였고, 이와 같이 생각하며 말하였습니다."

세존께서 비구에게 물으셨다.

"그대는 무슨 인연으로 이러한 말을 지었는가?"

비구가 세존께 아뢰어 말하였다

"세존이시여. 저는 아련야의 주처에서 근·력·각·도를 수습하여 번뇌가 일어나지 않았으므로 '나는 아라한과를 얻었다.'고 말하였으나, 저는 다른 때에 취락을 유행하면서 여러 근(根)을 섭수하지 않았고 곧 번뇌가 일어났고, 곧 의혹이 생겨나서 이 비구에게 말하였으니, 이것은 허망한 말이 아닙니다."

그때 세존께서는 여러 비구들에게 알리셨다.

"이 비구는 고의로 허망하게 과인법을 얻었다고 말한 것이 아니니, 마땅히 알라. 이 비구는 증상만(增上慢)이니라."

세존께서는 비구에게 알리셨다.

"어찌하여 정법의 가운데에서 신심으로 집에서 집이 아닌 곳으로 집을 버리고서 출가하였는데 증상만을 일으켰는가? 그대는 마땅히 방편으로 증상만을 없앤다면 아라한과를 얻을 것이다."

그때 그 비구는 크게 스스로가 부끄러워하였고, 곧 세존의 앞에서 정진하였으며, 방편으로 정관(正觀)을 수행(修行)하여 증상만을 없애고 아라한과를 얻었다.

여러 비구들이 세존께 아뢰어 말하였다.

"매우 특이합니다. 세존이시여. 이 비구는 세존의 자비하신 은혜를 받았고 정근(精勤)하고 방편으로 정관을 수행하여 증상만을 없애고 아라한과를 얻었습니다."

세존께서는 비구에게 알리셨다.

"이 비구는 다만 오늘에 나의 은혜를 받은 까닭으로 정근하고 방편으로 선정을 수행하여 증상만을 없애고 아라한과를 얻은 것이 아니고, 과거의 세상의 때에서도 나의 은혜를 받고 정근하며 게으르지 않아서 큰 과보를 얻었느니라."

여러 비구들이 세존께 아뢰어 말하였다.

"일찍이 그러하였습니까?"

세존께서 말씀하셨다.

"이와 같았느니라."

세존께서는 여러 비구에게 알리셨다.

"과거의 세상의 때에 나라가 있어서 가시(迦尸)라고 이름하였고, 성은 바라나(波羅奈)라고 이름하였느니라. 이때 그 나라 가운데에서 백성들이 풍요롭고 즐거웠으나 삼독(三毒)이 몹시 치성하였다. 어느 한 빈궁(貧窮)한 바라문이 취락의 밖에서 왔고 성안에 들어왔는데, 이때는 절회일(節會日)[15]이었고, 성의 가운데에서는 여러 사람들이 코끼리를 타는 자도 있었고 말을 타는 자도 있었으며 수레를 타는 자도 있었고 가마를 타는 자도 있었으며, 목욕하고 향수를 바르고 새로운 의복을 입었으며 오욕(五欲)을 스스로가 마음대로 여러 종류의 놀이를 즐겼느니라. 그때 그 바라문은 갈애(渴愛)의 마음이 생겨나서 곧 사람들에게 물어 말하였다.

"이 여러 사람들은 무슨 인연을 지어서 이러한 쾌락을 얻었습니까?"

대답하여 말하였다.

"바라문이여. 그대는 알지 못합니까?"

대답하여 말하였다.

"알지 못합니다."

이때 사람들이 곧 바라문에게 말하였다.

"이 사람들은 이전의 세상에서 공덕을 수행하였고, 또한 다시 지금

---

15) 명절날을 가리킨다.

세상에서 가업에 부지런하였던 까닭으로 이 즐거움을 얻었습니다."

이때 바라문은 이렇게 생각을 지었다.

'이 여러 사람들의 손과 발과 사지(四體)가 나와 다르지 않다. 나도 지금부터 다만 마땅히 부지런한 몸으로 힘차게 품팔이를 한다면 재물을 얻어 스스로가 뜻대로 쾌락한다면 그들과 다르지 않을 것이다.'

곧 스스로 집에 돌아와서 그의 아내에게 의논하여 말하였다.

"나는 먼 지방에 가서 힘차게 품팔이를 하여서 재물을 구하겠소."

그의 아내가 대답하여 말하였다.

"근처를 따라서 있으면서 구걸하고 찾고 음식을 얻어서 아이들을 먹이시오. 멀리 가더라도 무슨 소용이 있겠습니까?"

바라문은 말하였다.

"일을 얻을 수 없으니 마땅히 멀리 가야 하오."

그의 아내는 마음으로 생각하였다.

'그가 떠나가고자 하는 것을 알았어도 다시 어떻게 하겠는가?'

바라문에게 말하였다.

"떠나가거나 머물더라도 뜻에 따르겠으니, 깊이 스스로가 소중하게 보호하세요."

바라문이 아내에게 명하여 말하였다.

"그대도 스스로가 근신(謹愼)하고 아이들을 잘 보살피시오."

이때 바라문이 이곳에서 곧 떠나갔고 한 바닷가의 취락에 이르렀는데, 여러 상인들이 제사를 지내면서 취락의 사람들을 모아놓고 알렸다.

"누가 능히 나를 따라 바다에 들어가서 함께 진귀한 보물을 취하겠습니까?"

그 바라문이 대답하여 말하였다.

"나는 바다에 들어가고자 합니다."

상인들이 물어 말하였다.

"그대는 얼마의 금전과 재화가 있습니까?"

대답하여 말하였다.

"나는 금전과 재화가 없습니다. 오로지 따라서 그대들을 쫓아서 걸식하면서 그대들을 위하여 축원하겠습니다."

이때 여러 상인들은 모두 복을 위하였던 까닭으로 배에 오르라고 말하였다. 곧 바람을 만나서 한 바닷가의 취락에 이르렀다. 이때 그 바라문은 취락에 들어가서 걸식하였고 아울러 힘을 사용하여 재물을 구하였으므로 순금 32단(段)과 마니주(摩尼珠) 14매(枚)를 얻었고, 곧 반려를 따라서 염부제(閻浮提)로 돌아왔으며, 배는 해안에 닿았다. 이때 바라문이 크게 과장하여 여러 상인들에게 말하였다.

"그대들은 재물을 가지고 가서 지금 보물을 얻어 돌아왔으니 무슨 특이함이 있겠소? 나는 본래 빈손으로 갔으나 지금 이러한 보물을 얻었으니 얼마나 기특하다고 말하겠습니까?"

환희를 이기지 못하였고 곧 보물들을 잡고서 손의 가운데에서 만지며 희롱하면서 멈추지 않았으므로 그 보물을 바다 속에 떨어트려서 잃어버렸다. 이때 바라문은 매우 크게 근심하고 번뇌하였다.

'내가 극심하게 고생하여 이러한 보물을 얻었는데 어찌하여 하루아침에 갑자기 물에 떨어뜨렸는가? 내가 반드시 마땅히 바닷물을 퍼내서 이 보물을 찾아야겠다.'

곧 언덕 위로 올라가 좋은 나무를 구하였으며 가지고 목수(木師)가 있는 곳에 나아가서 말하였다.

'그대를 번민시키는구려. 나를 위하여 나무 국자(木魁)를 지어 주시오.'

목수는 국자를 만들었고 목공 장인(鏇師)에게 갈이틀16)을 만들었으며, 금속 장인(鐵師)에게 쇠고리를 만들었다. 나무 국자를 얻어서 가지고 바다로 나갔고 다음으로 옷소매를 걷어 팔을 드러내고 바닷물을 퍼내고자 하였다. 이때 어느 해신(海神)이 이렇게 사유를 지었다.

'이 바라문이 무엇 등을 짓고자 하는가를 내가 마땅히 그에게 물어야겠다.' 곧 바라문의 모습으로 변화하여 그곳에 이르러 계송으로 물었다.

---

16) 굴대를 돌려서 물건을 자르거나 깎는 기계를 가리킨다.

옷을 걷어 팔을 드러내고
매우 바쁜 것이 다급한 일과 비슷하여
내가 일부러 와서 그대에게 묻는데
무엇 등을 짓고자 하는가?

이때 그 바라문은 게송으로 대답하여 말하였다.

지금 이렇게 큰 바닷물은
깊고 넓어 여러 흐름의 주인지지만
내가 지금 방편을 지어서
퍼내어 없애고자 바라고 있소.

이때 해신이 다시 게송을 설하여 말하였다.

큰 바다가 여러 흐름의 주인이고
그대에게 무슨 허물이 있으므로
그대가 방편을 지어서
퍼내어 없애고자 바라는가?

이때 그 바라문은 다시 게송을 설하여 말하였다.

내가 큰 고난(苦難)을 겪으면서
바다를 건너며 얻는 진귀한 보배가
진금(眞金)이 서른두 개이고
마니주가 열네 개이었으며

배를 버리고 언덕에 오르고자 하였는데
보배 주머니가 바다 속으로 떨어졌으므로

나는 보배와 마니주를 찾으려는 까닭으로
이 큰 바다를 모두 퍼내고자 하오.

그때 해신이 다시 계송을 설하여 말하였다.

큰 바다는 매우 깊고 넓어서
백천의 많은 흐름의 주인이므로.
가령 백천 년이라도
그것을 퍼내더라도 마칠 수 없다네.

이때 바라문은 다시 계송을 설하여 말하였다.

해와 달은 길게 쇠퇴하여도 끝이 없고
나무 국자와 쇠고리는 파괴하기 어려우니
부지런한 힘과 굳센 정신으로 휴식하지 않는다면
어찌하여 이 바다가 마르고 닳지 않는다고 근심하리오?

이때 바라문이 이 계송을 말하고서 곧 그 바닷물을 퍼서 언덕 위에 올렸는데, 물은 다시 바다에 들어갔다. 이때 해신은 그 바라문의 뜻이 게으른 것인가? 마땅히 진실로 견고한가를 관찰하였다. 관찰하였는데 그 바라문의 뜻은 굳센 정신이었고 영원히 물러날 기약이 없음을 보았다. 이때 해신은 이렇게 사유를 지었다.
'가령 일백 년을 이 바닷물을 퍼내더라도 결국 능히 털끝과도 같게 줄어들지 않는다.'
그의 굳센 정신에 감은하여 곧 그 보배를 돌려주었고 이때 해신은 바라문을 위하여 계송으로 설하여 말하였다.

방편으로 정근하는 사람이여.

의지와 뜻을 휴식하지 않았으니
굳센 정신의 그것에 감응하여
비록 잃었어도 다시 되돌려서 얻었구려.”

세존께서 여러 비구에게 알리셨다.
“그때 해신이 어찌 다른 사람이겠는가? 곧 나의 몸이었으며, 그 바라문
인 자는 이 비구이니라. 과거의 세상에서 이미 일찍이 나의 방편의 정근을
받아서 큰 과보를 얻었고 지금 다시 나의 방편의 정근을 받고 정관을
수습하여 증상만을 없애고 아라한과를 얻었느니라.”
세존께서 여러 비구에게 알리셨다.
“사위성을 의지하여 머무르는 여러 비구들을 모두 모이게 하라. 열
가지의 이익을 위한 까닭으로 여러 비구에게 계율을 제정하겠나니, 나아
가 이미 들은 자는 마땅히 거듭하여 들을지니라. 만약 비구가 알지 못하였
거나 깨닫지 못하였는데, ‘과인법과 성스러운 지견(知見)을 얻어서 수승하
여 이와 같이 알았고, 이와 같이 보았다.’라고 스스로가 찬탄하였으나,
그가 때에 만약 검교(檢挍)하였거나, 검교하지 않았어도 죄를 범하느니라.
청정을 구하려는 까닭으로 ‘장로여. 내가 알지 못한 것을 알았다고 말하였
고, 보지 못한 것을 보았다고 말하였으나 헛되게 속였으며 진실한 말이
아닙니다.’라고 이렇게 말을 지었다면, 증상만을 제외하고는 이러한 비구
는 바라이이고, 함께 머무를 수 없느니라.”
‘비구’는 나아가 나이 20세를 채우고 구족계(具足戒)를 받았다면 비구라
고 이름한다.
‘알지 못하다.’는 무지한 까닭이다.
‘깨닫지 못하다.’는 번뇌를 끊지 못한 까닭이다.
‘스스로가 찬탄하다.’는 자기를 칭찬하는 것이다.
‘과인법을 얻었다.’는 사람의 법은 이를테면, 5욕(欲)[17]·5하분결(下分

---

17) 재물(財物)·색(色)·음식(飮食)·명예(名譽)·수면(睡眠) 등 다섯 가지이다.

結)[18]·6취(趣)·6쟁근(諍根)·7사(使)·8사(邪)·세상의 8법·9만(慢)·9뇌(惱)
·10선행적(善行迹)·10악행적(惡行迹)이다.

다시 '사람의 법'은 여러 천자(天子)들이 게송으로써 세존께 물은 것과
같다.

어떠한 사람 등은 선(善)에 나아가고
어떠한 사람 등은 천상에 태어나며
어떠한 사람 등은 낮과 밤에
선한 공덕을 장양(長養)하옵니까?

그때 세존께서는 천자들에게 게송으로써 대답하여 말씀하셨다.

넓은 길에 좋은 우물을 파고
동산에 나무를 심어서 과일을 보시하며
나무숲으로 청량을 보시하고
다리와 배로써 백성들을 건네준다네.

보시로써 청정한 계율을 수습하고
지혜로써 간탐(慳貪)을 버린다면
공덕이 낮과 밤으로 증가하여
항상 천상 사람의 가운데에 태어난다네."

이것이 사람의 법이다. 다시 다음으로 부모님께 효순하고 사문과 바라
문을 공양하며 더불어 여러 범행자를 존중한다면 이것이 사람의 법이다.
'과인법'은 10지(智)·법지(法智)·미지지(未知智) 등이고, 지타심지(智他

---

18) 하분(下分)은 욕계이고 결(結)은 번뇌를 뜻한다. 중생을 욕계에 결박하여 해탈하
지 못하게 하는 다섯 가지로서 첫째로 유신견(有身見)이고, 둘째는 계금취견(戒禁
取見)이며, 셋째는 의(疑)이고, 넷째는 욕탐(欲貪)이며, 다섯째는 진에(瞋恚)이다.

心智)·고집멸도지(苦集滅道智)·진지(盡智)·무생지(無生智)·멸진해탈증
상선심(滅盡解脫增上善心)·순숙선근정부정해탈(淳熟善根淨不淨解脫)·명
법(明法)·수다원과(須陀洹果) 및 섭수되는 삼매와 선입출주정수작증(善入
出住正受作證) 등이니 이를테면, 지관(止觀)의 3삼매(三昧)·3명(明)·4념처
(念處)·4정근(正勤)·4여의족(如意足)·4선(禪)·4무량심(無量心)·4무색정
(無色定)·4성도(聖道)·4성종(聖種)·4성제(聖諦)·4사문과(沙門果)·5지정
(枝定)·5근(根)·5력(力)·5해탈처(解脫處)·6무상법(無上法)·6성법(聖法)·6
출요계(出要界)·6념(念)·6통(通)·7재(財)·7무착법(無着法)·7삼매(三昧)·7
누진력(漏盡力)·7각지(覺支)·8정도(正道)·8승처(勝處)·8해탈(解脫)·8향도
적(向道跡)·9상(想)·9환희법(歡喜法)·9정행만족(淨行滿足)·9차제정(次第
定)·10현성주처(賢聖住處)·10일체입(一切入)·10이치연법(離熾然法)·10무
학법(無學法)·10종누진력(種漏盡力) 등이니, 이것을 과인법이라 이름한다.

　'성스러운 지견(知見)'은 이를테면, 세존과 세존의 제자들이 소유한
지견이다. 혹은 스스로가 알았으나 보지는 못하였다고 말하거나, 혹은
스스로가 보았으나 알지는 못하였다고 말하거나, 혹은 스스로가 알았고
보았다고 말하거나, 혹은 스스로 알지도 못하였고, 보지도 못하였다고
말하는 것이다.

　'알았어도 보지 못하였다.'는 "나는 고(苦)·습(習)·멸(滅)·도(道)를 알았
다."라고 말하거나, "내가 천안(天眼)이 청정하여도 사람들이 이곳에서
죽으면 그 선한 곳으로 나아가고 악한 곳으로 나아가며 만약 귀하거나
만약 천한 것을 보지 못한다."라고 말하지 않거나, "나는 천이(天耳)를
얻었으므로 사람을 넘어서 듣거나, 사람의 소리와 사람 아닌 것의 가까운
소리와 먼 소리를 듣는다."라고 말하지 않거나, 또한 "나는 다른 사람의
마음을 알았으므로 신족(神足)은 공중을 오르고 스스로가 숙명을 안다."라
고 말하지 않는다면, 이것을 알았어도 보지는 못한다고 이름한다.

　'보았어도 알지는 못한다.'는 스스로가 "나는 천안이 청정하고 나아가
숙명을 안다."라고 말하거나, "나는 4진제를 안다."라고 말하지 않는다면
이것을 보았어도 알지는 못한다고 이름한다.

무엇을 알았고 본다고 말하는가? "나는 4진제를 알았고 나아가 스스로가 숙명을 안다."라고 말하는 것이니, 이것을 알았고 본다고 이름한다.

무엇을 알지도 못하고 보지도 못한다고 말하는가? 역시 "나는 4진제를 알았고 나아가 스스로 숙명을 안다."라고 말하지 않는 것이니, 이것을 알지도 못하고 보지도 못한다고 이름한다.

'수승함을 얻는다.'는 이와 같이 알았고 이와 같이 보았어도, 진실로 알지 못하였으나 안다고 말하고, 보지 못하였으나 본다고 말하는 것이다.

'뒤에 만약 검교하였거나, 만약 검교하지 않았거나'에서 '검교'는 사람이 있어서 "장로여. 그대는 성도의 과위를 얻었습니까? 어느 법사 등을 따라서 이 과위를 배웠고 얻었습니까? 그대는 어느 곳에서 얻었습니까? 얻은 때에 어떠하였습니까?"라고 물어 말하였다면, 이것을 검교라고 이름한다.

'검교하지 않았다.'는 묻는 사람이 없는 것이다. 만약 물었거나 만약 묻지 않았고 진실이 아닌데도 스스로가 과인법을 얻었다고 말하였다면 바라이를 범한다.

'바라이'는 네 가지의 바라이의 가운데에서 하나·하나를 범하는 것이다.

'청정함을 구한다.'는 청정을 얻고자 하면서 고의로 내가 알지 못하는 것을 안다고 말하고, 보지 못한 것을 보았다고 말하는 것이다.

'헛되다(虛).'는 빈(空) 것이다.

'속이다.'는 진실과 같지 않은 것이다.

'망어'는 망령되게 스스로가 칭찬하여 말하는 것이다.

'증상만을 없애다.'는 세존의 처소에서 없애는 것이다.

바라이는 앞에서의 설명과 같다. 다시 다음으로 바라이는 망어하지 않는 것을 벗어나서 퇴전하고 타락하므로 이것을 바라이라고 이름한다. 다시 다음으로 바라이는 범한 죄를 드러내고 참회하지 않음으로 바라이라고 이름한다. 만약 비구가 스스로 "나는 법지(法智)인가?"라고 말하였다면 월비니죄를 범하고, 만약 "나는 법지이다."라고 말하였다면 투란차죄를 범하고, 만약 "나는 법지를 얻었다."라고 말하였다면 바라이를 범한다.

이와 같이 끊었고 이와 같이 수습하였으며 이와 같이 증득(證得)을 지었다고 이와 같이 하나하나를 자세히 말하였거나, 나아가 "나는 누진력인가?"라고 말하였다면 월비니죄를 범하고, 만약 "나는 누진력이다."라고 말하였다면 투란차죄를 범하며, 만약 "나는 누진력을 얻었다."라고 말하였다면 바라이를 범한다. 이와 같이 '번뇌를 끊었다.'라고 말하였거나, 이와 같이 '수습하였다.'라고 말하였거나, 이와 같이 '증득을 지었다.'라고 말하였다면 역시 이와 같다.

만약 교화하는 비구가 단월(檀越)의 집에 이르러서 여인에게 "우바이여. 어느 곳에 안거하는 비구는 모두 범부가 아니다."라고 말하였다면 월비니죄를 얻고, 만약 "나도 역시 그 가운데에 있다."라고 말하였다면 투란차죄를 범하며, "장로여. 이러한 법을 얻었습니까?"라고 물어 말하였는데, "얻었다."라고 대답하였다면 바라이를 범한다.

만약 비구가 "우바이여. 어느 곳의 비구들은 하안거하면서 아라한과를 얻었고, 나아가 나도 이 법을 얻었다."라고 말하였다면 바라이를 범한다. 또는 비구가 "어느 곳의 비구들은 하안거하면서 모두 승묘(妙勝)한 법을 얻었고, 나아가 나도 이 법을 얻었다."라고 말하였다면 바라이를 범한다. 만약 "어느 곳의 비구들은 하안거를 마쳤다."라고 말하였어도 역시 이와 같고, 만약 비구가 우바새와 우바이에게 "어느 곳에서 자자(自恣)하는 비구들은 모두 범부가 아니고, 모두 아라한과를 얻었으며, 모두 수승한 법을 얻었고, 나아가 나도 이 법을 얻었다."라고 말하였다면 바라이를 범한다.

만약 비구가 "우바이여. 어느 곳의 원내(院內)에 머무르는 비구들은 모두 범부가 아니고, 모두 아라한과를 얻었으며, 수승한 법을 얻었고 나아가 나도 이 법을 얻었다."라고 말하였다면 바라이를 범한다. 만약 비구가 우바이에게 "어느 곳의 상좌(坐上)인 비구는 모두 범부가 아니고, 모두 아라한과를 얻었으며, 수승하고 묘법을 얻었다."라고 말하였고, 나아가 "장로여. 이러한 법을 얻었습니까?"라고 물어 말하였으며, "나도 역시 이 법을 얻었다."라고 말하였다면 바라이를 범한다. 대왕(大王)의 집·대신의 집·장자의 집·거사의 집·성 가운데에서·원(院) 가운데에서 말한 것도 역시 이와 같다.

만약 비구가 "그대의 집에 머무르는 비구·그대의 집에서 음식을 먹는 비구·그대의 권속들을 위하여 경을 가르치는 비구는 모두 범부가 아니고, 모두 아라한이며, 수승한 법을 얻었고 나아가 나도 이 법을 얻었다."라고 말하였다면 바라이를 범한다. 만약 "이와 같은 발우를 지녔고 이와 같은 옷을 입었으며 이와 같은 음식을 먹었고 이와 같이 행하였으며 이와 같이 머물렀고 이와 같이 누웠다면 모두 범부가 아니고, 모두 아라한이며, 수승한 법을 얻었고 나아가 나도 이 법을 얻었다."고 말하였다면 바라이를 범한다.

만약 "앞의 여러 비구들은 모두 법지를 얻었다."라고 말하였거나, 스스로가 "나는 법지(法智)를 얻었는가?"라고 말하였다면 월비니죄를 범하고, "나는 법지이다."라고 말하였다면 투란차죄를 범하고, 만약 "나는 법지를 얻었다."라고 말하였으나 증득이 진실이 아니라면 바라이를 범한다. 이와 같이 알았고, 이와 같이 끊었으며, 이와 같이 수습하였고, 이와 같이 증득하였으며, 나아가 누진력의 증득을 지었다고 말하였어도 역시 이와 같다.

만약 비구가 중국의 말로써 변방의 지역을 향하여 말하였거나, 만약 변방 지역의 말로써 중국을 향하여 말하였거나, 만약 중국의 말로써 중국을 향하여 말하였거나, 만약 변방 지역의 말로써 변방 지역을 향하여 말하면서 만약 뜻을 말하였고 의미(味)를 말하지 않았다면 투란차죄를 얻고, 만약 의미를 말하였고 뜻을 말하지 않았다면 월비니죄를 얻으며, 만약 의미를 말하였고 뜻을 말하였다면 바라이를 얻는다. 만약 뜻을 말하지 않았고 의미도 말하지 않았다면 월비니죄를 범한다.

'뜻을 말하였고 의미를 말하지 않았다.'는 스스로가 칭찬하였으나 아라한이라고는 찬탄하여 말하지 않는 것이다.

'의미를 말하였고 뜻을 말하지 않았다.'는 스스로가 아라한이라고 찬탄하여 말하였으나 스스로가 찬탄하여 말하지 않는 것이다.

'뜻을 말하고 의미를 말하였다.'는 스스로가 나는 아라한이라고 찬탄하여 말한 것이다.

'뜻을 말하지 않고 의미도 말하지 않았다.'는 아라한의 모습을 지었거나, 혹은 눈을 감고서 손으로 스스로가 가리키는 것이다.

우바이에게 "그대는 존자를 알지 못하므로 어리석은 사람이구려. 비유하면, 우담발화(優曇鉢花)가 때때로 한 번을 피어나지만 귀한 것을 알지 못하는 것과 같다."라고 이와 같은 모습을 짓는 자는 월비니죄를 얻는다. 비구가 만약 서인(書印)을 지었거나, 만약 손으로 모습을 지어서 뜻을 나타내고 의미를 나타내지 않는 자는 월비니죄를 얻고, 의미를 나타내고 뜻을 나타내지 않는 자는 월비니죄로 참회해야 하며, 뜻을 나타내고 의미를 나타내는 자는 투란차죄를 얻고, 뜻을 나타내지 않고 의미도 나타내지 않는 자는 무죄이다.

근(根)·역(力)·각(覺)·도종(道種), 나아가 세간의 선법과 작은 위의를 마땅히 찬탄하지 않는 것을 제외하고서, 다만 불·법승·대제자인 사리불과 목련 등을 찬탄하였다면 무죄이다. 다만 스스로가 자신의 몸을 찬탄할 수는 없고 오직 동의가 있어서 물어 말하였으며 사실인 자는 무죄이다. 이러한 까닭으로 "만약 비구가 알지 못하고 깨닫지 못하였어도 스스로가 과인법을 얻어서 성스러운 지견의 수승함을 이와 같이 알았고 이와 같이 보았다."라고 말하였으나, 뒤의 다른 때에 만약 검교하였거나, 만약 검교하지 않았는데 범한 죄의 청정함을 구하려는 까닭으로 "장로여. 내가 알지 못하였어도 알았다고 말하였고, 보지 못하였어도 보았다고 말하였습니다."라고 공허하게 속이고 진실하지 않게 말하였다면 증상만을 제외하고는 이 비구는 바라이를 얻었고, 마땅히 함께 머무를 수 없다.

세존께서 사위성에서 성불하시고 6년인 겨울의 네 번째 보름의 13일에 공양하신 뒤에 동쪽으로 향하여 앉으셨는데, 그림자가 세 사람의 절반이었다. 취락의 가운데의 여러 비구들을 위하여 이 계율을 제정하셨으므로, 증상만인 비구까지도 이미 제정되었으니 마땅히 수순하여 행할 것이다. 이것을 수순하는 법이라고 이름한다.

[망어계를 마친다.]

마하승기율 제5권

동진 천축삼장 불타발타라·법현 공역
석보운 번역

2. 승잔계(僧殘戒)를 밝히다

1) 승잔계(僧殘戒)를 밝히다 ①

세존께서는 사위성에서 머무셨으며, 자세한 설명은 앞에서와 같다.

이때 어느 비구는 시리야바(尸利耶婆)라고 이름하였는데, 사위성의 가운데의 신심있는 집에서 집이 아닌 곳으로 집을 버리고서 출가하였다. 때에 이르자 취락에 들어가는 옷을 입고 발우를 지니고서 성에 들어가서 걸식하면서, 몸과 입과 뜻을 잘 섭수하지 않았고, 여러 근(根)이 방종(放縱)하였는데, 첫 번째의 집에 들어가서 음식을 얻어서 배부르게 먹었고, 다시 두 번째의 집에 들어갔는데, 두 번째의 집에 어느 한 여인이 몸을 드러내고 앉아 있었다.

이 비구는 보고서 스스로의 주처에 돌아왔으나, 그 여인의 몸을 생각하였고 마음의 생각이 치달려서 어지럽게 근심하였으며 초췌하고 병이 일어나서 얼굴빛이 누렇게 마비되었다. 그때 여러 비구들이 시리야바 비구에게 물었다.

"그대가 지금 무슨 까닭으로 얼굴빛이 누렇게 마비되고 근심하며 초췌하고 즐겁지 않은가? 그대는 소유(酥油)·석밀(石蜜)과 여러 탕약이 필요하지 않겠는가?”

대답하여 말하였다.

“필요가 없습니다. 스스로가 마땅히 나을 것입니다.”

여러 비구니·우바새·우바이가 문신하여도 역시 다시 이와 같았다. 그 비구는 대낮에 드러누웠고 마음으로 생각하였으므로 (생지의) 형태가 일어났는데, 스스로 손으로 몸의 생지(生支)를 접촉하였으므로 곧 부정(不淨)이 흘러나왔다. 곧 안락을 얻었고, 앓았던 병이 곧 나았으므로 곧 이렇게 생각을 지었다.

‘이러한 좋은 방편으로 병을 없앨 수 있었고, 출가하여 청정하게 범행을 닦으면서 사람들의 신심있는 시주를 받더라도 방해가 되지 않는구나.’

세존께서는 다섯 가지의 일의 이익을 까닭으로 5일마다 한 번을 승방(僧坊)을 안행(案行)[1]하셨다. 무엇이 다섯 가지인가? 첫째는 ‘나의 성문(聲聞) 제자들이 유위(有爲)의 일에 집착하지나 않는가?’라는 것이고, 둘째는 ‘나의 성문 제자들이 세속의 언론에 집착하지나 않는가?’라는 것이며, 셋째는 ‘잠에 집착하지 않고 도를 행하면서 방해받지 않는가?’라는 것이고, 넷째는 ‘병든 비구를 잘 보살피는가?’라는 것이며, 다섯째는 ‘나이가 젊고 새롭게 출가한 비구들이 여래의 위의(威儀)의 상서(庠序)[2]를 보고 환희심을 일으키는 것인가?’라는 것이다. 이것이 다섯 가지의 일이다.

여래께서는 5일마다 여러 승방을 살피면서 다니셨다. 이때 장로 시리야바 비구는 낮잠에서 깨어났고 승방 뒤에서 몸의 생지를 일으키고자 가볍게 행하였다. 세존께서는 그 시리야바 비구가 놀라고 부끄러운 것이 염려되었던 까닭으로 세존께서는 작은 소리로 지어서 그가 알게 하였다. 그때 시리야바는 세존을 보고 빠르게 가사를 입고서 세존을 따랐고 뒤에 세존의 발에 예경하고 머물렀다. 그때 세존께서는 시리야바 비구에게 물으셨다.

“그대가 이전에는 병으로 얼굴빛이 노랗게 마비되었는데, 무슨 인연으로 나았는가?”

---

1) 어느 사물을 조사하거나, 어느 장소를 살피는 것을 말한다.
2) 침착하게 차례를 따라서 행하는 모습을 가리킨다.

곧 세존께 아뢰어 말하였다.

"세존이시여. 저는 사위성 가운데의 신심있는 집에서 집이 아닌 곳으로 집을 버리고서 출가하였으므로 친족(親里)들과 지식(知識)들이 저에게 의복·평상·와구·의약품 등을 부족하지 않게 공급하였습니다. 제가 한때에 옷을 입고 발우를 지니고 사위성에 들어가서 걸식하였고, 한 집에 이르러 한 여인이 몸을 드러내고 앉아있는 것을 보았습니다. 보고서 정사에 돌아왔으나 욕심(欲心)이 치달았고 어지러워서 마침내 곧 즐겁지 못하였고 병이 생겨나서 음식도 먹고 싶지 않았습니다.

그때 여러 비구·비구니·우바새·우바이 등이 와서 저를 위문하고 모두가 저에게 의약품을 주고자 하였으나 저는 필요가 없다고 말하였습니다. 제가 한때에 낮잠을 자면서 생지가 일어남을 알았고 손으로 접촉하였는데 곧 부정이 흘러나왔습니다. 부정이 흘러나왔으므로 잠이 안은하였고 병이 없어져서 나았으므로 저는 이렇게 생각을 지었습니다.

'이러한 좋은 방편으로 병을 없앨 수 있었고, 출가하여 청정하게 범행을 닦으면서 사람들의 신심있는 시주를 받더라도 방해가 되지 않는구나.'

이러한 까닭으로 세존이시여. 병이 없어져서 나았고 몸이 안은하여서 범행을 닦았습니다."

세존께서 말씀하셨다.

"어리석은 사람이여. 이것은 매우 옳지 않네. 이것은 범행이 아닌데도 범행이라고 말하고, 이것은 안은함이 아닌데도 안은함이라고 말하는구려. 어리석은 사람이여. 어찌하여 이러한 손으로써 사람의 신심있는 보시를 받았고, 다시 이러한 손으로써 접촉하여 부정을 흐르게 하였는가? 그대는 항상 내가 무량한 방편으로 음욕의 생각을 꾸짖었고 음욕을 끊는 것을 찬탄하는 것을 듣지 못하였는가? 그대는 지금 이렇게 악하고 선하지 않은 일을 지었구나. 이것은 법이 아니고 율도 아니며 여래의 가르침도 아니니라. 이것으로써 선법을 장양할 수 없느니라."

세존께서는 여러 비구들에게 알리셨다.

"사위성을 의지하는 비구들을 모두 모이게 하라. 열 가지의 이익을

까닭으로 여러 비구들을 위하여 계율을 제정하겠나니, 나아가 이미 들었
던 자들도 마땅히 거듭하여 들을지니라. 만약 비구가 고의로 출정(出精)한
다면 승가바시사죄(僧伽婆尸沙罪)이니라."

다시 다음으로 세존께서는 사위성에 머무셨으며, 자세한 설명은 앞에
서와 같다.

이때 장로 시리야바 비구가 자주자주 승가바시사를 범하고 바야제(波夜
提)와 같이, 바라제제사니(波羅提提舍尼)와 같이, 월비니죄와 같이 참회하
였다. 여러 비구들은 시리야바 비구가 자주자주 승가바시사를 범하고서,
나아가 월비니죄와 같이 허물을 참회하는 것을 보고서 곧 시리야바 비구에
게 말하였다.

"장로여. 세존께서는 이미 분제(分齊)를 제한(制限)하여 지으셨습니다.
그대는 어찌하여 가볍게 생각하여 자주자주 범하는가?"

시리야바가 말하였다.

"여러 장로들이여. 나는 죄를 범하고서 허물을 참회하면서 오히려
싫어하지 않습니다. 그대들이 나의 참회를 받으면서 무슨 어려움을 갖추
었습니까?"

여러 비구들이 이 일로써 갖추어 세존께 아뢰었고, 세존께서는 말씀하
셨다.

"시리야바를 불러오라."

왔으므로 세존께서는 시리야바에게 물으셨다.

"그대는 진실로 승가바시사를 자주자주 범하였고, 나아가 여러 비구들
에게 '나는 범하고서 참회하면서 오히려 싫어하지 않았는데, 그대들이
나의 참회를 받으면서 무슨 어려움을 갖추었습니까?'라고 말하였는가?"

대답하여 말하였다.

"진실로 그렇습니다. 세존이시여."

세존께서는 시리야바에게 알리셨다.

"이것은 악한 일이다. 오늘 이후에 만약 승가바시사를 범하는 자는

마땅히 6일의 낮과 6일의 밤을 비구 승가의 가운데에서 마나타(摩那埵)를 행해야 한다. 마나타를 행하고서 마땅히 20명의 비구 승가의 가운데에서 출죄(出罪)해야 하느니라.”

다시 다음으로 세존께서는 사위성에 머무셨으며, 자세한 설명은 앞에서와 같다.

이때 시리야바는 자주자주 승가바시사를 범하고 곧 이렇게 생각을 지었다.

‘세존께서 계율을 제정하시어 승가바시사를 범한 자는 마땅히 6일의 낮과 밤으로 마나타를 행하고 마나타를 행하고서 마땅히 20명의 비구 승가의 가운데에서 출죄하라고 하셨다. 나는 지금 승가바시사를 범하였어도 사람들이 알지 못하므로 6일의 낮과 밤으로 마나타를 행할 것이 없고, 6일의 낮과 밤의 마나타가 없으니, 역시 20명의 비구 승가의 가운데에서 출죄할 것도 없다. 나는 지금 마땅히 덮어서 감추어야겠다.’

덮어서 감추었으나, 곧 스스로가 의심하고 후회하였다.

‘나는 선하지 않은 것을 하였구나. 매우 여법하지 않구나. 선남자로서 신심으로 출가하였고 세존께서 계율을 제정하신 것을 알고서도 고의로 어기고 덮어서 감춘다면 설사 범행인이 알지 못하여도 여러 천인들은 다른 사람의 마음을 아는 자인데 어찌하여 알지 못하겠으며, 설사 여러 천인들은 알지 못하더라도 세존께서는 어찌하여 마땅히 알지 못하겠는가?’

곧 여러 비구들에게 말하였다.

“나에게 마나타를 주십시오.”

비구들이 물어 말하였다.

“무슨 까닭으로 마나타를 구합니까?”

대답하여 말하였다.

“내가 승가바시사를 범하였습니다.”

다시 물었다.

어느 때에 범하고 지내왔습니까?”

대답하여 말하였다.

"어느 때에 그러하였습니다."

다시 물었다.

"어찌하여 곧 사람들에게 말하지 않았습니까?"

"내가 부끄러웠던 까닭으로 곧 말하지 않았습니다. 나는 다시 '승가바시사를 범하면 세존께서 계율을 제정하시어 마땅히 6일의 낮과 밤으로 마나타를 행하라고 하셨으며, 나아가 여러 천인들이 알지 못한다고 세존께서 어찌하여 알지 못하겠는가?'라고 생각하여 말하였으며, 이러한 일의 까닭으로써 지금 장로들을 향하여 말하는 것입니다."

여러 비구들이 이 일로써 갖추어 세존께 아뢰었고, 세존께서는 말씀하셨다.

"시리야바를 불러오라."

왔으므로 세존께서는 앞의 일을 갖추어 물으셨다.

"그대가 진실로 그러하였는가?"

대답하여 말하였다.

"진실입니다. 세존이시여."

세존께서 말씀하셨다.

"어리석은 사람이여. 이것은 악한 일이니라. 계율을 범하고도 오히려 부끄러워하면서 허물을 참회하지 않고 무엇을 부끄러워하는가?"

그때 세존께서 게송을 설하여 말씀하셨다.

덮어서 감추는 자는 곧 새는 것이고
열려 있다면 곧 새지 않으니
이러한 까닭으로 여러 덮어둔 것을
마땅히 열어서 새지 않게 해야 한다네.

세존께서 여러 비구들에게 알리셨다.

"오늘부터 승가바시사를 범하고서 덮어서 감추는 자는 마땅히 파리바사(波利婆沙)를 줄 것이고, 파리바사를 행하였다면 마땅히 6일의 낮과 밤으로 마나타를 행할 것이며, 6일의 낮과 밤으로 마나타를 행하였다면 마땅히 20명의 비구 승가의 가운데에서 출죄시켜야 한다. 20명 승가의 가운데에서 비구 한 사람이라도 부족하다면 이 비구는 출죄시킬 수 없고, 여러 비구들은 마땅히 꾸짖어야 하느니라."

다시 다음으로 다시 세존께서는 사위성에 머무셨으며, 자세한 설명은 앞에서와 같다.

이때 두 명의 학인(學人)과 두 명의 범부인 사람이 꿈속에서 출정(出精)하였으므로 그들은 각각 사유하였다.

'세존께서 계율을 제정하시어 고의로 출정하는 자는 승가바시사를 범한다고 하셨다. 나는 지금 장차 승가바시사를 범한 것은 아닌가? 마땅히 이 일로써 갖추어 존자 사리불께 알린다면 존자 사리불은 마땅히 세존께 물을 것이다. 만약 세존의 가르침이 있다면 나는 마땅히 받들어 행하겠다.'

이 여러 비구들은 곧 존자 사리불의 처소로 나아갔고 이러한 인연으로써 사리불에게 아뢰었다. 이때 사리불은 이 비구들을 데리고 세존의 처소에 나아갔으며 존자 사리불은 세존께 아뢰었다.

"이 네 비구가 꿈속에서 실정(失精)하여 곧 스스로가 의혹하였습니다. '세존께서 계율을 제정하셨는데 나는 장차 승가바시사를 범하지 않았는가?' 그러므로 와서 세존께 아룁니다. 세존이시여. 이러한 일은 어떻습니까?"

세존께서 사리불에게 알리셨다.

"꿈은 허망하여 진실하지 않은 것이다. 만약 꿈이 진실이라면 나의 법 가운데서 범행을 닦는 자는 해탈하지 못할 것이다. 일체의 꿈은 모두 진실하지 않으니라. 이러한 까닭으로 사리불이여. 여러 범행을 닦는 자는 나의 법 가운데에서 고제(苦際)를 모두 얻느니라."

세존께서 여러 비구들에게 알리셨다.

"사위성을 의지하는 비구들을 모두 모이게 하라. 열 가지의 이익을 까닭으로 여러 비구들을 위하여 계율을 제정하겠나니, 나아가 이미 들었던 자들도 마땅히 거듭하여 들을지니라. 만약 비구가 고의로 출정하였다면 꿈속을 제외하고는 승가바시사를 범하느니라."

'고의로'는 마음을 방편으로 조절하는 것이다.

'출정하다.'는 부정(不淨)이 나오는 것이다.

'꿈속을 제외하다.'는 세존께서는 꿈속에 실정하면 무죄라고 말씀하셨다.

'승가바시사'는 '승가'는 네 가지의 바라이를 말하고, '바시사'는 죄가 남아있으므로 마땅히 갈마(羯磨)로 다스리는 까닭으로 승가바시사라고 말한다. 다시 이 죄는 승가의 가운데에서 드러내고서 허물을 참회하므로 승가바시사라고 이름한다.

'꿈'은 다섯 종류가 있으니, 무엇이 다섯인가? 첫째는 진실한 꿈이고, 둘째는 진실하지 않은 꿈이며, 셋째는 명료하지 않은 꿈이고, 넷째는 꿈속의 꿈이고, 다섯째는 먼저 생각한 것을 뒤에 꾸는 것이니, 이것이 다섯 가지이다.

무엇이 실제의 꿈인가? 이를테면, 여래께서 보살이 되었던 때에 다섯 종류의 꿈을 보았는데 진실과 다르지 않은 것과 같았다. 이것을 실제의 꿈이라고 이름한다.

'진실하지 않은 꿈'은 만약 사람이 꿈에서 보았던 것을 깨어나면 진실하지 않다. 이것을 진실하지 않은 꿈이라고 이름한다.

'명료하지 않은 꿈'은 그 꿈속의 일을 앞과 뒤와 중간을 기억하지 못하는 것과 같다. 이것을 명료하지 않은 꿈이라고 이름한다.

'꿈속의 꿈'은 꿈에서 보았는데 곧 꿈속에서 사람에게 꿈을 말하였다면, 이것을 꿈속의 꿈이라고 이름한다.

'먼저 생각한 것을 뒤에 꿈꾸다.'는 낮에 지었던 생각과 같이 밤에 곧 잠시 꿈꾸는 것이니, 이것을 먼저 생각한 것을 뒤에 꿈꾸는 것이라고 이름한다.

이러한 다섯 일의 인연이 있어서 음욕을 일으켜서 눈으로 색(色)을 보고 염착(染着)하고 애락(愛樂)하며 음욕의 생각이 생겨나는 것이다. 눈으로 색을 보고 염착하는 것과 같이 귀·코·혀·몸도 역시 이와 같으며,

먼저 여인과 함께 뜻과 모습을 오락하고서, 뒤에 계속 억념(憶念)하여 곧 음욕의 마음이 생겨나므로, 이것을 다섯 종류의 인연으로 음욕을 일으킨다고 이름한다.

　몸의 생지가 일어나는 다섯 가지 일의 인연이 있다. 음욕이 일어난 것이고, 대변을 보면서 일어나는 것이며, 소변을 보면서 일어나는 것이고, 풍병(風患)으로 일어나는 것이며, 만약 비인(非人)과 접촉하면 일어나는 것이다. 이것을 다섯 가지 일의 인연으로 생지가 일어난다고 이름한다.

　희롱하면 출정하는 세 가지의 일이 있으니, 욕심이 있었던 까닭으로 희롱하여 출정하는 것이다.

　'희롱하여 출정하다.'는 정액을 취하려는 까닭으로, 즐겁기 위한 까닭이거나, 만약 스스로가 '오랫동안 통하지 못하였으므로 여러 가지의 병환이 생겨났다.'라고 생각하고 말하면서 통하게 하려는 까닭으로, 만약 희롱하려는 까닭으로, 만약 스스로가 시험하려는 까닭으로, 만약 일찍이 없었던 까닭으로, 혹은 스스로 희롱하여 출정하려는 까닭으로, 다른 사람을 시켜서 희롱하고 출정하는 것이니, 이것이 희롱하여 출정하는 것이다.

　'정액'은 소(酥)의 빛깔이거나, 기름의 빛깔이거나, 우유의 빛깔이거나, 낙(酪)의 빛깔이거나, 푸르거나, 누렇거나, 붉거나, 하얗거나, 이와 같은 색깔에서 만약 하나·하나의 빛깔을 출정한다면 승가바시사를 범한다.

　욕심으로 몸의 생지(生支)가 일어났고 출정하려는 생각이 있더라도 희롱하지 않고 출정하지 않았다면 이것은 마음으로 허물을 참회하는 것이다. 만약 욕심으로 몸의 생지가 일어났고 출정하려는 생각이 있었으므로 희롱하였으나 출정하지 않았다면 투란차죄를 얻고, 욕심으로 몸의 생지가 일어났고 출정하려는 생각이 있었으므로 희롱하여 출정하였다면 승가바시사를 얻으며, 만약 욕심으로 몸의 생지가 일어났고 출정하려는 생각이 없었으므로 고의로 희롱하여 출정하지 않았다면 무죄이다.

　이와 같이 대변을 보았거나, 소변을 보았거나, 풍병이 있었거나, 비인이 접촉하여 생지가 일어나는 것도 역시 이와 같다. 만약 욕심으로 몸의 생지가 일어났고 출정하려는 생각이 있었으므로 고의로 출정하고자 희롱하였으나 밖으로 출정하지 않았다면 투란차죄를 얻고, 만약 욕심으로 몸의 생지가 일어났고 출정하려는 생각이 있었어도 희롱하지 않고 출정하지 않았다면 마땅히 마음을 꾸짖어야 한다.

만약 욕심으로 몸의 생지가 일어났고 출정하려는 생각이 없었으므로 희롱하지 않고 출정하지 않았더라도 이것은 역시 마음을 꾸짖어야 한다. 만약 욕심으로 몸의 생지가 일어났고 출정하려는 생각이 없었으므로 고의로 희롱하지 않고 출정하지 않았더라도 이것은 역시 마음을 꾸짖어야 한다. 만약 욕심으로 몸의 생지가 일어났고 출정하려는 생각이 있었으므로 고의로 희롱하였고 출정하였다면 승가바시사를 얻으며, 나아가 비인도 역시 다시 이와 같다.

'출정하다.'는 만약 몸이거나, 만약 몸의 부분이거나, 만약 몸과 합친 것이다.

'몸'은 일체의 몸을 움직이고 뛰었거나, 때에 방편으로 출정하는 것이니, 출정하는 자는 승가바시사를 범한다.

'몸의 부분'은 만약 손이거나, 만약 다리이거나, 만약 허벅지이거나, 만약 팔꿈치로써 방편을 지어서 출정하는 자는 승가바시사를 범한다.

'몸을 합치다.'는 땅이거나, 물이거나, 불이거나, 바람 등이다.

'땅'은 만약 상(床)이거나, 만약 담요이거나, 만약 벽의 구멍이거나, 나무 구멍이거나, 대나무통 등에서 만약 하나하나의 단단한 물건을 몸에 접촉하여 출정하려는 것이니, 출정하는 자는 승가바시사를 범한다.

'물'은 여러 흐르는 물을 역(逆)으로 몸에 접촉하는 것이니, 소(酥)와 기름 등은 이와 같다. 여러 물의 물건의 가운데에서 물기가 있는 물건을 몸에 접촉하여 출정하려는 것이니, 출정하는 자는 승가바시사를 범한다.

'불'은 만약 여러 따뜻한 곳이거나, 따뜻한 도구를 몸에 접촉하는 것이니, 만약 불을 향하거나, 해를 향하여 출정하려는 것이니, 출정하는 자는 승가바시사를 범한다.

'바람'은 만약 입의 바람이거나, 부채의 바람이거나, 옷의 바람 등을 몸에 접촉하여 출정하려는 것이니, 출정하는 자는 승가바시사를 범한다.

만약 비구가 "그대가 나의 몸의 생지를 희롱하여 출정시키시오."라고 사람에게 말하였고, 출정하는 자는 승가바시사를 범한다. 만약 다시 "그대는 나에게 자주 말하게 하지 말고 그대가 항상 이러한 일을 알도록 하시오."라고 사람에게 말하였고, 뒤에 희롱하여 출정하게 시켰으며, 출정하는 자는 승가바시사를 범한다.

만약 비구가 비어있는 한적한 머무르면서 새와 축생이 교회(交會)하는 것을 보고 음욕의 마음이 일어나서 부정을 실정(失精)하였다면 이것은 마땅히 꾸짖을 일이지만, 만약 다시 쾌락을 받으려는 까닭으로 다시 방편으로 새와 축생이 교회하는 것을 보고서 좇아서 출정하려고 하였고, 출정하는 자는 승가바시사를 범한다. 만약 어느 사람이 강제적인 힘으로 비구를 붙잡았고 희롱하여 출정하게 하였다면 이것은 마땅히 꾸짖을 일이지만, 만약 다시 쾌락을 받으려는 까닭으로 다시 그 사람에게 나아가서 출정하게 하였으며, 출정하는 자는 승가바시사를 범한다.

만약 비구가 취락에 들어가서 다른 남녀들이 음행하는 것을 보고 음욕의 마음이 일어나서 부정을 실정하였다면 이것은 마땅히 꾸짖을 일이지만, 만약 다시 쾌락을 받으려는 까닭으로 다시 좇아가서 보았으며 실정하는 자는 승가바시사를 범한다. 만약 비구가 남자가 음녀의 집에 가는 것을 보고서 '이 가운데는 다른 일이 없을 것이고, 바로 마땅히 음욕을 지을 것이다.'라고 이렇게 생각을 지었으며, 스스로가 음욕의 마음이 일어나서 실정하였다면 이것은 마땅히 꾸짖을 일이지만, 쾌락을 위하였던 까닭으로 다시 가서 보았으며 실정하는 자는 승가바시사를 범한다.

만약 비구가 여인이 벌거벗고 목욕하는 것을 보고서 음욕의 마음이 일어나서 실정하였다면 이것은 마땅히 꾸짖을 일이지만, 만약 쾌락을 위하였던 까닭으로 좇아서 갔고 보았으며 실정하는 자는 승가바시사를 범한다. 만약 남자의 벌거벗은 몸을 보았어도 역시 이와 같다. 만약 비구가 길을 가는 가운데에서 음욕의 마음이 스스로가 일어나서 실정하였다면 이것은 마땅히 꾸짖을 일이지만, 길을 가는 때에 고의로 방편을 지어서 출정하고자 하였으며, 출정하는 자는 승가바시사를 범한다. 갔거나 머물렀거나 앉았거나 누웠던 것과 같아도 역시 이와 같다.

만약 기름을 바르고 목욕하였던 인연으로 실정하였다면 이것은 마땅히 꾸짖을 일이지만, 만약 고의로 방편을 지어서 기름을 바르고서 실정하였다면 승가바시사를 범한다.

이러한 까닭으로 세존께서는 설하셨다.

"일부러 희롱하여 실정하였다면 꿈속을 제외하고는 승가바시사를 범한다."

[제1계를 마친다.]

세존께서는 왕사성(王舍城)의 가란타죽원(迦蘭陀竹園)에 머무셨으며, 자세한 설명은 앞과 같다.

이때 우발라(優鉢羅) 비구니에게 사미니가 있었고 지리(支梨)라고 이름하였다. 우발라 비구니는 지리 사미니에게 옷을 가지고 우타이(優陀夷)에게 주게 보냈다. 이때 우타이는 자기 방 앞에서 옷을 꿰매고 있었고 지리는 우타이의 발에 예배하고 앞에 머무르며 우타이에게 알려 말하였다.

"저의 스승이신 우발라가 저에게 옷을 보내어 장로에게 드렸습니다."

대답하여 말하였다.

"좋소. 가져다 방안에 놓으시오."

이때 우타이는 곧 뒤를 쫓아서 방 안에 들어왔고 곧 손으로 붙잡았고 껴안았으며 마음대로 희롱하며 즐기고서 곧 풀어주었다. 지리가 갔다 울면서 돌아왔으므로 스승인 우발라가 물어 말하였다.

"그대는 무슨 까닭으로 우는가?"

대답하여 말하였다.

"장로 우타이가 저를 따라 방에 들어와서 붙잡고 껴안았으며 희롱하여 저에게 매우 고통스럽게 접촉하였습니다."

우발라가 말하였다.

"그대는 울지 말라. 내가 마땅히 세존께 아뢰어 우타이를 벌하게 하겠다."

다시 다음으로 세존께서 사위성에 머무셨으며, 자세한 설명은 앞에서와 같다.

장로 우타이는 때에 이르자 취락에 들어가는 옷을 입고 발우를 지니고 사위성에 들어갔으며 차례대로 걸식하면서 한 집에 들어갔고 한 여인이 콩을 갈고 있는 것을 보았다. 곧 엮은 머리카락을 붙잡고 상(案)을 들어서 당기고서 밀쳤으며 손으로 붙잡고 껴안았으며 마음대로 희롱하며 즐기고서 곧 풀어주었다. 그 여인이 싫어하고 꾸짖으면서 말하였다.

"이것은 법이 아니고 선한 것도 아니오. 우타이여. 그대는 우리 집을 이러한 음녀의 집이라고 부르는가? 마땅히 이 일로써 여러 비구들에게 알리겠소."

우타이가 말하였다.

"알리거나, 알리지 않거나, 마땅히 그대의 뜻을 따르시오."

곧 나왔으며 떠나갔다.

다시 다음으로 세존께서 사위성에 머무셨으며, 자세한 설명은 앞에서와 같다.

이때 우타이는 때에 이르자 취락에 들어가는 옷을 입고 발우를 지니고 사위성에 들어갔으며 차례대로 걸식하면서 한 집에 들어갔다. 이때 어느 임신한 여인이 절구질하면서 절구 위의 끝에 앉아서 쉬고 있었다. 이때 우타이는 발로 절구를 찼고 절구가 굴렀으므로 임신한 여인은 땅에 넘어져서 몸이 나형(裸形)으로 드러났다. 우타이는 곧 붙잡고 일으키면서 말하였다.

"누이여. 일어나시오. 나는 이미 모두 보았소."

이때 그 여인이 성내면서 말하였다.

"사문인 석자(釋子)여. 이것은 사과(辭謝)하는 법이 아니오. 나는 오히려 그대의 절구공이에 맞아서 죽더라도 이 덮어서 감추었던 곳을 사람에게 드러내어 보여주려고 하지 않았소. 나는 마땅히 이 일로써 여러 비구에게 알리겠소."

"알리거나, 알리지 않거나, 스스로가 그대의 뜻을 따르시오."

말하고서 곧 떠나갔다.

다시 다음으로 세존께서 사위성에 머무셨으며, 자세한 설명은 앞에서 와 같다.

이때 장로 우타이는 곧 방을 지키는 차례이었다. 이때 우타이는 보다 먼저 한 지식인 바라문이 있었고, 아내를 데리고 와서 우타이에게 나아갔 는데 그의 부인은 단정(端正)하였다. 그 남편이 우타이에게 말하였다.

"여러 방을 열고서 제 아내에게 보여주십시오."

우타이가 말하였다.

"그대가 만약 말하지 않았어도 나도 역시 이 부인에게 방사를 보여주고 자 하였는데 하물며 다시 그대가 청하였구려."

곧 데리고서 누각의 위에 이르러 여러 방사를 보여주었다. 문양을 조각하고 새겨서 여러 종류로 장엄하였는데 땅에 심는 푸른 콩의 색깔이었 다. 한 가려진 곳에 이르러 곧 부인의 손을 붙잡고서 끌어안았다. 그 부인은 생각하며 말하였다.

"이 우타이는 반드시 이와 같고 이와 같은 일을 짓고자 하였구나."

희롱하고서 풀어주어 돌려보냈고, 바라문에게 말하였다.

"나는 이미 보여주었습니다."

바라문이 말하였다.

"좋습니다. 다시 나머지의 방사를 보여주십시오."

그때 그 부인은 우타이와 함께 음욕을 행하고 싶지 않았던 까닭으로 곧 성내면서 말하였다.

"방사를 보아서 무엇하겠습니까? 이 사람은 박복(薄福)한 황문(黃門)으 로 출가하였고, 나의 몸을 두루 만지고 접촉하였으므로 좋은 일은 없습니다.”

이때 바라문이 우타이에게 말하였다.

“그대는 진실로 나에게 지식이었으나, 지식이 아니라는 생각이 생겨났소. 이것은 평지에서 다시 언덕이 생겨난 것이고 물의 가운데서 다시 불이 생겨났소.”

곧 우타이의 목을 얽어매고서 끌고 갔고, 우타이는 말하였다.

“바라문이여. 나를 풀어주시오. 잠깐 사이에 머리를 부수는 일을 하지 마시오.”

바라문은 말하였다.

“나는 그대를 풀어줄 수 없소. 그대는 나의 일에 부담이 있소.”

여러 비구들은 투쟁(鬪諍)하는 소리를 듣고 나와서 보았고, 바라문에게 말하였다.

“그만두십시오. 그만두십시오. 우타이를 풀어주십시오.”

바라문은 말하였다.

“나는 끝까지 풀어주지 않고 세존께 데리고 나아가는 것을 원하오.”

이때 세존께서 보셨고 바라문에게 말하였다.

“우타이를 풀어주시오.”

바라문은 세존께 아뢰어 말하였다.

“세존이시여. 저는 지금 풀어줄 수 없습니다. 마땅히 그의 죄상(罪狀)을 말하고서 그 뒤에 풀어주는 것을 원합니다.”

그때 우타이는 곧 힘으로 투쟁하여 벗어나서 달아났다. 이때 바라문은 앞의 인연으로써 갖추어 세존께 아뢰었다. 세존께서는 바라문에게 수순하여 설법하시어 보여주셨고 가르치셨으며 이익되고 기쁘게 하셨다. 성냄이 곧 없어져서 법안(法眼)의 청정함을 얻었으며, 돌아가고자 말하면서 물러남을 청하였다. 세존께서 말씀하셨다.

“마땅히 때인 것을 아시오.”

곧 세존의 발에 예경하고 오른쪽으로 세 번을 돌고서 떠나갔다. 바라문이 떠나가고 오래지 않아서 세존께서는 여러 비구들에게 알리셨다.

"우타이를 불러오라."

곧 불렀고 왔으므로 세존께서는 앞의 일로써 자세히 물으셨다.

"우타이여. 그대가 진실로 그러하였는가?"

대답하여 말하였다.

"진실입니다. 세존이시여."

세존께서 말씀하셨다.

"우타이여. 이것은 악한 일이니라."

여러 비구들은 세존께 아뢰어 말하였다.

"세존이시여. 이 우타이는 다만 이러한 하나의 악한 일을 지었던 것이 아닙니다. 먼저의 때에 세존께서는 왕사성의 가란타죽원에 머무셨습니다. 이때 우발라 비구니는 사미니인 지리를 보내어 옷을 가지고 우타이에게 주도록 하였는데, 우타이는 그녀를 잡고서 끌어안았으며 마음대로 희롱하며 즐기고서 풀어주었습니다."

세존께서 우타이에게 물으셨다.

"이러한 일이 있었는가?"

대답하여 말하였다.

"진실입니다. 세존이시여."

세존께서 말씀하셨다.

"이것은 악한 일이니라."

다시 어느 비구가 세존께 아뢰었다.

"다만 이러한 악한 일을 지었던 것이 아닙니다. 세존께서 사위성에 머무셨던 때, 우타이는 때에 이르자 취락에 들어가는 발우를 지니고 차례대로 걸식하며 한 집에 들어갔는데, 집안에는 한 여인이 콩을 갈고 있었습니다. 이때 우타이는 곧 그녀의 엮은 머리카락을 잡고서 끌어안았으며 마음대로 희롱하며 즐기고서 풀어주었습니다."

세존께서 우타이에게 물으셨다.

"이러한 일이 있었는가?"

대답하여 말하였다.

"진실입니다. 세존이시여."

세존께서 말씀하셨다.

"이것은 악한 일이니라."

다시 어느 비구가 말하였다.

"세존이시여. 다만 어찌하여 이러한 악한 일만 있었겠습니까? 또한 다시 한때에 세존께서는 사위성에 머무셨습니다. 이때 우타이는 취락에 들어가는 옷을 입고 발우를 지니고서 걸식하면서 한집에 들어갔습니다. 어느 한 임신한 여인이 절구질을 마치고 절구 위에 쉬고 있었는데, 우타이는 발로써 절구를 찼고 그 여인이 땅에 넘어지게 하였고, 그녀의 형체를 보고서 뒤에 나와서 떠나갔습니다."

세존께서 말씀하셨다.

"우타이여. 다시 그대에게 이러한 일이 있었는가?"

"진실입니다. 세존이시여."

세존께서 말씀하셨다.

"무슨 까닭으로 그러하였는가?"

대답하여 말하였다.

"세존이시여. 저는 일찍이 임신한 여인의 모습을 보지 못하였던 까닭으로 시험삼아 보았습니다."

세존께서 말씀하셨다.

"어리석은 사람이여. 오히려 분뇨의 측간을 보더라도 임신한 여자의 모습을 보아서는 아니된다. 내가 항상 여러 종류로 음욕의 생각을 꾸짖고 음욕을 벗어남을 찬탄하지 않았던가? 그대는 어찌하여 이러한 악을 짓고 선을 행하지 않는가? 이것은 법이 아니고 율이 아니며 세존의 가르침과 같지 아니하니라. 이것으로써 선법을 장양할 수 없느니라."

여러 비구들은 세존께 아뢰어 말하였다.

"세존이시여. 어찌하여 이 우타이는 바라문에게 붙잡혔으나, 세존의 은혜를 받았던 까닭으로 벗어났습니까?"

세존께서는 여러 비구들에게 알리셨다.

"이 우타이는 다만 오늘에 나의 은혜를 받아서 벗어난 것이 아니고, 과거 세상의 때에서도 일찍이 나의 은혜를 받아서 벗어남을 얻었느니라."

여러 비구들은 세존께 아뢰어 말하였다.

"일찍이도 그러하였습니까?"

세존께서 말씀하셨다.

"이와 같았느니라. 과거 세상의 때에 향산(香山)의 가운데에 선인(仙人)의 주처가 있었고, 향산에서 멀지 않은 곳에 하나의 연못이 있었느니라. 이때 연못의 가운데에 한 마리의 자라가 살고 있었고, 연못에서 나와 음식을 구하였고 먹고서 햇볕을 향하여 입을 벌리고 잠을 잤느니라. 그때 향산의 가운데에 여러 원숭이들이 있어서 연못에 들어가서 물을 마셨는데, 언덕에 올라가면서 이 자라가 입을 벌리고 자는 것을 보았다. 이때 그 원숭이는 곧 음법을 짓고자 하였으므로 일어난 생지를 자라의 입속에 넣었는데 그 자라가 잠을 깨어나서 입을 다물었고 여섯의 껍질 속에 감추어졌으며 게송으로 말한 것과 같으니라.

어리석은 사람이 상(相)에 집착한다면
오히려 자라에게 물린 원숭이와 같아서
실수로 마라(摩羅)3)에게 붙잡혔으므로
도끼가 아니라면 곧 벗어나지 못한다네.

이때 자라는 빠르게 원숭이의 생지를 물고서 물에 들어가고자 하였고, 원숭이는 급하고 두려워서 이렇게 생각을 지었다.

'만약 내가 물에 들어간다면 반드시 죽을 것이다. 그러나 고통스럽고 힘이 약하므로 자라의 회전(迴轉)에 맡겨야겠다.'

흐름을 벗어나서 끌려갔고 위험한 곳을 만났고, 자라는 이때 하늘을 쳐다보며 누웠다. 이때 원숭이는 두 손으로 자라를 끌어안으면서 이렇게

---

3) 산스크리트어 malla의 음사로서 힘이 강한 사람을 가리킨다.

생각을 지었다.

'누가 마땅히 나를 위하여 이 고난을 벗어나게 하겠는가? 원숭이들은 일찍부터 선인의 주처를 알고 있는데, 그들이 마땅히 나를 구해줄 것이다.'

곧 자라를 끌어안고 그들의 주처로 떠나갔다. 선인이 멀리서 보고서 이렇게 생각을 지었다.

'쯧쯧. 이상한 일이구나. 지금 이 원숭이는 무엇을 짓고자 하는가?'

희롱하려는 까닭으로 원숭이에게 말하였다.

"바라문이여. 무슨 보물을 발우에 채워서 가져왔으며, 무슨 믿음을 가지고 나를 향하여 왔는가?"

그때 원숭이가 곧 게송을 설하여 말하였다.

나는 어리석은 원숭이라서
허물이 없으나 접촉하여 괴롭혔으니
액난을 구원하실 현사(賢士)시여.
목숨은 급하고 오래지 않습니다.

오늘에 바라문께서
만약 저를 구해주지 않는다면
잠깐 사이에 생지가 끊겨서
괴로운 액난으로 산림에 돌아간다네.

그때 선인이 게송으로써 대답하여 말하였다.

내가 그대를 벗어나게 하고서
산림의 가운데에 돌아가게 하겠으나
그대는 원숭이의 법에서
옛날의 모습이 다시 생겨날까 두렵구나.

그때에 그 선인은
지나간 옛날의 일을 말하기를,
자라여. 그대는 숙명(宿命)의 때에
일찍이 가섭의 이름으로 불렸고
원숭이는 과거의 세상에서
교진여(憍陳如)의 이름으로 불렸다네.

그대가 음욕의 행을 지었고
지금은 인연을 끊는 것이니
가섭이여. 교진여를 풀어주어서
산림으로 돌아가게 하게나.”

세존께서 여러 비구들에게 알리셨다.
“그때의 선인이 어찌 다른 사람이겠는가? 곧 나의 몸이니라. 자라는
지금의 바라문이고, 이때의 원숭이는 우타이니라. 이자는 본래 축생이었
을 때에도 나의 은혜를 얻고서 벗어났는데, 지금 다시 은혜를 얻어 거듭
벗어나게 되었느니라.”
여러 비구들은 세존께 아뢰어 말하였다.
“세존이시여. 어찌하여 우타이는 지리 사미니가 딸과 같았는데, 어찌하
여 음욕의 생각을 일으켰습니까?”
세존께서 여러 비구들에게 알리셨다.
“다만 오늘에 이 우타이가 딸과 같은 지리에게 음욕의 생각을 일으킨
것이 아니고, 과거 세상의 때에서도 이 여인에게 일찍이 음욕의 생각을
일으켰느니라.”
여러 비구들은 세존께 아뢰어 말하였다.
“일찍이도 그러하였습니까?”
세존께서 말씀하셨다.
“이와 같았느니라. 과거 세상의 때에 바라문이 있었고 성씨(姓氏)는

숭거(嵩渠)였느니라. 농사를 지으며 생활하였고 한 아내를 구하여 얻었는데 단정하여 아름답고 사랑스러웠다. 함께 서로가 오락하였고, 곧 한 명의 딸을 낳았고, 역시 다시 단정하였는데, 이름을 지으면서 숭거의 성을 까닭으로 숭거라고 이름하였다. 나이가 차서 장대하였으므로 여러 족성의 바라문들이 서신을 보내었고 구하고자 왔다. 이때 딸이 어머니에게 물었다.

"이곳에 어느 손님들이 왔습니까?"

대답하여 말하였다.

"그대를 찾아서 왔느니라."

그 딸이 어머니에게 알렸다.

"나는 시집가지 않으려고 하고 범행을 닦는 것을 즐거워합니다."

어머니가 말하였다.

"그렇지 않구나. 남녀의 법은 시집가고 장가드는 것이 필요하다."

딸이 다시 알려 말하였다.

"만약 부모님께서 이 딸을 사랑스럽게 생각하신다면 원하건대 시집가라고 말하지 마십시오."

이때 부모는 딸을 사랑하였던 까닭으로 능히 고통스럽게 어길 수 없어서 대답하여 말하였다.

"뜻에 맡기겠다."

이때 이웃인 취락의 지식들이 모두가 그것을 알게 되었다.

"어찌하여 이 딸은 단정하고 아름다운데 능히 뜻을 지키며 범행을 닦는 것을 즐거워하는가?"

모두가 그녀를 사랑스럽게 생각하였다. 이때 바라문은 밭에 들어가서 농사를 지었고 아내는 항상 음식을 보내주었다. 한때에 그의 아내는 일이 있어서 숭거를 보내어 음식을 가지고 아버지에게 주게 하였다. 이때 바라문은 부정하게 사유하여 곧 음욕의 생각이 생겨났고 아내가 이른다면 함께 음욕을 하행하려고 생각하였다.

음식을 가져오는 것을 보고서 곧 농기구를 버려두고 가서 맞이하였는데, 음욕의 마음에 미혹되고 취하여 능히 스스로가 깨닫지 못하고, 마땅히 접촉하지 않는 곳을 아버지는 갑자기 그곳을 접촉하였다. 이때 딸인 숭거가 곧 울면서 머물렀고, 이때 바라문은 이렇게 생각하며 말하였다.

"이 딸인 숭거는 항상 음욕을 즐거워하지 않는 것을 여러 사람이 찬탄하였다. 지금 내가 그곳을 만졌는데도 크게 부르짖지 않으니 음욕의 뜻이 있는 것과 비슷하구나."

곧 게송으로 설하여 말하였다.

지금 내가 그대의 몸을 접촉하여도
머리를 숙이고 길게 탄식하니
장차 음욕이 아니더라도 나와 함께
함께 음욕법을 행하려는 것이다.

그대가 먼저 범행을 닦아서
여러 사람이 공경하였으나
지금 유연한 모습을 보여주므로
세간의 뜻이 있는 것과 비슷하구나.

그때 딸인 숭거는 게송으로써 아버지에게 대답하여 말하였다.

내가 이전에 두려웠던 때에는
자비로운 아버지께 의지하였고
본래는 의지하고 믿었던 곳이었으나
다시 이러한 뇌란(惱亂)을 만났고
지금은 깊은 가시나무 속에 있으니
다시 어느 곳에 알려서 알게 할 것인가?

비유한다면 깊은 물속에서

다시 불이 생겨났고
근본이 가려지고 덮인 곳이므로
지금은 두려움이 생겨난다네.

두려움이 없던 곳에서 두려움이 생겨났고
의지할 곳에서 도리어 난(難)을 만났으니
나무와 숲과 여러 천신(天神)들이여!
이것이 비법(非法)임을 증명하십시오.

낳고 길러주신 은혜를 마치지 않았으나
하루아침에 곤욕을 당했고
땅이 나를 위하여 열리지 않으니
어디로 몸과 목숨을 피하겠는가?

이때 그 바라문이 딸이 설하는 게송을 듣고 크게 스스로 부끄러워하면서
곧 떠나갔느니라.”

세존께서 여러 비구들에게 알리셨다.

“그때의 바라문이 어찌 다른 사람이겠는가? 지금의 우타이이고, 이때의
바라문의 아내는 지금의 울발라 비구니이며, 그때의 딸인 숭거는 지금의
지리 사미니이니라. 본래 일찍이 이 딸에게 음욕의 생각이 생겨났던
까닭으로 지금에 계속해서 다시 음욕을 일으킨 것이다.”

세존께서 여러 비구들에게 알리셨다.

“사위성을 의지하는 자들을 모두 모이게 하라. 열 가지의 이익을 까닭으
로써 여러 비구들을 위하여 계율을 제정하겠나니, 나아가 이미 들었던
자들도 마땅히 거듭하여 들을지니라. 만약 비구가 음욕(婬欲)으로 변한
마음으로 여인의 몸과 서로를 어루만지고 접촉하면서 만약 손을 잡았거나,
만약 엮은 머리카락을 잡았거나, 더불어 나머지 몸의 부분을 어루만지고
접촉하면서 미세하고 매끄러운 느낌을 받는 자는 승가바시사이니라.”

'비구'는 앞에서 말한 것과 같다.

'음욕'은 염오(染汚)의 마음이다.

'마음이 변한 것'은 과거의 마음이 변한 것을 이름한다. 모두 없어졌고 변이(變異)가 되었다면 이것도 역시 변이라고 이름한다. 다만 이 가운데에서 변한 것은 근(根)과 역(力)과 각(覺)과 도종(道種)에서 변이한 것이다.

'마음'은 의식(意識)이다.

'여인'은 어머니·자매·친족(親里)·친척이 아닌 자로서 만약 늙었거나, 만약 젊었거나, 재가이거나, 출가한 사람이다.

'손을 잡다.'는 만약 손을 잡았거나, 만약 팔을 잡았거나, 나아가 하나의 손가락이라도 잡았다면 이것을 손을 잡았다고 이름한다.

'엮다.'는 여덟 종류가 있으니, 무엇이 여덟 종류인가? 첫째는 머리카락을 엮는 것이고, 둘째는 구슬을 엮는 것이며, 셋째는 실을 엮는 것이고, 넷째는 꽃을 엮는 것이며, 다섯째는 나무껍질을 엮는 것이고, 여섯째는 풀을 엮는 것이며, 일곱째는 털을 엮는 것이고, 여덟째는 가죽을 엮는 것이며, 만약 머리카락을 합쳐서 묶는 것 등이다. 이러한 여덟 종류의 엮는 것을 범하는 자는 여덟 종류의 승가바시사를 범하고, 머리카락을 제외한 일곱 종류의 엮은 것을 범하는 자는 일곱 종류의 투란차죄를 범한다.

'몸을 서로가 접촉하다.'는 몸과 몸을 서로가 접촉하는 것이다.

'나머지 몸의 부분'은 머리카락의 엮은 것을 제외한 그 나머지의 몸의 부분이다.

'어루만지다.'는 아래에서 위로, 위에서 아래로 두루 만지는 것이다.

'미세하고 매끄러움을 애착하다.'는 아래에서 위로 어루만지는 때에 몸의 촉감이 미세하고 매끄러움을 받는 것이다.

'승가바시사'는 앞에서 설한 것과 같다.

만약 비구가 염오의 마음으로 여인의 엮은 머리카락을 만약 잡았거나, 만약 들췄거나, 만약 어루만졌거나, 만약 잡아당겼거나, 만약 밀어젖혔거나, 만약 안았거나, 만약 탄식하였거나, 만약 꼬집었거나, 만약 두드렸다면 승가바시사를 얻는다. 만약 비구가 이곳을 잡고자 하였으나 다른 곳에 접촉하였거나, 다른 곳을 접촉하고자 하였으나 이곳을 접촉하였거나, 이곳을 접촉하고자 하였고 이곳을 접촉하였거나, 다른 곳을 접촉하고자 하였으나 이곳을 접촉하였거나, 나아가 밀어젖혔거나, 두드리는 자는 승가바시사를 얻는다.

마음으로 여인이라고 생각하였으나 황문이었고, 엮은 머리카락을 잡았거나, 나아가 밀어젖혔거나, 두드렸다면 투란차죄를 얻는다. 황문이라고 생각하였으나 여인이었고, 엮은 머리카락을 잡았거나, 나아가 밀어젖혔거나, 두드렸다면 승가바시사를 범한다. 여인이라고 생각하였고 여인이었으며, 나아가 밀어젖혔거나, 두드렸다면 승가바시사를 범한다. 황문이라고 생각하였고 황문이었으며, 나아가 밀어젖혔거나, 두드렸다면 투란차죄를 범한다.

여인이라고 생각하였으나 남자였고, 나아가 밀어젖혔거나, 두드렸다면 월비니죄를 범한다. 남자라고 생각하였으나 여인이었고, 나아가 밀어젖혔거나, 두드렸다면 승가바시사를 얻는다. 여인이라고 생각하였고 여인이었으며, 나아가 밀어젖혔거나, 두드렸다면 승가바시사를 범한다. 남자라고 생각하였고 남자였으며, 나아가 밀어젖혔거나, 두드렸다면 월비니죄를 얻는다. 황문이나 남자도 역시 이와 같다.

만약 비구가 음욕의 마음으로 여인을 쫓아갔는데 여인이 여러 여인들의 가운데로 달아나서 들어갔으므로 가운데에 나아가서 이 여인을 끌어내는 자는 승가바시사를 얻는다. 만약 비구가 음욕의 마음으로 다른 여인들을 접촉하는 자는 접촉하는 것을 따라서 승가바시사를 얻고, 접촉하지 않은 자는 투란차죄를 얻는다. 만약 비구가 음욕의 마음으로 여인을 쫓아갔는데 여인이 여러 황문들의 가운데로 달아나서 들어갔으므로 가운데에 나아가서 이 여인을 끌어내는 자는 승가바시사를 얻는다. 만약 비구가 음욕의 마음으로 다른 황문들을 접촉하는 자는 접촉하는 것을 따라서 투란차죄를 범하고, 접촉하지 않은 자는 월비니죄를 범한다.

만약 비구가 음욕의 마음으로 여인을 쫓아갔는데 여인이 여러 남자들의

가운데로 달아나서 들어갔으므로 가운데에 나아가서 이 여인을 끌어내는
자는 승가바시사를 얻는다. 만약 비구가 음욕의 마음으로 다른 남자들을
접촉하는 자는 접촉하는 것을 따라서 월비니죄를 얻고, 접촉하지 않은
자는 월비니죄인 마음의 참회를 얻는다. 만약 비구가 음욕의 마음으로
황문을 쫓아갔는데 황문이 여러 황문들의 가운데로 달아나서 들어갔으므
로 가운데에 나아가서 이 황문을 끌어내는 자는 투란차죄를 얻는다.
만약 비구가 음욕의 마음으로 다른 황문들을 접촉하는 자는 접촉하는
것을 따라서 투란차죄를 얻고, 접촉하지 않은 자는 월비니죄를 얻는다.
만약 비구가 음욕의 마음으로 황문을 쫓아갔는데 황문이 여러 여인들의
가운데로 달아나서 들어갔으므로 가운데에 나아가서 이 황문을 끌어내는
자는 투란차죄를 얻는다.

만약 비구가 음욕의 마음으로 다른 여인들을 접촉하는 자는 접촉하는
것을 따라서 승가바시사를 범하고, 접촉하지 않은 자는 투란차죄를 얻는
다. 만약 비구가 음욕의 마음으로 황문을 쫓아갔는데 황문이 여러 남자들
의 가운데로 달아나서 들어갔으므로 가운데에 나아가서 이 황문을 끌어내
는 자는 투란차죄를 얻는다. 만약 비구가 음욕의 마음으로 다른 남자들을
접촉하는 자는 접촉하는 것을 따라서 월비니죄를 범하고, 접촉하지 않은
자는 월비니죄를 마음으로 참회해야 한다.

만약 비구가 음욕의 마음으로 남자를 쫓아갔는데 남자가 여러 남자들의
가운데로 달아나서 들어갔으므로 가운데에 나아가서 이 남자를 끌어내는
자는 월비니죄를 얻는다. 만약 비구가 음욕의 마음으로 다른 남자들을
접촉하는 자는 접촉하는 것을 따라서 월비니죄를 얻고, 접촉하지 않은
자는 월비니죄를 마음으로 참회해야 한다. 만약 비구가 음욕의 마음으로
남자를 쫓아갔는데 남자가 여러 여인들의 가운데로 달아나서 들어갔으므
로 가운데에 나아가서 이 남자를 끌어내는 자는 월비니죄를 얻는다.

만약 비구가 음욕의 마음으로 다른 여인들을 접촉하는 자는 접촉하는
것을 따라서 승가바시사를 범하고, 접촉하지 않은 자는 투란차죄를 얻는
다. 만약 비구가 음욕의 마음으로 남자를 쫓아갔는데 남자가 여러 황문들

의 가운데로 달아나서 들어갔으므로 가운데에 나아가서 이 남자를 끌어내는 자는 월비니죄를 얻는다. 만약 비구가 음욕의 마음으로 다른 황문들을 접촉하는 자는 접촉하는 것을 따라서 투란차죄를 얻고, 접촉하지 않은 자는 월비니죄를 얻는다.

만약 비구가 음욕의 마음으로 일시에 여러 여인을 접촉하였다면 하나의 승가바시사를 얻고, 만약 한 명·한 명을 별도로 접촉하였다면 하나·하나의 승가바시사를 얻는다. 만약 비구가 앉아있는 때에 어느 여인이 와서 그 비구의 발에 예배하였는데, 비구가 만약 음욕의 마음이 일어나면, 마땅히 몸을 바르게 하고 머무르면서 마땅히 여인에게 말하여야 한다.

"조금 멀리서 예배하십시오."

차례로 여인이 돈독한 믿음으로 갑자기 와서 비구의 발에 접촉하면, 그때는 마땅히 스스로가 혀를 깨물어 아프게 하고 여인의 미세한 매끄러움을 느끼지 않게 해야 한다. 만약 여인이 비구를 좇아서 물을 찾으면 마땅히 물을 맡은 집을 가르쳐 주어야 하고, 마땅히 스스로가 물통을 잡아서 여인의 손을 접촉하면 아니되며, 마땅히 그릇으로써 담아서 주어야 하고, 만약 그릇이 없다면 정인(淨人)에게 주게 하며, 만약 정인이 없다면 비구가 마땅히 물통을 만약 평상 위에나, 만약 책상 위에 놓아두고 주면서 말해야 한다.

"물을 취하여 마시십시오."

만약 비구가 여인과 하나의 평상에 앉는다면 위의가 아니다. 만약 음욕의 마음을 일으킨다면 월비니죄를 얻고, 고의로 평상을 움직이며 서로가 접촉하지 않았어도 투란차죄를 얻으며, 만약 한 그릇으로 밥을 먹었거나, 만약 함께 쟁반으로 먹었거나, 한 평상에서 앉거나 누웠어도 역시 이와 같다. 만약 비구가 여인과 함께 평상에 누워서 서로가 접촉하면 승가바시사를 얻고, 만약 중간에 비구가 앉고 여인이 누웠거나, 여인이 앉고 비구가 누웠는데 앉았을 때와 누웠을 때를 따라서 서로가 접촉하면 하나·하나가 승가바시사를 얻는다.

만약 비구가 법을 알았고 거짓이 많아서 여인과 함께 서로가 껴안고 함께 눕고 함께 일어나며 밤새도록 떠나지 않는 자는 하나·하나에 승가바시사를 범한다. 만약 비구가 여인과 함께 모두 결만(結鬘)⁴⁾한다면 위의가 아니다. 만약 염오의 마음이라면 월비니죄를 얻고, 만약 음욕의 마음으로 움직였으나 서로 접촉하지 않은 자는 투란차죄를 얻는다.

만약 비구가 여인과 함께 우물 위의 위태로운 나무를 밟으면서 물을 길었다면 위의가 아니다. 만약 음욕의 마음이 있었다면 월비니죄를 범하고, 만약 음욕의 마음으로 나무를 움직였으면 투란차죄를 범한다. 만약 움직이지 않았거나, 중간에 남자가 있었다면 무죄이다. 만약 비구가 여인과 함께 모두가 하나의 두레박줄로 물을 길었다면 위의가 아니다. 만약 음욕의 마음을 일으켰다면 월비니죄를 범하고, 만약 음욕의 마음으로 두레박줄을 움직였다면 투란차죄를 범한다.

만약 비구가 여인과 함께 모두가 우물에서 물을 길면서 비구가 두레박을 내리는 때에 여인이 내리고자 하였다면 마땅히 말해야 한다.

"누이여. 조금 기다려서 나의 두레박이 밖으로 나온 뒤에 내리십시오."

만약 우물의 난간이 움직이도록 함께 물을 길었다면 위의가 아니다. 만약 음욕의 마음을 일으켰으면 월비니죄를 얻고, 음욕의 마음으로 우물의 난간을 움직였다면 투란차죄를 얻으며, 우물의 난간이 움직이지 않았다면 무죄이고, 그 중간에 정인(淨人)이 있었어도 무죄이다.

만약 비구가 취락의 가운데에 들어가서 신심있는 우바새의 집에 이르렀고, 이때 우바새와 우바이가 "우리가 하룻밤을 세존께 공양하고자 합니다. 원하건대 스승께서 우리를 도와서 공양할 도구를 베풀어 주십시오."라고 말하였고, 비구는 "그렇게 하겠습니다."라고 말하였는데, 비구가 여인과 함께 기둥을 들어서 세우고자 하였어도 위의가 아니다. 만약 음욕의 마음이 있었다면 월비니죄를 얻고, 음욕의 마음으로 기둥을 움직였으면 투란차죄를 얻는다.

만약 비구가 여인과 함께 모두가 공양구를 베풀어 설치하면서 만약

4) 꽃다발(花鬘)을 묶는 것으로, 꽃다발은 실로 많은 꽃을 꿰거나, 묶어서 목이나 몸에 장식하는 것을 가리킨다.

대나무나 갈대 등을 각자 하나씩 붙잡는다면 위의가 아니다. 만약 음욕의 마음이 있었다면 월비니죄를 얻고, 음욕의 마음으로 대나무와 갈대 등을 움직였다면 투란차죄를 얻으며, 이와 같이 장막·무늬 없는 옷(縵衣)·비단 그물(錦罽)·화상(畵像), 나아가 꽃다발의 여러 물건까지 비구가 여인과 함께 모두가 각자 한 꼭지를 붙잡는다면 위의가 아니다. 만약 음욕의 마음이 있었다면 월비니죄를 얻고, 만약 음욕의 마음으로 물건들을 움직였다면 투란차죄를 얻는다.

만약 비구가 여인과 함께 석밀병(石蜜瓶)을 마주 들었다면 위의가 아니다. 만약 음욕의 마음이 있었다면 월비니죄를 얻고, 음욕의 마음으로 병을 움직였으면 투란차죄를 얻으며, 나아가 모든 기물(器物)을 움직이는 것도 역시 이와 같다. 만약 비구가 여인과 함께 모두에게 향과 꽃과 기름 등의 공양을 행하면서 여인이 그릇을 붙잡고 비구가 꽃을 올리거나, 비구가 그릇을 붙잡고 여인이 꽃을 올리는 것은 위의가 아니다. 만약 음욕의 마음이 있었다면 월비니죄를 얻고, 음욕의 마음으로 그릇을 움직였다면 투란차죄를 얻는다.

만약 밤새도록 법을 듣는 자는 마땅히 각자 다른 벽의 아래에 서로가 멀리 자리를 펼쳐야 하고, 만약 이러한 처소가 없어서 마땅히 노지(露地)에서 만약 수용할 수 없다면 중간에 마땅히 나무로써 제한(齊限)하며, 법을 들어 마치고는 여러 종류의 여러 물건들을 가지고 보시하였는데 이를테면, 평상과 요, 만약 옷 등이거나, 만약 보배 그릇 등이었는데, 만약 비구가 여인과 함께 이 물건들을 잡고서 축원(呪願)하였다면 위의가 아니다. 만약 음욕의 마음이 있었다면 월비니죄를 얻고, 만약 음욕의 마음으로 그 물건들을 움직였다면 투란차죄를 얻는다.

이튿날 아침에 비구가 여인과 함께 다니면서 여러 종류의 음식과 나아가 소금을 행하였거나, 만약 비구가 그릇을 잡았고 여인이 행하였거나, 여인이 그릇을 잡았고 비구가 행하였다면 위의가 아니다. 만약 음욕의 마음이 있었으면 월비니죄를 얻고, 음욕의 마음으로 그릇들을 움직였다면 투란차죄를 얻는다. 만약 비구가 여인 주변에서 그릇을 받아서 행하였다면 범한 것은 없다.

만약 어느 여인이 무거운 물건을 메고자 하였으나 능히 어깨 위에 올리지 못하여 곧 비구에게 도와달라고 청하더라도 비구는 마땅히 도와주지 않을 것이고, 만약 다른 남자나 여인이 있다면 비구는 마땅히 도와주게 시켜야 하며, 만약 다른 사람이 없었다면 비구는 마땅히 스스로가 들어서 이 물건을 높은 곳에 얹어주고 그녀가 메고서 가게 해야 한다. 만약 비구가 여인과 함께 한적한 곳의 땅에서 움직였다면 위의가 아니다. 만약 음욕의 마음이 있었다면 월비니죄를 얻고, 음욕의 마음이 있어서 땅에서 움직였다면 투란차죄를 얻는다.

만약 비구가 여인과 함께 다니면서 움직이는 수레 위에서 물을 건넌다면 위의가 아니다. 만약 음욕의 마음이 있었으면 월비니죄를 얻고, 음욕의 마음으로 수레를 움직였으면 투란차죄를 얻는다. 만약 수레가 움직이지 않았다면 무죄이고, 중간에 다른 남자가 있었어도 무죄이다. 만약 비구가 수레에서 내리는 때에 여인이 오는 것을 보았다면 마땅히 반대로 돌아와서 그 여인이 지나가게 하고서 비구가 곧 내려야 한다. 만약 길이 넓고 움직이지 않았다면 무죄이고, 중간에 다른 남자가 있었어도 무죄이다.

만약 비구가 여인과 함께 긴 판자 위를 함께 갔다면 위의가 아니다. 만약 음욕의 마음이 있었다면 월비니죄를 얻고, 음욕의 마음으로 판자를 움직였다면 투란차죄를 얻는다. 만약 판자가 움직이지 않았거나, 중간에 다른 남자가 있었다면 무죄이다. 만약 비구가 여인과 함께 물의 가운데로 가면서 비구가 뒤에 있으면서 발로 물을 걷어찼고 여인에게 튀게 하였다면 위의가 아니다. 만약 음욕의 마음이 있었다면 월비니죄를 얻고, 음욕의 마음으로 물을 걷어차서 여인에게 튀게 하였다면 투란차죄를 얻는다.

만약 비구가 여인과 함께 모두가 배 위에서 갔다면 비구는 마땅히 남자들이 있는 곳에 머물러 있어야 한다. 만약 곧바로 한 자리에 머물렀다면 비구는 마땅히 바른 생각으로 머물러야 하는데, 만약 다른 마음이 있어서 서로를 접촉하였다면 승가바시사를 얻는다. 만약 배가 가라앉은 때에 여인이 물에 떠다니며 비구를 향하였다면 비구는 땅이라는 생각을 짓고서 지니고 물에서 나오게 하였다면 범한 것은 없다. 만약 음욕의 마음이 있었다면 승가바시사를 얻는다.

만약 비구가 강변을 경행하였고, 어느 여인이 물속에 빠졌으며, 애처롭고 괴로운 소리를 지르면서 비구에게 구해주는 것을 구하였고 비구가 땅이라는 생각을 짓고서 붙잡아 끌어냈다면 범한 것은 없다. 만약 대나무와 노끈을 주어 끌어냈어도 범한 것은 없다. 만약 비구가 "그대의 괴로움을 알겠으나, 마땅히 숙명에 맡겨야 한다."라고 말했다면 무죄이다. 만약 그 여인이 다급하게 비구를 붙잡았다면 비구는 마땅히 바른 생각으로 머물러야 한다. 만약 다른 마음이 있어서 거칠고 두꺼운 옷을 합쳐서 붙잡게 하였다면 투란차죄를 얻고, 만약 부드럽고 얇은 옷을 합쳐서 붙잡게 하였다면 승가바시사를 얻는다.

만약 비구가 성(城)에 들어갔던 때에 만약 왕이 외출하거나, 만약 대회(大會)의 날이어서 많은 사람이 출입하였다면 비구는 머무르고 사람들의 출입이 적는 것을 보고서 뒤에 들어가야 한다. 만약 많은 사람의 남녀를 따라서 들어갔다면 위의가 아니다. 나아가 음욕의 마음이 있어서 접촉하였다면 승가바시사를 얻는다. 만약 비구가 성에 들어가서 걸식하면서 다녔고 음녀(婬女)의 집에 이르렀는데 음녀가 비구를 붙잡았다면, 비구는 마땅히 바르게 사유하여야 한다.

만약 비구가 걸식하는 때에 어느 단정한 여인이 음식을 가지고 비구에게 주었는데, 비구가 여인을 보고 음욕의 생각을 일으켰다면 마땅히 발우를 땅에 놓아두고서 다른 사람이 받게 해야 한다. 만약 여인이 음식을 가지고 비구에게 주면서 만약 여인의 한 손이 음식을 지나가면서 한 손이 발우의 아래를 받친다면 위의가 아니다. 만약 음욕의 마음이 있었고, 나아가 접촉하였다면 승가바시사를 얻는다.

만약 비구가 좁은 길이나 골목의 가운데에서 여인과 서로가 만났다면 비구는 마땅히 멈추고 여인이 지나가기를 기다려야 한다. 만약 경쟁하며 다녔다면 위의가 아니다. 만약 음욕의 마음이 있었고, 나아가 접촉하였다면 승가바시사를 얻는다. 만약 비구가 어머니·자매·친족 등과 함께 오랫동안 이별하였다가 서로를 보았고 환희하면서 비구를 안고서 붙잡았다면 비구는 마땅히 바르게 억념(憶念)하면서 머물러야 한다. 만약 다른 마음이 있었다면 승가바시사를 범한다.

만약 비구가 단월(檀越)의 집에 이른 때에 여인이 어린애를 안고서 비구의 무릎 위에 내려놓는 것은 범한 것이 아니다. 만약 비구가 나아가서 여인의 손에서 어린애를 붙잡는다면 위의가 아니다. 만약 음욕의 마음이 있었다면 월비니죄를 얻고, 전전(展轉)하여 서로가 움직였으면 투란차죄를 얻으며, 만약 손으로 그 여인을 접촉하였다면 승가바시사를 얻는다.

만약 비구가 성에 들어갔거나, 만약 왕이 외출하였거나, 만약 대회의 날이었거나, 만약 많은 남녀가 출입하였다면, 비구는 마땅히 잠시 머물러서 사람이 적어졌다면 곧 들어가야 한다. 만약 그때 사나운 코끼리이거나, 사나운 말이거나, 소의 달리는 수레에서 불이 났고 피박을 받는 때이거나, 여러 두려운 일에서 빠르게 들어갔다면 무죄이다.

만약 비구가 여러 대회의 때인 이를테면, 세존께서 탄생하신 처소, 도를 증득하신 처소, 법륜(法輪)을 굴리시던 처소, 아난의 대회였던 처소, 라후라의 대회였던 처소, 반차우슬(般遮于瑟)의 대회였던 처소 등의 이러한 대회의 때에 많은 사람들이 와서 구경하면서 만약 여인들이 구슬·팔찌·영락·의복·물건 등을 비구에게 맡겼는데, 만약 부정한 물건일 때는 마땅히 정인(淨人)을 시켜 이를 취하게 하고, 만약 청정한 물건일 때는 마땅히 스스로가 손으로 취해야 한다.

여인이 반대로 찾는 때에 부정한 물건이라면 정인을 시켜서 돌려주어야 하고, 만약 청정한 물건이라면 스스로 돌려주어 여인에게 집착하지 않게 할 것이니, 집착한다면 월비니죄를 범하고, 만약 여인의 몸을 접촉하였다면 승가바시사를 범하며, 만약 황문을 접촉하였다면 투란차죄를 범하고, 만약 남자를 접촉하였다면 월비니죄를 범하며, 만약 축생들의 암컷을 접촉하였다면 월비니죄를 범하고, 만약 긴나라녀(緊那羅女)이거나, 암컷의 원숭이를 접촉하였다면 투란차죄를 얻는다.

만약 여인의 옆에서 접촉하였다면 승가바시사를 얻고, 황문의 옆에서 접촉하였다면 투란차죄를 얻으며, 남자의 옆에서 접촉하였다면 월비니죄를 마음으로 참회해야 한다. 만약 여인의 옆에서 접촉하였다면 월비니죄를 마음으로 참회해야 하고, 황문이나 남자는 범한 것은 없다.

이러한 까닭으로 설하였노라.

"만약 비구가 음욕으로 마음이 변하였는데, 여인의 몸과 서로를 어루만지고 접촉하면서 만약 손을 잡거나, 만약 엮은 머리카락을 잡거나, 더불어 다른 몸의 부분을 서로가 어루만지고 접촉하면서 미세하고 매끄러움을 받는 자는 승가바시사를 범하느니라."

[제2계를 마친다.]

세존께서는 왕사성의 가란타죽원에 머무셨으며, 자세한 설명은 앞에서와 같다.

이때 정거천(淨居天)이 전륜왕(轉輪王)의 처소에서 마땅히 복용할 약으로써 가치(價値)가 백천(百千) 금전(金錢)이었는데, 기구(耆舊)5)에게 주었으며, 기구 약사(藥師)는 이렇게 생각을 지었다.

'오늘날 세간에서 누가 최고로 존중받는가? 세간에서 제일인 분께 마땅히 이 약을 가지고 그에게 받들어 드려야겠다.'

곧 다시 생각하면서 말하였다.

'오직 여래께서 있으시고 최고로 존중받는 제일이시다. 마땅히 이 약으로써 세존께 받들어 드려야겠다.'

그때 기구 동자는 세존의 처소로 나아가서 세존의 발에 예경하고 한쪽에 앉았고 세존께 아뢰어 말하였다.

"정거천이 저에게 이것을 주었고 전륜왕을 치료하는 약이며 가치가 백천 금전입니다. 저는 이렇게 생각을 지었습니다. '이 세간에서 누가 가장 존중받고 제일이신가? 마땅히 이 약을 드려야겠다.' 곧 다시 생각하며

---

5) 기파가(耆婆伽)·시박가(時縛迦)·시파(時婆)·지파(祗婆) 등으로 불리며, 아버지는 병사왕(瓶沙王)으로 알려진 왕사성의 의사이다.

말하였습니다. '오직 여래께서 있으시고 최고로 존중받는 제일이시다. 마땅히 이 약으로써 세존께 받들어 드려야겠다.' 오직 원하옵건대 애민하게 생각하시어 이 약을 받아주십시오."

세존께서 기구에게 알리셨다.

"여래·응공(應供)·정변지(正遍知)는 음욕·성냄·어리석음의 허물인 습장(習障)[6]을 영원히 없앴고, 오직 견고하고 평등한 묘신(妙身)이 있으므로 여러 병이 있더라도 마땅히 이 약을 복용할 수 없느니라."

그때 기구가 다시 세존께 아뢰어 말하였다.

"세존이시여. 여래·응공·정변지의 평등하신 묘신은 비록 여러 질병이 없더라도 저희들을 애민하게 생각하시는 까닭으로 이 약을 받아주시고, 마땅히 내세의 제자에게 밝은 법을 열어서 보여주시며, 병자는 약을 받고서 보시하는 자는 복을 얻게 하십시오."

그때 세존께서는 묵연(默然)히 받으셨고 기구는 다시 생각하였다.

'지금부터 세존께 평소에 사람들과 약을 복용하는 법과 같아서는 아니 된다. 마땅히 푸른 연꽃잎을 취하여 이 약을 훈증하고 그 향기를 세존께서 맡게 해야겠다.'

그때 세존께서 푸른 연꽃의 향이 있는 약의 냄새를 맡으시고 18번을 설사하셨다. 세존께서는 설사를 마치셨는데, 광상(光相)이 즐겁지 않으셨다. 이때 병사왕(甁沙王)은 여러 신하와 권속들을 함께 와서 병을 문안하였다. 이때 왕사성에는 5백 명의 음녀가 있었고, 역시 세존께 나아가 예경하고 병을 문안하였다. 병사왕이 세존의 처소에 나아가서 병문안을 마쳤으므로 여러 신하와 시종(侍從)들이 차례로 들어와서 병을 문안하였으며, 500명의 음녀들도 혹은 코끼리와 말과 수레들을 타고 와서 문병하고자 하였는데, 그 가운데는 들어간 자도 있었고 들어가지 못한 자도 있었다.

들어가지 못한 자들은 젊은이들과 함께 원림(園林) 가운데에서 돌아다녔고 여러 연못에서 목욕하면서 스스로가 오욕(五欲)을 오락하였으며

---

6) 여러 생을 거치면서 익혀진 습관을 인연한 장애를 가리킨다.

노래하고 춤추며 즐겁게 웃었다. 한 명의 음녀가 있어서 빈궁하였고
떨어진 옷을 입었으므로 같이 말하는 자가 없었으므로 곧 우타이의 처소로
나아가서 알려 말하였다.

"아사리여. 나도 가서 보고 싶습니다."

우타이가 말하였다.

"그것은 옳소. 그대가 청하지 않았어도 오히려 부르려고 하였소. 오히려
그대가 청하며 구하는구려."

곧 방에 들어왔다. 이때 우타이는 역시 여러 방사의 많은 종류의 채색과
그림을 보여주었다. 우타이가 물어 말하였다.

"누이여. 방사가 좋습니까?"

대답하여 말하였다.

"진실로 좋습니다."

곧 물어 말하였다.

"누이여. 능히 함께 이러한 일을 짓겠습니까?"

대답하여 말하였다.

"아사리여. 나는 드러누워서 이러한 일을 지으면서 살아갑니다. 만약
남자라면 오십시오."

우타이가 말하였다.

"누이여. 그대는 땅에 누우시오."

곧 때에 땅에 누웠다. 다시 말하였다.

"오른쪽 옆구리로 누우시오."

곧 오른쪽 옆구리로 누웠고, 다시 왼쪽 옆구리로 눕게 하였으므로
곧 왼쪽 옆구리로 누웠으며, 다시 반듯하게 드러눕게 하였으므로 곧
반듯하게 누웠고, 다시 기어가게 하였으므로 곧 기어갔다. 그때 우타이는
곧 침을 뱉고 발로 차서 거꾸로 넘어트렸으며 곧 말하였다.

"누이여. 일어나시오. 나는 지을 것을 마쳤소."

그때 음녀는 성내면서 말하였다.

"이것은 사문으로서 사사(辭謝)[7]할 법이 아닙니다."

이때 어느 좌선하던 비구가 먼저 방에 들어와서 가려진 곳에 앉았으며, 멀리서 이러한 일을 보고 여러 비구들에게 말하였다. 여러 비구들은 이 일로써 세존께 가서 아뢰었고 세존께서는 말씀하셨다.

"우타이를 불러오라."

곧바로 불렀고 왔으므로 세존께서는 우타이에게 물으셨다.

"그대가 진실로 그러하였는가?"

대답하여 말하였다.

"진실로 그렇습니다."

세존께서 우타이에게 물으셨다.

"그대는 무슨 마음으로써 하였는가?"

대답하여 말하였다.

"음욕의 마음입니다."

다시 우타이에게 물으셨다.

"그대는 음행의 일을 짓고자 하였는가?"

대답하여 말하였다.

"음행은 짓지 않았고, 저는 다만 희롱하였습니다."

세존께서 말씀하셨다.

"이것은 악한 일이니라. 우타이여. 내가 항상 여러 종류로 음욕의 생각을 꾸짖었고 음욕의 생각을 벗어남을 찬탄하지 않았던가? 그대는 지금 어찌하여 이러한 악행을 지었는가? 우타이여. 이것은 법이 아니고 율이 아니며 세존의 가르침이 아니니라. 이것으로써 선법을 크게 장양하지 못하느니라."

세존께서는 여러 비구들에게 알리셨다.

"왕사성을 의지하여 머무르는 비구들을 모두 모이게 하라. 열 가지의 이익을 까닭으로 여러 비구들을 위하여 계율을 제정하겠노라. 나아가 이미 들은 자들은 마땅히 거듭하여 들을지니라. 만약 비구가 음욕으로

---

7) 요구나 제안 등을 사양하여 받아들이지 않는 것이다.

변한 마음으로 여인과 함께 추악하게 말하였다면 음욕법에 수순하는 것이고, 나이가 젊은 남녀와 같다면 승가바시사를 범하느니라.”

'비구'는 앞에서 말한 것과 같다.

'음욕'은 염오의 마음이다.

'변한 마음'은 과거의 마음을 변하였다고 이름한다. 모두 없어졌고 변이(變易)하였다면 이것도 역시 변이하였다고 이름한다. 다만 이 가운데에서 변이한 것은 근(根)·역(力)·각(覺)·도(道)에서 종자가 변이한 것이다.

'마음'은 의식이다.

'여인'은 친족이거나, 친족이 아니거나, 만약 늙었거나, 만약 어렸거나, 재가이거나, 출가한 사람이다.

'음욕을 말하다.'는 그를 향하여 말하는 것이다.

'악한 말'은 모습을 훼손하고 꾸짖는 것이다.

'음욕에 수순하여 칭찬하며 말하다.'는 범행이 아닌 일을 말하는 것이다.

'나이가 젊은 남녀와 같다.'는 소년으로 나이가 젊거나, 소년으로 나이가 중간이거나, 소년으로 나이가 늙은 것과 같거나, 중년(中年)으로 나이가 젊거나, 중년으로 나이가 중간이거나, 중년으로 나이가 늙음과 같거나, 노년으로 나이가 젊거나, 노년으로 나이가 중간이거나, 노년으로 나이가 늙은 것과 같은 것이다. 나이가 젊은 남녀의 법과 같이 모두 승가바시사를 범한다.

'승가바시사'는 앞에서 설한 것과 같다.

만약 비구가 여인에게 음욕을 일으켰고 음욕의 마음으로 말하면서, 만약 음행을 지었거나, 만약 짓지 않았거나, 칭찬하였거나, 헐뜯었거나, 말하였거나, 물었거나, 구하였거나, 청하였거나, 보았거나, 꾸짖거나, 곧 말하는 것이다.

'짓다.'는 사문의 법을 버리면서 음욕의 일을 하려는 것이다. 이것을 짓는다고 이름한다.

'짓지 않다.'는 사문의 법을 버리고자 하지 않는 것이고, 비록 '내가 마땅히 음행을 짓겠다.'라고 말하였으나 실제로 하지 않는 것이다. 이것을 짓고자 하지 않는다고 이름한다.

'칭찬하거나 헐뜯다.'는 여덟 곳을 만약 칭찬하였거나, 만약 헐뜯는 것이니 이를테면, 두 입술·두 겨드랑이·두 유방·두 옆구리·배·배꼽·두 넓적다리·두 길(兩道)[8]이다.

'입술'은 좋은 입술·붉은 입술·가지런한 입술·석류꽃 같은 입술 등이니, 이와 같이 칭찬을 짓는 자는 승가바시사를 범한다. 만약 추악한 입술·늘어진 입술·거친 입술·돼지 입술·절구와 같은 입술 등으로 이와 같이 헐뜯으며 짓는 자도 승가바시사를 범한다.

'겨드랑이'는 좋은 겨드랑이·평평한 겨드랑이·털이 없는 겨드랑이·향기있는 겨드랑이라고 만약 말하였거나, 냄새나는 겨드랑이·깊은 겨드랑이·털이 많은 겨드랑이·때가 묻은 겨드랑이라고 이와 같이 칭찬하거나, 헐뜯는 자는 승가바시사를 범한다.

'유방'은 좋은 유방·둥근 유방·석류 같은 유방·금영(金攖) 같은 유방·두 유방이 가지런하게 돌출하였다고 만약 말하거나, 추한 유방·늘어진 유방·큰 유방·돼지 유방·개 유방·약 주머니라고 이와 같이 칭찬하거나, 헐뜯는 자는 승가바시사를 범한다.

'옆구리'는 좋은 옆구리·평평한 옆구리·녹로(轆轤)[9] 같은 옆구리라고 만약 말하거나, 추악한 옆구리·늘어진 옆구리라고 이와 같이 칭찬하거나, 헐뜯는 자는 승가바시사를 범한다.

'배'는 좋은 배·평평한 배라고 만약 말하거나, 추악한 배·큰 배·늘어진 배 등이라고 만약 말하거나, 추악한 옆구리·늘어진 옆구리라고 이와 같이 칭찬하거나, 헐뜯는 자는 승가바시사를 범한다.

'배꼽'은 좋은 배꼽·깊은 배꼽·수선(水鏇)의 배꼽 등이라고 만약 말하거나, 추악한 배꼽·큰 배꼽·오목한 배꼽 등이라고 이와 같이 칭찬하거나, 헐뜯는 자는 승가바시사를 범한다.

---

8) 소·대변도를 가리킨다.
9) 질그릇 등을 만드는 때에 돌리면서 모형과 균형 등을 만드는데 사용하는 물레를 가리킨다.

'넓적다리'는 좋은 넓적다리·둥근 넓적다리·고른 넓적다리·코끼리 코의 넓적다리 등이라고 만약 말하거나, 추악한 넓적다리·수척한 넓적다리라고 이와 같이 칭찬하거나, 헐뜯는 자는 승가바시사를 범한다.

'두 길'은 이름을 말하여도 승가바시사를 범한다. 이것을 여덟 곳의 일이라고 이름한다. 염오의 마음으로 칭찬하거나 헐뜯는 자는 승가바시사를 범한다.

'말하다.'는 여인에게 "그대는 어머니와 자매가 일찍이 따랐던 사람들의 일과 같아야 하거나, 만약 남편이거나, 만약 시숙이 그대에게 말하였다면 그대가 마땅히 따라서 지어야 한다."라고 말하였다면, 이와 같은 말을 지은 자는 승가바시사를 범한다.

'묻다.'는 여인에게 "그대가 일찍이 따랐던 사람들의 일에서 만약 남편이거나, 만약 시숙이 어느 곳에서 음행을 지었는가? 밤의 몇 시에 음행을 지었는가?"라고 물었다면, 이와 같이 짓는 자는 승가바시사를 범한다.

'구하다.'는 비구가 여인에게 "그대의 어머니나 자매와 같은 사람이 일찍이 따랐던 사람들의 일에서 그대가 법을 구한다면, 이러한 일로써 옷과 음식을 얻을 것이오."라고 이와 같이 말을 짓는 자는 승가바시사를 범한다.

'청하다.'는 여인에게 "나는 이미 여러 천신(天神)에게 그대와 함께 화합하는 것을 얻고자 청하였으니, 마땅히 이러한 원을 보답해야 하오."라고 이와 같이 말을 짓는 자는 승가바시사를 범한다.

'보다.'는 "지금 마땅히 함께 비교한다면 누구의 입술이 좋은가? 좋지 않은가를 알 것이오. 나의 입술인가? 그대의 입술인가? 마땅히 물건을 살펴보겠소."라고 이렇게 말을 지었고, 이와 같이 두 겨드랑이·두 유방·두 옆구리·배·배꼽·두 넓적다리를 모두 마땅히 함께 비교한다면 누구의 입술이 좋은가? 좋지 않은가를 알 것이오. 나의 입술인가? 그대의 입술인가? 마땅히 물건을 살펴보겠소."라고 이렇게 말을 지었으며, 더불어 두 길의 이름을 말하였다면 승가바시사를 범한다.

'꾸짖다.'는 음욕의 마음으로 "노새나 말과 같다."라고 여러 종류의 이름으로 꾸짖어 말하였다면 승가바시사를 범한다.

'곧 말하다.'는 "마땅히 함께 이러한 일을 지읍시다."라고 곧 말하였다면 승가바시사를 범한다.

비구가 음욕의 마음으로 여인에게 만약 음행을 짓자고 말하였거나, 음행을 짓지 않겠다고 말하였거나, 칭찬하였거나 헐뜯었다고 말하였거나, 물었거나, 구하였거나, 보았거나, 꾸짖었거나, 곧 말하였다면 승가바시사를 범한다. 음욕의 마음을 일으켜서 이곳을 향하고자 하였으나 저쪽을 향하였거나, 저쪽을 향하고자 하였으나 이쪽을 향하였거나, 이쪽을 향하고자 하였고 이쪽을 향하였거나, 저쪽을 향하고자 하였고 저쪽을 향하였거나, 나아가 곧 말하였다면 승가바시사를 범한다.

만약 비구가 여인에게 음욕의 마음을 일으켜서 황문을 향하여 곧 말하였다면 투란차죄를 범한다. 만약 비구가 황문에게 음욕의 마음을 일으켜서 여인을 향하여 곧 말하였다면 투란차죄를 범한다. 만약 비구가 여인에게 음욕의 마음을 일으켜서 여인을 향하여 곧 말하였다면 승가바시사를 범한다. 만약 비구가 황문에게 음욕의 마음을 일으켜서 황문을 향하여 곧 말하였다면 투란차죄를 범한다.

만약 비구가 여인에게 음욕의 마음을 일으켜서 남자를 향하여 곧 말하였다면 월비니죄를 범한다. 만약 남자에게 음욕의 마음을 일으켜서 여인을 향하여 곧 말하였다면 승가바시사를 범한다. 여인에게 음욕의 마음을 일으켜서 여인을 향하여 곧 말하였어도 역시 이와 같다. 만약 비구가 남자에게 음욕의 마음을 일으켜서 남자를 향하여 곧 말하였어도 월비니죄를 범한다. 황문과 남자도 역시 이와 같다.

만약 비구가 음욕의 마음으로 여인을 향하여 음욕이거나, 음욕을 수순하거나, 숨겨서 덮었거나, 옆에 말(傍語)하거나, 임신을 말하는 것이다.

'음욕'은 "자매여. 함께 이러한 일을 지읍시다."라고 말하였다면 이것을 음욕이라고 이름한다.

'음욕을 수순하다.'는 비구가 여인에게 "얻고자 하는 물건인 만약 남자이거나, 만약 바르는 향이거나, 만약 꽃다발이거나, 의복이거나, 영락 등을 주겠으니, 이러한 일을 지읍시다."라고 말하였다면 이것을 음욕을 수순한 다고 이름한다.

'숨겨서 덮다.'는 만약 비구가 여인을 향하여 "자매여. 목욕하러 오시오. 과일을 먹으러 오시오. 독(毒)을 뽑으러 오시오."라고 숨기면서 말을 지었다면, 이와 같은 여러 종류의 속이는 말을 짓는 것이다. 이것을 숨긴다고 이름한다.

'옆에 말하다.'는 만약 비구가 여인에게 음욕의 마음이 있었으므로 옆의 여인을 향하여 여덟 곳을 말하였고, 만약 이 한 여인이 비구는 음욕의 마음으로 자기를 향하는 것을 알게 하였다면, 이 비구는 여덟 가지의 승가바시사를 얻고, 이 한 여인이 알지 못하였다면 여섯 가지의 투란차죄를 얻고 두 가지의 승가바시사를 얻는다. 만약 비구가 한 여인에 게 음욕의 마음이 있었으므로 곧 이 여인을 향하여 다른 여인의 여덟 곳을 칭찬하거나 헐뜯었고, 만약 이 여인이 비구가 음욕의 마음으로 자기를 향하는 것을 알도록 하였다면 이 비구는 여덟 가지의 승가바시사를 얻고, 알지 못하였다면 여섯 가지의 투란차죄를 얻고 두 가지의 승가바시 사를 얻는다.

만약 비구가 한 여인에게 음욕의 마음이 있었으므로 곧 이 여인을 향하여 황문의 여덟 곳을 칭찬하거나 헐뜯었고, 만약 이 여인이 비구는 음욕의 마음으로 자기를 향하는 것을 알게 하였다면, 여덟 가지의 승가바 시사를 범하고, 알지 못하였다면 여섯 가지의 투란차죄를 범하고 두 가지의 승가바시사를 범한다. 만약 비구가 한 여인에게 음욕의 마음이 있었으므로 곧 이 여인을 향하여 남자의 여덟 곳을 말하였고, 만약 이 여인이 이 비구가 음욕의 마음으로 자기를 향하는 것을 알게 하였다면 이 비구는 여덟 가지의 승가바시사를 범하고, 알지 못하였다면 여섯 가지의 투란차죄를 얻고 두 가지의 승가바시사를 범한다.

만약 비구가 한 황문에게 음욕의 마음이 있었으므로 다른 황문을 향하여 여덟 곳을 칭찬하거나 헐뜯었고, 만약 이 황문이 이 비구는 음욕의 마음으로 자기를 향하는 것을 알게 하였다면 여덟 가지의 투란차죄를 얻고, 알지 못하였다면 여섯 가지의 월비니죄를 얻고 두 가지의 투란차죄를 얻는다. 만약 비구가 한 황문에게 음욕의 마음이 있었으므로 곧 이 황문을 향하여 다른 황문의 여덟 곳을 칭찬하거나 헐뜯었고, 만약 이 황문이 비구는 음욕의 마음으로 자기를 향하는 것을 알게 하였다면 이 비구는 여덟 가지의 투란차죄를 얻고, 알지 못하였다면 여섯 가지의 월비니죄를 얻고 두 가지의 투란차죄를 얻는다.

만약 비구가 이 황문에게 음욕의 마음이 있었으므로 곧 이 황문을 향하여 여인의 여덟 곳을 칭찬하거나 헐뜯었고, 만약 이 황문이 비구는 음욕의 마음으로 자기를 향하는 것을 알게 하였다면 이 비구는 여덟 가지의 투란차죄를 범하고, 알지 못하였다면 여섯 가지의 월비니죄를 얻고 두 가지의 투란차죄를 얻는다. 만약 비구가 이 황문에게 음욕의 마음이 있었으므로 곧 이 황문의 앞에서 남자의 여덟 곳을 칭찬하거나 헐뜯었고, 만약 이 황문이 비구는 음욕의 마음으로 자기를 향하는 것을 알게 하였다면 이 비구는 여덟 가지의 투란차죄를 얻고, 알지 못하였다면 여섯 가지의 월비니죄를 얻고 두 가지의 투란차죄를 얻는다.

만약 비구가 한 남자에게 음욕의 마음이 있었으므로 다른 남자를 향하여 여덟 곳을 칭찬하거나 헐뜯었고, 만약 이 남자가 비구는 음욕의 마음으로 자기를 향하는 것을 알게 하였다면 여덟 가지의 월비니죄를 얻고, 알지 못하였다면 여섯 가지의 월비니죄를 마음으로 참회해야 하고 두 가지의 월비니죄를 얻는다. 만약 비구가 이 비구에게 음욕의 마음이 있었으므로 곧 이 남자의 앞에서 다른 남자의 여덟 곳을 칭찬하거나 헐뜯어서 만약 이 남자가 비구는 음욕의 마음으로 자기를 향하는 것을 알게 하였다면 이 비구는 여덟 가지의 월비니죄를 범하고, 알지 못하였다면 여섯 가지의 월비니죄를 마음으로 참회해야 하며 두 가지의 월비죄를 얻는다.

만약 비구가 남자에게 음욕의 마음이 있었으므로 곧 이 남자의 앞에서 여인의 여덟 곳을 칭찬하거나 헐뜯었고, 만약 이 남자가 비구는 음욕의 마음으로 자기를 향하는 것을 알게 하였다면 이 비구는 여덟 가지의 월비니죄를 얻고, 알지 못하였다면 여섯 가지의 월비니죄를 마음으로 참회해야 하고 두 가지의 월비죄를 얻는다. 만약 비구가 이 남자에게 음욕의 마음이 있었으므로 곧 남자를 향하여 황문의 여덟 곳을 칭찬하거나 헐뜯어서 만약 이 남자가 비구는 음욕의 마음으로 자기를 향하는 것을 알게 하였다면 이 비구는 여덟 가지의 월비니죄를 얻고, 알지 못하였다면 여섯 가지의 월비니죄를 마음으로 참회해야 하고 두 가지의 월비니죄를 얻는다. 이것을 옆의 말이라고 이름한다.

'임신'은 만약 임신한 여인이 사찰의 가운데에 들어와서 비구의 발에 예배하였는데 여인에게 "쯧쯧. 쯧쯧. 기이하구려. 우바이여. 그대는 이미 문을 열었고, 이미 염오의 몸을 받았구려. 그대는 밤에 전혀 잠자지 않고 부정(不淨)한 업을 지었으니 이것은 범행이 아니고 음욕의 과보입니다."라고 이렇게 말을 지었다면, 승가바시사를 범한다. 이것을 임신이라고 이름한다.

만약 여인의 앞에서 칭찬하거나 헐뜯었다면 승가바시사를 얻고, 황문 앞에서는 투란차죄를 얻으며, 남자 앞에서는 월비니죄를 얻는다. 만약 긴나라녀를 향하였거나 원숭이의 암컷을 향하였다면 투란차죄를 얻고, 다른 축생의 암컷을 향하여 말하였으면 월비니죄를 범한다.

만약 여인의 옆이라면 승가바시사를 얻고, 황문의 옆이라면 투란차죄를 얻으며, 남자의 옆이라면 월비니죄를 얻는다. 만약 여인의 옆이라면 투란차죄를 얻고, 황문의 옆이라면 월비니죄를 얻으며, 남자의 옆이라면 월비니죄를 마음으로 참회해야 한다. 또는 여인의 옆이라면 월비니죄를 얻고, 황문의 옆이라면 월비니죄를 마음으로 참회해야 하고, 남자의 옆이라면 무죄이다. 만약 여인의 옆이라면 월비니죄를 마음으로 참회해야 하고, 황문이거나, 남자의 옆이라면 무죄이다.

이러한 까닭으로 만약 비구가 음욕으로 마음이 변하여서 여인과 함께 추악하게 말하였고 음욕법을 수순하였는데, 나이가 젊은 남녀와 같다면 승가바시사를 범한다.

[제3계를 마친다.]

세존께서는 사위성에 머무셨으며, 자세한 설명은 앞에서와 같다.

이때 장로 우타이는 오래된 지식의 바라문이 있어 우타이에게 말하였다.

"내가 다른 곳으로 가고자 합니다. 장로께서 능히 때때로 오고 가면서 우리 집안의 여인과 아이들을 보살피시겠습니까?"

우타이가 말하였다.

"바라문이여. 그대가 서로에게 부촉하지 않았어도 오히려 경영(經營)하고자 하였는데 오히려 나에게 부탁하였구려."

바라문이 곧 다른 곳으로 떠나가는 때에 우타이는 취락에 이르러 옷을 입고 발우를 지니고 그 바라문의 집에 이르렀고, 바라문의 아내는 장로 우타이가 오는 것을 보았고 공경스럽게 일어나서 맞으면서 말하였다.

"잘 오셨습니다. 아사리여. 오랫동안 서로를 보지 못하였는데 지금은 이렇게 돌봐주시네요."

청하면서 들어와서 앉게 하였으므로 곧바로 나아가서 앉았다. 우타이가 말하였다.

"나는 지금 오랜만에 왔으니 그대가 능히 소유한 것을 주지 않겠소?"

바라문의 아내가 말하였다.

"여러 가지의 음식이 있습니다. 따라서 칙명하는 것이 있다면 모두 마땅히 따라서 드리겠습니다."

우타이가 말하였다.

"이 여러 가지 음식들은 여러 신심있는 집의 여러 곳에서 모두 얻을 수 있소. 다만 나는 출가한 사람으로서 얻기 어려운 것이 있으나, 그대는 자재하게 얻을 수 있으니, 마땅히 가지고 나에게 주시오."

바라문의 아내가 말하였다.

"무엇이 출가인이 얻기 어려운 물건이고, 나는 자재하게 얻을 수 있는가를 알지 못하겠습니다. 마땅히 말로 알려 주십시오. 만약 집에 있다면 마땅히 가지고 따라서 주겠고, 집안에 없다면 다른 곳에서 구하고 따라서 주겠습니다."

우타이가 말하였다.

"그대는 이 일을 알 것인데 어찌하여 알지 못하시오. 그대는 인정이 많고 거짓이 많아서 도적이 4개의 눈이 있는 것과 같은데 무엇을 알지 못하시오?"

바라문의 아내가 말하였다.

"나는 진실로 알지 못합니다. 마땅히 집안사람들에게 말로 알린다면 마땅히 가져다가 서로에게 드리겠고, 우리 집안에 없다면 마땅히 다른 곳에서 사거나 구하여 서로에게 드리겠습니다. 무엇이 필요합니까?"

우타이가 말하였다.

"그대는 이 일을 알 것인데 어찌하여 알지 못하시오. 이것은 최고로 제일인 공양으로 이를테면, 교통(交通)하는 것이오. 우리와 같은 지계(持戒)로 선법을 행하고 범행을 닦고 있소. 이러한 법으로써 나에게 공양해야 하나니 이를테면, 음욕법을 수순하는 것이오."

이때 바라문의 여러 아내들의 가운데에서 나이가 젊은 여인은 이 말을 듣고 곧바로 부끄러워하면서 머리를 숙이고 천천히 걸어서 각자 스스로가 방으로 돌아갔고, 역시 나이가 중간인 여인들도 부끄러워하면서 머리를 숙이고 머물렀으나, 나이가 많은 여인은 곧바로 꾸짖어 말하였다.

"아사리 우타이여. 이것은 선한 일이 아니므로 마땅히 이러한 비류(非類)의 말을 짓지 마십시오. 이 바라문의 집안이 음녀의 가법(家法)과 같게 짓고서 서로가 마주하겠습니까? 나는 마땅히 이 일로써 여러 비구들께 알리겠습니다."

우타이가 말하였다.

"알리거나, 알리지 않거나, 마땅히 그대의 뜻을 따르시오."

이렇게 말을 짓고서 곧 버리고 떠나갔다. 이 집에서 나와서 다시 여러 음녀들의 집에 들어갔고 여러 음녀들은 모두 일어나서 공경스럽게 맞이하고 문신하여 말하였다.

"잘 오셨습니다. 아사리 우타이여. 오랫동안 서로를 보지 못하였는데 지금 이렇게 뜻을 굽히셨네요."

곧 자리에 나아가서 앉기를 청하였고, 우타이는 말하였다.

"내가 오랫만에 왔으니 그대들은 능히 소유한 작은 것을 주겠소?"

여러 음녀들이 말하였다.

"여러 종류의 음식이 있으니 필요한 것이 있으시면 따라서 드리겠습니다. 간략하게 칙명이 있으시면 모두 마땅히 따라서 드리겠습니다."

우타이가 말하였다.

"이 여러 가지 음식들은 여러 신심있는 집의 여러 곳에서 모두 얻을 수 있소. 다만 나는 출가한 사람으로서 얻기 어려운 것이 있으나, 그대는 자재하게 얻을 수 있으니, 마땅히 가지고서 나에게 준다면 좋겠소."

여러 음녀들이 말하였다.

"우리들은 지금 무슨 물건이 출가한 사람에게 얻기 어려운 것인지 알지 못합니다. 마땅히 말로 알려 주십시오. 집안에 있다면 마땅히 가지고 따라서 주겠고, 집안에 없다면 다른 곳에서 구하고 따라서 주겠습니다."

우타이가 말하였다.

"그대는 이 일을 알 것인데 어찌하여 알지 못하시오."

우타이가 말하였다.

"그대들은 이 일을 알 것인데 어찌하여 알지 못하시오. 그대들은 인정이 많고 거짓이 많아서 도적이 4개의 눈이 있는 것과 같은데 무엇을 알지 못하시오?"

이와 같이 나아가 세 번을 말하였으나 여러 음녀들이 오히려 알지 못한다고 말하였다. 우타이가 말하였다.

우타이가 말하였다.

"그대는 이 일을 알 것인데 어찌하여 알지 못하시오. 이것은 최고로 제일인 공양으로 이를테면, 교통하는 것이오. 우리와 같은 지계로 선법을 행하고 범행을 닦고 있소. 이러한 법으로써 나에게 공양해야 하나니

이를테면, 음욕법을 수순하는 것이오."

이때 음녀들 가운데에서 나이가 젊은 여인은 곧 손뼉을 치면서 크게 웃었고, 그 가운데에서 나이가 중간인 여인은 말하였다.

"우리들은 바로 이것을 우러르며 생활하고 있으니, 그대가 만약 남자라면 곧 오십시오."

그 가운데에서 나이가 많은 여인이 말하였다.

"아사리 우타이여. 우리들은 비록 이것으로써 스스로가 살아가고 있으나, 그대는 사문의 법을 지켜야 하지 않습니까? 나는 마땅히 이러한 일로써 여러 비구들께 알리겠습니다."

우타이가 말하였다.

"알리거나, 알리지 않거나, 마땅히 그대들의 뜻을 따르시오."

이렇게 말을 짓고서 곧 버리고 떠나갔다. 여러 음녀들은 곧 여러 비구들에게 말하였고, 여러 비구들은 이 일로써 갖추어 세존께 아뢰었다. 세존께서 말씀하셨다.

"우타이를 불러오라."

왔으므로 세존께서는 앞의 일을 우타이에게 자세히 물으셨다.

"그대가 진실로 그렇게 하였는가?"

대답하여 말하였다.

"진실로 그렇습니다. 세존이시여."

세존께서 말씀하셨다.

"우타이여. 이것은 악한 일이니라. 그대는 내가 항상 여러 종류의 인연으로 음욕을 꾸짖었고 여러 종류의 인연으로 음욕에서 벗어남을 찬탄하지 않았던가? 그대는 지금 어찌하여 이러한 악행을 지었는가? 우타이여. 이것은 법이 아니고 율이 아니며 세존의 가르침이 아니니라. 이것으로써 선법을 크게 장양하지 못하느니라."

세존께서는 여러 비구들에게 알리셨다.

"사위성을 의지하여 머무르는 비구들을 모두 모이게 하라. 열 가지의 이익을 까닭으로 여러 비구들을 위하여 계율을 제정하겠노라. 나아가 이미 들은 자들은 마땅히 거듭하여 들을지니라. 만약 비구가 음욕으로 마음이 변하여 여인 앞에서 스스로에게 몸으로 공양함을 찬탄하면서 '자매들이여. 우리 사문은 지계로 선법을 행하고 범행을 닦는 것과 같습니다.'라고 말하면서 이 음욕법으로써 공양함을 찬탄하는 자는 승가바시사를 범하느니라."

'비구'는 앞에서 말한 것과 같다.

'음욕'은 염오의 마음이다.

'마음이 변한 것'은 과거의 마음이 변한 것을 이름한다. 모두 없어졌고 변이하였다면 이것도 역시 변이라고 이름한다. 다만 이 가운데에서 변이한 것은 근·역·각·도에서 종자가 변이한 것이다.

'마음'은 의식이다.

'여인'은 친족이거나, 친족이 아니거나, 만약 늙었거나, 만약 어렸거나, 재가이거나, 출가이다.

'스스로에게 몸을 공양함을 찬탄하다.'는 자기의 몸을 찬탄하는 것이니, '자매여. 우리 사문은 지계로 선법을 행하고 범행을 닦음과 같나니, 음욕법으로써 공양함이 제일이다.'라고 말하였다면, 승가바시사를 범한다.

'승가바시사'는 앞의 설명과 같다.

만약 비구가 염오의 마음으로 그 여인의 앞에서 "그대가 만약 제일의 수승한 장양·자재·대자재(大自在)를 얻고자 한다면 비교할 수 없고 비슷한 모습이 없을 것이니, 최승처(最勝處)를 얻고, 장처(長處)를 얻으며, 해탈처(解脫處)를 얻고, 비교할 수 없는 곳을 얻으며, 비슷한 모습이 없는 곳을 얻고, 몸에 병이 없고, 어머니가 병이 없으며, 아버지가 병이 없고, 친족이 병이 없으며, 권속이 병이 없고, 복덕과 이름이 많은 사람이 사랑하며, 많은 사람이 생각하고, 많은 사람이 기뻐하고, 많은 사람이 숭상하며, 수명(壽)을 얻고, 안색을 얻으며, 즐거움을 얻고, 세력을 얻으며, 권속을 얻고, 선취(善趣)를 얻으며, 33천(天)을 얻고, 천후(天后)를 얻으며, 천안(天眼)이 청정함을 얻고, 귀에 늘어날 것이오.

우리 사문은 지계로 선법을 행하고 범행을 닦음과 같나니, 마땅히 이 법으로써 그들을 받들고 그들을 섬기며, 공경하고 존중하며 이어가며 공양하기를 바라고 주는 것을 아까워하지 않아야 하오. 넓게 펼쳐가고 더욱 넓게 펼쳐가면서 수순하여 취하고 수순하여 받아들여야 하오.'라고 말하였다면, 이 가운데에서 첫 번째의 서른 가지의 일은 하나·하나가 월비니죄를 범하고, 다음 여덟 가지의 일은 하나·하나가 투란차죄를 범하고, 뒤의 열두 가지의 일은 하나·하나가 승가바시사를 범한다.

만약 비구가 음욕의 마음을 일으켰고 이 사람을 향하고자 하였으나 다른 사람을 향하였고, 다른 사람을 향하고자 하였으나 이 사람을 향하였거나, 이 사람을 향하고자 하였고 이 사람을 향하였거나, 다른 사람을 향하고자 하였고 다른 사람을 향하였거나, 만약 비구가 여인에게 음욕의 마음을 일으켰고 황문을 향하여 '제일의 공양이라고 말하였고, 나아가 수순하며 받아들여야 한다.'라고 말하였다면 처음의 서른 가지의 일은 월비니죄를 마음으로 참회해야 하고, 다음의 여덟 가지의 일은 월비니죄를 범하며, 뒤의 열두 가지의 일은 투란차죄를 범한다.

만약 비구가 황문에게 음욕의 마음이 있었는데 여인을 향하여 '제일의 공양이라고 말하였고, 나아가 수순하며 받아들여야 한다.'라고 말하였다면 처음의 서른 가지의 일은 월비니죄를 범하고, 다음의 여덟 가지의 일은 투란차죄를 범하며, 뒤의 열두 가지의 일은 승가바시사를 범한다. 여인과 여인에게 있어서도 역시 이와 같다. 만약 비구가 황문에게 음욕의 마음이 있었는데 황문을 향하여 '제일의 공양이라고 말하였고, 나아가 수순하며 받아들여야 한다.'라고 말하였다면 처음의 서른 가지의 일은 월비니죄를 마음으로 참회해야 하고, 다음의 여덟 가지의 일은 월비니죄를 범하며, 뒤의 열두 가지의 일은 투란차죄를 범한다.

만약 비구가 여인에게 음욕의 마음이 있었는데 남자를 향하여 '제일의 공양이라고 말하였고, 나아가 수순하며 받아들여야 한다.'라고 말하였다면 처음의 서른 가지의 일과 다음의 여덟 가지의 일은 월비니죄를 마음으로 참회해야 하고, 뒤의 열두 가지의 일은 월비니죄를 범한다. 만약 비구가 남자에게 음욕의 마음을 일으켰고 여인을 향하여 '제일의 공양이라고 말하였고, 나아가 수순하며 받아들여야 한다.'라고 말하였다면 처음의 서른 가지의 일은 월비니죄를 범하고, 다음의 여덟 가지의 일은 투란차죄를 범하며, 뒤의 열두 가지의 일은 승가바시사를 범한다. 여인과 여인에게 있어서도 역시 이와 같다.

만약 비구가 남자에게 음욕의 마음을 일으켰고 남자를 향하여 '제일의 공양이라고 말하였고, 나아가 수순하며 받아들여야 한다.'라고 말하였다면 처음의 서른 가지의 일과 다음의 여덟 가지의 일은 월비니죄를 마음으로 참회해야 하고, 뒤의 열두 가지의 일은 월비니죄를 범한다. 황문이나 남자의 네 구(句)도 역시 이와 같다.

만약 여인에게 스스로에게 공양함을 찬탄하였다면 승가바시사를 얻고, 황문에게는 투란차죄를 얻으며, 남자에 있어서는 월비니죄를 얻는다. 긴나라녀와 원숭이의 암컷은 투란차죄를 범하고, 축생의 암컷은 월비니죄를 범한다. 만약 비구가 여자의 옆이라면 승가바시사를 얻고, 황문의 옆이라면 투란차죄를 얻으며, 남자의 옆이라면 월비니죄를 범한다. 만약 여인의 옆이라면 투란차죄를 범하고, 황문의 옆이라면 월비니죄를 범하며, 남자의 옆이라면 월비니죄인 마음을 참회해야 한다. 만약 여인의 옆이라면 월비니죄를 범하고, 황문의 옆이라면 월비니죄를 마음으로 참회해야 하고, 남자의 옆이라면 무죄이다. 만약 여인의 옆이라면 월비니죄를 마음으로 참회해야 하고, 황문이나 남자의 옆이라면 무죄이다.

이러한 까닭으로 세존께서 설하셨노라.

"만약 비구가 음욕으로 마음이 변하여 여인 앞에서 스스로에게 몸을 공양함을 찬탄하면서 '자매들이여. 우리 사문은 지계로 선법을 행하고 범행을 닦는 것과 같습니다.'라고 말하면서 이 음욕법으로써 공양함을 찬탄하는 자는 승가바시사를 범하느니라."

[제4계를 마친다.]

마하승기율 제6권

동진 천축삼장 불타발타라·법현 공역
석보운 번역

2) 승잔계를 밝히다 ②

세존께서 사위성에 머무셨으며, 자세한 설명은 앞에서와 같다.

그때 어느 장로 비구는 가라(迦羅)라고 이름하였다. 때에 이르자 취락에 들어가는 옷을 입고 발우를 지니고 사위성에 들어가서 차례로 걸식하면서 한 농가(田家)에 이르렀다. 그 집의 어머니는 멀리서 장로 가라가 오는 것을 보았고 곧 일어나서 공경스럽게 그를 맞이하면서 문신하였다.

"잘 오셨습니다. 아사리여. 오랫동안 서로가 보지 못하였습니다. 다른 집과 같이 약간은 멀다는 뜻을 짓지 마시고 내 집과 같다는 생각으로 들어와서 앉기를 청합니다."

가라는 곧 앉았고, 그때 어머니는 가라의 발에 예배하고 한쪽에 서 있었고, 그 집의 남자와 여인들이 모두 와서 가라의 발에 예배하고 한쪽에 서 있었다. 이때 큰아들이 있었는데 뒤에 와서 가라의 발에 예배하고 한쪽에 서 있었고, 가라는 물어 말하였다.

"어느 집의 아들입니까?"

어머니가 대답하여 말하였다.

"우리 집의 아들입니다."

가라가 물어 말하였다.

"혼인하였습니까?"

대답하여 말하였다.

"미혼입니다."

가라가 말하였다.

"마땅히 아내를 맞아들여서 밖에 있으면서 여러 허물과 악을 짓지 않게 하십시오."

가라가 물어 말하였다.

"대체적으로 마땅한 혼처가 있습니까?"

대답하여 말하였다.

"어느 집에 딸이 있어서 서신을 보내고 가서 찾았으나 얻지 못했습니다."

물어 말하였다.

"무슨 까닭으로 얻지 못하였습니까?"

대답하여 말하였다.

"그 집에서 이렇게 말을 지었습니다. '나에게 아들이 없어서 아들로 있게 하고자 하고, 딸이 없으니 딸로 있게 하고자 합니다. 나의 한 눈과 같이 역시 나의 아들도 되고, 역시 딸의 남편도 된다면 내가 마땅히 딸을 주겠습니다.' 내가 지금 무엇을 위하여, 그 여자를 위하여 아들을 떠나보내겠습니까?"

가라가 말하였다.

"그대의 말과 같다면 그 사람은 어리석은 사람이오. 누가 마땅히 딸을 위하여 아들을 놓아주겠소. 사람들이 말하는 것과 같이 '딸을 낳으면 밖으로 보낸다.'라고 하였습니다. 비록 왕가(王家)에 태어나도 시집가고 장가드는 법에 따라서 마땅히 딸을 내보내야 합니다. 그대도 본래의 법과 같이 역시 밖에서 오지 않았습니까? 그리고 나도 역시 그 집을 출입하고 있으니, 마땅히 그대의 아들을 위해서 그 집의 딸을 찾아서 구하겠습니다."

대답하여 말하였다.

"좋습니다. 아사리여."

가라 비구가 곧 이 집에서 나와서 그 집으로 갔다. 그 집의 어머니는

가라가 오는 것을 보았고, 곧 나왔고 맞이하면서 공경스럽게 문신하였다.

"잘 오셨습니다. 아사리여. 오랫동안 서로가 보지 못하였습니다. 다른 집과 같이 약간은 멀다는 뜻을 짓지 마시고 내집과 같다는 생각으로 들어와서 앉기를 청합니다."

가라는 곧 앉았고, 그때 어머니는 가라의 발에 예배하고 한쪽에 서 있었고, 그 집의 남자와 여인들이 모두 와서 가라의 발에 예배하고 한쪽에 서 있었다. 이때 큰딸이 있었는데 뒤에 와서 가라의 발에 예배하고 한쪽에 서 있었고, 가라는 물어 말하였다.

"어느 집의 딸입니까?"

어머니가 대답하여 말하였다.

"우리 집의 딸입니다."

가라가 물어 말하였다.

"혼인하였습니까?"

대답하여 말하였다.

"미혼입니다."

가라가 말하였다.

"마땅히 일찍이 처분(處分)하여 밖에 있으면 생겨나는 여러 허물을 벗어나게 하십시오."

가라가 물어 말하였다.

"대체적으로 와서 구하였던 자는 있습니까?"

대답하여 말하였다.

"어느 집에서 일찍이 구하였으나 주지 않았습니다."

물었다.

"무슨 까닭으로 주지 않았습니까?"

대답하여 말하였다.

"아사리여. 나는 아들이 없어서 아들을 있게 하고자 하였고, 딸이 없으니 딸도 있게 하고자 합니다. 내 한 눈과 같고, 역시 나의 딸의 남편과 같으며, 역시 나의 아들과 같이 우리집으로 온다면 마땅히 딸로서 그에게 주겠습니다. 내가 지금 무엇을 위하여, 다른 남자를 위한 까닭으로 딸을 버리고 떠나게 하겠습니까?"

가라가 말하였다.

"괴이하구려. 그대는 어리석은 사람입니다. 어찌하여 옛날부터 남자에게 시집가는 여자는 나간다는 것을 듣지 못하였습니까? 그대도 본래의 때에 어찌하여 다른 사람에게 시집왔습니까? 사람들이 말하는 것과 같이 '딸을 낳으면 밖으로 보낸다.'라고 하였습니다. 비록 왕가에 태어나도 시집가고 장가드는 법에 따라서 마땅히 딸을 내보내야 합니다. 그리고 그 남자의 집도 나의 단월(檀越)이니, 그대가 딸을 시집보내어 그에게 준다면 풍요와 즐거움을 얻을 것입니다."

그녀의 어머니가 대답하여 말하였다.

"아사리의 뜻도 그렇게 하고자 합니까?"

대답하여 말하였다.

"그렇게 하고자 합니다."

곧바로 허락하였고 가라는 곧 남자의 집으로 돌아와서 남자의 어머니에게 말하였다.

"이미 그녀를 얻었으니 마땅히 하려는 것을 마땅히 때에 맞추어서 하십시오."

이때 두 집안은 함께 부유하였으므로 각자 예물을 갖추어 보냈고 그들은 혼인하였다. 여인은 남자의 집으로 갔으나 매일 고된 일을 맡았으므로 마침내 피로하여 병이 생겨났으며 해가 뜨는 때까지 누워있었다. 시어머니가 부르면서 말하였다.

"무슨 까닭으로 일어나지 않는가? 그대는 아내의 예의를 알지 못하는가? 이른 아침에 마땅히 일어나서 청소하고 집안일을 돌보며 손님을 돌보아야 하느니라."

이와 같이 두 번·세 번을 말하였으나 며느리는 고의로 가르침을 따르지 않았다. 그 시어머니가 극심한 괴로움과 싫어함이 생겨나서 이렇게 말을 지었다.

"가라 비구를 앉게 하였더니 나에게 이러한 고통을 주었구나. 나를 위하여 이렇게 손발이 없는 물건을 구하였구나."

그때 며느리는 다시 울면서 말하였다.

"가라 비구를 앉게 하였더니 나에게 이러한 고통을 주었구나. 어찌하여 나를 가지고 불구덩이의 가운데에 빠지게 하였는가?"

그때 여인의 어머니는 그것을 들었고 다시 성내면서 말하였다.

"우리 딸이 집에 있을 때는 즐거움이었고 일이 적었는데, 지금 남자의 집에 있으면서 많은 일로 매우 괴로워하면서 종일(終日)을 우는구나! 어찌하여 가라는 우리의 딸을 폐악한 집에 있게 하였는가?"

가라 비구는 두 집의 원한이 되었다. 여러 비구들이 이러한 인연으로써 세존께 자세히 아뢰었고, 세존께서는 말씀하셨다.

"가라 비구를 불러오라"

곧바로 불렀고 왔으므로, 세존께서는 가라에게 물으셨다.

"그대가 진실로 이러한 일을 지었는가?"

대답하여 말하였다.

"진실입니다. 세존이시여."

세존께서는 말씀하셨다.

"그대는 항상 내가 무수한 방편으로 음욕법으로 화합함을 꾸짖었고, 무수한 방편으로 음욕법에서 벗어남을 찬탄한 것을 듣지 않았는가? 그대는 지금 어찌하여 음욕법으로 화합하게 하였는가? 이것은 악한 일이니라. 지금 그대의 인연을 까닭으로 마땅히 여러 비구들을 위하여 계율을 제정하겠노라."

세존께서는 여러 비구들에게 알리셨다.

"사위성을 의지하여 머무르는 비구들을 모두 모이게 하라. 열 가지의 이익을 까닭으로 여러 비구들을 위하여 계율을 제정하겠노라. 나아가 이미 들은 자들은 마땅히 거듭하여 들을지니라. 만약 비구가 다른 사람의 받아들여 사자로 다니면서 남녀를 화합시키면서, 만약 아내를 맞아들였거나, 만약 사통(私通)하였거나, 나아가 잠깐이라도 화합시켰다면 승가바시사를 범하느니라"

'비구'는 앞의 설명과 같다.

'사자(使)'는 일을 받은 사람이다.

'다니다.'는 가고 오는 것이다.

'화합하다.'는 남녀가 화합하는 것이다.

'아내'는 목숨을 마치도록 아내이다.

'사통하다.'는 잠시라도 교회(交會)하는 것이다.

'나아가 잠깐이라도'는 나아가 화합시키기 위하여 잠깐 모이게 하는 것이고, 역시 승가바시사를 범한다.

'승가바시사'는 앞의 설명과 같다.

만약 고독한 여인이라면 아버지가 없거나, 어머니가 없거나, 친족이 없거나, 만약 모두 없거나, 만약 스스로가 서 있거나, 만약 다른 사람을 의지하여 서 있거나, 만약 친족을 의지하여 서 있거나, 만약 함께 서 있는 것이다.

'고독하여 어머니가 없는 자'는 여인이 어머니가 없이 아버지를 의지하여 생활(生活)하는 것이고, 이것을 어머니가 없다고 이름한다. 만약 어느 남자가 이러한 여인을 구하여 아내로 삼으려고 비구에게 가서 구하도록 청하였고 비구가 허락하였다면 월비니죄를 범하고, 가서 여인을 향하여 말하였다면 투란차죄를 범하며, 얻었거나 얻지 못하였어도 돌아와서 알리는 때라면 승가바시사를 범한다.

'고독한 여인으로 아버지가 없다.'는 여인이 아버지가 없이 어머니를 의지하여 살아가는 것이고, 이것을 아버지가 없다고 이름한다. 만약 어느 남자가 이러한 여인을 구하여 아내로 삼으려고 비구에게 가서 구하도록 청하였고 그의 사자(使者)를 받아들였다면 월비니죄를 범하고, 가서 여인을 향하여 말하였다면 투란차죄를 범하며, 얻었거나 얻지 못하였어도 돌아와서 알리는 때라면 승가바시사를 범한다. 친척이 없는 것과 모두가 없는 것도 역시 다시 이와 같다.

'스스로 서 있다.'는 아버지도 없고 어머니도 없으며 친족도 없이 스스로 생활하는 것이다. 만약 어느 남자가 이러한 여인을 구하여 아내로 삼으려고 비구에게 가서 구하도록 청하였고 그의 사자를 받아들였다면 월비니죄를 범하고, 가서 여인을 향하여 말하였다면 투란차죄를 범하며, 얻었거나 얻지 못하였어도 돌아와서 알리는 때라면 승가바시사를 범한다.

'다른 사람을 의지하여 서 있다.'는 만약 여인이 친족은 없지만 다른 사람을 의지하여 서 있는 것이다. 만약 어느 남자가 이러한 여인을 구하여 아내로 삼으려고 비구에게 가서 구하도록 청하였고 그의 사자를 받아들였다면 월비니죄를 범하고, 가서 여인을 향하여 말하였다면 투란차죄를 범하며, 얻었거나 얻지 못하였어도 돌아와서 알리는 때라면 승가바시사를 범한다. 친족을 의지하였거나, 함께 서 있다면 역시 다시 이와 같다. 만약 고아로 어머니가 없고 아버지도 없으며 친족도 없고 모두가 없어서 스스로 서 있거나, 다른 사람을 의지하여 서 있거나, 친족을 의지하여 서 있거나, 모두를 의지하여 서 있어도, 역시 다시 이와 같다.

'어머니가 없다.'는 만약 고아로서 어머니가 없이 아버지를 의지하여 생활하는 것이다. 이 아이가 다른 여인을 구하여 아내로 삼으려고 비구에게 가서 구하도록 청하였고 그의 사자를 받아들였다면 월비니죄를 범하고, 가서 여인을 향하여 말하였다면 투란차죄를 범하며, 얻었거나 얻지 못하였어도 돌아와서 알리는 때라면 승가바시사를 범한다. 나아가 의지하여 함께 서 있는 것도 역시 다시 이와 같다.

만약 가내(家內)이거나, 같이 태어났거나, 먼저 요구하였거나, 벌(罰)이거나, 진왕(榛王)이거나, 옷감을 짰거나, 음식을 짓거나, 물을 취하였거나, 자식이 없거나, 후사(繼嗣)를 잇는 것이 있다.

'가내'는 만약 어느 사람이 다른 사람의 어린아이를 양육하였고 가르쳐서 장대하였는데, 집안에 태어난 딸이 있어서 나이가 역시 장대하였으므로 곧 '나는 지금 이 딸의 나이가 장대하였으니 마땅히 다른 집에 시집보내야 한다. 지금 이 아이도 내가 길러서 지금 장대하였는데, 어찌하여 딸로서 이 아이에게 시집을 보내지 않겠는가? 마땅히 내 아들과 같고 역시 딸의 남편도 된다.'라고 이렇게 생각을 지었으나, 능히 스스로가 말할 수 없어서 곧 비구에게 "나는 그대를 양육하였고 가르쳐서 교학(敎學)이 성취되었고 나이도 장대해졌다. 지금 나에게 딸이 있고 마땅히 집에서 내보내야 하니, 그대를 내 딸의 남편으로 삼고자 하며, 역시 나의 아들과 같다."라고 이 사내아이에게 말하게 청하였으며, 비구가 그의 사자를 받아들였다면 월비니죄를 범하고, 가서 여인을 향하여 말하였다면 투란차죄를 범하며, 얻었거나 얻지 못하였어도 돌아와서 알리는 때라면 승가바시사를 범한다. 만약 그에게 양육되었던 아이가 먼저 스스로 그 딸을 얻고자 하였으므로 비구에게 가서 그의 아버지에게 알리게 청하는 것도 역시 다시 이와 같다.

'같이 태어났다.'는 만약 같이 태어난 형이 죽었으므로 형수를 아내로 삼으려고 비구에게 그 형수에게 가서 말하게 청하였고, 나아가 얻었거나 얻지 못하였어도 돌아와서 알리는 때라면 승가바시사를 범한다.

'먼저 요구하다.'는 어느 남자가 다른 사람의 부인과 사통(私通)하였는데, 그 부인이 이 남자에게 "만약 나의 남편이 성내거나, 나의 죄를 고통스럽게 다스려서 문밖으로 쫓아내면 그대는 마땅히 나를 취하세요."라고 말하였고, "그렇게 하겠소."라고 대답하였다. 그때 그 부인이 곧 고의로 그녀의 남편을 번뇌시켜서 그를 분노하게 하였고, 고통스럽게 다스려서 문밖으로 쫓아내었다. 그 남자가 들었어도 능히 스스로가 갈 수 없었으므로 곧 비구에게 "그대는 이미 남편이 고통스럽게 다스리고 내쫓았으니 마땅히 나에게 오시오."라고 부인에게 가서 말하게 청하였고, 비구가 사자를 받아들였으며, 나아가 얻었거나 얻지 못하였어도 돌아와서 알리는 때라면 승가바시사를 범한다.

만약 다시 여인이 남자를 좋아하였으나 스스로가 말할 수 없었으므로 곧 비구에게 "나는 이미 남편이 고통스럽게 다스리고 내쫓았으므로 지금 그대에게 가고자 하니 나의 남편이 되어주세요."라고 남자에게 가서 말하게 부탁하였고, 비구가 사자를 받아들였으며, 나아가 얻었거나, 얻지 못하였어도 돌아와서 알리는 때라면 승가바시사를 범한다. 만약 이 여인이 본래의 남편에게 돌아가고자 하였으나 능히 스스로가 말할 수 없었으므로 비구에게 "돌아가서 함께 생활한다면 다시는 허물을 짓지 않겠습니다." 라고 그녀의 남편에게 가서 말하게 청하였고, 비구가 사자를 받아들였으며, 나아가 얻었거나 얻지 못하였어도 돌아와서 알리는 때라면 승가바시사를 범한다.

만약 다시 남편이 돌아오면 부인과 살고자 하였으나 능히 스스로가 말할 수 없었으므로 비구에게 "지금 그대가 돌아오는 것을 허락하겠으니, 다시는 허물을 짓지 마시오."라고 그녀에게 가서 말하게 청하였고, 비구가 사자를 받아들였으며, 나아가 얻었거나 얻지 못하였어도 돌아와서 알리는 때라면 승가바시사를 범한다.

'벌(罰)'은 만약 왕이 다른 사람의 여자를 취하고자 하였으나 능히 스스로가 말할 수 없었으므로 비구에게 "내가 능히 그대의 집을 벌하여 그대의 여자를 취할 수 있으나 다만 그렇게 하고 싶지 않소. 그대가 나에게 여인을 주겠다면 옷과 음식과 장엄구를 얻어서 자연스럽게 부족하지 않을 것이고, 또한 그대의 집은 요익(饒益)할 것이오."라고 그의 집에 가서 말하게 청하였고, 비구가 사자를 받아들였으며, 나아가 얻었거나 얻지 못하였어도 돌아와서 알리는 때라면 승가바시사를 범한다.

'진왕(榛王)'은 도둑들의 주인이다. 만약 도둑의 주인이 다른 사람의 여자를 취하고자 하였으나 능히 스스로가 말할 수 없었으므로 비구에게 "나는 숲속의 왕이다. 능히 그대에게 요익(饒益)하지 않은 일을 지을 수 있다. 그대가 마땅히 여인을 보내어 나에게 주겠다면 옷과 음식과 장엄구를 마음대로 얻을 것이고, 아울러 그대의 집도 보호할 것이다."라고 그의 집에 가서 말하게 청하였고, 비구가 사자를 받아들였으며, 나아가 얻었거나 얻지 못하였어도 돌아와서 알리는 때라면 승가바시사를 범한다.

'옷감을 짜다.'는 만약 어느 과부가 옷감을 짜면서 스스로가 생활하였는데, 어느 남자가 얻고자 하였으나 능히 스스로가 말할 수 없었으므로 비구에게 "나의 아내가 되어주시오."라고 과부에게 가서 말하게 청하였고, 과부는 "내가 만약 서로에게 나아가도 능히 다른 일을 짓지 못하고 오직 능히 옷감을 짤 수 있는데, 필요하다면 마땅히 가겠습니다."라고 말하였으며, 나아가 얻었거나 얻지 못하였어도 돌아와서 알리는 때라면 승가바시사를 범한다.

'음식을 짓다.'는 만약 과부가 있었고, 어느 남자가 얻고자 하였으나 능히 스스로가 말할 수 없었으므로 비구에게 "와서 함께 생활합시다."라고 과부에게 가서 말하게 청하였고, 과부는 "나는 다만 능히 음식을 지으며, 다른 일을 능히 짓지 못하는데, 필요하다면 마땅히 가겠습니다."라고 말하였으며, 나아가 얻었거나 얻지 못하였어도 돌아와서 알리는 때라면 승가바시사를 범한다.

'물을 취하다.'는 만약 과부가 있었고, 어느 남자가 얻고자 하였으나 능히 스스로가 말할 수 없었으므로 비구에게 "와서 함께 생활합시다."라고 과부에게 가서 말하게 청하였고, 과부는 "나는 다만 능히 물을 취하며, 다른 일을 능히 짓지 못하는데, 필요하다면 마땅히 가겠습니다."라고 대답하여 말하였으며, 나아가 얻었거나 얻지 못하였어도 돌아와서 알리는 때라면 승가바시사를 범한다.

'자식이 없다.'는 만약 남자가 있었는데 모든 자식이 없었고 다시 과부가 있었는데 역시 자식이 없었다. 남자는 이 과부를 얻고자 하였으나 능히 스스로가 말할 수 없었으므로 비구에게 "함께 자식이 없으니 와서 같이 생활합시다."라고 과부에게 가서 말하게 청하였고, 비구가 사자를 받아들였으며, 나아가 얻었거나 얻지 못하였어도 돌아와서 알리는 때라면 승가바시사를 범한다. 만약 그 과부가 남자를 구하여도 역시 다시 이와 같다.

'후사를 잇다.'는 만약 어느 남녀가 자식이 없었는데 그들이 죽은 뒤에 만약 아귀(餓鬼)에 떨어지면 후사를 이을 수 없음을 두려워하였다. 이때 남자가 과부를 얻고자 하였으나 능히 스스로가 말할 수 없었으므로 비구에게 "오시오. 그대와 함께 생활하겠소. 만약 내가 먼저 죽어서 아귀에 떨어졌다면 그대가 마땅히 제사를 지내고, 만약 그대가 먼저 죽는다면 내가 마땅히 그대의 제사를 지내겠소."라고 과부에게 가서 말하게 청하였고, 나아가 얻었거나 얻지 못하였어도 돌아와서 알리는 때라면 승가바시사를 범한다. 만약 그 과부가 남자를 구하여도 역시 다시 이와 같다.

만약 여인이 있다면 어머니가 보호하거나, 아버지가 보호하거나, 형제가 보호하거나, 자매가 보호하거나, 스스로가 보호하거나, 종성(種姓)이 보호하거나, 금전이 보호하거나, 동녀(童女)와 과부와 다른 사람의 아내가 보호하는 것이 있다.

'어머니가 보호하다.'는 여인이 어머니를 의지하여 머무르고 있었는데, 어느 남자가 이 여인을 얻고자 하였으므로 비구를 보내어 "이 여인을 얻어 아내로 삼고자 합니다."라고 그 어머니에게 가서 말하게 청하였고, 나아가 얻었거나 얻지 못하였어도 돌아와서 알리는 때라면 승가바시사를 범한다. 아버지가 보호하는 것이거나, 형제가 보호하는 것이거나, 자매가 보호하는 것도 역시 다시 이와 같다.

'스스로가 보호하다.'는 여인이 부모와 친족이 없어서 스스로가 생활을 지으며 지계로 스스로가 보호하고 있었다. 만약 어느 남자가 이 여인을 얻고자 하였으므로 비구에게 가서 말하게 부탁하였고, 나아가 얻었거나 얻지 못하였어도 돌아와서 알리는 때라면 승가바시사를 범한다.

'종성이 보호하다.'는 여인이 부모가 없어서 동성(同姓)을 의지하여 생활하고 있었다. 만약 어느 남자가 이 여인을 얻고자 하였으므로 비구에게 동성에게 가서 말하게 청하였고, 나아가 얻었거나 얻지 못하였어도 돌아와서 알리는 때라면 승가바시사를 범한다.

'금전이 보호하다.'는 만약 여인이 빚을 지고 금전을 갚지 못하였는데, 만약 어느 남자가 이 여인을 얻고자 하였으므로 비구에게 "나에게 이 여인을 준다면 내가 대신하여 금전을 주겠습니다."라고 그 집에 가서 말하게 청하였고, 나아가 얻었거나 얻지 못하였어도 돌아와서 알리는 때라면 승가바시사를 범한다. 동녀와 과부와 다른 사람의 아내도 역시 다시 이와 같다.

만약 여인을 곡식으로 사서 얻었거나, 돈으로 사서 얻었거나, 만약 금전을 여인으로 갚았거나, 절반을 여인으로 갚았거나, 모두를 여인으로 갚았거나, 만약 1개월을 머물렀거나, 만약 뜻을 따라서 머물렀거나, 약탈하여 얻었거나, 꽃다발을 주었거나, 종성이 없었거나, 잠깐인 것이 있다.

'곡식으로 사서 얻다.'는 만약 여인을 곡식으로 사서 얻은 것이다. 만약 어느 남자가 이러한 여자를 얻고자 하였으므로 비구에게 "나의 아내가 되어주시오"라고 그 여인에게 가서 말하게 청하였고, 나아가 돌아와서 알렸다면 승가바시사를 범한다. 금전으로 사서 얻은 것도 역시 다시 이와 같다.

'금전으로 갚는다.'는 만약 어느 남자가 여인을 양육하면서 세금과 금전을 구하면서 스스로가 공급한 것을 제외하고 그 나머지를 모두 취하는 것이다. 어느 남자가 이러한 여자를 얻고자 하였으므로 비구에게 가서 말하게 청하였고, 나아가 돌아와서 알렸다면 승가바시사를 범한다. 절반을 갚았거나, 모두를 갚은 것도 역시 다시 이와 같다.

'1개월을 머무르다.'는 만약 과부에게 어느 남자가 아내로 삼고자 구하면서 비구에게 과부에게 가서 말하게 청하였고, 과부가 "나는 능히 오래 머무를 수 없고 1개월은 서로에게 나아갈 수 있는데, 만약 필요하다면 마땅히 가겠습니다."라고 대답하였으며, 나아가 돌아와서 알렸다면 승가바시사를 범한다.

'뜻을 따라서 머무르다.'는 과부가 있었는데 어느 남자가 아내로 삼고자 구하면서 비구에게 가서 과부에게 말하게 청하였고, 과부가 "나는 능히 오래 머무를 수 없고 나의 뜻을 따라서 어느 때에 머무를 수 있는데, 필요하다면 마땅히 가겠습니다."라고 대답하였으며, 나아가 돌아와서 알렸다면 승가바시사를 범한다.

'약탈하여 얻다.'는 만약 사람이 다른 취락을 파괴하고 약탈하여 여자를 얻었는데, 어느 남자가 이러한 여자를 구하고자 하였으므로 비구에게 가서 말하게 청하였고, 나아가 돌아와서 알렸다면 승가바시사를 범한다.

'꽃다발을 주다.'는 어느 나라의 법은 남자가 여인을 구하여 아내로 삼을 때에는 곧 사람을 보내면서 꽃다발을 가지고 가서 여인의 집에 주며, 만약 꽃다발을 받는다면 아내를 얻는다고 알았고, 만약 꽃다발을 받지 않는다면 곧 얻지 못하는 것을 알았으며, 곧 비구를 보내면서 꽃다발을 가지고 여인의 집으로 가서 주게 하였고, 나아가 돌아와서 알렸다면 승가바시사를 범한다.

'종성이 없다.'는 만약 남자가 부친이 없고 역시 모친이 없으며 또한 지식도 없었는데, 그 여인도 역시 그러하였다. 이 남자가 그 여인을 구하고자 하였으므로 비구에게 그 여자에게 가서 말하게 청하였고, 나아가 돌아와서 알렸다면 승가바시사를 범한다.

'잠깐'은 만약 단정한 여인이 있었고 남자가 비구에게 가서 잠깐 교회(交會)하자고 청하였고, 나아가 돌아와서 알렸다면 승가바시사를 범한다.

자식이 없는 부인·여노비인 부인·출가(出家)한 여인·풀어준 부인·음녀·음녀가 부리는 사람·외음녀(外婬女)·외음녀가 부리는 사람이거나, 만약 버려진 여인이거나, 구걸하는 여인·쫓겨난 여인·하전녀(下錢女) 등이 있다.

'자식인 없는 부인'은 만약 부유한 집이 있었고 아들이 어렸으나 곧 아내를 맞이하였는데 아들이 죽었다. 이 며느리는 어려서 시어머니를 의지하여 머물렀고 그녀는 장대하였다. 어느 남자가 이 여인을 구하고자 하였으므로 비구에게 "그대의 아들은 이미 죽었고, 나는 지금 곧 그대의 아들과 다르지 않으니, 이 부인을 나에게 주십시오. 내가 마땅히 옷과 음식으로써 함께 서로에게 공급(供給)하겠습니다."라고 가서 말하게 청하였고, 나아가 돌아와서 알렸다면 승가바시사를 범한다.

'여노비인 부인'은 여러 나라와 같이 생구(生口)[1]를 팔고 있었는데, 만약 남자가 구하여 아내로 삼고자 하였으나 아내를 삼고자 사겠다고 말한다면 금전을 많이 요구하는 것이 두려워서 곧 비구에게 "나는 지금 그대를 여노비로 삼고자 사겠다고 하였으나 실제로는 아내로 삼으려는 것이오."라고 가서 그 여인에게 은밀히 말하게 부탁하였고, 나아가 돌아와서 알렸다면 승가바시사를 범한다.

'출가한 여인'은 만약 단정한 여인이 여러 외도들에게 출가하였는데, 어느 남자가 이 출가녀(出家女)를 아내로 삼고자 구하였으므로 비구에게

---

1) 전쟁의 포로나 사람을 가리키는 말이다.

가서 말하게 청하였고, 나아가 돌아와서 알렸다면 승가바시사를 범한다.

'풀어준 여인'은 풀어주는 것에는 두 종류가 있으니, 만약 팔렸거나, 만약 이혼한 것이다. '팔리다.'는 파리국(頗梨國)의 법에서는 여인이 조금이라도 싫어졌다면 곧 팔아버리는 것과 같다.

'이혼하다.'는 어느 나라의 법에는 부부가 서로 즐겁지 않다면 곧 왕의 처소에 나아가서 3전(錢) 절반이나 두 장의 겁패(劫貝)를 바치고 이혼을 구하면 마땅히 이혼을 시키면서 허락하는 것이다.

혹은 어느 여인이 다른 사람과 사통(私通)하고서 함께 "만약 내가 남편과 이혼하면 마땅히 그대의 아내가 되겠습니다."라고 약속하였고, "좋소."라고 대답하였으므로 곧 금전과 물건을 가지고 이혼하기를 구하였으며, 그 남자가 이미 들었으므로 비구에게 "그대는 이미 이혼하였으니, 와서 나의 아내가 되시오."라고 가서 그 여인에게 말하게 부탁하였고, 나아가 돌아와서 알렸다면 승가바시사를 범한다. 만약 그 여인이 비구에게 "나는 이미 이혼하였으니 마땅히 아내가 되겠습니다."라고 말하였고, 그 남자에게 가서 말하게 청하였으며, 나아가 돌아와서 알렸다면 승가바시사를 범한다.

'음녀'는 어느 남자가 비구에게 "나와 함께 교통(交通)합시다."라고 음녀에게 가서 말하게 청하였고, 나아가 돌아와서 알렸다면 승가바시사를 범한다. '음녀가 부리는 사람'은 음녀의 여노비이고, 역시 앞의 설명과 같다.

'외음녀(外婬女)'는 어느 음녀가 항상 밭과 들판에 있으면서 사람을 구하였는데, 어느 남자가 비구에게 "외음녀는 나와 함께 교통합시다."라고 가서 말하게 청하였고, 나아가 돌아와서 알렸다면 승가바시사를 범한다. '외음녀가 부리는 사람'은 외음녀의 여노비이고, 역시 다시 이와 같다.

'버려진 여인'은 만약 여인이 다른 사람과 음행하여 임신하였으나 뒤에 여러 외도의 가운데에 출가하였고, 10개월을 채워서 딸을 낳았는데 네거리의 도로의 가운데에 버렸다. 어느 남자가 취하여 길렀는데 나이가 장대하였고, 어느 남자가 이 여인을 얻고자 하였으므로 비구에게 가서 말하게 청하였으며, 나아가 돌아와서 알렸다면 승가바시사를 범한다.

'구걸하는 여인'은 만약 사람이 아들이 많고 딸이 없었으므로 다른 사람에게 딸을 구걸하여 양육하였는데 나이가 장대하였다. 어느 남자가 이 여인을 아내로 삼고자 구하였으므로 비구에게 가서 말하게 청하였고, 나아가 돌아와서 알렸다면 승가바시사를 범한다.

'쫓겨난 여인'은 만약 여인이 시집가지 않았던 때에 다른 남자와 함께 사통하였고 뒤에 시집을 갔으나, 남편이 동녀(童女)가 아닌 것을 알았으므로 곧 쫓아내서 집으로 돌아오면서 본래의 재물을 찾아갔다. 먼저 함께 사통하였던 남자는 여인이 쫓겨났다고 듣고서 '이 여인은 나를 이유로 쫓겨났구나. 내가 마땅히 취해야겠다.'라고 이렇게 생각을 지었고, 비구에게 그녀의 부모에게 가서 말하게 청하였고, 나아가 돌아와서 알렸다면 승가바시사를 범한다.

'하전녀'는 만약 사람이 아내로 맞이하면서 지급할 금전을 채우지 못하였고, 이 여인의 부모가 많이 그 금전을 요구하였으나 능히 채울 수 없어서 아내로 얻을 수 없었으며, 여인도 역시 다시 시집갈 수 없었다. 어느 다른 남자가 이 여인을 구하고자 하였으므로 비구에게 "나에게 이 여인을 준다면 마땅히 본래 남편의 집에 금전을 주겠고, 아울러 그대에게도 주겠습니다."라고 그녀의 부모에게 가서 말하게 청하였고, 나아가 돌아와서 알렸다면 승가바시사를 범한다.

만약 남자이거나, 남자의 사자가 그 비구에게 말하였고, 이 비구는 만약 남자와 남자의 사자에게 듣고서 따랐다면 월비니죄를 범하고, 가서 말하는 자는 투란차죄를 범하며, 만약 스스로가 갔거나, 만약 사자를 보내어 가도록 하였다면 얻었거나 얻지 못하였어도 돌아와서 알렸다면 승가바시사를 범한다. 만약 고독한 여인이 외조모를 의지하거나, 외조부를 의지하거나, 외증조부를 의지하거나, 외삼촌을 의지하거나, 외이모(外姨母)를 의지하거나, 조부를 의지하거나, 조모를 의지하거나, 증조부를 의지하거나, 아버지의 삼촌을 의지하거나, 아버지의 이모를 의지하여도 역시 앞에서와 같다.

직(直)·곡(曲)·상(相)·능히 감당하다(堪能)·출입(出入)하다·병(病)·왕(王)·설법사(說法師)·반려로 함께 하다(伴當共)·섞이다(雜) 등이 있다.

'직'은 어느 남자가 다른 여인을 구하고자 하였으나 능히 스스로가 말하지 못하고 비구에게 가서 말하라고 청하였고 이 말을 받아들인 자는 월비니죄를 범하고, 그녀를 향하여 말하였다면 투란차죄를 범한다. 만약 여인의 집에서 "그는 찰리(刹利)이고 나는 바라문이다."라고 말하였거나, "그는 비사(毗舍)이고 나는 바라문이다."라고 말하였거나, "그는 수다라(首陀羅)이고 나는 바라문이다."라고 말하였거나, 혹은 "나는 찰리이고 그는 바라문이다."라고 말하였거나, "나는 비사이고 그는 바라문이다."라고 말하였거나, "나는 수다라이고 그는 바라문이다."라고 말하였거나, 혹은 다시 "그는 찰리이고 나는 비사이다."라고 말하였거나, "그는 찰리이고 나는 수다라이다."라고 말하였거나, 혹은 "그는 바라문이고 나도 바라문이다."라고 말하였거나, "그는 찰리이고 나도 찰리이다."라고 말하였거나, "그는 비사이고 나도 비사이다."라고 말하였거나, "그는 수다라이고 나도 수다라이다."라고 말하였고, 만약 얻었거나 얻지 못하였어도 돌아와서 알렸다면 승가바시사를 범한다.

'곡'은 어느 남자가 다른 여인을 구하고자 하였으나 능히 스스로가 말하지 못하고 비구에게 가서 말하라고 청하였고, 비구는 "세존께서 계율을 제정하셨으므로 사자로 다닐 수 없습니다."라고 말하였는데, 입으로는 비록 허락하지 않았으나 마음으로 그렇게 하겠다고 허락하였다면 월비니죄를 범하고, 가서 그에게 말하였으면 투란차죄를 범하며, 얻었거나 얻지 못하였어도 돌아와서 알렸다면 승가바시사를 범한다.

'상'은 어느 남자가 다른 여인을 구하고자 하였으나 능히 스스로가 말하지 못하고 비구에게 가서 말하라고 청하였고, 비구는 "세존께서 계율을 제정하셨으므로 사자로 다닐 수 없습니다. 그러나 내가 마땅히 그대를 위하여 모습을 짓겠습니다. 그대가 만약 내가 때가 묻고 더러운 옷을 입었거나, 깨지고 빈 발우를 지녔거나, 낮은 평상 위에 앉았거나, 입으로 노비의 말을 하는 것을 그대가 보았다면 마땅히 얻지 못하였다고 알고, 만약 다시 내가 새것이고 깨끗한 옷을 입었거나, 좋은 발우를 집지(執持)하였거나, 큰 평상 위에 앉았거나, 입으로 부부와 아녀자들이 함께 그대를 말하였다면 마땅히 얻은 모습이라고 아십시오.”라고 말하였으며, 이와 같은 모습을 지으면서 얻었거나 얻지 못하였어도 돌아와서 알렸다면 승가바시사를 범한다.

‘감능’은 만약 비구가 대중이 많은 단월의 집으로 나아가서 음식을 먹었고, 우바이가 비구들에게 “나는 어느 집의 딸을 취하여 며느리로 삼고자 합니다. 마땅히 나를 위하여 그녀에게 말해주십시오.”라고 알려 말하였고, 여러 비구들이 “우바이여. 세존께서 계율을 제정하시어 사자로 다닐 수 없습니다.”라고 말하였으나, 그 가운데에서 두·세 명의 비구가 능히 다니는 것을 감당하였다면 월비니죄를 얻고, 그녀에게 가서 말하였다면 투란차죄를 얻으며, 돌아와서 알렸다면 승가바시사를 범한다.

‘출입’은 만약 비구가 다른 집에 출입하면서 공양을 받는 때에 주인이 “나는 어느 집의 딸을 구하여 며느리로 삼고자 합니다. 존자여. 나를 위하여 그녀를 구하여 주십시오.”라고 말하였고, 비구는 “그대가 나를 위하여 음식을 준비하였으므로 마땅히 그대를 위하여 구하겠습니다.”라고 말하였으며, 주인은 “내 아들이 얻어서 아내로 삼았다면 마땅히 존자를 위하여 음식을 준비하겠습니다.”라고 말하였고, 비구는 “내가 만약 입을 움직인다면 얻지 못할 이치가 없으니, 다만 마땅히 음식을 준비하십시오.”라고 말하여서 곧 음식을 준비하였다면 월비니죄를 범한다.

비구가 그녀의 집으로 가서 “그대도 아십니까?”라고 말하였고, “무엇입니까?”라고 물어 말하였으며, 비구는 “내가 말하려는 것이 있는데 나의 말을 따르겠다면 마땅히 말하겠습니다.”라고 말하였고, 집의 주인은 “다만 말씀하십시오.”라고 말하였으며, 비구는 “사람이 그대의 딸을 구합니다.”라고 말하였고, “누구입니까?”라고 물어 말하였으며, “어느 집의 아들입니다.”라고 대답하여 말하였는데, 집의 주인이 성내면서 “나는 오히려 딸을 가지고 어두운 곳의 물과 불 속에 놓아둘지라도, 결국 그에게 줄 수 없소.”라고 말하였으므로 비구가 두려워서 달아났다면 투란차죄를 범한다.

　만약 여인이 시집가지 않고 있었는데, 이 비구가 먼저 자랑하면서 음식을 말한 것으로써 다른 사람의 음식을 먹었으므로 부끄러워서 곧 돌아와서 "얻지 못하였다."라고 알렸다면 승가바시사를 범한다. 만약 여인이 혹은 시집갔다거나, 혹은 죽었다고 돌아와서 알렸다면 투란차죄를 범한다.

　'병'은 만약 비구가 항상 한 집에 출입하였는데 그 집에서 비구에게 "나는 그 집의 딸을 아내로 삼고자 구하니 나를 위해 그녀를 구해주십시오." 라고 말하였고, 비구가 말을 받아들였다면 월비니죄를 얻고, 그녀에게 가서 말하였다면 투란차죄를 범한다. 그녀의 집에서 "우리의 딸은 병들었으니 마땅히 죽음에서 살아난다고 아십니까?"라고 말하였거나, 만약 남자가 병들었으므로 그가 "그 집의 아들이 병들었는데 마땅히 죽음에서 살아난다고 아십니까? 그리고 그에게 딸을 주었는데 그가 죽는다면 나는 딸을 과부가 되게 합니다."라고 말하였는데, 비구가 다시 "일반적으로 사람이 병들었다고 모두가 마땅히 죽겠습니까? 혹은 스스로가 마땅히 차도가 있을 것이니 마땅히 그에게 주십시오."라고, 이렇게 말을 지었을 때는 투란차죄를 범하고, 얻었거나 얻지 못하였어도 돌아와서 알렸다면 승가바시사를 범한다.

　'왕'은 만약 왕이 다른 여인을 얻고자 하였으므로 비구에게 "나는 지금 어느 집의 여인을 구하여 얻고자 하므로 마땅히 나를 위하여 구해주십시오."라고 말하였고, 일체의 승가가 허락하였다면 일체의 승가는 월비니죄를 얻고, 일체의 승가가 가서 구하였다면 일체의 승가는 투란차죄를 얻으며, 얻었거나 얻지 못하였어도 돌아와서 알렸다면 일체의 승가는 승가바시사를 범한다. 만약 일체의 승가가 사자를 보내어 그녀의 집에 말하였다면 일체의 승가는 월비니죄를 얻고, 말하였을 때는 일체의 승가는 투란차죄를 얻으며, 얻었거나 얻지 못하였어도 돌아와서 알렸다면 일체의 승가는 승가바시사를 범한다.

　만약 사자를 받아들였고 '내가 만약 대중의 가운데에 돌아간다면 함께 나에게 왕에게 알리게 할 것이다. 내가 곧 가서 왕에게 알려서 왕이 마땅히 나를 아는 것보다 못하다.'라고 이렇게 사유를 지었고, 이것과 같았는데 이 비구가 얻었거나 얻지 못하였어도 돌아와서 알리는 때는 승가바시사를 범하고, 일체의 승가는 먼저 얻었던 까닭으로 투란차죄를 범한다.

'법사'는 우바새의 집안이 있었고 한 우바새 집안의 딸을 구하고자 하였으나 그 집안에 주지 않으려고 그에게 말하였다.

"우리는 오히려 사견(邪見)인 외도(外道)에게 주어서 시집보낸다면 우바새의 집안에 주는 것보다 수승합니다."

남자의 집에서는 이렇게 생각을 지었다.

'누가 능히 우리들을 화합시키겠는가? 오직 사문은 여러 방편이 많고 능히 설법하는 자는 마땅히 능히 그것으로 우리들을 화합시킬 것이다.'

곧 정사(精舍)에 나아가 법사에게 알려 말하였다.

"우리는 그 집안의 딸을 구하는데, 우리에게 딸을 주려고 하지 않습니다."

법사가 물어 말하였다.

"그 집안은 어떻게 말합니까?"

대답하여 말하였다.

"그 집안은 이렇게 말을 지었습니다. '오히려 사견인 외도에게 주어서 시집보낸다면 우바새의 집에 주는 것보다 수승합니다.' 법사께서 나를 위하여 같은 도리를 말씀하시어 그 집에서 우리 집에 주도록 하십시오."

비구가 허락하였다면 월비니죄를 범하고, 만약 통하게 법사를 청하였고 도중(徒衆)이 떠나가게 하였으며, 떠나간 도중은 월비니죄를 얻는다.

만약 매달 8일과 14일과 15일의 설법하는 때에 남자의 집안과 여자의 집안의 두 집안이 함께 와서 법을 들었고, 그때 법사가 방편으로 설법하였다.

"세존의 계경(契經)에서 여러 비구에게 알리신 것과 같습니다. '여러 중생들은 성(性)과 상(相)을 따라서 불신(不信)을 얻고, 불신하는 자는 함께 친하고 좋아하느니라. 이와 같이 계율을 범하는 자는 계의 모습을 범하는 자와 친하고, 위의가 없는 자는 위의의 모습이 없는 자와 서로 친하며, 부끄러움이 없는 자는 부끄러움의 모습이 없는 자와 서로 친하고,

게으른 자는 게으른 모습인 자와 서로 친하며, 마음이 어지러운 자는 마음이 어지러운 모습의 자와 서로 친하고, 지혜가 없는 자는 지혜가 없는 모습의 자와 서로 친하면서 각자 그 부류를 따라서 서로가 친하고 좋아하게 되느니라. 과거와 미래와 현재의 여러 중생들의 부류는 이와 같으니라. 비유한다면 냄새나고 더러운 부정이 서로가 화합하는 것과 같다.

이와 같이 여러 비구들이여. 여러 중생의 부류는 각자 그 성품을 따라서 돈독하게 믿고, 돈독하게 믿으면 스스로가 서로에게 친하고 좋아하는 것이다. 이와 같이 계율을 지키는 사람은 계율을 지키는 모습의 사람과 서로를 좋아하고, 위의가 있는 사람은 위의가 있는 모습의 사람과 서로를 좋아하며, 부끄러움을 아는 사람은 부끄러운 모습을 아는 사람과 서로를 좋아하고, 정진하는 사람은 정진하는 모습의 사람과 서로를 좋아하며, 뜻이 적정한 사람은 뜻이 적정한 모습의 사람과 서로를 좋아하고, 지혜로운 사람은 지혜로운 모습의 사람과 서로 좋아하나니, 과거와 미래와 현재의 여러 중생의 부류가 모두 이와 같다. 비유한다면 하얗고 깨끗하며 향기로운 물건들이 스스로 서로를 화합하는 것과 같으니라.'"

법사가 이렇게 설법을 마치고 여인의 집에 말하였다.

"나는 그 집안의 아들이 그대의 딸을 구하였고 그대는 그에게 '오히려 사견인 외도에게 주어서 시집보낸다면 우바새의 집에 주는 것보다 수승하다.'라고 대답하였다고 들었는데, 그대는 듣지 못하였습니까? 세존께서는 '만약 죽이려는 도둑이 있어서 원수의 집에서 손으로 날카로운 칼을 잡고서 항상 사람을 살피면서 곧 사람을 죽이려고 하였다면, 그가 원수인 집안의 아들이라면 오히려 그 집안에 들어갈지라도 사견인 외도의 집에는 들어가지 말라.'고 말씀하셨습니다. 그대는 지금 어찌하여 딸을 사견인 외도의 집안에 주어서 시집보내려고 하십니까? 우바새의 집에 준다면 여러 비구들이 음식을 받고 계율을 지키는 때에 자주자주 보게 될 것입니다."

여인의 집에서 "아사리여, 그렇게 하고자 하십니까?'라고 말하였고,

"그렇게 하고자 합니다."라고 대답하여 말하였으며, 여인의 집안에서 "주겠습니다."라고 말하였는데, 그때 법사가 묵연히 말하지 않았다면 투란차죄를 얻고, 만약 법사가 능히 참지 못하고, 곧 자리 위에서 그녀를 얻었다고 말하였다면 승가바시사를 범한다. 만약 다시 법사가 도중에서 얻었다고 창언(唱言)하였다면, 역시 승가바시사를 얻는다.

'함께 하다.'는 함께 받고서 별도로 말하고, 별도로 받고서 함께 말하며, 함께 받고서 함께 말하고, 별도로 받고서 별도로 말하는 것이 있다.

'함께 받고서 별도로 말하다.'는 만약 비구들이 각각 하안거를 마치고 여러 취락을 유행하면서 지식인 주인과 함께 별도로 다른 나라를 다녔다. 그때 취락의 가운데에서 여러 우바이들이 "우리 아들을 위하여 아내를 구합니다. 우리 형제들을 위하여 아내를 구합니다. 우리 숙부를 위하여 아내를 구합니다."라고 말하였고, 이와 같이 다양한 여러 우바이들이 각각 말하였는데, 비구들이 한곳을 지나가면서 "그렇게 하겠습니다."라고 대답하여 말하였으면 하나의 월비니죄를 범하고, 그곳을 지나가는데 각각 별도로 구하였고 대답하였다면 각각 투란차죄를 범하며, 돌아와서 각각 별도로 알렸다면 승가바시사를 범한다.

'별도로 받고서 함께 말하다.'는 만약 비구들이 각각 하안거를 마치고 인간 세상을 유행하면서 여러 단월들과 함께 별도로 다른 나라로 나아가고자 하였다. 그때 여러 우바이들이 있었고 비구들에게 "우리 아들을 위하여 아내를 구합니다."라고 말하였거나, 우리 형제들을 위하여 아내를 구합니다. 우리 숙부를 위하여 아내를 구합니다."라고 말하였는데, 비구들이 각각에게 허락하였다면 각각의 월비니죄를 범하고, 만약 지나가는데 그들이 각각 별도로 아내를 구하였고 대답하였다면 각각 별도의 투란차죄를 범하며, 돌아와서 한 명의 말을 통하여 알렸다면 하나의 승가바시사를 범한다.

'함께 받고서 함께 말하다.'는 만약 비구들이 각각 하안거를 마치고 인간 세상을 유행하면서 여러 단월들과 함께 별도로 다른 나라로 나아가고자 하였던 때에 여러 우바이들이 있었고 비구들에게 "우리 아들을 위하여 아내를 구합니다. 우리 형제들을 위하여 아내를 구합니다. 우리 숙부를 위하여 아내를 구합니다."라고 말하였는데, 만약 비구가 소통하면서 "그렇게 하겠습니다."라고 대답하여 말하였으면 하나의 월비니죄를 범하고, 만약 지나가는데 그들이 각각 별도로 아내를 구하였고 대답하였다면 각각 별도의 투란차죄를 범하며, 돌아와서 소통하면서 대답하였다면 하나의 승가바시사를 범한다.

'별도로 받고 별도로 말하다.'는 만약 비구들이 각각 하안거를 마치고 여러 단월들과 함께 인간 세상을 유행하였는데, 여러 우바이들이 비구들에게 "우리 아들을 위하여 아내를 구합니다. 우리 형제들을 위하여 아내를 구합니다. 우리 숙부를 위하여 아내를 구합니다."라고 말하였는데, 만약 비구들이 "그렇게 하겠습니다."라고 각자 별도로 대답하여 말하였다면 각각의 월비니죄를 범하고, 만약 지나가는데 그들이 각각 별도로 아내를 구하였고 대답하였다면 각각 별도의 투란차죄를 범하며, 각각 돌아와서 알렸다면 각자가 승가바시사를 범한다.

'섞이다.'는 한 비구가 많은 지식이 있었으므로 여러 도중(徒衆)을 데리고 한 집안에서 음식을 청하여서 나아갔고 음식을 먹었던 때에 집안의 어머니가 상좌(上座)에게 "내가 아들을 위하여 어느 집안의 딸을 구하여 며느리로 삼고자 합니다. 상좌께서 마땅히 나를 위하여 말씀해 주십시오"라고 알려 말하였는데, 이때 상좌가 계상(戒相)을 잘 알지 못하였으므로 곧 허락하였다면 월비니죄를 얻고, 그때 여러 도중에서 계율을 조금 알았으나 인심(人心)을 무너뜨리는 것이 두려워서 감히 그에게 충고하지 못하였고, 그 집안을 나오고서 뒤에 상좌에게 "무슨 까닭으로 이것을 지었습니까?"라고 말하였고, "무슨 일인가?"라고 물어 말하였으며, "상좌께서는 알지 못하셨습니까? 세존께서 계율을 제정하시어 남녀를 화합하지 못하도록 하셨습니다."라고 대답하여 말하였고, 상좌는 "계율의 가운데에 있는 것을 알지 못하였네."라고 대답하였으며, 비구는 "상좌여. 구하지 마십시오. 내가 마땅히 구해보겠습니다."라고 말하였고 그가 구하였다면 투란차죄를 범하고, 얻었거나 얻지 못하였어도 돌아와서 알렸다면 승가바시사를 범하며, 상좌는 월비니죄를 범한다.

만약 이전에 우바이가 그 도중에게 "내가 아들을 위하여 어느 집의 딸을 며느리로 구합니다."라고 말하였고, 이때 도중은 계율을 알지 못하였으므로 곧 "그렇게 하겠습니다."라고 대답하여 말하였다면 월비니죄를 범한다. 그때 상좌는 계율을 조금 알았어도 인심을 무너트리는 것이 두려워서 그때 꾸짖어 멈추게 하지 못하였고, 그녀의 집을 나오고서 도중에게 "그대들은 선하지 못한 이러한 일을 지었구려."라고 말하였으며, "무슨 일을 지었습니까?"라고 물어 말하였고, 상좌는 "그대들은 알지 못하는가? 세존께서 계율을 제정하시어서 사자로 다니지 못하도록 하셨네."라고 대답하여 말하였으며, "알지 못하였습니다."라고 대답하여 말하였고, 상좌가 다시 "그대들은 잠시 구하지 말게. 내가 구해보겠네."라고 말하였으며, 상좌가 구하는 때라면 투란차죄를 얻고, 얻었거나 얻지 못하였어도 돌아와서 알렸다면 승가바시사를 범하며, 도중은 월비니죄를 범한다.

만약 이전에 우바이가 대중을 통(通)하여 알렸고 대중이 모두 그러하겠다고 하였다면 일체의 대중이 월비니죄를 얻고, 일체가 함께 구했다면 일체가 투란차죄를 얻으며, 얻었거나 얻지 못하였어도 돌아와서 알렸다면 일체가 승가바시사를 범한다.

만약 남자에게 여럿의 많은 아내가 있다면 생각하는 자도 있고 생각하지 않는 자도 있다. 어느 비구가 그의 집에 출입하는 때에 어느 부인이 비구의 발에 예배하고 공경스럽게 문신하였다. 비구는 "안은(安隱)하고 즐겁습니까?"라고 물어 말하였고, 그녀는 곧 "어느 곳에서 즐거움을 얻겠습니까?"라고 말하였으며, "무슨 까닭입니까?"라고 물었고, 부인은 "이 남자는 항상 한 사람과 함께 일어나고 눕습니다. 나는 혼자이고 그에게 박대와 천대를 받아서 비유하면 마치 뚫어진 그릇이 쓸모없는 것과 같은데, 어찌하여 괴로움을 얻지 않겠습니까?"라고 말하였으며, 비구는 "다만 근심하지 마십시오. 내가 마땅히 그대를 위하여 평균(平均)으로 하라고 말하겠습니다."라고 대답하여 말하였으며, 곧 그녀의 남편에게 "그대는 무지하구려. 어찌하여 많은 아내와 첩을 저축하는 것을 본받으면서 능히 평균하지 못하고 한 여자와 함께 치우쳐서 함께 일어나고 눕는가?"라고 말하였고, "마땅히 그것이 어찌하여 같겠습니까?"라고 대답하여 말하였 으며, 비구는 "마땅히 동등하게 보살피고 균등하게 하십시오"라고 말하였 고, "마땅히 스승의 가르침과 같게 하겠습니다."라고 대답하여 말하였다면 비구는 그때 투란차죄를 얻는다.

만약 사람이 아내가 많았으나 오히려 다시 어린 여자를 구하면서 스스로 말하지 못하였고 비구에게 가서 말하게 청하였으며, 나아가 얻었 거나 얻지 못하였어도 돌아와서 알리는 때라면 승가바시사를 얻는다. 만약 부부가 투쟁하였는데, 비구가 곧 권유하여 화합시켰다면 투란차죄를 얻고, 만약 그 부부가 화합하지 않았거나, 혹은 불사(佛事)와 승사(僧事)에 서 투쟁이 있었는데 복사(福事)를 위한 까닭으로 권유하여 화합시켰다면 무죄이다.

만약 어느 부녀(婦女)가 집안에 돌아왔는데 비구가 가서 그 집안에 이르렀고, 그 집안의 남녀가 모두 나와 비구에게 예배하였다. 비구가 그 부녀를 보고서 곧 "그대는 무슨 까닭에 이곳에 머무는가? 마땅히 오래 머물지 마십시오. 그대의 남편은 옛날에 금전으로 그대를 취하였는 데 그대는 지금 무엇을 짓고서 기다리는가? 그대는 마땅히 그에게 돌아가 십시오."라고 이렇게 말을 짓는 때에는 투란차죄를 얻는다.

어느 사람이 말을 많이 길렀는데 좋은 종자가 태어나지 않았으므로 비구에게 "어느 집에서 말을 낳았다면 나를 위하여 구해주십시오."라고 말하게 청하였고, 비구가 말을 구하였다면 투란차죄를 얻는다.

다시 다음으로 세존께서는 사위성에 머무르셨다.

두 마하라(摩訶羅)가 있었는데, 한 마하라는 아내와 아들을 버리고 출가하였고, 한 마하라는 아내와 딸을 버리고 출가하였으며, 각자 인간 세상을 유행하면서 사위성으로 와서 돌아왔고 함께 한방에 머물렀다. 아내와 딸을 버렸던 그는 곧 스스로가 생각하면서 말하였다.

"나는 마땅히 집으로 돌아가서 아내와 딸을 보살펴야겠다."

옷을 입고 취락으로 들어가서 본래의 집으로 가서 이르렀는데, 그의 아내는 멀리서 마하라가 오는 것을 보았고 곧 성내면서 말하였다.

"그대 마하라는 복이 없고 모습도 없구려. 능히 아내와 자식을 살아가게 봉양하지 못하였고, 또한 관청의 노역을 피하여 집을 버리고 멀리 달아났으며, 딸은 나이가 장대하여도 시집갈 곳이 없는데 지금 와서 무엇하겠소? 그대는 빨리 돌아가시오, 만약 떠나가지 않는다면 마땅히 그대의 두 다리를 부러트리겠소. 누가 그대를 보고 즐거워하겠는가?"

이때 마하라는 본래의 주처(住處)에 돌아왔으나, 상인(賈客)이 재물을 잃은 것과 같이 근심하면서 머물렀다. 이때 아내와 아들을 버리고 출가한 자도 집으로 돌아갔으나 역시 이와 같았으며, 함께 한 방에 살았는데 아들을 버리고 출가한 자가 조금은 지혜가 있었으므로 둘째의 마하라에게 말하였다.

"장로여. 무슨 까닭으로 근심하며 머무십니까?"

대답하여 말하였다.

"어찌하여 이 일을 묻습니까?"

또한 말하였다.

"반드시 알고 싶다면 알려주겠소. 어떻게 우리 두 사람이 함께 한 방에 있는데 좋고 나쁜 일을 서로 알지 못하였구려. 그대를 향하여 내가 말하지 않는다면 다시 마땅히 누구에게 말하겠소?"

그 마하라는 곧 앞의 일을 자세하게 말하였고, 아들을 버렸던 마하라는 말하였다.

"그대만이 어찌하여 근심스럽겠소. 내집도 역시 그러하였소. 그대는 지금 방편을 짓지 않겠습니까? 그대의 딸로서 내 며느리로 삼겠습니다."

그가 대답하여 말하였다.

"좋소."

그때 두 마하라는 함께 월비니죄를 얻었다. 이 마하라는 다음 날에 때에 이르자 옷을 입고 취락으로 들어갔고, 각자 본래의 집에 돌아갔다.

딸을 버렸던 자가 그의 아내에게 알려 말하였다.

"내가 그대를 위하여 딸의 사위를 구하였고 얻었소."

아내는 곧 물어 말하였다.

"누구 집의 아들이오?"

대답하여 말하였다.

"어느 집의 아들이오"

아들을 버리고 출가한 자도 그의 아내에게 알려 말하였다.

"내가 그대를 위하여 아들의 아내를 구하였고 얻었소."

아내는 곧 물어 말하였다.

"누구 집의 딸이오?"

대답하여 말하였다.

"어느 집의 딸이오"

이렇게 말을 짓는 때라면 함께 투란차죄를 얻는다. 그때 그 아들과 딸이 함께 취락과 거리에서 유희하였는데 첫째의 마하라가 그 딸에게 말하였다.

"이 사람이 그대의 남편이 될 사람이다."

둘째 마하라가 그 아들에게 말하였다.

"이 사람이 그대의 아내가 될 사람이다."

이렇게 말을 짓는 때라면 함께 승가바시사를 얻는다. 이때 두 마하라는 전전하여 혼인을 지었고, 각자 환희하여 가난한 자가 보물을 얻은 것과 같아서 다시 서로가 사랑하고 공경하며 형제와 같았다. 여러 비구들이 듣고서 이 일로써 갖추어 세존께 아뢰었다.

"어찌하여 세존이시여. 이 두 마하라는 함께 혼인을 맺고 환희하고 서로를 공경하였으며, 나아가 이와 같습니까?"

세존께서 여러 비구들에게 알리셨다.

"이 두 마하라는 다만 오늘에 이러한 일을 지었던 것이 아니고, 과거의 세상의 때에서도 일찍이 그러하였느니라."

세존께서 여러 비구들에게 알리셨다.

　"과거 세상의 때에 성이 있어서 바라나라고 이름하였고, 나라는 가시라고 이름하였다. 어느 한 바라문이 마사(摩沙)라는 콩이 있었으나 오래묵어서 삶아도 익지 않았으므로, 가지고 가게 위에 놓아두었으며, 남에게주어서 팔고자 하였으나 아무도 사는 사람이 없었다. 이때 어느 한 사람이집에 나귀 한 마리가 있었으므로 시장에 팔려 하였으나 사는 자가 없었다.그때 묵은 콩을 가진 자는 이렇게 생각을 지었다.

　'나는 마땅히 이 콩으로써 이 나귀를 사야겠다.'

　곧 가서 말하였다.

　"그대는 나귀를 가졌으니 이 콩과 바꾸겠소?"

　나귀 주인은 다시 생각하였다.

　'이 나귀를 이용하여 마땅히 그의 콩을 취해야겠다.'

　곧바로 대답하여 말하였다.

　"그럽시다."

　나귀를 얻고 환희하였고 그때 곧 이렇게 생각을 지었다.

　'지금 아들을 얻었구나.'

　곧바로 게송을 설하여 말하였다.

바라문의 법은 판매(販賣)에 교묘하나니
오래 묵은 콩은 16년 되어서
그대가 나무를 모두 태워서 익혀도 익지 않으니
그대 집안의 어른과 아이의 이빨을 부러뜨린다네.

　그때 나귀의 주인도 역시 게송을 지어 말하였다.

그대 바라문은 무엇을 기뻐하는가?
비록 네 발이 있고 털옷은 좋지만
짐이 무겁다면 길에서 그대에게 알게 하리니
침으로 찌르고 불로 지져도 마침내 움직이지 않는다네.

그때 콩 임자가 다시 게송을 설하여 말하였다.

혼자 천추(千秋)의 몽둥이가 생겨났고
머리에 4촌(寸)의 침(針)을 붙였나니
능히 지친 나귀를 치료할 것인데
무엇을 다스리지 못한다고 근심하리오?

그때 나귀의 주인이 성내면서 곧 게송을 설하여 말하였다.

앞의 두 발을 세웠는데
한 쌍으로 날면서 뒤의 두 발이 있으니
그대의 앞의 이빨을 부러뜨린다면
그러한 뒤에 스스로가 마땅히 안다네.

콩의 주인은 나귀에게 알리면서 게송으로 말하였다.

모기와 눈이 먼 독충에게 물린다면
오직 꼬리로써 스스로가 방어하나니.
마땅히 그대의 꼬리와 다리를 잘라서
그대에게 큰 고통을 알게 하겠네.

나귀가 다시 대답하여 말하였다.

선조(先祖)를 따라서 왔나니
이러한 미숙하고 서글픈 법을 행하더라도
지금 내가 고의로 익히고 이어왔으니
죽으면 죽었지 결국 버리지 않네.

그때 콩의 주인은 이 폐악(弊惡)한 축생은 고통스러운 말이 옳지 않은 것을 알고서 곧 다시 그를 칭찬하며 게송을 말하였다.

우는 음성은 매우 좋으며
얼굴은 희어서 하얀 옥(珂)과 같고 눈과 같으니
마땅히 그대에게 짝을 취하여
함께 숲과 연못에서 놀게 하겠네.

나귀는 부드러운 말을 듣고서 곧 다시 게송을 설하여 말하였다.

나는 능히 8곡(斛)²⁾을 짊어지고
날마다 6백 리를 거나니
바라문이여. 마땅히 아십시오.
짝을 듣고서 환희하는 까닭이라네."

세존께서 여러 비구들에게 알리셨다.
"그때의 두 사람은 지금 두 마하라이니라. 그때의 나귀는 지금 마하라의 아들이니라. 그때 이미 일찍이 다시 서로가 속이면서 화합하였고 그러한 뒤에 환희하였는데, 지금도 역시 이와 같아서 다시 서로를 속이고서 화합하였으며, 그러한 뒤에 환희하는 것이니라."
만약 비구가 여인을 화합시키면 승가바시사를 얻고, 황문을 화합시키면 투란차죄를 얻으며, 남자와 축생을 화합시키면 월비니죄를 범하고, 긴나라녀이거나, 원숭이의 암컷을 화합시키면 투란차죄를 얻느니라.

[제5계를 마친다.]

---

2) 분량의 단위인 10말(十斗)을 가리킨다.

세존께서는 광야정사에 머무셨으며, 자세한 설명은 앞에서와 같다.

그때 여러 비구들은 광야의 가운데서 500개의 개인의 방사를 지으면서 여러 사람들이 사람에게 구걸하고 구하면서 지었다. 어느 비구가 이른 아침에 취락에 들어가는 옷을 입고 발우를 지니고서 방을 짓고자 구걸하기 위한 까닭으로 광야의 취락에 들어갔다. 어느 한 상인이 손으로 열쇠를 가지고 와서 시장을 향한 자기의 상점을 열고 있었는데, 비구가 빨리 다니면서 걸어오는 것을 멀리서 보았고, 상인은 생각하며 말하였다.

'이 비구가 오는 것은 반드시 방을 짓고자 구걸하기 위한 것이다. 나는 이른 아침에 이 시장에 이르렀고 아직 팔지 못하였는데, 누가 이러한 물건을 구걸하게 하겠는가?'

곧 가게의 문을 닫고 집으로 돌아갔고, 이 비구는 생각하면서 말하였다.

"이 상인이 나를 보고서 곧 가게 문을 닫고 집으로 돌아가는데, 내가 와서 구걸하여도 주지 않으려는 까닭이다."

곧 다른 길로 갔으며 그의 앞을 막으면서 물어 말하였다.

"장수(長壽)여. 그대는 어느 곳으로 가려고 합니까? 서로를 돕지 않는다면 나는 누구를 의지하여 방사를 일으키겠습니까? 바로 그대들을 의지합니다. 불법을 믿는 자는 죄와 복의 일과 업행(業行)과 과보가 있다고 알면서 주지 않는다면 누가 마땅히 주겠습니까? 장수여. 아십시오. 세존께서 '마땅히 자비의 마음을 일으켜서 듣는 것을 즐거워하지 않는 자는 방편으로 듣게 하고, 믿지 않는 자는 믿음을 세우게 가르치며, 나아가 손으로 그의 머리를 잡고서 강제로 권유하여 보시하게 하라.'고 말씀하신 것과 같습니다.

그러한 것으로써 그는 이곳에서 목숨을 마치면 마땅히 천상에 태어나서 색력(色力)과 수명과 권속이 자연스러울 것이고, 사람의 가운데에 와서 태어나도 역시 쾌락을 받고 색력과 수명과 권속이 성취되며, 불법을 수습하면 공덕을 증익(增益)하고, 도(道)의 과보를 세울 것입니다. 이러한 까닭으로 장수여. 세존께서 게송으로 설하신 것과 같습니다."

복을 하면 즐거운 과보를 받아서
하고자 하는 것은 모두 자연스럽고
생사의 흐름을 뛰어넘어서
최상의 적정한 열반이라네.

만약 사람이 복을 한다면
천신(天神)이 자연히 보호하여
원하는 것이 스스로 이루어지고
여러 악마들이 능히 무너뜨리지 못한다네.

복이 엷으면 여러 번뇌가 많으나
복은 능히 여러 근심을 소멸시키고
복과 덕이 이미 굳세졌다면
빠르게 견고한 정(定)을 이룬다네.

하늘에 태어나면 쾌락을 받고
사람의 가운데에서도 역시 자재하며
이것은 공덕의 까닭이므로
가는 곳마다 모두 자연스럽네.

이러한 복의 방편을 인연하여
영원히 생사의 괴로움을 벗어나고
도를 얻어 열반에 이른다면
없어지지 않고 다시 태어나지도 않는다네.

그때 그 비구가 이 게송을 말하고서 다시 말하였다.
"장수여. 나를 도와서 방사를 일으킨다면 그 복이 가장 클 것입니다."
이때 상인은 설법을 듣고서 곧 약간을 보시하였다. 그때 상인은 이렇게 사유하였다.

'만약 시장의 가게에 들어간다면 많이 여러 번을 구걸하면서 구할 것인데, 다시 이익을 얻지 못한다면 본래의 금전을 줄어들 것이다. 오히려 집에 앉아서 머무르면 그 본래의 금전은 완전할 까닭이니, 시장의 가운데에서 이자와 본래의 금전을 함께 잃는 것보다 수승하다.'

이렇게 생각을 짓고 곧 집으로 돌아와서 앉았다. 이때 상인의 아내는 그의 남편에게 성내면서 말하였다.

"무슨 이유로 시장에 나갔는데 빠르게 돌아왔는가? 이와 같이 나태하고서 마땅히 무슨 이유로 아들과 딸이 생활하고 관청의 부역에 충당하겠는가?"

상인이 대답하여 말하였다.

"성내지 말고 잠시 들어보시오. '나는 지금 이른 아침에 시장의 가게에 나갔는데, [자세한 설명은 생략한다.] 나아가 본래의 금전을 잃는 것이 두려웠던 까닭으로 돌아와서 머무르는 것이오."

그의 아내는 알았으므로 묵연히 말이 없었다. 존자 사리불이 왔고 취락에 들어가서 차례로 걸식하며 그녀의 집 문에 머물렀다. 그때 상인의 아내는 돈독하게 믿었고 공경하였으므로 사리불을 보고서 곧 깨끗한 그릇에 음식을 가지고 가득 담아서 가지고 나왔고 발우의 가운데에 담았으며 사리불을 알았으므로 머리숙여 발에 예배하고 공경스럽게 문신하였다. 그때 사리불이 그녀를 위로하였다.

"집안은 어떻고, 생활은 좋습니까?"

그 부인이 대답하여 말하였다.

"집안이 모두 좋습니다. 다만 생활이 매우 어렵습니다."

물었다.

"무슨 까닭으로 그렇습니까?"

곧 앞의 인연으로써 사리불에게 자세히 아뢰었다.

"집안의 생활과 음식과 의복을 공급하고 왕의 부역에도 바로 가게에 의지하고 있으나, 지금 남편은 집안에 머무르면서 사람이 구걸하며 구하

는 것을 두려워합니다. 진실로 있으나 나갔다고 말하고, 진실로 깨어있어
도 잠잔다고 말합니다. 아사리여. 우리집은 공양하고 공경하며 존중하며
숨기는 것이 없는 까닭으로 이러한 뜻을 아룁니다."

이때 사리불은 상인의 아내를 위하여 여러 종류로 설법하여 환희심을
얻게 하였으며, 곧 정사에 돌아와서 곧 앞의 일로써 갖추어 세존께 아뢰었
다. 세존께서는 말씀하셨다.

"이 일을 경영하는 비구를 불러오라."

곧바로 불렀고 왔으므로, 세존께서는 일을 경영하는 비구에게 물으셨
다.

"그대가 진실로 구걸하여 방사를 지으면서 여러 단월들을 괴롭혔고,
사리불을 향하여 그대를 싫어한다고 말하게 하였는가?"

대답하여 말하였다.

"진실로 그렇습니다. 세존이시여."

세존께서 비구에게 알리셨다.

"이것은 악법이니라. 개인이 구걸하여 방사를 지으면서 단월을 괴롭혔
구나."

세존께서는 여러 비구들에게 알리셨다.

"그대들은 다시 방사를 위한 까닭으로 단월들을 뇌란(惱亂)시키지 말라.
금전과 재물을 얻기 어렵고 보시도 역시 어려우니라. 바라문과 거사들이
재물을 나누면 손해더라도, 사문에게 의복·음식·평상·와구·질병(病瘦)
의 의약품 등을 공양하는데, 이것도 역시 매우 어려운 것이니라."

세존께서는 일을 경영하는 비구에게 알리셨다.

"과거 세상의 때에 어느 비구는 발거(跋懅)라고 이름하였고, 숲속에서
머물렀느니라. 이때 석군다(釋軍多)라는 새가 있었고 역시 이 숲에 모여
살았는데, 새벽과 저녁에 어지럽게 울어서 그 비구를 고뇌시켰다. 그때
발거 비구는 세존의 처소에 나아가서 세존의 발에 머리숙여 예경하고
한쪽에 서 있었다. 그때 세존께서는 숲속의 비구를 위문하며 말씀하셨다.

"어떠한가? 병은 적고 번뇌도 적으며 숲속에서 즐겁게 머무르는가?"

숲속의 비구가 세존께 아뢰어 말하였다.

"병이 적고 번뇌가 적으며 숲속에 즐겁게 머물고 있습니다. 다만 새벽과 저녁의 때에 여러 석군다의 새들이 울면서 떠들어서 번민하고 산란하여 사유할 수가 없습니다."

세존께서 비구에게 알리셨다.

"그대는 석군다인 일체의 새들이 오지 않는 것을 원하는가?"

대답하여 말하였다.

"그렇게 원합니다. 세존이시여."

세존께서 말씀하셨다.

"비구여. 그대는 날이 저물어 석군다의 새가 오는 때에 곧 여러 새를 쫓아서 각각 하나의 털을 구걸하고, 새벽에 떠나가는 때에도 역시 이와 같이 구걸하라."

비구는 세존께 아뢰어 말하였다.

"옳습니다. 세존이시여."

곧 숲속에 돌아와서 바르게 앉아서 사유하였으며, 날이 저물자 새들이 모여들어 어지럽게 울었으므로, 곧 이렇게 말을 지었다.

"그대들 석군다 새들이여. 각자에게 하나의 털을 구걸하겠네. 내가 지금 사용하면서 필요하네."

그때 여러 새들은 잠시 소리없이 고요하였으나 할 수 없이 이후에 각자 하나의 털을 뽑아서 땅에 던졌다. 새벽에도 다시 구걸하였고 그때 여러 새들은 곧바로 다른 곳에 옮겨가서 하룻밤을 묵었으나, 그곳이 불편하여 오래지 않아서 다시 숲속으로 돌아왔다. 그때 비구는 다시 따라서 털을 찾았으므로 여러 새들은 하나하나를 다시 주었으며 여러 새들은 생각하며 말하였다.

"지금 이 사문은 기이하게 구걸하는 것을 좋아하는구나. 우리들은 오래지 않아서 털은 모두 없어지고 고기만 땅에 남을 것이다. 능히 다시 날지 못한다면 우리들은 마땅히 어찌해야 하겠는가?"

곧 모두가 의논하여 말하였다.

"이 비구는 항상 숲속에 머무르니, 우리들은 마땅히 떠나가서 다시 다른 처소를 구하고, 다시는 마땅히 돌아오지 않아야 한다."

세존께서는 여러 비구들에게 알리셨다.

"날아다니는 새는 축생이지만 오히려 많이 구걸하는 것을 싫어하는데, 하물며 다시 세상의 사람이겠는가? 그대들 비구는 방사를 위하여 일을 경영하면서 많은 욕심으로 많이 구하여 그 신심있는 바라문과 거사들이 괴롭게 재물을 보시하여 사문들의 의복·음식·평상·와구·질병의 의약품을 공급하게 하지 말라."

여러 비구들이 세존께 아뢰어 말하였다.

"세존이시여. 어찌하여 이 숲속의 비구는 새들이 떠드는 것을 악하다고 두려워하였습니까?"

세존께서 여러 비구들에게 알리셨다.

"이 숲속의 비구는 다만 오늘만 두려워하였던 것이 아니고. 옛날에도 일찍이 두려워하였느니라."

여러 비구들이 아뢰어 말하였다.

"옛날에도 일찍이 그러하였습니까?"

세존께서 여러 비구들에게 알리셨다.

"과거 세상의 때에 한 큰 코끼리(龍象)가 숲속의 비어있고 한적한 곳에 머물렀는데, 큰바람이 갑자기 일어나서 나무들을 꺾었느니라. 코끼리는 나무가 부러지는 소리를 듣고 놀라서 빠르게 달아났고 두려운 마음이 조금 그쳐서 한 나무의 아래에서 쉬었는데 그 나무가 다시 부러졌으며 다시 빠르게 달아났다. 그때 천신(天神)이 코끼리가 놀라서 달아나는 것을 보고서 생각하며 말하였다.

"어찌하여 이 코끼리가 갑자기 스스로 미쳐서 달아나는가?"

곧 게송을 설하여 말하였다.

폭풍이 갑자기 일어나서 나무를 꺾으니
큰 코끼리가 놀라고 두려워서 빠르게 달아나는데

가사(假使) 큰 바람이 천하에 두루하다면
그때 큰 코끼리는 어느 곳으로 피하겠는가!"

세존께서 여러 비구들에게 알리셨다.
"그때의 코끼리는 지금 숲속의 비구이니라."
세존께서는 일을 경영하던 비구에게 알리셨다.
"과거 세상의 때에 5백의 선인이 있었고 설산(雪山)의 가운데 머물렀는
데, 한 선인이 다른 곳에 머물렀느니라. 좋은 샘물이 있어서 꽃과 과일이
무성하였고, 여기서 멀지 않은 곳에 살라(薩羅)라는 물이 있었으며, 가운데
에는 용이 머무르고 있었는데, 이 선인의 위의가 가지런한 것을 보고
마음에 좋아하는 생각이 생겨났다. 이때 수룡(水龍)은 와서 선인에게
나아가서 바르게 서 있었는데, 선인은 가부좌를 맺고 있었다. 용은 곧
몸으로써 신선을 일곱 겹으로 감고 머리로써 선인의 정수리 위를 덮으며
머물렀으며, 날마다 이와 같았는데, 오직 음식의 때에는 오지 않았다.
선인은 용이 몸을 감았던 까닭으로 밤낮으로 단정히 앉아서 쉬지 못하여서
신체가 여위고 파리하여 곧 부스럼이 생겨났다. 그때 근처에 사람이
머물러 있으면서 선인에게 공양하는 자가 있었는데, 배회하면서 돌아다녔
고 선인의 처소에 이르렀으며, 이 선인의 몸이 파리하고 부스럼이 있었으
므로 곧 신선에게 물었다.
"무슨 까닭으로 이와 같습니까?"
선인은 앞의 일을 갖추어 자세히 말하였고, 그 사람은 선인에게 말하였
다.
"이 용이 다시 오지 못하도록 하고자 합니까?"
대답하여 말하였다.
"그렇게 하고자 하오."
다시 선인에게 물었다.
"이 용이 집착하는 것이 있습니까?"
대답하여 말하였다.

"오직 목구멍의 위에 영락(瓔珞)인 보주(寶珠)가 있소."

그 사람이 가르쳐서 말하였다.

"다만 보주를 쫓아서 구하십시오. 용의 성품은 매우 간탐하는 것이니, 결국 그대에게 주지 않고 오지 않을 것입니다."

말을 마치고 떠나갔다. 잠시 뒤에 용이 왔으므로 곧 보주를 따라서 구하였고, 용은 보주를 구걸하는 것을 듣고서 마음이 즐겁지 않아서 천천히 버리고 떠나갔다. 다음 날에 용이 오면서 아직 이르지 않았는데 선인이 멀리서 보고 게송을 설하여 말하였다.

　빛나고 빛나는 마니의 보배와
　영락으로 몸을 장엄하였으니
　만약 용이 능히 나에게 준다면
　곧 좋은 친구가 될 것이오.

이때 용은 곧 게송을 설하여 대답하였다.

　마니주를 잃는 것이 두렵나니
　오히려 몽둥이를 잡고서 개를 부르는구려.
　이 보주는 얻을 수 없나니
　다시 와서 그대를 보지 않겠소.

　좋은 반찬과 여러 보배는
　오직 이 마니주의 존귀함이며
　이것은 결국 구할 수 없는데
　어찌하여 은근히 구하시는가?
　구함이 많다면 친함과 애정이 떠나나니
　이것을 까닭으로 다시 오지 않겠소.

그때 허공의 가운데에 어느 천인이 게송을 설하여 말하였다.

싫어함과 멀리함이 생기는 것은
모두 구함이 많은 까닭인데
범지(梵志)의 탐하는 모양이 나타나서
용은 곧 연못에 잠수하였네."

세존께서는 일을 경영하던 비구에게 알리셨다.
"용은 축생이었으나 오히려 많이 구하는 것을 싫어하였는데, 어찌 오히려 사람이겠는가! 그대들 비구들은 많은 사무(事務)를 경영하면서 널리 구하여 그 신심있는 바라문과 거사들에게 괴롭게 재물을 베풀면서 사문들의 의복·음식·평상·와구·질병의 의약품을 공급하게 하지 말라."
세존께서 여러 비구들에게 알리셨다.
"열 가지의 일과 법이 있다면 사람들에게 사랑을 받지 못하느니라. 무엇이 열 가지인가? 서로가 익히면서 가깝지 않은 것, 가볍게 자주 익히면서 가까운 것, 이익을 위해서 익히면서 가까운 것, 사랑할 것을 사랑하지 않고 사랑하지 않을 것을 사랑하는 것, 자세히 말하여도 받아들이지 않는 것, 다른 사람의 일을 예측하기 좋아하는 것, 진실로 위덕이 없으면서 업신여기고자 하는 것, 물건을 좋아하여 가려진 곳에서 수군거리는 것, 구하고자 하는 것이 많은 것이다. 이것이 열 가지의 다른 사람이 좋아하지 않는 일이니라."
세존께서는 여러 비구들에게 알리셨다.
"광야를 의지하는 비구들을 모두 모이게 하라. 열 가지의 이익을 까닭으로 여러 비구들을 위하여 계율을 제정하겠노라. 나아가 이미 들은 자들은 마땅히 거듭하여 들을지니라. 만약 비구가 스스로 구걸하여 방사를 지으면서 시주(施主)가 없이 자신을 위하였다면 마땅히 양(量)과 같이 지어야 하는데, 마땅히 길이는 수가타(修伽陀)³⁾의 12걸수(搩手)이고, 안의 너비는 7걸수이며, 마땅히 여러 비구들을 데리고 가서 방사를 짓는 곳이 어려움이 없는 곳이거나, 방해가 없는 곳이라고 보여주어야 하느니라. 만약 비구가 어려움이 있는 곳이거나, 방해가 있는 곳에 스스로 구걸하여 방사를 지었거나, 시주가 없이 자신을 위하여 지으면서, 역시 여러 비구들을 데리고 가서 방사를 짓는 곳을 보여주지 않았거나, 양을 넘쳐서 짓는 자는 승가바시사를 범하느니라."

'비구'는 앞의 설명과 같다.

'스스로 구걸하다.'는 스스로가 다니면서 구걸하여 만약 1전(錢)이거나, 2전이거나, 집집마다 구걸하였고, 나아가 백천 전이다.

'방사'는 세존께서 허락하신 것이다.

'짓다.'는 스스로가 짓거나 만약 다른 사람을 시켜서 짓는 것이다.

'시주가 없다.'는 남자이거나, 여자이거나, 재가인이거나, 출가인의 시주가 없는 것이다.

'자신'은 자기(自己)이다.

'마땅히 양과 같다.'는 마땅한 법(法)의 양(量)이다.

'길이는 세로(縱)의 양이다.

'너비'는 가로(橫)의 양이다.

'수가타의 12걸수'는 수가타는 선서(善逝)를 이름하고, 걸수는 2척(尺) 4촌(寸)[4]이다.

'안에 7걸수'는 집을 짓는 법은 안과 밖의 양이 있으므로, 집의 가로와 세로는 벽의 안을 따르는 것이다.

'집의 위와 아래를 재다.'는 바깥의 벽은 한 장(丈)[5] 두 척이다.

'여러 비구들을 데리고 가서 방사를 지을 곳을 보여주다.'는 땅을 보여주는 것이다.

'여러 비구'는 만약 승가이거나, 승가의 사자(使者)이다.

---

3) 산스크리트어 sugata의 음사로서 여래 십호(如來十號)의 하나인 선서(善逝)를 가리킨다.

4) 1척은 약 30.3㎝이고 1촌은 약 3.3㎝이다.

5) 1장은 10척이며 약 3.03m이다.

'승가'는 방사를 짓는 비구는 승가의 가운데에 들어가서 먼저 짓는 갈마(羯磨)를 허락하도록 구하고서, 그러한 뒤에 허락하는 갈마를 애원하라. 갈마자는 이렇게 말을 지어야 한다.

"대덕 승가께서는 허락하십시오. 어느 비구는 스스로가 구걸하고 구하면서 시주가 없이 자신을 위한 방사를 짓고자 대중의 가운데에서 처소의 지시를 받고자 애원합니다. 만약 승가께서 때에 이르렀다면, 승가께서는 어느 비구에게 승가를 쫓아서 방사의 처소를 지시받도록 애원하게 하십시오. 여러 대덕 승가께서는 어느 비구가 처소를 지시받게 애원하도록 허락하셨습니다. 승가께서 인정하신 것은 묵연하였던 까닭입니다. 이 일을 이와 같이 지니겠습니다."

이 비구는 승가의 가운데에 들어가서 호궤(胡跪) 합장하고 이와 같이 말을 지어야 한다.

"대덕 승가께서는 억념(憶念)하십시오. 나 누구 비구는 스스로가 구걸하여 시주가 없이 자신을 위한 방사를 짓고자 합니다. 지금 승가를 쫓아서 방사를 지을 처소의 지시를 받고자 하오니, 원하건대 승가께서는 저에게 처소를 지시하여 주십시오."

이와 같이 세 번을 애원해야 한다. 갈마인(羯磨人)은 마땅히 이렇게 말을 지어야 한다.

"대덕 승가께서는 허락하십시오. 어느 비구는 스스로가 구걸하고 구하면서 시주가 없이 자신을 위한 방사를 짓고자 대중의 가운데에서 처소를 지시받고자 합니다. 만약 승가께서 때에 이르렀다면, 승가께서는 어느 비구에게 방사를 지을 처소를 지시하여 주십시오. 이와 같이 아룁니다.

"대덕 승가께서는 허락하십시오. 어느 비구는 스스로가 구걸하고 구하면서 시주가 없이 자신을 위한 방사를 짓고자 대중의 가운데에서 처소의 지시를 받고자 합니다. 승가께서 지금 어느 비구에게 방사의 처소를 지시하는 것을 여러 대덕께서는 인정하십시오. 어느 비구에게 방사의 처소를 지시하는 것을 승가께서 인정하신다면 묵연하시고, 만약 인정하시지 않는다면 곧 말씀하십시오. 승가께서 이미 인정하셨으므로 어느 비구에게 방사를 지을 처소를 지시하는 것을 마치겠습니다. 승가께서 인정하신 것은 묵연하였던 까닭입니다. 이 일은 이와 같이 지니겠습니다."

만약 일체의 승가 가운데에서 모두가 갈마를 말하는 자가 없다면 일체의 승가는 방사를 지을 곳에 나아가서 한 비구가 대중의 가운데에서 창언(唱言)해야 한다.

"일체의 승가는 어느 비구를 위하여 방사를 지을 곳을 지시하겠습니다."

이와 같이 세 번을 말해야 한다.

'승가의 사자'는 만약 방사를 지을 곳이 멀었거나, 혹은 물이 막고 있거나, 혹은 매우 추운 때이거나, 매우 더운 때이거나, 큰비의 때이거나, 혹은 큰눈의 때이거나, 만약 승가의 가운데에 늙고 병든 자가 많아서 일체가 갈 수 없다면, 그 비구는 승가의 가운데에서 지시하도록 애원하게 하고 애원을 마치면 승가는 마땅히 한 비구·두 비구·세 비구를 뽑도록 하라. 갈마하는 대중을 얻지 못한 까닭이라도 한도는 세 사람까지이다. 갈마자는 마땅히 이렇게 말을 지어야 한다.

"대덕 승가께서는 허락하십시오. 어느 비구는 스스로가 구걸하고 구하면서 시주가 없이 자신을 위한 방사를 짓고자 대중의 가운데에서 처소를 지시를 받고자 애원합니다. 만약 승가께서 때에 이르렀다면, 승가께서는 어느 비구에게 방사를 지을 곳을 지시하도록 어느 비구와 어느 비구를 뽑아 주십시오. 이와 같이 아룁니다.'

'대덕 승가께서는 허락하십시오. 어느 비구는 스스로가 구걸하고 구하면서 시주가 없이는 자신을 위한 방사를 짓고자 대중의 가운데에서 처소의 지시를 받고자 애원하였고, 승가께서는 어느 비구에게 방사를 지을 곳을 지시하도록 어느 비구와 어느 비구를 뽑았습니다. 여러 대덕들께서 방사를 지을 곳을 지시하도록 어느 비구와 어느 비구를 뽑는 것을 인정하신다면 묵연하시고, 만약 인정하시지 않는다면 곧 말씀하십시오. 승가께서 이미 인정하셨으므로 방사를 지을 곳을 지시하도록 어느 비구와 어느 비구를 뽑는 것을 마치겠습니다. 승가께서 인정하신 것은 묵연하였던 까닭입니다. 이 일은 이와 같이 지니겠습니다.'"

이때 사자인 비구는 방사를 지을 곳으로 가서 처소를 관찰하여 만약 그 방사의 처소에 여러 벌레들이 있거나, 더불어 꽃과 과일의 나무가 자라고 있더라도 마땅히 없애라고 말할 수 없고, 만약 이러한 일이 없다면 관찰을 마치고서 역시 이전에 말한 것과 같이 한 비구는 창언해야 한다.

"승가시여. 이미 방사를 지을 곳을 보여주었습니다."

이와 같이 세 번을 말해야 한다.

'어려움이 없는 곳'은 만약 그곳에 꽃과 과일의 나무가 자라지 않고 뱀이 없는 곳이다.

'방해가 없는 곳'은 사방에 각자 12계단의 사다리가 허용되고, 한 계단의 사이가 1권주(捲肘)이며, 일을 짓는 자들이 주위를 둘러싸고 가고 오면서 벽을 바르고 이엉을 덮을 수 있는 곳이다.

'만약 비구가 어려운 곳'은 꽃과 과일의 나무가 자라고 있고 여러 벌레와 뱀이 있는 곳이다.

'방해가 있는 곳'은 둘레가 열두 계단의 사다리를 허용하지 않고 일을 짓는 자가 주위를 돌면서 가고 오는 것이 어렵고 이엉을 덮고 벽을 바를 수 없는 곳이다. 스스로 구걸하여 시주가 없이 자신을 위하여 지으면서 역시 여러 비구들을 데리고 가서 처소를 지시받지 않았거나, 양을 넘겨서 짓는 자는 승가바시사를 범한다.

'승가바시사'는 앞에서 말한 것과 같다.

만약 비구가 스스로 구걸하여 방사를 지으면서 어려움이 있는 곳과 방해가 있는 곳에 지었거나, 여러 비구들을 데리고 가서 처소를 지시받지 않았거나, 만약 양을 줄여서 지었거나, 다른 사람을 시켜서 지었거나, 나아가 짓는 것을 마쳤을 때는 승가바시사를 얻고, 수용(受容)하였을 때는 월비니죄를 얻는다. 이와 같이 두 비구가 지었거나, 여러 비구들이 지었어도 역시 이와 같다.

만약 비구가 스스로 구걸하여 방사를 지으면서 어려움이 있는 곳과 방해가 있는 곳에 지었거나, 여러 비구들을 데리고 가서 처소를 지시받지 않았거나, 양과 같이 지었거나, 만약 다른 사람을 시켜서 지었거나, 나아가 짓는 것을 마쳤을 때는 승가바시사를 얻고, 수용하였을 때는 월비니죄를 얻는다. 만약 두 비구가 지었거나, 만약 여러 비구들이 지었어도 역시 이와 같다.

만약 비구가 스스로 구걸하여 방사를 지으면서 어려움이 없는 곳과 방해가 없는 곳에 지었거나, 역시 여러 비구들을 데리고 가서 처소를 지시받았거나, 양을 넘겨서 지었거나, 다른 사람을 시켜서 지으면서 방사를 짓는 것을 마쳤을 때는 승가바시사를 얻고, 수용하였을 때는 월비니죄를 얻는다. 만약 두 비구가 지었거나, 만약 여러 비구들이 지었어도 역시 이와 같다. 만약 비구는 이런 곳이라면 지시를 받았다고 이름하지 않는다.

만약 다른 결계의 승가가 지시하였거나, 만약 먼저의 년(年)에 미리 지시하였거나, 만약 물속의 모래가 아닌 땅이거나, 부서진 돌이 아닌 땅이거나, 돌 위가 아니었거나, 불에 타지 않은 땅이거나, 만약 승가의 가운데에서 한 사람이 방사를 짓지 않거나, 만약 두 사람, 세 사람이 방사를 짓지 않는 곳에는 모두 마땅히 지시하지 못한다. 만약 승가의 가운데에서 방사를 짓지 않는 자가 많다면, 지시하는 것을 허락하고, 만약 비구가 청정한 방사를 지으면서 곧 마땅히 머무를 방사를 가지고자 한다면 마땅히 짓지 않아야 한다.

만약 청정한 방사를 짓고서 곧 땔나무를 쌓을 창고로 가져서도 아니되고, 만약 청정한 방사를 짓고서 우물의 집으로 가져서도 아니되며, 만약 청정한 방사를 짓고서 마땅히 욕실로 지녀서도 아니된다. 만약 비구가 어려운 곳과 방해되는 곳에 지시를 받지 않고 양을 넘겨서 집을 짓는 때에 만약 벽돌이나 진흙 덩어리를 주었다면 모두 월비니죄를 얻고, 벽돌을 쌓아서 편안히 다니도록 방사를 짓는 비구는 하나·하나가 월비니죄를 얻으며, 나아가 창문이 완성되었다면 투란차죄를 범하고, 나아가 집이 완성되고 만약 벽돌로 덮였다면 마지막의 하나의 벽돌이었던 때에는 승가바시사를 범한다.

만약 기와로 덮었거나, 만약 나무로 덮었거나, 만약 판자로 덮었거나,

석회(石灰)로 덮었거나, 만약 진흙 덩어리로 덮었거나, 만약 풀로 덮었거나, 나아가 마지막으로 하나의 풀을 잡았던 때에는 승가바시사를 얻는다. 방사를 지으면서 완성하지 못하고 중지(中止)하는 자는 투란차죄를 얻고, 뒤에 다시 완성된 때에는 승가바시사를 얻는다.

'방사를 짓다.'는 만약 방사의 주인이 편안한 곳에 방사를 지으면서 다른 사람에게 짓게 하였고 나아가 방사가 완성된 때에는 방사를 지었던 비구는 승가바시사를 얻고, 만약 방사의 주인이 편안한 곳에 방사를 지었고 뒤에 다른 사람이 완성하였다면 투란차죄를 얻는다. 만약 비구가 어려운 곳과 방해되는 곳과 여러 비구들을 데리고 가서 지시를 받지 않은 곳에 양을 넘겨서 방사를 지었는데, 이 방의 주인인 비구가 계율을 버리지 않았고 죽지 않았으면 승가에게 주지 않는다. 만약 어느 비구가 이 방안에서 발우를 구웠거나, 옷을 지었거나, 만약 송경을 받았거나, 만약 사유하면서 일체를 수용하는 자는 월비니죄를 얻는다. 만약 두 사람이거나, 많은 사람이 방사를 짓는 것도 역시 이와 같다.

만약 비구가 스스로 구걸하여 방사를 지으면서 어려움이 없는 곳이고, 방해가 없는 곳이며, 여러 비구들을 데리고 가서 지시를 받은 곳에 양을 줄여서 지으면서 만약 다른 사람을 시켜서 지었고 방사를 지었던 때라면 이 비구는 무죄이며, 수용하는 자도 역시 무죄이다. 만약 두 사람이거나, 많은 사람이 방사를 짓는 것도 역시 이와 같다.

만약 비구가 스스로 구걸하여 방사를 지으면서 어려움이 없는 곳이고, 방해가 없는 곳이며, 비구들을 데리고서 지시를 받은 곳에 양과 같이 지으면서 만약 다른 사람을 시켜서 지었고 나아가 방사가 완성되었다면 이 비구는 무죄이며, 수용하는 자도 역시 무죄이다. 만약 두 사람이거나, 많은 사람이 방사를 짓는 것도 역시 이와 같다.

만약 비구가 여러 비구들을 데리고 가서 지시를 받은 곳에 다른 결계의 승가가 지시할 수 없고, 먼저의 년(年)에 지시할 수 없으며, 물속의 모래가 아닌 땅이거나, 부서진 돌이 아닌 땅이거나, 돌 위가 아니었거나, 불에 타지 않은 땅이거나, 만약 승가의 가운데에서 한 사람이 방사를 짓지 않거나, 만약 두 사람, 세 사람이 방사를 짓지 않는 곳에는 모두 마땅히 지시하지 못한다. 만약 승가의 가운데에서 방사를 짓지 않는 자가 많다면, 거처하는 방사를 바로 짓거나, 청정한 방사를 바로 짓거나, 우물집을 바로 짓거나, 욕실을 짓는다면 짓도록 바로 허락해야 한다.

만약 비구가 방사를 지으면서 어려움이 없는 곳이고, 방해가 없는 곳이며, 양을 넘겨서 짓지 않았고, 여러 비구들을 데리고 가서 방사를 지을 곳을 보여주었는데, 이 여러 비구들은 만약 진흙 덩어리를 뭉치는 것을 도왔거나, 만약 벽돌을 만들어 주었다면, 하나·하나의 비구를 돕는 것은 무죄이다. 만약 한 줄을 쌓았거나, 두 줄을 쌓았거나, 나아가 창문을 달았던 때에도 이 비구는 무죄이다. 만약 벽돌로 덮었던 때에 마지막 하나의 벽돌이었던 때도 이 비구는 무죄이다.

만약 기와로 덮었거나, 판자로 덮었거나, 풀로 덮었거나, 석회로 덮었거나, 진흙 덩어리로 덮었거나, 마지막 진흙 덩어리를 덮는 때에도 무죄이다. 지르면서 절반에 멈추어도 이 비구는 무죄이고, 뒤에 다시 완성하여도 이 비구는 무죄이다. 스스로가 방편을 지었고 다른 사람을 시켜서 완성하였어도 이 비구는 무죄이고, 스스로가 지었고 뒤에 다른 사람이 완성하였어도 이 비구는 무죄이다.

만약 비구가 스스로 구걸하여 방사를 지으면서 어려움이 없는 곳이고, 방해가 없는 곳이며, 비구들을 데리고서 지시를 받은 곳에 방사를 지으면서 양을 넘기지 않았고, 이 비구가 계율을 버리지 않았고 죽지 않았으면 승가는 주지 않는다. 여러 비구들이 방안에서 발우를 구웠거나, 옷을 지었거나, 송경하였거나, 사유하면서 일체를 수용하였어도 모두 무죄이다. 만약 두 사람이거나, 많은 사람이 방사를 짓는 것도 역시 이와 같다.

만약 비구가 세존께서 탄생하신 처소, 도를 얻으신 처소, 법륜을 굴리신 처소, 5년 대회의 처소 등의 이렇게 존중되는 처소에 공양하기 위해 풀로 암자를 지었거나, 나뭇잎으로 암자를 지었거나, 장막으로 암자를 짓고서 잠깐 머물고자 짓는 것도 허락된다.

이러한 까닭으로 설하였노라.

"만약 비구가 스스로 구걸하여 시주가 없이 자기를 위하여 방사를 지으면서, 나아가 양을 넘겨서 짓는 자는 승가바시사를 범한다."

[제6계를 마친다.]

세존께서는 구섬미국(俱睒彌國)에 머무셨으며, 자세한 설명은 앞에서와 같다.

그때 구사미국에서 500명의 비구들은 각자 개인의 방사를 지었다. 그때 천타(闡陀) 비구는 방사를 지어주는 사람이 없었으나, 이때 천타 비구의 시주는 아발타(阿跋吒)라고 이름하였다. 그때 천타 비구는 옷을 입고 취락에 들어가서 그의 집으로 나아갔고 그때 주인은 천타 비구가 오는 것을 보고 공경스럽게 발에 예배하고서 함께 서로가 문신하였다. 이때 주인이 말하였다.

"아사리여. 내가 들으니 구사미에서 5백 칸의 개인 방사를 짓는다고 합니다. 혹시 아사리에게 방을 지어서 주는 자가 있습니까?"

대답하여 말하였다.

"진실로 들은 것과 같습니다. 시주가 있는 자는 모두 방사를 지었으나, 나는 복과 덕이 엷어서 비유하면 대머리인 부엉이와 같이 주인이 없는데 누가 마땅히 지어서 주겠습니까?"

주인이 대답하여 말하였다.

"아사리여. 근심하지 마십시오. 내가 지어서 주겠습니다."

그때 곧 500금전을 주면서 알려 말하였다.

"아사리여. 가지고 떠나가서 방사를 지으십시오."

그때 천타 비구가 금전을 가지고 떠나갔고 곧 편안한 곳을 찾아 큰 방사를 지으면서 500금전을 사용하고자 하였으나 겨우 기초를 일으키고 담과 벽을 조금 일으켰는데 금전이 모두 없어졌으므로 다시 그의 집으로 나아갔다. 주인이 천타의 발에 예배하고 함께 서로가 위로하면서 물어 말하였다.

"아사리여. 방사를 모두 지었습니까?"

대답하여 말하였다.

"집의 기초를 일으키고 담과 벽을 조금 쌓았는데 금전이 모두 없어졌습니다."

그때 주인은 다시 500금전을 주었다. 천타 비구는 500금전을 가지고 가서 담과 벽을 지었고 창문을 달았는데 금전이 모두 없어졌으므로, 다시 주인에게 나아갔고, 천타의 발에 예배하였으며 다시 물었다.

"아사리여. 방사를 지었습니까?"

대답하여 말하였다.

"담과 벽을 쌓았고 창문을 다는 것을 시작하였는데 금전이 모두 없어졌습니다."

그때 주인이 불신(不信)하는 마음이 생겨나서 천타에게 말하였다.

"아사리여. 출가한 사람인데 큰 방사를 지으면 소용이 있습니까? 일천 금전을 사용한다면 누각(樓閣)을 일으킬 것인데, 방사 하나를 지으면서 어찌하여 부족하다고 말합니까? 존자여. 곧 돌아가십시오. 능히 다시 줄 수 없습니다."

그때 천타 비구가 곧바로 근심하고 생각하면서 말하였다.

"어떠한 방편이라도 이 방사를 완성하겠다. 곧 살라림(薩羅林)의 나무가 있으니 곧 그것을 베어서 가지고 방사를 완성해야겠다."

그때 살라림의 가운데에 귀신이 있었고 이 수풀을 의지하였으므로 천타에게 말하였다.

"이 나무를 자르지 마십시오. 나의 약한 아들과 아내는 사나운 바람과 비에 노출되어 의지할 곳이 없습니다."

천타가 대답하여 말하였다.

"죽은 귀신아! 빨리 떠나가라! 이 가운데에 머무르지 말라. 누가 즐겁게 그대를 보겠는가?"

곧바로 나무를 베는 때에 이 귀신은 곧 크게 울면서 아이들을 데리고 세존의 처소에 나아갔다. 세존께서는 아시면서도 일부러 물으셨다.

"그대는 무슨 까닭으로 우는가?"

대답하여 말하였다.

"세존이시여. 존자 천타는 저의 숲의 나무를 베어서 가지고 방사를 지었습니다. 세존이시여. 우리 남녀는 열등하고 약한데 바람과 비에 방랑하면서 노출되었으니 마땅히 어느 곳을 의지해야 합니까?"

그때 세존께서 이 귀신들을 위하여 수순하여 설법하시어 보여주셨고 가르치셨으며 이익되고 기쁘게 하셨으므로, 근심과 괴로움이 곧 없어졌다. 세존의 처소와 멀지 않은 곳에 다시 숲에 나무가 있었으므로, 세존께서는 지시하여 가르쳤으며 머물게 하셨다. 세존께서는 여러 비구들에게 알리셨다.

"천타 비구를 불러오라."

곧바로 오라고 불렀고 왔으므로, 세존께서는 앞의 일을 자세히 물으셨다.

"그대가 진실로 그러하였는가?"

대답하여 말하였다.

"진실로 그렇습니다. 세존이시여."

세존께서는 말씀하셨다.

"어리석은 사람이여. 이것은 악한 일이니라. 그대는 알지 못하는가? 여래·응공·정변지가 한 번을 묵으면서 머무르는 이곳의 좌우에 나무들이 있다면 사람들과 함께 곧 탑묘(塔廟)를 이루느니라. 이러한 까닭으로 신기(神祇)들이 즐겁게 와서 의지하는데, 어찌하여 비구가 악구(惡口)로 그들을 꾸짖어 말하는가? 천타여. 이것은 법이 아니고, 율이 아니며, 세존의 가르침이 아니니라. 이것으로써 선법을 장양하지 못하느니라."

여러 비구들이 세존께 아뢰어 말하였다.

"세존이시여. 어찌하여 이 천타 비구는 교묘한 방편을 지어서 곧 일을 경영하였고, 그 늙은 주인에게 일천 금전을 얻었습니까?"

세존께서는 여러 비구들에게 알리셨다.

"이는 교묘한 방편이 아니니라. 만약 교묘한 방편이라면 마땅히 다시 얻어야 하는데, 어찌하여 일천 금전으로 제한되었겠는가?"

여러 비구들이 세존께 아뢰어 말하였다.

"진실로 세존께서 말씀하신 것과 같이 이 천타 비구가 방편에 잘못한 것을 알겠습니다."

세존께서는 여러 비구들에게 알리셨다.

"다만 오늘에 이 비구가 방편에 잘못한 것이 아니고, 지나간 세상의 때에서도 천타 비구가 방편에 잘못하였느니라."

세존께서는 여러 비구들에게 알리셨다.

"과거에 성이 있어서 바라나라고 이름하였고 나라는 가시라고 이름하였느니라. 이때 나라에 왕이 있어서 법으로써 교화하였으므로 백성들은 안락하였고 여러 근심과 어려움이 없었느니라. 이때 왕은 아들이 없었으나 부인이 홀연히 회임(懷妊)하여 10개월에 아들을 낳았으나 눈과 코가 없었다. 아들을 낳고서 7일에 대회를 베풀고 여러 신하와 관상가와 도사들을 모으고서 아들을 위하여 이름을 짓게 하였다. 이때 나라 법은 혹은 복상(福相)을 인연하거나, 혹은 성수(星宿)를 인연하거나, 혹은 부모를 인연하여 이름을 짓는 것이었다. 바라문이 물어 말하였다.

"왕자의 신체에 어떤 다른 모습이 있습니까?"

옆의 사람이 대답하여 말하였다.

"지금 이 왕자는 그 얼굴이 매우 평평하여 도무지 눈과 코가 있을 곳이 없습니다."

바라문이 말하였다.

"지금 이 왕자를 마땅히 경면(鏡面)이라고 이름해야 합니다."

네 명의 유모(乳母)가 공급하며 안고서 길렀는데, 한 사람은 만지고 털어내며 씻기고 목욕시켰으며, 한 사람은 부정(不淨)을 버렸고, 한 사람은 안고 업었으며, 한 사람은 젖을 먹였다. 이 네 유모가 밤낮으로 공급하며 모셨으므로, 비유하면 연꽃이 날마다 자라나듯이 나이에 이르자 장대하였다. 부왕이 목숨을 마치자 곧 경면은 예배하고 왕위(王位)를 잇게 되었다. 그런데 이 태자는 숙세에 덕의 근본을 심었으므로 비록 태어나면서 눈이

없었지만, 천안이 있었으므로 국왕의 일을 감당하였고 복과 덕의 힘은
컸다. 나라 안의 백성들은 경면 태자가 왕이 되었던 것을 들었어도 기괴(奇
怪)함은 없었다.

이때 어느 대신이 곧 그를 시험하고자 하였으나, 능히 기회를 얻지
못하였다. 곧 왕이 외출하고자 여러 신하들에게 다시 새로운 궁전을
세우면서 문양을 새기고 여러 종류의 색채로 그림을 그리도록 칙명하였
다. 대신은 생각하며 말하였다.

"항상 왕을 시험하고자 하였는데 지금 이때가 알맞구나."

한 마리의 원숭이를 데리고 가서 옷을 입혔고 교묘하게 도구를 지었으며
가죽 주머니에 담아서 어깨에 둘러메게 하고 데리고 왕의 앞에 이르러
알려 말하였다.

"대왕의 칙명을 받들어 궁전을 세우고자 교묘한 장인(匠人)이 이르렀습
니다. 원하건대 대왕께서는 궁전을 짓는 방법을 지시하여 가르쳐 주십시
오."

왕은 마음속으로 생각하였다.

'그것을 데리고 와서 나를 시험하는구나.'

곧 게송을 설하여 말하였다.

이 중생의 부류를 보건대
언뜻 얼굴을 본다면 주름지고 붉으며
팔딱거리면서 성품이 가볍고 날뛰므로
이루었던 일을 그가 능히 파괴하겠네.

분수를 받은 법이 이와 같은데
어찌하여 능히 궁전을 일으키겠는가?
꽃과 과일의 나무를 부러트리고
능히 사람에게 친근하지 않으니
하물며 능히 궁전을 짓겠는가?

재촉하여 들판과 숲으로 돌려보내야 한다네."

세존께서 여러 비구들에게 알리셨다.

"그때의 경면 왕은 나의 몸이고, 그때의 원숭이는 지금의 천타 비구이다. 나는 그때 태어나면서 두 눈이 없었지만 이미 일찍이 그가 베풀 것이 없음을 알았는데, 하물며 다시 오늘이겠는가?"

세존께서는 여러 비구들에게 알리셨다.

"구사미성을 의지하여 머무르는 비구들을 모두 모이게 하라. 나아가 이미 들은 자들은 마땅히 거듭하여 들을지니라. 만약 비구가 시주(施主)가 있고 자신을 위하여 큰 방사를 짓고자 한다면 마땅히 여러 비구들을 데리고 가서 지시를 받아야 하고 어려움이 없고 방해가 없는 곳이어야 하느니라. 이 비구가 어려운 곳과 방해되는 곳에 시주가 있고 자기를 위하여 큰 방사를 지으면서 역시 여러 비구들을 데리고 가서 지을 곳을 지시받지 않는 자는 승가바시사를 범하느니라."

'비구'는 앞의 설명과 같다.

'크다.'는 양에 넘겼다면 이것은 크다고 이름한다.

'방사'는 세존께서 허락하신 것이다.

'짓다.'는 만약 스스로가 짓거나, 다른 사람을 시켜서 짓는 것이다.

'시주가 있다.'는 만약 남자이거나, 여인이거나, 재가에 있거나, 출가하여 시주가 되는 것이다.

'자기를 위하다.'는 자기를 위하고 승가를 위하지 않는 것이다.

'여러 비구들을 데리고 가서 처소를 지시받다.'는 승가를 말하거나, 만약 승사(僧使)를 말하며, 앞의 작은 방사의 가운데에서 말한 것과 같다.

'어려움이 없는 곳과 방해가 없는 곳'은 역시 앞에서 말한 것과 같다.

만약 비구가 방사를 지으면서 어려움이 있는 곳과 방해가 있는 곳에 여러 비구들을 데리고서 처소를 지시받지 않고서 방사를 짓는 자는 승가바시사를 얻는다. 만약 한 비구가 어려움이 있는 곳과 방해가 있는 곳에 큰 방사를 지으면서 만약 스스로가 지었거나, 다른 사람을 시켜서 지으면서 방사가 완성된 때에는 승가바시사를 얻고, 수용한 자는 월비니죄를 얻는다. 만약 두 명이거나, 만약 여러 사람이 지은 것도 역시 이와 같다. 그 양에 넘긴 것을 제외하고는 일체가 유죄이고 무죄인 것은 모두 역시 앞의 작은 방사의 가운데에서 설한 것과 같다.

이러한 까닭으로 설하였노라.

"만약 비구가 시주가 있고 자기를 위하여 큰 방사를 지으면서, 나아가 여러 비구들을 데리고 가서 처소를 지시받지 않은 자는 승가바시사를 범하느니라."

[제7계를 마친다.]

세존께서는 사위성에 머무셨으며, 자세한 설명은 앞에서와 같다.

그때 어느 비구가 타표마라자(陀驃摩羅子)라고 이름하였고, 대중 승가는 예배하고 아홉 가지 일의 지사인으로 삼았다. 아홉 가지의 일은 평상과 자리를 부촉하는 차례를 맡았고, 대회에 뽑아서 청하는 차례를 맡았으며, 방사를 분배하는 차례를 맡았고, 옷과 물건을 분배하는 차례를 맡았으며, 꽃과 향을 분배하는 차례를 맡았고, 과일과 채소를 분배하는 차례를 맡았으며, 더운 물을 분배하는 차례를 맡았고, 떡과 음식을 분배하는 차례를 맡았으며, 뜻을 따라서 일을 감당할 사람을 거론하는 차례를 맡았으니, 이것을 승가가 예배하고 맡긴 아홉 가지 일이라고 이름한다.

평상과 자리를 부촉하는 때에 이 장로는 오른손의 새끼손가락으로 등불을 밝히면서 등급에 따랐는데, 만약 아련야(阿練若)라면 아련야인 자와 함께 부촉하였고, 걸식하는 자는 걸식하는 자와 함께 부촉하였으며, 분소의(糞掃衣)인 자는 분소의인 자와 함께 부촉하였고, 한 번을 앉아 먹는 자는 한 번 앉아 먹는 자와 함께 부촉하였으며, 항상 앉는 자는 항상 앉는 자와 함께 부촉하였고, 땅 위에 앉는 자는 땅 위에 앉는 자와 함께 부촉하였으며, 풀을 깔고 앉는 자는 풀을 깔고 앉는 자와 함께 부촉하였고, 송경하고 범패하는 자는 송경하고 범패하는 자와 함께 부촉하였으며, 법사는 법사와 함께 부촉하였고, 율을 배우는 자는 율을 배우는 자와 함께 부촉하였으며, 수다원은 수다원과 함께 부촉하였고, 사다함은 사다함과 함께 부촉하였으며, 아나함은 아나함과 함께 부촉하였고, 아라한은 아라한과 함께 부촉하였으며, 삼명(三明)은 삼명과 함께 함께 부촉하였고, 육통(六通)은 육통과 함께 부촉하였으며, 위의가 없는 자는 위의가 없는 자와 함께 부촉하였다.

그때 자지(慈地) 비구와 육군비구 등이 와서 방사를 구하였고 존자 타표마라자는 대답하여 말하였다.

"잠시 기다리시오. 그대들이 하좌의 방이니, 차례로 마땅히 그대들에게 주겠소."

방사는 하좌에 이르렀고 그 차례와 같이 방사를 주어 부촉하였으므로 좋지 않은 방을 얻었다. 이 육군비구들은 방사 가운데의 와상(臥床)과 좌상(坐床)과 요 등의 여러 물건이 모두 낡았던 까닭으로, 또한 별방(別房)에서 음식도 다시 거칠고 악하였으므로 함께 서로에게 의논하여 말하였다.

"장로 타표마라자는 우리에게 원수가 생겨난 것과 같이 우리에게 나쁜 방을 주었고 음식도 거칠고 맛이 떫네. 만약 이러한 장로가 오랫동안 범행(梵行)에 머무른다면 마땅히 우리들에게 항상 여러 고통을 받게 할 것이오. 지금 마땅히 바라이의 법으로써 그를 비방해야 하네."

곧바로 말하였다.

"장로여. 그대가 바라이를 범하였으니, 우리들이 마땅히 그것을 드러내겠습니다."

대답하여 말하였다.

"나는 이러한 죄가 없소."

그들이 말하였다.

"누가 다시 훔치면서 내가 도둑이라고 말하겠습니까? 다만 그대는 오늘에 바라이를 범하였습니다."

대중의 여러 사람의 가운데 이르러 비방하였고 다시 승가의 가운데에 이르러 비방하였다.

"존자 타표마라자는 바라이를 범하였습니다."

타표마라자가 세존께 가서 아뢰어 말하였다.

"자지 비구는 근거가 없는 바라이법으로써 비방하였습니다."

세존께서는 말씀하셨다.

"그대에게 이러한 일이 있었는가?"

대답하여 말하였다.

"없었습니다. 세존이시여."

세존께서는 말씀하셨다.

"비구여. 여래가 그대의 청정함을 알겠으나, 다른 사람이 그대를 비방한다면 마땅히 그것은 무엇과 같은가?"

타표가 말하였다.

"세존이시여. 비록 제가 청정하여 무죄인 것을 아신다면, 오직 원하옵건대 세존께서는 애민하게 생각하시어 그들에게 말씀하시고 신심이 생겨나서 장야(長夜)에 요익하지 않는 것을 얻지 않게 하십시오."

세존께서는 말씀하셨다.

"육군비구를 불러오라."

곧 불렀고 왔으므로, 세존께서는 육군비구에게 물으셨다.

"그대들이 진실로 근거없는 바라이로써 타표마라자 비구를 비방하였는가?"

대답하여 말하였다.

"진실로 그렇습니다. 세존이시여."

세존께서는 말씀하셨다.

"무슨 까닭인가?"

대답하여 말하였다.

"이 장로인 타표마라자가 저희들에게 고의로 허물어진 방을 주었고, 나아가 만약 이러한 장로가 오랫동안 범행하면서 있다면 저희들이 항상 괴로움과 번민을 얻을 것이므로 곧 바라이법으로써 비방하였습니다."

세존께서는 육군비구들에게 알리셨다.

"이것은 악한 일이니라. 나는 항상 범행인에게 마땅히 공경을 일으키고 몸과 입과 뜻을 자비롭게 행하라고 말하지 않았던가? 그대들은 지금 어찌하여 범행이고 무죄인 비구를 근거없는 바라이법으로 비방하였는가? 이것은 법이 아니고 율이 아니며 세존의 가르침이 아니니라. 이것으로써 선법을 장양하지 못하느니라."

세존께서는 여러 비구들에게 알리셨다.

"사위성을 의지하여 머무르는 비구들을 모두 모이게 하라. 열 가지의 이익을 까닭으로 여러 비구들을 위하여 계율을 제정하겠노라. 나아가 이미 들은 자들은 마땅히 거듭하여 들을지니라. 만약 비구가 성내고 원망하며 기쁘지 않은 까닭으로 청정하여 무죄인 비구에게 근거없는 바라이법으로써 비방하면서 그 비구의 청정한 행을 파괴하고자 하였고, 그가 뒤의 때에 검교(檢校)하였거나, 만약 검교하지 않아도, 곧 다시 '이 일은 근거가 없으나 내가 성내고 원망하였던 까닭으로 이러한 말을 지었다.'라고 말하였다면 승가바시사를 범하느니라."

'비구'는 앞의 설명과 같다.

'성내다.'는 아홉 가지의 번뇌와 처소가 아닌데 성내는 열 가지이다.

'원한이 있다.'는 범부와 학인(學人)에게 있는 것이다.

'기쁘지 않다.'는 나아가 아라한에게 있는 것이다.

'근거가 없다.'는 일의 근거가 나타나지 않았거나, 또는 그 일을 보지 못하였거나, 그 일을 듣지 못하였거나, 그 일을 의심하지 않는 것이다.

'바라이'는 4바라이 가운데에서 하나·하나이다.

'비방하다.'는 일의 근거가 없는데 제멋대로 허물을 말하는 것이다.

'그의 청정한 행을 깨뜨리고자 한다.'는 그를 비구가 아니라고 하고, 사문이 아니라고 하며, 석종자(釋種子)도 아니라고 하면서 사미를 짓고자 하고, 속인을 짓고자 하며, 원민(園民)6)을 짓고자 하고, 외도를 짓고자

---

6) 밭을 가는 사람이라는 뜻으로 하인을 가리킨다.

하는 것이다.

'그가 뒤의 때에 만약 검교하였거나, 만약 검교하지 않다.'는 것에서 '검교'는 "그대가 무슨 음란한 일을 보았는가? 음란한 일을 보았는가? 5전(錢)을 훔치는 것을 보았는가? 고의로 사람 죽이는 것을 보았는가? 거짓으로 과인법을 칭찬하는 것을 보았는가? 어떻게 무엇을 보았고, 무슨 인연으로 보았으며, 어느 곳에서 보았는가?"라고 물어 말하였다면 이것을 검교라고 한다. 만약 이와 같이 묻지 않는 것은 이것을 검교하지 않았다고 이름한다. 이러한 일이 근거가 없었는데 성내고 원망하며 머물렀던 까닭으로 이러한 말을 지었다면 승가바시사를 범한다.

'승가바시사'는 앞의 설명과 같다.

'만약 비구가 성내고 원망하며 두 가지로 비슷하게 비방하다.'는 부정하거나 청정한 것이다. '청정한 것'은 "내가 무슨 죄 등을 범하는 것을 보았는가? 4바라이의 가운데에서 만약 하나인가? 만약 둘인가? 13승가바시사의 가운데에서 만약 하나인가? 만약 둘인가?"라고 말하는 것이다. 만약 보지 못하였고 듣지 못하였으며 의심하지 않고서 명료하지 않았는데 곧 비방하였거나, 만약 가려진 곳이거나, 만약 여러 사람들의 가운데이거나, 만약 대중 승가의 가운데에서 "나는 그가 바라이를 범하는 것을 보았고, 그가 바라이를 범하는 것을 들었으며, 그가 바라이를 범하는 것을 의심하였다."라고 말하였는데, 보았다는 것이 진실로 보지 않아서 근본이 진실하지 않고, 들은 것도 진실로 듣지 않아서 근본이 진실하지 않으며, 의심한다는 것도 진실로 의심한 것이 아니어서 근본이 진실하지 않다면, 본래 일찍이 보았던 것도 허망하고, 들었던 것도 허망하며, 의심하였던 것도 허망한 것이다. 보았던 것이 그렇지 않고 들은 것도 그렇지 않으며, 의심한 것도 그렇지 않은 것을 얼굴을 마주하고 네 가지의 계목으로 비방하여 말하면 말에 승가바시사를 범한다.

이 비구가 4바라이의 가운데에서 하나·하나를 비방한다면 승가바시사를 범하고, 13승가바시사의 가운데에서 하나·하나를 비방한다면 바야제를 범하고, 바야제의 가운데에서 하나·하나를 비방한다면 월비니죄를

범하고, 바라제제사니와 중학법(中學法) 및 위의법(威儀法)으로 비방하는
자는 월비니죄를 마음으로 참회해야 한다. 만약 비구니의 8바라이와
19승가바시사로 만약 하나·하나를 비방한다면 바야제를 범하고, 30니살
기(尼薩耆)와 141야제로 하나·하나를 비방한다면 월비니죄를 범하며,
8바라제제사니와 중학과 위의로 하나·하나를 비방한다면 월비니죄를
마음으로 참회해야 하고, 학계니(學戒尼)의 열여덟 가지의 일을 만약
하나·하나를 비방하면서 "마땅히 다시 배워야 한다."라고 말한다면 투란
차죄를 범하고, 사미와 사미니의 10계를 하나·하나를 비방하면서 "마땅히
다시 출가하여야 한다."라고 말한다면 월비니죄를 범하며, 아래로 속인의
5계에 이르러 하나·하나를 비방한다면 월비니죄를 마음으로 참회해야
한다.

　이러한 까닭으로 설하였노라.

　만약 비구가 성내고 원망하며 기쁘지 않은 까닭으로, 나아가 이러한
말을 짓는 자는 승가바시사를 범한다.

[제8계를 마친다.]

마하승기율 제7권

동진 천축삼장 불타발타라·법현 공역
석보운 번역

3) 승잔계를 밝히다 ③

세존께서는 사위성에 머무셨으며, 자세한 설명은 앞에서와 같다.

이때 존자 타표마라자에게 대중 승가는 예배하고 아홉 가지의 일을 맡긴 것은 앞의 설명과 같으며, 나아가 육군비구들은 좋지 않은 방사와 거친 음식을 받았으므로 마음으로 항상 근심하고 괴로워하였으며, 나아가 생각하면서 말하였다.

"이 장로 타표마라자가 오랫동안 범행에 머무른다면 우리들은 항상 괴로움과 번민을 얻을 것이다. 또한 세존께서 계율을 제정하시어 근거없는 바라이법으로써 비방하는 것을 허락하지 않으셨다. 지금 마땅히 그의 죄와 허물의 근원을 구해야겠다."

이렇게 말을 짓고서 항상 존자 타표마라자를 따라다녔는데, 만약 가거나, 만약 머무르거나, 만약 앉거나, 만약 눕더라도 항상 좌우(左右)를 따라다녔다. 달의 8일·14일·15일에 이르면 여러 비구니들이 와서 세존의 발에 예경하였다. 이때 존자 타표마라자는 세존과 거리가 멀지 않은 곳에서 한쪽에 앉았으므로 여러 비구니들은 세존의 발에 예경하였고, 다음으로 와서 존자 타표마라자에게 예배하였다. 이때 누이인 비구니가 있었는데 예배하는 때에 바람이 일어나서 옷의 모서리가 타표마라자의 무릎 위에 떨어졌으므로 타표마라자가 곧 손으로 옷자락을 들어서 떼어냈다. 이때 육군비구들이 곧 이렇게 말을 지었다.

"장로 타표마라자여. 그대는 바라이를 범하였습니다."

타표가 말하였다.

"나는 이러한 일이 없소."

육군비구들이 다시 말하였다.

"우리들이 이러한 일을 보았으니 무엇을 다시 의심하겠습니까? 누가 다시 훔치면서 스스로가 도둑이라고 말합니까?"

곧 가려진 곳이거나, 더불어 많은 사람들의 가운데이거나, 승가의 가운데에서 이러한 일을 말하였다. 그때 타표마라자는 이러한 인연으로써 갖추어 세존께 아뢰었고, 세존께서는 말씀하셨다.

"육군비구들을 불러오라."

곧 불렀고 왔으므로, 세존께서는 육군비구에게 물으셨다.

"그대들이 진실로 근거없는 바라이로써 타표마라자를 비방하였는가?"

대답하여 말하였다.

"아닙니다. 세존이시여. 진실로 근거가 있었습니다."

세존께서는 말씀하셨다.

"무슨 근거가 있었는가?"

육군비구들은 세존께 아뢰어 말하였다.

"어느 때 한 재일이 있었는데, 여러 비구니들이 와서 세존께 예경하였고 다음으로 타표마라자 장로에게 예배하였습니다. 그때 바람이 일어나서 비구니의 옷이 타표마라자의 무릎 위에 떨어졌습니다. 그때 타표마라자가 손으로 그 옷을 잡았으므로 이것이 근거입니다."

세존께서는 말씀하셨다.

"어리석은 사람들이여. 이것은 바라이의 근본이 아니고 이것은 다른 부분의 가운데에서 작고 작은 일이니라."

세존께서는 육군비구들에게 말씀하셨다.

"그대들은 항상 세존께서 여러 종류의 인연으로 범행인에게 공경하는 마음을 일으키고 몸과 입과 뜻을 자비스럽게 하라는 것을 듣지 않았는가?

그대들은 지금 어찌하여 청정하고 무죄인 비구를 비방하여 그의 청정한
행을 파괴하려고 하는가? 이것은 다른 부분의 가운데에서 작고 작은
일이어서 바라이가 아니니라. 비구들이 바라이법으로써 비방한다면,
법이 아니고 율이 아니며 세존의 가르침이 아니니라. 이것으로써 선법을
장양하지 못하느니라."

세존께서는 여러 비구들에게 알리셨다.

"사위성을 의지하여 머무르는 비구들을 모두 모이게 하라. 열 가지의
이익을 까닭으로 여러 비구들을 위하여 계율을 제정하겠노라. 나아가
이미 들은 자들은 마땅히 거듭하여 들을지니라. 만약 비구가 성내고
원망하며 기쁘지 않은 까닭으로 다른 부분의 가운데에서 작고 작은 일이고
바라이가 아니었는데, 비구를 바라이법으로써 비방하여 그 비구의 청정한
행을 파괴하고자 하였으나, 그가 뒤의 때에 검교하였거나, 만약 검교하지
않았어도, 다른 부분의 가운데에서 작고 작은 일에 성내고 원망하면서
머물렀던 까닭으로 말하였다면 승가바시사를 범하느니라."

'비구가 성내고 원망하며 기뻐하지 않다.'는 앞의 설명과 같다.

'다른 부분은 4바라이와 13승가바시사를 제외하면 이것이 다른 분수이
다.

'작고 작은 일'은 중학법(衆學法)과 위의(威儀)이다.

'바라이가 아니었으나 비구를 바라이의 법으로 비방하다.'는 4바라이의
가운데에서 만약 하나·하나의 일을 비방하는 것으로, 일이 없으나 허물을
말하는 것이다.

'그의 범행을 깨뜨리려고 하다.'는 그가 비구가 아니고, 사문이 아니며,
석종자가 아니라고 하며, 사미로 짓고자 하고, 속인으로 짓고자 하며,
원민을 짓고자 하고, 외도를 짓고자 하는 것이다.

'뒤의 때에 만약 검교하였거나, 만약 검교하지 않다.'는 것에서 '검교'는
"그대가 무슨 음란한 일을 보았는가? 음란한 일을 보았는가? 5전을 훔치는
것을 보았는가? 고의로 사람 죽이는 것을 보았는가? 거짓으로 과인법을
칭찬하는 것을 보았는가? 어떻게 무엇을 보았고, 무슨 인연으로 보았으며,

어느 곳에서 보았는가?"라고 물어 말하였다면 이것을 검교라고 한다. 만약 이와 같이 묻지 않았다면 이것을 검교하지 않았다고 이름한다. 다른 부분의 가운데에서 작고 작은 일에 성내고 원망하면서 머물렀던 까닭으로 말하였다면 승가바시사를 범한다.

'승가바시사'는 앞의 설명과 같다.

만약 비구가 성내고 원망하며 두 가지의 비슷한 모습으로 비방하는 것이니, 청정함과 부정함이다. 청정한 자가 "내가 무슨 죄를 범하는 것을 보았는가?"라고 말하였고, 일체의 앞에서 근거없는 가운데에서 말한 것과 같다면, 나아가 속인을 비방하여도 월비니죄를 마음으로 참회해야 한다.

이러한 까닭으로 설하였노라.

만약 비구가 성내고 원망하면서 기쁘지 않았던 까닭으로 다른 부분의 가운데에서 작고 작은 일로서, 나아가 성내고 원망하였던 까닭으로 말하였다면 승가바시죄를 범하느니라.

세존께서는 왕사성에 머무셨으며, 자세한 설명은 앞에서와 같다.

이때 제바달다(提婆達多)는 화합승가를 파괴하고자 하였던 까닭으로 부지런히 방편으로 파승사(破僧事)를 집지(執持)[1]하였다. 12수다라(修多羅)의 계서(戒序)·4바라이·13승가바시사·2부정법(不定法)·30니살기바야제(尼薩耆波夜提)·92바야제(波夜提)·4바라제제사니(彼羅提提舍尼)·중학법(衆學法)·7멸쟁법(滅諍法)·수순법(隨順法)을 제정하지 않았으나 제정하였고, 이미 제정한 것은 곧 열었으며, 나아가 재가와 출가한 자가 함께 법을 행하였는데 이를테면, 9부의 경전인 수다라(修多羅)·기야(祇夜)·수기(授記)·가타(伽陀)·우타나(優陀那)·여시어경(如是語經)·본생경(本生經)·방광(方廣)·미증유법(未曾有法) 등이었다. 이러한 9부의 경전에 다시 다른 글귀·다른 글자·다른 맛·다른 뜻을 지었고, 각각 다른 글과

---

1) 고집스럽게 지니는 것을 가리킨다.

말로 스스로 외우고 익혀서 지녔으며, 또한 다른 사람을 가르쳐서도 외우고 지니게 하였다. 그때 여러 비구들이 제바달다에게 말하였다.

"그대는 방편을 지어 화합승가를 파괴하지 마시오. 파승사를 집지하지 마시오. 그대는 화합승가를 파괴하기 위한 까닭으로 방편에 부지런하지 말라. 파승사를 받아들인 까닭으로 함께 싸우지 마시오. 장로여. 마땅히 승가와 함께 같이 일하십시오. 왜 그러한가? 승가가 화합하면 환희(歡喜)하고 다투지 않고, 함께 하나로 배우면서 물과 우유와 같이 화합하며 여법(如法)하게 설법하면 밝게 비추고 안락하게 머무는 것입니다."

이와 같이 한 번을 충고하여도 멈추지 않았고, 두 번·세 번을 충고하여도 역시 다시 멈추지 않았다. 여러 비구들은 이러한 인연으로써 가서 세존께 아뢰었다.

"세존이시여. 제바달다는 화합승가를 파괴하려는 까닭으로 부지런한 방편으로 파승사를 집지하고 있습니다. 따라서 계서부터 나아가 9부의 경전을 다른 글귀·다른 글자·다른 맛·다른 뜻인 각각 다른 글과 말로 말하면서 스스로 외우고 익히며 다른 사람에게도 역시 가르치고 있습니다. 이때 한 번을 충고하여도 멈추지 않았고, 두 번·세 번을 충고하여도 역시 다시 멈추지 않았습니다."

세존께서는 여러 비구들에게 말씀하셨다.

"이 제바달다는 어리석은 사람과 같으니라. 화합승가를 파괴하기 위한 까닭으로 부지런한 방편으로 파승사를 집지하며, 나아가 9부의 법에 다른 글귀·다른 글자·다른 맛·다른 뜻으로 각각 글과 말로 말하면서 세 번을 충고하여도 멈추지 않느니라. 그대들은 가서 마땅히 가려진 곳에서 세 번을 충고하고, 많은 사람의 가운데에서 세 번을 충고하며, 승가의 가운데에서 세 번을 충고하여 이러한 일을 버리게 하라."

비구가 가려진 곳에서 충고하는 자는 마땅히 이렇게 말하라.

"그대 제바달다여. 진실로 화합승가를 파괴하고자 하면서 파승사를 집지하였으며, 나아가 9부의 법을 다른 글귀·다른 글자·다른 맛·다른 뜻으로 다른 글과 말로 말하면서 스스로 외우고 익히며 다른 사람에게도 역시 가르쳤습니까? '진실로 그렇소.'라고 대답하여 말한다면 다시 마땅히 제바달다에게 말하라.

'그대는 화합승가를 파괴하고자 방편에 부지런하지 마십시오. 파승사를 집지하지 마십시오. 장로 제바달다여. 화합승가를 파괴한다면 이것은 가장 큰 악이고 무거운 죄이므로 마땅히 악도에 떨어지고 니리(泥梨)[2]에 들어가서 겁을 지내면서 죄를 받습니다. 제바달다여. 내가 지금 자비한 마음으로 요익(饒益)하게 하려는 까닭이니, 마땅히 내 말을 받아들이십시오. 한 번의 충고는 이미 지나갔고, 두 번의 충고가 남았는데 이러한 일을 버리겠습니까?'"

버리지 않는다면 두 번·세 번째에도 역시 이와 같이 충고해야 한다. 다시 많은 사람의 가운데에서 세 번을 역시 이와 같이 충고하고 오히려 멈추지 않는다면, 승가의 가운데에 데리고 나아가서 마땅히 구청갈마를 지어야 한다. 갈마자는 이와 같이 말해야 한다.

"대덕 승가께서는 허락하십시오. 이 장로 제바달다는 화합승가를 파괴하려는 까닭으로 부지런한 방편으로 파승사를 집지하고서 머물고 있습니다. 12사(事)이거나, 나아가 9부의 경전에 법에 다른 글귀·다른 글자·다른 맛·다른 뜻인 다른 글과 말로 말하면서 스스로 외우고 익히며 다른 사람에게도 역시 가르치고 있습니다. 이미 가려진 곳에서 세 번을 충고하였고, 많은 사람의 가운데에서 세 번 충고하였으나, 오히려 고의로 멈추지 않습니다. 만약 승가께서 때에 이르렀다면 지금 승가의 가운데에서 세 번을 충고하여 멈추게 하겠습니다."

승가의 가운데에서 마땅히 물어야 한다.

"'제바달다여. 그대가 진실로 12사(事)이거나, 나아가 9부의 경전에 법에 다른 글귀·다른 글자·다른 맛·다른 뜻인 다른 글과 말로 말하면서 스스로 외우고 익혔으며 다시 다른 사람에게 지니도록 가르쳤습니까? 여러 비구들이 이미 가려진 곳에서 세 번을 충고하였고, 많은 사람의

---

2) 산스크리트어 niraya의 음사로서 지옥을 가리킨다.

가운데에서 세 번 충고하였으나, 오히려 고의로 멈추지 않았습니까?'

'진실로 그렇소.'라고 대답하여 말한다면 승가는 마땅히 충고하여 말해야 한다.

'그대 제바달다여. 화합승가를 파괴하려는 까닭으로 부지런한 방편으로 파승사를 집지하지 마십시오. 나아가 9부의 경전의 가운데에서 다른 글귀와 다른 글자와 다른 맛과 다른 뜻인 다른 글과 말로써 화합승가를 파괴하지 마십시오. 화합승가를 파괴하는 자는 이것은 가장 큰 악이고 무거운 죄이므로 마땅히 악도에 떨어지고 니리에 들어가서 겁을 지내면서 죄를 받습니다. 오늘에 대중 승가의 가운데에서 그대에게 자비한 마음으로 요익하게 하려는 까닭이니, 마땅히 승가의 말을 받아들이십시오. 한 번의 충고는 지나갔고 두 번의 충고가 있습니다.'

마땅히 이러한 일을 버리지 않았고 두·세 번을 충고하였으나 오히려 고의로 멈추지 않았다. 여러 비구들은 이 일로써 세존께 나아가서 아뢰었다.

"이 제바달다에게 이미 가려진 곳에서 세 번을 충고하였고, 많은 사람의 가운데에서 세 번을 충고하였으며, 승가의 가운데에서 세 번을 충고하였어도 이러한 일을 오히려 고의로 버리지 않았습니다."

세존께서 여러 비구들에게 말씀하셨다.

"이 제바달다는 어리석은 자이다. 화합승가를 파괴하고자 부지런한 방편으로 파승사를 집지하느니라. 가려진 곳에서 세 번을 충고하였고, 많은 사람의 가운데에서 세 번을 충고하였으며, 승가의 가운데에서 세 번을 충고하였어도 이러한 일을 오히려 고의로 버리지 않았느니라. 승가는 마땅히 갈마를 지어서 주어야 한다."

여러 비구들은 세존께 아뢰어 말하였다.

"세존이시여. 어찌하여 이 제바달다는 여러 비구들의 충고를 받아들이지 않고 스스로가 고뇌를 받습니까?"

세존께서 여러 비구들에게 알리셨다.

"다만 오늘에만 다른 사람의 말을 믿지 않아서 스스로가 고뇌를 받은 것이 아니고 과거 세상의 때에서도 일찍이 이와 같았느니라."

여러 비구들은 세존께 아뢰어 말하였다.

"이미 일찍이 그러하였습니까?"

세존께서 말씀하셨다.

"이와 같았느니라. 과거 세상의 때에 성이 있어서 바라나라고 이름하였고, 나라는 가시라고 이름하였느니라. 이때 어느 한 바라문이 광야의 가운데에 선량하게 우물을 팠으므로 방목하는 사람이거나, 땔나무를 취하는 사람이거나, 사람들이 가고 오면서 모두가 우물에 나아가서 물도 마시고 목욕하였다. 이때 날이 저물었는데 어느 야간(野干)³⁾의 무리들이 우물에 와서 땅에 남아 있는 물을 마셨다. 야간의 우두머리는 땅의 물을 마시지 않았고, 곧 머리를 항아리 속에 넣고서 물을 마셨으며 물을 마시고서 항아리를 높이 쳐들었고 때려서 질그릇 항아리를 깨뜨렸으나, 항아리의 주둥이는 오히려 목에 달려 있었다. 여러 야간들이 야간의 우두머리에게 말하였다.

"만약 젖은 나뭇잎도 사용할 수 있다면 항상 마땅히 그것을 보호해야 합니다. 하물며 다시 이 항아리는 도로를 다니는 사람들에게 이익입니다."

야간의 우두머리가 말하였다.

"나는 이러한 일을 즐거이 짓는다면 다만 마땅히 마음이 상쾌한데, 어찌하여 다른 사람의 일은 알겠는가?"

이때 도로를 다니던 사람이 바라문에게 말하였다.

"그대의 우물 위에 있는 항아리는 이미 깨졌습니다."

다시 거듭하여 그것을 놓아두었으나, 오히려 이전의 법과 같이 깨트렸다. 이와 같이 한 개가 아니었고, 나아가 14개의 항아리에 이르렀다.

---

3) 산스크리트어 śṛgāla의 번역으로 승냥이를 가리킨다. 붉은이리·아시아들개·인도들개 등 여러 이름으로 불린다. 모습은 늑대와 비슷하며, 몸은 적색을 띤 회갈색에서 홍갈색·황갈색 등으로 변하고 몸 아래쪽은 회백색인데, 분포 지역에 따라 약간씩 다르지만 대체로 늑대와 붉은여우의 특징을 혼합해 놓은 듯한 생김새를 지니고 있다.

여러 야간들의 무리가 자주자주 그에게 충고하였으나 오히려 받아들이지 않았다. 이때 바라문은 곧 스스로가 생각하면서 말하였다.

"누가 나의 복덕인 선량한 우물에 장애를 지었는가? 지금 마땅히 가서 관찰하여 그러한 까닭을 알아야겠다."

곧 항아리를 가져다가 우물 위에 놓아두고서 가려진 곳에서 살며시 엿보았는데, 여러 다니던 사람들은 물을 마시고는 떠나면서 항아리를 깨뜨리는 자가 없었다. 해가 저물고 있었고 야간들이 와서 땅에 남은 물을 마시는 것을 보았는데, 오직 야간의 우두머리는 항아리 속의 물을 마셨으며, 그리고 뒤에 때려서 깨뜨렸다. 보고서 곧 이렇게 생각을 지었다.

'바로 이 야간이 나의 복덕인 우물에 어려움을 짓고서 남겨두었구나.'

곧 나무로 항아리를 지었으므로 견고하여 깨뜨리기 어려웠고, 머리를 쉽게 집어넣었어도 머리를 빼내는 것은 어려웠으므로, 가져다가 우물가에 놓아두고서 몽둥이를 잡고서 가려진 곳에서 그들을 엿보았다. 길을 가던 사람들은 물을 마셨고 해가 저물자 야간의 무리들이 모여서 이전과 같이 땅에 남은 물을 마셨으나, 오직 야간의 우두머리는 항아리 안의 물을 마시고서 곧 땅에 때렸으나 능히 깨뜨릴 수 없었다. 이때 바라문이 몽둥이를 잡고서 왔으며 야간을 때려서 죽였다. 이때 공중에 어느 천인이 이러한 게송을 설하여 말하였다.

지식이 자비한 마음으로 말하였어도
어그러졌고 충고를 받아들이지 않아서
완고하게 지키면서 이러한 화를 불렀으며
스스로가 그의 몸과 목숨을 잃었네.
이러한 까닭으로 어리석은 야간은
이러한 나무 항아리에서 고통을 만났다네."

세존께서 여러 비구들에게 알리셨다.

"그때 야간의 우두머리는 지금 제바달다이니라. 그때 야간의 무리는 지금의 여러 비구들이고, 제바달다에게 충고한 자들이다. 비구들이여. 마땅히 알라. 제바달다는 과거의 때에 이미 일찍이 지식의 부드러운 말을 받아들이지 않아서 스스로가 몸과 목숨을 잃었고, 지금 다시 여러 비구들의 충고를 받아들이지 않아서 마땅히 악도에 떨어져서 장야에 괴로움을 받을 것이니라."

세존께서 여러 비구들에게 알리셨다.

"사위성을 의지하여 머무르는 비구들을 모두 모이게 하라. 열 가지의 이익을 까닭으로 여러 비구들을 위하여 계율을 제정하겠노라. 나아가 이미 들은 자들은 마땅히 거듭하여 들을지니라. 만약 비구가 화합승가를 깨뜨리려는 까닭으로 부지런히 방편으로 파승사를 집지하고, 고의로 함께 싸웠으며, 여러 비구들이 그 비구에게 '장로여. 화합승가를 깨뜨리려 는 까닭으로 부지런한 방편으로 파승사를 집지하고 고의로 함께 싸우지 마시고 마땅히 승가와 함께 같이 일하십시오. 왜 그러한가? 화합승가가 환희하여 함께 싸우지 않고 함께 한 가지로 배우면서 물과 우유와 같이 화합하며, 여법하게 설법하고 밝게 비추면서 안락하게 머무르십시오. 장로여. 이 파승사의 인연을 버리십시오.'라고 말하면서, 이 비구에게 여러 비구들이 이와 같이 충고하는 때에 굳게 이 일을 지니고서 버리지 않는다면, 여러 비구들은 마땅히 두·세 번을 마땅히 충고하여 이러한 일을 버리게 하라. 두·세 번을 충고하는 때에 이러한 일을 버린다면 좋으나, 만약 버리지 않는 자는 승가바시사를 범하느니라."

'비구'는 앞의 설명과 같다.

'화합승가'는 별도의 대중이 아니다. 여러 비구들이 비록 다시 투쟁(鬪 爭)하였어도 다시 서로를 인도하고 말하면서 다만 하나의 경계에서 하나 의 대중이 한곳에 머무르며 하나로 포살하고 자자(自恣)하는 까닭으로 화합승가라고 이름한다. 어느 한계를 마땅히 화합승가를 파괴하고자 부지런한 방편으로 파승사를 집지하였다고 말하는 것으로 허용되는가? 만약 비구가 12사(事)의 계서·4바라이·13승가바시사·2부정법·30니살기 바야제·92바야제·4바라제제사니법·중학법·7멸쟁법·수순법을   제정하지 않은 것을 제정하였고, 제정한 것은 곧 열었다면 이것을 화합승가를 파괴한다고 이름한다. 다시 5중죄(衆罪)를 제정하지 않은 것을 제정하였고 제정한 것은 곧 열었다면 이것을 화합승가를 파괴한다고 이름한다.

다시 다음으로 4중죄(衆罪)를 제정하지 않은 것을 제정하였고 제정한 것은 곧 열었다면 이것을 화합승가를 파괴한다고 이름한다. 다시 다음으로 3중죄와 2중죄와 1중죄에서 4바라이를 제정하지 않은 것을 제정하였고 제정한 것은 곧 열었다면 이것을 화합승가를 파괴한다고 이름한다.

다시 다음으로 여섯 가지의 작사법(作捨法)이니, 절복갈마(折伏羯磨)·불어갈마(不語羯磨)·발희갈마(發喜羯磨)·빈출갈마(擯出羯磨)·거갈마(擧羯磨)·별주갈마(別住羯磨)이다. 이러한 여섯 가지의 작사법에서 제정하지 않은 것을 제정하고 제정한 것은 곧 열었다면 이것을 화합승가를 파괴한다고 이름한다.

'화합승가를 깨뜨리는 비구'는 제바달다와 같다.

'여러 비구'는 만약 한 비구이거나, 만약 두 비구이거나, 만약 많은 비구이거나, 만약 대중 승가이다.

'세 번을 충고하다.'는 가려진 곳에서 세 번을 충고하고, 많은 사람이 있는 곳에서 세 번을 충고하며, 승가의 가운데에서 세 번을 충고하는 것이다.

'가려진 곳에서 세 번을 충고하다.'는 "장로여. 그대는 진실로 화합승가를 파괴하려는 까닭으로 부지런한 방편으로 파승사를 집지하였고, 나아가 12법에서 제정하지 않은 것을 제정하였고 제정한 것은 열었습니까?"라고 물어 말하였고, "진실입니다."라고 대답하여 말하였으며, 이 비구가 곧 "장로여. 그대는 화합승가를 파괴하려는 까닭으로 부지런한 방편으로 파승사를 집지하지 마시고, 나아가 12법에서 제정하지 않은 것을 제정하고 제정한 것은 열지 마십시오. 화합승가를 파괴하는 이것은 큰 죄이므로 마땅히 악도에 떨어지며 니리의 가운데에 들어가서 겁을 장야에 고통을 받습니다. 내가 지금 그대에게 자비한 마음으로 요익하게 하려는 까닭으로 충고하겠으니, 나의 말을 받아들이십시오. 한 번의 충고는 이미 지나갔고 두 번의 충고가 남아 있습니다. 이러한 일을 버리겠습니까?"라고 말하여야 한다.

만약 버리지 않는다면 두 번·세 번째에도 역시 이와 같다. 많은 사람 앞에서 세 번을 충고하는 것도 역시 이와 같다.

다시 멈추지 않는다면 데리고 가서 승가의 가운데에 이르러 마땅히 구청갈마를 지어야 한다.

"대덕 승가께서는 허락하십시오. 이 어느 비구는 화합승가를 파괴하려 는 까닭으로 부지런한 방편으로 파승사를 집지하였습니다. 가려진 곳에 서 세 번을 충고하였고, 많은 사람의 가운데에서 세 번을 충고하였어도 오히려 고의로 멈추지 않습니다. 만약 승가께서 때에 이르렀다면 지금 승가의 가운데서 세 번을 충고하여 멈추게 하십시오."

승가의 가운데에서 다시 물어 말해야 한다.

"'장로여. 그대는 진실로 화합승가를 파괴하려는 까닭으로 부지런한 방편으로 파승사를 집지하였고, 나아가 제정하지 않은 것을 제정하였고 제정한 것은 열었습니까?' '진실로 그렇습니다.'라고 대답하여 말하였다 면 곧 마땅히 충고하여 말한다.

'지금 대중 승가는 그대에게 충고합니다. 장로여. 그대는 화합승가를 파괴하려는 까닭으로 부지런한 방편으로 파승사를 집지하지 마시고, 나아가 제정하지 않은 것을 제정하고 제정한 것은 곧 열지 마십시오. 화합승가를 파괴하는 것은 최고로 큰 악이고 매우 깊은 죄이므로 마땅히 악도의 가운데에서 장야에 고통을 받습니다. 오늘 대중 승가는 자비한 마음으로 꾸짖겠으니, 마땅히 이러한 일을 멈추십시오.'"

만약 버리지 않는다면 두 번·세 번째에도 역시 이와 같이 말하여야 한다. 이와 같이 충고하는 때에 버린다면 좋으나, 만약 버리지 않는 자는 승가바시사를 범한다.

'승가바시사'는 앞의 설명과 같다.

이 비구가 가려진 곳에서 충고하는 때에 한 번을 충고하여 멈추지 않는다면 월비니죄를 범하고, 두 번·세 번을 이와 같이 충고하였으며,

많은 사람의 가운데에서 충고하는 때에 한 번을 충고하여 멈추지 않는다면 월비니죄를 범하고, 두 번·세 번을 충고하는 때에도 역시 이와 같다. 승가의 가운데에 이르러 처음으로 충고하면서 말을 마치지 않았다면 월비니죄를 범하고, 충고의 말을 마쳤다면 투란차죄를 범하며, 두 번째의 충고에서 말을 마치지 않았다면 월비니죄를 범하고, 말을 마쳤으면 투란차죄를 범하며 세 번째의 충고에서 말을 마치지 않았다면 투란차죄를 범하고, 말을 마쳤다면 승가바시사를 범한다.

승가바시사가 일어나서 가려진 곳에서 충고하였거나, 많은 사람의 가운데에서 충고하였거나, 더불어 승가의 가운데에서 충고하였어도 모두 월비니죄를 범하고, 모두 투란차죄를 범하며, 일체가 모두 화합하면 하나의 승가바시사가 성립되고, 만약 중간에서 멈추는 자는 멈추는 곳을 따라서 죄를 다스린다.

이러한 까닭으로 설하였노라.

만약 비구가 화합승가를 파괴하려는 까닭으로 부지런한 방편으로 파승사를 집지하며, 나아가 세 번을 충고하여도 버리지 않는 자는 승가바시사를 범하느니라.

[제10계를 마친다.]

세존께서는 사위성에 머무셨으며, 자세한 설명은 앞에서와 같다.

그때 여러 비구들이 제바달다를 위하여 갈마를 지으면서 행하는 때에 처음 갈마를 마쳤는데 막는 자는 없었고, 두 번째의 갈마를 마쳤어도 또한 막는 자가 없었으나, 세 번째에 갈마하는 때에 제바달다는 육군비구들의 얼굴을 보고서 말하였다.

"육군비구여. 그대들은 장야에 나를 섬겼고 나와 함께 일을 따랐네. 지금 대중 승가가 나를 위하여 갈마를 지으면서 행하여 두 번째에 이르러 말하였어도 모두 묵연하구려. 그대들은 오늘에 나를 가지고 여러 사람에게 맡겼는데, 낙(酪)을 볶은 쌀에 발라서 새에게 주는 것과 같고, 소(酥)를 떡에 발라 나구라(那俱羅)에게 주는 것과 같으며, 기름을 밥에 비벼서 야간에게 주는 것과 같구나. 범행을 닦는 자가 사람들에게 곤욕을 당하는데, 그것을 앉아서 바라보는가?"

육군비구들이 곧 일어나서 이렇게 말을 지었다.

"이와 같습니다. 이와 같습니다. 장로여. 이자는 법을 말하는 비구이고 율을 말하는 비구입니다. 이 비구가 말하는 것은 모두 옳으니, 우리들은 옳은 일이라고 인정하고자 하오. 이 비구의 견해는 우리도 옳다고 인정하고자 하오. 이 비구는 아는 것을 말하고 알지 않는 것은 말하지 않소."

이때 어느 많은 사람들이 갈마를 막아서 성립되지 못하였다. 그때 여러 비구들이 육군비구에게 말하였다.

"장로들이여. 제바달다를 도와서 화합승가를 파괴하는 것을 지으면서 같게 말하고 같은 견해라고 말하지 마십시오. 마땅히 승가와 함께 같이 일하십시오. 일체의 승가가 화합하고 환희하며 함께 싸우지 않고 함께 한 가지로 배우면서 물과 우유와 같이 화합하며, 여법하게 설법하고 밝게 비추면서 안락하게 머무십시오."

이와 같이 한 번을 충고하였어도 멈추지 않았고, 두 번·세 번을 충고하여도 오히려 고의로 멈추지 않았다. 여러 비구들이 이러한 인연으로써 갖추어 세존께 아뢰었고, 세존께서는 여러 비구들에게 알리셨다.

"이 육군비구들이 어리석은 제바달다와 함께 화합승가를 파괴하고자 같게 말하였고 같은 견해였으며, 이미 한 번을 충고하였고 두 번을 충고하였으며, 세 번을 충고하여도 멈추지 않는다면, 그대들은 가려진 곳으로 떠나가서 세 번을 충고하고, 많은 사람의 가운데에서 세 번을 충고하며, 마땅히 승가의 가운데에서 세 번을 충고하여 이러한 일을 버리게 하라."

여러 비구들은 가르침을 받고 곧 가려진 곳에서 육군비구들에게 물었다.

"그대들은 진실로 어리석은 제바달다와 함께 화합승가를 파괴하고자 하면서 같게 말하였고 같은 견해라고 붕당을 이루었는가? 여러 비구들이 이미 두 번·세 번을 충고하여도 멈추지 않았는가?"

대답하여 말하였다.

"진실로 그렇소."

곧바로 그들에게 충고하였다.

"그대들 육군비구여. 제바달다와 함께 화합승가를 파괴하고자 같게 말하고 같은 견해이지 마십시오. 그대들은 마땅히 승가와 함께 같이 일하십시오. 일체의 승가가 화합하면 환희하여 함께 싸우지 않고 함께 한 가지로 배우면서 물과 우유와 같이 화합하며, 여법하게 설법하고 밝게 비추면서 안락하게 머무르십시오. 여러 장로여. 화합승가를 파괴하는 이것은 큰 죄이므로 악도에 떨어져서 니리의 가운데에 들어가며 장야에 고통을 받습니다. 우리들이 지금 그대들에게 자비한 마음으로 요익하게 하려는 까닭으로 충고하겠으니, 우리들의 말을 받아들이십시오. 한 번의 충고는 이미 지나갔고 두 번의 충고가 남아있습니다. 이러한 일을 버리십시오."

(나아가 세존께서 말씀하셨다.)[4]

만약 멈추지 않는다면 두 번·세 번째에도 역시 이와 같이 말할 것이고, 다시 많은 사람의 가운데에서 역시 이와 같으며, 다시 멈추지 않는다면, 승가의 가운데에서 마땅히 구청갈마를 지어야 한다.

"대덕 승가께서는 허락하십시오. 이 육군비구들은 제바달다와 함께 화합승가를 파괴하고자 같게 말하고 같은 견해였으며, 가려진 곳에서 세 번을 충고하였고, 많은 사람의 가운데에서 세 번을 충고하였으나, 오히려 멈추지 않았습니다. 만약 승가께서 때에 이르렀다면, 마땅히 승가의 가운데에서 세 번 충고하여 멈추게 하십시오."

곧 승가의 가운데에서 육군비구들에게 물었다.

"그대들은 진실로 이 육군비구들은 제바달다와 함께 화합승가를 파괴하고자 같게 말하고 같은 견해였으며, 이미 가려진 곳에서 세 번을 충고하였고, 많은 사람의 가운데에서 세 번을 충고하였으나 오히려 고의로

---

4) 원문에는 없으나 문맥을 살펴서 번역을 위하여 삽입하여 번역하였다.

멈추지 않았습니까?' '진실로 그렇습니다.'라고 대답하여 말하였고, 곧 다시 충고하여 말하였다.

"육군비구여. 그대들은 제바달다와 함께 화합승가를 파괴하고자 같게 말하고 같은 견해이지 마십시오. 화합승가를 파괴하는 이것은 최고로 악한 일이므로 악도에 떨어져서 니리의 가운데에 들어가며 장야에 고통을 받습니다. 승가는 지금 그대들에게 자비한 마음으로 요익하게 하려는 까닭으로 충고하겠으니, 승가의 말을 받아들이십시오. 한 번은 이미 충고하였고 두 번의 충고가 남아있습니다. 이러한 일을 버리십시오."

멈추지 않는 것과 같았고 두 번·세 번째에도 역시 이와 같이 충고하였으나, 오히려 고의로 멈추지 않았다. 여러 비구들은 다시 이 일로써 갖추어 세존께 아뢰었고, 세존께서는 말씀하셨다.

"육군비구를 불러오라."

곧바로 불렀고 왔으므로, 세존께서는 육군비구에게 물으셨다.

"그대들이 진실로 어리석은 제바달다와 같게 말하고 같은 견해로 화합 승가를 파괴하였으며, 여러 비구들이 이미 가려진 곳에서 세 번을 충고하였고, 많은 사람의 가운데에서 세 번을 충고하였으며, 승가의 가운데에서 세 번을 충고하였어도 고의로 멈추지 않았는가?"

대답하여 말하였다.

"진실로 그렇습니다. 세존이시여."

세존께서 말씀하셨다.

"비구여. 이것은 악한 일이니라. 그대들은 항상 내가 여러 종류의 인연으로 사나워서 충고하기 어려운 자를 꾸짖었고, 여러 종류의 인연으로 유연(柔軟)하여 충고하기 쉬운 자를 찬탄함을 듣지 않았는가? 그대들은 어찌하여 사나워서 충고하기 어려운가? 이것은 법이 아니고, 율이 아니며, 세존의 가르침이 아니니라. 이것으로써 선법을 장양하지 못하느니라."

여러 비구들이 세존께 아뢰어 말하였다.

"세존이시여. 어찌하여 이 육군비구는 제바달다와 함께 같게 말하고 같은 견해로 부질없이 스스로가 괴로움을 받습니까?"

세존께서 여러 비구들에게 알리셨다.

"이 육군비구는 다만 오늘에 같게 말하고 같은 견해로 부질없이 괴로움을 받은 것이 아니고, 과거 세상의 때에서도 이미 일찍이 이와 같았느니라."

여러 비구들이 세존께 아뢰어 말하였다.

"이미 일찍이 그러하였습니까? 원하옵건대 그것을 말씀하여 주십시오."

"과거 세상의 때에 성이 있어서 바라나라고 이름하였고, 나라는 가시라고 이름하였느니라. 비어있고 한적한 곳에 어느 500의 원숭이가 숲속을 돌아다니면서 하나의 니구율(尼俱律) 나무에 이르렀는데, 그 나무 아래에 우물이 있었고 우물의 가운데에 달그림자가 나타났느니라. 이때 원숭이의 우두머리가 이 달그림자를 보고 여러 반려들에게 말하였다.

"달이 오늘 죽어서 우물의 가운데에 떨어져 있으니, 마땅히 함께 그것을 끄집어내어 세간에 장야의 어두움이 없게 해야겠다."

함께 의논하여 말하였다.

"어떻게 능히 끄집어낼 것인가?"

이때 원숭이 우두머리가 말하였다.

"나는 끄집어내는 법을 알고 있네. 내가 나뭇가지를 붙잡고 그대들은 나의 꼬리를 붙잡고 번갈아서 서로를 연결하면 곧 그것을 끄집어낼 수 있네."

이때 여러 원숭이들은 곧 우두머리의 말과 같이 번갈아서 서로를 붙잡았는데 물에 약간 이르지 못하였고, 연결한 원숭이는 무겁고 나뭇가지는 약하였으므로 나뭇가지가 부러지면서 일체의 원숭이들은 우물의 가운데에 떨어졌다. 그때 수신(樹神)이 곧 게송을 설하여 말하였다.

  이러한 어리석은 숲속의 축생에게는
  어리석은 무리들이 같이 서로 따르면서
  앉아서 스스로가 고뇌(苦惱)를 일으키는데
  어떻게 능히 세간을 구제하겠는가?"

세존께서는 여러 비구들에게 알리셨다.

"그때의 원숭이 우두머리는 지금의 제바달다이고, 그때의 나머지의 원숭이들은 지금의 육군비구들이니라. 그때 이미 일찍이 다시 서로를 수순하면서 여러 고뇌를 받았는데 지금 다시 이와 같구나."

세존께서는 여러 비구들에게 알리셨다.

"왕사성을 의지하여 머무르는 비구들을 모두 모이게 하라. 열 가지의 이익을 까닭으로 여러 비구들을 위하여 계율을 제정하겠노라. 나아가 이미 들은 자들은 마땅히 거듭하여 들을지니라. 만약 비구가 같은 뜻으로 서로를 도우면서 만약 첫 번째이었거나, 만약 두 번째이었거나, 만약 많은 사람의 가운데에서 같게 말하고 같은 견해로 화합승가를 파괴하고자 하였으므로, 이 비구들에게 여러 비구들이 충고하는 때에 이러한 같은 뜻의 비구가 '장로여. 이 비구에게 좋고 나쁜 일을 말하지 마십시오. 왜 그러한가? 이 비구는 법을 말하는 비구이고 율을 말하는 비구입니다. 이 비구가 말하는 것은 모두 우리들이 옳다고 인정하는 일이고, 이 비구가 옳다고 인정하고자 하는 견해의 일은 우리들이 역시 옳다고 인정하는 것입니다. 이 비구가 알고서 말하는 것이고, 알지 못하고 말하는 것이 아닙니다.'라고 말하였고, 여러 비구들이 같은 뜻의 비구에게 '장로여. 이 비구는 법을 말하는 비구이고 율을 말하는 비구라고 말하지 마십시오. 왜 그러한가? 이 비구는 비법(非法)을 말하는 비구이고 율이 아닌 것을 말하는 비구입니다. 여러 장로여. 승가의 일을 파괴하는 것을 돕지 마시고 마땅히 즐겁게 승가가 화합하도록 도우십시오. 왜 그러한가? 승가가 화합하면 환희하여 함께 싸우지 않고 함께 한 가지로 배우면서 물과 우유와 같이 화합하며, 여법하게 설법하고 밝게 비추면서 안락하게 머무릅니다. 여러 장로여. 마땅히 이러한 파승사를 버리십시오.'라고 충고하였으나, 이 같은 뜻의 비구가 여러 비구들이 이와 같이 충고하는 때에, 굳게 지니고 버리지 않는 자는 여러 비구들이 마땅히 두 번·세 번을 충고하여 이 일을 버리게 하라. 두 번·세 번을 충고하는 때에 이 일을 버린다면 좋으나, 만약 버리지 않는 자는 승가바시사를 범하느니라."

'비구'는 제바달다이다.

'같다고 말하고, 같은 견해의 비구'는 육군비구이다.

'만약 첫 번째이거나, 두 번째이거나, 만약 많은 사람의 가운데에서 같게 말하고 같은 견해'는 혹은 같게 말하고 다른 견해가 있거나, 혹은 같은 견해이고 같게 말하지 않는 것이 있거나, 혹은 같게 말하고 같은 견해가 있거나, 혹은 같게 말하지 않고 같은 견해가 아닌 것이 있다.

'같게 말하고 같은 견해는 아니다.'는 말로는 서로를 돕더라도 그의 견해와 같지 않은 것이니, 이것을 같게 말하나 견해는 같지 않다고 이름한다.

'견해는 같으나 같게 말하지 않다.'는 그의 견해와 같으나 도와서 말하지 않는 것이니, 이것을 같은 견해이고 같게 말하지 않는다고 이름한다.

'같게 말하고 같은 견해이다.'는 그를 도와서 말하고 그의 견해와 같은 것이니, 이것을 같게 말하고 견해도 같다고 이름한다.

'같게 말하지 않고 견해도 같지 않다.'는 그의 말을 돕지 않고 그의 견해와도 같지 않은 것이니, 이것을 같게 말하지 않고 견해도 같지 않다고 이름한다. 이 가운데에서 같게 말하였으나 견해는 같지 않거나, 더불어 같게 말하고 견해가 같다면 마땅히 꾸짖고 충고하여야 한다.

무엇을 같게 말하고 견해가 같은 법이라고 이름하는가? 12법에서 제정하지 않는 것을 제정하고, 제정된 것은 곧 여는 것이다. 이것을 같게 말하고 같은 견해의 법이라고 이름한다. 다시 다음으로 5중죄(衆罪)에서 제정하지 않은 것은 제정하고, 제정된 것은 곧 여는 것이며, 4중죄·3중죄·2중죄·1중죄도 이와 같아서, 제정하지 않은 것은 제정하고 제정된 것은 곧 여는 것이다. 다시 다음으로 6작사법(作捨法)에서 제정하지 않은 것은 제정하고, 제정한 것은 곧 여는 것이니, 이것을 같게 말하고 같은 견해의 법이라고 이름한다.

여러 비구들이 이러한 비구에게 "장로여. 화합승가를 파괴하고자 부지런한 방편으로 같게 말하고 같은 견해이지 마십시오."라고, 충고하여 말하는 것이다.

'여러 비구들이 이러한 비구를 충고하는 때에도 이러한 일을 굳게 집지하는 자'는 육군비구이다.

'여러 비구'는 만약 승가이거나, 만약 많은 사람이거나, 만약 한 사람이다.

'세 번을 충고하다.'는 가려진 곳에서 세 번을 충고하고, 많은 사람의 가운데에서 세 번을 충고하며, 승가의 가운데에서 세 번을 충고하는 것이다.

'가려진 곳에서 충고하다.'는 "그대들 여러 장로여. 진실로 화합승가를 파괴하고자 부지런한 방편으로 같게 말하였고 같은 견해입니까?"라고 물었고, "진실로 그렇습니다."라고 대답하였다면, "장로여. 그대들은 화합승가를 파괴하고자 같게 말하고 같은 견해이지 마십시오. 파승사는 최고로 악한 일이므로 마땅히 악도에 떨어져서 장야에 고통을 받습니다. 우리들은 지금 그대들에게 자비로운 마음으로 충고하니, 마땅히 이러한 일을 버리십시오. 한 번은 이미 충고하였고 두 번의 충고가 남아있습니다. 이러한 일을 버리십시오."

만약 버리지 않는다면 두 번·세 번째에서도 이와 같이 말해야 한다. 많은 사람의 가운데에서 세 번을 충고하는 것도 역시 이와 같다. 다시 승가의 가운데에서 세 번을 갈마하여 충고하여도 버리지 않는다면 승가바시사를 범한다.

'승가바시사'는 앞의 설명과 같다.

이 비구가 가려진 곳에서 한 번을 충고하여도 멈추지 않는다면 월비니죄를 범하고, 두 번·세 번째에서도 이와 같으며, 많은 사람의 가운데에서 세 번을 충고하는 것도 이와 같다. 승가의 가운데에서 처음의 갈마를 마치지 못하였는데 멈추지 않는다면 월비니죄를 범하고, 말을 마쳤으면 투란차죄를 범한다. 두 번째의 갈마를 마치지 못하였는데 멈추지 않는다면 월비니죄를 범하고, 말을 마쳤으면 투란차죄를 범한다. 세 번째의 갈마를 마치지 못하였는데 멈추지 않는다면 투란차죄를 범하고, 말을 마쳤으면 승가바시사를 범한다.

승가바시사를 일으켰으므로 가려진 곳에서 세 번을 충고하였다면 월비
니죄를 범하고, 많은 사람의 가운데에서 세 번을 충고하였다면 월비니죄
를 범하며, 더불어 승가의 가운데에서 세 번을 충고하였다면 일체의
월비니죄와 일체의 투란차죄가 모두 합쳐져서 하나의 승가바시사가 성립
된다. 중간에 멈추는 자는 멈추는 것을 따라서 죄를 다스린다.

이러한 까닭으로 세존께서 설하셨노라.

만약 비구가 같은 뜻으로 서로 도왔거나, 만약 한 사람이거나, 만약
두 사람이거나, 만약 많은 사람들의 가운데에서 같게 말하고 같은 견해이
며, 나아가 세 번을 충고하여도 버리지 않는 자는 승가바시사를 범한다.

[11계를 마친다.]

세존께서는 구사미국에 머무르셨으며, 자세한 설명은 앞에서와 같다.

그때 장로 천타(闡陀)는 악한 성품이었으므로 함께 말하는 것이 어려웠
다. 여러 비구들이 여법하고 율과 같이 가르치면 옳지 않은 말을 함께
지어서 이와 같이 말하였다.

"여러 장로들이여. 만약 내가 좋거나, 만약 악하여도 말하지 마십시오.
나도 역시 여러 장로들이 만약 좋거나, 만약 악하여도 말하지 않겠소.
왜 그러한가? 그대들은 모두 잡성(雜姓)이고 내 집은 관리(官吏)의 백성이
었으니, 비유하면 까마귀와 새들 잡스러운 부류의 뼈들이 받아들여져
한곳에 모여있는 것과 같은데, 어찌하여 능히 나에게 불법(佛法)과 승사(僧
事)를 가르치겠소? 모두 이것은 나는 보살을 쫓아서 출가하는 것을 허락받
았고, 나는 항상 따라서 모시면서 오늘에 이르렀으니, 오직 세존께서
나를 가르친다면 내가 마땅히 수지(受持)하겠소."

이때 여러 비구들이 천타 비구에게 말하였다.

"장로여. 여러 비구들은 바라제목차(波羅提木叉)의 가운데에서 일을
범한 것을 잘 말하였습니다. 그대는 자신에게 옳지 않은 말을 지어서
함께 말한다고 하지 마십시오. 그대는 마땅히 충고하는 말을 들어야

합니다. 장로여. 그대는 마땅히 여러 비구들을 위하여 여법하고 율과 같이 가르쳐서 말해야 하고, 여러 비구들은 마땅히 그대를 위하여 여법하고 율과 같이 가르쳐서 말해야 합니다. 왜 그러한가? 여래의 대중은 이와 같이 증장을 얻습니다. 이를테면, 함께 말하고 함께 설하며, 함께 충고하고 함께 죄의 가운데에서 벗어나는 까닭으로 장로여. 자신에게 옳지 않은 말을 지어서 함께 말한다고 하지 마십시오."

한 번을 충고하여도 버리지 않았고, 두 번·세 번째에 충고하였어도 오히려 고의로 멈추지 않았다. 여러 비구들은 이러한 인연으로써 세존께 나아가서 아뢰었다.

"장로 천타는 자신에게 옳지 않은 말을 지어서 함께 말하였고, 나아가 세 번을 충고하여도 멈추지 않습니다."

세존께서 여러 비구들에게 말씀하셨다.

"이 천타가 스스로 옳지 않은 것을 지어서 함께 말하였고, 나아가 세 번을 충고하여도 멈추지 않는다면, 그대들이 가려진 곳으로 가서 세 번을 충고할 것이고, 멈추지 않는다면 다시 많은 사람의 가운데에서 세 번을 충고할 것이며, 다시 멈추지 않는다면, 나아가 승가의 가운데에서 구청갈마를 짓도록 하라."

마땅히 갈마를 지으면서 이렇게 말해야 한다.

"대덕 승가께서는 허락하십시오. 이 장로 천타는 악한 성품으로 함께 말하는 것이 어렵습니다. 여러 비구들이 여법하게 바라제목차의 가운데의 일을 범한다는 것을 잘 말하였으나, 스스로를 이용하여 옳지 않게 지었다고 함께 말하였습니다. 가려진 곳에서 세 번을 충고하였고 많은 사람 가운데에서 세 번을 충고하였어도 오히려 고의로 멈추지 않습니다. 만약 승가께서 때에 이르셨다면 지금 승가의 가운데에서 세 번을 충고하여 이 일을 멈추게 하십시오."

곧 승가의 가운데에서 충고해야 한다.

"장로 천타여. 그대는 악한 성품으로 함께 말하는 것이 어렵습니다. 여러 비구들이 여법하고 율과 같이 그대에게 말한다면 자신은 옳지 않게

지었다고 함께 말하였습니다. 가려진 곳에서 세 번을 충고하였고 많은
사람의 가운데에서 세 번을 충고하였어도 오히려 고의로 멈추지 않았습니
까?' '진실로 그렇습니다.'라고 대답하여 말한다면 마땅히 승가의 가운데
에서 충고하여 말해야 한다.

'장로여. 그대는 악한 성품으로 함께 말하는 것이 어렵다고 하지 마십시
오. 여러 비구들이 여법하게 바라제목차의 가운데의 일을 범한 것을
잘 말하였으나, 자신을 이용하여 옳지 않게 지었다고 함께 말하지 마십시
오. 나아가 여래의 대중은 이와 같이 증장을 얻습니다. 이를테면, 함께
말하고 함께 설하며, 함께 충고하고 함께 죄의 가운데에서 벗어나는
까닭입니다. 승가는 지금 자비한 마음으로 충고하나니, 그대를 요익하게
하려는 까닭입니다. 한 번의 충고는 이미 지나갔고 두 번의 충고가 남아있
습니다. 이러한 일을 버리십시오."

멈추지 않는 것과 같았고, 두 번·세 번째에도 역시 이와 같이 충고하였으
나, 오히려 고의로 멈추지 않았다. 여러 비구들은 다시 이 일로써 갖추어
세존께 아뢰었고, 세존께서는 말씀하셨다.

"천타를 불러오라."

곧바로 불렀고 왔으므로, 세존께서는 천타에게 물으셨다.

"그대는 진실로 악한 성품이므로 함께 말하는 것이 어렵고, 나아가
승가의 가운데서 세 번을 충고하였어도 멈추지 않았는가?"

대답하여 말하였다.

"진실로 그렇습니다."

세존께서 말씀하셨다.

"천타여. 이것은 악한 일이니라. 그대는 항상 내가 여러 종류의 인연으로
자신의 마음을 이용하는 것을 꾸짖었고, 자신의 마음을 이용하지 않는
것을 찬탄함을 듣지 않았는가? 그대는 지금 어찌하여 스스로 이용하여
반대로 거스르는가? 이것은 법이 아니고, 율이 아니며, 세존의 가르침이
아니니라. 이것으로써 선법을 장양하지 못하느니라."

여러 비구들이 세존께 아뢰어 말하였다.

"세존이시여. 어찌하여 이 천타 비구는 스스로의 마음을 이용하여 '오직 세존의 말씀이 있다면 내가 마땅히 받아들이겠다.'라고 말하였습니까?"

세존께서 말씀하셨다.

"여러 비구들이여. 이 천타 비구가 다만 오늘에만 다른 사람의 말을 받아들이지 않고서 다만 나의 말을 믿은 것이 아니고, 과거 세상의 때에서도 역시 일찍이 이와 같았느니라."

여러 비구들이 세존께 아뢰어 말하였다.

"이미 일찍이도 그러하였습니까? 오직 바라옵건대 듣고자 합니다."

세존께서 말씀하셨다.

"이와 같았느니라. 과거 세상의 때에 성이 있어서 바라나라고 이름하였고, 나라는 가시라고 이름하였느니라. 그때 한 장자가 있었고, 어느 노비는 아마유(阿磨由)라고 이름하였는데, 성품이 흉악(凶惡)하였느니라. 그때 장자는 여러 바라문의 아들과 함께 원림(園林)에서 유희(遊戲)하였고, 여러 따르는 사람들의 무리들은 모두 원림 문밖에 머물렀다. 이때 아마유가 원림의 문밖에 있으면서 여러 따르던 사람들을 때렸던 때에 여러 따르던 사람들이 맞았으므로 각자 그들의 주인에게 알렸다. 이때 여러 바라문의 아들들이 모두 문밖으로 나왔고 그를 꾸짖었다. 이때 아마유는 그들의 말을 받아들이지 않으면서 여러 바라문의 아들에게 말하였다.

"그대들의 말을 따르지 않겠소. 나의 대가(大家)가 와서 나를 꾸짖는다면 마땅히 그의 말을 받아들이겠소."

마침내 때리는 것을 멈추지 않았으므로 아마유의 주인에게 알렸다. 아마유의 주인은 태어나면서 천안(天眼)을 얻었으므로 이 싸우는 곳을 관찰하였다. 아래에 금은이 숨겨져 있었고, 그것이 다른 사람을 흉악하게 하였던 까닭으로 그들을 싸우게 하였으므로 곧 가서 그를 꾸짖었다. 이때 노비는 곧 멈추었느니라."

세존께서 여러 비구들에게 알리셨다.

"그때의 장자가 어찌 다른 사람이겠는가? 곧 나의 몸이고, 그때의 아마유는 지금의 천타 비구이니라."

여러 비구들이 세존께 아뢰어 말하였다.

"세존이시여. 어찌 이 천타는 세존만을 믿고서 다른 사람은 업신여기며 말합니까?"

세존께서 말씀하셨다.

"이 천타 비구는 다만 오늘에 나를 믿고서 다른 사람을 경멸한 것이 아니고, 과거 세상의 때에서도 일찍이 나를 믿고서 다른 사람은 경멸하였느니라."

여러 비구들이 세존께 아뢰어 말하였다.

"일찍이 그러하였습니까?"

세존께서 말씀하셨다.

"이와 같았느니라. 과거 세상의 때에 성이 있어서 바라나라고 이름하였고, 나라는 가시라고 이름하였느니라. 그때 불로혜(弗盧醯)라는 대학(大學)의 바라문이 있었고, 나라의 왕사(王師)가 되어 항상 500의 동자들을 가르쳤느니라. 이때 바라문의 집에 한 명의 노비가 태어났고, 가라하(迦羅呵)라고 이름하였으며, 항상 여러 동자 등이 심부름을 시키게 공급되었다. 바라문의 법은 다른 종성(種姓)은 대부분이 들을 수 없었으나, 노비로써 친근하게 공양하였던 까닭으로 그들의 주변에 있을 수 있었고, 여러 동자들을 위하여 말하는 바라문의 법을 들었다.

이 노비는 근기가 예리하였으므로 말하였던 법을 모두 능히 기억하고서 지녔다. 이 노비는 한때에 여러 동자들과 함께 약간의 싫증과 원한이 있었으므로 곧 다른 나라로 달아났고 거짓으로 스스로를 칭찬하여 말하였다.

"나는 불로혜 바라문의 아들이고 야야달다(耶若達多)하고 이름합니다."

이 나라의 왕사인 바라문에게 말하였다.

"나는 바라나국의 왕사인 불로혜의 아들이고, 이 나라에 와서 이른 까닭으로 큰 스승께 바라문의 법을 배우겠습니다."

스승이 대답하여 말하였다.

"그렇게 하게."

이 노비는 총명하여 본래 일찍이 들었었고, 지금 다시 거듭하여 들었으므로, 들은 것을 모두 기억하였다. 그 스승은 크게 기뻐하여 곧 500의 문도(門徒)와 500의 동자들을 교수(敎授)하게 하면서 말하였다.

"그대가 나를 대신하여 가르치게. 나는 마땅히 왕가에 오고 가겠네."

이 스승인 바라문은 아들이 없었고 오직 한 명의 딸이 있었으므로 곧 이렇게 생각을 지었다.

"지금 딸로써 그의 아내로 삼아야겠다. 만약 야야달다가 항상 내 집에 있다면 곧 나의 아들과 같은 것이다."

곧 그에게 알려 말하였다.

"아야달다여. 마땅히 나의 말을 수용하겠는가?"

대답하여 말하였다.

"가르침을 따르겠습니다."

다시 그에게 알려 말하였다.

"그대는 바라나로 돌아가지 말고 항상 이 나라에 머무르게. 내가 딸로써 그대의 아내로 삼겠네."

대답하여 말하였다.

"가르침을 따르겠습니다."

곧 딸을 주었고, 야야달다는 여인의 집에서 아들과 같이 함께 생활하였으므로, 집은 점차 풍요롭고 즐거웠다. 이 야야달다는 사람됨이 어려웠으므로 아내는 음식을 지으면서 항상 성냄을 품었는데, 달고 시고 짜고 싱거우며 설익었고 익었어도 능히 입에 맞출 수 없었다. 아내는 항상 생각하면서 말하였다.

"혹시 도로를 다니는 사람이 있어서 바라나에서 온다면 마땅히 그에게 음식을 만드는 법을 배우고, 뒤에 남편의 공양에 지어야겠다."

그 불로혜 바라문이 이러한 일을 갖추어 들었고, 곧 이렇게 생각을 지었다.

'나의 노비 가라하가 달아나서 다른 나라에 있으니, 마땅히 가서 잡아서

끌어와야겠다. 혹은 노비를 얻을 것이다.'

곧 그 나라로 나아갔다. 이때 야야달다는 여러 문도들과 함께 원림에 나아가 유희하였는데 도로의 중간에서 본래의 주인을 멀리서 보았고, 곧바로 놀라고 두려워서 비밀스럽게 문도에게 말하였다.

"여러 동자들이여. 그대들은 돌아가서 각자 스스로가 외우고 익히게."

문도들이 떠났으므로 곧 본래의 주인 앞에 이르러 머리숙여 발에 예배하였으며 그 주인에게 알려 말하였다.

"제가 이 나라에 와서 대가(大家)를 나의 아버지라고 찬탄하여 말하였고, 곧 이 나라에 투신하여 왕사이고 대학인 바라문을 스승으로 삼아서 경전 (經典)을 크게 배웠던 까닭으로, 스승이신 바라문이 딸을 주어서 아내로 삼았습니다. 원하건대 존귀하신 주인께서는 오늘에 저의 이러한 일을 드러내지 마십시오. 마땅히 노비의 가치를 대가이신 주인께 받들겠습니다."

바라문은 세상의 일을 잘 이해하였으므로 곧바로 대답하여 말하였다.

"그대가 진실로 나의 아들인 것을 다시 말해서 무엇하겠는가? 다만 방편을 지어서 곧 일찍이 보고서 떠나야겠네."

곧 데리고 집에 돌아왔고 집안에 알려 말하였다.

"나의 아버지가 오셨소."

그의 아내는 환희하며 여러 종류의 음식을 준비하여 받들어 먹게 하였고, 음식을 먹고서 잠시 한적한 때에 은밀하게 바라문의 발에 예배하고 그에게 물어 말하였다.

"제가 남편인 야야달다를 받드는 일인 음식의 공양이 항상 뜻에 맞지 않습니다. 원하건대 지금에 본래의 집에 있었던 때에 무슨 음식을 먹었는가를 가르쳐 주십시오. 마땅히 이전의 법과 같이 음식을 짓겠습니다."

손님인 바라문은 곧바로 성내면서 이렇게 생각을 지었다.

'이와 같고 이와 같구나. 아들이 다른 사람의 딸을 피곤하고 괴롭게 하였구나.'

이 여인에게 말하였다.

"그대는 다만 나를 빨리 떠나가게 하게. 내가 떠나가는 때에 마땅히 그에게 하나의 게송으로 가르쳐 주겠네. 그대가 이 게송을 외우는 때에는 마땅히 그대의 남편에게 말이 없게 할 것이네."

이 여인은 남편에게 말하였다.

"존귀하신 바라문께서 일부러 멀리서 오셨는데, 또한 일찍 떠나고자 합니다."

남편은 생각하며 말하였다.

"아내가 말하는 것과 같이 또한 마땅히 빨리 떠나가게 하고 오래 머물지 않게 해야겠다. 말이 새어나간다면 나의 손해는 적지 않을 것이다."

곧 큰 재물을 주었고, 아내를 시켜서 지었으며 스스로는 주인을 위하여 반려인 아내를 구하였다. 뒤에 음식을 받들었고 마치고서 바라문의 발에 예배하여 이별하면서 이전의 게송을 청하여 구하였고, 곧 가르쳐서 게송을 설하여 말하였다.

어버이가 없이 다른 지방을 유행하며
천하의 사람들을 속이더라도
거친 음식은 항상 먹는 것이니
다만 먹는데 다시 무엇을 싫어하리오?

"지금 그대에게 이 게송을 주겠네. 만약 그가 성내고 음식이 싫어하는 때라면, 곧 그의 옆에 있으면서 등을 대고 가만히 외우면서 그가 듣게 하게."

이렇게 지어서 가르쳤으며 곧 본국에 돌아왔다. 이 야야달다는 주인이 떠나갔으므로 매번 음식의 때면 반대로 다시 성내었다. 아내는 남편 옆에서 시험삼아 이 게송을 외웠고, 이때 남편은 이 게송을 듣고서 마음이 곧 즐겁지 않아서 이렇게 생각을 지었다.

'아차! 이 늙은이가 나의 더러운 곳을 건드렸구나.'

이것을 따라서 뒤에는 항상 부드러운 말을 지었고 아내가 사람을 향하여 그에게 숨겨진 개인의 일을 말하는 것을 두려워하였느니라."

세존께서 여러 비구들에게 알리셨다.

"그때 바라나국의 불로혜 바라문이 어찌 다른 사람이겠는가? 곧 나의 몸이고, 그때 노비이었던 가라하는 지금의 천타 비구이니라. 그는 그때에도 이미 일찍이 나를 믿고서 다른 사람을 업신여겼는데, 지금도 다시 이와 같아서 나의 세력을 믿고서 다른 사람을 업신여겼느니라."

"구사미성을 의지하는 비구들을 모두 모이게 하고, 나아가 이미 들었던 자들도 마땅히 거듭하여 들을지니라. 만약 비구가 스스로 거슬리는 말을 사용하였고, 여러 비구들이 여법하고 율과 같이 가르치는 때에 곧 스스로의 뜻을 사용하여 '그대들은 내가 만약 좋거나, 만약 악하더라도 말하지 마시오. 나도 그대들이 만약 좋거나, 만약 악하더라도 말하지 않겠소.'라고 이렇게 말을 지었다면, 여러 비구들은 그 비구에게 '장로여. 여러 비구들은 여법하고 율과 같이 가르쳤습니다. 그대는 스스로 자신의 뜻을 사용하지 마십시오. 여러 비구들이 가르친다면 그대는 마땅히 믿고서 받아들여야 합니다. 그대도 역시 마땅히 여법하고 율과 같이 여러 비구들을 가르쳐야 합니다. 왜 그러한가? 여래의 제자들은 대중이 전전(展轉)하여 서로를 가르치고 전전하여 서로를 충고하면서 함께 죄에서 벗어나는 까닭으로 선법의 증장을 얻습니다.'라고 충고하여 말해야 한다. 여러 비구들이 이 비구를 충고하는 때에 마땅히 이 일을 버려야 하나니, 만약 버리지 않았다면 다시 두 번·세 번째에도 충고하여서 버린다면 좋으나, 만약 버리지 않는다면 승가바시사를 범하느니라."

'비구가 스스로 거슬리는 말을 사용하는 자'는 천타 비구이다.

'여러 비구들을 여법하고 율과 같이 가르치다.'는 이를테면, 계서·4바라이·13승가바시사·2부정법·30니살기바야제·92바야제·4바라제제사니·중학법·7멸쟁법·수순법 등을 이러한 법과 율로써 전전하여 서로를 가르치는 것이다. 다시 다음으로 5중죄법(衆罪法)·4중죄법·3중죄법·2중죄법·1중죄법을 전전하여 서로를 가르치는 것이다. 다시 다음으로 6작사법(作舍法)을 전전하여 서로를 가르치는 것이다. 다시 다음으로 바라이법·승가바시사법·바야제법·월비니죄를 전전하여 서로를 가르치는 것이다. 진실하고 진실하지 않은 것이 아니며, 때이고 때가 아닌 것이 아니며, 요익하고 요익하지 않은 것이 아니며, 부드러운 말이고 거친 말이 아니며, 자비한 마음인 까닭으로 허물을 구하지 않는다면, 이것을 여법하고 율과 같이 가르친다고 이름한다.

'이 비구'는 천타 비구이다.

'여러 비구'는 만약 한 사람이거나, 많은 사람이거나, 승가를 말한다.

'세 번을 충고하다.'는 가려진 곳에서 세 번을 충고하고, 많은 사람의 가운데서 세 번을 충고하며, 승가의 가운데에서 세 번을 충고하는 것이다.

'가려진 곳'은 "장로여. 그대가 진실로 거스르는 말을 사용하며 여러 비구들이 여법하고 율과 같이 가르쳤는데, 그대 자신이 옳지 않게 지어서 함께 말한다고 하였습니까?"라고 물어 말하였고, "진실로 그렇습니다."라고 대답하여 말하였으며, 곧바로 "장로여. 그대는 스스로 거스르는 말을 사용하지 마십시오. 여러 비구들이 여법하고 율과 같이 가르친다면 그대는 마땅히 받아들일 것이고, 자신은 옳지 않게 지어서 함께 말하지 마십시오. 나아가 전전하여 서로를 가르치면서 선법을 증장하는 까닭으로 우리들은 지금 자비한 마음으로 가르치는 것이니, 그대가 마땅히 이러한 일을 버리십시오. 한 번의 충고는 이미 지나갔고 두 번의 충고가 남아있습니다."

만약 버리지 않는다면 두 번·세 번째도 이렇게 충고하라. 많은 사람의 가운데에서 세 번을 충고하는 것도 역시 이와 같다.

오히려 멈추지 않는다면, 승가의 가운데에서 구청갈마를 지어야 한다.

"대덕 승가께서는 허락하십시오. 이 어느 비구는 스스로 거스르는 말을 사용하면서 여러 비구들이 여법하고 율과 같이 가르쳤으나, 그러한 말을 받아들이지 않습니다. 이미 가려진 곳에서 세 번을 충고하였고, 많은 사람의 가운데에서 세 번을 충고하였어도 오히려 고의로 멈추지 않습니다. 만약 승가께서 때에 이르렀다면 마땅히 가운데에서 세 번을 충고하여 이러한 일을 멈추게 하십시오."

곧 승가의 가운데에서 물어 말한다.

"장로여. 진실로 스스로가 거스르는 말을 사용하면서 여러 비구들이 여법하고 율과 같이 가르쳤으나, 그러한 말을 받아들이지 않아서 가려진 곳에서 세 번을 충고하였고, 많은 사람의 가운데에서 세 번을 충고하였어도 오히려 고의로 받아들이지 않았습니까?' '진실로 그렇습니다.'라고 대답하여 말하였다면 곧 다시 승가의 가운데에서 충고하여 말해야 한다.

'장로여. 스스로 제멋대로 하지 마십시오. 여러 비구들이 여법하고 율과 같이 가르쳤고, 나아가 전전하여 서로를 가르치면 선법의 증장을 얻는 까닭입니다. 지금 승가는 자비한 마음으로 그대에게 충고하나니, 요익하게 하려는 까닭입니다. 마땅히 승가의 말을 받아들여서 이러한 일을 버리십시오. 한 번의 충고는 이미 지나갔고 두 번의 충고가 남아 있습니다.'"

만약 멈추지 않는다면 나아가 두 번·세 번째에도 충고하여서 버린다면 좋으나, 만약 버리지 않는다면 승가바시사를 범한다.

'승가바시사'는 앞에서 설명과 같다.

만약 비구가 가려진 곳에서 세 번을 충고하여도 멈추지 않는다면 충고할 때마다 월비니죄를 범하고, 승가의 가운데에서 충고하는 때에 처음으로 충고하는 때를 마치지 못하였다면 월비니죄를 범하며, 말을 마쳤으면 투란차죄를 범한다. 두 번째의 갈마를 마치지 못하였다면 월비니죄를 범하고, 말을 마쳤으면 투란차죄를 범한다. 만약 세 번째의 갈마를 마치지 못하였다면 투란차죄를 범하고, 말을 마쳤으면 승가바시사를 범한다.

승가바시사를 일으켰으므로, 나아가 승가의 가운데에서 세 번을 충고하였다면 일체의 월비니죄와 일체의 투란차죄가 모두 합쳐져서 하나의 승가바시사가 성립된다. 중간에 멈추는 자는 멈추는 것을 따라서 죄를 다스린다.

이러한 까닭으로 세존께서 설하셨노라.

만약 비구가 거스르는 말을 스스로가 사용하였고, 나아가 세 번을 충고하였어도 버리지 않는 자는 승가바시사를 범한다.

[12계를 마친다.]

세존께서는 사위성에 머무셨으며, 자세한 설명은 앞에서와 같다.

이때 육군비구들이 가시국(迦尸國) 흑산(黑山)의 취락에서 여러 위의가 아닌 일을 지었으므로, 몸의 위의가 아니었고, 입의 위의가 아니었으며, 몸과 입의 위의가 아니었다.

'몸의 위의가 아니다.'는 만약 달려갔거나, 만약 달려서 떠나갔고, 건너 뛰면서 다녔으며, 건너뛰며 올랐고, 거꾸로 다녔으며, 기어서 다녔고, 물동이를 두드렸고, 희롱하며 웃었으며, 서로가 서로를 짊어지는 것이다. 이와 같은 여러 종류가 몸으로 희롱하는 것이다.

'입의 위의가 아니다.'는 코끼리의 울음을 지었고, 낙타의 울음을 지었으며, 소의 울음을 지었고, 양의 울음을 지었으며, 긴 소리를 지었고, 짧은 소리를 지었으며, 혹은 서로가 꿩의 소리를 짓는 것이다. 이와 같은 여러 종류를 음성으로 희롱하며 웃는 것이다.

'몸과 입의 위의가 아니다.'는 몸을 얼룩지게 칠하면서 절반은 하얗게 하였고, 검게 얼굴을 칠하면서 머리카락을 염색하여서 하얗게 하였으며, 북을 두드리고 거문고를 튕기며 마디를 두드리고 춤추며 희롱하는 것이다.

그때 여러 우바새들이 왔고 비구에게 나아가서 예배하고 법을 듣고자 하였으나 이와 같은 일을 보고 마음에 불쾌감이 생겨나서 말하였다.

"아사리여. 사문의 법은 선행(善行)하는 것이고, 마땅히 믿지 않던 자는 믿게 하며 믿는 자를 증장하게 하는 것입니다. 그러나 지금 하였던 것은 모두 비법(非法)이고, 다시 불신(不信)을 증장시키고 믿는 자의 마음을 파괴합니다."

육군비구들은 곧 성내면서 말하였다.

"그대들이 나의 스승이 되고 나의 화상이 되는 이것은 이치를 거스르오.

내가 마땅히 그대들을 가르쳐야 하는데, 그대들이 반대로 우리를 가르치는구려.”

진에(瞋恚)가 증가하여 몸으로 피해를 지었고, 입으로 피해를 지었으며, 몸과 입으로 피해를 지었다.

‘몸의 피해’는 그들이 집안에 들어가서 어린아이들을 끌어내어 때렸고 밀쳤으며 기물을 파손하였고 송아지의 다리를 부러뜨렸으며 염소의 눈을 찔러서 멀게 하였고, 시장에 이르러 여러 종류의 곡식인 쌀·소맥(小麥)·대맥(大麥)·소금·볶은 쌀·소(酥)·기름·우유·낙(酪) 등을 모두 뒤섞어서 합쳤으므로 가려낼 수 없게 하였으며, 밭에서 자라나는 새싹에 그 물이 필요하다면 물을 다른 곳으로 열어서 흘러가게 하였고, 물이 필요하지 않다면 물을 가운데에 채웠으며, 자라나는 새싹은 칼로 베어서 죽였고, 익은 곡식은 불태웠다. 이것을 몸의 피해라고 이름한다.

‘입의 피해’는 왕에게 나아가서 사람을 참소하여 피해를 주었고, 선량한 사람을 속이는 것이다. 이것을 입의 난폭한 피해라고 이름한다.

‘몸과 입의 피해’는 가려진 곳에 몸을 숨기고서 그 사람들을 두렵게 하였고, 죄가 없는 자를 끌어들이는 것이다. 이것을 몸과 입의 난폭한 피해라고 이름한다.

여러 우바새들이 모두 성내면서 말하였다.

“사문인 석자(釋子)가 이러한 비법을 지었으니, 우리들은 지금부터 공양을 주지 맙시다.”

이때 그 비구들을 쫓아서 발우를 지니고 걸식하였는데, 그 집에서 보고서 오히려 고의로 음식을 주면서 크게 아끼지 않았다. 여러 우바새들이 다시 이렇게 약속을 지었다.

“사문인 석자가 이러한 난폭한 피해를 지었으니, 우리들은 지금부터 그들을 문안에 들어오지 못하게 합시다.”

그러한 뒤에 이 비구들은 곧 믿지 않는 여러 집에 이르러 걸식하였는데, 처음에는 음식을 주었으나 뒤에 “우바새들이 음식을 끊고서 주지 않는다.”라고 계속하여 들었으므로 ‘이들이 악인이 분명한데, 우리들이 무슨 까닭으로 음식을 주겠는가?' 하고 다시 문에 들어오는 것을 허락하지 않았다.

그러한 뒤에도 몸으로 삿되게 생활하였고 입으로 삿되게 생활하였으며 몸과 입으로 삿되게 생활하였다.

'몸의 삿된 생활'은 물병과 나무 그릇을 지어서 팔았고, 소(酥)를 담는 가죽 주머니를 지었으며, 노끈으로 그물을 지었고, 옷을 꿰매었으며, 떡을 지어서 파는 일을 배웠고, 의약(醫藥)을 파는 것을 배웠으며, 사람을 위하여 서신을 전해주는 것이다. 이와 같이 여러 종류로 음식을 구하는 것을 몸의 삿된 생활이라고 이름한다.

'입의 삿된 생활'은 주문을 외우면서 행하고, 기술의 주문·뱀의 주문·용의 주문·귀신의 주문·병(病)의 주문·물의 주문·불의 주문 등의 이와 같은 여러 종류로 음식을 구하는 것이다. 이것을 입의 삿된 생활이라고 이름한다.

'몸과 입의 삿된 생활'은 손으로 자연스럽게 불피우고, 입으로 주술(呪術)을 말하며, 손으로 소와 기름을 붓고 개자(芥子)5)를 뿌리는 등의 여러 종류로 음식을 구하는 것이다. 이것을 몸과 입의 삿된 생활이라고 이름한다.

이때 흑산 취락의 여러 우바새들이 사위성으로 와서 관사(官事)에서 요리(料理)하였는데, 관사의 요리를 마쳤으므로 세존께 나아가서 세존의 발에 정례(頂禮)하고 곧 한쪽에 머무르면서 아뢰었다.

"세존이시여. 저희들은 흑산 취락의 우바새입니다. 육군비구들이 그 취락의 사이에 머물러 있으면서 여러 비법을 지었는데, [자세한 설명은 앞에서와 같다.] 원하옵건대 세존께서는 마땅히 간략하게 칙명하시어 그곳에 머무르지 못하게 하신다면 좋겠습니다."

그때 세존께서 우바새들을 위하여 수순하여 설법하시어 보여주셨고 가르치셨으며 이익되고 기쁘게 하셨으므로, 발에 예경하고 떠나갔다. 그때 세존께서 아난에게 알려 말씀하셨다.

---

5) 우리나라에서는 십자화과의 겨자(芥子)의 성숙한 종자를 건조한 것을 말한다.

"그대가 흑산 취락으로 가서 육군비구들을 위하여 구출갈마(驅出羯磨)[6]를 짓도록 하게."

그때 아난은 세존께 아뢰어 말하였다.

"저는 감히 떠나갈 수 없습니다."

세존께서 말씀하셨다.

"무슨 까닭인가?"

아난은 대답하여 말하였다.

"세존이시여. 육군비구들은 성급한 성품으로 강하고 난폭합니다. 제가 만약 가더라도 비유한다면 사탕수수 밭의 주인이 수레에 타고서 사탕수수를 싣고 돌아오는데, 여러 동자들이 거꾸로 취락 밖으로 나와서 사탕수수를 잡고서 요란하게 취하여 밖으로 나가서 먹는 것과 같습니다. 그 육군비구들도 역시 이와 같아서 제가 가는 것을 듣는다면 거꾸로 도로의 주변으로 나와서 비법의 일을 짓거나, 혹은 능히 저에게 구출갈마를 지을 것이니, 이러한 까닭으로 떠나가는 것이 어렵습니다."

세존께서 아난에게 알리셨다.

"그대가 30명과 함께 떠나간다면 능히 그들을 조복하는 것에 충분하네."

이때 아난이 30명과 함께 앞뒤로 둘러싸여 갔고 흑산 취락에 이르렀다. 다시 30명의 비구들이 있었는데 존자 아난이 흑산 취락으로 가서 이르렀다는 말을 듣고 스스로가 서로에게 의논하여 말하였다.

"우리들은 일찍이 구출갈마를 지었다고 듣지 못하였습니다. 마땅히 아난을 따라서 그 취락에 이르러 구출갈마를 짓는 것을 듣겠습니다."

아울러 앞의 30명과 합하여 60명의 비구가 대중으로 떠나갔다. 이때 육군비구들은 존자 아난이 60명의 권속과 함께 와서 자기들을 위하여 구출갈마를 짓는다는 것을 듣고 곧 두려움이 생겨났다. 이때 삼문타달다(三文陀達多)와 마혜사달다(摩醯沙達多)는 달아나서 왕도(王道)의 취락에 이르렀고, 장로 천타와 가류타이는 1유순에 이르러 존자 아난을 맞이하고

---

6) 비구들을 일정한 지역이나, 승가에서 쫓아내는 갈마를 가리킨다.

서 곧 참회하여 말하였다.

"장로여. 우리들이 지었던 것은 선하지 못하여 여러 허물과 악을 범하였습니다. 지금부터는 감히 다시 짓지 않겠습니다."

그때 대중 승가는 그들의 참회를 받아들였다. 존자 아난이 취락의 앞에 이르렀는데 그 두 사람은 이미 참회하였고, 두 사람은 이미 달아났으므로 나머지의 머물고 있던 자들에게 구출갈마를 지었다. 세존께서는 중갈마(中羯磨)와 갈마중(羯磨衆)을 허락하시지 않으셨던 까닭으로 두 사람이거나, 세 사람을 위하여 갈마를 지었다. 갈마자는 마땅히 이렇게 말을 지어야 한다.

"대덕 승가께서는 허락하십시오. 이 어느 비구 등은 이 취락에서 몸의 위의가 아닌 것을 자주 지었고 멈추지 않았으므로 사문이나 세속 사람들이 모두 알고 있습니다. 만약 승가께서 때에 이르렀다면 승가께서는 마땅히 어느 비구 등이 몸의 위의가 아닌 것을 하였던 까닭으로 구출갈마를 짓겠습니다. 이와 같이 아룁니다.'

'대덕 승가께서는 허락하십시오. 이 장로 어느 비구 등은 몸의 위의가 아닌 것을 자주자주 지었고 멈추지 않았으므로 사문이나 세속 사람들이 모두 알고 있습니다. 승가시여. 지금 어느 비구 등을 위하여 구출갈마를 짓는 것을 여러 대덕들께서는 인정하십시오. 어느 비구 등은 몸의 위의가 아닌 것에 구출갈마를 짓는 것을 인정하신다면 묵연하시고 인정하지 않으신다면 곧 말씀하십시오.'"

이와 같이 처음의 갈마를 말하여 마친다. 두 번·세 번째도 역시 이와 같이 말해야 한다.

"승가시여. 어느 비구 등에게 몸의 위의가 아닌 것에 구출갈마를 지어서 마쳤습니다. 승가께서 인정하신 것은 묵연하였던 까닭입니다. 이 일은 이와 같이 지니겠습니다."

이와 같이 입의 위의가 아닌 것과 몸과 입의 위의가 아닌 것도 역시 이와 같고, 몸의 피해와 입의 피해와 몸과 입의 피해도 역시 이와 같으며, 몸의 삿된 생활과 입의 삿된 생활과 몸과 입의 삿된 생활도 역시 이와 같다. 아뢰고 말하여 세 번을 갈마하고서 갈마를 마친다.

이 육군비구의 구출(驅出)을 당한 자가 여러 비구들에게 말하였다.

"천타 비구와 가류타이 비구도 역시 비법을 행하였소. 무슨 까닭으로 나 혼자는 쫓아내고 그들은 쫓아내지 않는가?"

대중 승가가 그에게 말하였다.

"이 두 비구는 1유순까지 나와서 승가를 맞이하였고, 승가에 참회하여 승가는 참회를 허락하였으며, 삼문타달다와 마혜사달다는 왕도의 취락으로 달아났습니다. 그대들은 현재에 있으면서 승가를 맞이하여 참회하지 않았고, 또한 달아나지 않았던 까닭으로 갈마를 지어서 그대를 쫓아냈던 것입니다."

그가 다시 이렇게 말을 지었다.

"장로여. 승가는 지금 애욕을 따랐고, 성냄을 따랐으며, 두려움을 따랐고, 어리석음을 따랐다. 함께 모두가 같은 죄인데, 쫓겨나는 자가 있고 쫓겨나지 않는 자가 있다."

여러 비구들이 다시 충고하였다.

"장로여. 이치가 아닌 것으로써 승가를 비방하지 마십시오. 승가는 애욕을 따르지 않았고, 성냄을 따르지 않았으며, 두려움을 따르지 않았고, 어리석음을 따르지 않았습니다. 같은 죄가 아니며, 쫓겨나는 자가 있고 쫓겨나지 않는 자도 있지 않습니다."

여러 비구들이 이와 같이 충고하였던 때에도 그들은 고의로 멈추지 않았고, 다시 두 번·세 번을 충고하였어도 굳게 지니면서 멈추지 않았다. 존자 아난은 여러 우바새들을 위하여 수순하여 설법하여 그들을 환희하게 하였고, 대중 승가를 공양하고서 다시 이전과 같이 되돌아갔다. 존자 아난은 대중과 함께 사위성으로 돌아가고자 하였다. 이때 여러 비구들이 존자 아난에게 알려 말하였다.

"지금 승가가 모두 돌아간다면 이 승가람(僧伽藍)은 누가 지사인을 맡습니까?"

아난이 말하였다.

"누구에게 마땅히 맡기겠습니까?"

여러 비구들이 말하였다.

"장로 천타가 마땅히 머물러야 합니다."

아난이 다시 말하였다.

"천타는 이전에 허물이 있었으니 다른 사람이 믿지 않을 것입니다. 어찌하여 머무르게 하겠습니까?"

곧 다시 다른 비구에게 맡겼다. 존자 아난은 사위성으로 돌아와서 세존의 발에 예경하고 한쪽에 서 있었다. 세존께서는 아시면서도 일부러 물으셨다.

"아난이여. 그대들은 이미 흑산 취락에서 구출갈마를 지었는가?"

대답하여 말하였다.

"이미 지었습니다. 세존이시여. 천타 비구와 가류타이 비구는 1유순인 곳에서 승가를 맞이하고 참회하였으며, 삼문타달다와 마혜사달다는 곧바로 왕도의 취락으로 달아났습니다. 나머지의 여러 비구들은 와서 참회하지 않았고 다시 달아나지도 않았으므로 대중 승가는 구출갈마를 지었습니다. 그들은 천타 비구와 가류타이 비구가 쫓겨나지 않는 것을 보고서 곧 이치가 아닌 것으로써 승가를 비방하여 말하였습니다. '승가는 지금 애욕을 따랐고, 성냄을 따랐으며, 두려움을 따랐고, 어리석음을 따랐다. 모두가 함께 죄를 범하였으나, 쫓겨나는 자가 있고 쫓겨나지 않는 자가 있다.'"

세존께서 비구들에게 알리셨다.

"이 육군비구는 이치가 아닌 것으로써 '승가는 지금 애욕을 따랐고, 성냄을 따랐으며, 두려움을 따랐고, 어리석음을 따랐다. 모두가 함께 죄를 범하였으나, 쫓겨나는 자가 있고 쫓겨나지 않는 자가 있다.'라고 승가를 비방하여 말하였느니라. 이렇게 말을 짓는 자는 그대들이 마땅히 가려진 곳으로 떠나가서 세 번을 충고하고, 많은 사람의 가운데에서 세 번을 충고하며, 승가의 가운데에서 세 번을 충고하여 이러한 일을 버리게 하라.

가려진 곳에서 '그대들이 진실로 천타 비구와 가류타이를 까닭으로
이치가 아닌 것으로써 〈애욕을 따랐고, 성냄을 따랐으며, 두려움을 따랐
고, 어리석음을 따랐다. 모두가 함께 죄를 범하였으나, 쫓겨나는 자가
있고 쫓겨나지 않는 자가 있다.〉라고 승가를 비방하여 말하였는가?'라고
묻도록 하고, '진실로 그렇습니다.'라고 대답하여 말한다면, 곧 가려진
곳에서 '장로여. 이치가 아닌 것으로써 승가를 비방하지 마십시오. 왜
그러한가? 대중 승가는 애욕을 따르지 않았고, 성냄을 따르지 않았으며,
두려움을 따르지 않았고, 어리석음을 따르지 않았습니다. 같은 죄에서
쫓겨나는 자가 있고 쫓겨나지 않는 자는 있지 않습니다. 그대들은 애욕을
따랐고, 성냄을 따랐으며, 두려움을 따랐고, 어리석음을 따랐다고 말하지
마십시오. 장로여. 우리들은 자비한 마음으로 그대들에게 충고하는 것은
요익하게 하려는 까닭입니다. 마땅히 이러한 일을 버리십시오. 한 번의
충고는 이미 지나갔고 두 번의 충고가 남아있습니다.'
  만약 버리지 않는다면 두 번·세 번째도 이렇게 충고하고, 나아가 많은
사람의 가운데에서 세 번을 충고하였는데, 오히려 다시 멈추지 않는다면
승가의 가운데에서 구청갈마를 지어야 한다."
  갈마하는 사람은 마땅히 이렇게 말을 지어야 한다.
  "대덕 승가께서는 허락하십시오. 이 육군비구들이 이치가 아닌 것으로
써 승가를 비방하였으므로 가려진 곳에서 세 번을 충고하였고 많은 사람의
가운데에서 세 번을 충고하였어도 멈추지 않습니다. 만약 승가께서 때에
이르셨다면 지금 승가의 가운데에서 세 번을 충고하여 이 일을 멈추게
하십시오."
  곧 승가의 가운데에서 이 비구에게 물어야 한다.
  "'그대들은 진실로 이치가 아닌 것으로써 승가를 비방하였고, 가려진
곳에서 세 번을 충고하였으며, 많은 사람의 가운데에서 세 번을 충고하였
어도 멈추지 않았습니까?' '진실로 그렇습니다.'라고 대답하여 말한다면,
승가는 마땅히 충고하여 말해야 한다.
  '장로여. 이치가 아닌 것으로써 승가를 비방하지 마십시오. 왜 그러한

가? 승가는 애욕을 따르지 않았고, 성냄을 따르지 않았으며, 두려움을 따르지 않았고, 어리석음을 따르지 않았습니다. 같은 죄가 아니며, 쫓겨나는 자가 있고 쫓겨나지 않는 자도 있지 않습니다. 그대들은 애욕을 따랐고, 성냄을 따랐으며, 두려움을 따랐고, 어리석음을 따랐다고 말하지 마십시오. 장로여. 우리들은 자비한 마음으로 그대들에게 충고하는 것은 요익하게 하려는 까닭입니다. 마땅히 이러한 일을 버리십시오. 한 번의 충고는 이미 지나갔고 두 번의 충고가 남아있습니다."

버리지 않는 것과 같았고, 두 번·세 번째도 이와 같이 충고하였으나, 오히려 고의로 멈추지 않았다. 여러 비구들이 이 인연으로써 갖추어 세존께 아뢰었다.

"육군비구들을 이미 가려진 곳에서 세 번을 충고하였고, 나아가 승가의 가운데에서 세 번을 충고하였어도 오히려 고의로 멈추지 않습니다."

세존께서 말씀하셨다.

"육군비구들을 불러오라."

왔으므로 세존께서는 육군비구들에게 물으셨다.

"그대들이 진실로 이치가 아닌 것으로써 승가를 비방하였고, 이미 가려진 곳에서 세 번을 충고하였으며, 나아가 승가의 가운데서 세 번을 충고하였어도 고의로 멈추지 않았는가?"

대답하여 말하였다.

"진실로 그렇습니다."

세존께서 육군비구들에게 알리셨다.

"이것은 악한 일이니라. 그대들은 세존이 항상 여러 종류의 인연으로 충고하기 어려운 것을 꾸짖었고, 충고하기 쉬운 것을 찬탄함을 듣지 않았는가? 그대들은 지금 어찌하여 충고를 어렵게 하고 집지하면서 버리지 않는가? 육군비구여. 이것은 법이 아니고, 율이 아니며, 세존의 가르침이 아니니라. 이것으로써 선법을 장양하지 못하느니라."

여러 비구들이 세존께 아뢰어 말하였다.

"세존이시여. 어찌하여 이 육군비구들은 천타와 가류타이를 쫓아내지 않은 까닭으로 이치가 아니라고 승가를 비방하였습니까?"

세존께서 말씀하셨다.

"이 육군비구들은 다만 오늘에 이치가 아니라고 승가를 비방한 것이 아니고, 과거 세상의 때에서도 이미 일찍이 이치가 아니라고 승가를 비방하였느니라."

여러 비구들이 말하였다.

"이미 일찍이도 그러하였습니까? 오직 바라옵건대 듣고자 합니다."

세존께서 말씀하셨다.

"이와 같았느니라. 지나간 세상의 때에 성이 있어서 바라나라고 이름하였고, 나라는 가시라고 이름하였느니라. 이때 왕가(王家)에서 두 마리의 개를 길렀는데, 금과 은으로써 목을 묶었고, 보배 그릇을 사용하여 음식을 주었으며, 밤에는 풀어주어 출입문을 지키게 하였다. 이때 왕은 두통병(頭痛病)을 얻었고 12년이 지나도록 치료하여도 낫지 않았으나, 뒤에 점차 나아갔다. 이때 왕이 잠자는 중간에 개가 짖는 소리를 들었고, 왕은 곧 놀라서 잠을 깨었는데 두통이 증가하였다. 왕은 시자(侍者)를 향하여 물었다.

"무슨 소리인가?"

대답하여 말하였다.

"개가 짖는 소리입니다."

왕은 곧 진노(瞋怒)하였고 시자에게 가르쳐서 칙명하여 개를 내쫓게 하였고, 곧 가르침과 같이 내쫓았다. 이때 어느 한 개가 쫓아내는 자에게 물었다.

"무슨 까닭으로 나를 쫓아냅니까?"

쫓아내는 자가 대답하여 말하였다.

"왕의 병이 조금 나았는데 잠자는 가운데에서 개가 짖는 소리를 듣고서 놀라서 깨어났고 병이 증가하였으며, 이러한 까닭으로 그대를 쫓아내는 것이오."

개가 다시 물어 말하였다.

"일체의 개를 모두 쫓아냅니까?"

대답하여 말하였다.

"모두 쫓아낸다."

또한 물었다.

"왕가의 두 마리의 개도 역시 쫓겨납니까?"

대답하여 말하였다.

"왕가의 두 마리의 개는 쫓아내지 않고 나머지는 모두 쫓아낸다."

개는 곧 성내면서 말하였다.

"이 왕은 무도(無道)하여서 애욕을 따랐고, 성냄을 따랐으며, 두려움을 따랐고, 어리석음을 따랐습니다."

개는 곧 게송을 설하여 말하였다.

만약 개로서 병이 되었다면
일체를 마땅히 쫓아내야 하는데
지금 모두 쫓아내지 않으니
이와 같은 왕은 무도하다네.

집에서 기르는 두 마리의 개는
쫓아내지 않고 우리만 쫓아내나니
이 자는 악한 왕인 것을 마땅히 알겠고
애욕과 성냄과 두려움과 어리석음을 따랐다네."

세존께서는 여러 비구들에게 알리셨다.

"그때 왕가의 개는 지금의 천타와 가류타이(迦留陀夷) 비구이고, 나머지의 개는 지금의 육군비구이니라. 그때 쫓겨났으나 두 마리의 개는 쫓겨나지 않은 까닭으로 이치가 아니라고 비방하였고, 오늘에 쫓겨나면서 역시 이와 같이 천타 비구와 가류타이 비구는 쫓겨나지 않은 까닭으로 이치가 아니라고 승가를 비방하였느니라."

여러 비구들이 세존께 아뢰었다.

"세존이시여. 어찌하여 이 천타 비구를 여러 비구들이 처소의 지사인으로 맡기고자 하였어도 아난은 듣지 않았습니까?"

세존께서 말씀하셨다.

"이 천타 비구가 다만 오늘에 지사인을 맡기고자 하였어도 아난이 듣지 않은 것이 아니고, 지나간 세상의 때에도 이미 일찍이 왕으로 천거하고자 하였으나 아난이 듣지 않았느니라."

여러 비구들이 말하였다.

"이미 일찍이도 그러하였습니까? 오직 바라옵건대 듣고자 합니다."

세존께서 말씀하셨다.

"지나간 세상의 때에 설산(雪山)의 아래에 막히고 구부러진 산비탈 가운데에 햇볕이 따뜻한 곳을 향하고 있었으며, 여러 부류의 새들이 그 가운데 구름처럼 모여서 곧 함께 의논하여 말하였다.

"우리들이 오늘에 마땅히 하나의 새를 추천하여 왕으로 삼는다면 대중이 두려워하여 비법을 짓지 않을 것입니다."

여러 새들이 말하였다.

"옳습니다. 누구를 마땅히 왕으로 삼겠습니까?"

어느 한 새가 말하였다.

"마땅히 왜가리를 추천하겠습니다."

어느 한 새가 말하였다.

"아니됩니다. 왜 그러한가? 다리가 크고 목이 길어서 여러 새들이 벗어나거나 범하면 우리들의 뇌(腦)를 쪼아댈 것입니다."

여러 새들이 함께 말하였다.

"그렇습니다."

다시 어느 한 새가 말하였다.

"마땅히 거위를 왕으로 추천합니다. 그 색깔이 매우 흰색이므로 여러 새들이 존경할 것입니다."

여러 새들이 말하였다.

"이 새도 옳지 않습니다. 얼굴과 모습은 비록 하얗더라도 목이 길고 굽었으며, 스스로가 목이 반듯하지 못한데 능히 다른 새들을 바로잡겠습니까?"

또한 다시 말하였다.

"알맞은 공작이 있어서 털옷으로 채색으로 꾸몄고 보는 자의 눈을 즐겁게 하므로, 마땅히 왕이 될 수 있습니다."

다시 말하였다.

"옳지 않습니다. 무슨 까닭인가? 털옷은 비록 좋지만 부끄러움이 없어서 매번 춤을 추는 때에 추한 모습을 나타냅니다. 이러한 까닭으로 옳지 않습니다."

어느 한 새가 말하였다.

"대머리인 올빼미가 왕이 되어야 합니다. 무슨 까닭인가? 낮에는 곧 편안하게 있고 밤에는 부지런히 살피면서 우리를 수호하므로, 왕이 될 수 있습니다."

대중이 모두 말하였다.

"옳습니다."

그때 한 마리의 앵무새가 한 곳에 있었는데 지혜가 있었으므로, 이렇게 생각을 지었다.

'여러 새들의 법은 밤에는 마땅히 자면서 쉬는 것이다. 이 대머리 올빼미의 법은 밤에 곧 자지 않는다. 그렇다면 여러 새들이 좌우에 모시면서 밤낮으로 경비하므로 잠잘 수 없으니 매우 괴로운 일이다. 내가 지금 말한다면 그가 마땅히 성내면서 나의 털과 깃털을 뽑을 것이다. 곧바로 말하고 싶지 않으나 여러 새들이 긴 밤에 고통을 받을 것이다. 오히려 털을 뽑히더라도 바른 이치를 넘어갈 수 없다.'

곧 여러 새들의 앞에 이르러 날개를 들어서 공경하였고 여러 새들에게 알려 말하였다.

"원하건대 내가 설하는 하나의 게송을 들으십시오."

이때 여러 새들이 곧 게송을 설하여 대답하여 말하였다.

지혜로워서 널리 뜻을 안다면
많은 나이가 필요하지 않으니
그대의 나이가 비록 젊지만
지혜로운 자이므로 때에 맞게 말하시오.

그때 앵무새는 여러 새들의 게송을 듣고서 곧 게송을 설하여 말하였다.

만약 나의 뜻을 따른다면
대머리 올빼미 왕이 소용이 있는가?
환희하는 때에 얼굴을 보더라도
오히려 여러 새들을 두렵게 하는데
하물며 다시 성내는 때라면
그 얼굴을 바라볼 수 없다네.

이때 여러 새들이 함께 말하였다.
"진실로 말하는 것과 같습니다."
곧 함께 모여서 의논하였다.
"이 앵무새는 총명하고 지혜로우니 마땅히 왕으로 삼을 수 있습니다."
곧 예배하고 왕으로 삼았느니라."
세존께서는 여러 비구들에게 알리셨다.
"그때의 대머리 올빼미는 지금의 천타 비구이고, 앵무새는 지금의 아난이니라. 그는 그때에도 이미 일찍이 그를 막아서 왕이 되는 허락하지 않았고, 지금 다시 그를 막아서 지사인을 허락하지 않았느니라."
세존께서는 여러 비구들에게 알리셨다.
"사위성을 의지하는 비구들을 모두 모이게 하라. 나아가 이미 들었던 자들도 마땅히 거듭하여 들을지니라. 만약 비구가 성에 의지하여 있었거나, 취락에 머무르면서 다른 집을 더럽히는 악행을 행하거나, 다른 사람의 집을 더럽히는 것을 역시 보았고 들었거나, 악행을 행하는 것이 역시 보였고 들렸다면 여러 비구들은 이 비구에게 마땅히 말해야 한다.

'장로여. 그대들은 다른 집을 더럽히는 악행을 행하였고, 다른 사람의 집을 더럽히는 것을 역시 보았고 들었으며, 악행을 행하는 것이 역시 보였고 들렸습니다. 장로여. 그대들은 떠나가고 마땅히 이 가운데에 머무르지 마십시오.'

이 비구가 여러 비구들에게 말하였다.

'대덕들이여. 승가는 애욕을 따랐고, 성냄을 따랐으며, 두려움을 따랐고, 어리석음을 따랐습니다. 왜 그러한가? 이와 같은 죄의 비구가 있는데, 쫓겨나는 자가 있고, 쫓겨나지 않는 자가 있습니다.'

여러 비구들은 이 비구에게 마땅히 말해야 한다.

'장로들이여. 그대들은 이렇게 말을 짓지 마십시오. 〈승가는 애욕을 따랐고, 성냄을 따랐으며, 두려움을 따랐고, 어리석음을 따랐으므로, 이와 같은 죄의 비구가 있는데, 쫓겨나는 자가 있고, 쫓겨나지 않는 자가 있습니다.〉 왜 그러한가? 승가는 애욕을 따르지 않았고, 성냄을 따르지 않았으며, 두려움을 따르지 않았고, 어리석음을 따르지 않았습니다. 같은 죄가 아니며, 쫓겨나는 자가 있고 쫓겨나지 않는 자도 있지 않습니다. 〈여러 장로들이여. 그대들은 다른 집을 더럽히는 악행을 행하였고, 다른 사람의 집을 더럽히는 것을 역시 보았고 들었으며, 악행을 행하는 것이 역시 보였고 들렸습니다. 장로여. 그대들은 떠나가고 마땅히 이 가운데에 머무르지 마십시오.〉'

이 비구가 여러 비구들이 이와 같이 충고하는 때에 만약 굳게 지니고 버리지 않는다면 여러 비구들은 마땅히 두 번·세 번째에도 충고해야 하고, 이러한 일을 버리지 않는 까닭으로 두 번·세 번째에도 충고하는 때에 버린다면 좋으나, 만약 버리지 않는다면 승가바시사를 범하느니라."

'여러 비구'는 만약 승가이거나, 많은 사람이거나, 만약 한 명이다.

'성에 의지하고 만약 취락에 머무르다.'에서 무엇을 취락에 의지하여 머무른다고 말하는가? 만약 비구가 그 취락의 가운데에서 옷·음식·평상·와구·질병의 탕약 등을 얻는 것이니, 이것을 의지하여 머물렀다고 이름한다. 만약 옷·음식·평상·와구·질병의 탕약 등을 얻지 못하였고, 다만 취락을 의지하여 여러 환란을 벗어났어도 역시 의지하여 머물렀다고 이름한다. 만약 비구가 그 취락을 의지하여 여러 환란을 벗어나지 못하였고, 다만 취락의 경계에 머물렀어도 역시 의지하여 머물렀다고 이름한다.

'다른 사람의 집을 더럽히다.'에서 '다른 사람의 집'은 만약 찰리(刹利)의 집이거나, 바라문의 집이거나, 만약 비사(毘舍)의 집이거나, 수다라(首陀羅)의 집 등이니, 이것을 다른 사람의 집이라고 이름한다.

'더럽히다.'는 만약 비구가 취락의 가운데에서 범행(梵行)이 아닌 행을 지으면서 술을 마시거나, 때가 아닌 때에 먹는다면 이것은 다른 사람의 집을 더럽힌다고 이름하지 않는다. 만약 취락의 가운데의 사람이 이전에 신심이 있었으므로 대중 승가를 공양하고 탑과 사찰을 많이 세우는데 그들을 퇴전시키고 없앤다면 다른 사람의 집을 더럽힌다고 이름한다.

'악행을 행하다.'는 몸의 위의가 아니고, 입의 위의가 아니며, 몸과 입의 위의가 아닌 것이고, 몸으로 난폭하게 피해를 주고, 입으로 난폭하게 피해를 주며, 몸과 입으로 난폭하게 피해를 주고, 몸으로 삿되게 살아가고, 입으로 삿되게 살아가며, 몸과 입으로 삿되게 살아가는 것이다.

'다른 사람의 집을 더럽히고 악행을 행하며 역시 보았고 역시 들었다.'는 여러 악행을 취락의 가운데에서 지었으므로 사람들이 역시 보고 들은 것이다. 여러 비구들이 이 비구에게 "장로여. 그대는 다른 집을 더럽히는 악행을 행하였고, 다른 사람의 집을 더럽히는 것을 역시 보았고 들었으며, 악행을 행하는 것이 역시 보였고 들렸습니다. 장로여. 그대들은 떠나가고 마땅히 이 가운데에 머무르지 마십시오."라고 말하였고, 이 비구가 "장로들이여. 승가는 애욕을 따랐고, 성냄을 따랐으며, 두려움을 따랐고, 어리석음을 따랐습니다. 같은 죄의 비구가 있는데, 쫓겨나는 자가 있고, 쫓겨나지 않는 자가 있습니다."라고 말하였다면, 여러 비구들은 다시 이 비구에게 "장로여. 이러한 말을 짓지 마십시오. 승가는 애욕을 따르지 않았고, 성냄을 따르지 않았으며, 두려움을 따르지 않았고, 어리석음을 따르지 않았습니다. 그대들은 이러한 일을 버리십시오."라고 이렇게 말하였는데,

이 비구들이 고의로 굳게 지니면서 버리지 않고 이치가 아닌 것으로 승가를 비방하는 자는 육군비구들이다.

'여러 비구'는 만약 승가이거나, 만약 많은 사람이거나, 만약 한 사람이다.

'세 번을 충고하다.'는 가려진 곳에서 세 번을 충고하고, 많은 사람의 가운데에서 세 번을 충고하며, 승가의 가운데에서 세 번을 충고하는 것이다.

'가려진 곳에서 세 번을 충고하다.'는 가려진 곳에서 "그대들 장로들이여. 진실로 이치가 아닌 것으로써 승가를 '애욕을 따랐고, 성냄을 따랐으며, 두려움을 따랐고, 어리석음을 따랐으므로, 같은 죄의 비구가 있는데, 쫓겨나는 자가 있고, 쫓겨나지 않는 자가 있다고 말하였습니까?"라고 물어 말하였고, "진실로 그렇습니다."라고 대답하여 말하였다면, 곧 꾸짖어 말해야 한다.

"장로들이여. '장로들이여. 진실로 이치가 아닌 것으로써 이러한 말을 짓지 마십시오. 왜 그러한가? 승가는 애욕을 따르지 않았고, 성냄을 따르지 않았으며, 두려움을 따르지 않았고, 어리석음을 따르지 않았습니다. 같은 죄가 아니며, 쫓겨나는 자가 있고 쫓겨나지 않는 자는 있지 않습니다. 우리들은 지금 자비한 마음으로 그대들에게 충고하는데, 요익하게 하려는 까닭입니다. 마땅히 이러한 일을 버리십시오. 한 번의 충고는 이미 지나갔고 두 번의 충고가 남아있습니다.'"

만약 버리지 않는다면 다시 두 번·세 번째도 충고하고, 많은 사람의 가운데에서 충고하였는데, 오히려 고의로 멈추지 않는다면 승가의 가운데에 구청갈마를 지으면서 창언(唱言)해야 한다.

"대덕 승가께서는 허락하십시오. 어느 비구는 이치가 아닌 것으로써 승가를 비방하였으므로 가려진 곳에서 세 번을 충고하였고 많은 사람의 가운데에서 세 번을 충고하였어도 오히려 고의로 멈추지 않습니다. 만약 승가께서 때에 이르셨다면 지금 승가의 가운데에서 세 번을 충고하여 이 일을 멈추게 하십시오."

승가의 가운데에서 이 비구에게 물어야 한다.

"장로들이여. 그대들은 진실로 이치가 아닌 것으로써 승가를 비방하면서 이렇게 말을 지었습니까? '승가는 애욕을 따랐고, 성냄을 따랐으며, 두려움을 따랐고, 어리석음을 따랐다.' 나아가 가려진 곳에서 세 번을 충고하였고 많은 사람의 가운데에서 세 번을 충고하였어도 오히려 고의로 멈추지 않았습니까? '진실로 그렇습니다.'라고 대답하여 말한다면, 승가는 마땅히 충고하여 말해야 한다.

'장로여. 이치가 아닌 것으로써 승가를 비방하지 마십시오. 왜 그러한가? 승가는 애욕을 따르지 않았고, 성냄을 따르지 않았으며, 두려움을 따르지 않았고, 어리석음을 따르지 않았습니다. 같은 죄가 아니며, 쫓겨나는 자가 있고 쫓겨나지 않는 자도 있지 않습니다. 지금 대중 승가는 자비한 마음으로 그대들에게 충고하는 것은 요익하게 하려는 까닭입니다. 마땅히 이러한 일을 버리십시오. 한 번의 충고는 이미 지나갔고 두 번의 충고가 남아있습니다."

만약 버리지 않는다면 두 번·세 번째도 이와 같이 충고하라. 만약 버린다면 좋으나, 만약 버리지 않는다면 마땅히 두 번·세 번째도 이와 같이 충고할 것이고, 만약 버린다면 좋으나, 만약 버리지 않는다면 승가바시사를 범하느니라.

'승가바시사'는 앞에서 설한 것과 같다.

이 비구를 가려진 곳에서 충고하는 때에 세 번을 충고하여도 멈추지 않는다면 충고하는 때마다 월비니죄를 범하고, 많은 사람의 가운데에서 세 번을 충고하는 것도 역시 이와 같다. 승가의 가운데에서 처음으로 충고하는 말을 마치지 않았다면 월비니죄를 범하고, 말을 마쳤다면 투란차죄를 범한다. 두 번째의 충고하는 말을 마치지 않았다면 월비니죄를 범하고, 말을 마쳤다면 투란차죄를 범한다. 세 번째의 충고하는 말을 마치지 않았다면 투란차죄를 범하고, 말을 마쳤다면 승가바시사를 범한다.

승가바시사를 일으켜서 네 가지의 투란차죄를 제외하고 이치가 아닌

것으로써 승가를 비방하였으므로 여러 가려진 곳에서 세 번을 충고하였고,
많은 사람의 가운데에서 세 번을 충고하였으며, 승가의 가운데에서 세
번을 충고하였다면 일체의 월비니죄와 일체의 투란차죄가 모두 합쳐져서
하나의 승가바시사가 성립된다. 중간에 멈추는 자는 멈추는 것을 따라서
죄를 다스린다.

　이러한 까닭으로 설하였노라.

　여러 비구들이 성을 의지하였거나, 만약 취락에 머무르면서, 나아가
두 번·세 번째에 충고하는 때에 버린다면 좋으나, 만약 버리지 않는
자는 승가바시사를 범한다.

[제13계를 마친다.]

3. 2부정법(不定法)을 밝히다

1) 2부정법(不定法)을 밝히다 ①

　세존께서는 사위성에 머무셨으며, 자세한 설명은 앞에서와 같다.

　그때 장로 우타이는 같은 취락의 옛날 지식이었던 바라문에게 한
명의 딸이 있었다. 새롭게 남편의 집에 이르렀으나 근심과 걱정으로
즐겁지 않아서 편지를 보내어 아버지에게 알렸다.

　"원하건대 오셔서 저를 살펴보세요. 만약 능히 올 수 없다면 아사리인
우타이에게 말하여서 오시어 저를 살펴보게 하세요."

　그녀의 아버지는 편지를 보고 우타이의 처소에 나아가서 말하였다.

　"내 딸이 새롭게 남편의 집에 이르렀으나 근심과 걱정으로 즐겁지
않아서 편지를 보내어 나를 불렀고 아울러 아사리를 불렀습니다. 나는

지금 세속의 일이 많아서 능히 갈 수 없으니, 원하건대 아사리께서 자주자주 가서 살펴보십시오."

우타이가 말하였다.

"그렇게 하겠습니다. 그대가 나에게 부탁하지 않았어도 오히려 가서 보고자 하였는데, 어떻게 하물며 서로가 부탁하겠습니까?"

장로 우타이는 다음 날 이른 아침에 옷을 입고 취락에 들어가서 그 집에 가서 이르렀다. 이때 그 여인이 문을 닫고서 앉아 있었으므로 우타이가 밖에 있으면서 물어 말하였다.

"누구는 있는가?"

여인이 말하였다.

"누구세요."

대답하여 말하였다.

"나는 우타이이네."

여인이 말하였다.

"아사리여. 들어오십시오. 아사리여. 들어오십시오."

곧 그녀의 방에 들어가서 방 안에 앉아서 함께 말하는 때에 시어머니인 비사거록모(毘舍佉鹿母)는 32명의 아들이 있었고 역시 32명의 며느리가 있었는데 모두가 복덕의 길상(吉相)을 성취하였다. 이때 비사거록모는 항상 아들들과 며느리를 교계(敎誡)하여 부모와 친척들에게 인도하라고 권유하였고, 다음으로 이 여인의 방앞에 이르렀다.

이 비사거록모는 마땅한 때를 잘 이해하였으므로 갑자기 방에 들어가지 않았고 문밖에서 머뭇거리면서 문구멍으로 방 안을 보았다. 한 사람이 있었는데 머리카락을 깎았고 염색한 옷을 입었으며 눈을 깜박거리고 작은 소리로 말하였으므로 이 사람이 출가인이라고 알았으나 다만 비구인가? 비구니인가를 알지 못하여 곧 이 며느리를 불렀다. 며느리는 마땅히 말하였다.

"누구세요?"

대답하여 말하였다.

"나다."
알려 말하였다.
"대가께서 앞에 왔습니까?"
물었다.
"그대의 옆에는 어느 부인인가?"
대답하여 말하였다.
"아사리 우타이입니다."
우타이가 말하였다.
"우바이여. 어찌하여 앞으로 오지 않소?"
비사거록모는 곧 방에 들어와서 이렇게 말을 지었다.
"아사리 우타이여. 이 사이에 앉을 수 있습니까?"
우타이가 말하였다.
"그렇게 하십시오."
알려 말하였다.
"아사리여. 이 자리는 명백(明白)한 곳이 아닙니다. 설사 선과 악이 있더라도 무슨 증거로 알겠습니까? 마땅히 이 일로써 여러 비구에게 말하겠습니다."
우타이가 말하였다.
"그대가 무엇을 말하겠다는 것이오?"
비사거록모는 말하였다.
"우타이가 여인과 함께 앉아 있는 것을 보았다고 말하겠습니다."
우타이가 말하였다.
"나도 역시 세존께 가서 그대를 말하겠소."
비사거록모가 말하였다.
"무엇을 말하고자 합니까?"
우타이가 말하였다.
"나도 비사거록모가 다른 남자와 함께 앉아 있는 것을 보았다고 말하겠소."

비사거록모가 말하였다.

"어느 남자입니까?"

우타이가 말하였다.

"나는 사내가 아닌가?"

비사거록모가 말하였다.

"아사리여. 세존께서는 내가 사내와 함께 앉았다고 제지하지 않을 것입니다. 그러나 아사리는 출가인이니 마땅히 사문법을 지켜야 합니다."

우타이가 말하였다.

"아! 그대는 나를 괴롭히는 것이 적지 않소."

곧 일어나서 떠나갔고 다시 한 드러난 곳에 있으면서 여인과 함께 앉았다. 비사거록모는 며느리들을 교계하고서 내보냈다. 다시 우타이를 보았는데 여인과 함께 드러난 곳에 같이 앉아서 말하고 있었으므로 가서 그의 주변에 이르렀고 우타이에게 말하였다.

"이것은 옳지 않고, 사문법이 아닙니다. 어찌하여 여인과 함께 드러난 곳에 함께 앉습니까? 마땅히 이러한 일로써 여러 비구들에게 말하겠습니다."

우타이가 말하였다.

"무엇을 말하고자 하오?"

비사거록모가 말하였다.

"우타이가 혼자서 여인과 함께 드러난 곳에서 앉아있는 것을 보았다고 말하겠습니다."

우타이가 말하였다.

"나도 역시 세존께 가서 그대의 일을 말하겠소."

비사거록모가 말하였다.

"무엇을 말하고자 합니까?"

우타이가 말하였다.

"나도 비사거록모가 남자와 함께 드러난 곳에서 말하는 것을 보았다고 말하겠소."

"어느 남자입니까?"

대답하여 말하였다.

"나는 사내가 아닌가?"

비사거록모가 말하였다.

"나는 세속의 사람이므로 남자와 함께 앉는 것은 불법에서 허락되는 것이지만, 존자는 사문이니 마땅히 사문법을 지켜야 하는데, 어찌하여 그렇습니까?"

우타이가 말하였다.

"그대는 여러 곳에서 나를 괴롭히는구려."

이렇게 말을 짓고서 곧바로 일어나서 떠나갔다. 이때 비사거록모가 곧 이 일로써 여러 비구들에게 알렸고, 여러 비구들은 이 일로써 갖추어 세존께 아뢰었다. 세존께서는 말씀하셨다.

"우타이를 불러오라."

곧바로 불렀고 왔으므로, 세존께서는 우타이에게 물으셨다.

"그대는 진실로 그렇게 하였는가?"

대답하여 말하였다.

"진실로 그렇습니다. 세존이시여."

세존께서 우타이에게 말씀하셨다.

"천타여. 이것은 악한 일이니라. 그대는 어리석은 자이다. 세속 사람도 오히려 출가의 마땅한 법인 마땅히 행할 것과 행하지 않을 것을 아느니라. 그대는 출가인인데, 다시 앉고 일어나며 말하는 것을 알지 못하고, 마땅히 함께 할 것과 함께 하지 않을 것을 알지 못하였구나. 그대는 항상 세존이 여러 종류의 인연으로 음욕에 수순하는 것을 꾸짖었고, 음욕을 벗어나는 것을 찬탄함을 듣지 않았는가? 그대는 지금 어찌하여 이러한 악한 일을 지었는가? 이것은 법이 아니고, 율이 아니며, 세존의 가르침이 아니니라. 이것으로써 선법을 장양하지 못하느니라."

세존께서는 여러 비구들에게 알리셨다.

"사위성을 의지하는 비구들을 모두 모이게 하라."

모두 모였다. 그때 세존께서는 이러한 인연으로써 여러 비구들을 향하여 널리 허물과 근심의 일이 일어남을 말씀하셨고, 여러 종류의 인연으로 일어나는 허물과 근심이 일어남을 꾸짖으셨으며, 여러 비구들을 위하여 수순하여 설법하셨고, 열 가지의 이익을 까닭으로 여래·응공·정변지께서는 여러 제자들을 위하여 바라제목차법을 설하여 세우셨다.

무엇이 열 가지인가? 첫째는 승가를 섭수하려는 까닭이고, 둘째는 매우 승가를 섭수하려는 까닭이며, 셋째는 승가를 안락하게 하려는 까닭이고, 넷째는 부끄러움 없는 사람을 절복하려는 까닭이며, 다섯째는 참괴(慚愧)가 있는 자를 안락하게 머물게 하려는 까닭이고, 여섯째는 믿지 않는 자를 믿게 하려는 까닭이며, 일곱째는 이미 믿는 자를 더욱 믿게 하려는 까닭이고, 여덟째는 현법(現法) 가운데에서 누진(漏盡)을 얻게 하려는 까닭이며, 아홉째는 생겨나지 않은 여러 번뇌를 생겨나지 않게 하려는 까닭이고, 열째는 정법이 오래 머물러서 여러 천상과 세상 사람들을 위하여 감로(甘露)의 문을 열게 베풀려는 까닭이다. 이것을 열 가지라고 이름한다.

"여래·응공·정변지께서는 여러 제자들을 위하여 계율을 제정하겠나니, 듣지 못한 자는 들을 것이고, 이미 들은 자는 마땅히 거듭하여 들을지니라. 만약 비구가 여인과 함께 가려진 곳과 음행할 수 있는 곳에 앉아 있었고, 믿을 수 있는 우바이가 세 가지의 법 가운데에서 하나하나의 법에서 만약 바라이라고 말하였거나, 만약 승가바시사라고 말하였거나, 바일제라고 말하였으며, 비구가 스스로 "나는 이러한 곳에 앉았다."라고 말한다면, 세 가지의 법 가운데에서 하나·하나를 여법하게 다스려야 하나니, 만약 바라이이거나, 만약 승가바시사이거나, 만약 바야제이며, 마땅히 믿을 수 있는 우바이가 말한 것을 따라서 그 비구를 여법하게 다스려야 한다. 이것이 첫째의 부정법(不定法)이니라.

만약 비구가 여인과 함께 혼자서 드러난 곳인 음행할 수 없는 곳에 앉아 있었다면, 믿을 수 있는 우바이가 두 가지의 법 가운데에서 하나하나를 말해야 하나니, 만약 승가바시사이거나, 만약 바일제이다. 비구가

스스로 "나는 이러한 곳에 앉았다."라고 말한다면, 두 가지의 법 가운데에
서 하나하나를 여법하게 다스려야 하나니, 만약 승가바시사이거나, 만약
바야제이며, 마땅히 믿을 수 있는 우바이가 말한 것을 따라서 그 비구를
여법하게 다스려야 한다. 이것이 둘째의 부정법이니라.

'비구'는 구족계를 잘 받았고, 백일갈마와 백사갈마를 구족하였으며,
무차법(無遮法)으로 화합해야 하고, 10중(衆)과 화합하지 않으면 아니된
다. 10중의 이상이고 나이가 20세를 채워야 하며, 20세를 채우지 않았다면
아니되므로 비구라고 이름한다.

'여인'은 만약 어머니이거나, 자매이거나, 친족이거나, 친족이 아니거
나, 만약 늙었거나, 만약 젊었거나, 재가에 있거나 출가한 여인이다.

'가려진 곳'은 만약 어두운 곳이거나, 만약 덮여있고 막혀있는 곳이다.

'음행할 수 있는 곳'은 남녀가 함께 음행하여도 부끄러움이 없는 곳이다.

'혼자'는 한 남자와 한 여자이고 다시 다른 사람은 없는 것이고, 설사
다른 사람이 있더라도 만약 잠을 잤거나, 만약 미쳤거나, 만약 어린아이와
비인(非人)과 축생이라면 역시 혼자라고 이름한다.

'함께 앉다.'는 서로 가까이에 앉은 것이다.

'믿을 수 있는 우바이'는 16법을 성취하였다면 믿을 수 있는 우바이라고
이름한다. 무엇이 열여섯 가지인가? 세존께 귀의하였고, 법에 귀의하였으
며, 승가에 귀의하였고, 세존께 청정함을 파괴하지 않았고, 법에 청정함을
파괴하지 않았으며, 승가에 청정함을 파괴하지 않았고, 승가의 이익을
얻지 못하였다면 능히 얻게 하며, 이미 이익을 얻었다면 능히 증장하게
하고, 승가의 명성(名稱)이 없다면 능히 명성을 멀리 들리게 하며, 승가의
악명이 있다면 능히 빠르게 없어지게 하고, 욕을 따르지 않고, 성냄을
따르지 않으며, 두려움을 따르지 않고, 어리석음을 따르지 않으며, 욕망을
벗어나고, 성스러운 계에 향하여 성취하는 것이다. 이것이 16법을 성취한
자이니, 믿을 수 있다고 이름한다.

이 비구가 스스로 "일을 알겠으나 앉은 곳을 알지 못한다."라고 말한다면
마땅히 이 일로 다스려야 하고, 만약 "앉은 곳은 알겠으나 일을 알지

못한다.”라고 말한다면 마땅히 앉은 곳을 다스려야 하며, 만약 “일을 알겠고 앉은 곳도 안다.”라고 말한다면 두 가지를 함께 다스려야 하고, 만약 “일을 알지 못하고 앉은 곳도 알지 못한다.”라고 말한다면 마땅히 우바이가 말한 것과 같이 마땅히 멱죄상갈마(覓罪相羯磨)[7]를 지어서 다스려야 한다.

'비구'는 앞의 설명과 같다.

'여인'은 만약 어머니이거나, 자매이거나, 친족이거나, 친족이 아니거나, 만약 늙었거나, 만약 젊었거나, 재가에 있거나 출가한 여인이다.

'혼자서'는 한 남자와 한 여자이고 다시 다른 사람은 없는 것이고, 설사 다른 사람이 있더라도 만약 잠을 잤거나, 만약 미쳤거나, 만약 어린아이와 비인과 축생이라면 역시 혼자라고 이름한다.

'드러난 곳'은 밝은 노지의 가운데이고, 온갖 덮임과 장애가 없다면 이것을 드러난 곳이라고 이름한다.

'음행할 수 있는 곳'은 남녀가 함께 음행하여도 부끄러움이 없는 곳이다.

'함께 앉다.'는 서로 가까이에 앉은 것이다.

'믿을 수 있는 우바이'는 16법을 성취하였고, 앞의 설명과 같다. 이것을 믿을 수 있다고 이름한다.

이 비구가 스스로 “일을 알겠으나 앉은 곳을 알지 못한다.”라고 말한다면 마땅히 이 일로 다스려야 하고, 만약 “앉은 곳은 알겠으나 일을 알지 못한다.”라고 말한다면 마땅히 앉은 곳을 다스려야 하며, 만약 “일을 알겠고 앉은 곳도 안다.”라고 말한다면 두 가지를 함께 다스려야 하고, 만약 “일을 알지 못하고 앉은 곳도 알지 못한다.”라고 말한다면 마땅히 우바이가 말한 것과 같이 마땅히 멱죄상갈마를 지어서 다스려야 한다. 이러한 까닭으로 말하였다.

“만약 비구가 여인과 함께 혼자서 가려지고 덮인 곳으로 음행할 수 있는 곳에 앉아 있었다면, 나아가 믿을 수 있는 우바이가 말한 것으로

---

7) 비구가 지었던 죄를 찾아내는 갈마를 가리킨다.

여법하게 그 비구를 다스려야 한다. 이것이 첫째의 부정법이다. 만약 비구가 여인과 함께 혼자서 드러난 곳으로 음행할 수 없는 곳에 앉아 있었다면, 나아가 믿을 수 있는 우바이가 말한 것으로 여법하게 그 비구를 다스려야 한다. 이것이 둘째의 부정법이니라."

[2부정법을 마친다.]

마하승기율 제8권

동진 천축삼장 불타발타라·법현 공역
석보운 번역

4. 30니살기바야제(尼薩耆波夜提)의 법을 밝히다

1) 30니살기바야제(尼薩耆波夜提)의 법을 밝히다 ①

세존께서 비사리(毘舍離)의 대림중각정사(大林重閣精舍)에 머무셨으며, 자세한 설명은 앞에서와 같다.

그때 장로 난타(難陀)와 우파난타(優波難陀)가 여러 취락을 다니면서 옷과 물건을 많이 얻었고 수레에 가득 싣고 왔다. 그때 세존께서는 이른 아침에 무거운 수레 소리를 들으시고 아시면서도 일부러 물으셨다.

"여러 비구들이여. 무슨 수레의 소리인가?"

여러 비구들이 세존께 아뢰어 말하였다.

"세존이시여. 이것은 장로 난타와 우파난타가 여러 취락을 다니면서 옷과 물건을 많이 얻어서 수레에 가득하게 싣고서 오고 있고, 이것은 수레가 오는 소리입니다."

세존께서는 곧 때에 이렇게 생각을 지으셨다.

'나의 여러 제자들이 그렇게 많은 옷과 물건을 구하는구나.'

뒤의 한때인 겨울의 가운데인 팔야(八夜)에 매우 춥고 비와 눈이 왔다. 이때 세존께서는 초야(初夜)에 한 벌의 옷을 입으시고 유각유관삼매(有覺

有觀三昧)에 머무셨으며, 중야(中夜)에 이르러 몸에 약간의 추위를 느끼셨으므로 다시 한 벌의 옷을 입으셨고, 후야(後夜)에 이르러 다시 몸에 추위를 느끼셨으므로 다시 한 벌의 옷을 입으셨으며, 곧 이렇게 생각을 지으셨다.

'나의 여러 제자들은 가지런한 이러한 3의(三衣)라면 큰 추위와 큰 더위를 막는 것을 만족하고, 모기와 등에를 막을 수 있으며 부끄러운 곳을 가려서 성스러운 종자를 파괴하지 않을 것이다. 만약 성품이 추위를 견디지 못하는 자라면 이것에서 찢어지고 낡은 옷을 뜻대로 겹쳐 입도록 허락해야겠다.'

세존께서는 밤이 지나고 이른 아침에 여러 비구들의 처소에 나아가셨고, 니사단(尼師壇)을 펼치고 앉으셨으며, 여러 비구들에게 말씀하셨다.

"내가 한때에 이른 아침에 무거운 수레 소리를 들었으므로 여러 비구들에게 '무슨 수레의 소리인가?'라고 물었고, 여러 비구들은 '장로 난타와 우파난타가 여러 취락을 다니며 많은 옷과 물건을 얻었으며, 이것은 그 수레의 소리입니다.'라고 대답하였고, 나는 이렇게 생각을 지었느니라.

'나의 여러 제자들이 많은 옷과 물건을 구하여서 많은 즐거움이 생겨났구나!'

나는 다시 한때의 겨울의 가운데인 팔야에서, 나아가 세 겹의 옷을 겹쳐서 입고서 곧 이렇게 생각하였느니라.

'나의 여러 제자들이 가지런히 이 3의라면 큰 추위와 큰 더위를 막는 것을 만족하고, 모기와 등에를 막을 수 있으며 부끄러운 곳을 가려서 성스러운 종자를 파괴하지 않을 것이다.'

나는 오늘부터 여러 비구들이 가지런한 3의를 저축하는 것을 허락하겠노라. 만약 새로운 것을 얻는다면 두 겹으로 승가리(僧伽梨)를 지을 것이고, 한 겹은 울다라승(鬱多羅僧)을 지을 것이며, 한 겹은 안타회(安陀會)를 지을 것이고, 만약 성품이 추위를 견디지 못하는 자라면 찢어지고 낡은 옷을 뜻대로 겹쳐 입도록 허락하겠나니, 뜻을 따라서 겹쳐 입도록 하라."

다시 다음으로 세존께서는 비사리성에 머무셨으며 자세한 설명은 앞에서와 같다.

이때 한 취락의 가운데에 어느 세 명의 마하라 비구가 함께 머물렀다. 한 마하라가 죽었고 옷과 물건이 많았으나 어떻게 나누어야 하는가를 알지 못하였다. 한 비구가 말하였다.

"나는 승가리를 필요합니다."

둘째의 비구도 다시 말하였다.

"나도 역시 그것이 필요합니다."

이와 같이 하나하나의 물건을 모두 얻고자 다투었으므로 능히 판결하지 못하였다. 그때 우파난타가 여러 취락을 다니면서 그 주처를 지나갔는데, 이 마하라들이 멀리서 그가 오는 것을 보고서 곧 이렇게 생각을 지었다.

'이 석종자(釋種子)는 단정하고 잘 생겼으며 불종(佛種)으로 출가하였으니 마땅히 우리들을 위하여 이 다투는 일을 멈추게 할 것이다.'

곧 알려 말하였다.

"우리들의 이 주처에 여러 옷과 물건이 있으나, 각자 다투며 취하고자 하였으므로 능히 나누지 못하고 있습니다. 존자께서 오늘에 우리들이 이렇게 다투는 일을 멈추게 하고 옷과 물건을 나누어 주십시오."

우파난타가 대답하여 말하였다.

"내가 지금 그대들을 위하여 옷과 물건들을 나누어 준다면 많은 원한과 싫증이 일어날 것이오."

마하라가 말하였다.

"우리를 위하여 나누어주지 않는다면 누가 마땅히 나누어 주겠습니까? 우리들이 어찌하여 여러 외도들에게 나아가서 물건을 나누는 것을 구하겠습니까?"

우파난타가 다시 말하였다.

"마땅히 먼저 내 말을 따르겠다고 약속을 짓는다면 내가 마땅히 나누겠소."

대답하여 말하였다.

"가르침을 따르겠습니다."

말하였다.

"모든 물건들을 꺼내어 가져오시오."

곧바로 꺼내어 가져왔고 따라서 세 몫으로 나누었다. 이때 마하라들은 이렇게 생각을 지었다.

'우리는 곧 두 사람이 있는데 세 몫으로 짓는구나! 그가 고의로 마땅히 한 몫을 취하려는 것인가? 오히려 한 몫을 취하게 한다면 또한 우리의 다툼은 멈출 것이다.'

세 몫으로 나누고서 다시 마하라들에게 물어 말하였다.

"모든 물건을 꺼내어 가져와서 뒤에 다시 다툼에 이르지 않게 하시오."

꺼내지 않으려는 자가 있었으나, 다른 한 사람이 꺼내어 오면서 대답하였다.

"모두 꺼냈습니다."

이때 우파난타는 두 몫으로 나눈 가운데에 서 있었고 두 마하라를 한 몫의 중간에 서 있게 하면서 이렇게 말을 지었다.

"그대들은 내가 갈마하는 말을 들으시오."

대답하여 말하였다.

"그러겠습니다."

곧 이렇게 말을 지었다.

우파난타가 말하였다.

"이 두 몫과 아울러 나이고 이와 같다면 내가 있으니 세 몫이오. 그대들 두 명은 함께 한 몫이니 이와 같다면 그대들이 있으면 셋이니, 이것도 셋이고 저것도 셋이오. 두 개의 세 몫이 평등하지 않소?"

이 마하라들은 이미 먼저 약속하였고, 또한 다시 석종자를 두렵고 어려워하였던 까닭으로 감히 다시 말할 수 없었다. 이 두 마하라는 함께 한 몫을 얻었던 까닭으로 나누는 것을 알지 못하였다.

다시 알려 말하였다.

"장로여. 우리는 지금 이 몫을 어떻게 나누어야 합니까?"

그때 우파난타가 곧바로 두 몫으로 나누어 주었고 마하라들은 각자 가지고 떠나갔다. 그때 여러 비구들은 이러한 인연으로써 가서 세존께 아뢰었다.

"세존이시여. 어찌하여 이 우파난타는 그 마하라 비구들을 속였습니까?"

세존께서는 여러 비구들에게 말씀하셨다.

"이 우파난타는 다만 오늘에 그 비구들을 속인 것이 아니고, 과거 세상의 때에서도 이미 일찍이 그들을 속였느니라."

여러 비구들이 세존께 아뢰어 말하였다.

"이미 일찍이도 그러하였습니까?"

대답하여 말씀하셨다.

"일찍이 그러하였느니라. 과거 세상의 때에 남방(南方)의 나라에 무구하(無垢河)라는 강이 있었고, 강물 속에 두 마리의 수달(水獺)이 있었으며, 한 마리는 능히 깊이 들어갔고, 다른 한 마리는 얕게 들어갔느니라. 이때 깊이 들어간 수달이 한 마리의 잉어를 잡아서 얻었으며, [『생경(生經)』의 가운데 자세히 설한 것과 같으니라.]"

다시 다음으로 세존께서는 비사리성에 머무셨으며 자세한 설명은 앞에서와 같다.

다섯 가지 일의 이익이 있는 까닭으로 여래께서는 5일에 한 번씩 여러 비구들의 방을 돌아보셨다. 그때 세존께서는 여러 방을 두루 다니면서 난타의 방 가운데에 이르렀고 그가 방안에 옷과 물건들을 많이 저축한 것을 보셨다. 횟대에 말리는 옷과 물건이 있었고, 꿰매는 옷도 있었으며, 염색하는 옷도 있었고, 두드리는 옷도 있었으며, 깨끗하게 지었던 것을 난타는 이와 같이 처소에서 나누었는데, 비유하면 대회(大會)에서 보시하는 일체의 승가의 물건과 같았다. 이때 세존께서 아시면서도 일부러 물으셨다.

"난타여. 이것은 누구의 옷과 물건인가?"

대답하여 말하였다.

"저의 것입니다."

세존께서 말씀하셨다.

"비구에게 이러한 옷은 매우 많은 것이다."

난타가 세존께 아뢰어 말하였다.

"세존이시여. 먼저 두 겹의 승가리와 한 겹의 울다라승과 한 겹의 안타회를 허락하셨습니다."

세존께서 말씀하셨다.

"이 옷은 분명히 많구나."

세존께서 말씀하셨다.

"세존이시여. 저의 공행제자와 의지제자들의 옷과 물건이 있습니다. 각자 두 겹의 승가리와 한 겹의 울다라승과 한 겹의 안타회이고, 더불어 사미들의 옷입니다."

세존께서 말씀하셨다.

"이 옷은 오히려 많구나."

또한 아뢰었다.

"세존이시여. 저는 출가인이고 얻기 어려운 때를 만나는 이러한 까닭으로 이 여러 옷과 물건들을 세탁하고 염색하여 마치고 들어서 그릇의 가운데에 담아두고서, 만약 옷이 찢어지는 때라면 마땅히 취하여 갈아입고자 합니다."

세존께서 난타에게 알리셨다.

"이것은 악한 일이다. 그대는 출가인인데 어찌하여 헤아리고 항상 탐착하는가? 그대는 항상 세존이 많이 구하면서 욕심이 많아서 만족이 어려운 것을 꾸짖고, 욕심이 적어서 만족하는 것을 찬탄함을 듣지 않았는가? 그대는 지금 욕심이 많아서 만족이 어려우므로 널리 옷과 물건들을 구하면서 나머지의 장의(長衣)[1]를 저축하였느니라. 이것은 법이 아니고,

─────────────

1) 여분의 옷을 가리킨다.

율이 아니며, 세존의 가르침이 아니니라. 이것으로써 선법을 장양하지 못하느니라. 어찌하여 장의를 저축하여 수용하는가? 지금부터 만약 장의가 있다면 하룻밤을 지니는 것을 허락하겠노라."

여러 비구들이 세존께 아뢰어 말하였다.

"세존이시여. 어찌하여 이 난타는 여러 옷을 많이 저축하면서 싫어하지 않고 만족을 알지 못합니까?"

세존께서는 여러 비구들에게 말씀하셨다.

"이 난타는 다만 오늘에 여러 옷을 많이 저축하면서 싫어하지 않고 만족을 알지 못한 것이 아니고, 과거 세상의 때에서도 이미 일찍이 많이 저축하면서 싫어하지 않고 만족을 알지 못하였느니라."

"이는 난타가 다만 오늘에만 옷을 많이 비축하여 싫어함을 알지 못할 뿐 아니라, 과거 세상의 때에서도 이미 일찍이 많이 저축하여 만족을 알지 못하였고, [『조생경(鳥生經)』의 가운데 자세히 설한 것과 같으니라.]"

다시 다음으로 세존께서는 구사미성에 머무르셨으며, 여러 천인들과 세상 사람들의 공경과 공양을 받으셨다.

세존께서는 때에 이르자 취락에 들어가는 옷을 입고 발우를 지니고 구사미성에 들어가시어 차례로 다니면서 걸식을 행하셨다. 그때 국왕의 부인이 사미(舍彌)라고 이름하였는데, 1천5백 장(張)의 첩의(氎衣)[2]를 세존께 받들었고, 세존께서 아난에게 알리셨다.

"이 첩의를 가지고 여러 비구들에게 주도록 하게."

장로 아난이 곧 가지고서 여러 비구들에게 주었으나, 여러 비구들은 받지 않았으며, 아난에게 말하였다.

"겁패(劫貝)[3]를 사용하여 세탁하고 염색하지 않았으니, 여법하지 않습니다."

---

2) 면직물의 옷을 가리킨다.
3) 산스크리트어 karpāsa의 음사로서 목화를 가리키며, 목화솜 등으로 만든 옷 등을 말한다.

이때 아난은 이러한 인연으로써 가서 세존께 아뢰었고, 세존께서는 아난에게 알리셨다.

"지금부터는 만약 장의를 얻었다면 10일에 이르는 것을 허락하겠노라."

어느 여러 비구들은 장의가 10일을 채웠으므로 이 여러 옷들을 가지고 세존께 가서 아뢰었다.

"이 옷이 10일을 채웠습니다. 마땅히 어찌해야 합니까?"

세존께서는 비구들에게 말씀하셨다.

"만약 지식인 비구의 옆이라면 정시법(淨施法)을 짓도록 하라. 만약 다시 옛것을 버리고서 새로운 것을 받았다면 10일에 한 번씩 바꾸도록 하라."

다시 다음으로 세존께서는 비사리성에 머무르셨다.

비사리의 사람들은 해마다 승가에게 음식을 주었고, 음식을 먹었다면 옷과 물건들을 보시하였다. 여러 비구들이 받지 않았으므로 여러 단월들은 세존의 처소에 나아가서 세존 발에 예경하고서 아뢰어 말하였다.

"대체적으로 방편이 있다면 여러 비구들이 옷을 취하여 수용하는 것을 허락하시어 보시하는 자는 복을 얻게 하고, 받는 자는 이익을 얻게 하십시오."

세존께서는 여러 비구들에게 말씀하셨다.

"그렇게 하시오."

[앞의 설명과 같다.]

그때 세존께서는 여러 비구들에게 알리셨다.

"비사리성을 의지하는 비구들을 모두 모이게 하라. 열 가지의 이익을 까닭으로 여러 비구들을 위하여 계율을 제정하겠나니, 나아가 이미 들었던 자들도 마땅히 거듭하여 들을지니라. 만약 비구가 옷을 지어서 마쳤고, 가치나의를 이미 버렸으며, 만약 장의를 얻고서 10일에 이르도록 저축하였는데, 10일이 지난 자는 니살기바야제를 범하느니라."

'옷을 지어서 마치다.'는 비구가 3의(三衣)를 완성하였다면 이것을 옷을 지어서 마쳤다고 이름한다. 가치나의를 받지 않았어도 옷을 지어서 마쳤다고 이름하고, 이미 가치나의를 버린 것도 역시 옷을 지어서 마쳤다고 이름하며, 옷을 세탁하고 염색하여 마쳤어도 역시 옷을 지어서 마쳤다고 이름한다.

'옷'은 흠바라의(欽婆羅衣)·겁패의(劫貝衣)·추마의(芻摩衣)·구사나의(俱舍那衣)·사나의(舍那衣)·마의(麻衣)·구모제의(軀牟提衣) 등이다. 다시 옷이라고 이름하는 것에 승가리·울다라승·안타회·니사단(尼師檀)·우욕의(雨俗衣)·부창의(覆瘡衣)·납의(納衣)·거사의(居士衣)·분소의(糞掃衣)가 있다. 만약 옷을 지었거나, 짓지 않았거나, 여법한 옷이거나, 여법하지 않은 옷이거나, 지식의 옷이거나, 가치나의가 있다.

'이미 버리다.'는 가치나의를 버리면서 열 가지의 버리는 일이 있으니, 옷을 받고서 버렸거나, 입는 것을 마치고 버렸거나, 때가 끝나서 버렸거나, 듣고서 버렸거나, 떠나가면서 버렸거나, 잃어버려서 버렸거나, 찢어져서 버렸거나, 옷을 보내서 버렸거나, 때가 지나가서 버렸거나, 결국에 버렸던 것이다.

'10일로 제한하다.'는 날짜가 가장 많아도 10일에 이르는 것이다.

'장의'는 수지(受持)하는 옷을 제외한 나머지의 옷이니, 이 옷이 10일을 지난다면 니살기바야제를 범한다.

'니살기바야제'는 이 장의를 마땅히 승가의 가운데에 버리고서 바야제를 참회하는 것이다. 버리지 않고 참회한다면 월비니의 죄를 범한다.

'바야제는 능히 악도에 떨어지는 개죄(開罪)·현죄(現罪)·거죄(擧罪)·시설죄(施設罪)를 이름한다. 만약 비구가 하루에 열 벌의 옷을 얻고서, 나아가 10일이 되었는데 작정(作淨)하지 않고서 10일을 넘겼다면 모두 니살기바야제를 범한다. 만약 비구가 하루에 열 벌의 옷을 얻고서 절반은 작정하였고, 절반은 작정하지 않았다면, 만약 작정한 이것은 정법(淨法)에 마땅하여도, 절반을 작정하지 않은 것이니 10일을 넘겼다면 니살기바야제를 범한다.

만약 비구가 1일에 옷을 얻고서 2일에 작정하였고, 다시 2일에 옷을 얻고서 3일에 작정하였으며, 3일에 옷을 얻고서 4일에 작정하였고, 4일에 옷을 얻고서 5일에 작정하였으며, 5일에 다시 옷을 얻고서 6일에 작정하였고, 6일에 다시 옷을 얻고서 7일에 작정하였으며, 7일에 다시 옷을 얻고서 8일에 작정하였고, 8일에 다시 옷을 얻고서 9일에 작정하였으며, 9일에 다시 옷을 얻고서 10일에 작정하였고, 10일에 다시 옷을 얻고서 11일에 이른다면 일체가 모두 니살기바야제를 범하나니, 상속(相續)하고서 끊어 지지 않는 까닭이다. 만약 비구가 1일에 옷을 얻고서 곧 그날에 작정하였고, 나아가 10일에 옷을 얻고서 10일에 작정하였으며, 11일에 옷을 얻고서 11일에 작정하였다면 월비니죄를 범하나니, 틈새(間)가 없는 까닭이다.

'틈새'는 비구가 1일에 옷을 얻고서 다시 9일을 지녔고, 2일에 옷을 얻고서 다시 8일을 지녔으며, 3일에 옷을 얻고서 다시 7일을 지녔고, 4일에 옷을 얻고서 다시 6일을 지녔으며, 5일에 옷을 얻고서 다시 5일을 지녔고, 6일에 옷을 얻고서 다시 4일을 지녔으며, 7일에 옷을 얻고서 다시 3일을 지녔고, 8일에 옷을 얻고서 다시 2일을 지녔고, 9일에 옷을 얻고서 다시 1일을 지녔으며, 10일에 옷을 얻고서 10일에 작정하였고, 11일에 옷을 얻었다면 마땅히 받지 않을 것이다. 이것을 틈새라고 이름한 다.

만약 비구가 이전에 많은 옷을 얻었고 뒤에 적은 옷을 얻었다면, 이전에 얻은 옷의 힘을 까닭으로 니살기바야제를 범한다. 만약 비구가 이전에 적은 옷을 얻었고 뒤에 많은 옷을 얻었다면, 이전에 얻은 옷의 힘을 까닭으로 니살기바야제를 범한다. 만약 비구가 이전에 얻은 옷이 있고 중간에 없더라도 만약 얻은 것이 있다면 니살기바야제를 범한다. 만약 비구가 이전에 얻은 옷이 없었고 중간에 있었으며 만약 얻은 것이 있다면 니살기바야죄를 범한다.

비구가 가치나의를 받지 않았어도 받았다고 생각하였거나, 가치나의를 버렸어도 버리지 않았다고 생각하였거나, 옷을 받지 않았어도 받았다고 생각하였거나, 작정하지 않았는데 작정하였다고 생각하였거나, 옷을 주지 않았어도 옷을 주었다고 생각하였거나, 기억하지 못하면서 기억한다고 생각하였거나, 어리석거니, 마음속이거나, 처소가 아닌 곳에서 작정한 것이 있다.

'가치나의 옷을 받지 않았어도 받았다고 생각하다.'는 비구가 가치나의 를 받지 않았어도 스스로가 받았다고 생각하는 것이고, 장의가 10일을 넘겼다면 니살기바야제를 범한다.

'가치나의를 버렸어도 버리지 않았다고 생각하다.'는 비구가 이미 가치나의를 버렸으나 버리지 않았다고 생각하는 것이고, 장의가 10일을 넘겼다면 니살기바야제를 범한다.

'옷을 받지 않았으나 받았다고 생각하다.'는 만약 비구가 3의를 스스로가 받지 않았으나, 곧 받았다고 생각하는 것이니, 작정하지 않고 10일을 넘겼다면 니살기바야제를 범한다.

'작정하지 않았으나 작정하였다고 생각하다.'는 만약 비구가 장의를 저축하고서 작정하여 보시하지 않았어도 이미 작정하여 보시하였다고 생각하는 것이니, 10일을 넘겼다면 니살기바야제를 범한다.

'옷을 주지 않았으나, 주었다고 생각하다.'는 이 옷을 탑에 주지 않았고, 승가에 주지 않았으며, 사람에게 주지 않았으나 주었다고 말하면서, 10일을 넘겼다면 니살기바야제를 범한다.

'기억하지 못하였으나 기억한다고 생각하다.'는 만약 비구가 기억하지 못하면서 이것은 니사단이라고 말하고, 이것은 부창의라고 말하며, 이것은 우욕의라고 기억한다고 말하는 것이니, 작정하지 않고서 10일을 넘겼다면 니살기바야제를 범한다.

'어리석다.'는 만약 비구가 옷을 얻었어도 어리석어서 작정하지 않는 것이니, 10일을 넘겼다면 니살기바야제를 범한다.

'마음속'은 마음속으로 작정을 말하였으나 입으로 작정을 말하지 않는 것이니, 이것을 비법의 작정이라고 이름하며 월비니죄를 범한다. 만약 입으로 말하였다면 무죄이다.

'처소가 아니다.'는 만약 세속의 사람이거나, 축생이거나, 만약 마음이 없으면서 작정하였다면 이것은 작정이라고 이름할 수 없나니, 10일을 넘겼다면 니살기바야제를 범한다.

우바리가 세존께 아뢰어 말하였다.
"세존이시여. 비구는 장의를 마땅히 작정해야 하는데, 어느 사람의 주변에서 작정해야 합니까?"
세존께서 우바리에게 알리셨다.
"마땅히 비구·비구니·식차마니·사미·사미니의 주변에서 작정해야 하느니라."
또한 물었다.
"서로의 거리가 가깝거나 멀어도 그들을 좇아서 작정할 수 있습니까?"
세존께서 말씀하셨다.
"3유순(由旬)으로 제한하고 그가 살았는가? 죽었는가를 알아야 하느니라."
우바리가 세존께 아뢰어 말하였다.
"세존이시여. 장의라면 사미의 주변에서 작정해야 하는데, 이 사미가 구족계를 받았다면 마땅히 어떻게 해야 합니까?"
세존께서 말씀하셨다.
"법랍이 없는 비구의 이름을 말하면서 작정해야 하느니라."
우바리가 다시 물었다.
"법랍이 없는 비구가 만약 죽었으면 어떻게 해야 합니까?"
세존께서 말씀하셨다.
"10일을 기다리고서 다른 지식의 주변에서 작정해야 하느니라."
다시 물었다.
"어느 한계이면 마땅히 작정이 허락되고, 어느 한계이면 작정이 허락되지 않습니까?"
세존께서 말씀하셨다.
"넓이가 1주(肝)이고 길이가 2주라면 마땅히 작정해야 한다. 만약 비구 두 사람이 같은 물건을 나누지 않았다면 범한 것이 없으나, 만약 나누어 얻었다면 마땅히 작정해야 한다. 만약 작정하지 않고 10일을 넘겼다면 니살기바야제를 범하느니라. 만약 비구가 바라문의 집에서 승가에게 음식을 청하였고 아울러 옷과 물건을 보시하였는데, 병든 비구가 있었고 다른 사람에게 부촉하여 옷의 몫을 취하였으므로 이 비구가 옷의 몫을 가지고 왔다면 비록 오랫동안 주지 않았어도 범한 것은 아니다. 만약 옷을 얻었다면 마땅히 작정해야 하는데, 만약 작정하지 않고서 10일을 넘겼다면 니살기바야제를 범한다.

만약 비구가 만약 스승이거나, 만약 제자가 옷을 보내어 주었다고 들었어도 얻지 못하였다면 비록 오래더라도 범한 것은 없다. 만약 옷을 얻었다면 마땅히 작정해야 하는데, 만약 작정하지 않고서 10일을 넘겼다면 니살기바야제를 범한다. 만약 비구가 직공(織師)에게 옷을 짜게 하였고 옷을 짜고서 오랫동안 주지 않았다면 그 비구는 범한 것은 없다. 만약 옷을 얻었다면 마땅히 작정해야 하는데, 만약 작정하지 않고서 10일을 넘겼다면 니살기바야제를 범한다. 만약 비구가 옷을 사면서 비록 값을 결정하였어도 받지 못하였다면 범한 것은 없다. 만약 옷을 얻었다면 마땅히 작정해야 하는데, 만약 작정하지 않고서 10일을 넘겼다면 니살기바야제를 범한다.

만약 비구가 세존을 위하고 승가를 위하여 공양하려는 까닭으로 옷과 물건을 구하여 한곳에 모아두고서 비록 오랫동안 그를 사용하지 않았어도 범한 것은 없다. 만약 비구가 세존께서 탄생하신 처소이거나, 세존께서 도를 얻으신 처소이거나, 세존께서 법륜을 굴리신 처소이거나, 존자 아난이 법을 베풀던 처소이거나, 라운(羅云)이 법을 베풀던 처소이거나, 5년의 대회가 있던 처소에서 여러 옷과 물건들을 보시받아서 크게 얻고서 이 물건들을 승가에 들여놓고 오랫동안 나누지 않았어도 범한 것은 없다. 이 물건들을 나누어서 많은 사람들은 함께 한 몫을 얻었고, 그 가운데에 비니를 잘 아는 사람이 있었으며, 능히 많은 사람을 위하여 같은 뜻으로 작정하였다면 무죄이지만, 만약 작정하지 않고서 10일을 넘겼다면 니살기바야제를 범한다.

만약 비구가 도로를 다니면서 두렵고 무서운 곳에서 옷을 감추고서 떠나갔으며, 10일을 넘겨서 취하는 자는 니살기바야제를 범한다. 만약 어느 사람이 이 옷과 물건을 취하여 가지고 왔으며 비구에게 주었다면, 역시 니살기바야제를 범한다. 만약 비구가 도둑에게 쫓겨서 곧바로 옷을 버리고서 달아났고 10일을 넘겼는데 어느 사람이 옷을 얻었고 와서 비구에게 돌려주었다면 무죄이다. 잃어버리지 않았는데 잃어버렸다고 생각하였고, 잃어버렸는데 잃어버리지 않았다고 생각하였으며, 잃어버렸고 잃어버렸다고 생각하였다면 모두 범한 것이 없고, 10일을 넘겼어도 무죄이지만, 잃어버리지 않았고 잃어버리지 않았다고 생각하였으며, 10일을 넘겼다면 니살기바야제를 범한다.

만약 비구가 장의가 10일이 지났으므로 옷을 버리려고 하는 자는 마땅히 지율비구(持律比丘)이고 능숙한 갈마인을 구하고서 여러 지식인 비구들을 경계의 밖에 나가도록 청해야 한다. 만약 계장(戒場)이 없다면 마땅히 작은 경계를 맺고서 갈마자는 마땅히 이렇게 말을 지어야 한다.

"대덕 승가께서는 허락하십시오. 만약 승가께서 때에 이르렀다면, 승가는 이 땅에서 승가가 앉은 곳과 가지런하게 밖의 1심(尋)의 안으로 그 가운데에서 갈마를 지어야 합니다. 여러 대덕들께서 허락하신다면 이곳의 승가 앉은 곳과 가지런하게 밖의 1심의 안으로 그 가운데에서 갈마를 짓겠습니다. 승가께서 인정하신 것은 묵연하였던 까닭입니다. 이 일은 이와 같이 지니겠습니다."

갈마할 수 없는 땅이라면 승사를 지을 수 없다. 만약 짓는 자는 월비니의 죄를 얻는다.

율사(律師)는 마땅히 이 비구에게 말해야 한다.

"그대는 마땅히 이 옷을 버리겠습니까?"

이 비구는 마땅히 호궤(胡跪) 합장하고서 이와 같이 말을 지어야 한다.

"대덕 승가께서는 억념(憶念)하십시오. 나 누구 비구는 이 장의가 10일을 넘긴다면 니살기바야제를 범합니다. 나는 지금 승가의 가운데에서 버리겠습니다."

지율비구는 다시 묻는다.

"그대는 이 옷을 수용하였습니까?"

만약 "수용하였습니다."라고 말하였다면 마땅히 말해야 한다.

"그대는 바야제의 죄를 얻었나니, 부정한 옷을 수용한 까닭이고, 따라서 수용하였으므로 월비니죄를 얻었습니다."

만약 "수용하지 않았습니다."라고 말한다면 말해야 한다.

"그대는 바야제를 얻었습니다."

이 비구는 지율비구 앞에서 호궤 합장하고서 알려 말해야 한다.

"장로여. 억념하십시오. 나 누구 비구는 이 장의가 10일을 넘겼으므로 승가의 가운데에 버리겠습니다. 이 가운데에서 범한 바야제를 지금 장로의 앞에서 허물을 참회하고 감히 덮어서 감추지 않겠습니다."

지율비구는 물어서 말한다.

"그대는 스스로가 죄를 보았습니까?"

대답하여 말한다.

"보았습니다."

마땅히 가르쳐서 다시 짓지 않도록 하고, 대답하여 말한다.

"그렇게 하겠습니다."

이와 같이 두 번·세 번을 말해야 한다. 만약 수용하였던 자라면 이와 같이 말하라.

"장로여. 억념하십시오. 나 누구 비구는 이 장의가 10일을 넘겼으므로 승가의 가운데에 버렸습니다. 이 가운데에서 범한 바야제와 더불어 부정한 옷을 수용하였고 수용한 옷을 따라서 얻은 월비니죄인 이러한 일체의 죄를 지금 장로를 향하여 정성스러운 마음으로 허물을 참회하고 감히 덮어서 감추지 않겠습니다."

지율비구는 물어서 말한다.

"그대는 스스로가 죄를 보았습니까?"

대답하여 말한다.

"보았습니다."

"그대는 다시 짓지 마십시오."

대답하여 말한다.

"정대(頂戴)[4]하여 지니겠습니다."

이와 같이 두 번·세 번을 말한다. 율사는 물어 말해야 한다.

"이 대중의 가운데에서 누가 그대의 지식입니까?"

대답하여 말한다.

"누구입니다."

곧 말하여 차례를 따라 앉히고서 마땅히 갈마하여 말한다.

"대덕 승가께서는 허락하십시오. 누구 비구는 장의가 10일을 넘겼으므로 승가의 가운데에서 여법하게 지어서 버렸습니다. 만약 승가께서 때에 이르렀다면, 승가는 이 옷을 가지고 누구 지식인 비구에게 주겠습니다. 이와 같이 아룁니다.'

'대덕 승가께서는 허락하십시오. 이 어느 비구의 장의가 10일을 넘겼으므로 승가의 가운데에서 여법하게 지어서 버렸습니다. 승가는 지금 이 옷을 가지고 어느 지식인 비구에게 주겠습니다. 여러 대덕들께서 이 옷을 가지고 누구 지식인 비구에게 주는 것을 인정하신다면 묵연하시고, 만약 인정하지 않는다면 곧 말씀하십시오.'"

이것이 첫 번째의 갈마이다. 이와 같이 두 번·세 번을 말해야 한다.

"승가께서 이미 인정하였으므로 이 옷을 가지고 누구 지식인 비구에게 주는 것을 마쳤습니다. 승가께서 인정하신 것은 묵연하였던 까닭입니다. 이 일은 이와 같이 지니겠습니다."

이 지식인 비구는 마땅히 곧 그 날이거나, 다음 날에 그의 옷을 돌려줄 수는 없고, 역시 대중 승가의 앞에서 돌려줄 수 없으며, 역시 오랫동안 지닐 수 없고, 15일이 지났다면 돌려주어야 한다. 이 비구가 옷을 얻고서 만약 수지하거나, 만약 작정하거나, 만약 수지하는 것을 알지 못하거나, 더불어 작정을 알지 못한다면 마땅히 가르쳐서 말해야 한다.

---

4) 다른 사람에게 받는 것이란 뜻으로, 특히 윗사람에게 받는 것을 강조하는 말이다.

"나 누구는 이 승가리이거나, 이 울다라승이거나, 이 안타회를 모두 받아서 하룻밤도 떠나지 않고 수지하겠습니다."

이와 같이 세 번 말하게 해야 하고, 만약 작정하는 자라면 마땅히 가르쳐서 말해야 한다.

"나 누구 비구는 이 장의를 청정하게 보시하여 누구에게 주겠으니, 누구는 나의 주변에서 뜻을 의논하지 말고 만약 세탁하거나, 염색하거나, 꿰매는 인연의 일이 있더라도 마땅히 뜻을 따라서 수용하십시오."

이와 같이 세 번을 말해야 한다. 만약 비구가 옷을 지어 마치고서 가치나의를 버렸고, 장의를 10일과 같게 저축하였으며, 10일이 넘긴 자는 니살기바야제를 범한다.

이러한 까닭으로 설하였노라.

세존께서 사위성에 머무셨으며, 자세한 설명은 앞에서와 같다.

어느 한 바라문이 대중 승가에게 하룻밤이 지나도록 공양하고 아울러 옷과 물건을 베풀고자 청하였다. 여러 비구들은 그 바라문이 승가를 청한다는 것을 듣고서 각자 이렇게 생각하였다.

'지금 때는 온화하여 춥지도 않고 덥지도 않다. 우리들은 다만 상의와 하의 두 옷을 입고 가서 만약 그가 보시하는 옷을 얻는다면 마땅히 3의를 수지하는 것을 짓는다.'

곧바로 상의와 하의의 두 옷을 입고 떠나갔다. 그때 세존께서는 다섯 가지 일의 이익을 까닭으로 5일에 한 번을 여러 비구들의 방을 돌아보셨다. 한 방을 열어서 시렁 위에 옷이 많이 있는 것을 보셨다. 세존께서는 아시면서도 일부러 물으셨다.

"시렁 위에 많은 옷은 누구의 옷인가?"

어느 병든 비구가 세존께 아뢰어 말하였다.

"어느 바라문이 대중 승가에게 하룻밤이 지나도록 공양하고 아울러 옷과 물건을 베풀고자 청하였습니다. 이 여러 비구들은 날씨가 따뜻하므로 이 옷들을 남겨두고 상·하의 두 옷을 입고서 떠나갔습니다. 만약 그 바라문이 옷을 보시한다면 마땅히 받아서 3의를 지을 것입니다."

세존께서는 여러 비구들에게 알리셨다.

"마땅히 알라. 여래·응공에게 제일 즐거운 사람은 출가하여 벗어난다면 제일의 즐거움이며, 주처를 따라서 항상 3의를 갖추고 발우를 가지고 걸식하는 사람이니라. 비유하면 새의 두 날개와 같아서 항상 몸과 함께 갖추는 것이니라. 그대들 비구들이여. 어찌하여 본래의 족성(族姓)을 버리고서 신심으로 출가하였다고 말하는가? 마땅히 이와 같다면 이르렀던 처소마다 법의(法衣)가 몸을 따라야 하고, 마땅히 떠나서는 묵을 수 없느니라."

다시 다음으로 세존께서는 사위성에 머무셨으며, 안거를 마치고 왕사성에 나아가셨다.

이때 어느 한 비구가 왕사성 가운데에서 신심으로써 출가하였고 다른 취락에서 안거를 마쳤으며, 세존께서 안거를 마치시고 왕사성으로 나아간다는 것을 들었다.

'나도 지금 마땅히 가서 세존께 문신하고 아울러 세존을 따라서 떠나가면서 뒤에 친족을 보아야겠다. 하늘의 때가 춥지도 않고 덥지도 않으니 나는 마땅히 한 벌의 옷은 남겨두고 다만 상하의 옷을 입고 떠나야겠다.'

나아가 세존께서는 여러 종류로 꾸짖으셨다.

"비구의 법은 법의(法衣)와 마땅한 그릇은 항상 몸에 함께 갖추어야 하느니라. 비유하면 새가 날아가면서 털과 날개가 서로를 따르듯이 법의와 마땅한 그릇을 마땅히 떠나서 묵을 수 없느니라."

다시 다음으로 세존께서는 왕사성의 가란타(迦蘭陀) 죽원정사(竹園精舍)에 머무셨다.

장로 사리불은 이렇게 생각을 지었다.

'내가 지금 마땅히 친족을 요익하게 하려는 까닭으로 나라(那羅) 취락으로 나아가서 안거해야겠다.'

마음으로 다시 세존을 멀리 떠나고 싶지 않았고, 공경하는 까닭으로 가서 세존께 아뢰는 것이 어려웠다. 여러 비구들이 듣고서 곧 이러한 일로써 자세히 세존께 아뢰었고, 세존께서는 여러 비구들에게 알리셨다.

"오늘부터 왕사성 죽원정사의 승가와 나라 취락의 승가와 함께 하나의 포살하는 경계를 짓도록 허락하여 사리불에게 안락하게 머물게 하겠노라."

갈마하는 자는 마땅히 이렇게 말을 짓도록 하라.

"대덕 승가께서는 허락하십시오. 오늘부터 왕사성 죽원정사와 나라 취락을 한 포살의 경계로 짓겠습니다. 만약 승가께서 때에 이르셨다면, 승가께서는 지금 왕사성 죽원정사와 나라 취락을 같이 한 포살의 경계로 지어서 주십시오. 이와 같이 아룁니다."

백일갈마를 짓는다.

"나아가 승가께서 인정하신 것은 묵연하였던 까닭입니다. 이 일을 이와 같이 지니겠습니다."

그때 존자 사리불은 나라 취락에서 결계하여 안거하였고, 날마다 죽원정사에 나아가서 세존의 발에 예경하였다. 하늘에서 7일을 계속하여 비가 내리고 있었으므로 곧 이렇게 생각을 지었다.

'나의 몸이 야위어서 이 승가리가 무겁구나. 곧바로 가지고 떠나고자 하여도 비를 맞으면 마침내 무거울 것이고, 만약 벗고서 가지고 떠나지 않는다면 돌아올 수 없다.'

곧 마땅히 벗어서 내려놓고 잠시 머무르면서 비가 멈추기를 기다렸고 가서 세존께 나아갔다. 도로에서 여러 외도들을 만났고 곧 함께 논의(論議)한 것은 사문과경(沙門果經)의 가운데에서 말한 것과 같다. 그리고 뒤에 가서 세존께 나아갔으며 예경하고 문신하였는데, 세존께서는 아시면서도 일부러 물으셨다.

"사리불이여. 어찌하여 여러 날을 나타나지 않았는가?"

곧 세존께 나아가 앞의 일들을 자세히 아뢰었고, 그때 세존께서는 여러 비구들에게 알리셨다.

"오늘부터 왕사성 죽원정사와 나라 취락은 불리의숙계(不離衣宿界)를 지어서 여러 비구들에게 안락하게 머물게 하라."

갈마자는 마땅히 이렇게 말을 지어야 한다.

"'대덕 승가께서는 허락하십시오. 오늘부터 왕사성 죽원정사와 나라 취락에 취락과 취락의 경계를 제외하고 불실의법(不失衣法)을 짓겠습니다. 만약 승가께서 때에 이르셨다면, 승가께서는 지금 왕사성 죽원정사와 나라 취락에 취락과 취락의 경계를 제외하고서 불실의법을 짓겠습니다. 이와 같이 아룁니다.'

'대덕 승가께서는 허락하십시오. 왕사성 죽원정사와 나라 취락에 이르는 취락과 취락의 경계를 제외하고 승가는 지금 이 가운데에서 불실의법을 짓겠습니다. 여러 대덕들께서 왕사성 죽원정사와 나라 취락에 이르는 취락과 취락의 경계를 제외하고 승가는 지금 이 가운데에서 불실의법을 짓는 것을 인정하신다면 묵연하시고, 만약 인정하지 않는 자는 곧 말씀하십시오. 승가께서 이미 인정하였으므로 왕사성 죽원정사와 나라 취락에 이르는 취락과 취락의 경계를 제외하고 승가는 지금 이 가운데에서 불실의법을 지어서 마쳤습니다. 승가께서 인정하신 것은 묵연하였던 까닭입니다. 이 일은 이와 같이 지니겠습니다.'"

불실의법을 짓고서 이 왕사성에서 나라 취락으로 나아가는 도로의 양쪽의 각각 25주(肘)를 경계라고 이름한다. 만약 옷이 도로의 가운데에 있었고 옷을 얻었다면 좌우는 각각 25주이다. 왕사성에 옷을 놓아두고 나라 취락에 이르렀다면 무죄이고, 옷을 나라 취락에 놓아두는 것도 역시 이와 같다. 왕사성의 죽원정사와 나라 취락도 역시 이와 같고, 사리불의 인연과 목건련의 인연도 역시 이와 같다.

다시 다음으로 세존께서는 사위성의 기원정사(祇洹精舍)에 머무셨다.

어느 한 비구가 식후(食後)에 개안림(開眼林)에 나아가서 좌선하고자 하면서 곧 이렇게 생각을 지었다.

'내가 혹은 그 가운데에서 묵는다면 곧 승가리를 잃어버릴 것이다.'

곧 3의를 가지고 떠났고 지나면서 세존을 보았다. 세존께서는 아시면서
도 일부러 물으셨다.

"비구여. 어찌하여 많은 옷을 가지고 다니는가?"

대답하여 말하였다.

"세존이시여. 제가 개안림에 나아가서 좌선하고자 하였는데 날이 저물
어 돌아오지 못한다면 승가리를 잃어버리는 것이 두려워 3의를 가지고
떠납니다."

세존께서는 여러 비구들에게 알리셨다.

"오늘부터 기원정사에서 개안림까지, 동방(東坊)의 정사이거나, 서방
(西坊)의 정사이거나, 동림(東林)의 정사이거나, 서림(西林)의 정사이거나,
왕원(王園)의 정사이거나, 수주탑(受籌塔)이거나, 바라림(婆羅林)의 정사
에 이르기까지 모두 같이 불실의법을 지어서 여러 비구들이 이익을 얻고
머물게 하겠노라."

갈마자는 마땅히 이렇게 말을 지어야 한다.

"'대덕 승가께서는 허락하십시오. 지금부터 기원정사에서 개안림까지,
동방의 정사에서 나아가 수주탑에 이르기까지 불실의법의 갈마를 짓도록
하겠습니다. 이와 같이 아룁니다.'

'대덕 승가께서는 허락하십시오. 지금부터 기원정사에서 나아가 수주
탑에 이르기까지 이 가운데에서 취락과 취락의 경계를 제외하고 승가는
지금 불실의법의 갈마를 짓겠습니다. 여러 대덕들께서 기원정사에서
개안림까지, 나아가 수주탑에 이르기까지 불실의법을 짓는 것을 인정하신
다면 묵연하시고, 만약 인정하지 않는 자는 곧 말씀하십시오. 승가께서는
이미 인정하였으므로 기원정사에서 개안림까지, 나아가 수주탑에 이르기
까지 불실의법을 지어서 마쳤습니다. 승가께서 인정하신 것은 묵연하였
던 까닭입니다. 이 일은 이와 같이 지니겠습니다.'"

다시 다음으로 세존께서는 사위성의 기원정사(祇洹精舍)에 머무셨다.
그때 사위성의 안에 불이 났다. 이때 성안의 여러 사람들은 코끼리와

말과 수레를 탔거나, 남녀는 옷과 물건을 짊어지고 성을 나가고자 하였고, 여러 비구들이 성안에 많은 옷을 맡겼고 옷들이 타는 것이 두려웠던 까닭으로 급하게 성을 향하여 달려갔다. 성안의 세존을 믿지 않는 여러 사람들은 모두가 꾸짖어 말하였다.

"우리들은 불이 핍박하여 성 밖으로 난리를 피하는데, 이 사문들은 성을 향하여 달리니, 나방이 불에 뛰어드는 것과 같구나. 무슨 급한 일이 있는가?"

이때 어느 사람이 말하였다.

"그대들은 이 사문들이 올바른 이치에 수순하지 않는다고 말하지 마시오. 사람들의 물건을 취하려는 것이오. 비유하면 도둑들은 사람이 허술하게 감춘 것을 엿보는 것과 같고, 의사가 병을 치료하면서 스스로 살아가는 것과 같이 이 사문들도 역시 이와 같아서 사람들의 재난에 걱정을 엿보아서 성을 향하여 달리고 있소. 이렇게 무너지고 패배한 사람들에게 무슨 도(道)가 있겠소?"

여러 비구들이 듣고서 이 인연으로써 갖추어 세존께 아뢰었고, 세존께서는 말씀하셨다.

"이 비구들을 불러오라."

곧 불렀고 왔으므로 세존께서는 여러 비구들에게 물으셨다.

"그대들은 무슨 까닭으로 성을 향하여 달려서 세상 사람들이 싫어하게 하였는가?"

대답하여 말하였다.

"저희들의 옷과 물건들이 이전부터 성안에 있었습니다. 성안에 불이 있었고 불타는 것이 두려웠던 까닭으로 달려가서 그것을 취했습니다."

세존께서는 비구들에게 물으셨다.

"그대들이 어찌하여 승가의 갈마를 짓지 않고서 옷을 떠나서 묵었는가?"

대답하여 말하였다.

"갈마를 지었습니다."

다시 물으셨다.

"어디서 지었는가?"

대답하여 말하였다.

"사위성을 통하여 맺었습니다."

세존께서는 비구들에게 알리셨다.

"그대들은 어찌하여 아련야(阿練若)의 처소에서 취락을 통하여 맺었는가? 지금부터는 아련야의 처소에서 취락을 통하여 맺는 것을 허락하지 않겠노라. 마땅히 아련야의 처소에서는 아련야의 처소를 통하여 맺어야 하고, 취락은 취락을 통하여 맺어야 하느니라. 만약 아련야의 처소에서 취락을 통하여 맺고 취락에서 아련야의 처소를 통하여 맺는다면 월비니의 죄를 범하느니라."

세존께서는 비구들에게 알리셨다.

"사위성을 의지하는 비구들을 모두 모이게 하라. 열 가지의 이익을 까닭으로써 여러 비구들을 위하여 계율을 제정하겠나니, 나아가 이미 들었던 자들도 마땅히 거듭하여 들을지니라. 만약 비구가 옷을 지어서 마쳤고, 가치나의를 이미 버렸는데, 만약 3의의 가운데에서 하나·하나의 옷을 떠나서 다른 곳에 하룻밤을 묵었다면, 승가의 갈마를 제외하고는 니살기바야제를 범하느니라."

'옷을 마치다.'는 3의를 이미 완성하였다면 이것을 옷을 마쳤다고 이름한다. 또는 가치나의를 받지 않았어도 역시 옷을 마쳤다고 이름하고, 가치나의를 버렸어도 옷을 마쳤다고 이름한다.

'옷'은 겁패의(劫貝衣)·흠바라의(欽婆羅衣)·추마의(芻摩衣)·교사야의(憍奢耶衣)·사나의(舍那衣)·마의(麻衣)·구모제의(軀牟提衣)이다.

'가치나의를 버리다.'는 열 가지의 일이 있으니, 옷을 받고서 버리는 것과 나아가 결국 버리는 것이다.

'하룻밤'은 해가 저물지 않은 때부터 밝은 모습이 나타나는 때까지이다.

'3의'는 승가리와 울다라승과 안타회이다.

'승가의 갈마를 제외하다.'는 승가가 갈마를 짓지 않아서 옷을 떠나서 묵는 것을 허락하지 않는 것이고, 설사 갈마를 지었어도 아뢰는 것이 성취되지 않았거나, 갈마가 성취되지 않았거나, 대중이 성취되지 않았거나, 만약 갈마가 하나·하나가 여법하지 않는다면 이것을 지었더라도 짓지 않았다고 이름한다.

'갈마를 짓다.'는 아뢰는 것이 성취되었고, 갈마가 성취되었으며, 대중이 성취되었고, 하나·하나의 갈마가 여법하다면 이것은 승가가 갈마를 지었다고 이름하며, 세존께서 무죄라고 말씀하셨다.

'니살기바야제'는 이 옷을 마땅히 승가의 가운데에 버려야 하고 바야제의 허물을 참회해야 한다. 버리지 않고서 참회하는 자는 월비니죄를 범한다.

'바야제'는 앞의 설명과 같다.

'경계'는 갈마의 경계·제방(諸方)의 경계5)·유행(遊行)의 경계·의지(依止)의 경계·7암바라(七菴婆羅)의 경계이다.

'갈마의 경계'는 자세하게 말하거나, 간략하게 말하거나, 취락의 경계이거나, 칭명(稱名)의 경계이거나, 표식(標幟)의 경계이거나, 수곡(隨曲)의 경계이거나, 피난(避難)의 경계이다.

'자세하게 말하다.'는 마두라국(摩頭羅國)에는 총림정사(叢林精舍)가 있고, 마두라국의 동쪽에는 요부나강(遙扶那河)이 있으며, 강의 동쪽에 선인(仙人)의 취락에 정사가 있다.

이때 선인 취락의 정사의 비구가 사자(使者)를 보내어 총림정사의 승가에게 말하였다.

"나는 함께 한 포살의 경계를 맺고자 합니다."

물어 말하였다.

"무슨 까닭입니까?"

대답하여 말하였다.

"그곳에는 좋은 음식이 많고 별도의 방과 옷을 얻으며, 안거의(安居衣)를 얻을 수 있는 이러한 까닭으로 같이 안거하고자 합니다."

---

5) 원문에는 누락되었으나 뒤의 문장을 참고하여 삽입하여 번역하였다.

마땅히 알려 말하였다.

"옷과 밥을 위해서 오는 자는 이곳에 마땅하지 않으니, 다만 그곳에 머무십시오. 만약 '나의 주처는 나이가 젊은 비구가 많아서 계경(契經)과 비니(比尼)와 아비담(阿毘曇)을 잘하지 못하고, 5음(陰)·18계(界)·12입(入)·12인연(因緣)을 잘 관찰하지 못합니다. 이러한 까닭으로 와서 여러 장로들에게 계경과 비니와 아비담과 5음과 18계와 12입과 12인연을 배우고자 합니다.'라고 말하였으며, 그에게 마땅히 말하였다. '그대가 뒤에 승가에서 갈마법의 일을 짓는 때에 장애(障碍)를 짓지 않는다면 자는 마땅히 그대와 함께 하겠습니다. 마땅히 일체의 비구에게 말하여서 모두가 오십시오. 만약 오지 않는다면 일체의 비구들을 모두 경계 밖으로 내보내겠습니다.'"

만약 왔거나, 만약 경계의 밖으로 내보내었더라도 마땅히 갈마를 짓는다. 갈마하는 자는 마땅히 이렇게 말을 짓는다.

"'대덕 승가께서는 허락하십시오. 지금부터 총림정사와 선인 취락의 정사의 안의 경계와 밖의 경계이거나, 안과 밖의 경계이거나, 중간의 경계이거나, 이 가운데에서 만약 승가께서 때에 이르렀다면, 승가는 이 총림정사와 선인 취락의 정사인 이 가운데에서 함께 한 포살의 경계로 짓겠습니다. 이와 같이 아룁니다.'

'대덕 승가께서는 허락하십시오. 이 총림정사와 선인 취락의 정사의 이 안의 경계와 밖의 경계이거나, 안과 밖의 경계이거나, 중간의 경계에서 승가는 지금 함께 한 포살의 경계로 짓겠습니다. 여러 대덕들께서 총림정사에서 선인 취락의 정사의 이 두 경계를 함께 한 포살의 경계를 짓는 것을 인정하신다면 묵연하시고, 만약 인정하지 않는다면 곧 말씀하십시오. 승가께서는 이미 인정하였으므로 마두라국의 총림정사에서 선인 취락의 정사의 이 두 경계를 함께 한 포살의 경계를 지어서 마쳤습니다. 승가께서 인정하신 것은 묵연하였던 까닭입니다. 이 일은 이와 같이 지니겠습니다.'"

만약 중간에 강물이 없다면 마땅히 한 곳에서 갈마를 짓고, 중간에 강물이 있다면 마땅히 세 곳에서 갈마를 지어야 하나니, 첫째는 마두라국의 정사이고, 둘째는 강물의 가운데며, 셋째는 선인 취락의 정사이다. 만약 강물의 가운데에 섬(州)이 있으면 마땅히 다섯 곳에서 갈마를 지어야 하나니, 첫째는 마두라국의 정사이고, 둘째는 강물의 가운데며, 셋째는 섬의 위이고, 넷째는 물속이며, 다섯째는 선인 취락의 정사이다. 육지와 같다면 도로의 양쪽이 각각 25주(肘)이고 물 가운데에도 역시 그러하다.

한때인 여름에 물이 불어났는데 비구들이 와서 마땅히 갈마하고자 하였으나, 물에 떠내려갔고 경계 밖으로 나갔으며 죽음의 위태로움을 빠져나왔으므로, 여러 비구들에게 알렸다.

"나는 와서 갈마하고자 하였으나, 물에 떠내려갔고 경계 밖으로 벗어났으며 죽음의 위태로움을 빠져나왔습니다. 지금 경계를 널리 맺겠습니까?"

여러 비구들이 말하였다.

"맺겠습니다. 그대가 가서 물 위와 아래로 3유순(由旬)의 표시를 지으십시오."

만약 나무이거나, 만약 돌이거나, 만약 흙무더기로 표시하였고 이와 같이 표시를 짓고서 왔다면 갈마를 말하는 자가 마땅히 이렇게 말을 짓는다.

"대덕 승가께서는 허락하십시오. 이 총림정사와 선인 취락의 정사의 분재(分齊)6)를 따라서 안의 경계와 밖의 경계이거나, 안과 밖의 경계이거나, 중간의 경계이거나, 이 가운데에서 위·아래의 물속에서 만약 승가께서 때에 이르렀다면, 승가는 이 마두라국의 정사부터 선인 취락의 정사까지 강물의 위·아래의 분재를 따라서 이후에 한 포살의 경계로 짓겠습니다. 이와 같이 아룁니다."

백일갈마를 짓는다.

"나아가 승가께서 인정하신 것은 묵연하였던 까닭입니다. 이 일을

---

6) 일정한 지역의 범위나 한계를 가리키는 말이다.

이와 같이 지니겠습니다.”

다시 어느 비구가 한때에 욕망(欲)을 지니고 와서 갈마에 나아가고자 배로 나아가서 건너가고자 하였는데, 뱃사공(船師)이 배를 상류로 끌었고 그러한 뒤에 마땅히 건너고서 비구에게 말하였다.

“배가 무거워서 이끄는 것이 어렵습니다. 그대는 걸어서 떠나가시고, 이르러 마땅히 건너는 곳에서 곧 배에 오르십시오.”

이 비구는 욕망을 지녔던 까닭으로 마땅히 언덕에 올라가지 않았고 경계 밖으로 나간다면 욕망을 잃는 까닭으로 곧 언덕 아래의 물을 걸으며 나아갔다. 배가 빠르게 떠나갔고 마침내 경계를 벗어났으므로, 비구는 곧 경계 안에서 헤엄쳐서 배로 나아갔으나, 물은 다시 배를 떠내려 보내서 아래로 3유순을 지나갔다. 비구는 다시 마땅히 배를 버리고서 곧 헤엄쳐서 언덕으로 나아갔고 그곳에 이르러 물을 건넜으며 언덕을 찾아서 올라갔고 길의 입구에 이르러 경계 안으로 들어갔으며 그러한 뒤에 언덕에 올랐다면 이것을 자세하게 경계를 말하였다고 이름한다.

‘간략하게 말하다.’는 갈마하는 사람은 마땅히 이렇게 말을 짓는다.

“대덕 승가께서는 허락하십시오. 지금 마두라국의 정사부터 선인 취락의 정사까지 안의 경계와 밖의 경계이거나, 안과 밖의 경계이거나, 중간의 경계에서 만약 승가께서 때에 이르렀다면, 승가는 이 마두라국의 정사부터 선인 취락의 정사까지 한 포살의 경계로 짓겠습니다. 이와 같이 아룁니다.”

이것을 간략하게 경계를 말하였다고 이름한다.

‘취락의 경계’는 마두라국의 서쪽 정사와 취락 정사에서 함께 한 포살의 경계를 짓고자 하는 것과 같이, 마땅히 3유순 안으로 제한하여 여러 정사의 이름을 말하면서 하나의 갈마를 짓는 것이다. 갈마자는 마땅히 이렇게 말해야 한다.

“대덕 승가께서는 허락하십시오. 오늘부터 염정사(恬精舍)·거정사(車精舍)·승정사(勝精舍)·불란정사(不亂精舍)·현정사(賢精舍)·계차제정사(戒次第精舍)·나정사(螺精舍)·낙촌정사(酪村精舍)·황정사(黃精舍)의 이 여러 정사의 안의 경계와 밖의 경계이거나, 안과 밖의 경계이거나, 중간의 경계에서 만약 승가께서 때에 이르렀다면, 승가는 이 여러 정사를 한 포살의 경계를 짓겠습니다. 이와 같이 아룁니다."

백일갈마를 짓는다.

"나아가 승가께서 인정하신 것은 묵연하였던 까닭입니다. 이 일을 이와 같이 지니겠습니다."

이것을 취락의 경계라고 이름한다.

'칭명의 경계'는 갈마를 말하는 비구가 여러 정사의 이름을 알지 못하여 오래 머무른 비구이고 정사의 이름을 아는 자에게 승가의 가운데에서 여러 정사의 이름을 부르게 하면서 갈마자는 마땅히 이렇게 말해야 한다.

"대덕 승가께서는 허락하십시오. 오늘부터 어느 비구가 말하는 여러 정사의 이름으로 안의 경계와 밖의 경계이거나, 안과 밖의 경계이거나, 중간의 경계에서 이 여러 정사를 함께 한 포살의 경계로 짓겠습니다. 만약 승가께서 때에 이르렀다면, 승가는 어느 비구가 말하는 여러 정사를 한 포살의 경계로 짓겠습니다. 이와 같이 아룁니다."

백일갈마를 짓는다.

"나아가 승가께서 인정하신 것은 묵연하였던 까닭입니다. 이 일을 이와 같이 지니겠습니다."

이것을 칭명의 경계라고 이름한다.

'표치의 경계'는 이와 같이 말을 짓는다.

"대덕 승가께서는 허락하십시오. 오늘부터 한계를 표시하나니, 만약 돌이거나, 만약 산이거나, 만약 우물이거나, 만약 언덕이거나, 만약 나무로 안의 경계와 밖의 경계이거나, 안과 밖의 경계이거나, 중간의 경계에서 함께 한 포살의 경계로 짓겠습니다. 만약 승가께서 때에 이르렀다면, 승가는 한계를 표시하여 만약 돌이거나, 만약 산이거나, 만약 우물이거나, 만약 나무로 함께 한 포살의 경계로 짓겠습니다. 이와 같이 아룁니다."

백일갈마를 짓는다.

"나아가 승가께서 인정하신 것은 묵연하였던 까닭입니다. 이 일을 이와 같이 지니겠습니다.”

만약 갈마하는 사람이 표시를 알지 못한다면 오래 머무른 비구에게 승가의 가운데에서 창언하게 하고, 앞의 칭명계에서 말한 것과 같다.

‘수곡의 경계’는 취락의 주변에 정사가 있었고 오래되어 파괴되었으나, 많은 공양이 있어서 대중 승가가 좌구를 펼쳐놓고 여러 정사의 비구들과 함께 한 포살의 경계를 지었고, 정사를 수리(修治)하였으며, 이러한 물건들을 함께 사용하였다. 여러 처소의 비구들이 함께 하려는 자도 있었고, 함께 하지 않으려는 자도 있었다. 여러 함께 하려는 자들은 마땅히 모두가 와서 모였으며 만약 경계의 밖으로 떠나갔으나, 함께 하려고 하지 않는 자들은 스스로가 마땅히 정사 경계에 표시를 짓고 머물렀다. 여러 함께 하려는 자들은 와서 한 처소에 모였다면 갈마자는 마땅히 이렇게 말을 지어야 한다.

“대덕 승가께서는 허락하십시오. 오늘부터 이 한 주처와 어느 주처에 한계를 표시하여 안의 경계와 밖의 경계이거나, 안과 밖의 경계이거나, 중간의 경계에서 함께 한 포살의 경계로 짓겠습니다. 만약 승가께서 때에 이르렀다면, 승가는 한 주처와 어느 주처에 한계를 표시하여 함께 한 포살의 경계로 짓겠습니다. 이와 같이 아룁니다.”

백일갈마를 짓는다.

“나아가 승가께서 인정하신 것은 묵연하였던 까닭입니다. 이 일을 이와 같이 지니겠습니다.”

이것을 수곡계라고 이름한다.

‘피난의 경계’는 한 주처에서 여러 비구들에게 전안거(前安居)와 후안거의 날이 지났으나 일에 어려움이 생겨난 것이 있었으니, 만약 도둑의 환란이거나, 왕의 환란이거나, 만약 목숨을 빼앗기거나, 만약 계율을 깨트리거나, 만약 물에 벌레가 많고 걸러도 깨끗하지 못하여 다른 정사로 옮기고자 하였다. 이러한 여러 어려움을 피하여 3유순의 안으로 떠나갔던 만약 그러한 비구들이 있다면 불러오거나, 만약 경계 밖으로 떠나갔으면 갈마자는 이렇게 말을 짓는다.

"대덕 승가께서는 허락하십시오. 오늘부터 이 주처와 그 주처의 어느 취락의 정사에서 안의 경계와 밖의 경계이거나, 안과 밖의 경계이거나, 중간의 경계에서 함께 한 포살의 경계로 짓겠습니다. 만약 승가께서 때에 이르렀다면, 승가는 오늘부터 이 주처의 가운데와 그 어느 취락의 정사에서 함께 한 포살의 경계로 짓겠습니다. 이와 같이 아룁니다."

백일갈마를 짓는다.

"나아가 승가께서 인정하신 것은 묵연하였던 까닭입니다. 이 일을 이와 같이 지니겠습니다."

만약 그 주처에 이르렀으나 다시 다른 정사로 나아가고자 하는 자는 마땅히 이전의 경계를 버리면서 마땅히 이렇게 말을 짓는다.

"대덕 승가께서는 허락하십시오. 이 주처와 이전의 주처에서 별도로 설계(說戒)를 짓고자 합니다. 만약 승가께서 때에 이르렀다면, 이 주처와 이전의 주처에서 별도로 설계를 짓겠습니다. 이와 같이 아룁니다."

백일갈마를 짓는다.

"나아가 승가께서 인정하신 것은 묵연하였던 까닭입니다. 이 일을 이와 같이 지니겠습니다."

승가는 다시 이전의 정사에 나아가고자 한다면 다시 3유순 안을 취하여 함께 한 포살의 경계를 지어야 하고, 다시 이전으로 나아가고자 하는 자는 마땅히 뒤의 것은 버리고, 이전의 것을 맺어야 하며, 나아가 앞의 것을 구하여 뜻에 맞게 머물러야 한다. 이와 같이 뜻을 따라서 맺고 뜻을 따라서 버리는 것을 피난계라고 이름한다.

'제방(諸方)의 경계'는 만약 비구가 하안거의 가운데에서 만약 여러 환난이 일어났으니, 만약 왕난(王難)이거나, 만약 적난(賊難)이거나, 만약 탈명난(奪命難)이거나, 만약 파계난(破戒難)이거나, 만약 수다충록불가정난(水多生漉不可淨難) 등이었으므로 사방으로 각기 3유순 안을 따라서 자재하게 경계를 맺는 것은 역시 앞의 설명과 같다. 만약 환난이 갑자기 일어나서 갈마를 지을 수 없다면 경계 밖으로 떠나가더라도 무죄이니, 이것을 여러 제방이라고 이름한다. 이것을 갈마의 경계라고 말한다.

'유행계의 경계'는 60가(家) 취락의 경계·격장(隔障)의 경계·누각(樓閣)의 경계·양도(兩道)의 경계·우물(井)의 경계·무의 경계·원(園)의 경계·연만(連蔓)의 경계·잠숙(暫宿)의 경계·배(船)의 경계·집안의 경계·병(並)의 경계이다.

'60집 취락의 경계'는 석가리국(釋迦梨國)의 큰 취락과 소미국(蘇彌國)의 큰 취락과 마두라국(摩頭羅國)의 큰 취락과 파련불읍(巴連弗邑)의 큰 취락이다. 이러한 여러 취락에 각자 별도로 집을 지었고, 만약 비구가 옷을 한 집에 남겨두었으며, 사람은 제3의 집에 있으면서 묵었는데, 해가 저물지 않았는데 떠나가서 밝은 모습이 나타나는 때에 돌아왔다면 니살기바야제를 범하고, 해가 없는데 떠나가서 밝은 모습이 나타나는 때에 돌아왔다면 무죄이며, 해가 저물고서 떠나가서 밝은 모습이 나타나는 때에 돌아왔어도 무죄이다. 일체의 집안에 모두 비구가 머물렀다면 무죄이고, 만약 결계한 자라면 무죄이며, 주위에 담장이 있어도 무죄이고, 주위에 해자(塹)가 있어도 무죄이며, 주위에 도랑물이 있어도 무죄이고, 함께 하나의 문이어도 무죄이다.

만약 도로가 취락의 가운데로 지나가고 만약 비구의 옷이 길의 왼쪽에 있고 몸은 길의 오른쪽을 지나면서 해가 저물기 전에 떠나가서 다음날 밝은 모습이 나타나는 때에 돌아왔다면 역시 앞에서 말한 것과 같다. 만약 비구가 길의 가운데에 누워서 3의를 베갯머리에 남겨두었는데 옷이 머리를 떠났다면 니살기바야제를 범하나니, 옷을 자를 수 없는 까닭으로 일체를 마땅히 버려야 한다. 만약 취락의 주위에 담장이 둘러쌌거나, 만약 해자가 있었거나, 만약 울타리가 둘러쌌거나, 만약 하나의 문이었고 문이 닫혀 있었다면 모두 무죄이다. 이것을 60가 취락의 경계라고 이름한다.

'격장의 경계'도 역시 이와 같다.

'누각의 경계'는 누각의 사다리와 도로의 밖을 각각 25주(肘)를 경계로 삼는다. 만약 비구가 옷을 누각의 위에 남겨두고서 25주를 지나갔으며, 해가 저물지 않았는데 떠나가서 다음날 밝은 모습이 나타나는 때에 돌아왔다면 니살기바야제를 범한다. 해가 저물고서 떠나가서 밝은 모습이 나타나는 때에 돌아왔어도 무죄이며, 해가 저물기 전에 떠나가서 밝은 모습이 나타나지 않은 때에 돌아왔다면 무죄이다.

만약 비구가 누각 위에 머물렀는데, 도둑이 와서 누각을 공격하는 것이 두려웠던 까닭으로 옷을 가지고 누각 밖으로 나가서 25주의 밖에 숨겨두고서 누각에 돌아와서 묵었으며 해가 저물지 않았는데 떠나가서 다음날 밝은 모습이 나타나는 때에 돌아왔다면 니살기바야제를 범하는 것은 역시 앞에서와 같다. 만약 비구가 밤중에 대변과 소변을 보면서 25주의 안을 벗어났어도 옷을 찾아 입었다면 무죄이다. 이것을 누각의 경계라고 이름한다.

'양도의 경계'는 보도(步道)와 거도(車道)이다. '보도'는 어느 비구가 추위가 두려운 까닭으로 여러 따뜻한 나라에 이르렀거나, 혹은 더위가 두려운 까닭으로 여러 따뜻한 나라에 나아가면서 다니는 때에 스승과 도반(道伴)과 함께 다녔고, 아울러 논의(論議)하면서 떠나갔다. 제자는 옷과 발우를 가지고 뒤를 쫓아서 왔으므로 스승께 이르지 못하였다. 스승은 날이 저무는 때에 옷을 떠나서 묵는 것이 두려웠던 까닭으로 길의 밖으로 나가서 제자를 기다렸으나, 제자가 옷을 가지고 곧 지나치면서 스승을 보지 못하였으므로 하늘이 밝아지는 모습을 기다렸다. 만약 이 스승이 옷을 기다리던 곳이 떠난 길과 25주 안에서 옷을 찾아 입었다면 무죄이고, 만약 25주의 밖에 있으면 니살기바야제를 범한다.

만약 제자가 옷을 가지고 앞에 가면서 날이 저무는 때에 이렇게 생각을 지었다.

'나의 스승이 옷 없이 묵지 않게 해야겠다.'

곧 길의 밖에서 기다리면서 깊이 잠들었고 스승이 지나가도 알지 못하였으며, 스승이 지나가는 것을 새벽에 이르도록 서로 기다렸다면 역시 앞의 설명과 같다. 이것을 보도라고 이름한다.

'거도(車道)'는 비구가 상인과 함께 수레를 타고 가면서 옷을 수레 위에 벗어두었고, 먼지가 두려웠던 까닭으로 앞에 있으면서 지나갔는데, 날이 저무는 때에 옷 없이 묵는 것이 두려웠던 까닭으로 마땅히 길의 밖인

25주 안에서 머물렀고 수레들을 모두 지나가게 하였으며 옷을 찾아 입었다면 고의로 범한 것은 없다. 만약 비구가 옷을 수레 위에 벗어두고서 수레의 뒤를 다녔는데, 날이 저무는 때에 어느 수레에 자기 옷을 실었는가를 알 수 없었어도, 비구가 그때 마땅히 수레에서 25주 안을 지나갔으며, 수레들을 한 바퀴 돌고서 옷을 찾아 입었다면 고의로 범한 것은 없다. 만약 높고 큰 수레가 1층과 2층과 3층이어서 사다리로 올라가야 하였는데 비구가 옷을 수레의 위층에 남겨두고서 아래층에 있었으며, 해가 저물지 않았고, 다음날 밝은 모습이 나타나는 때에 이르렀다면, 니살기바야제를 범하는 것은 역시 앞의 설명과 같다.

만약 밤중에 잠시 손을 수레 위에 얹었다면 범한 것은 없다. 만약 비구가 수레의 위층에서 묵으면서 옷을 아래층에 놓아두었거나, 만약 수레의 앞에 있으면서 옷을 뒤에 남겨두었거나, 만약 수레의 뒤쪽에 있으면서 옷을 앞쪽에 남겨두었거나, 만약 수레의 왼쪽에 있으면서 옷을 오른쪽에 놓아두었거나, 만약 수레의 오른쪽에 있으면서 옷을 왼쪽에 놓아두면서 해가 저물지 않았고, 다음날 밝은 모습이 나타나는 때에 이르렀다면, 모두 니살기의 죄를 범한다. 만약 비구가 옷을 수레 위에 남겨두고서 수레를 25주 밖을 지나갔으며, 고요한 곳에서 묵은 자가 해가 저물기 전에 떠나가서 다음날 밝은 모습이 나타나는 때에 돌아왔다면 니살기바야제를 범하는 것은 역시 앞에서와 같다.

만약 비구가 도둑이 두려웠던 까닭으로 수레의 밖으로 25주를 지나가서 옷을 숨겨두고서 수레의 위로 돌아와서 묵었으며 해가 저물지 않았는데 떠나가서 다음날 밝은 모습이 나타나는 때에 이르렀다면 니살기바야제를 범하는 것은 역시 앞의 설명과 같다. 만약 비구가 밤중에 대변과 소변을 보면서 옷과 25주의 안을 벗어났어도 옷을 찾아 입었다면 무죄이다. 만약 수레 무리들의 안에서 긴 노끈으로 가로질러 소를 묶어두려고 하였던 까닭으로 비구가 노끈의 한쪽에 있으면서 옷을 노끈의 한쪽에 남겨두었고, 해가 저물지 않았고, 다음날 밝은 모습이 나타나는 때에 이르렀다면, 니살기바야제를 범하는 것은 역시 앞의 설명과 같다. 이것을 양도(兩道)의 경계라고 이름한다.

'우물의 경계'는 어느 비구가 상인과 함께 다니면서 우물의 주변에서 묵었다면, 우물의 난간 밖의 25주의 안을 우물의 경계라고 이름한다. 옷을 우물의 난간 위에 남겨두고서 비구가 우물의 25주를 지나갔으며, 해가 저물지 않았는데 떠나가서 다음날 밝은 모습이 나타나는 때에 이르렀다면 니살기바야제를 범한 것은 역시 앞에서와 같다. 만약 비구가 도둑이 두려웠던 까닭으로 옷을 숨겨두고서 우물의 밖으로 25주를 지나갔으며, 와서 우물의 주변에서 묵었고 해가 저물지 않았고, 다음날 밝은 모습이 나타나는 때에 돌아왔다면 니살기바야제를 범한다. 만약 옷을 우물 반감(半龕) 안에 감추고서 우물 위에 묵으면서 해가 저물지 않았는데 떠나가서 다음날 밝은 모습이 나타나는 때에 이르렀다면 니살기바야제를 범한다. 만약 노끈으로 옷을 묶고서 묵었다면 범한 것은 아니고, 옷을 우물 아래에 놓아두고서 우물 위에서 묵었거나, 옷을 우물 위에 남겨두고서 우물 아래에서 묵었어도 역시 다시 이와 같다. 만약 밤에 잠깐이라도 손과 발을 우물의 가운데에 늘어트려서 옷을 찾아 입었다면 무죄이다. 이것을 우물의 경계라고 이름한다.

'나무의 경계'는 나무의 일체 가지와 잎에서 밖의 25주를 나무의 경계라고 이름한다. 만약 비구가 옷을 나무 아래에 남겨두고서 25주의 밖으로 지나갔으며, 해가 저물지 않았는데 떠나가서 다음날 밝은 모습이 나타나는 때에 이르렀다면 마땅히 앞에서와 같다. 만약 비구가 도둑이 두려웠던 까닭으로 옷을 숨겨두고서 나무의 밖으로 25주를 지나갔으며, 해가 저물지 않았는데 떠나가서 다음날 밝은 모습이 나타나는 때에 돌아왔다면 니살기바야제를 범한다. 해가 저물고서 떠나갔으며 다음날 밝은 모습이 나타나지 않은 때에 돌아왔다면 범한 것은 아니고, 해가 저물고서 떠나갔으며 다음날 밝은 모습이 나타나는 때에 돌아왔어도 범한 것은 없다.

만약 밤중에 대변과 소변을 보면서 잠시 옷이 있는 곳에 이르러 옷을 찾아 입었다면 범한 것은 없다. 옷을 나무의 아래 놓아두고서 나무의 위에서 묵었거나, 옷을 나무의 위에 남겨두고서 나무의 아래에서 묵으면서, 해가 저물지 않았는데 떠나가서 다음날 밝은 모습이 나타나는 때에 이르렀다면 니살기바야제를 범한다. 만약 노끈으로 옷을 묶고서 묵었다면 무죄이다. 이것을 나무의 경계라고 이름한다.

'원의 경계'도 역시 이와 같다.

'연만의 경계'는 만약 포도 덩굴의 시렁이거나, 불파(不破) 덩굴의 시렁이거나, 불루등(不樓藤) 덩굴의 시렁이거나, 박(瓠) 덩굴의 시렁이거나, 해탈화(解脫花) 덩굴의 시렁이거나, 이와 같은 이체 덩굴의 시렁의 밖으로 각각 25주라면 연만의 경계를 이루었다고 이름한다. 비구가 상인과 함께 길을 가면서 이 덩굴 아래에 이르러 묵었는데, 비구가 조용한 곳을 구하면서 옷을 덩굴 시렁의 아래에 남겨두고서 25주의 밖으로 나갔으며, 해가 저물지 않았는데 떠나가서 다음날 밝은 모습이 나타나는 때에 돌아왔다면 니살기바야제를 범한다.

만약 비구가 도둑이 두려웠던 까닭으로 옷을 숨겨두고서 나무의 25주의 밖으로 나갔으며, 덩굴 시렁의 아래에서 묵었는데, 해가 저물지 않았는데 떠나가서 다음날 밝은 모습이 나타나는 때에 이르렀다면 앞의 설명과 같다. 만약 비구가 밤중에 대변과 소변을 보면서 잠시 옷이 있는 곳에 이르러 옷을 찾아 입었다면 무죄이다. 만약 옷을 덩굴 시렁의 위에 남겨두고서 아래에서 묵었거나, 옷을 덩굴 아래에 남겨두고서 위의에서 묵는 것도 역시 이와 같다. 만약 노끈으로 몸을 묶은 자는 무죄이다. 이것을 연만의 경계라고 이름한다.

'잠숙의 경계'는 객사(客舍) 가운데에 여러 종류의 사람이 있었고 비구가 가운데에서 묵었는데 객사의 주인이 말하였다.

"이 가운데에서 도둑이 들어오는 것이 두려우니, 각자 스스로 경비(警備)하십시오."

비구는 객사의 주인에게 물어 말하였다.

"장수여. 어느 곳이 견고(牢固)합니까?"

객사의 주인은 대답하여 말하였다.

"누각의 위가 견고합니다."

혹은 말하였다.

"누각의 아래가 견고합니다."

비구가 옷을 누각의 아래에 감추고서 누각의 위에서 묵었거나, 누각의 위에 옷을 감추고서 아래에서 묵으면서 해가 저물지 않았는데 떠나가서 다음날 밝은 모습이 나타나는 때에 돌아왔다면 모두가 니살기바야제를 범하고, 앞의 설명과 같다. 만약 이 가운데에서 사다리로 길이 통하였다면 범한 것은 없다.

만약 비구가 길을 가면서 천사(天祠)의 가운데에서 묵었는데, 천사의 주인이 말하였다.

"이 가운데에서 도둑이 들어오는 것이 두려우니, 각자 스스로가 경비하십시오."

비구는 천사의 주인에게 물어 말하였다.

"어느 곳이 견고합니까?"

객사의 주인은 대답하여 말하였다.

"집안이 견고합니다. 집밖이 견고합니다."

비구가 곧 옷을 집안에 놓아두었거나, 집밖에 놓아두었으며, 스스로 머리를 문을 향하여 누웠는데, 해가 저물지 않았는데 떠나가서 다음날 밝은 모습이 나타나는 때에 이르렀다면 니살기바야제를 범하고, 앞의 설명과 같다. 만약 문고리가 비구의 주변에 있었다면 범한 것은 없다.

비구가 길을 가면서 비어있는 취락의 가운데에서 묵었는데, 옷은 첫째 방에 남겨두고서 스스로는 셋째 방에서 묵으면서, 해가 저물지 않았는데 떠나가서 다음날 밝은 모습이 나타나는 때에 이르렀다면 앞의 설명과 같다. 만약 일체의 방에 비구가 있었다면 범한 것은 아니고, 만약 갈마하여 경계를 지었거나, 만약 울타리거나, 담장이거나, 도랑이거나, 둘러싸였거나, 물이 둘러쌌다면 범한 것은 없다. 이것을 잠숙의 경계라고 이름한다.

'배의 경계'는 만약 비구가 배에 물건을 싣고 물을 오르내렸는데, 배 위에는 여러 사람들이 머무는 곳이 있었으니, 만약 비구의 주처이거나, 만약 외도의 주처이었다. 비구의 주처가 견고하지 못한 까닭으로 옷을 가지고서 외도가 주처에 맡겼는데, 해가 저물지 않았는데 떠나가서 다음 날 밝은 모습이 나타나는 때에 이르렀다면 니살기바야제를 범하고, 앞의 설명과 같다. 만약 외도가 "자재하게 옷과 물건을 맡기십시오."라고 허락하였다면 범한 것은 없다.

만약 배가 언덕에 닿았는데 비구가 옷을 배 위에 남겨두고서 배에서 25주의 밖으로 떠났으며, 해가 저물지 않았는데 떠나가서 다음날 밝은 모습이 나타나는 때에 이르렀다면 앞의 설명과 같다. 만약 배 위에서 도둑이 가져가는 것이 두려워서 옷을 가지고 언덕에 올라가서 25주의 밖에 감추고서 배의 위로 돌아와서 묵었는데, 해가 저물지 않았는데 떠나가서 다음날 밝은 모습이 나타나는 때에 이르렀다면 니살기바야제를 범한다.

밤중에 대변과 소변을 보면서 잠시 옷이 있는 곳에 나아가서 옷을 찾아 입었다면 범한 것은 없다. 만약 비구가 배의 위에서 옷을 빨아서 바람에 말리고 두드리면서 옷을 모두 밖으로 향하게 하면서 밤이 지나갔다면 니살기바야제를 범한다. 만약 밤중에 바람이 옷에 불어 잠깐 배의 안으로 들어왔다면 범한 것은 없다. 만약 옷을 말리는 때에 절반은 배의 안에 있었고 절반은 배 밖에 있었다면 니살기바야제를 범한다. 옷은 자를 수 없는 까닭으로 모두 버려야 한다. 이것을 배의 경계라 이름한다.

'집안의 경계'는 형제인 두 사람이 함께 한집에 살면서 집안에서 별도로 분재(分齊)를 지었다. 형은 동생이 들어오는 것을 허락하지 않았고, 동생은 형이 들어오는 것을 허락하지 않았는데, 비구는 형의 분재 안에 있었고, 옷은 동생의 분재 안에 있었으며, 해가 저물지 않았고, 다음날 밝은 모습이 나타나는 때에 이르렀다면 앞의 설명과 같다. 만약 형제가 비구에게 "세속의 사람들은 스스로가 법에서 어긋납니다. 장애가 없이 뜻을 따라서 머무십시오."라고 말하였고, 그때 비구가 뜻을 따라서 옷을 남겨두었다면 무죄이다.

만약 비구가 백의(白衣)의 집에 이르러 묵으면서 도둑이 두려웠던 까닭으로 백의에게 "어느 곳이 견고합니까?"라고 물었고, "집안이 견고합니다."라고 대답하여 말하였으므로, 비구가 옷을 집안에 남겨두고서 집 밖에서 묵었는데, 해가 저물지 않았고, 다음날 밝은 모습이 나타나는 때에 이르렀다면 앞의 설명과 같다. 만약 밤에 구멍의 안으로 한 손을 집어넣어서 옷을 잠시 집안에 들여놓았다면 범한 것은 없다. 이것을 집안의 경계라고 이름한다.

'병의 경계'는 만약 네 취락의 경계가 서로 인접하였다. 비구가 옷을 베갯머리에 남겨두고서 드러누웠는데, 비구의 머리는 한쪽의 경계에 있었고, 두 손은 각각 한쪽의 경계에 있었으며, 다리는 한쪽의 경계에 있었고, 옷은 머리의 아래에 있으면서 옷이 머리를 벗어나면 니살기바야 제를 범한다. 만약 밤중에 손과 발이 잠시 옷이 있는 곳에 이르렀으면 범한 것은 없다.

만약 수레가 네 경계 위에 머물렀는데, 멍에는 한 경계에 있었고, 수레의 뒤는 한 경계에 있었으며, 수레의 왼쪽 바퀴는 한 경계에 있었고, 오른쪽 바퀴는 한 경계에 있었다. 만약 옷을 수레의 앞이거나 수레의 뒤에 남겨두고서 묵었거나, 옷을 수레의 뒤나 앞에 남겨두고서 묵었거나, 옷을 수레의 왼쪽이나 수레의 오른쪽에 남겨두고서 묵었거나, 옷을 수레의 오른쪽과 수레의 왼쪽에 남겨두고서 묵으면서 해가 저물지 않았는데 떠나가서 다음날 밝은 모습이 나타나는 때에 이르렀다면 니살기바야제를 범한다. 해가 저물고서 떠나가서 다음날 밝은 모습이 나타나는 때에 돌아왔다면 범한 것은 아니고, 해가 저물지 않았는데 떠나가서 다음날 밝은 모습이 나타나지 않았는데 돌아왔다면 범한 것은 없다. 이것을 병의 경계라고 이름한다.

'취락의 경계7)는 비구가 상의와 하의를 입고 취락에 들어갔는데, 어느 주인이 비구에게 말하였다.

"나는 오늘 밤에 형상(形像)에게 공양하여 복덕을 짓고자 하니, 비구께 서는 내가 그것을 요리하도록 마땅히 도와주십시오."

---

7) 앞의 문장에서는 '의지의 경계'로 서술되어 있다.

이 비구가 곧 형상을 장엄하는 것을 도와서 증채와 꽃의 일산을 매달고 평상과 자리를 펼쳤으며 날이 저무는 때에 이르자 비구가 주인에게 알려 말하였다.

"날이 저물었으니 정사로 돌아가겠습니다."

이 주인은 은근(慇懃)하게 비구가 머물러 묵게 하였는데, 만약 그 주처에 여러 비구들의 장의가 있다면 마땅히 잠깐 빌려서 수지할 것이고, 만약 없다면 근처에 있는 여러 비구들의 주처를 따라서 마땅히 그들에게 빌려서 수지할 것이며, 만약 비구가 없다면 비구니의 주처에서 역시 그녀들에게 빌려서 수지할 것이고, 만약 비구니도 없다면 이곳의 속가인에게 만약 입을 수 있는 옷이 있다면 마땅히 쫓아서 빌려서 작정하고 놓아두고 끈을 보시받고서 그러한 뒤에 수지하며, 만약 이러한 일도 없다면 후야분(後夜分)에 성문이 열렸다면 마땅히 빠르게 사찰에 돌아와야 한다.

성을 넘어서 나오지 말 것이고, 정사에 이르렀어도 오히려 문이 열리지 않았으면 마땅히 문이 열리는 것을 구하여야 하며, 만약 문이 열리지 않는다면 마땅히 문간의 아래에서 기다려야 한다. 만약 문간이 없으면 마땅히 문구멍으로 손을 집어넣어야 한다. 구멍에 두 종류가 있으니, 만약 문의 구멍이거나, 만약 도랑8)의 구멍이다. 만약 문의 구멍이 없다면 도랑의 구멍 안에 만약 손을 집어넣거나, 만약 발을 집어넣어야 하는데, 먼저 손과 발을 집어넣지 말아야 하나니, 뱀과 지네 등이 있다면 마땅히 먼저 지팡이로써 그것들을 놀라게 하여 벗어나게 하고 그러한 뒤에 손을 집어넣어 옷과 합쳐야 한다.

만약 도랑의 구멍이 없다면 담장을 넘어서 들어가면서 마땅히 안에 있는 사람이 서로가 알게 하여 안에 있는 사람들이 이것을 도둑의 모습으로 의심하여 놀라서 움직이지 않게 하라. 만약 들어갈 수 없다면 빠르게 옷을 버려야 하나니, 오히려 옷이 없다면 월비니죄를 범하는 것이니, 가벼운 것으로써 무거운 것과 바꾸는 까닭이다.

---

8) 다른 뜻으로 하수구를 가리킨다.

만약 비구가 정사 안에서 옷을 빨아서 담장에 매달아서 말렸고, 만약 밤에 바람이 불어 옷이 날려가서 담장 밖으로 늘어졌다면 니살기바야제를 범하고, 담장 안에 있었다면 범한 것은 아니며, 옷은 자를 수 없는 까닭으로 모두를 마땅히 버려야 한다. 만약 비구가 정사 밖에 옷을 벗어두었으나, 더워서 옷을 잊어버리고 밖에 있었는데, 밤에 기억하여 곧 밖에서 그것을 찾았으나 보지 못하였고, 이른 아침에 밖에서 옷을 찾아서 보았는데, 밤에 다닌 흔적이 25주의 안이라면 범한 것은 아니지만, 25주의 밖이었다면 니살기바야제를 범한다. 이것을 취락의 경계라고 이름한다.

'7암바라수(菴婆羅樹)의 경계'는 세존께서 사위성에 머무셨는데, 이때 어느 바라문이 능히 여러 암바라수를 심었다. 이 바라문은 "사문인 구담(瞿曇)이 사위성에 머무는데, 일체 지견(知見)을 구족하여 묻는 것이 있다면 모두 능히 기억하며 말한다."라는 것을 듣고서 이러한 사유를 지었다.

'나는 지금 마땅히 가서 암바라수를 심는 법을 물어야겠다. 어떻게 여러 암바라수를 심어야 능히 뿌리와 줄기가 견고하고 가지와 잎이 무성하며 꽃과 열매를 맺고 도우면서 성기게 생장(生長)하며 서로를 방해하지 않습니까?'

이렇게 생각을 짓고서 세존의 처소에 나아가서 함께 서로가 문신하고 한쪽에 앉아서 세존께 아뢰어 말하였다.

"사문 구담이시여. 무슨 방편으로 여러 암바라수를 심어야 능히 뿌리와 줄기가 견고하고 가지와 잎이 무성하며 꽃과 열매를 맺고 도우면서 성기게 생장하며 서로를 방해하지 않습니까?"

이때 세존께서 바라문에게 알리셨다.

"5주(肘)의 활(弓)로써 7궁(弓)⁹⁾을 헤아려서 하나를 심으시오. 이와 같이 심는다면 능히 그 나무를 뿌리와 줄기가 견고하고 가지와 잎이 무성하게 하여서 꽃과 과일을 맺으며 도우면서 성기게 생장하며 각각 서로를 방해하지 않습니다."

---

9) 길이의 단위로 약 8자를 가리키는데, 현재의 단위로 약 2.4m이다.

이때 바라문은 환희하면서 곧 이렇게 말을 지었다.

"옳습니다. 사문 구담이시여. 여러 나무를 심는 법을 아시므로 진실로 일체지(一切智)입니다."

자리에서 일어나서 떠나갔다. 바라문이 떠나가고 오래지 않아서 세존께서는 여러 비구들에게 알리셨다.

"이 바라문은 지금 크게 잃은 것이 있느니라. 마땅히 물어야 할 것은 묻지 않았고, 마땅히 묻지 않을 것은 물었구나. 만약 그가 괴로움을 훈습한 뜻(苦習義)을 물었다면 도(道)의 흔적을 얻었으리라. 비록 그러하여도 그 바라문이 지금 나의 처소에서 환희의 마음을 일으켰으니 역시 크게 얻은 것이 있었느니라."

그때 존자 우바리는 때를 알고서 세존께 아뢰어 말하였다.

"세존이시여. 이미 암바라수의 분재를 들었습니다. 지금 다시 청하며 묻습니다. 만약 처소가 있었는데 성읍과 취락의 경계를 알지 못하는 자가 만약 갈마하고자 하였다면 마땅히 얼마의 제한을 허락한다면 갈마를 잘 지었다고 이름하며, 다른 대중 승가가 각각 서로를 보게 하였다면 갈마를 성취한 것이며, 별중(別衆)을 범하지 않습니까?"

세존께서 우바리에게 알리셨다.

"5주의 활로써 7궁을 헤아려서 한 암바라수를 심고서 7암바라수로 제한하여 서로가 떠나가서 그곳에서 갈마를 지었다면 갈마를 잘 지었다고 이름하고, 비록 다른 대중이 서로를 보았더라도 별중의 죄는 없느니라."

이것을 7암바라수의 경계라고 이름한다.

만약 비구가 옷 없이 묵었다면 마땅히 지율이고 갈마에 능한 자에게 말해야 한다.

"장로여. 내가 이 옷과 떨어져 따로 묵었으니, 마땅히 버려야 합니다. 장로여. 나를 위하여 갈마를 지으십시오."

갈마법은 앞에서와 같고, 10일이 지난 옷의 가운데에서 말하였다.

이러한 까닭으로 설하였노라.

만약 비구가 옷을 짓는 것을 이미 마쳤고 가치나의를 이미 버렸는데, 만약 3의의 가운데에서 만약 하나·하나의 옷을 떠나서 다른 곳에서 묵었다면 승가의 갈마를 제외하고는 니살기바야제를 범한다.

세존께서는 사위성에 머무셨으며 자세한 설명은 앞에서와 같다.

그때 존자 아나율(阿那律)은 아기라(阿耆羅) 강변에 머물면서 하나의 작은 단의(段衣)[10]를 얻었고, 대중인 많은 비구들에게 함께 주려고 아기라 강의 주변으로 나아가서 물에 빨면서 크게 늘리고자 하였다. 그때 세존께서는 스스로가 머무셨던 처소에서 사라져서 아기라강의 주변에 나타나셨고, 아시면서도 일부러 물으셨다.

"아나율이여. 그대는 무엇을 짓는가?"

대답하여 말하였다.

"세존이시여. 하나의 작은 단의를 얻었고 잣대로 재어도 부족하여 잡아당겨서 크게 늘리고자 합니다."

세존께서 아나율에게 말씀하셨다.

"그대는 대체적으로 다시 옷을 희망하는 곳에서 얻겠는가?"

대답하여 말하였다.

"얻을 수 있습니다."

세존께서 물으셨다.

"어느 때에 얻을 수 있는가?"

대답하여 말하였다.

"1개월입니다."

세존께서 말씀하셨다.

"오늘부터 옷이 부족하여도 옷을 얻을 희망이 있는 자는 1개월에 이르도록 기다리는 것을 허락하겠나니, 만족을 위한 까닭이니라."

세존께서는 여러 비구들에게 알리셨다.

---

10) 비단으로 지은 옷을 가리킨다.

"사위성을 의지하는 비구들을 모두 모이게 하라. 열 가지의 이익을 까닭으로써 여러 비구들을 위하여 계율을 제정하겠나니, 나아가 이미 들었던 자들도 마땅히 거듭하여 들을지니라. 만약 비구가 옷을 이미 지어서 마쳤고 가치나의를 이미 버렸어도, 만약 비시의(非時衣)를 얻었는데 비구가 옷이 필요하다면 마땅히 취할 것이고, 빠르게 옷을 지어서 받을 것이며, 만약 부족하였는데 옷을 희망하는 곳이 있고 만족을 위한 까닭이라면 1개월을 저축하는 것을 허락하겠노라. 만약 넘겨서 저축하는 자는 만족하였거나, 부족하였거나, 니살기바야제를 범하느니라."

'옷을 지어서 마치다.'는 3의를 완성하였다면 역시 옷을 지어서 마쳤다고 이름한다. 가치나의를 받지 않았어도 역시 옷을 지어서 마쳤다고 이름하고, 이미 가치나의를 버렸어도 옷을 지어서 마쳤다고 이름하며, 빨고서 염색하여서 마쳤어도 옷을 지어서 마쳤다고 이름한다.

'이미 가치나의를 버렸다.'는 10사의 일이 있으며, 앞의 설명과 같다.

'얻다.'는 만약 남자이거나, 만약 여인이거나, 재가이거나, 출가인의 주변에서 옷을 얻은 것이다.

'비시(非時)'는 만약 가치나의를 받고서 7개월을 있었다면 비시라고 이름한다. 만약 가치나의 옷을 받지 않고서 11개월을 있었다면 이것을 비시라고 이름한다. 이 비시의 가운데에서 옷을 얻었다면 비시의라고 이름한다.

'옷'은 앞의 설명과 같다.

'필요하다.'는 이 비구가 진실로 필요한 옷이다. 곧 취하여 빠르게 완성하여 수지하려고 지으면서 조금 부족하였다면 1개월을 기다릴 수 있다. 1개월은 30일로 제한하고 이것을 마땅히 저축할 수 있으니, 구하여 채우고 만족하려는 까닭이다.

'희망이 있다.'는 이 비구가 진실로 옷을 얻을 곳이 있다고 들은 것이다. 만족하고자 기다리면서 1개월까지 저축할 수 있으나, 이 저축이 1개월을 넘겼다면 니살기바야제를 범한다.

'니살기바야제'는 이 옷을 마땅히 승가의 가운데에 버리고서 바야제를 참회해야 한다. 버리지 않고서 참회하면 월비니죄를 범한다.

'바야제'는 앞의 설명과 같다.

만약 비구가 10일 이전에 바라고 있었던 옷을 얻었거나, 바라지 않았던 옷을 얻었거나, 조금 바랐던 옷을 얻었거나, 무력(無力)하게 바랐던 옷을 얻었거나, 작게 희망하였거나, 인연이 생겨나서 희망하였거나, 희망이 끊어졌거나, 다시 나머지의 희망을 일으켰다면 이것은 모두 일이 없이 기다리는 것이다. 만약 이 옷을 얻고서 만족하였는데 절반은 작정하였고 절반은 작정하지 않았다면, 이 가운데에서 작정한 자는 잘 작정하였다고 이름하고, 작정하지 않은 자는 10일이 지났다면 니살기바야제를 범한다.

만약 비구가 이전의 10일 가운데에서 만약 거사의 옷을 얻었거나, 만약 분소의를 얻었는데, 스스로가 짓지 않았고 다른 사람을 시켜서 짓지도 않았으며, 수지하지도 않았고, 작정하지도 않았다면, 만약 그 옷을 지었거나, 짓지 않았어도 옷과 옷의 나머지가 이전의 10일이 지났다면 니살기바야제를 범한다. 만약 비구가 이전의 10일에 옷을 얻었는데, 만약 낡았거나, 만약 납의(納衣)였어도 이 비구가 얻어서 스스로가 짓지 않았고 다른 사람을 시켜서 짓지도 않았으며, 나아가 이전의 10일이 지났다면 니살기바야제를 범한다.

만약 비구가 중간의 10일에 옷을 얻었는데, 만약 염색하여 작정하였거나, 만약 작정하지 않았어도 스스로가 짓지 않았고 다른 사람을 시켜서 짓지도 않았으며 수지하지도 않았고 작정하지도 않았다면, 만약 그 옷을 지었거나, 짓지 않았어도 옷과 옷의 나머지가 중간의 10일이 지났다면 니살기바야제를 범한다. 만약 비구가 중간의 10일에 옷을 얻었는데, 만약 법의(法衣)에 마땅하게 얻었거나, 법의에 마땅하지 않게 얻었거나, 취하고서 스스로가 짓지 않았고 다른 사람을 시켜서 짓지도 않았으며, 나아가 이전의 10일이 지났다면 니살기바야제를 범한다.

만약 비구가 뒤의 10일에 옷을 얻고서 마땅히 하나의 옷을 지었고, 두 번째의 옷을 짓고자 하였으므로 다른 비구가 이 비구에게 말하였다.

"장로여. 이전에는 하나의 옷을 짓고자 하였는데, 지금 무슨 까닭으로 두 번째의 옷을 짓고자 합니까? 지금 마땅히 이전과 같이 하나의 옷을 지으십시오."

이 비구가 옷을 얻고서 스스로가 짓지 않았고 다른 사람을 시켜서 짓지도 않았으며, 나아가 뒤의 10일이 지났다면 니살기바야제를 범한다.

만약 비구가 뒤의 10일에 옷을 얻고서 작은 할절의(割截衣)를 짓고자 하였으나, 큰 할절의를 짓고자 하였으므로 다른 비구가 이 비구에게 말하였다.

"장로여. 본래는 작은 할절의를 짓고자 하였는데, 지금 무슨 까닭으로 큰 할절의를 짓고자 합니까? 마땅히 본래와 같이 지으십시오."

이 비구가 옷을 얻고서 스스로가 짓지 않았고 다른 사람을 시켜서 짓지도 않았으며, 수지하지도 않았고, 작정하지도 않았다면, 만약 그 옷을 지었거나, 짓지 않았어도 옷과 옷의 나머지가 뒤의 10일이 지났다면 니살기바야제를 범한다.

만약 비구가 이전의 10일에 옷을 얻었으면 마땅히 곧 이전의 10일에 옷을 지어야 하고, 중간의 10일에 옷을 얻었으면 마땅히 곧 중간의 10일에 옷을 지어야 하며, 뒤의 10일에 옷을 얻었으면 마땅히 곧 뒤의 10일에 옷을 지어야 한다. 만약 비구가 이전의 10일에서 5일이 지났는데 옷을 얻을 희망이 있다면 이전의 10일의 가운데에서 뒤의 5일과 중간의 10일의 가운데에서 앞의 5일인 이 10일에 마땅히 옷을 지어야 하고, 만약 비구가 중간의 10일 가운데에서 앞의 5일이 지났는데 옷을 얻을 희망이 있다면 마땅히 중간의 10일에서 뒤의 5일과 뒤의 10일에서 앞의 5일인 이 10일에 마땅히 옷을 지어야 하고, 만약 비구가 뒤의 10일에서 앞의 5일이 지났는데 옷을 얻을 희망이 있다면 마땅히 이 5일 안에 옷을 지어야 한다.

만약 비구가 뒤의 10일 가운데에서 6일이 지났는데 옷을 얻을 희망이 있다면 마땅히 4일 안에 옷을 지어야 하고, 뒤의 10일에서 7일이 지났는데 옷을 얻었다면 마땅히 3일 안에 옷을 지어야 하며, 뒤의 10일에서 8일이 지났는데 옷을 얻었다면 2일 안에 옷을 지어야 하고, 9일이 지났는데 옷을 얻었다면 1일 안에 마땅히 지어야 하며, 10일에 옷을 지났는데 옷을 얻었다면 곧 그날로 마땅히 지어야 한다.

옷을 짓는 때에는 마땅히 다른 사람이 서로를 도와서 빨고 염색하며 잡아당기고 자르며 꿰매고 뒤집어서 바느질하며 가로로 꿰매고 세로로 꿰매며 연(緣)을 꿰매고 마무리하며 끓이고 염색해야 한다. 염색하였다면 작정하고서 수지해야 한다. 만약 하루에 마치지 못하는 것이 두렵다면 거칠게 행하여 감추어 마치고서 수지하고서 뒤에 다시 세밀하게 꿰매야 한다.

이런 까닭으로 세존께서 설하셨노라.

만약 비구가 옷을 지어서 마쳤고, 가치나의를 버렸으며, 나아가 만족하거나, 부족하여도 10일이 지났다면 니살기바야제를 범한다.

세존께서 사위성에 머무르셨으며, 자세한 설명은 앞에서와 같다.

우발라 비구니의 인연에서 마땅히 자세히 설명하였다.

이때 우발라 비구니는 승기지(僧祇支)를 존자 아난타(阿難陀)에게 주었다. 이 옷은 때가 묻었고 더러웠던 까닭으로 아난타는 이 옷을 가지고 진흙을 발라서 햇볕의 가운데에서 말렸다. 세존께서는 아시면서도 일부러 물으셨다.

"아난타여. 그대는 무엇을 짓고 있는가?"

대답하여 말하였다.

"세존이시여. 이것은 우발라 비구니가 저에게 주었습니다. 이 승기지는 기름때가 묻었고 더러워서 진흙을 발라서 햇빛에 말리고 있습니다."

세존께서는 아난타에게 물으셨다.

"그대는 값을 주고 무역(貿易)하였는가?"

대답하여 말하였다.

"주지 않았습니다. 세존이시여."

세존께서는 아난타에게 물으셨다.

"마땅히 값을 주고서 무역하고, 다른 사람의 이익이 적게 하지 말라."

아난타가 주고자 하지 않았으므로, 세존께서는 아난타에게 말씀하셨다.

"어찌하여 주지 않으려고 하는가?"

아난타가 세존께 아뢰어 말하였다.

"무슨 물건을 주어야 합니까?"

세존께서 아난타에게 말씀하셨다.

"파사닉왕(波斯匿王)이 보시한 겁패로 길이가 16주(肘)와 넓이 8주인 그것을 주도록 하라."

아난타는 오히려 고의로 주지 않았고, [겁패계경(劫貝契經)의 가운데에서 자세하게 설하였다.]

다시 다음으로 세존께서는 사위성에 머무셨으며, 자세한 설명은 앞에서와 같다.

이때 선생(善生) 비구니가 도중(徒衆)을 데리고 왔는데, 모두가 낡고 찢어진 옷을 입고서 세존의 발에 예경하였다. 세존께서는 아시면서도 일부러 물으셨다.

"여러 비구들이여. 이들은 어느 비구니들이고, 낡고 찢어진 옷을 입고서 나에게 왔는가?"

여러 비구들이 세존께 아뢰어 말하였다.

"세존이시여. 이들은 선생 비구니의 도중입니다."

세존께서는 여러 비구들에게 물으셨다.

"이 선생 비구니는 옷을 얻으려는 까닭으로 입지 않았는가? 옷이 없는가?"

여러 비구들이 말하였다.

"다만 얻었더라도 가지고서 우타이에게 주었습니다."

다시 다음으로 세존께서는 사위성에 머무셨으며, 자세한 설명은 앞에서와 같다.

이때 투란난타(偸蘭難陀) 비구니가 도중을 데리고 왔는데, 모두가 낡고 찢어진 옷을 입고서 세존께 머리숙여 발에 예경하였다. 세존께서는 아시면서도 일부러 물으셨다.

"이들은 어느 비구니들이고, 낡고 찢어진 옷을 입고서 나에게 왔는가?"

여러 비구들이 세존께 아뢰어 말하였다.

"세존이시여. 이들은 투란난타 비구니의 도중입니다."

세존께서는 여러 비구들에게 물으셨다.

"이 투란난타 비구니는 옷을 얻으려는 까닭으로 입지 않았는가? 옷을 얻지 않으려는 까닭으로 입지 않았는가?"

여러 비구들이 말하였다.

"다만 얻었어도 가지고서 아난타에게 베풀었습니다."

다시 다음으로 세존께서는 사위성에 머무셨으며, 자세한 설명은 앞에서와 같다.

이때 소비제(蘇毘提) 비구니가 도중을 데리고 왔는데, 모두가 낡고 찢어진 옷을 입고서 머리숙여 발에 예경하였다. 세존께서는 아시면서도 일부러 물으셨다.

"이들은 어느 비구니들이고, 낡고 찢어진 옷을 입고서 나에게 왔는가?"

여러 비구들이 세존께 아뢰어 말하였다.

"세존이시여. 이들은 소비제 비구니의 도중입니다."

세존께서는 여러 비구들에게 물으셨다.

"이 소비제 비구니는 옷을 얻기 위하여 입지 않았는가? 얻은 옷이 없는가?"

여러 비구들이 말하였다.

"다만 얻었더라도 가지고서 선해(善解) 비구에게 베풀었습니다."

다시 다음으로 세존께서는 사위성에 머무셨으며, 자세한 설명은 앞에서와 같다.

이때 실리마(失利摩) 비구니가 도중을 데리고 왔는데, 모두가 낡고 찢어진 옷을 입고서 세존께 머리숙여 발에 예경하였다. 세존께서는 아시면서도 일부러 물으셨다.

"이들은 어느 비구니들이고, 낡고 찢어진 옷을 입고서 나에게 왔는가?"

여러 비구들이 세존께 아뢰어 말하였다.

"세존이시여. 이들은 실리마 비구니의 도중입니다."

세존께서는 여러 비구들에게 물으셨다.

"이 실리마 비구니는 옷을 얻기 위하여 입지 않았는가? 얻은 옷이 없는가?"

여러 비구들이 말하였다.

"다만 얻었더라도 가지고서 승가에게 베풀었습니다."

세존께서는 여러 비구들에게 물으셨다.

"만약 친족인 비구니가 이와 같은 낡고 찢어진 옷을 입었어도 이 친족인 비구들이 그들의 옷을 취하는가?"

대답하여 말하였다.

"취하지 않습니다."

세존께서 다시 물으셨다.

"만약 친족인 비구니가 스스로가 옷이 찢어졌어도 옷과 물건을 가지고 친족인 비구에게 주는가?"

대답하여 말하였다.

"아닙니다. 세존이시여."

세존께서 말씀하셨다.

"이러한 까닭으로 비구는 마땅히 친족이 아닌 비구니의 주변에서 무역하는 것을 제외하고, 옷을 취할 수 없느니라."

세존께서는 여러 비구들에게 알리셨다.

"사위성을 의지하는 비구들을 모두 모이게 하라. 열 가지의 이익을 까닭으로써 여러 비구들을 위하여 계율을 제정하겠나니, 나아가 이미 들었던 자들도 마땅히 거듭하여 들을지니라. 만약 비구가 친족이 아닌 비구니를 쫓아서 옷을 취할 수 없다. 무역하는 것을 제외하고는 니살기비야제를 범하느니라."

'비구'는 앞의 설명과 같다.

'친족이 아닌 비구니'는 부친의 상속(相續)이 아니고 모친의 상속이
아니라면 이것을 친족이 아닌 비구니라고 이름한다. 한 사람이 친족이고
친족이 아닌 사람이 많거나, 많이 친족이고 한 사람이 친족이 아니거나,
사미니가 친족이고 비구니는 친족이 아니거나, 사미니는 친족이 아니고
비구니는 친족이라도 이 가운데에서 옷을 얻는다면 죄를 범하고, 이
두 대중을 떠난다면 무죄이다.

'옷'은 흠바라의·겁패의·교사야의·추마의·사나의·마의·구물제의 등
이다.

'취하다.'는 그들의 보시를 받는 것이다.

'무역하는 것은 제외하다.'는 세존께서는 만약 무역한다면 무죄라고
말씀하셨다.

'니살기바야제'는 이 옷을 마땅히 승가의 가운데에서 버리는 것이고,
바야제는 참회하는 것이다. 옷을 버리지 않고서 참회한다면 월비니죄를
범한다.

'바야제'는 앞의 설명과 같다.

친족이 아닌 비구니에게 스스로가 주었고 사자(使者)가 받았거나, 사자
가 주었고 스스로가 받았거나, 스스로가 주었고 스스로가 받았거나, 사자
가 주었고 사자가 받는 것이 있다.

'스스로가 주었고 사자가 받았다.'는 비구니가 스스로 손으로 옷을
주었고 비구는 사자를 보내어 받는 것이다.

'사자가 주었고 스스로가 받았다.'는 비구니가 옷을 가지고 사자에게
보내어 비구에게 주었고, 비구는 스스로가 받는 것이다.

'스스로 주었고 스스로가 받았다.'는 비구니가 스스로 옷을 주었고
비구가 스스로 받는 것이다.

'사자가 주었고 사자가 받았다.'는 비구니가 옷을 가지고 사자를 보내어
비구에게 주었고 비구는 사자를 보내어 받는 것이다.

만약 비구가 친족이 아닌 비구니를 쫓아서 옷을 취하면서 무역을 허락하여 주지 않고, 시켜서 주지도 않으며, 스스로가 말하지 않고, 시켜서 말하지도 않으며, 본래의 옷을 바꾸었거나, 본래의 옷을 잘랐거나, 줄였거나, 다른 물건을 주었거나, 보고 들은 처소를 벗어났거나, 경계를 벗어났다면 이 비구는 바야제를 얻는다.

'주지 않다.'는 스스로가 주지 않는 것이다.

'시켜서 주지 않다.'는 다른 사람을 시켜서 주지 않는 것이다.

'스스로 말하지 않다.'는 스스로가 말하지 않고 비구니가 말한다면 뒤에 "때에 마땅히 그대에게 옷을 주겠다."라고 허락하는 것이다.

'시켜서 말하지 않다.'는 다른 사람을 시켜서 말하지 않고 비구니가 말한다면 뒤에 "때에 마땅히 그대에게 옷을 주겠다."라고 허락하는 것이다.

'본래의 옷을 바꾸다.'는 비구니에게 이전의 옷을 돌려주면서 이 옷을 주는 것이 마땅하지 않아서 마땅히 다른 옷을 주는 것이다.

'자르다.'는 본래의 옷을 잘라서 그에게 돌려주는 것이다. 이것은 무역하였다고 이름하지 않는다.

'줄여서 주다.'는 그가 완전한 옷을 얻고서 줄여서 작은 옷을 주는 것이니, 이것은 주었다고 이름하지 않는다. 마땅히 완전하게 갖추어진 옷을 주어야 한다.

'다른 물건을 주다.'는 그녀의 옷을 취하고서 발우를 주었거나, 만약 작은 발우를 주었거나, 만약 건자(鍵鎡)를 주었거나, 만약 음식이나 다른 물건을 주는 것이다. 이것은 무역하였다고 이름할 수 없다. 마땅히 옷을 주어야 한다.

'보고 들은 처소를 벗어나다.'는 만약 비구가 친족이 아닌 비구니의 옷을 취하고서 값을 주지 않았고, 시켜서 주지도 않았으며, 스스로 말하지 않았고, 시켜서 말하지도 않았으며, 보고 들었던 처소를 버리고 떠나간다면 바야제를 범한다.

'경계를 떠나다.'는 만약 비구가 친족이 아닌 비구니의 옷을 취하고서 값을 주지 않았고, 시켜서 주지도 않았으며, 스스로 말하지 않았고, 시켜서 말하지도 않았으며, 버리고 떠나가서 25주의 경계를 나갔다면 바야제를 범한다. 만약 비구가 친족이 아닌 비구니의 옷을 취하고서 값을 주지 않았고, 시켜서 주지도 않았으며, 스스로 말하지 않았고, 시켜서 말하지도 않았으며, 만약 앉아 있거나, 만약 누워있거나, 만약 선정에 들어갔더라도 모두 바야제를 범한다.

만약 친족이 아닌 비구니가 지식인 사미에게 옷을 주면서 이렇게 말을 지었다.

"사미여. 내가 그대에게 옷을 주겠으니, 그대가 이 옷을 가지고 어느 비구에게 준다면 복덕을 얻을 것이오."

비구가 취하였다면 무죄이다.

이와 같이 사미니·식차마니·우바새, 나아가 여러 우바이에게 말하였다.

"사미여. 내가 그대에게 옷을 주겠으니, 그대가 이 옷을 가지고 존자인 어느 비구에게 준다면 복덕을 얻을 것이오."

비구가 취하였다면 무죄이다.

만약 비구니가 비구에게 "존자여. 이 옷을 빌려서 뜻을 따라서 입으십시오."라고 말하였고, 비구가 입었으며, 나아가 찢어져서 돌려주었어도 무죄이다. 만약 많은 대중의 비구니들이 한 비구에게 옷을 주었다면, 이 한 비구는 마땅히 각각의 많은 대중의 비구니들과 옷을 무역해야 하고, 역시 하나의 옷으로써 많은 대중의 비구니들에게 주면서 말해야 한다.

"자매들이여. 옷을 통째로 무역하였습니다."

한 비구니가 별도로 많은 대중의 비구들에게 옷을 주었다면, 많은 대중의 비구들은 마땅히 각각 한 비구니와 옷을 무역해야 하며, 역시 함께 하나의 옷을 주면서 말해야 한다.

"자매들이여. 이 옷을 통째로 무역하였습니다."

만약 많은 대중의 비구니들이 많은 대중의 비구에게 옷을 주었다면,

많은 대중의 비구들은 마땅히 많은 대중의 비구니들과 옷을 무역해야 하고, 만약 한 비구니가 한 비구에게 옷을 주었다면, 한 비구는 마땅히 한 비구니에게 옷을 무역해야 한다. 만약 비구니가 비구에게 만약 발우이거나, 만약 작은 발우이거나, 만약 건자이거나, 만약 음식이거나, 더불어 나머지의 작은 물건들을 주었다면, 모두를 취하여도 무죄이다.

이러한 까닭으로 설하였노라.

만약 비구가 친족이 아닌 비구니를 쫓아서 옷을 취한다면 무역하는 것을 제외하고서 모두 니살기바야제를 범한다.

마하승기율 제9권

동진 천축삼장 불타발타라·법현 공역
석보운 번역

2) 30니살기바야제의 법을 밝히다 ②

세존께서는 사위성에 머무르셨다.

그때 존자 우타이(優陀夷)는 옷을 가지고 대애도(大愛道) 비구니에게 주면서 이렇게 말을 지었다.

"옳습니다. 구담미(瞿曇彌)여. 이 옷을 나를 위하여 세탁하고 염색하며 두드려 주십시오."

이때 대애도 비구니가 곧 세탁하고 염색하였으며 두드려서 되돌려 보내면서 우타이에게 말하였다.

"이 옷을 빨아서 염색하였고 두드려서 마쳤으며 지금 그렇게 하여 보내드립니다."

우타이는 곧 축원하였다.

"즐거움을 얻으시고, 병이 없으십시오."

보냈으므로 방안에 놓아두었다. 이때 대애도 비구니가 옷을 가지고 우타이에게 주고서 세존의 처소에 나아가서 머리숙여 발에 예경하고서 물러나서 한쪽에 머물렀다. 세존께서는 아시면서도 일부러 물으셨다.

"구담미여. 그대의 손 위에 무슨 까닭으로 염색한 빛깔이 있습니까?"

대답하여 말하였다.

"세존이시여. 내가 우타이를 위하여 옷을 세탁하고 염색하였던 까닭으로 손에 염색한 빛깔이 있습니다."

구담미가 떠나가고 오래되지 않아서 세존께서 여러 비구들에게 알리셨다.

"어찌하여 우타이는 도리어 도를 행하는 비구니에게 옷을 세탁하고 염색하게 시켜서 비구니의 업을 방해하고 그만두게 하였는가?"

다시 다음으로 세존께서는 사위성에 머무르셨다.

그때 장로 아난타는 투란난타 비구니에게 본래부터 두 가지를 잘 관찰하지 않고서 부정한 옷을 세탁하라고 주면서 이렇게 말을 지었다.

"누이여. 나를 위하여 이 옷을 세탁하고 염색하며 두드려서 주십시오."

이때 투란난타는 곧 이 옷을 가지고 정사에 이르러서 펼쳐서 보았고, 부정이 옷에 붙어 있는 것을 보았으므로, 곧 이 옷으로 여러 비구니들에게 보여주면서 이렇게 말을 지었다.

"그대들은 이 옷 위에 장부(丈夫)와 장부의 표시(相)를 보시오."

이때 여러 비구니들이 투란난타 비구니에게 말하였다.

"이와 같이 마땅히 덮어서 감추어야 하는 물건을 어찌하여 사람들에게 보이는가? 만약 세탁하고자 한다면 마땅히 세탁할 것이고, 만약 세탁하지 않겠다면 마땅히 집으세요."

이때 투란난타 비구니는 여러 비구니들에게 말하였다.

"이것이 무슨 부끄러움이 있다고 나에게 감추라고 시키는가! 이것이 장부와 장부의 표시요."

거듭 다시 들어서 여러 비구니에게 보여주었다. 이때 육군비구(六群比丘)들은 이 비구니들과 멀지 않았으므로, 이러한 말을 듣고서 손뼉을 치면서 크게 웃었다.

"기이한 일이로다. 기이한 일이로다."

이때 여러 비구들은 이러한 말을 듣고서 곧 이 일로써 세존께 가서 아뢰었다. 세존께서 말씀하셨다.

"아난타를 불러오라."

곧 불렀고 왔으므로 세존께서 아난타에게 물으셨다.

"그대가 진실로 그러하였는가?"

대답하여 말하였다.

"진실로 그렇습니다. 잘 살펴보지 않은 까닭으로 주었습니다."

세존께서 여러 비구에게 알리셨다.

"설사(設使) 친족인 비구라면 이렇게 부정한 옷을 마땅히 친족인 비구니에게 주어서 세탁을 시키겠는가?"

대답하여 말하였다.

"주지 않습니다. 세존이시여."

세존께서 말씀하셨다.

"설사 친족인 비구니라면 친족인 비구에게 이러한 일이 있다면 덮어서 감추고서 마땅히 사람에게 보여주겠는가?"

대답하여 말하였다.

"보여주지 않습니다. 세존이시여."

세존께서 여러 비구들에게 알리셨다.

"친족인 비구니라도 오히려 마땅히 부정한 옷을 세탁하게 할 수 없는데, 어찌하여 친족이 아닌 비구니에게 낡은 옷을 세탁하게 하겠는가? 지금부터 이후에는 허락하지 않겠노라."

세존께서 여러 비구들에게 알리셨다.

"사위성을 의지하는 비구들을 모두 모이게 하라. 열 가지의 이익을 까닭으로 여러 비구들을 위하여 계율을 제정하겠나니, 나아가 이미 들었던 자들도 마땅히 거듭하여 들을지니라. 만약 비구가 친족이 아닌 비구니에게 낡은 옷을 세탁하게 하였거나, 만약 염색하게 하였거나, 만약 두드리게 하였다면 니살기바야제를 범하느니라."

'비구'는 앞의 설명과 같다.

'친족이 아닌 자'는 부친의 상속이 아니고 모친의 상속도 아닌 자이다.

'낡은 옷'은 나아가 한 번이라도 베갯머리를 지났다면 낡았다고 이름한다.

'옷'은 앞의 설명과 같다.

'세탁하다.'는 때와 기름을 없애는 것이다.

'염색하다.'는 뿌리로 염색하거나, 껍질로 염색하거나, 잎으로 염색하거나, 꽃으로 염색하거나, 열매로 염색하는 것이고, 이와 같이 여러 종류로 염색하는 것이다.

'두드리다.'는 나아가 손으로 한 번을 때리는 것이다.

'니살기'는 이 옷을 마땅히 승가의 가운데에 버리는 것이다.

'바야제'는 죄를 마땅히 참회해야 한다. 옷을 버리지 않고서 참회하면 월비니죄를 범한다.

'바야제'는 앞의 설명과 같다.

스스로가 주었고 사자가 받았거나, 사자가 주었고 스스로가 받았거나, 스스로가 주었고 스스로가 받았거나, 사자가 주었고 사자가 받는 것이 있다.

'스스로가 주었고 사자가 받았다.'는 비구가 스스로 주었고, 비구니가 사자를 보내어 받았으며, 비구니가 스스로 세탁하는 것이다.

'사자가 주었고 스스로 받았다.'는 비구가 사자를 보내어 옷을 가지고 주었고, 비구니가 스스로 받아서 세탁하는 것이다.

'스스로 주었고 스스로 받았다.'는 비구가 손으로 스스로가 주었고, 비구니가 스스로 받아서 세탁하는 것이다.

'사자가 주었고 사자가 받았다.'는 비구가 사자를 보내어 주었고, 비구니도 사자를 보내어 받았고, 스스로가 세탁하고 염색하며 두드리는 것이며, 니살기바야제를 범한다. 만약 비구가 세탁하라고 말하여서 곧 세탁하였고, 염색하라고 말하여서 곧 염색하였으며, 두드리라고 말하여서 곧 두드렸다면 니살기바야제를 범한다.

만약 비구가 친족이 아닌 비구니에게 옷을 세탁하라고 시켰는데 곧 염색하였고, 염색하라고 시켰는데 곧 두드렸으며, 두드리라고 시켰는데 곧 세탁하였고, 지으라고 시켰는데 짓지 않았으며, 짓지 말라고 시켰는데 지었다면 월비니죄를 범한다. 만약 비구가 친족이 아닌 비구니에게 옷을 세탁하라고 시켰는데 곧 염색하고 두드렸으며, 염색하라고 시켰는데 곧 세탁하고 두드렸으며, 두드리라고 시켰는데 곧 세탁하고 염색하였으며, 지으라고 시켰는데 짓지 않았으며, 짓지 말라고 시켰는데 지었다면 월비니죄를 범한다.

만약 비구가 친족에게 옷을 주었고 친족이 아닌 자가 세탁하였거나, 만약 친족이 아닌 자에게 옷을 주었고 친족이 세탁하였거나, 만약 친족에게 옷을 주었고 친족이 세탁하였거나, 친족이 아닌 자에게 옷을 주었고 친족이 아닌 자가 세탁하는 것이다.

'친족에게 옷을 주었고 친족이 아닌 자가 세탁하다.'는 만약 비구의 어머니나 자매들이 출가하였고, 비구가 옷을 가지고 세탁하게 주었는데 그 비구니가 옷을 가지고 정사에 돌아왔다. 이 비구니는 제자인 비구니가 있었으므로 말하였다.

"아사리께서 지을 일이 있다면 내가 마땅히 지어야 한다."

곧 옷을 취하여 세탁하고 염색하며 두드렸다면 이 비구는 무죄이다. 이것을 친족에게 주었는데 친족이 아닌 자가 세탁하였다고 한다.

'친족이 아닌데 주었고 친족이 세탁하다.'는 만약 비구가 친족이 아닌 비구니에게 옷을 주면서 세탁하고 염색하며 두드리게 하였고, 이 비구니가 옷을 가지고 정사로 돌아왔다. 이 비구의 출가한 어머니와 자매들이 있어서 이 옷을 알아보고서 곧 이 비구니에게 물어 말하였다.

"그것은 누구의 옷입니까."

대답하여 말하였다.

"어느 비구의 옷입니다."

이 친족인 비구니가 곧 이렇게 생각을 지었다.

'누구는 내가 비구니인 것을 알지 못하는구나. 이 비구가 니살기바야제를 얻게 할 수 없다.'

곧 옷을 취하여 세탁하였다면 이 비구는 월비니죄를 범한다. 이것을 친족이 아닌데 주었고 친척이 세탁한다고 한다.

'친족에게 주었고 친족이 세탁하다.'는 만약 비구의 어머니와 자매들이 출가하였고 이 비구가 옷을 가지고 세탁하게 하였는데 그 비구니가 말하였다.

"나는 여위고 병들었습니다."

비구가 말하였다.

"그대에게는 강건(剛健)한 제자가 있으니, 마땅히 시켜서 세탁하십시오."

곧 시켜서 세탁하였고, 시켜서 세탁을 마치고서 스스로가 가지고 왔다면 이 비구는 니살기바야제를 얻는다. 만약 시키지 않았는데 스스로가 세탁하였다면 무죄이다. 이것을 친족에게 주었고 친족이 세탁하는 것이라고 이름한다.

만약 비구가 친족이 아닌 비구니에게 옷을 주었고 친족이 아닌 비구니가 세탁하고 염색하며 두드렸다면 니살기바야제를 범한다. 이것을 친족이 아닌데 주었고 친족이 아닌데 세탁하였다고 이름한다.

만약 비구가 옷을 가지고 나아가 염색하는 것을 모두 비구니의 정사에 맡기고 떠나가서 다른 한정(閑靜)한 처소에서 안거하였다. 이 비구니가 하안거의 뒤에 스스로가 옷을 세탁하고 염색하면서 지나가던 인연으로 비구를 위하여 세탁하고 염색하였다. 이 비구가 안거를 마치고 돌아와서 옷을 세탁하고 염색하고자 찾았으므로 비구니가 "내가 이미 세탁하고 염색하였다."라고 말하였다면, 이 비구는 범한 것은 없다.

만약 비구가 옷을 맡기는 때에 이렇게 생각을 지었다.

'그 비구니가 나를 위하여 옷을 세탁하고 염색하며 두드릴 것이다.'

뒤에 세탁하였고 염색하였으며 두드렸다면 니살기바야제를 범한다.

만약 비구가 때와 기름진 옷을 입고서 비구니의 정사에 나아갔고, 친족이 아닌 비구니가 비구의 발에 예배하고 물어 말하였다.

"옷이 무슨 까닭으로 때와 기름이 묻었습니까? 세탁하고 염색할 사람이 없습니까?"

대답하여 말하였다.

"세탁할 사람이 없습니다."

이 비구니가 신심으로 곧바로 방으로 들어가서 옷을 취하여 비구에게 주면서 입혀서 남겨두고, 이 옷을 세탁하고 염색하며 두드려서 주었다면 무죄이다.

이 비구가 다른 때에 고의로 뜻을 지어서 때와 기름진 옷을 입고 떠나가서 이렇게 생각을 지었다.

'비구니가 이 더러운 것을 본다면 스스로가 나를 위하여 세탁할 것이다.'

이러한 생각을 지어서 세탁하게 하였다면 니살기바야제를 범한다.

만약 비구가 취락의 가운데에 들어갔는데 미친 코끼리나 수레와 말이 흙탕물이 튀어서 비구의 옷을 더럽혔으므로 곧 가서 비구니 정사에 이르렀고, 비구니에게 그 옷을 세탁하게 하였으면 니살기바야제를 범하고, 자를 수 없는 까닭으로 모두 버려야 한다. 만약 비구니가 물을 뿌렸고 비구가 스스로 세탁하였다면 무죄이다.

만약 비구가 한 처소에서 옷을 세탁하여 염색하는 때에 재일(齋日)이었고, 비구니가 유행하면서 여러 정사에 예배하고 지나가면서 여러 비구들의 발에 예배하였으며, 비구가 옷을 세탁하는 것을 보고서 여러 비구니들이 말하였다.

"아사리여. 옷을 세탁할 사람이 없습니까?"

대답하여 말하였다.

"세탁할 사람이 없습니다."

이 비구니가 신심을 까닭으로 비구에게 말하였다.

"멈추세요. 내가 마땅히 세탁하겠습니다."

그때 비구가 허락하였고 뜻을 따라 세탁하였다면 무죄이다.

만약 비구가 재일에 고의로 옷을 세탁하면서 이렇게 생각을 지었다.

'비구니가 반드시 와서 나를 위하여 세탁할 것이다.'

만약 주면서 세탁하게 하였다면 니살기바야제를 범한다.

만약 비구에게 비구니인 제자가 많았고, 비록 세탁하고 염색하며 두드리게 시키지 않았으나, 땔감을 줍고 물을 취하며 삶아서 염색하고 음식을 취하며 물을 붓고 부채로 부채질을 하면서 음식을 준비하며 발우를 거두는 등 일체의 일을 짓게 하면서, 만약 세탁하고 염색하며 두드리게 시킨다면 니살기바야제를 범한다.

만약 화상과 아사리를 위하여 옷을 가져다가 비구니에게 세탁하게 하였다면 월비니죄를 범한다. 탑이나 승가를 위하여 비구니를 시켜서 옷을 세탁하고 염색하며 두드리는 것은 무죄이다.

이러한 까닭으로 설하였노라.

만약 비구가 친족이 아닌 비구니에게 낡은 옷을 세탁하고 염색하며 두드리게 시켰다면 니살기바야제를 범한다.

세존께서는 사위성에 머무셨으며, 자세한 설명은 앞에서와 같다.

매달 8일·14일·15일에는 성안의 많은 사람들이 모두 나와서 세존의 발에 예경하였다. 이때 어느 한 사람은 아발타(阿跋吒)라고 이름하였고, 두 장(張)의 백첩(白㲲)[1]을 입고 왔으며, 기원정사에 들어가서 세존의 발에 예경하였고, 다음으로 장로 우파난타의 주처에 이르러 말하였다.

"아사리께 화남(和南)[2]합니다."

"무병하시오. 장수여."

아발타가 말하였다.

"나는 여러 방사를 보고자 합니다."

이때 우파난타가 대답하여 말하였다.

"그럽시다. 그대들이 보고자 하지 않았어도 오히려 그대에게 보여주고자 하였는데, 하물며 다시 보고자 하였구려."

곧 데리고 2층의 누각 위에 이르러 말하였다.

"이것을 보시오. 장로여. 문양을 새겨서 조각하였고, 다섯 종류로 채색하여 그렸으며, 감색의 유리가 바탕인 평상과 담요와 와구이오."

보고서 대답하여 말하였다.

---

1) 흰색의 모직물을 가리킨다.
2) 산스크리트어 vandana의 음사로서 예경(禮敬) 또는 공경(恭敬)이라 번역된다. 공손한 마음으로 합장하고 머리숙여 안부를 묻는 것이다.

"진실로 좋습니다. 아사리여."

아사리 우파난타는 말하였다.

"장수여. 그대의 백첩 옷도 역시 좋구려. 길고 넓으며 미세하고 치밀하오."

이때 아발타는 알려 말하였다.

"나는 다시 나머지의 방사도 보고자 합니다."

이때 우파난타는 데리고 제3의 중각(重閣) 위에 이르러 보게 하였으며, 앞의 설명과 같다. 나아가 그대의 옷도 역시 좋고 길고 넓으며 세밀하고 치밀하다고 말하였다. 이때 그는 이렇게 생각을 지었다.

'이 사문이 나의 옷을 찬탄하는데, 반드시 마땅하게 이 옷을 얻고자 하는구나. 이 비구는 왕과 대신의 지식과 큰 세력이 있다. 만약 주지 않는다면 혹은 나를 미워하고 원망할 것이다.'

아발타가 말하였다.

"아사리여. 이 옷을 얻고자 합니까?"

대답하여 말하였다.

"얻고 싶구려."

아발타가 말하였다.

"아사리여. 나를 따라서 떠납시다. 마땅히 다시 다른 옷으로 드리겠습니다."

우파난타가 말하였다.

"오호! 장수여. 그대는 무슨 까닭으로 다시 나에게 다른 옷을 주겠다고 말하시오? 나도 역시 여러 종류의 좋은 백첩의 옷이 있소. 다만 모양이 그것과 비슷하지 않은 까닭으로 그대의 이 백첩을 얻고서 비슷한 모양인 한 종류의 옷을 짓고자 하는 것이오."

다시 말하였다.

"그대의 뜻이 나에게 보시하고자 한다면 바로 이 옷으로써 나에게 주시오. 그 다른 것이 좋더라도 내가 필요한 것은 아니오."

아발타가 말하였다.

"나는 이 옷을 입고 국왕과 장자에게 나아가며 세존을 뵙고 예경하는 일을 그만둘 수 없습니다."

우파난타가 다시 말하였다.

"그대는 무슨 까닭으로 다시 나에게 다른 옷을 주겠다고 말하였소? 그대는 진실로 내가 다시 다른 좋은 백첩이 없다고 생각하시오? 그대가 보시하고자 한다면 바로 이 옷으로써 나에게 주시오. 그 나머지의 좋은 것은 본래 필요한 것이 아니오."

아발타가 말하였다.

"이 옷이 반드시 필요하다면 나를 따라서 돌아갑시다. 집에 이르면 마땅히 드리겠습니다."

우파난타가 말하였다.

"그대는 방편은 분명하지 않소. 집안에는 여러 어려움이 있는가를 알 수 없소. 만약 부모와 형제와 자매가 혹은 마땅히 아껴서 그대의 보시를 허락하지 않는다면 나는 이 옷을 얻을 수 없고, 그대는 보시의 복을 이루지 못하여서 두 가지의 이익을 모두 잃게 되오. 이러한 어려움이 있는 까닭으로 바로 마땅히 이곳에서 나에게 보시하시오."

그때 아발타는 괴롭게 말하여도 벗어날 수 없어서 곧 위의 옷을 벗어 주고서 떠나갔고 아래의 옷을 입고서 사위성을 향하였다. 이때 성안의 많은 사람들이 나와서 세존을 뵙고 예경하고자 하였다. 이때 아발타는 여러 사람들에게 말하였다.

"그대들은 지금 어디로 가고자 합니까?"

대답하여 말하였다.

"기환(祇桓)에 나아가고자 합니다."

말하였다.

"가지 마십시오."

물어 말하였다.

"무슨 까닭입니까?"

대답하여 말하였다.

"사문이 사람을 겁탈합니다."

다시 물었다.

"사람의 물건들을 강탈(强奪)합니까?"

대답하여 말하였다.

"다시 물어서 무엇하겠습니까? 그대들은 다만 나를 보십시오. 내가 두 장의 백첩을 입고 떠나갔는데 지금은 바로 한 벌이 남았습니다."

그 가운데에서 불법을 믿지 않는 자들은 곧 성안으로 돌아갔고, 들었던 자는 '그러한가? 그렇지 않은가?'라고 의심이 생겨나서 침울하게 머물렀다. 불법을 믿는 자들은 이렇게 생각을 지었다.

'결국은 이러한 일은 없다. 사문인 석자는 주지 않는다면 취하지 않는데, 어찌하여 사람을 겁탈하는 일이 있겠는가? 혹은 능히 방편으로 설법하여 취했을 것이다.'

이것의 까닭으로 적은 사람만이 기환에 나아가서 세존을 뵙고 예경하였다. 세존께서는 아시면서도 일부러 아난에게 물으셨다.

"오늘은 무슨 까닭으로 적은 사람들이 와서 기환에 들어왔는가?"

이때 존자 아난은 앞의 일로써 갖추어 세존께 아뢰었고, 세존께서는 말씀하셨다.

"우파난타를 불러오라."

곧 불렀고 왔으므로 세존께서는 우파난타에게 물으셨다.

"그대가 진실로 그렇게 하였는가?"

대답하여 말하였다.

"진실입니다. 세존이시여."

세존께서 말씀하셨다.

"비구여. 이것은 악한 일이니라. 어찌하여 비구가 강제로 다른 사람의 옷을 구걸하였는가? 그대는 항상 세존께서 욕심이 적은 것을 찬탄하였고 욕심이 많아서 싫어함이 없음을 꾸짖는 것을 듣지 못하였는가? 오늘부터 이후에 친족이 아닌 거사와 거사의 부인에게 옷을 구걸하는 것을 허락하지 않겠노라."

다시 다음으로 세존께서는 사위성에 머무셨으며, 자세한 설명은 앞에 서와 같다.

그때 북방(北方)에 어느 60명의 비구들이 사위성으로 와서 세존께 예경하고자 나아갔는데, 도중(中道)에 도둑에게 겁탈당하여 옷을 잃어버리고 나형(裸形)으로 기환에 들어와서 여러 비구들에게 예배하였다. 여러 비구들이 물어 말하였다.

"그대들은 누구인 사람인가?"

대답하여 말하였다.

"출가인입니다."

또한 물었다.

"무슨 도에 출가하였는가?"

대답하여 말하였다.

"석종(釋種)에 출가하였습니다."

또한 물었다.

"그대들은 옷은 어디에 남겨두고서 나형인가?"

대답하여 말하였다.

"우리들은 도중에 도적을 만나서 옷을 잃어버렸습니다."

그때 여러 비구들이 각각 옷을 주었는데, 승가리를 주는 자도 있었고, 울다라승을 주는 자도 있었으며, 안타회를 주는 자도 있었고, 니사단을 주는 자도 있었다. 이 비구들은 옷을 입고서 세존의 처소로 가서 이르렀고 머리숙여 발에 예경하고 한쪽에 머물렀다. 세존께서는 아시면서도 일부러 물으셨다.

"여러 비구들이여. 그대들은 어느 처소에서 왔는가?"

대답하여 말하였다.

"세존이시여. 저희들은 북방에서 왔습니다."

세존께서는 여러 비구들에게 물으셨다.

"그대들이 괴로움을 견딜 수 있었고 걸식은 어렵지 않았으며, 도로에 피로하지 않았는가?"

대답하여 말하였다.

"세존이시여. 저희들은 괴로움을 견딜 수 있었고 걸식은 어렵지 않았으며, 도로에 피로하지 않았으나, 다만 도중에 도둑을 만나서 옷을 잃어버렸고 나형으로 기환에 들어왔습니다."

세존께서는 비구들에게 물으셨다.

"그대들은 도중에 취락이나 성읍이 없었던가?"

대답하여 말하였다.

"있었습니다."

세존께서 말씀하셨다.

"무슨 까닭으로 구걸하지 않았는가?"

여러 비구들이 세존께 아뢰어 말하였다.

"저희들은 세존께서 계율을 제정하시어 '친족이 아닌 자에게 옷을 구걸하지 못하게 하셨다.'라고 들었고, 역시 단월이 보시하는 자도 없었습니다. 이러한 까닭으로 저희들은 감히 옷을 구걸하지 못하고 나형으로 왔습니다."

세존께서는 지계를 찬탄하며 말씀하셨다.

"옳도다. 옳도다. 여러 비구들이여. 그대들은 바로 수순하고 바른 신심으로 출가하였고, 나아가 목숨을 잃을 인연이었어도 마땅히 고의로 범하지 않았구나. 오늘부터는 옷을 잃어버린 때에는 구걸하는 것을 허락하겠노라."

세존께서는 여러 비구들에게 알리셨다.

"사위성을 의지하는 비구들을 모두 모이게 하라. 열 가지의 이익을 까닭으로써 여러 비구들을 위하여 계율을 제정하겠나니, 나아가 이미 들었던 자들도 마땅히 거듭하여 들을지니라. 만약 비구가 친척이 아닌 거사와 거사의 아내에게 옷을 구걸한다면 다른 때를 제외하고는 니살기바야제를 범하느니라. '다른 때'는 옷을 잃어버린 때이니 이것을 다른 때라고 이름하느니라."

'비구'는 앞의 설명과 같다.

'친족이 아닌 자'는 부친의 상속이 아니고 모친의 상속이 아니며, 친족의 인연이 없는 것이다. 한 사람이 친족이고 친족이 아닌 사람이 많거나, 많이 친족이고 한 사람이 친족이 아니거나, 이 두 대중에서 벗어난다면 죄를 얻는다.

'거사'는 집의 주인이다.

'옷'은 흠바라의·겁패의·추마의·교사야의·사나의·마의·구모제의 등이다.

'구걸하다.'는 만약 스스로가 구걸하였거나, 만약 사람을 시켜서 구걸하는 것이고, 다른 때에 옷을 구걸하여 무죄인 것은 제외한다.

'다른 때'는 옷을 잃은 때이다. 옷을 잃어버리는 것에는 열 가지의 인연이 있으니, 만약 왕이 빼앗았거나, 만약 도둑이 빼앗았거나, 만약 불에 탔거나, 만약 바람에 날려갔거나, 만약 물에 떠내려갔거나, 만약 여인이 욕심을 일어서 빼앗았거나, 만약 부모와 친족이 도(道)를 깨트리고자 고의로 빼앗았거나, 만약 스스로가 감추고서 뒤에 잊어버려서 감추었던 곳을 알지 못하거나, 만약 옷을 감추었는데 부패(腐爛)하였거나, 만약 시간이 오래되어 낡고 찢어져서 보관할 수 없는 것이다. 이것을 열 가지라고 이름하고, 다른 때를 제외하나니, 세존께서는 무죄라고 말씀하셨다.

'니살기바야제'는 이 옷을 마땅히 승가의 가운데에 버리는 것이고, 바야제는 참회하는 것이다. 옷을 버리지 않고서 참회한다면 월비니죄를 범한다.

'바야제'는 앞의 설명과 같다.

만약 비구가 3유순 안에 옷이 있었고, 만약 승가리를 잃었더라도 울다라승이 있다면 마땅히 구걸하지 않아야 하고, 만약 승가리와 울다라승을 잃었더라도 안타회가 있다면 마땅히 구걸하지 않아야 하며, 만약 3의를 잃었어도 만약 부창의(覆瘡衣)가 있다면 마땅히 구걸하지 않아야 하고, 만약 3의와 부창의를 잃었어도 우욕의(雨浴衣)가 있다면 마땅히 구걸하지 않아야 하며, 만약 비구가 3의와 부창의, 우욕의를 잃었어도 다시 와구(臥具)와 욕구(褥具)가 있다면 마땅히 구걸하지 않아야 하고, 만약 비구가

3의와 부창의와 부구와 욕구를 잃었어도 만약 맡겼던 옷이 있어서 길이가 2주(肘)이고 넓이가 1주라면 마땅히 구걸하지 않아야 한다.

왜 그러한가? 이 비구는 마땅히 아래의 옷을 입고 3유연을 가서 이전의 옷을 받아야 한다. 만약 도중에 여러 어려운 일이 있었고, 나아가서 옷을 얻지 못하는 자는 우의(雨衣)를 구걸하여 얻더라도 무죄이다. 만약 비구가 친족이 아닌데 쫓아서 옷을 구걸하는 것은, 만약 스스로 구걸하였거나, 만약 사람을 시켜서 구걸하였거나, 만약 모습(相)을 지어서 구걸하였거나, 만약 설법하면서 구걸하는 것이다.

'스스로가 구걸하다.'는 자신이 가서 구걸하는 것이다.

'시켜서 구걸하다.'는 사람을 보내고 가서 구걸하는 것이다.

'모습을 지어서 구걸하다.'는 추운 모습이나, 더운 모습을 짓는 것이다. '무엇을 추운 모습이라고 말하는가?' 만약 비구가 겨울의 가운데의 팔야(八夜)에 비와 눈이 오는 때에 찢어지고 낡은 옷을 입고 단월의 집으로 나아가서 추위에 떠는 모습을 나타내었다. 그때 단월이 비구의 발에 예배하고 물어 말하였다.

"아사리여. 어느 시의(時衣)3)가 없습니까? 무슨 까닭으로 추위에 떨고 계십니까?"

대답하여 말하였다.

"없습니다. 그대의 부모가 있었던 때에는 항상 나를 위하여 시의를 지어서 주었습니다. 지금 그대의 부모가 세상을 떠났으니, 누가 마땅히 나를 위하여 옷을 지어주겠습니까? 그대의 부모만 죽은 것이 아니고 역시 나의 부모도 세상을 떠났습니다."

단월이 말하였다.

"아사리여. 원한을 짓지 마십시오. 내가 마땅히 시의를 짓겠습니다."

이것을 추운 모습으로 구걸한다고 이름한다. 만약 옷을 얻었다면 니살기바야제를 범한다.

---

3) 계절에 알맞은 옷을 가리킨다.

'무엇을 더운 모습이라고 말하는가?' 만약 비구가 오월이나 유월의 크게 더운 때에 두꺼운 납의(納衣)를 입고 땀을 흘리면서 단월의 집에 나아가서 더운 모습을 나타내었다. 그때 단월이 비구의 발에 예배하고 물어 말하였다.

"아사리여. 어느 시의가 없습니까? 무슨 까닭으로 더위에 땀을 흘리고 계십니까?"

대답하여 말하였다.

"없습니다. 그대의 부모가 있었던 때에는 항상 나를 위하여 시의를 지어서 주었습니다. 지금 그대의 부모가 세상을 떠나갔으니, 누가 마땅히 나를 위하여 옷을 지어주겠습니까? 그대의 부모만 죽은 것이 아니고 역시 나의 부모도 세상을 떠났습니다."

단월이 곧 말하였다.

"아사리여. 원한을 짓지 마십시오. 내가 마땅히 시의를 짓겠습니다."

이것을 더운 모습으로 구걸한다고 이름한다. 만약 옷을 얻었다면 니살기바야제를 범한다.

무엇을 설법하여 구걸한다고 말하는가? 이 비구가 옷을 구하기 위한 까닭으로 단월에게 게송을 설하여 말하면서 주었다.

만약 사람이 옷으로써 보시하면
가장 수승한 곳에 태어나니
즐거움으로써 보시하는 자는
인천(人天)에서 복의 과보를 받는다네.

천상에 태어나서 미묘한 색상을 얻고
천상의 보관(寶冠)으로 장엄하나니
옷으로써 비구에게 보시하는 까닭으로
생생(生生)에 옷이 자연스럽게 생겨난다네.

이것을 설법하여 구걸한다고 이름한다. 만약 옷을 얻었다면 니살기바야제를 범한다.

만약 녹수낭(漉水囊)을 구걸하였거나, 만약 작은 옷과 물건을 꿰매는 것을 구걸하였거나, 만약 머리에 묶는 물건을 구걸하였거나, 만약 부스럼을 덮는 물건을 구걸하였거나, 만약 옷의 인연이었거나, 만약 옷의 가운데에서 하나의 조(條)를 구걸하였다면, 이와 같은 물건 등은 범한 것은 없다. 만약 이러한 물건을 구걸하는 때에 단월이 완전한 물건을 베풀었거나, 옷을 재단하여 베풀었다면 취하여도 범한 것은 없다. 만약 비구가 이렇게 생각을 지었다.

'내가 다만 작고 작은 물건을 구한다면, 단월이 스스로가 마땅히 나에게 온전한 옷을 줄 것이다.'

얻은 자는 니살기바야제를 범한다.

만약 화상이나 아사리를 위하여 옷을 구걸하였다면 월비니죄를 범하고, 탑이나 승가를 위하여 옷을 구걸하였다면 죄를 범한 것은 없다.

이러한 까닭으로 설하셨노라.

만약 비구가 친족이 아닌 거사와 거사의 부인에게 옷을 구걸하였다면 다른 때를 제외하고는 니살기바야제를 범한다. '다른 때'는 옷을 잃어버린 때이다.

세존께서는 사위성에 머무르셨다.

60명의 비구들이 북방에서 사위성으로 오는 도중에 도둑에게 겁탈당하여 옷을 잃어버리고 기환정사로 들어왔다. 이때 우파난타는 보고서 이 옷을 잃은 비구에게 말하였다.

"여러 장로들이여. 세존께서는 비구가 옷을 잃어버린 때에 친족이 아니더라도 옷을 구걸하도록 허락하였소. 무슨 까닭으로 구걸하지 않았소?"

대답하여 말하였다.

"여러 범행인들이 이미 우리들에게 옷을 만족하게 주었습니다. 이러한 까닭으로 구걸하지 않았습니다."

이때 우파난타가 말하였다.

"만약 지금 구걸하지 않는다면, 이것의 이익을 헛되게 잃을 것이오."

대답하여 말하였다.

"우리들은 이미 옷을 얻었는데 이익을 잃거나, 이익을 잃지 않는 것이 다시 어디에 있겠습니까?"

우파난타가 옷을 잃은 비구들에게 말하였다.

"그대들이 만약 옷을 구걸하지 않는다면 내가 마땅히 그대들을 위하여 구걸하겠소."

그들이 말하였다.

"그대가 스스로 때를 아십시오."

이때 우파난타가 이른 아침에 취락에 들어가는 옷을 입었고, 종이와 붓을 가지고 사위성에 들어가서 여러 우바새들에게 말하였다.

"그대들이 나의 옷을 구걸하는 것을 도와주시오."

우바새들이 물어 말하였다.

"무슨 까닭으로 구걸합니까?"

대답하여 말하였다.

"어느 비구들이 북방에서 여기로 오는 도중에 도둑을 만나서 모든 옷과 물건들을 잃었기에 그들을 위하는 까닭으로 옷을 구걸하고 있소."

우바새들이 말하였다.

"그렇게 하겠습니다."

곧 데리고 시장에 이르렀고 여러 상점(店肆)에서 권화(勸化)⁴⁾하였다. 이때 사람들은 불법을 믿고 공경하는 자가 많았으므로, 혹은 한 장(張)을 얻었고, 혹은 두 장을 얻었다. 이와 같이 점차 많은 옷과 물건을 얻었고 무겁게 메고서 여러 신심있는 집을 다니면서 네 부분으로 나누어 처음의 한 부분의 집을 다니면서 구걸하였으며 다시 구걸하고자 하였다. 우바새

---

4) 신도에게 금전이나 물품을 보시하여 복덕을 짓도록 권유하는 것이다.

들이 말하였다.

"아사리여. 충족되었으니 돌아가십시오."

우파난타가 말하였다.

"오호! 장수여. 어찌하여 다급하게 재촉하시오. 나는 구걸하면서 처음부터 차례가 있으니 마땅히 돌아갈 수 없소. 왜 그러한가? 많은 사람이 보시하면 많은 사람이 복을 얻을 것이오. 우리들 출가인은 음식의 때에 제한이 있어서 오히려 떠나가려고 하지 않소. 그대들 재가인은 음식을 만나면 곧 먹으면서 시간을 잃는 것을 두려워하지 않소. 무슨 다급한 일이 있다고 빠르게 떠나가야 하는가?"

이와 같이 다시 거듭 구걸하였다. 우바새들이 다시 말하였다.

"아사리여. 충족되었습니다."

우파난타는 다시 오히려 고의로 충족되지 않았다고 말하였고, 우바새들은 말하였다.

"몇 사람입니까?"

대답하여 말하였다.

"많은 사람이오."

다시 물었다.

"몇 사람입니까?"

길게 끄는 소리로 말하였다.

"60명의 비구가 있소."

우바새들이 말하였다.

"아사리여. 이 여러 옷은 5백의 비구들에게 공양할 수 있는데, 하물며 60명이겠습니까? 무슨 까닭으로 구걸하십니까? 앉아서 모직물의 상점을 하고자 합니까?"

곧 종이와 붓을 땅에 던졌고 성내면서 말하였다.

"어느 처소에 이렇게 많이 구하면서 싫증이 없고, 멈추고 만족함을 알지 못하는 사람이 생겨났는가?"

이 가운데에 욕심이 적고 만족함을 아는 비구가 이 말을 듣고 가서 세존께 아뢰었다. 세존께서 말씀하셨다.

"우파난타를 불러오라."

곧바로 불렀고 왔으므로, 세존께서는 앞의 일을 자세히 물으셨다.

"그대가 진실로 그러하였는가?"

대답하여 말하였다.

"진실로 그렇습니다. 세존이시여."

세존께서 물으셨다.

"무슨 까닭으로 구걸하였는가?"

대답하여 말하였다.

"저는 옷을 잃어버린 비구들을 위하였던 까닭으로 구걸하였습니다."

세존께서는 곧 옷을 잃은 비구들을 불렀고 왔으므로, 세존께서는 말씀하셨다.

"그대들 비구들이 진실로 우파난타를 시켜서 옷을 구걸하였는가?"

대답하여 말하였다.

"아닙니다. 세존이시여."

세존께서는 다시 옷을 잃은 비구들에게 물으셨다.

"우파난타가 무슨 인연을 까닭으로 이와 같은 말을 지었는가?"

옷을 잃은 비구가 곧 앞의 일을 갖추어 세존께 아뢰었다. 세존께서는 우파난타에게 알리셨다.

"이것은 악한 일이니라. 어리석은 사람이여. 마땅히 구걸하지 않을 것은 구걸하였고, 마땅히 구걸할 것은 구걸하지 않았구나."

세존께서 우파난타에게 말씀하셨다.

"그대는 항상 내가 무수한 방편으로 욕심이 적은 것을 찬탄하고 욕심이 많은 것을 꾸짖는 것을 듣지 않았는가? 이것은 비법이고, 계율이 아니며, 세존의 가르침이 아니니라. 이것으로써 선법을 크게 장양하지 못하느니라."

세존께서는 여러 종류로 꾸짖으셨으며, 여러 비구들에게 알리셨다.

"사위성을 의지하는 비구들을 모두 모이게 하라. 열 가지의 이익을

까닭으로써 여러 비구들을 위하여 계율을 제정하겠나니, 나아가 이미 들었던 자들도 마땅히 거듭하여 들을지니라. 만약 비구가 옷을 잃은 때에 친족이 아닌 거사와 거사의 아내를 쫓아서 옷을 구걸하였고, 만약 친족이 아닌 거사와 거사의 아내들이 스스로가 마음대로 많은 옷을 주었더라도 이 비구는 위와 아래의 옷을 얻어야 하며, 넘겨서 받는 자는 니살기바야제를 범하느니라."

'비구'는 앞의 설명과 같다.

'옷을 잃어버리는 열 가지 일'은 앞의 설명과 같다.

'옷'은 흠바라의·겁패의·추마의·교사야의·사나의·마의·구모제의 등이다.

'친족이 아닌 자'는 부모와 친족의 상속이 아니라면 친족이 아니라고 이름한다.

'거사'는 집의 주인이다.

'구걸하다.'는 만약 스스로가 구걸하였거나, 만약 사람을 시켜서 구걸하였거나, 만약 권화하면서 단월이 스스로가 마음대로 보시하더라도 상(上)·하의(下衣)를 취하여 얻는 것이다.

'스스로가 마음대로'는 뜻을 따라서 주는 것이다.

'위와 아래의 옷'은 넓이가 3주(肘)이고, 길이가 5주인 두 가지의 옷을 얻어야 한다. 만약 넘겨서 이것을 취한다면 니살기바야제를 범한다.

'니살기바야제'에서 '니살기'는 이 옷을 마땅히 승가의 가운데에 버리는 것이고, 바야제는 참회하는 것이다. 옷을 버리지 않고서 참회한다면 월비니죄를 범한다.

'바야제'는 앞의 설명과 같다.

만약 비구가 3유순 안에 옷이 있었고, 만약 승가리를 잃었더라도 울다라승이 있다면 마땅히 구걸하지 않아야 하고, 나아가 맡겨진 옷이 있다면 마땅히 구걸하지 않아야 한다. 왜 그러한가? 이 비구가 마땅히 이 하의를 입고서 3유연을 간다면 이전의 옷을 받을 것이나, 만약 도중에 여러 어려운 일이 있어서 가서 옷을 취할 수 없는 자는 우의(雨衣)를 구걸하여도 무죄이다. 추운 모습과 더운 모습과 설법의 모습은 앞의 설명과 같다.

만약 비구가 상인과 함께 도로를 다녔고, 도둑들이 한 방향이거나, 2방향이거나, 3방향에서 왔다면 따라서 곧 멀리 달아날 수 있으나, 만약 도둑들이 4방향에서 함께 왔다면 마땅히 달아날 수 없으니, 마땅히 몸을 바르게 머무르고 도둑들과 싸워서는 아니된다. 만약 도둑들이 "승가리를 취하러 왔다."라고 말한다면, "주겠소. 장수여."라고 대답하여 말할 것이고, 이와 같이 하나·하나의 옷과 물건을 따라서 찾는다면 많고 적더라도 그것을 주어야 하고, 높은 소리로 크게 부르면서 도둑들을 꾸짖어서는 아니된다.

물건들을 주고서 서서히 떠나가서 숲이나 풀속에 들어가 몸을 감추고서 멀리서 바라볼 것이고, 만약 도둑들이 떠나갔다면 남은 옷이 있는가를 살펴서 수지할 옷이 있다면 마땅히 수지하라. 만약 남은 옷이 없는 자는 이 가운데에 어느 비구가 만약 외도에 출가하였고, 도둑에게 죽었던 사람이 있다면, 마땅히 이 옷을 취하여 수지하고, 만약 출가인이 죽은 자가 없고 세속인으로 죽은 자가 있다면 마땅히 세속인의 옷을 취하여 다시 자르고 꿰매어 작정하고 그러한 뒤에 수지해야 한다.

만약 죽은 사람의 옷이 없고 상인이 버려서 남겨둔 좋은 옷과 물건은 마땅히 취할 수 없고, 만약 부서진 옷과 물건을 버렸다면 마땅히 취하여 수지해야 한다. 만약 상인이 돌아왔고 비구를 불러서 이 좋은 옷을 주었다면 마땅히 취한다. 취하고서 다시 자르고 꿰매어 쇠똥으로 염색하고 작정하고 그러한 뒤에 수지해야 한다.

만약 상인이 비구에게 말하였다.

"내가 그대에게 이 옷을 빌려주겠으니, 이전에 주처에 이른다면 손실(損減)이 없게 나에게 돌려주십시오."

이 비구는 마땅히 이 옷을 취하여 실(縷)을 안으로 접어서 넣고, 다시 꿰매어 실이 나타나지 않게 하고서 작정하고 그러한 뒤에 수지하며, 이전에 주처에 이른다면 마땅히 돌려주어야 한다. 만약 이러한 일들이 없다면 그 비구는 마땅히 나뭇잎을 꿰매어 몸의 앞과 뒤를 가리고서 떠나가야 한다. 만약 이러한 일들이 없다면 니건자(尼揵子)와 같이 팔을 흔들면서 마땅히 도로를 다니지 않을 것이고, 마땅히 손으로써 앞을 가리고 형체를 가리고서 도로의 옆으로 다닐 것이며, 깊은 숲속으로 들어가서 다니면서 도둑들에게 잡으러 오는 자로 생각하지 않도록 하고, 마땅히 도로의 얕은 풀 속으로 다니도록 하라.

다니는 때에 만약 오는 사람과 만났다면 마땅히 곧 얕은 풀의 가운데에 조금 보이는 곳에 앉아서 다니는 사람들이 그것을 보게 할 것이고, 만약 사람들이 "그대는 무슨 사람인가?"라고 묻는다면, "출가한 사람이오."라고 대답하고, "무슨 도에 출가하였습니까?"라고 말한다면, "석종에 출가하였습니다."라고 대답하며, "무슨 까닭으로 나형입니까?"라고 묻는다면, "도둑에게 겁탈당하였습니다."라고 대답해야 한다. 만약 옷을 구걸하지 않았는데, 스스로가 많은 옷을 주었다면 취하여도 무죄이다.

만약 스스로 주는 자가 없다면 마땅히 쫓아서 구걸할 것이고, 구걸하는 때에 많은 옷을 주었더라도 마땅히 넓이가 3주(肘)이고, 길이가 5주인 두 벌을 취하여야 하며, 만약 이러한 일들이 없다면 마땅히 아련야(阿練若)의 주처에 나아가서 그 지식에게 옷을 얻어서 마땅히 받아야 한다.

만약 아련야의 주처가 없다면 마땅히 무덤 사이에 이르러야 하고, 만약 무덤을 지키는 사람이 있다면 마땅히 말해야 한다.

"내가 찢어진 옷을 줍고자 합니다."

만약 무덤 지키는 사람이 "취하고서 나에게 보여주시오."라고 시켰다면 마땅히 그것을 취하여 보여주어야 한다. 만약 죽은 여인의 옷을 취하는 때에 여인의 몸이 무너지지 않았다면 마땅히 머리의 옆으로 가서 취해야 하고 여인의 몸이 이미 무너졌으면 뜻을 따라서 취한다. 만약 죽은 남자의 옷이라면 뜻을 따라서 취한다. 만약 죽은 사람의 옷에 보물이 있다면 마땅히 발로 보물을 차고서 옷을 가지고 떠날 것이고, 만약 보물이 있는 것을 알지 못하고 옷을 가지고 돌아왔으며, 곧 보물이 있는 것을 알았다면 마땅히 정인(淨人)에게 부촉하여 가지고 탕약(湯藥)을 지어야 한다.

만약 무덤 지키는 자가 비구에게 "그대가 좋지 않은 옷을 취하는 것은 허락하겠으나, 좋은 옷을 취하지 마시오."라고 말하였고, 이 비구가 무덤의 사이에 이르렀는데, 찢어진 옷은 보지 못하였고 좋은 옷이 많이 있었다면 가지고 돌아와서 무덤 지키는 자에게 "바로 좋은 옷들이 있습니다."라고 말할 것이며, 무덤을 지키는 사람이 취하라고 허락하였다면 곧 취할 것이고, 만약 "좋은 옷을 그대가 취하게 허락하지 않겠습니다."라고 말하였다면 비구는 마땅히 무덤 사이에 돌아와서 다시 다른 옷을 구해야 한다.

만약 그가 비구에게 "땅에 있는 것을 취하십시오."라고 말하였다면, 곧 땅에 있는 것을 취하고, 만약 "공중에 있는 것을 취하십시오."라고 말하였다면, 곧 공중에 있는 것을 취해야 한다. 만약 이 좋은 옷이 절반은 땅에 있고 절반은 공중에 있다면 마땅히 잘라서 절반을 취해야 한다.

만약 이러한 일이 없다면 마땅히 취락의 가운데에 이르러 비구의 주처를 물어야 하고, 마땅히 대낮에 취락에 들어가지 않을 것이며, 마땅히 어두운 때를 기다려서 방목(放牧)하는 사람들이 돌아오는 때에 함께 취락에 들어가야 하고, 마땅히 암소의 옆을 의지하지 말고 마땅히 여위고 작은 소의 가운데에서 다녀야 하며, 만약 사람들이 보는 때라면 가부좌하고 앉아야 한다.

만약 사람들이 "그대는 무슨 사람인가?"라고 묻는다면, "출가한 사람이오."라고 대답하고, "무슨 도에 출가하였습니까?"라고 말한다면, "석종에 출가하였습니다."라고 대답하고, "옷은 어디에 있습니까?"라고 물었다면, "도둑에게 겁탈당하였습니다."라고 대답해야 한다. 만약 옷을 구걸하지 않았는데, 스스로가 옷을 주었다면 뜻을 따라서 많이 취한다. 만약 주는 자가 없다면 마땅히 쫓아서 구걸할 것이고, 구걸하는 때에 많은 옷을 주었더라도 마땅히 넓이가 3주이고, 길이가 5주인 두 벌을 취하여야 한다.

만약 다시 이러한 일이 없다면 마땅히 정사의 가운데에 이르러 오래 머물렀던 비구에게 "누가 유나(維那)5)이고 누가 평상과 요 등의 지사인입니까?"라고 물을 것이고, "누구입니다."라고 대답하였다면, 그때 이 비구는 마땅히 이르러 이 지사인 비구에게 "법랍이 그러한 비구는 마땅히 어떠한 평상과 요, 와구를 얻을 수 있습니까?"라고 물어야 하고, "법랍이 그러한 비구는 마땅히 이와 같은 평상과 요, 와구를 얻을 수 있습니다."라고 말해야 한다.

이 비구는 이러한 담요를 얻고 취하여 뜯고 열어서 양털을 들어내어 한 곳에 놓아두고 안과 밖을 취하여 니원승(泥洹僧)을 지을 것이고, 만약 베개를 얻었다면 역시 뜯어서 양털을 들어내어 한 곳에 놓아두고 안과 밖을 취하여 승기지(僧祇枝)를 지을 것이며, 와구를 취하여 놓아두고 마땅히 탑에 예경하고 상좌(上座)에 예배하며 하좌(下座)에도 문신하면서 마땅히 말하여야 한다.

"내가 도중에 도둑에게 옷을 잃었습니다. 마땅히 나를 도와서 옷을 구걸하여 주십시오."

만약 오래 머물렀던 비구가 "그대는 굶주린 새의 다리와 같아서 능히 머무를 수 없는데, 누가 마땅히 그대를 돕겠는가? 바로 술을 파는 집이거나, 박엄(搏掩)⁶⁾하는 집에서 그대를 겁탈하였거나, 혹은 옷을 이용하여 음식과 바꾸고서 말하기를 겁탈당했다고 다른 사람에게 옷을 구걸하고자 도와달라 말하는구려."라고 말하였고, 만약 그렇다면 마땅히 가서 우바새가 있는 곳에 이르러 "장수여. 내가 도중에 도둑에게 옷을 잃었으니, 그대들은 마땅히 내가 옷을 구걸하는 것을 도와주십시오."라고 말할 것이고, 우바새들이 "그렇게 하겠습니다. 아사리여."라고 대답하면서, 곧 때에 구걸하려 많은 옷을 얻었더라도 비구는 마땅히 옷의 넓이가 3주이고 길이 5주인 두 벌만 취하여야 한다.

그때 우바새들이 비구에게 "방편으로 얻었으니, 나를 위하여 이 옷을 모두 취하겠습니까?"라고 말하였고, "그대가 이 옷을 가지고 두 장의 세첩(細氎)으로 바꾸어 오시오."라고 대답하여 말하였거나, 만약 우바새

---

5) 산스크리트어 karma-dāna의 번역으로 사찰의 여러 가지 일을 맡는 소임자를 가리킨다.
6) 고대의 인도에서 행해지던 도박의 한 종류를 가리킨다.

가 교묘한 방편을 지어서 비구를 데리고 경계 밖에 나가서 "아사리여. 이 옷은 현전승가에게 보시하는 것인데 현전승가는 없습니다. 아사리가 현전승가이니 마땅히 받으십시오."라고 말하였고, 그때 그 비구가 옷을 받았다면 무죄이다.

만약 우바새가 큰 장의 모직물을 주었는데, 마땅히 잘라서 취하여 두 단(段)의 옷을 지었고 "무슨 까닭입니까?"라고 물었으며, "세존께서 계율을 제정하시어 바로 두벌의 옷으로 취하게 하셨습니다."라고 대답하여 말하였고, 우바새가 "아사리여. 다만 취하여 염색하십시오."라고 말하였으며, 비구는 옷을 취하여 염색하고서 되돌려보냈다. 우바새는 "염색하지 않았던 때에는 세속의 옷이었어도 나는 오히려 가지고자 하지 않았는데, 하물며 지금 염색하여 색깔을 무너트렸고, 출가인의 옷이므로 나는 다시 취하지 않겠습니다."라고 말하였다면, 비구는 그때 취하여 얻고서 뜻을 따라서 옷을 짓고 사용해야 한다.

이 비구는 이전에 뜯었던 요와 베개, 와구 등의 안과 밖으로 니원승과 승기지를 지었던 것을 빨아서 다시 본래의 요와 베개, 와구 등으로 짓고서 지사인에게 부촉하고 그러한 뒤에 곧 떠나가야 하고, 만약 곧 이 처소에 머물고자 하는 자는 뜻을 따라서 다시 청해야 하며, 곧 머무를 수 없느니라.

이러한 까닭으로 설하였노라.

만약 비구가 옷을 잃어버렸는데 친족이 아닌 거사와 거사의 부인에게 옷을 구걸하였고, 친족이 아닌 거사와 거사의 부인이 스스로가 마음대로 많은 옷을 주었더라도, 이 비구는 상·하의 옷을 취하여 얻을 수 있으며, 이것을 넘겨서 받는다면 니살기바야제를 범한다.

세존께서는 사위성에 머무르셨다.

그때 어느 걸식하는 비구가 때에 이르자 취락에 들어가는 옷을 입고 발우를 지니고 사위성에 들어갔으며 차례로 걸식을 다니면서 한 집에 이르렀다. 그 집의 부인이 그 비구에게 말하였다.

"내가 어느 날에 마땅히 승가께 음식을 주고 옷을 보시하겠습니다."

비구가 말하였다.

"옳습니다. 자매여. 세 가지의 견고한 법인 몸과 목숨과 재물을 지으면서 중간에 어려운 일을 남겨두지 마십시오."

말을 마치고 떠나갔다. 비구가 걸식에서 돌아왔으며 온실(溫室)의 가운데에 이르러 여러 비구들에게 말하였다.

"내가 장로에게 좋은 일을 말하겠습니다."

대답하여 말하였다.

"무슨 좋은 일이 있습니까?"

"내가 들었는데 어느 우바이가 무슨 날에 승가를 청하여 음식을 주고 옷을 보시하겠다고 합니다."

이때 난타와 우파난타가 이 말을 듣고서 곧 물어 말하였다.

"장로여. 그 집은 거리의 어느 곳에 있으며 성과 이름은 무엇입니까?"

물어서 알았고 이튿날 아침에 취락에 들어가는 옷을 입고서 그 집에 이르러 말하였다.

"병이 없으시오. 우바이여."

우바이가 말하였다.

"화남(和南)합니다. 아사리여."

비구가 말하였다.

"우리가 좋은 소식을 들었소."

물어 말하였다.

"무슨 일을 들었습니까?"

대답하여 말하였다.

"그대가 승가를 청하여 공양을 베풀고 옷을 보시한다고 들었소."

대답하여 말하였다.

"이러한 마음이 있어도 다만 중간에 여러 어려움으로 이루지 못할까 두렵습니다."

비구가 말하였다.

"그대가 승가를 청하여 공양을 베풀고 옷을 보시한다고 하였고, 장로 비구에게는 좋거나 나쁜 옷을 주겠다면, 만약 거친 것을 주었다면 바로 사미이거나, 원민(園民)에게 마땅하고 옷의 시렁 위에 놓아둘 것이나, 만약 나에게 좋은 옷을 주겠다면 내가 마땅히 입고서 왕가(王家)에 들어가서 귀하고 수승한 자의 옆에서 마땅히 예불할 것이고, 어느 사람이 묻는다면 내가 마땅히 '어느 신심있는 우바이가 나에게 주었다.'라고 말할 것이니, 그대는 명성을 얻고 공덕을 수용할 것이오."

대답하여 말하였다.

"다시 없습니다. 바로 있었던 것은 이미 승가에게 허락하였습니다. 만약 있다면 역시 마땅히 별도로 보시하겠습니다."

비구가 말하였다.

"주고 주지 않는 것은 그대의 뜻에 맡기겠소."

말을 마치고 떠나갔고 단월은 이렇게 생각을 지었다.

'만약 그들에게 주고 승가께 주지 않더라도 승가는 훌륭한 복전(福田)이다. 만약 그들에게 주지 않고 승가께 준다면 그들은 왕의 세력이 있으니 능히 요익(饒益)하지 않은 일을 지을 것이다. 그들이 두려운 까닭으로 승가께 주지 않겠으니, 그들을 인연하여 기뻐하지 않는 마음이 생겨난 까닭이다.'

두 곳에 함께 주지 않았고, 여러 비구들은 걸식하는 비구에게 물었다.

"그대가 이전에 들었던 것은 끊어지고 소식은 전혀 없는가?"

걸식하는 비구가 말하였다.

"나는 바로 내일이라고 알고 있습니다."

걸식하는 비구는 이튿날 아침에 취락에 들어가는 옷을 입고서 그 집에 이르러 곧 우바이에게 물었다.

"무슨 까닭으로 공양의 여러 음식을 준비하는 것을 볼 수 없습니까?"

대답하여 말하였다.

"아사리여. 난타와 우파난타가 나의 선한 마음을 깨트렸습니다."

물어 말하였다.

"무슨 까닭입니까?"

곧 앞의 일을 갖추어 말하였고, 걸식하는 비구는 듣고서 여러 비구들에게 말하였다. 여러 비구들은 이 인연으로써 세존께 가서 아뢰었고, 세존께서는 말씀하셨다.

"난타와 우파난타를 불러오라."

왔으므로 세존께서 우파난타에게 물으셨다.

"그대들이 진실로 그러하였는가?"

대답하여 말하였다.

"진실로 그렇습니다."

세존께서 말씀하셨다.

"어리석은 사람이여. 이것은 악한 일이니라. 그대는 두 가지의 요익하지 않는 것을 지었으니, 보시하는 자가 복을 잃게 하였고, 받는 자가 이익을 잃게 하였느니라."

세존께서 말씀하셨다.

"그대들은 항상 내가 무량한 방편으로 욕심이 많은 것을 꾸짖었고, 욕심이 적은 것을 찬탄함을 듣지 않았는가? 그대는 어찌하여 먼저 스스로가 청하지 않았는데, 좋았던 까닭으로 가서 권유하였는가? 이것은 법이 아니고, 율이 아니며, 세존의 가르침이 아니니라. 이것으로써 선법을 장양하지 못하느니라."

세존께서는 여러 비구들에게 알리셨다.

"사위성을 의지하는 비구들을 모두 모이게 하라. 열 가지의 이익을 까닭으로써 여러 비구들을 위하여 계율을 제정하겠나니, 나아가 이미 들었던 자들도 마땅히 거듭하여 들을지니라. 비구들을 위하였던 까닭으로 거사와 거사의 부인이 옷값을 준비하고서 '내가 이와 같이 준비하여 이와 같은 옷값으로 사겠으며, 이와 같은 옷을 누구 비구에게 주겠다.'라고 이와 같이 말하였고, 이 비구가 먼저 스스로를 청하지도 않았으나 좋아하였던 까닭으로 곧 거사들의 처소에 이르러서 '나를 위하여 이와 같은 옷을 짓는다면 좋은 까닭입니다.'라고 이와 같이 말하였으며, 만약 옷을 얻었다면 니살기바야제를 범하느니라."

'비구를 위하다.'는 만약 승가이거나, 만약 대중이 많았거나, 만약 한 사람이다.

'거사'는 앞의 설명과 같다.

'옷'은 흠바라의·겁패의·추마의·교사야의·사나의·마의·구모제의 등 이다.

'옷값'은 금과 은과 보물 등이다.

'준비하다.'는 만약 오늘이거나, 만약 내일이거나, 만약 보름이거나, 만약 한 달에, 내가 이와 같이 옷값을 준비하고 이와 같은 옷을 사서 이와 같은 옷을 누구 비구에게 주겠다는 것이다. 이것을 준비하였다고 이름한다.

'먼저 스스로가 청하지 않다.'는 먼저 스스로를 청하지 않았다고 알았어도 곧 스스로가 청하였다고 말하거나, 스스로가 청한 것을 알고서 다른 비구에게 곧 스스로를 청하였다고 말하거나, 나는 스스로가 마음대로 청하여 다른 물건을 준다고 알고 있으니 곧 스스로가 마음대로 청하여 나에게 옷을 줄 것이라고 말하는 것이다.

'가다.'는 만약 거사의 밭 위에 이르렀거나, 만약 거사의 집에 이르렀거나, 만약 집안으로 들어가는 것이다.

'찾다.'는 나에게 청색(靑色)이 필요하였거나, 만약 황색(黃色)이 필요하였거나, 만약 적색(赤色)이 필요하였거나, 만약 흑색(黑色)이 필요하였거나, 여러 종류의 붉은색(茜色) 등이다. 만약 길었거나, 만약 넓었거나, 만약 길고 넓었거나, 만약 찾는 것을 따라서 주었거나, 만약 다시 다른 것을 주었다면 모두 니살기바야제를 범한다.

'좋아하다.'는 만족을 알고 좋아하였거나, 만족을 알지 못하고 좋아하였거나, 거칠어도 만족하며 좋아하는 것이다. 무엇을 만족을 알고 좋아한다고 말하는가? 만약 세의(細衣)를 주었던 때에 "나는 거친 옷이 필요합니다."라고 곧 말하는 것이다. 이것을 만족을 알고 좋아하는 것이라고 이름하며, 옷을 얻은 자는 니살기바야제를 범한다.

'만족을 알지 못하고 좋아한다.'는 만약 거친 옷을 주었을 때에 "나에게 거친 옷을 주었으나, 나의 발에 접촉하는 것은 맞지 않습니다. 나는 귀한 사람이니, 마땅히 나에게 좋은 옷을 주십시오."라고 곧 이렇게 말을 짓는 것이다. 이것을 만족을 알지 못하고 좋아하는 것이라고 이름하며, 옷을 얻은 자는 니살기바야제를 범한다.

'거칠어도 만족하며 좋아하다.'는 만약 세의를 주었던 때에 곧 "나는 이렇게 좋은 옷이 필요 없습니다. 나는 아련야이거나, 만약 녹재림(鹿在林)과 같은 숲속의 공터에 머물고 있으니, 나에게 거친 옷을 주더라도 추위·더위·바람·비를 막는다면 만족합니다."라고 말하는 것이다. 이것을 거친 옷이더라도 만족하고 좋아하는 것이라고 이름하며, 옷을 얻은 자는 니살기바야제를 범한다.

'니살기바야제'는 이 옷을 마땅히 승가의 가운데에 버리는 것이고, 바야제는 참회하는 것이다. 만약 옷을 버리지 않고서 참회한다면 월비니죄를 범한다.

'바야제'는 앞의 설명과 같다.

이러한 까닭으로 세존께서 설하셨노라.

비구들을 위한 까닭으로, 만약 거사와 거사의 부인이나, 나아가 좋은 옷을 위하였던 까닭으로, 만약 옷을 얻은 자는 니살기바야제를 범한다.

세존께서는 사위성에 머무르셨다.

그때 어느 걸식하는 비구가 때에 이르자 취락에 들어가는 옷을 입고 발우를 지니고 사위성에 들어갔으며 차례로 걸식을 다녔고, 어느 거사의 부인이 비구에게 말한 것은 앞에서와 같다.

한 거사가 말한 가운데에서, 이것의 가운데에서는 다만 두 거사라는 것이 다른 것이다.

"나아가 이미 들었던 자들도 마땅히 거듭하여 들을지니라. 비구들을 위하였던 까닭으로 만약 두 거사와 거사의 부인들이 각각 옷값을 준비하여 "우리들이 이와 같이 준비하고 이와 같은 옷값으로 사겠으며 이와 같은 옷을 어느 비구에게 주겠다.'라고 이와 같이 말하였고, 이 비구가 먼저 스스로를 청하지도 않았으나 좋아하였던 까닭으로 곧 거사들의 처소에 이르러서 '나를 위하여 각각 이와 같은 옷값을 준비하여 함께 하나의 옷을 지어서 나에게 준다면 좋은 까닭입니다.'라고 이와 같이 말하였고, 만약 옷을 얻었다면 니살기바야제를 범하느니라."

이 가운데에서 앞의 한 거사의 가운데에서 말한 것과 같고, 다만 두 거사가 다른 것이다.

세존께서는 사위성에 머무르셨다.

병사왕(瓶沙王)에게 두 대신이 있었으니, 첫째는 니제(尼提)라고 이름하였고, 둘째는 파리사(婆利沙)라고 이름하였다. 가을의 때에 백성들이 수확을 마치고서 운반하여 사위성으로 들어가고자 이르렀는데 하늘은 춥고 눈이 오는 때이었다. 이때 두 대신은 이렇게 생각을 지었다.

'나는 항상 해마다 스승인 난타와 우파난타를 청하여 음식을 보시하고 옷을 보시하였다. 오늘은 어디에 있는가?'

어느 사람이 말하였다.

"사위성에 있습니다."

그때 대신은 사자 편에 편지를 보내면서 옛날의 8백 금전을 난타와 우파난타에게 공양하게 하였고, 사자에게 칙명하여 말하였다.

"그대는 돌아오면서 답장을 얻어서 오게."

사자는 기환정사로 향하였고, 이르러 물어 말하였다.

"난타와 우파난타의 방은 어느 곳에 있습니까?"

이때 여러 비구들이 이들의 방을 보여주면서 말하였다.

"이 방입니다."

사자는 곧 방에 들어가서 예배하고 물었다.

"우파난타입니까?"

대답하여 말하였다.

"그렇소. 그대는 무슨 까닭으로 묻소?"

대답하여 말하였다.

"병사왕의 대신인 니제와 바리사가 나를 보내어 편지와 옛날의 8백 금전을 가지고 와서 스승께 공양하게 하였고, 아울러 답장을 구하였습니다."

그때 어느 우바새는 법예(法豫)라고 이름하였는데, 우파난타가 곧 우바새에게 말하였다.

"그대가 숫자를 요리(料理)하면 이 옷값과 편지가 서로 마땅한가를 알 것이오."

곧 주었던 편지를 취하여 서로 마땅한가를 요리하여 헤아렸고, 곧 답글을 사자에게 주어서 떠나보냈다. 이때 법예 우바새가 떠나고자 하였고 알려 말하였다.

"존자여. 이 옷값을 마땅히 어디에 놓아두겠습니까?"

대답하여 말하였다.

"마땅히 그대 곁에 두시오."

곧바로 가지고 떠나갔고 집에 이르렀으며, 하루·이틀·사흘을 기다렸어도 와서 취하지 않았다. 우파난타는 일의 인연이 많아서 잊어버리고 가서 취하지 않았다. 이때 우바새의 집안에 작은 어려움이 있었고 곧 대신하여 사용하고 뒤에 마땅히 되돌려 갚겠다고 생각하고서 사용하였다. 그날 난타가 우파난타에게 가서 옷값을 취하라고 말하였고 곧 가서 찾았는데, 우바새가 말하였다.

"내가 그 돈을 가지고 왔고 가져가는 것을 기다렸어도 존자께서 하루·이틀·사흘을 기다렸어도 와서 취하지 않았으며, 우리 집안에 작은 어려움이 있었고, 곧바로 대신하여 사용하였으며 필요하면 마땅히 되돌려 갚겠다고 생각하였습니다."

우파난타는 곧 성내면서 말하였다.

"그대에게 맡기고 부탁하는 것이 옳지 않았소. 이것은 나의 물건인데 어찌하여 취하여 곧 사용하였소?"

난타가 우파난타에게 알렸다.

"이 물건은 곧 그렇게 구하여 얻을 수 없겠습니다."

곧 관인(官人)에게 말하여 끌고서 떠나가게 하였다. 이때 많은 사람들이 보고서 여러 종류로 사문을 꾸짖었다.

"석자(釋子)는 스스로가 선량(善好)하다고 말하면서 그 단월이 항상 서로에게 공급하였으나, 능히 이와 같은 고통스럽게 하는데, 하물며 다른 사람이겠는가? 이와 같이 사문의 법을 잃고 악하게 행하는데, 무슨 도가 있겠는가?"

우파난타는 듣고서 부끄러웠고 곧바로 풀어주어 떠나보냈다. 여러 비구들이 듣고서 세존께 가서 아뢰었고, 세존께서는 말씀하셨다.

"우파난타를 불러오라."

왔으므로 세존께서는 우파난타에게 물으셨다.

"그대가 진실로 그러하였는가?"

대답하여 말하였다.

"진실로 그렇습니다."

세존께서 말씀하셨다.

"이것은 악한 일이니라. 그대는 항상 내가 무수한 방편으로 욕심이 많은 것을 꾸짖었고, 욕심이 적은 것을 찬탄함을 듣지 않았는가? 이것은 법이 아니고, 율이 아니며, 세존의 가르침이 아니니라. 이것으로써 선법을 장양하지 못하느니라. 지금부터 뒤에는 가서 구하는 일은 허락하지 않겠노라."

다시 다음으로 세존께서는 사위성에 머무르셨다.

그때 법예 우바새가 항상 승가의 가운데에서 차례로 비구를 청하여 음식을 주었다. 이때 음식의 차례인 비구가 그의 집에 이르니, 물어 말하였다.

"우파난타는 무슨 까닭으로 와서 금전을 취하지 않습니까? 우리 집이 넉넉하지 않은 때에 많은 사람 가운데에서 나를 쫓아서 고통스럽게 찾았는데, 내가 지금은 곧 얻었어도 와서 취하지 않습니까?"

여러 비구들이 말하였다.

"세존께서 계율을 제정하시어 와서 찾지 못하도록 하셨습니다."

법예가 말하였다.

"만약 찾아가는 것을 허락하지 않으셨더라도 어찌하여 오지 않고 이렇게 묵연하니, 내가 스스로의 뜻을 알겠습니다."

이 비구가 음식을 먹고서 돌아와서 여러 비구에게 말하였다. 여러 비구들은 이 말을 듣고서 곧 이일로써 세존께 가서 아뢰었고, 세존께서는 여러 비구에게 알리셨다.

"이것은 법예 우바새가 총명하고 지혜가 뛰어나서 도리어 이러한 방편이 있는 것이다. 오늘부터는 여러 비구들이 세 번은 반복하여 가서 찾고, 여섯 번은 반복하여 묵연히 머무는 것을 허락하겠노라."

세존께서는 여러 비구들에게 알리셨다.

"사위성을 의지하는 비구들을 모두 모이게 하라. 열 가지의 이익을 까닭으로써 여러 비구들을 위하여 계율을 제정하겠나니, 나아가 이미 들었던 자들도 마땅히 거듭하여 들을지니라. 비구들을 위하는 까닭으로 만약 왕이거나, 만약 대신들이 사자를 보내어 옷값을 비구에게 주면서 사자가 비구의 처소에 이르러 '존자여. 이 옷값은 만약 왕이거나, 만약 대신들께서 보내주었으니, 존자께서는 이 옷값을 받으십시오.'라고 알려 말하였다면, 그 비구는 마땅히 사자에게 이와 같이 말해야 한다.

'여러 비구들의 법에는 마땅히 옷값을 받을 수 없습니다. 내가 옷이 필요한 때라면 청정한 옷을 얻습니다. 옷이 필요한 자는 스스로 손으로 받아서 비구들이 옷을 짓고서 저축합니다.'

사자가 비구에게 '존자여. 집사인(執事人)이 있다면 항상 여러 비구를 위하여 일을 맡지 않습니까?'라고 말하였다면, 이 비구는 마땅히 집사인으로 만약 원민이거나, 만약 우바새를 보여주면서 마땅히 사자에게 말해야 한다.

'이 사람들이 능히 비구들을 위한 집사인입니다.'

사자는 집사인의 처소에 이르러 말해야 한다.

'옳으십니다. 집사인이여. 이와 같고 이와 같은 옷값으로 이와 같고 이와 같은 옷을 사서 어느 비구에게 주십시오. 이 비구가 옷이 필요할 때에는 마땅히 와서 취한다면 마땅히 옷을 주십시오.'

이 사자가 만약 스스로 권유하였거나, 만약 사람을 시켜서 권유하고서 비구의 처소에 돌아와서 알려 말해야 한다.

'존자여. 보여주신 집사인에게 내가 이미 권유하여 옷을 짓게 하였습니다. 존자께서 옷이 필요한 때는 가서 취하십시오. 마땅히 존자의 옷을 줄 것입니다.'

옷이 필요한 비구는 마땅히 집사인의 처소에 이르러 옷을 찾으면서 마땅히 이렇게 말을 지어야 한다.

'나는 옷이 필요합니다.'

두 번·세 번째도 이와 같이 찾아야 하고, 만약 옷을 얻었다면 좋으나, 만약 얻지 못하였다면 네 번·다섯 번·여섯 번째에 마땅히 집사의 앞에 머무르면서 묵연히 서 있어야 한다. 옷을 얻는다면 좋으나, 만약 옷을 얻지 못하였고 옷을 얻기 위한 까닭으로 지나치게 이것을 구하였으며, 만약 옷을 얻었다면 니살기바야제를 범한다.

만약 옷을 얻지 못하였다면 옷값의 왔던 곳을 따라서 만약 스스로가 떠나가거나, 만약 사자를 보내어 마땅히 이렇게 말을 지어야 한다.

'그대가 어느 비구를 위하여 옷값을 보냈으나, 어느 비구는 결국 옷을 얻지 못하였습니다. 그대는 스스로가 알고서 재물을 잃지 않게 하십시오.'

이러한 일은 법은 그러하니라."

'비구'는 만약 승가이거나, 만약 대중이 많았거나, 만약 한 사람이다.

'왕'은 도계(盜戒)의 가운데에서 말한 것과 같다.

'왕의 신하'는 나아가 작은 관리(吏)부터 장수(帥)이며, 관사(官事)를 알고서 맡은 자는 모두 신하라고 이름한다.

'사자'는 만약 남자이거나, 만약 여자이거나, 만약 큰 사람이거나, 만약 작은 사람이거나, 만약 재가이거나, 만약 출가한 사람이다.

'옷'은 앞에서 설한 것과 같다.

'옷값'은 금전·금·은·납·구슬·유리(琉璃)·가패(珂貝)·산호(珊瑚)·호박

(琥珀)·자거(硨磲)·마노(瑪瑙)·적보(赤寶)·구리·철·백납(白鑞)·아연·주석 등이다. 이것을 옷값이라고 이름한다.

'원민'은 대중 승가를 공양하는 정인(淨人)이다. 이것을 원민이라고 이름한다.

'우바새'는 삼귀의(三歸依)의 한 부분을 행하거나, 적은 부분을 행하거나, 많은 부분을 행하거나, 모든 부분을 행하거나, 수순하여 행하는 것이다. 이것을 우바새라고 이름한다.

'세 번을 말하다.'는 한 번을 반복하는 가운데에서 세 번을 말하는 것이 아니고, 나아가 세 번을 가서 반복하여 찾았다면 이것을 세 번을 말하였다고 이름한다. 만약 네 번·다섯 번·여섯 번을 반복하여 묵연한 것은 한 번을 가서 묵연하는 것이 아니고, 나아가 여섯 번을 가서 묵연한 것이다.

한 번을 스스로가 가서 찾았고 한 번을 사자를 보내어 묵연하게 머물렀거나, 한 번을 스스로가 가서 찾았고 두 번을 사자를 보내어 묵연하게 머물렀거나, 한 번을 스스로가 가서 찾았고 세 번을 사자를 보내어 묵연하게 머물렀거나, 한 번을 스스로가 가서 찾았고 네 번을 사자를 보내어 묵연하게 머물렀거나, 한 번을 스스로가 가서 찾았고 다섯 번을 사자를 보내어 묵연하게 머물렀거나, 한 번을 스스로가 가서 찾았고 여섯 번을 사자를 보내어 묵연하게 머무는 것이다. 두 번을 스스로 가서 찾았고 문에 묵연하게 머물렀거나, 세 번을 스스로가 가서 찾았고 문에 묵연하게 머무는 것도 이와 같다.

한 번을 사자를 보내어 찾았고 한 번을 스스로 가서 묵연하게 머물렀거나, 한 번을 사자를 보내어 찾았고 두 번을 스스로 가서 묵연하게 머물렀거나, 한 번을 사자를 보내어 찾았고 세 번을 스스로 가서 묵연하게 머물렀거나, 한 번을 사자를 보내어 찾았고 네 번을 스스로 가서 묵연하게 머물렀거나, 한 번을 사자를 보내어 찾았고 다섯 번을 스스로 가서 묵연하게 머물렀거나, 한 번을 사자를 보내어 찾았고 여섯 번을 스스로 가서 묵연하게 머무르는 것이다. 두 번을 사자를 보내어 찾았고 묵연하게 머물렀거나,

세 번을 사자를 보내어 찾았고 문에 머무는 것도 이와 같다.

스스로가 가서 찾았고 스스로 가서 묵연하게 머물렀거나, 세 번을 문에 머무는 것도 이와 같다. 사자를 보내어 찾고 사자를 보내어 묵연하게 머물렀거나, 세 번을 문에 머무는 것도 이와 같다. 세 번을 가서 찾았고 여섯 번을 묵연하게 머물렀거나, 때에 혹은 늦어지는 기한(期限)이거나, 혹은 다급한 기한이 있다.

무엇을 늦어지고 다급한 기한이라 말하는가? 만약 비구가 단월의 처소에 이르러 옷을 찾는 때에 "장수하십시오. 나에게 옷값을 주십시오"라고 말하였고, "존자여. 다시 한 달이 지나서 오십시오."라고 대답하였으며, 비구는 한 달을 채우고 가서 찾았는데, 만약 단월이 다시 "존자여. 다시 한 달이 지나서 오십시오."라고 말하였고, 비구는 한 달을 채우고 다시 가서 찾았는데, 만약 단월이 다시 "존자여. 다시 한 달이 지나서 오십시오." 라고 말하였고, 비구는 한 달을 채우고 다시 가서 찾았으며, 3개월이 지났다면 다시 찾아서 얻을 수 없다.

만약 "보름이 지나면 오십시오."라고 말하였고, 세 번이 지났다면 다시 찾아서 얻을 수 없다. 만약 "10일이 지나면 오십시오."라고 말하였거나, 만약 5일이거나, 4일이거나, 3일이거나, 2일이거나, 1일이거나, 잠깐이라고 말하였으며, 잠깐이라도 세 번이 지났다면 다시 찾아서 얻을 수 없다.

이 비구가 여섯 번을 반복하여 갔던 때에 단월이 "나는 존자가 서 있는 뜻을 압니다. 다시 한 달이 지나서 오십시오."라고 말하였고, 이 비구가 한 달을 채우고 다시 가서 묵연히 머물렀으며, 이와 같이 여섯 달을 채우도록 가서 묵연히 머물렀어도 얻지 못하였다면 다시 가서 얻을 수 없다. 만약 보름이라고 말하였거나, 10일이라고 말하였거나, 5일이라고 말하였거나, 4일이라고 말하였거나, 3일이라고 말하였거나, 2일이라고 말하였거나, 1일이라고 말하였거나, 잠깐이라고 말하였으며, 잠깐이라도 여섯 번을 지났다면, 다시 가서 묵연히 머무를 수 없다. 이것을 기한을 제한하여 묵연히 머무르는 것이라고 이름한다.

이때 사람이 창고에 들어가서 물건을 취하여 상투 안에 잠시 숨겨두는 것과 같이, 또는 물건을 감싸서 잠시 곧 마땅히 떠나가는 것과 같이, 만약 비구가 방편을 지어서 행하는 모습을 나타내면서 옷·발우·석장(錫杖)·물병(水甁)을 가지고서 물건을 맡았던 사람 앞으로 지나갔는데, 만약 그 사람이 "존자여. 어디로 떠나고자 하십니까?"라고 물어 말하였고, "먼저 보냈던 물건의 주인 주변에서 말하여서 스스로 이 물건들을 알게 하여서 잃어버리지 않으려고 떠나고자 합니다."라고 대답하여 말하였으며, 받아서 맡았던 자가 "이미 물건들을 준비하였으니 다시 갈 필요가 없습니다."라고 말하였고, 곧 때에 물건을 비구에게 주었으며 취하였다면 니살기바야제를 범한다.

만약 방편을 짓지 않고 길을 까닭으로 그의 앞을 갔는데, 만약 그 사람이 "존자여. 어디로 떠나고자 하십니까?"라고 물어 말하였고, "먼저 보냈던 물건의 주인 주변에서 말하여서 스스로 이 물건들을 알게 하여서 잃어버리지 않으려고 떠나고자 합니다."라고 대답하여 말하였으며, 받아서 맡았던 자가 "이미 물건들을 준비하였으니 다시 갈 필요가 없습니다."라고 말하였고, 곧 때에 물건을 비구에게 주었으며 취하였다면 무죄이다.

받아서 맡았던 자가 "마음대로 가십시오. 설사 능히 나를 다라수(多羅樹)와 같이 깨뜨리더라도, 역시 그대에게 한 금전이라도 줄 수 없소."라고 말하였다면, 비구는 그때 마땅히 물건 주인의 주변에 이르러 말하여서 스스로가 알고서 이 물건들을 잃어버리지 않게 해야 한다. 만약 이 물건의 주인이 "내가 먼저 보시하였으니, 비구가 방편을 따라서 다시 찾으십시오."라고 말하였다면, 비구는 그때에 이전과 같이 세 번을 반복하여 말하고 여섯 번을 반복하여 머무를 수 있다.

이러한 까닭으로 세존께서 설하셨노라.

만약 왕이거나, 만약 대신이 옷값을 보냈다면, 나아가 잃어버리지 않게 할 것이다. 이러한 일은 마땅히 그러하다.

[첫 번째의 발거(跋渠)[7]를 마친다.]

세존께서 비사리성의 대림중각정사에 머무셨으며, 자세한 설명은 앞에
서와 같다.

그때 여러 비구들이 일체의 전의(氈衣)[8]로 승가리와 울다라승과 안타회
와 니사단을 지었으며, 오직 녹수낭(漉水囊)과 낙낭(絡囊)[9]을 제외하고
일체를 전의로 지었다. 여러 비구들이 여러 곳에서 양의 털을 구걸하여
전의를 지었는데, 이와 같은 대중이 많았으므로 세상 사람들이 싫어하였
다. 어느 한 비구가 새벽에 일어나서 취락에 들어가는 옷을 입고 양털을
구걸하기 위한 까닭으로 비사리성으로 들어갔다.

어느 한 상인이 손으로 열쇠를 잡고 시장을 향하여 왔고 스스로가
상점의 문을 열면서 멀리서 비구가 빠른 걸음으로 오는 것을 보았고
상인은 생각하며 말하였다.

'이 비구가 오는 것이 반드시 양털을 구걸하려는 까닭으로 이름 아침에
이곳에 이르렀구나. 시장은 판매하지도 않았는데 누가 능히 먼저 이
양털을 구걸하는가?'

곧 가게의 문을 닫고 자기의 집으로 돌아갔다. 비구는 생각하며 말하였
다.

"이 상인이 나를 보고 곧 가게의 문을 닫고 돌아서 떠나갔으니, 나에게
양을 주지 않으려는 까닭이다."

곧 다른 길로 갔고 이르러서 앞을 막고서 물어 말하였다.

"장수여. 그대는 어디로 떠나면서 서로가 마주하지 않는다면 내가
누구를 쫓아서 양털을 구걸하겠소? 바로 그대를 쫓아서 구걸하고자 하였
소. 그대들은 불법을 믿는 자이고, 죄와 복과 행업과 과보가 있는 것을
알면서도 나에게 주지 않는다면 누가 마땅히 나에게 주겠는가? 장수하시
고 마땅히 아시오. 세존께서 '마땅히 자비의 마음을 일으켜서 듣는 것을
즐거워하지 않는 자는 방편으로 듣게 하고, 믿지 않는 자는 믿음을 세우게

7) 산스크리트어 Varga의 음사로서 '품(品)'이라고 번역한다.
8) 축생의 털로서 무늬가 없이 짜서 옷감으로 짓고 만든 옷을 가리킨다.
9) 수행자가 휴대하는 물품을 넣고서 다니는 걸망 등을 가리킨다.

가르치며, 나아가 손으로 그의 머리를 잡고서 강제로 권유하여 보시하게 하라.'고 말씀하신 것과 같습니다.

그러한 것으로써 그는 이곳에서 목숨을 마치면 마땅히 천상에 태어나서 색력(色力)과 수명과 권속이 자연스러울 것이고, 사람의 가운데에 와서 태어나도 역시 쾌락을 받고 색력과 수명과 권속이 성취되며, 불법을 수습하면 공덕을 증익(增益)하고, 도(道)의 과보를 세울 것입니다. 이러한 까닭으로 장수여. 세존께서 게송으로 설하신 것과 같습니다"

복을 하면 즐거운 과보를 받아서
하고자 하는 것은 모두 자연스럽고
생사의 흐름을 뛰어넘어서
최상의 적정한 열반이라네.

만약 사람이 복을 한다면
천신(天神)이 자연히 보호하여
원하는 것이 스스로 이루어지고
여러 악마들이 능히 무너뜨리지 못한다네.

복이 엷으면 여러 번뇌가 많으나
복은 능히 여러 근심을 소멸시키고
복과 덕이 이미 굳세졌다면
빠르게 견고한 정(定)을 이룬다네.

하늘에 태어나면 쾌락을 받고
사람의 가운데에서도 역시 자재하는데
이것은 공덕의 까닭이므로
가는 곳마다 모두 자연스럽네.

이러한 복의 방편을 인연하여
영원히 생사의 괴로움을 벗어나고
도를 얻어 열반에 이른다면
없어지지 않고 다시 태어나지도 않는다네.

그때 그 비구가 이 게송을 말하고서 다시 말하였다.

"장수여. 나에게 양털을 보시한다면 그 복이 가장 클 것입니다."

이때 상인은 설법을 듣고서 곧 적은 양털을 보시하였다. 그때 상인은 이렇게 사유하였다.

'만약 시장의 가게에 들어간다면 곧 많은 양털을 구걸할 것이고, 다시 이익을 얻지 못한다면 본래의 금전은 줄어들 것이다. 오히려 집에 앉아서 머무르면 그 본래의 금전은 완전할 까닭이니, 시장의 가운데에서 이자와 본래의 금전을 함께 잃는 것보다 수승하다.'

이렇게 생각을 짓고 곧 집으로 돌아와서 앉았다. 이때에 상인의 아내는 그의 남편에게 성내면서 말하였다.

"무슨 이유로 시장에 나갔는데 빠르게 돌아왔는가? 이와 같이 나태하고서 마땅히 무슨 이유로 아들과 딸이 생활하고 관청의 부역에 충당하겠는가?"

상인이 대답하여 말하였다.

"성내지 말고 잠시 들어보시오. '나는 지금 이른 아침에 시장의 가게에 나갔는데, [앞의 설명과 같다.] 나아가 본래의 금전을 잃는 것이 두려웠던 까닭으로 돌아와서 머무른 것이오."

그의 아내는 알았으므로 묵연히 말이 없었다. 이때 존자 사리불이 차례로 걸식하며 상인 집의 문 가운데에 머물렀다. 그때 상인의 아내는 돈독하게 믿었고 공경하였으므로 사리불을 보고서 곧 깨끗한 그릇에 음식을 담아서 가지고 문밖으로 나왔고 발우의 가운데에 담았으며 머리숙여 발에 예배하고 공경스럽게 문신하였다. 이때 사리불은 역시 그녀를 위로하였다.

"집안은 어떠하고, 생활은 좋습니까?"

그 부인이 대답하여 말하였다.

"집안이 모두 좋습니다. 다만 생활이 매우 어렵습니다."

물었다.

"무슨 까닭으로 그렇습니까?"

곧 앞의 인연으로써 사리불에게 자세히 아뢰었다.

"집안의 생활과 음식과 의복을 공급하고 왕의 부역에도 바로 가게를 의지하고 있으나, 지금 남편은 집안에 머무르면서 사람이 구걸하며 구하는 것을 두려워합니다. 진실로 있으나 나갔다고 말하고, 진실로 깨어있어도 잠잔다고 말합니다. 스승이시여. 지금 우리집은 공양하고 공경하며 존중하며 숨기는 것이 없습니다. 또한 양털이 크게 귀(貴)하여 혹은 1전(錢)으로 한 냥(兩)을 얻기도 하고, 나아가 2전·3전·4금전으로 한 냥을 얻기도 합니다. 그리고 이 양털은 극히 미세하고 부드러워서 눈에 넣어도 눈물이 한 방울 나오지 않을 정도로 매우 구하기 어렵습니다.

존자여. 이 양털은 4대국(大國)에서 나오는데, 비사리국(毘舍離國)·불가라국(弗迦羅國)·득찰시라국(得利尸羅國)·난제발타국(難提跋陀國)입니다. 존자여. 저의 남편과 여러 친족들은 이 양털을 구하기 위한 까닭으로, 혹은 때에 얻어서 돌아오고, 혹은 죽어서 돌아오지 못하는데, 양털이 얻기 어려운 까닭입니다. 이러한 까닭으로 매우 귀한데도 여러 비구들은 사람마다 와서 구걸하였고 가업이 파괴되어 마침내 궁핍(窮乏)하게 되었습니다."

이때 사리불은 상인의 아내를 위하여 널리 설법하여 환희심을 일으켰고, 곧 정사에 돌아와서 음식을 먹고서 앞의 일로써 갖추어 세존께 아뢰었다. 세존께서는 말씀하셨다.

"이 비구를 불러오라."

왔으므로, 세존께서는 비구에게 물으셨다.

"그대가 진실로 모직물의 옷을 짓고자 양털을 구걸하였고, 나아가 상인의 아내가 사리불을 향하여 말하게 하였는가?"

대답하여 말하였다.

"진실로 그렇습니다. 세존이시여."

"비구여. 그대는 항상 내가 무수한 방편으로 욕심이 많은 것을 꾸짖었고, 욕심이 적은 것을 찬탄함을 듣지 않았는가? 이것은 법이 아니고, 율이 아니며, 세존의 가르침이 아니니라. 이것으로써 선법을 장양하지 못하느니라."

세존께서는 여러 비구들에게 알리셨다.

"비사리를 의지하는 비구들을 모두 모이게 하라. 열 가지의 이익을 까닭으로써 여러 비구들을 위하여 계율을 제정하겠나니, 나아가 이미 들었던 자들도 마땅히 거듭하여 들을지니라. 만약 비구가 순수하게 검은 양털로 새롭게 부구(敷具)를 짓는 자는 니살기비야제를 범하느니라."

'비구'는 앞의 설명과 같다.

'순수하다.'는 섞이지 않은 양털에 열 종류가 있으니, 상속양(相續羊)·고양(羖羊)·불구색양(不具色羊)·산양(山羊)·유행양(遊行羊)·누양(㺜羊)·등양(等羊)·명양(鳴羊)·중다이양(衆多耳羊)·목련양(木蓮羊) 등이다.

'새롭다.'는 처음으로 완성하는 것이다.

'부구'는 모직물이다.

'짓다.'는 만약 스스로가 지었거나, 만약 사람을 시켜서 짓는 것이다.

'니살기바야제'는 이 부구를 마땅히 승가의 가운데에 버리는 것이고, 바야제는 참회하는 것이니, 만약 버리지 않고서 참회한다면 월비니죄를 범한다.

'바야제'는 앞의 설명과 같다.

'상속양'은 여섯 가지의 털이 있으니, 생청(生靑)·염청(染靑)·생흑(生黑)·염흑(染黑)·생청흑(生靑黑)·염청흑(染靑黑)이다. 만약 스스로가 지었거나, 만약 사람을 시켜서 지었고 완성되었다면 니살기바야제를 범하고, 수용하였으면 월비니의 죄를 범한다. 나아가 목련양(木蓮羊)도 역시 이와 같다. 이러한 부구는 마땅히 승가의 가운데에서 버려야 하고, 대중 승가는 마땅히 돌려줄 수 없다. 역시 다른 곳에 사용할 수 없나니, 바로 땅의 깔개를 짓거나, 밖을 향하여 막는 발(簾)과 장막(帳慢)을 지어야 한다.

이러한 까닭으로 설하였노라.

만약 비구가 순수하게 검은 양털로 새로 부구를 짓는 자는 니살기바야제를 범한다.

세존께서 비사리성의 대림중각정사에 머무르셨으며, 자세한 설명은 앞에서와 같다.

그때 여러 비구들이 일체의 전의로 승가리와 울다라승과 안타회와 니사단을 지었으며, 오직 녹수낭과 낙낭을 제외하고 일체를 전의로 지었는데, 세존께서 계율을 제정하시지 않은 이전이었다. 그때 여러 비구들은 전의를 입고서 노지(露地)에서도 암자와 같이 안은(安隱)하게 머물렀으나, 계율을 제정하셨으므로 다시 전의를 입지 못한 까닭으로 병이 많아서 안은하게 머무르지 못하였고, 이러한 일로써 존자 아난에게 말하였다.

"세존께서 계율을 제정하시지 않았던 때에는 우리들은 전의를 입었으므로 집의 아래와 같이 안은하게 머물렀으나, 세존께서 계율을 제정하셨고 다시 전의를 얻지 못한 까닭으로 병자가 많아서 안온하지 못합니다. 옳습니다. 아난께서 마땅히 우리들을 위하여 갖추어 세존께 아뢰고 다시 전의를 지니는 것을 허락하게 하십시오."

그때 존자 아난은 세존의 처소에 이르러 머리숙여 발에 예경하고 곧 앞의 일로써 갖추어 세존께 아뢰었다.

"오직 원하옵건대 세존이시여. 여러 비구들이 다시 전의를 입도록 허락하십시오."

세존께서 말씀하셨다.

"여러 비구들이 섞어서 짓는 것을 허락하겠노라."

세존께서는 여러 비구들에게 알리셨다.

"비사리를 의지하는 비구들을 모두 모이게 하라. 열 가지의 이익을 까닭으로써 여러 비구들을 위하여 계율을 제정하겠나니, 나아가 이미 들었던 자들도 마땅히 거듭하여 들을지니라. 만약 비구가 새로운 부구를 짓고자 한다면, 마땅히 2분(分)은 순수하게 검은 누양의 털을 사용하고, 제3분은 흰 털을 사용하며, 제4분은 하급(下)의 털을 사용해야 하느니라. 만약 비구가 2분은 순수하게 검은 누양의 털을 사용하지 않았고, 제3분은 하얀 털과 제4분은 하급의 털을 사용하지 않고서 새로운 부구를 짓는 자는 니살기바야제를 범하느니라."

'비구'는 앞의 설명과 같다.

'새로운'은 처음으로 부구를 짓는 것이다.

'짓다.'는 만약 스스로가 지었거나, 만약 사람을 시켜서 짓는 것이다.

'순수하다.'는 양털을 섞지 않는 것이고, 열 종류는 앞의 설명과 같다.

'2분'은 검은 털을 많이 사용하고서 동등하다고 생각을 짓는 것이다. 동등하게 사용하고서 줄인다는 생각이나, 다시 더한다는 생각을 짓는 것이다.

'제3분은 흰 털'은 흰 털을 많이 사용하고서 동등하다고 생각을 짓는 것이다. 동등하게 사용하고서 줄인다는 생각이나, 다시 더한다는 생각을 짓는 것이다.

'제4분은 하급'은 하급의 털을 사용하고서 동등하다고 생각을 짓는 것이다.

이와 같이 새로운 부구를 지으면서 만약 스스로가 지었거나, 만약 사람을 시켜서 지으면서 완성되었다면 니살기바야제를 범하고, 수용하였으면 월비니의 죄를 범한다.

'니살기바야제'는 이것은 부구를 마땅히 승가의 가운데에 버리는 것이고, 바야제는 참회하는 것이다. 만약 버리지 않고서 참회한다면 월비니죄를 범한다.

'바야제'는 앞의 설명과 같다.

앞의 네 가지의 양털은 마땅히 승가의 가운데에서 버려야 하고, 대중 승가는 마땅히 돌려줄 수 없다. 역시 다른 곳에 사용할 수 없나니, 바로 땅의 깔개를 짓거나, 밖을 향하여 막는 발과 장막을 지어야 한다. 뒤의 여섯 종류도 승가의 가운데에서 버려야 하고, 대중 승가는 마땅히 돌려줄 수 없다. 승가는 얻었어도 속옷으로 입으면서 사용할 수 없다.

이러한 까닭으로 설하였노라.

세존께서 비사리성의 대림중각정사에 머무르셨다.

그때 어느 비구가 전의를 짓고자 하였으나 양털이 적었다. 여러 비구들이 물어 말하였다.

"이미 전의를 지어서 마쳤습니까?"

대답하여 말하였다.

"아직 마치지 못하였습니다."

물었다.

"무슨 까닭입니까?"

대답하여 말하였다.

"양털이 적습니다."

여러 비구들이 말하였다.

"그대가 전을 지어서 매우 부드럽고 따뜻하게 하고자 합니까?"

대답하여 말하였다.

"그렇습니다."

여러 비구들이 말하였다.

"그대는 광야(廣野) 취락으로 떠나가서 교사야(憍舍耶)10)를 구걸하고 양털과 섞어서 지으십시오."

곧 그들의 말과 같이 광야의 취락에 이르렀고 교사야의 집에 이르러 말하였다.

"장수여. 나에게 교사야를 보시하십시오."

대답하여 말하였다.

"조금만 기다리십시오. 내가 교사야를 취하고 돌아와서 그대에게 주겠습니다."

---

10) 비단을 가리키는 말이다.

이 비구가 밖에서 잠시 기다렸고 다시 와서 물었다.

"가지고 돌아왔습니까?"

대답하여 말하였다.

"지금 돌아왔으니 내가 잠시 쉬는 것을 기다리시오. 끓여서 마땅히 그대에게 주겠습니다."

그 집에 걸상이 있었고 비구에게 양보하였으며 비구가 앉았다. 곧 앉아서 잠시 기다렸고 다시 일어나서 손가락을 솥 안에 넣어서 뜨겁게 끓었는가를 보았으며, 곧 말하였다.

"끓어서 뜨거워서 고치를 넣을 수 있겠습니다."

주인은 비구를 희롱(嬉弄)하고자 하였으므로, 일부러 물어 말하였다.

"존자여. 끓어서 진실로 뜨거워서 넣을 수 있겠습니까?"

대답하여 말하였다.

"진실로 따뜻하여 넣을 수 있습니다."

주인이 곧 고치를 솥 안에 넣으니 찍찍거리는 소리를 지었다. 주인이 싫어하면서 말하였다.

"나는 사문 구담(瞿曇)이 무수한 방편으로 살생하지 않는 것을 찬탄하고 살생하는 것을 꾸짖는다고 들었는데, 어찌하여 사문 석자가 고의로 중생을 죽여서 사문법을 잃었는데 무슨 도가 있겠는가?"

주인이 환희심이 없었으므로 바로 적게 보시하였다. 그 비구는 얻고서 곧 합하여 부구를 지었다. 여러 비구들이 다시 물었다.

"그대는 부구를 지어서 마쳤습니까?"

대답하여 말하였다.

"이미 마쳤습니다. 다만 짓는 가운데에서 이익은 적고 허물은 많았습니다."

여러 비구들이 말하였다.

"어찌하여 이익이 적고 허물은 많았다고 말합니까?"

곧 앞의 일을 갖추어 말하였고, 여러 비구들이 듣고 세존께 가서 아뢰었다. 세존께서 말씀하셨다.

"그 비구를 불러오라."

왔으므로, 세존께서는 비구에게 물으셨다.

"그대가 진실로 그러하였는가?"

대답하여 말하였다.

"진실로 그렇습니다. 세존이시여."

"이 일은 악한 일이니라. 그대는 항상 내가 무수한 방편으로 살생하는 것을 꾸짖었고 살생하지 않는 것을 찬탄함을 듣지 않았는가? 이것은 법이 아니고, 율이 아니며, 세존의 가르침이 아니니라. 이것으로써 선법을 장양하지 못하느니라."

세존께서는 여러 비구들에게 알리셨다.

"비사리를 의지하는 비구들을 모두 모이게 하라. 열 가지의 이익을 까닭으로써 여러 비구들을 위하여 계율을 제정하겠나니, 나아가 이미 들었던 자들도 마땅히 거듭하여 들을지니라. 만약 비구가 교사야로써 순수하게 검은 양털과 섞어서 새로운 부구를 짓는 자는 니살기바야제를 범하느니라."

'비구'는 앞의 설명과 같다.

'교사야를 섞다.'에서 교사야는 두 종류가 있으니, 첫째는 생(生)것이고, 둘째는 지은(作) 것이다.

'생 것'은 비단실이다.

'지은 것'은 비단 천이다.

'양(羊)'은 열 종류가 있고, 앞의 설명과 같다.

'부구'는 모직물이다.

'새로운'은 처음으로 부구를 짓는 것이다.

'짓다.'는 만약 스스로가 지었거나, 만약 사람을 시켜서 짓는 것이고, 짓는 자는 니살기바야제를 범하고, 수용한 자는 월비니죄를 범한다.

'니살기바야제'는 이것은 부구를 마땅히 승가의 가운데에 버리는 것이고, 바야제는 참회하는 것이다. 만약 버리지 않고서 참회한다면 월비니죄를 범한다.

만약 비구가 교사야를 사용하여 승가리를 지었고 양털로 울다라승을 지었거나, 양털로 승가리를 지었고 교사야로 울다라승을 지으면서, 만약 스스로가 지었거나, 만약 사람을 시켜서 지었다면, 짓는 자는 니살기바야제를 범하고, 수용한 자는 월비니죄를 범한다. 비구가 교사야를 사용하여 승가리를 지었고 양털로 안타회를 지었거나, 양털로 승가리를 지었고 교사야로 안타회를 지으면서, 만약 스스로가 지었거나, 만약 사람을 시켜서 지었다면, 짓는 자는 니살기바야제를 범하고, 수용한 자는 월비니죄를 범한다.

만약 날줄은 비단이었고 씨줄은 양털이었거나, 날줄은 양털이었고 씨줄은 교사야로 만약 스스로가 지었거나, 만약 사람을 시켜서 지었다면, 짓는 자는 니살기바야제를 범하고, 수용한 자는 월비니죄를 범한다. 만약 가장자리는 양털이고 중간은 교사야이거나, 중간은 양털이고 가장자리는 교사야로 만약 스스로가 지었거나, 만약 사람을 시켜서 지었다면, 짓는 자는 니살기바야제를 범하고, 수용한 자는 월비니죄를 범한다. 만약 교사야의 사이에 양털의 끈이 중간에 있었거나 양털 사이에 고사야의 끈이 중간에 있는 것도 역시 앞에서와 같다.

만약 옷이 양털이고 연(緣)이 고사야이거나, 옷이 양털이고 뉴(紐)[11]와 섭(褋)[12]이 고사야이거나, 만약 옷이 양털이고 보(補)가 고사야로서 만약 스스로가 지었거나, 만약 사람을 시켜서 짓는 것도 역시 앞에서와 같다. 이 털옷은 마땅히 승가의 가운데에서 버려야 하고, 대중 승가는 마땅히 돌려줄 수 없다. 역시 다른 곳에 사용할 수 없으니, 바로 땅의 깔개를 짓거나, 밖을 향하여 막는 발과 장막을 지어야 한다.

이러한 까닭으로 설하였노라.

---

11) 엉덩이가 덮일 정도로 길고 좌임(左袵)으로 감아서 띠를 매게 되어 있는 것을 가리킨다.
12) 섭(褋)은 선(襈)모양으로 옷의 끝자락에 덧댄 옷감을 가리키며, 빛깔·무늬·폭 등은 다양하다.

　　세존께서 비사리성의 대림중각정사에 머무셨으며, 자세한 설명은 앞에서와 같다.

　　다섯 일의 이익을 까닭으로 세존께서 5일에 한 번을 여러 비구들의 방을 돌아보셨다. 그때 세존께서는 방을 돌아보시면서 낡은 모직물이 여러 곳의 땅에 있는 것을 보셨다. 분소의의 가운데에 있었고, 낡은 집의 가운데에 있었으며, 집 처마의 아래 있어서 까마귀와 새들이 물고서 가서 둥지를 지었고 쥐가 끌고서 구멍에 들어가고 있었다. 세존께서는 아시면서도 일부러 여러 비구들에게 물으셨다.

　　"이것이 무슨 까닭으로 전의가 여러 곳에 어지럽게 흩어져 있는가?"

　　비구들이 말하였다.

　　"세존이시여. 이것은 여러 비구들이 낡은 전의를 버리고서 다시 새로운 부구를 짓는다면 좋았던 까닭입니다."

　　세존께서 여러 비구들에게 알리셨다.

　　"오늘부터 짓는 새롭게 부구를 지었다면 마땅히 6년을 지녀야 하느니라."

　　세존께서 사위성에 머무셨으며, 자세한 설명은 앞에서와 같다.

　　그때 어느 한 비구가 늙고 병들었는데 무거운 모직물의 승가리를 지니고 있었다. 여러 비구들이 말하였다.

　　"그대가 이렇게 무거운 털옷 승가리를 지닌다면 마땅히 핍박받아 죽을 것입니다. 이 모직물을 버리고 가벼운 승가리를 지니십시오."

　　비구가 대답하여 말하였다.

　　"아직 6년을 채우지 않았습니다."

　　다시 말하였다.

　　"그대가 이 옷을 버리지 않는다면 핍박받아 죽을 것입니다."

　　대답하여 말하였다.

　　"내가 오히려 죽을지라도 감히 계율을 어길 수는 없소."

　　여러 비구들이 곧 이 일로써 세존께 갖추어 아뢰었고 세존께서는 여러 비구들에게 알리셨다.

"이 늙고 병든 비구가 이렇게 무거운 모직물의 옷을 입고 있으니 병이 증가할 것이다. 승가는 마땅히 새로 모직물의 옷을 지어서 주는 갈마를 짓도록 하라."

이 비구가 마땅히 승가를 쫓아서 애원하면 승가는 구청갈마를 지어서 주어야 한다. 갈마자는 마땅히 이와 같이 말해야 한다.

"대덕 승가께서는 허락하십시오. 비구 누구는 늙고 병들어서 전의가 무거운 까닭으로 병이 증가하여 여위고 수척합니다. 만약 승가께서 때에 이르셨다면 승가께서는 누구 비구가 승가를 쫓아서 전의를 애원하는 갈마를 허락하십시오. 여러 대덕들께서 누구 비구가 승가를 쫓아서 전의를 애원하는 갈마를 허락하십시오. 승가께서 인정하신 것은 묵연한 까닭입니다. 이 일을 이와 같이 지니겠습니다."

이 비구는 마땅히 승가를 쫓아서 애원하면서 오른쪽 어깨를 드러내고 오른 무릎을 땅에 꿇고서 이와 같이 말해야 한다.

"나 누구 비구는 늙고 병들었는데 전의가 무거워서 여위고 수척하며 병이 증가합니다. 나는 지금 승가의 가운데에서 전의갈마(氎衣羯磨)를 애원합니다. 원하건대 승가께서는 나에게 전의갈마를 주십시오."

이와 같이 두 번·세 번을 애원해야 한다. 갈마인은 마땅히 이렇게 말해야 한다.

"대덕 승가께서는 허락하십시오. 누구 비구가 늙고 병들어서 전의가 무거웠고 이미 승가의 가운데를 쫓아서 전의갈마를 애원하였습니다. 만약 승가께서 때에 이르셨다면 승가는 누구 비구에게 전의갈마를 주십시오. 이와 같이 아룁니다."

이와 같이 백사갈마를 지어야 한다.

세존께서는 여러 비구에게 물으셨다.

"늙고 병든 비구에게 이미 전의갈마를 주었는가?"

대답하여 말하였다.

"이미 주었습니다."

세존께서는 여러 비구들에게 알리셨다.

"비사리를 의지하는 비구들을 모두 모이게 하라. 열 가지의 이익을 까닭으로 여러 비구들을 위하여 계율을 제정하겠나니, 나아가 이미 들었던 자들도 마땅히 거듭하여 들을지니라. 만약 비구가 새로운 부구를 지었다면 마땅히 6년을 지녀야 하고, 만약 6년이 부족한데 낡은 부구를 만약 버렸거나, 만약 버리지 않으면서 새로운 부구를 지었다면 승가의 갈마를 제외하고는 니살기바야제를 범하느니라."

'비구'는 앞의 설명과 같다.

'새 것'은 처음으로 완성된 것이다.

'부구'는 모직물이다.

'짓다.'는 만약 스스로가 지었거나, 만약 사람을 시켜서 짓는 것이고, 짓는슨 자는 니살기바야제를 범하고, 수용한 자는 월비니죄를 범한다.

'6년'은 여섯 번의 여름이다. 여름 4월이라면 집의 아래에 머무르면서 전의이었던 까닭으로 밤에 마땅히 세 번을 나갈 수 있으나, 초야(初夜)에는 세 번을 나갈 수 없다. 초야에 나가고 중야와 후야에 나가지 않는다면 두 번의 월비니죄를 범한다. 중야에 나가고 초야와 후야에는 나가지 않는다면 두 번의 월비니죄를 범한다. 후야에 나가고 초야와 중야에 나가지 않는다면 두 번의 월비니죄를 범한다. 초야와 중야와 후야에 모두 나가지 않는다면 세 번의 월비니죄를 범한다. 초야와 중야와 후야에 세 번을 나간다면 무죄이다.

'6년이 부족하다.'는 여섯 번의 여름이 채우지 않은 것이다.

'낡은 부구'는 6년 안에서 저축하고 지니는 것이다.

'만약 버렸거나, 만약 버리지 않았다.'는 낡은 전의를 현전(現前)에서 만약 버리고서 다시 짓는다면 범하고, 낡은 전의를 현전에서 만약 버리지 않고서 다시 짓더라도 역시 범한다. 낡은 전의를 현전하지 않았는데, 만약 버리고서 다시 짓는다면 범하고, 낡은 전의를 현전하지 않았는데, 만약 버리지 않고서 새로운 부구를 지으면서 만약 스스로가 지었거나, 만약 사람을 시켜서 지었다면, 짓는 자는 니살기바야제를 범하고, 수용한 자는 월비니죄를 범한다.

'좋은 것을 위한 까닭'은 너무 작거나, 너무 크거나, 너무 가볍거나, 너무 무겁거나, 뚫리고 찢어져서 매우 차고 매우 더운 것을 싫어하면서, "나에게 단월이 있고 짓는 사람이 있으며, 나에게 양털이 있으므로 마땅히 다시 새로운 부구를 지어야겠다."라고 좋은 것을 위한 까닭이라면 니살기바야제를 범한다.

'승가의 갈마는 제외하다.'는 세존께서 열었던 까닭으로 무죄이다. 갈마는 혹은 성립되거나, 혹은 성취되지 않는 것이 있다.

'성취되지 않다.'는 만약 비구가 몸이 여위지 않고 안색(顔色)이 나쁘지 않으며 근력이 감소하지 않아서 거친 음식도 능히 먹는 것이다. 만약 아뢰는 것(白)이 성취되지 않고 갈마가 성취되지 않으며 대중이 성취되지 않아서 이와 같이 일마다 성취되지 않았다면 이것을 갈마가 성취되지 않았다고 이름한다. 만약 이 늙고 병든 비구가 몸이 여위고 안색이 나쁘며 근력이 감소해서 좋은 음식도 능히 먹지 못하는데, 하물며 거친 음식이겠는가? 아뢰는 것이 성취되지 않고 갈마가 성취되지 않으며 대중이 성취되지 않아서 이와 같이 일마다 잃는 것이 있다면 이것도 역시 갈마가 성취되지 않았다고 이름한다.

'성취되다.'는 만약 이 비구가 몸이 여위고 안색이 나쁘며 근력이 감소하여서 좋은 음식도 능히 먹지 못하였고, 아뢰는 것이 성취되었으며 갈마가 성취되었고 대중이 성취되었으며, 이와 같이 일마다 잃은 것이 없다면 이것을 갈마가 성취되었다고 이름한다.

이 늙고 병든 비구가 승가의 갈마를 마쳤다면 마땅히 스스로가 먼저 수지하였던 낡은 전의의 연월일의 숫자를 기록하고서 병이 낫는다면 다시 이 낡은 전의를 수지하면서 앞으로 6년을 채워야 한다. 만약 비구가 병이 나았는데도 다시 6년을 채우지 않는다면 니살기바야제를 범한다.

'니살기바야제'는 앞의 설명과 같다.

대중 승가의 가운데에서 버려야 하고, 승가는 마땅히 돌려줄 수 없으며, 승가에서 수용하여도 다만 속옷으로는 입을 수 없다.

이러한 까닭으로 설하였노라.

세존께서 비사리성의 대림중각정사에 머무셨으며, 자세한 설명은 앞에서와 같다.

다섯 일의 이익을 까닭으로 세존께서 5일에 한 번은 여러 비구들의 방을 돌아보셨다. 그때 세존께서는 방을 돌아보시면서 낡은 모직물이 여러 곳에 있는 것을 보셨다. 분소의의 가운데에 있었고, 낡은 집의 가운데에 있었으며, 집 처마의 아래 있어서 까마귀와 새들이 물고서 가서 둥지를 지었고 쥐가 끌고서 구멍에 들어가고 있었다. 세존께서는 아시면서도 일부러 여러 비구들에게 물으셨다.

"이것이 어떠한 까닭으로 전의가 여러 곳에 어지럽게 흩어져 있는가?"
여러 비구들이 세존께 아뢰어 말하였다.

"세존이시여. 여러 비구들이 혹은 도를 그만두었고, 혹은 죽었으며, 혹은 현재 버렸으므로 낡은 모직물이 어지럽게 흩어져 있습니다."
세존께서 여러 비구들에게 말씀하였다.

"만약 보시하는 자가 양(量)을 헤아리지 못하더라도 받는 자는 마땅히 헤아려야 하나니, 비구가 보시를 받았다면 마땅히 사용하고 마땅히 버려서는 아니된다. 오늘부터 만약 비구가 새로운 부구와 모직물의 니사단(尼師檀)13)을 짓는다면 마땅히 낡은 부구의 모직물을 사방으로 수가타(修伽陀)의 1걸수(搩手)를 잘라내어 붙여야 하나니, 좋은 색깔을 파괴하려는 까닭이니라."
세존께서는 여러 비구들에게 알리셨다.

"비사리를 의지하는 비구들을 모두 모이게 하라. 열 가지의 이익을 까닭으로써 여러 비구들을 위하여 계율을 제정하겠나니, 나아가 이미 들었던 자들도 마땅히 거듭하여 들을지니라. 만약 비구가 새로운 부구와 니사단을 짓는다면 마땅히 낡은 부구의 모직물을 사방으로 수가타의

---

13) 비구(比丘)가 앉거나 누울 때에 땅에 펴는 네모진 깔개를 가리킨다.

1걸수를 잘라내어 붙여야 하나니, 좋은 색깔을 파괴하려는 까닭이니라.
만약 비구가 새로운 부구와 니사단을 지으면서 마땅히 낡은 부구의 모직물
을 사방으로 수가타의 1걸수를 잘라내어 붙이지 않는다면 니살기바야제
를 범하느니라.”

‘비구’는 앞의 설명과 같다.

‘새 것’은 처음으로 완성된 것이다.

‘부구’는 모직물이다.

‘니사단’은 세존께서 허락하신 것과 같다.

‘짓는다.’는 만약 스스로 짓거나, 만약 사람을 시켜서 짓는 것이다.

‘낡은 부구’는 6년을 지닌 것이다.

‘수가타’는 등정각(等正覺)이다.

‘1걸수’는 길이가 2척(尺) 4촌(寸)인 것이다.

낡은 모직물을 취하는 때에는 들은 것이 적은 자, 계율을 범한 자,
들은 것이 없는 자, 머무는 방사가 허물어졌어도 수리하지 않는 자,
악명(惡名)의 사람, 단멸(斷滅)의 견해인 사람, 화상과 아사리를 멀리
떠나서 자문(諮問)하는 것을 좋아하지 않는 자, 능히 마(魔)를 깨뜨리지
못하는 자, 마(魔)의 일을 분별하지 못하는 자 등과 같은 사람의 주변에서
마땅히 취하지 못한다. 마땅히 들은 것이 많은 자, 나아가 마의 일을
분별하는 사람의 주변에서 취하여야 한다.

사방으로 수가타의 1걸수를 낡은 모직물에서 잘라내어 붙이면서 결각
형(缺角形)·맥형(麥形)·저형(杵形)·거형(車形)·수형(垂形)·난형(亂形)·거
형(擧形)·하형(下形) 등은 입을 수 없다.

‘결각’은 각(角)이 없는 것이다.

‘맥’은 중앙이 넓고도 두 끝부분이 좁은 것이다.

‘저’는 두 끝부분이 넓고 중앙이 좁은 것이다.

‘거’는 한 끝부분은 넓고 한 끝부분은 좁은 것이다.

‘수’는 짧게 입는 것이다.

‘난’은 주위가 바르지 않은 것이다.

'거'는 뾰족하게 솟은 것이다.

'하'는 네 귀퉁이가 파여서 꿰맸던 곳이 높고 중앙이 낮은 것이다.

이와 같다면 입을 수 없고, 입을 때에 모났다면 주위를 바르게 하고, 만약 뚫어지고 찢어졌다면 보수하며, 만약 기름때가 묻었다면 세탁하여야 하고, 쪼개졌다면 다른 털을 섞어서 지어야 한다. 이것은 비구가 새로운 니사단을 짓는 것이다.

만약 낡은 것을 붙이지 않았다면, 이 니사단은 마땅히 대중 승가의 가운데에서 버려야 하고, 승가는 마땅히 돌려줄 수 없으며, 승가에서 수용하여도 다만 속옷으로는 입을 수 없다.

이러한 까닭으로 설하였노라.

세존께서 비사리성의 대림중각정사에 머무셨으며, 자세한 설명은 앞에서와 같다.

그때 존자 우타이는 무거운 양털을 짊어지고 몸을 구부리고 다니면서 성을 나갔으므로 세상 사람들이 싫어하였다.

"사문 우타이를 보시오. 낙타와 같고 당나귀와 같으며 바깥의 일꾼(客負人)과 같은데, 이와 같이 양털을 짊어지고서 떠나가네요. 사문법을 잃었으니 무슨 도가 있겠습니까?"

여러 비구들이 이 인연으로써 세존께 가서 아뢰었고, 세존께서는 말씀하셨다.

"우타이를 불러오라."

왔으므로 세존께서는 우타이에게 물으셨다.

"그대가 진실로 무거운 양털을 짊어지고서 떠나갔고, 세상 사람들의 싫어하게 하였는가?"

대답하여 말하였다.

"진실입니다. 세존이시여."

세존께서 말씀하셨다.

"이것은 악한 일이니라. 오늘부터는 짊어지고 떠나가는 것을 허락하지 않겠노라."

세존께서 사위성에 머무셨으며, 자세한 설명은 앞에서와 같다.
어느 여러 비구들이 북방에 이르러 세존을 찬탄하였고 사리불과 목건련
등 여러 장로 비구들을 찬탄하였으며, 수달(須達) 거사와 비사거녹모(毘舍
佉鹿母) 및 기환정사와 개안림을 찬탄하였다. 여러 비구들이 들었고 60명
의 비구들은 와서 예경하고자 하였으며, 곧 왔던 비구들에게 물었다.
"우리들은 그곳에 가서 작더라도 공양하고자 합니다. 범행인에게 어떤
물건을 가져가야 마땅히 그들에게 필요한 것으로 알맞겠습니까?"
대답하여 말하였다.
"장로여. 그곳에 일체의 비구들은 오직 녹수낭과 낙낭을 제외하고는
모두 전의를 입고 있습니다. 양털을 가지고 그곳에 가십시오."
그때 60명의 비구들이 각자 무거운 양털을 짊어지고 다니면서 취락에서
취락으로, 성에서 성으로 이르렀으며 이때 세상 사람들이 비난하고 싫어
하였다. 그들이 말하였다.
"그대들은 이 사문 석자들이 무겁게 짊어지고 다니는 것이 낙타와
같고 나귀와 같으며 바깥의 일꾼과 같고 상인(商人)과 같구려. 이와 같이
무거운 짐을 짊어지고 가는 것을 보시오."
다시 어느 사람이 말하였다.
"그대들은 알지 못하는가? 이곳에서 값싸게 사서 그곳에서 비싸게
팔려는 것이네. 사문법을 잃었는데, 무슨 도가 있겠는가?"
여러 비구들이 점차 사위성을 향하였고 이르러 세존의 발에 예경하고
곧 물러나서 한쪽에 머물렀다. 세존께서는 아시면서도 일부러 여러 비구
들에게 물으셨다.
"그대들은 어디에서 왔는가?"
대답하여 말하였다.
"세존이시여. 북방에서 왔습니다."
세존께서는 여러 비구들에게 물으셨다.

"도로에서 피곤하지 않았는가? 걸식은 어렵지 않았는가?"

대답하여 말하였다.

"세존이시여. 도로에서 피곤함은 없었고, 걸식도 어려움이 없었습니다. 다만 도중에서 세상 사람들의 비난을 받았습니다."

세존께서는 여러 비구들에게 물으셨다.

"세상 사람들이 무엇을 비난하였는가?"

대답하여 말하였다.

"세존이시여. 저희들 60명은 모두 양털을 짊어지고 왔습니다."

앞의 일을 자세히 말하였고, 세존께서는 비구들에게 말씀하셨다.

"그대들이 바로 세상 사람들이 비난하였으므로, 오늘부터는 비구들이 스스로 양털을 짊어지고 다니는 것을 허락하지 않겠노라."

세존께서는 여러 비구들에게 알리셨다.

"비사리를 의지하는 비구들을 모두 모이게 하라. 열 가지의 이익을 까닭으로써 여러 비구들을 위하여 계율을 제정하겠나니, 나아가 이미 들었던 자들도 마땅히 거듭하여 들을지니라. 만약 비구가 다니는 도중에 양털을 얻어서 취하고자 한다면 이 비구는 얻고서 손으로 취하여서 3유연(由延)까지 갈 수 있느니라. 만약 3유연을 넘어서 짊어지고 가는 자는 니살기바야제를 범하느니라."

'비구'는 만약 한 사람이거나, 만약 대중 승가이다.

'길을 가다.'는 3유연·2유연·1유연·반 유연·1구로사(拘盧舍)이다.

'얻다.'는 만약 남자이거나, 만약 여자이거나, 만약 늙었거나, 만약 젊었거나, 만약 재가이거나, 만약 출가자에게 얻는 것이다.

'양털'은 열 종류이고 앞의 설명과 같다.

'취하고자 하다.'는 진실로 필요하여 스스로가 짊어지는 것이다.

'3유연을 넘어가다.'는 5주(肘)의 활이 2천의 궁(弓)[14]이라면 1구로사라고 이름하고, 4천의 궁을 절반의 유연이라 이름하며, 8천의 궁을 1유연이라

---

14) 길이의 단위로 여덟 자(尺)를 가리킨다.

고 이름하고, 1만 6천의 궁을 2유연이라 이름하며, 2만 4천의 궁을 3유연이라고 이름한다. 3유연은 스스로 짊어질 수 있는 거리이다. 만약 지나쳤다면 니살기바야제를 범한다.

'니살기바야제'는 이것은 양털을 마땅히 승가의 가운데에 버리는 것이고, 바야제를 참회하는 것이다. 만약 버리지 않고서 참회한다면 월비니죄를 범한다.

만약 비구가 양털을 가지고서 입었고 도로를 다니면서 1유연에 이르렀으나, 잊었던 것이 있어서 다시 와서 취하고자 본래의 처소에 돌아왔으며, 곧 3유연을 채웠다면 다시 더 얻을 수 없고, 만약 3유연을 지나쳤다면 니살기바야제를 범한다. 만약 1유연 절반에서 물건을 잃어버려서 돌아왔다면, 돌아와서 다시 떠나갈 수 없다. 만약 떠나가는 자라면 니살기바야제를 범한다.

만약 곧바로 갔더라도 3유연으로 제한하나니, 만약 한 걸음(脚)이라도 지나쳤다면 월비니죄를 범하고, 두 걸음을 지나쳤다면 니살기바야제를 범한다. 만약 두 사람이 각자 3유연을 짊어졌고 전전하여 바꾸면서 각자 다시 3유연을 얻으면서 세 사람이 9유연이었고, 네 사람이 12유연이었으며, 만약 이와 같이 여러 사람이라도 사람을 따르면서 제한하나니, 오직 다시 거듭하여 짊어질 수가 없다. 일찍이 짊어지고 갔던 자가 만약 무역하여서 만약 다시 얻었더라도 3유연까지이다.

만약 비구가 양털을 옷과 걸망의 가운데에 넣고서 한 집에서 다른 집에 이르렀어도 계산하여 3유연을 채웠다면 다시 떠나갈 수 없다. 만약 양털을 걸망의 가운데에 넣고서 걸식하면서 한 취락에서 다른 취락에 이르는 것도 역시 이와 같다. 만약 양털을 가지고 걸망의 가운데에 집어넣고서 경행하는 것도 역시 이와 같다. 만약 양털을 가지고 탑을 도는 것도 역시 이와 같다. 만약 물건이 완성되지 않았고, 나아가 바늘통을 막는 양털도 역시 죄를 범한다. 만약 물건이 완성되고 만약 깔개를 지었거나, 만약 베개를 지었거나, 만약 요를 지었다면 범한 것은 없다.

만약 낙타의 털이나 수달의 털을 짊어졌다면 투란차죄를 얻고, 만약 이우(犛牛)15)의 털을 짊어졌다면 월비니죄를 범하지만, 만약 손잡이를 보시하였으면 무죄이다. 만약 사자의 털이나 돼지의 털을 짊어졌다면 월비니죄를 마음으로 참회해야 하고, 만약 그릇을 완성하였다면 무죄이다.

이러한 까닭으로 설하였노라.

세존께서 비사리성의 대림중각정사에 머무셨으며, 자세한 설명은 앞에서와 같다.

이때 존자 우타이는 선생(善生) 비구니가 본래의 아내이었다. 이때 존자 우타이는 양털을 가지고 선생 비구니에게 주면서 이렇게 말을 지었다.

"옳습니다. 자매여. 나에게 세탁하고 염색하며 풀어서 두드려서 주십시오."

비구니는 곧 가지고 떠나갔고 스스로의 주처에 이르러서 세탁하였고 염색하였으며 풀었고 두드려서 상자 안에 담으면서 겨드랑이 아래의 거친 털과 가려진 곳의 거친 털로 위를 덮었으며, 곧 사자를 보내어 우타이에게 가져다가 주었다. 우타이는 얻고서 상자를 열어서 이 거친 털을 보았다. 환희하며 여러 비구들에게 보여주었다.

"이것을 보십시오. 장로들이여. 친족이 아닌 비구니에게 적은 양털을 주었으나 많은 양털이 왔구려."

이때 여러 비구들이 보고서 말하였다.

"이것은 숨기고 감출 물건인데, 어찌하여 사람에게 드러내시오?"

곧 대답하여 말하였다.

"이곳에 무슨 숨기고 감출 물건이 있겠소? 내가 적은 양털을 주었으나 많은 양털이 왔구려."

그때 육군비구(六群比丘)들은 멀리서 듣고서 손뼉을 치면서 크게 웃었

---

15) 인도나 티베트의 고산 지역에서 서식하는 야크(yak)를 가리킨다.

다.

"괴이하구려. 괴이하구려."

여러 비구들이 듣고서 세존께 가서 아뢰었고, 세존께서는 말씀하셨다.

"우타이를 불러오라."

왔으므로, 세존께서 우타이에게 물으셨다.

"그대가 진실로 그러하였는가?"

대답하여 말하였다.

"진실입니다."

세존께서 말씀하셨다.

"이것은 악한 일이니라."

나아가 여러 비구들에게 물으셨다.

"설사 친족인 비구니라도 마땅히 감출 물건을 마땅히 친족이 아닌 비구에게 드러내어 보여주겠는가?"

대답하여 말하였다.

"아닙니다. 세존이시여."

"설사 친족인 비구가 친족인 비구니의 마땅히 감출 물건을 마땅히 사람에게 드러내어 보여주겠는가?"

대답하여 말하였다.

"아닙니다. 세존이시여."

세존께서 말씀하셨다.

"여러 비구들이여. 오늘부터는 친척이 아닌 비구니를 시켜서 양털을 세탁하고 염색하며 쪼개고 두드리게 할 수 없느니라."

세존께서 사위성에 머무르셨으며, 자세한 설명은 앞에서와 같다.

이때 존자 우타이는 양털을 가지고 대애도(大愛道) 비구니에게 주면서 이렇게 말을 지었다.

"옳습니다. 자매여. 나에게 세탁하고 염색하며 풀어서 두드려서 주십시오."

이때 대애도 비구니는 곧 쪼개고 염색하였으며 두드려서 돌려보내서 우타이에게 주었고, 세존의 처소에 이르러 머리숙여 발에 예경하고 물러나서 한쪽에 머물렀다. 세존께서는 아시면서도 일부러 물으셨다.

"그대의 손 위에 무슨 까닭으로 색깔이 있습니까?"

대답하여 말하였다.

"내가 존자 우타이의 양털을 세탁하고 염색하며 풀어서 주었습니다."

세존께서 말씀하셨다.

"여러 비구들이여. 어찌하여 우타이는 친족이 아닌 비구니에게 양털을 세탁하고 염색하며 풀게 하였는가?"

세존께서 말씀하셨다.

"우타이를 불러오라."

왔으므로 세존께서 우타이에게 물으셨다.

"그대가 진실로 대애도 비구니에게 양털을 세탁하고 염색하며 풀게 하였는가?"

대답하여 말하였다.

"진실로 그렇습니다. 세존이시여."

세존께서 말씀하셨다.

"그대는 어찌하여 도를 행하는 비구니에게 짓게 시켰는가? 오늘부터는 친족이 아닌 비구니에게 양털을 세탁하고 염색하며 풀게 하는 것을 허락하지 않겠노라."

세존께서는 여러 비구들에게 알리셨다.

"사위성을 의지하는 비구들을 모두 모이게 하라. 열 가지의 이익을 까닭으로써 여러 비구들을 위하여 계율을 제정하겠나니, 나아가 이미 들었던 자들도 마땅히 거듭하여 들을지니라. 만약 비구가 친족이 아닌 비구니에게 양털을 세탁하고 염색하며 풀게 시켰다면 니살기바야제를 범하느니라."

'비구'와 '친족이 아닌 자'와 '양털'은 앞의 설명과 같다.

'세탁하고 염색하다.'는 앞의 다섯 번째의 계율 가운데에서 설한 것과 같다.

'풀다.'는 나누어 쪼개는 것이다.

'니살기바야제'는 양털을 마땅히 승가의 가운데에 버리는 것이고, 바야제는 참회하는 것이다. 만약 버리지 않고서 참회한다면 월비니죄를 범한다.

'바야제'는 앞의 설명과 같다.

이 가운데에서 '풀다.'는 한 가지의 일을 덧붙였는데, 두드리는 것을 제외하고 진흙으로 더러워진 옷을 입었거나, 기름때가 묻은 옷을 입고서 비구니의 사찰에 가는 등의 나머지는 다섯 번째의 계율 가운데에서 자세히 설한 것과 같다.

마하승기율 제10권

동진 천축삼장 불타발타라·법현 공역
석보운 번역

3) 30니살기바야제의 법을 밝히다 ③

세존께서는 왕사성의 가란타죽원(迦蘭陀竹園)에 머무셨으며, 자세한 설명은 앞에서와 같다.

그때 주라(周羅) 취락의 주인이 세존의 처소에 이르러 머리숙여 발에 예경하고 물러나서 한쪽에 머물면서 세존께 아뢰어 말하였다.

"세존이시여. 이전의 날에 여러 많은 대신·바라문·거사·장자들이 왕의 궁전 위에 모여서 이것을 의논하였는데, '사문인 석자는 마땅히 금과 은을 저축해야 한다.'라고 말하는 자가 있었고, '사문인 석자는 금과 은을 저축해서는 아니된다.'라고 말하는 자가 있었습니다. 무엇이 진실한 말이고 법어(法語)이며 현법(現法)의 가운데에서 수순하는 법이고, 거스르지 않는 의논입니까?"

세존께서 말씀하셨다.

"사문인 석자는 마땅히 금과 은을 저축할 수 없소. 만약 어느 사람이 '사문인 석자는 마땅히 금과 은을 저축해야 한다.'라고 말한다면, 이것은 나를 비방하는 것이고 진실이 아니고 비법이고 수순한 것이 아니므로 현법의 가운데에서 거스르는 의논이오. 왜 그러한가? 만약 금과 은을 얻어 저축하는 것은 역시 마땅히 5욕락을 얻고자 저축하는 것이오. 무엇이 다섯 가지인가? 첫째는 눈으로 색(色)을 분별하여 애욕으로 염착(染着)하는 것이고, 나아가 몸으로 촉감을 받아서 애욕으로 염착하는 것이오.
마땅히 아시오. 이것은 사문인 석종(釋種)의 법이 아니오."

취락의 주인이 말하였다.

"매우 기이합니다. 세존이시여. 일찍이 있지 않았습니다. 세존이시여.
세존께서 말씀하신 것과 같이 사문 석자는 마땅히 금과 은을 저축할
수 없습니다. 만약 금과 은을 저축하는 자는 사문법이 아니고, 석종의
법도 아닙니다. 이러한 까닭으로 저는 지금 세존께 귀의하고 법에 귀의하
며 승가에 귀의합니다. 저는 세존의 우바새이고 살생하지 않겠으니,
세존께서 증명하여 주십시오."

이와 같이 세 번을 말하였고, 나아가 '술을 마시지 않겠다.'라고 말하였
다.

"저는 이전의 때에 이러한 생각이 있었습니다. '사문인 석자는 금과
은을 저축할 수 없다. 만약 금과 은을 저축한다면 5욕락을 받는 사람과
다르지 않다.'"

그때 세존께서는 곧 주라 취락의 주인을 위하여 수순하여 설법하시어
보여주셨고 가르치셨으며 이익되고 기쁘게 하셨는데, 깨끗한 모직물을
염색하면 쉽게 색을 받아들이는 것과 같이, 곧 자리에서 사성제(四聖諦)를
보여주셨고, 사성제를 보고서 세존께 아뢰어 말하였다.

"세존이시여. 세속 사람이므로 업무가 많아서 마땅히 돌아가고자 청합
니다."

세존께서 말씀하셨다.

"마땅히 이것의 때를 아시오."

일어나서 세존의 발에 예경하고 오른쪽으로 돌면서 떠나갔다. 떠나가
고 오래지 않아서 세존께서는 여러 비구들의 처소로 가셨고 니사단을
펼치고 앉으셨으며, 여러 비구들에게 말씀하셨다.

"이전에 주라 취락의 주인이 와서 나의 처소에 와서 이르렀고, [자세한
설명은 앞에서와 같다.] 나아가 오른쪽으로 돌면서 떠나갔느니라."

세존께서는 여러 비구들에게 알리셨다.

"그대들은 마땅히 이와 같이 배울 것이고, 금과 은을 저축할 수 없느니라. 나는 방편이 있더라도 얻은 금과 은을 저축하지 않느니라."

세존께서 사위성에 머무셨으며, 자세한 설명은 앞에서와 같다.

다섯 일의 이익을 까닭으로 세존께서 5일에 한 번을 여러 비구들의 방을 돌아보시면서 난타와 우파난타의 주처를 보셨다. 이때 난타와 우파난타는 금전을 세웠으므로 손 위에 흙이 있었는데, 나아가서 머리숙여 세존의 발에 예경하고 곧 한쪽에 머물렀다. 세존께서는 아시면서도 일부러 물으셨다.

"손 위에 무슨 까닭으로 흙이 묻었는가?"

대답하여 말하였다.

"세존이시여. 저희들이 금전을 세웠던 까닭으로 손 위에 흙이 있습니다."

세존께서 말씀하셨다.

"그대들은 어찌하여 손으로 스스로가 생색(生色)과 사색(似色)을[1] 잡았는가? 오늘부터 손으로 스스로가 금과 은을 지니는 것을 허락하지 않겠노라."

세존께서는 비사리성의 대림중각정사에 머무셨으며, 자세한 설명은 앞에서와 같다.

이때 우타이는 때에 이르자 취락에 들어가는 옷을 입고 발우를 지니고 한 도공(泥師)의 집에 이르렀다. 그 집에서는 처음 지었던 절회(節會)를 마쳤으므로, 그 집의 부인이 나왔고 맞이하여 예배하고 물어 말하였다.

"존자여. 어제는 무슨 까닭으로 오지 않았습니까? 만약 오셨다면 마땅히 좋은 음식을 얻었을 것입니다."

대답하여 말하였다.

---

1) 금과 은을 가리키는 말이다. 뒤의 주석을 참조하라.

"어제와 오늘이 어찌하여 다시 있겠습니까? 좋은 음식이 있다면 가져오십시오."

알려 말하였다.

"좋은 음식은 없습니다. 지금 존자께 금전을 드리겠으니, 가게에서 좋은 음식을 쉽게 바꾸실 것입니다."

대답하여 말하였다.

"세존께서 계율을 제정하시어 내가 스스로 손으로 금전을 잡을 수 없으니, 그대가 금전으로써 나의 옷자락에 묶어 주십시오."

곧 그의 말과 같이 금전을 옷자락에 묶고서 떠나갔으며 시장에 이르러 말하였다.

"장수여. 나에게 떡을 주시오."

대답하여 말하였다.

"존자여. 나에게 금전을 보여주십시오."

대답하여 말하였다.

"다만 나에게 떡을 주시오. 나는 이곳에서 움직이지 않고 마땅히 그대에게 금전을 주겠소."

알려 말하였다.

"존자여. 발우를 가져오십시오."

우타이가 발우를 주니, 그 발우에 여러 떡과 음식을 가득 채우고서 말하였다.

"나에게 금전을 주십시오."

대답하여 말하였다.

"그대가 스스로 나의 옷자락에서 풀어서 취하시오."

시장 사람들은 조롱하려는 까닭으로 고의로 풀지 않고서 말하였다.

"그대가 스스로 풀어서 나에게 주십시오."

대답하여 말하였다.

"세존께서는 나에게 스스로 생색과 사색을 잡는 것을 허락하지 않으셨으니, 그대가 스스로 풀어 취하시오."

풀어서 취하였고 곧 꾸짖어 말하였다.

"어찌하여 사문인 석자는 적은 방편으로써 이것이 정(淨)이라고 말하는가? 우리들도 역시 항상 손으로 금전을 잡지 않고, 입안에 넣지 않으며, 우리들도 역시 옷자락의 끝과 바랑이나 그릇의 가운데에 묶지 않는다. 이것은 사문법을 잃는 것이니, 무슨 도가 있겠는가?"

이때 우타이는 떡을 가지고 자기 방에 이르러서 다른 비구들을 불러서 함께 먹었다. 여러 비구들이 곧 물었다.

"이 떡은 매우 맛있습니다. 어느 곳에서 얻었습니까? 이것은 집안에서 지은 떡이 아닙니다."

대답하여 말하였다.

"여러 장로들이여. 이 가운데에는 이익이 적고 허물은 많습니다."

여러 비구들이 물어 말하였다.

"무슨 까닭으로 허물이 많습니까?"

대답하여 말하였다.

"내가 이와 같고 이와 같은 인연의 이것을 까닭으로 허물이 많습니다."

여러 비구들이 이 일로써 세존께 갖추어 아뢰었고, 세존께서 말씀하셨다.

"우타이를 불러오라."

왔으므로 세존께서 우타이에게 물으셨다.

"그대가 진실로 그러하였는가?"

대답하여 말하였다.

"진실입니다. 세존이시여."

세존께서 말씀하셨다.

"이것은 악한 일이니라. 오늘부터 금전을 옷에 묶는 것도 허락하지 않겠노라."

세존께서 가유라위성(迦維羅衛城)에 머무르셨으며, 자세한 설명은 앞에서와 같다.

다섯 일의 이익을 까닭으로 세존께서 5일에 한 번은 여러 비구들의 방을 돌아보시면서 한 비구가 몸이 말라서 누렇고 여위었으며 수척한 것을 보셨다. 세존께서는 아시면서도 일부러 물으셨다.

"비구여. 고통을 참을 수 있는가? 안은하게 머무는가?"

대답하여 말하였다.

"세존이시여. 저는 안은하지 않습니다. 병으로 고뇌합니다."

세존께서 비구에게 말씀하셨다.

"그대는 능히 병을 따라서 음식과 약을 구하지 못하였는가?"

대답하여 말하였다.

"저는 세존께서 계율을 제정하시어 스스로가 손으로 금과 은을 잡지 못하도록 하셨다고 들었습니다. 다시 저에게 주는 사람도 없으며, 이것을 까닭으로 고뇌를 받습니다."

세존께서는 여러 비구들에게 알리셨다.

"오늘부터 병든 자는 정인을 시켜서 저축하는 것을 허락하겠으나, 탐착하지는 말라."

세존께서는 여러 비구들에게 알리셨다.

"가유라위성을 의지하는 비구들을 모두 모이게 하라. 열 가지의 이익을 까닭으로써 여러 비구들을 위하여 계율을 제정하겠나니, 나아가 이미 들었던 자들도 마땅히 거듭하여 들을지니라. 만약 비구가 스스로 생색과 사색을 잡거나, 만약 사람을 시켜서 잡거나 집으면서 탐착하는 자는 니살기바야제를 범하느니라."

'비구'는 앞의 설명과 같다.

'스스로 손'은 만약 몸이거나, 만약 몸의 부분이었거나, 만약 몸이 서로 연결된 것이다.

'몸'은 일체의 몸이다.

'몸의 부분'은 만약 손이거나, 만약 발이거나, 만약 팔꿈치이거나, 만약 무릎이다.

'몸이 서로 연결되다.'는 만약 승가리를 입었거나, 울다라승을 입었거나,

안타회를 입었거나, 부창의를 입었거나, 승기지(僧祇枝)²⁾를 입었거나, 우욕의를 입었거나, 발우이거나, 작은 발우이거나, 건자(鍵鎡)³⁾이거나, 구리그릇(銅盂)의 가운데이니, 이와 같다면 이것을 몸과 연결된다고 이름한다.

'생색'은 금(金)이고, '사색'은 은(銀)이다. '생색과 사색'은 금전 등으로 시장에서 사용하는 물건이다.

'잡다.'는 만약 스스로 잡았거나, 만약 사람에게 말하여 잡게 하는 것이다.

'들다.'는 만약 스스로 들었거나, 만약 사람을 시켜서 드는 것이다.

'탐착하다.'는 '내가 마땅히 이 물건들을 사용해 5욕락을 얻겠다.'라고 이렇게 생각을 짓는 것이니, 이를테면, 색(色)·성(聲)·향(香)·미(味)·촉(觸) 등이다. 이것을 탐착한다고 이름한다.

'탐착하지 않다.'는 청정한 지계의 비구와 같이 스스로가 양식과 보릿가루와 말린 밥과 쌀과 국수 등을 짊어지는 때에 '나는 방편이 있어도 이러한 음식을 먹고자 하지 않는다.'라고 생각을 짓는 것이다. 다만 이 부정한 물건의 가운데서 청정하다는 생각이 생겨나서 '내가 마땅히 수용하겠다.'라고 하였다면 니살기바야제를 범한다.

'니살기바야제'는 이것의 금·은·금전은 마땅히 승가의 가운데에 버리는 것이고, 바야제는 참회하는 것이다. 만약 버리지 않고서 참회한다면 월비니죄를 범한다.

이러한 금·은·금전을 만약 지었거나, 짓지 않았거나, 만약 많거나, 적거나, 만약 순수하거나, 섞였거나, 만약 그릇을 이루었거나, 이루어지지 않았거나, 만약 승가에 가운데에 버렸다면 돌려받을 수 없으며, 그 비구와 승가도 역시 부분(分)을 얻을 수 없나니, 만약 많았다면 마땅히 무진물(無盡

---

2) 산스크리트어 saṃkakṣikā의 음사로서 엄액의(掩腋衣)·부견의(覆肩衣)라고 번역된다. 승가에서 비구니에게 삼의(三衣) 안에 입도록 규정한 작은 옷으로 직사각형의 모양이고 겨드랑이를 가리는 속옷이다.

3) 발우(鉢盂) 안에 넣는 작은 발우를 가리킨다.

物) 속에 놓아두어야 한다. 이 무진물의 가운데서 만약 살아서 숨을 쉬는 이익이라면 방사와 중의(中衣)⁴⁾를 지을 수 있으나, 음식으로는 사용할 수 없다.

비구가 일반적인 금전을 얻었거나, 안거를 마치고서 옷값을 얻은 때에도 스스로가 손으로 취할 수 없고, 마땅히 정인을 시켜서 알려야 한다. 만약 정인이 없다면 다리의 주변을 가리키면서 "이 가운데에 놓으십시오."라고 말하고, 땅에 놓아두었다면, 스스로 풀·낙엽·벽돌·기와 등의 물건을 사용하여 멀리서 던져서 위를 덮어두고 정인을 기다리면서 왔다면 알도록 하고, 만약 정인이 왔다면 알려서 가지고 떠나게 하라. 만약 믿을 수 없는 자라면, 가르쳐서 앞에 다니게 시키고서 알려서 한 곳에 놓아두게 시키며, 만약 믿을 수 있는 자라면 알려서 뜻을 따라서 한 곳에 놓아두게 해야 한다.

만약 비구가 불사(佛事)와 승사(僧事)를 맡아서 많은 금·은·금전이 있거나, 마땅히 집어드는 때에 만약 생지(生地)라면 정인을 가르쳐서 알게 하고, 만약 덮인 곳이거나, 사지(死地)라면 만약 스스로가 파내거나, 만약 젊은 비구를 시켜서 파내야 한다. 만약 정인을 믿을 수 없다면 눈을 가리고 세 번을 돌게 하고서 그러한 뒤에 땅을 알게 하고, 땅을 알았다면 금전을 넣는 구덩이를 알게 하며, 오히려 다시 눈을 가리고서 떠나가게 한다.

만약 금전이 구덩이나 언덕 위에 떨어져 있다면 벽돌이나 기와를 잡고서 금전에 던져서 구덩이 속으로 들어가게 하고서 스스로가 구덩이를 메워야 하며, 뒤에 취하고자 하는 때에 만약 이곳이 생지라면 정인을 시켜서 알게 하고, 만약 사지라면 스스로가 흙을 파내어 끄집어내어 땅에 이르게 한다. 만약 정인을 믿을 수 없다면 눈을 가리고 세 번을 돌게 하고서 데리고 와서 그것을 취하게 한다.

만약 보자기 안에 금·은·금전이 있었고 말뚝 위에 있으면 스스로가

---

4) 삼의(三衣)의 하나인 울다라승(鬱多羅僧)을 가리킨다.

붙잡지 못하고 마땅히 정인을 시켜서 알게 하고, 만약 정인이 작아서 미치지 못한다면 안아서 들고서 알게 시켜서 취하는데, 안는 때에는 마땅히 "내가 정인을 들었다. 내가 정인을 들었다."라고 이렇게 말을 지어야 하고, 물건을 내렸다면 마땅히 풀도록 가르치며, 만약 푸는 것을 알지 못한다면 정인의 손을 잡아 가르쳐서 풀게 시키고, 풀었다면 숫자를 알도록 가르치며, 만약 숫자를 알지 못한다면 정인의 손을 잡고서 세게 하고, 세었다면 나머지는 다시 보자기 안에 넣게 가르치며, 만약 보자기 안에 넣는 것을 알지 못한다면 정인의 손을 잡고 보자기 안에 넣게 가르치며, 보자기 안에 넣었다면 정인에게 묶도록 가르쳐야 한다.

만약 묶는 것을 알지 못한다면 정인에게 손으로 보자기의 아래를 붙잡게 하고, 비구가 스스로 묶어서 다시 말뚝 위에 걸쳐놓는다. 만약 정인이 작아서 미치지 못하면 안아서 들어야 한다. 만약 궤짝(樻匱)·상자·광주리 등이 시렁 위에 있거나, 말뚝 위에 있어도 취하는 때이거나, 드는 때이거나, 덮는 때에도 역시 다시 앞에서와 같다.

만약 도로를 다니면서 정인이 금과 은을 짊어졌는데 만약 정인이 작으면 손으로 끌고서 갈 수 있다. 만약 물을 건너는 때에는 안고 건널 수 있으나, 마땅히 "내가 정인을 건네주겠다. 내가 정인을 건네주겠다."라고 이렇게 말을 지어야 한다. 만약 비구가 정인을 데리고 다니면서 정인이 작아서 배에 오르지 못한다면 안고서 오를 수 있으나, "내가 정인을 들어주겠다. 내가 정인을 들어주겠다."라고 이렇게 말을 지어야 하고, 배에서 내리는 때에도 역시 이와 같다.

이 비구가 만약 다니면서 먹고 쉬는 때에 만약 강이거나, 만약 우물이거나, 만약 연못 위에서 음식을 먹었는데, 먹고서 정인이 보자기를 잊고서 떠나갔다. 장로 비구가 뒤에 있으면서 여러 사람을 보고서 "잊은 물건이 없는가?"라고 하면서 남은 물건을 보고서 '이것은 반드시 비구의 것이다.'라고 이렇게 생각을 지었으며, 곧 가지고 떠나갔고 반려에게 이르러 "이것은 누구의 것이오?"라고 반려에게 물어 말하였고, 어느 사람이 "이것은 정인의 보자기입니다."라고 말하였다면, 곧 빠르게 땅에 내려놓는다.

정인은 그때 마땅히 곧 취하여 떠나가더라도 이름을 알아서는 아니된다.

만약 비구가 정인과 도로를 다니면서 한 곳에서 묵고서 밤에 떠나가는 때에 정인이 비구의 보자기를 가져갔고 비구는 정인의 보자기를 가져갔다. 땅이 명료한 때에 이르러 보자기를 보았는데, 이것이 정인의 보자기였다면 곧 마땅히 땅에 내려놓아야 하고, 정인이 마땅히 취하더라도 이름을 알지 못하여야 한다.

만약 비구가 많은 금·은·금전이 있었으나 잊고서 떠나갔는데, 만약 평상의 사이에 있다고 의심하면서 구하면서 찾으려고 하였으며 평상에서 나왔으면 월비니죄를 범하고, 만약 찾았으면 니살기바야제를 범한다. 만약 비구가 많은 금·은·금전이 있었는데, 모직물의 요(褥)의 가운데에 있다고 의심하면서 구하면서 찾으려고 하였으며 요에서 나왔으면 월비니죄를 범하고, 만약 찾았으면 니살기바야제를 범한다.

만약 비구가 많은 금·은·금전이 있었는데, 땅 위에 있다고 의심하면서 구하려는 까닭으로 땅을 쓸었던 때라면 월비니죄를 범하고, 만약 찾았으면 니살기바야제를 범한다. 만약 비구가 많은 금·은·금전이 있었는데, 분소의의 가운데에 있다고 의심하면서 구하려는 까닭으로 분소의를 쓸었던 때라면 월비니죄를 범하고, 만약 찾았으면 니살기바야제를 범한다.

만약 병든 비구가 있었으므로 사람이 약값으로 금전을 주었고, 병을 까닭으로 얻었던 금전을 펼쳐진 요의 아래에 놓아두었는데, 눈이 어두워서 구하는 때에 손으로 더듬어서 있는가? 없는가를 접촉하였다면 무죄이다.

만약 단월이 금과 은으로 새로운 평상과 궤짝을 짓고서 신심을 까닭으로 비구에게 최초로 수용하게 하였고 비구는 말하였다.

"나는 출가인의 법으로 수용할 수 없습니다."

단월이 다시 말하였다.

"존자여. 나를 위하는 까닭으로 대체적으로 열어서 통할 수 있다면 수용할 수 있지 않습니까?"

그 비구가 마땅히 말하였다.

"두껍게 하나를 깔고 한 사람이 스스로 겹쳐서 좌구(坐具)에 앉는다면 앉겠습니다."

그 비구가 앉았다면 평상을 움직일 수 없고, 역시 찬탄할 수 없다.

만약 단월이 금과 은으로 새로운 발을 받칠 궤짝을 짓고서 신심을 까닭으로 비구에게 최초로 수용하게 하였고 비구는 말하였다.

"나는 출가인의 법으로 수용할 수 없습니다."

다시 말하였다.

"존자여. 나를 위하는 까닭으로 대체적으로 열어서 통할 수 있다면 수용할 수 있지 않습니까?"

마땅히 말하였다.

"궤짝의 위에 만약 나뭇잎이거나, 만약 면직물을 덮는다면 발을 받치겠습니다."

그 비구가 발을 받쳤다면 발을 움직일 수 없고, 역시 찬탄할 수 없다.

어느 단월이 금과 은으로 쟁반을 지었고 신심을 까닭으로 비구에게 최초로 수용하게 하였고 비구는 말하였다.

"나는 출가인의 법으로 수용할 수 없습니다."

다시 말하였다.

"존자여. 나를 위하는 까닭으로 대체적으로 열어서 통할 수 있다면 수용할 수 있지 않습니까?"

마땅히 말하였다.

"만약 풀이거나, 나뭇잎이거나, 만약 쟁반의 위를 덮는다면 수용하겠습니다."

손으로 붙잡지 않을 것이고 마땅히 땅에 놓도록 지시하여야 한다.

어느 단월이 금과 은으로 그릇을 지었고 신심을 까닭으로 비구에게 최초로 수용하게 하였고 비구는 말하였다.

"나는 출가인의 법으로 수용할 수 없습니다."

다시 말하였다.

"존자여. 나를 위하는 까닭으로 대체적으로 열어서 통할 수 있다면 수용할 수 있지 않습니까?"

마땅히 말하였다.

"그대가 마땅히 깨끗이 씻고 그릇 위에 음식을 가지고 오십시오."

음식이 왔던 때에는 마땅히 손을 펴서 그릇을 가리키며 말하여야
한다.

"받겠습니다. 받겠습니다."

이와 같이 세 번을 말한다면 받고 받는다고 이름한다. 음식이 이미
그릇의 가운데에 있다면 그릇의 네 모서리를 접촉할 수 없다. 만약 4월
8일이거나, 대회(大會)의 공양 때에 금과 은으로 탑이나 보살상 및 당번개
(幢幡蓋) 등의 공양구를 일체의 금과 은으로 칠하였다면, 비구가 손으로
잡을 수 없다.

정인을 시켜 잡게 해야 하고, 만약 땅에 넘어졌다면 마땅히 금과 은이
없는 곳을 붙잡아야 하며, 만약 금과 은이 두루 칠해져 있다면 마땅히
옷·물건·꽃으로써 감싸서 손으로 붙잡아야 하고, 만약 손을 감쌀 물건이
없다면 만약 보살상의 위에서 금과 은이 칠해지지 않은 곳을 따라서
붙잡아야 하며, 만약 금과 은으로 향로·등(燈)·불자(拂子)의 자루를 칠하
였다면 이와 같은 일체의 금과 은으로 만약 칠해졌다면 붙잡을 수 없다.

나아가 금과 은을 도금한 보살의 형상을 스스로가 씻을 수 없고, 마땅히
정인을 시켜야 한다. 만약 대회의 때에 금과 은의 불상이 있다면 정인을
시켜서 가지고 나올 것이고 비구는 도와줄 수 있으나, 금과 은이 있는
곳을 붙잡지 못한다. 금과 은이 있는 곳은 비구가 먼저 잡을 수 없고
뒤에 놓을 수 없다.

만약 비구가 나라를 따라서 만약 동전(銅錢)이거나, 만약 구자전(具子錢)
이거나, 만약 철전(鐵錢)이거나, 만약 호교전(胡膠錢)·죽주전(竹籌錢)·피
전(皮錢) 등이 이와 같은 일체의 나라의 가운데에서 사용되고 있었다면
비구는 붙잡지 못하고, 혹은 그 나라에서 사용되는 모습이 성취되지
않았는데 붙잡았다면 월비니죄를 범한다.

나라에서 사용되는 모습이 성취되지 않았는데, 붙잡았다면 월비니죄를

범하고, 나라에서 사용되는 모습이 성취되었는데 붙잡았다면 니살기바야제를 범한다. 나라에서 사용되지 않고 모습도 성립되지 않았으므로 구리나 철이라고 생각하여 붙잡았다면 무죄이다.

이러한 까닭으로 설하였노라.

세존께서는 사위성에 머무셨으며, 자세한 설명은 앞에서와 같다.

이때 육군비구들이 시장의 가운데에 있으면서 소(酥)·기름(油)·꿀(蜜)·석밀(石蜜)·유락(乳酪)·어육(魚肉) 등의 여러 종류를 사서 먹었으므로, 세상 사람들에게 비난받았다.

"어찌하여 사문인 석자는 능히 걸식하지 않고 시장의 가운데에 이르러 음식을 사서 먹는가? 사문법을 잃었으니 무슨 도가 있겠는가?"

여러 비구들이 이 인연으로써 세존께 가서 갖추어 아뢰었고, 세존께서는 말씀하셨다.

"육군비구를 불러오라."

왔으므로 세존께서 육군비구에게 물으셨다.

"그대들이 진실로 시장의 가운데에서 여러 가지의 음식을 사서 먹었고 세상 사람들에게 비난받았는가?"

대답하여 말하였다.

"진실입니다. 세존이시여."

세존께서는 말씀하셨다.

"이것은 악한 일이니라. 곧 마땅히 세상 사람들이 비난하느니라. 그대들은 항상 내가 욕심이 적음을 찬탄하고 욕심이 많음을 꾸짖는 것을 듣지 않았는가? 이것은 법이 아니고, 율이 아니며, 세존의 가르침이 아니니라. 이것으로써 선법을 장양하지 못하느니라."

세존께서는 여러 비구들에게 알리셨다.

"사위성을 의지하는 비구들을 모두 모이게 하라. 열 가지의 이익을 까닭으로써 여러 비구들을 위하여 계율을 제정하겠나니, 나아가 이미 들었던 자들도 마땅히 거듭하여 들을지니라. 만약 비구가 여러 종류를 샀거나 팔았다면 니살기바야제를 범하느니라."

'비구'는 앞의 설명과 같다.

'여러 종류'는 만약 스스로가 값을 물었거나, 만약 사람을 시켜서 값을 물었거나, 만약 스스로가 값을 올렸거나, 만약 사람을 시켜서 값을 올렸거나, 만약 스스로가 값을 내렸거나, 만약 사람을 시켜서 값을 내리는 것이다.

'값을 묻다.'는 "이 물건의 값이 얼마인가?"라고 물었고, "얼마인데 허락한다면 그대에게 주겠소."라고 대답하여 말하는 것이니, 그 취하는 것을 허락하였다면 작정하지 않고 부정하게 물었던 까닭으로 월비니죄를 범하고, 얻었다면 니살기바야제를 범한다.

'사람을 시켜서 묻다.'는 "그대가 가서 그 물건을 구하는데, 얼마가 허락되는가를 묻고 만약 그것을 구하는데, 허락하였다면 그대가 곧 그것을 주시오."라고 말하는 것이니, 부정한 말로 사람을 보내어 물었던 까닭으로 월비니죄를 범하고, 얻었다면 니살기바야제를 범한다.

'값을 올리다.'는 "이 값이 얼마입니까?"라고 물었고, "얼마인데 허락한다면 그대에게 주겠소."라고 대답하여 말하였으며, 그것을 취하려는 것을 허락하면서 고의로 다투면서 값을 올리는 것이니, 부정하게 말하였던 까닭으로 월비니죄를 범하고, 얻었다면 니살기바야제를 범한다.

'사람을 시켜서 올리다.'는 앞의 사람에게 말하여 "그대가 가서 그것이 허락된 것을 올리시오."라고 말하였고, 그 사람이 얻었던 것을 취하였다면 이것은 부정하다고 이름한다. 보내었고 시켜서 말하였다면 월비니죄를 범하고, 얻었다면 니살기바야제를 범한다.

'값을 내리다.'는 "이것의 값이 얼마인가?"라고 물었고, "1천 전입니다."라고 대답하여 말하였다면, "나는 그대에게 8백 전을 주겠소."라고 말하고, 만약 "9백 전입니다."라고 말하였다면, "나는 그대에게 7백 전을 주겠소."라고 말하며, 이와 같이 10전에 이르도록 내려서 다른 사람의 물건을 구하는 것이다. 부정하게 말하였던 까닭으로 월비니죄를 범하고, 얻었다면 니살기바야제를 범한다. 사람을 시켜서 값을 내리는 것도 역시 이와 같다.

만약 때로서 물건을 다시 사는 때에 물건을 사는 것이 야분(夜分)이거나, 물건을 사는 것이 7일이거나, 물건을 사는 것이 종신(終身)이거나, 물건을 사는 것이 수신(隨身)이거나, 물건을 사는 것이 무겁거나, 물건을 사는 것이 부정하거나, 물건을 사는 것이 청정하고 부정하였는데, 말하는 때에는 월비니죄를 범하고, 얻었다면 니살기바야제를 범한다. 이와 같이 야분이거나, 7일이거나, 종신(終身)이거나, 수신물(隨身物)이거나, 무거운 물건이거나, 청정하고 부정한 물건인가를 각각 물어서 지었다면 역시 이와 같다.

'니살기비야제'는 앞의 설명과 같다.

가게 위의 옷이 이전에 이미 값이 정해져 있었는데, 비구가 값을 가지고 와서 옷을 사면서 땅에 내려놓는 때에 마땅히 물건의 주인에게 "이 값이 이 옷이라고 알겠습니다."라고 말하였고, 만약 말하지 않고 침묵하였으나 가지고 떠나가면 월비니죄를 범한다. 일산(傘蓋)·궤짝(箱)·가죽신·부채·상자(篋)·사탕수수(甘蔗)·어포(魚脯)·소락·유밀 등의 여러 종류를 사는 것도 역시 이와 같다.

어느 나라에도 시장에서 물건을 사면서 상법(常法)이 있고, 값을 가지고 물건 옆에 있다면 물건을 파는 주인이 머리를 흔들면 마땅히 서로가 준다고 알았더라도, 이 비구는 역시 마땅히 "이 값이라면 이 물건이라고 알겠습니다."라고 말하여, 만약 앞의 사람이 이해하였거나, 이해하지 않았어도 중요하게 마땅히 이렇게 말을 지어야 한다. 만약 이러한 말을 짓지 않고서 묵연히 물건을 가져가면 월비니죄를 범한다.

만약 상인이 파는 물건이 마땅히 값이 50전이었으나 100전을 요구하면, 비구는 "나는 50전으로 하겠소."라고 이와 같이 말하였고, 이와 같이 구하였다면 내렸다고 이름하지 않는다.

만약 비구가 앞사람이 그 물건을 사려고 하는 것을 알았다면 시장에서 가로채서 얻을 수 없고, 마땅히 "그대는 멈추겠습니까?"라고 말해야 하며, 만약 "나는 곧 값을 정하지 않았습니다."라고 말하였는데, 비구는 그때 중간에서 가로채면서 사서 얻을 수 없다. 사는 자는 월비니죄를 범한다. 만약 "나는 그만두겠소."라고 말하였다면, 마땅히 물건의 주인에게 "나는 이 값으로써 이 물건인 것을 알겠습니다."라고 말해야 한다.

만약 비구가 함께 전전하여 옷과 발우를 무역하는 때에는 중간에서 가로챌 수 없나니, 가로채는 자는 월비니죄를 범한다. 만약 앞의 사람이 그만두고서 취하였다면 무죄이다. 만약 대중 승가의 가운데에서 팔았던 물건이었고 비싼 값으로 얻고서 취하였다면 무죄이다. 만약 화상과 아사리가 취하려고 하였다면 가로채서 얻을 수 없다. 만약 비구가 돌아와서 비구들과 함께 시장에서 샀거나, 널리 무역하면서 부정한 말을 지어서 사는 것도 무죄이다. 일체의 96종의 출가한 사람들의 주변에서 부정한 말을 지어서 사는 것도 무죄이다.

만약 비구가 사람들이 발우를 파는 것을 보았던 때에 '이 발우가 좋으므로 어느 지방에 이르면 마땅히 이익을 얻을 것이다.'라고 이렇게 생각을 짓고서 사는 때에는 월비니죄를 범한다. 만약 '나에게 이러한 물건은 있더라도 어느 정인도 없으니, 이것은 깨끗한 물건이다.'라고 이렇게 생각을 짓고서, 사서 얻고서 떠나갔다면 무죄이다. 어느 지방에 이르렀거나, 혹은 화상과 아사리가 필요하거나, 혹은 스스로가 병을 위하였거나, 혹은 공덕을 짓고자 사서 떠나가면서 본래의 이익을 위하지 않았고 때에 이르러서 비싼 값으로 팔았다면 무죄이다. 일체의 물건은 이와 같다.

만약 비구가 쌀을 사들이는 때에 '이후에는 마땅히 비싸게 살 것이다.'라고 이렇게 생각을 짓는 때에는 월비니죄를 범하고, 샀던 때에는 니살기바야제를 범한다. 만약 '어느 때에 곡식이 귀한 것이 두려우므로 내가 지금 이 곡식을 사겠다. 나는 마땅히 이 곡식을 의지하여 독경하고 좌선하며 도를 행하겠다.'라고 이렇게 생각을 지었는데, 때에 이르러 곡식이 크게 귀하였으며, 만약 어른을 먹였고 만약 화상과 아사리에게 주었으며, 만약 공덕을 짓고서 나머지를 팔아서 이익을 얻었다면 무죄이다.

만약 비구가 약초를 저축하는 때에 '이후에는 마땅히 비싸게 살 것이다.'라고 이렇게 생각을 짓는 때에는 월비니죄를 범하고, 뒤에 샀다면 니살기바야제를 범한다. 만약 비구가 약초를 사는 때에 '뒤의 병든 때를 위하여 약초가 귀한 것이 두려우므로 사야겠다. 나는 마땅히 이 곡식을 의지하여 독경하고 좌선하며 도를 행해야겠다.'라고 이렇게 생각을 지었고, 뒤에 만약 병이 없었거나, 혹은 복용하고 나머지를 팔아서 이익을 얻었다면 무죄이다.

만약 일을 경영하는 비구가 도공(窯師)과 목수(木師)를 고용하면서 부정한 말을 짓는다면 월비니죄를 범하고, 만약 미장공(泥師)와 화공(畫師), 일체의 기술자를 고용하는 것도 역시 이와 같다. 만약 수레와 말과 소와 나귀와 낙타와 사람과 배를 임대(儭賃)하는 것도 역시 이와 같다.

만약 비구가 승가를 위하여 1개월의 값으로 짓고 행하면서 시장에서 소(酥)·기름·쌀·콩·보리·미숫가루를 샀고, 일체의 물건을 구하는 때에 부정한 말을 짓는다면 월비니죄를 범한다. 만약 스스로가 소와 기름 등의 물건을 사기 위하여 일체의 부정한 말을 짓는다면 월비니죄를 범하고, 얻었다면 니살기바야제를 범한다.

만약 비구가 시장에서 사는 때에 꾸짖고 싫어하였는데, 실제로 앞의 사람이 물건을 "이것은 좋고, 이것은 나쁘고, 만약 거칠었거나, 만약 미세하였거나, 말(斗)과 저울의 크고 작으며, 향기가 있고 냄새가 있다."라고 말하였다면, 무죄이다. 만약 앞선 사람이 "마땅히 넘치게 담겠습니까? 말에 수평으로 담겠습니까?"라고 말하였다면, 마땅히 "이 값으로 이것을 아십시오."라고 말해야 한다.

만약 걸식하는 비구가 많은 보릿가루와 말린 밥이 있어서 가지고 가게에 이르러 소·기름·우유·낙(酪)을 사는 때에 부정한 말을 짓는다면 월비니죄를 범하고, 얻었다면 니살기바야제를 범한다.

비구는 사람들이 싸우는 곳의 시장의 가게 위에 이르러 사지 못하고, 사람들이 적은 가게의 주변에 이르러 "이 값으로 이것을 아십시오."라고 말해야 한다. 이와 같이 일체의 모두를 "이것으로 아십시오."라고 말해야 한다.

만약 걸식하는 비구에게 남은 보릿가루가 있었으므로 가죽신을 수선하는 자를 고용하면서 부정한 말을 짓는다면 월비니죄를 범한다. 만약 이전에 보릿가루를 주고서 뒤에 수선하였거나, 만약 먼저 수선하고 뒤에 보릿가루를 주었다면 무죄이다. 만약 비구가 발우의 가운데에 남은 밥으로 사람을 고용하여 경행하는 곳을 수리하면서 부정한 말을 짓는다면 월비니죄를 범한다. 마땅히 "이것으로 아십시오."라고 말해야 한다. 만약 이전에 음식을 주었고 뒤에 시켰거나, 이전에 시켰고 뒤에 음식을 주었다면 무죄이다.

어느 단월이 비구를 위하는 까닭으로 가게에서 금전을 주면서 "만약 어느 비구가 날마다 와서 구하는 것이 있다면 뜻을 따라서 그 비구에게 주십시오"라고 말하였는데, 뒤에 와서 구하는 때에 청정하게 지었거나, 부정한 말을 지었다면 무죄이다. 그 비구가 구하는 물건이 가게에 없었으므로 곧 비구에게 금전을 주었고 다른 곳에서 사게 하였으며, 비구가 다른 곳에 가서 물건을 구하는 때에 부정한 말을 지어서 얻었다면 니살기바야제를 범한다.

만약 비구가 가게에서 부정한 말로 값을 분별하였고 청정한 말로 취하였거나, 청정한 말로 값을 분별하였고 부정한 말로 취하였거나, 부정한 말로 값을 분별하였고 부정한 말로 취하였거나, 청정한 말로 값을 분별하였고 부정한 말로 취하는 것이 있다.

'부정한 말로 값을 분별하였고 부정한 말로 취하다.'는 앞의 사람에게 묻기를 "이 물건을 파는 값이 얼마까지 허용됩니까? 나는 이 물건값을 알고자 합니다."라고 묻는 것이다.

'청정한 말로 값을 분별하였고 부정한 말로 취하다.'는 "이 물건을 분별하여 구하는데, 파는 값이 어떻게 허용되는가를 알고자 합니다. 나는 이와 같이 주고 사겠습니다."라고 말하는 것이다.

'부정한 말로 값을 분별하였고 부정한 말로 취하다.'는 "이와 같이 분별하면 파는 값이 어떻게 허용됩니까? 이와 같이 값을 안다면 이와 같이 알고서 취하겠습니다."라고 말하는 것이다.

'청정한 말로 값을 분별하였고 청정한 말로 취하다.'는 이와 같이 값을 알고서, 이와 같이 알고서 취하는 것이다.

부정한 말로 값을 분별하였고 청정한 말로 취하였다면 월비니죄를 범한다. 청정한 말로 값을 분별하였고 부정한 말로 취하였다면 월비니죄를 범하고, 부정한 말로 값을 분별하였고 부정한 말로 취하였다면 니살기바야제를 범한다. 청정한 말로 값을 분별하였고 청정한 말로 취하였다면 무죄이다.

이러한 까닭으로 말하였느니라.

세존께서는 비사리성의 대림중각정사에 머무셨으며, 자세한 설명은 앞에서와 같다.

이때 난타와 우파난타가 왕가(王家)를 쫓아서 금을 샀고 왕가의 세공인(金銀師)을 시켜서 영락의 장신구(嚴飾具)를 지었다. 지어서 왕성하였고 밝게 빛나도록 조치하여 상자 안에 담아두고서 푸른 면직물과 연꽃으로 그 위를 덮어두고서 사미에게 주면서 먼저 가르쳐서 말하였다.

"내가 그대를 데리고 귀하고 수승한 집에 이를 것이다. 만약 그대에게 상자를 열어보라고 말하는 때에 그대는 다만 한쪽만 열어서 보여주어라."

곧 데리고 귀하고 수승한 집에 이르렀고, 귀하고 수승한 집의 부녀(婦女)들은 그들이 오는 것을 보고 머리숙여 발에 예배하고 곧 한쪽에 있었으며, 곧 물어 말하였다.

"이 상자 안의 이것은 무엇입니까?"

대답하여 말하였다.

"물어서 무엇하겠소? 이것은 그대들이 물을 것이 아니오."

보여주지 않았던 까닭으로 다시 거듭하여 은근하게 사미에게 말하였다.

"꺼내어 보여주십시오."

사미가 곧 한쪽의 모서리를 보여주었는데, 푸른 면직물이 빛나는 것을 도왔고 햇빛이 금을 비추어서 황홀하여 사람의 눈에 빛났다. 곧 물어 말하였다.

"존자여. 이것은 누구에게 허락되었습니까?"

대답하여 말하였다.

"이것을 물어서 무엇하겠소? 금이 있고 지은 자가 있다면 곧 이것의 주인입니다."

다시 물었다.

"금값이 얼마나 들었으며 지었던 공용(功用)은 얼마입니까?"

곧 사실과 같이 대답하였다.

"금값이 그와 같고 세공사의 공용은 그와 같았소."

곧 말하였다.

"크게 귀중합니다. 그대는 어찌하여 귀중한 것을 싫어하오? 내가 그대에게 그와 같은 값을 허락한다면, 그대가 능히 짓겠습니까?"

그 가운데에서 곧 믿는 자가 있어서 말하였다.

"진실로 스승의 가르침과 같이 짓는 것이 역시 매우 어려워서 갑자기 얻지 못할 것입니다."

그 가운데의 어느 부인은 혹은 스스로 재산이 있었거나, 부모의 재산이 있었거나, 혹은 시어머니나 시누이의 재산이 있었거나, 혹은 백부와 숙부의 재산이 있었거나, 혹은 남편과 사위의 재산이 있었거나, 혹은 집안에서 비밀스럽게 취한 재산을 가지고 영락을 사들였다. 이때 사람들이 다시 가게에서 금을 사지 않았고, 역시 금은사를 고용하여 짓지도 않았다. 이때 여러 가게의 사람들과 금은사들이 모두 싫어하며 말하였다.

"어찌하여 사문인 석자들이 사람을 빼앗아서 이익을 없애는가?"

여러 비구들은 곧 이 일로써 세존께 가서 아뢰었고, 세존께서는 말씀하셨다.

"난타와 우파난타를 불러오라."

왔으므로 세존께서는 난타와 우파난타에게 물으셨다.

"그대들이 진실로 왕가에서 금을 샀고 세공인(金師)을 시켜서 지었는가?"

대답하여 말하였다.

"진실입니다. 세존이시여."

세존께서 말씀하셨다.

"우파난타여. 이것은 악한 일이니라. 그대는 항상 내가 무수한 방편으로 욕심이 많음을 꾸짖었고 욕심이 적음을 찬탄하는 것을 듣지 않았는가? 이것은 법이 아니고, 율이 아니며, 세존의 가르침이 아니니라. 이것으로써 선법을 장양하지 못하느니라."

세존께서는 여러 비구들에게 알리셨다.

"비사리성을 의지하는 비구들을 모두 모이게 하라. 열 가지의 이익을 까닭으로써 여러 비구들을 위하여 계율을 제정하겠나니, 나아가 이미 들었던 자들도 마땅히 거듭하여 들을지니라. 만약 비구가 여러 종류의 생색(生色)과 사색(似色)을 판매(販賣)한다면 니살기바야제를 범하느니라."

'비구'는 앞의 설명과 같다.

'생색'은 금(金)이고 '사색'은 은(銀)이다.

만약 금으로써 금을 샀거나, 금으로써 은을 샀거나, 금으로써 금·은을 샀거나, 만약 은으로써 은을 샀거나, 은으로써 금을 샀거나, 은으로써 금·은을 샀거나, 만약 금·은으로써 금을 샀거나, 금·은으로써 은을 샀거나, 금·은으로써 금·은을 샀거나, 짓지 않은 금으로써 짓지 않은 금을 샀거나, 짓지 않은 금으로써 지었던 금을 샀거나, 짓지 않은 금으로써 지었고 짓지 않은 금을 샀거나, 짓지 않은 금으로써 지었던 금과 짓지 않은 금을 샀거나, 또한 지었고 짓지 않은 금을 사는 것이 있다. 지었던 금으로써 지었던 금을 사는 4구(四句)가 있고, 지었던 금과 짓지 않은 금의 4구가 있으며, 지었던 금과 짓지 않은 금과 또한 지었고 짓지 않은 금의 4구도 모두 앞에서와 같다.

만약 짓지 않은 금으로써 짓지 않은 은을 샀거나, 짓지 않은 금으로써 지었던 은을 샀거나, 짓지 않은 금으로써 지었거나 짓지 않은 은을 샀거나, 짓지 않은 금으로써 지었던 은과 짓지 않은 은을 샀거나, 또한 지었고 짓지 않은 은으로 금의 4구를 지었거나, 짓지 않은 금의 4구로 지었던 금과 짓지 않은 금 및 또한 지었거나, 짓지 않은 금의 4구도 역시 앞에서와 같다.

만약 짓지 않은 금으로써 짓지 않은 금과 은을 샀거나, 짓지 않은 금으로써 지었던 금과 은을 샀거나, 짓지 않은 금으로써 지었거나 짓지 않은 금과 은을 샀거나, 짓지 않은 금으로써 지었던 금과 은과 짓지 않은 금과 은을 샀거나, 또한 지었고 짓지 않은 금과 은으로 금문(金門)의 4구도 역시 앞에서와 같다. 은문(銀門)의 열두 가지의 4구와 금과 은을 합작(合作)한 문(門)의 열두 가지의 4구를 자세한 설명은 앞에서와 같다.

이러한 까닭으로 설하였노라.

[두 번째의 발거를 마친다.]

세존께서는 사위성에 머무르셨으며, 자세한 설명은 앞에서와 같다.

이때 어느 와공(瓦師)은 법예(法豫)라고 이름하였다. 어느 비구가 때에 이르자 취락에 들어가는 옷을 입고서 갔으며 그의 집에 이르렀다. 법예는 보고서 머리숙여 발에 예배하고, 곧 한쪽에 머물렀으며, 비구는 말하였다.

"나는 발우가 필요합니다."

곧 지었던 발우를 가져다가 주었는데 크지도 않았고 작지도 않았으며 곧 그것을 불 속에서 구웠으므로 매끄럽고 윤기가 있었다. 곧 가지고서 다시 기환에 이르렀는데, 여러 비구들이 물었다.

"장로여. 어느 곳에서 이러한 발우를 얻었습니까? 크지도 않고 작지도 않으며, 곧 그것을 불 속에서 구웠으므로 매끄럽고 윤기가 있습니다."

대답하여 말하였다.

"와공인 법예가 나에게 보시하였습니다."

여러 비구들은 묻고서 다시 가서 구하였으며 모두가 얻었다. 이와 같이 대중이 많았으므로 법예는 이렇게 생각을 지었다.

'여러 비구들이 많으니 발우가 필요할 것이다. 내가 대중 승가를 청하여 발우를 주어야겠다. 대중 승가는 좋은 복전(福田)이므로 과보가 무량할 것이다.'

곧 기환정사로 갔고 상좌(上座)의 앞에 이르러 머리숙여 발에 예배하고 호궤 합장하고서 알려 말하였다.

"저는 와공인 법예입니다. 여러 대중 승가를 청하여 발우를 베풀고자 합니다. 필요한 분은 와서 취하십시오."

이때 비구들이 혹은 한 개를 취하였고, 혹은 두 개·세 개·네 개, 나아가 열 개에 이르렀고, 법예는 지어서 공양할 수 없었다. 이때 존자 사리불은 때에 이르러 취락에 들어가는 옷을 입고서 발우를 지니고 사위성에 들어가서 차례대로 걸식하며 그의 집에 이르렀다. 그 집의 부인은 신심으로 환희하며 구리그릇을 깨끗이 씻었고 음식을 담아서 나왔으며 발우에 넣었다. 그 부인이 먼저 존자 사리불을 알아보고 머리숙여 발에 예배하고 곧 한쪽에서 머물렀다. 존자 사리불이 물어 말하였다.

"집안의 생업(生業)은 어떻습니까?"

대답하여 말하였다.

"집안의 생업은 어렵습니다."

물어 말하였다.

"무슨 까닭입니까?"

대답하여 말하였다.

"우리 집의 남편이 승가를 청하여 발우를 주었는데 여러 비구들이 혹은 한 개·두 개를 취하였고 나아가 열 개에 이르렀으며, 발우를 지으면서 가업을 공급하지 못하여 준비할 수 없습니다. 왜 그러한가? 우리 집은 이 기와를 짓는 일을 추구하면서 생활하고, 크고 작은 일과 음식과 의복을 공급하며, 왕의 부역과 세금을 충당합니다. 아사리여. 우리 집에서 공양하고 존중하는 까닭으로 이것을 말씀드립니다."

이때 사리불은 널리 설법하여 환희심이 생겨나게 하고서 떠나갔다. 이때 존자 사리불은 이 인연으로써 세존께 가서 아뢰었고, 세존께서는 말씀하셨다.

"이 비구들을 불러오라."

왔으므로 세존께서 비구들에게 물으셨다.

"그대들이 진실로 그러하였는가?"

대답하여 말하였다.

"진실입니다. 세존이시여."

세존께서 여러 비구들에게 말씀하셨다.

"시주(施主)가 양을 헤아리지 못하더라도 받는 자는 마땅히 양을 헤아려야 하느니라. 오늘부터는 비구들이 여분의 발우는 하루를 저축하도록 허락하겠노라."

다시 다음으로 세존께서는 비사리성의 대림중각정사에 머무셨으며, 자세한 설명은 앞에서와 같다.

비사리의 사람들은 해마다 승가를 음식을 주었고 음식을 먹고서 발우를 베풀었으나, 이때 비구들은 이 발우를 수용할 수 없었다. 세존께서는 여분의 발우는 바로 하루를 저축하도록 허락하셨으므로 얻어서 수용할 수 없었고, 곧 부정(不淨)이 성립되었다. 이때 시주들이 말하였다.

"저희들이 마땅히 세존을 쫓아서 이러한 원(願)을 애원하겠습니다."

시주들은 세존의 처소에 이르러 머리숙여 발에 예경하고 곧 한쪽에 머무르며 세존께 아뢰어 말하였다.

"세존이시여. 저희들은 해마다 승가를 청하여 음식을 드리고 음식을 먹었다면 발우를 보시하였습니다. 여러 비구들은 발우를 받지 않고서 이렇게 말을 지었습니다. '우리들은 이 발우를 수용할 수 없나니, 곧 부정이 성립됩니다.' 옳으신 세존께서는 대체적으로 인연이 있다면 열어서 통하게 하시어 보시하는 자는 공덕을 얻고 받는 자는 이익을 얻게 하십시오."

세존께서 말씀하셨다.

"먼저 하루를 주었으나, 다시 9일을 주겠노라."

이때 여러 비구들은 발우를 저축하여 10일을 채웠으므로 발우를 가지고 세존의 처소에 이르러 아뢰어 말하였다.

"이 발우가 10일을 채웠습니다. 지금 마땅히 어찌해야 합니까?"

세존께서 말씀하셨다.

"여러 비구들이여. 이 발우는 마땅히 지식인 비구의 주변에서 작정하고서, 만약 10일 안이라면 이전의 것은 버리고 새로운 것을 받아서 10일마다 한 번씩 바꾸도록 하라."

세존께서는 여러 비구들에게 알리셨다.

"비사리성을 의지하는 비구들을 모두 모이게 하라. 열 가지의 이익을 까닭으로써 여러 비구들을 위하여 계율을 제정하겠나니, 나아가 이미 들었던 자들도 마땅히 거듭하여 들을지니라. 만약 비구가 여분의 발우를 10일을 저축하고서 만약 10일을 넘겼다면 니살기바야제를 범하느니라."

'비구'는 앞의 설명과 같다.

'10일'은 저축하는 기한이 10일이다.

'여분의 발우'는 다른 발우를 수지하는 것이다.

'발우'는 첫째는 참바(參婆) 발우이고, 둘째는 오가사마(烏迦斯摩) 발우이며, 셋째는 우가타야(優迦㢀耶) 발우이고, 넷째는 다기야(多祇耶) 발우이며, 다섯째는 철(鐵) 발우이고, 여섯째는 치엽니(緻葉尼) 발우이며, 일곱째는 필려투(畢荔偸) 발우이고, 상(上) 발우·중(中) 발우·하(下) 발우·과(過) 발우·비(非) 발우·수(隨) 발우 등이다.

'상'은 마갈제국(摩竭提國)의 1아라(阿羅)의 쌀로 지은 밥과 더불어 국과 반찬을 받는 것이다.

'아라'는 이 나라에서는 한 말의 여섯 되이다.

'중'은 반(半) 아라의 쌀로 지은 밥과 더불어 국과 반찬을 받는 것이다.

'하'는 1발타(鉢他)의 쌀로 지은 밥과 더불어 국과 반찬을 받는 것이니, 3분(分)은 밥이고, 1분은 국과 반찬이다.

'과발'은 끓인 1아라의 쌀밥과 아울러 국과 반찬이 채워지지 않는 것이니, 것을 과발이라고 이름한다.

'비발'은 1발타의 쌀밥과 아울러 국과 반찬을 받지 않는 것이니, 이것을 비발이라 이름한다.

'수발'은 발우를 따라서 안에 사용하는 그릇이다. 이 가운데에서 상발과

중발과 하발을 저축하면서 10일이 지났다면 니살기바야를 범하고, 나머지
는 범한 것이 없다.

'니살기바야제'는 이것은 발우를 마땅히 승가의 가운데에서 버려야
하고 바야제를 참회해야 한다. 만약 버리지 않고서 참회한다면 월비니죄
를 범한다.

'바야제'는 앞의 설명과 같다.

만약 비구가 달이 생겨나는 하루에 발우를 얻고서 10일을 저축하면서
작정하지 않았으며, 10일이 지났다면 일체가 니살기바야제를 범한다.
나아가 수지하는 것을 알지 못하거나, 작정을 알지 못한다면 마땅히
"이와 같이 수지하고, 이와 같이 작정하라."라고 가르쳐야 하고, 모두
제1장의계(長衣戒)의 가운데에서 설한 것과 같으며, 이 가운데에서 다만
발우로서 설한 것이 다르다.

이러한 까닭으로 설하였노라.

세존께서는 사위성에 머무셨으며, 자세한 설명은 앞에서와 같다.

이때 사위성 안의 와공인 법예가 승가를 청하여 발우를 보시하였고,
여러 비구들이 좋아하였던 까닭으로 낡은 발우를 가지고 와서 새로운
발우로 바꾸는 자가 이와 같이 많았으므로 마침내 서로에게 공급하지
못하였다.

이때 존자 사리불은 때가 되어 취락에 들어가는 옷을 입고 발우를
지니고 사위성에 들어가서 차례로 걸식하며 법예의 문 앞에 이르러 머물렀
다. 법예의 아내는 존자 사리불과 옛날부터 서로가 알았으므로 신심으로
환희하였고, 나아가 말하였다.

"존자여. 우리 집의 주인이 승가를 청하여 발우를 보시하였고 여러
비구들이 좋아하였던 까닭으로 낡은 발우를 가지고 와서 새로운 것으로
바꾸어 갔으므로 우리 집안에는 낡은 발우가 쌓였고 산과 같이 이루어졌습
니다. 우리들 세속의 집은 새로운 발우도 오히려 소용이 없는데, 어찌
하물며 낡은 것이겠습니까? 존자여. 우리 집은 기와를 지어서 생활하고

있습니다."

나아가 사리불이 수순하여 설법하였고, 환희심을 일으키고서 발에 예배하고 물러갔다. 사리불은 정사에 돌아와서 이 인연으로써 갖추어 세존께 아뢰었고, 세존께서는 말씀하셨다.

"그 비구들을 불러오라."

왔으므로, 세존께서는 비구들에게 물으셨다.

"그대들이 진실로 그러하였는가?"

대답하여 말하였다.

"진실입니다. 세존이시여."

세존께서는 말씀하셨다.

"오늘부터는 비구들이 발우를 구하는 것을 허락하지 않겠노라."

다시 다음으로 세존께서는 사위성에 머무셨으며, 자세한 설명은 앞에서와 같다.

어느 북방에 60명의 비구가 와서 세존께 예경하려고 하였는데, 도로의 가운데에서 도둑에게 발우를 빼앗겼고, 발우도 없이 기환정사에 들어왔다. 그때 여러 범행자는 각각 발우를 주었으므로 발우를 얻고서 세존의 처소로 가서 이르렀으며 머리숙여 발에 예경하고 곧 물러나서 한쪽에 머물렀다. 세존께서는 아시면서도 일부러 물으셨다.

"여러 비구들이여. 그대들은 어디에서 왔는가?"

대답하여 말하였다.

"북방에서 왔습니다."

세존께서 물으셨다.

"도로에서 안은하였는가?"

대답하여 말하였다.

"안은하지 않았습니다. 도로에서 도둑에게 발우를 빼앗겼고, 발우도 없이 기원정사에 들어왔는데, 여러 범행자들이 각각 저희들에게 발우를 주었습니다."

세존께서 말씀하셨다.

"여러 비구들이여. 도중에 취락이나 성읍이 없었는가?"

대답하여 말하였다.

"있었습니다."

물어 말씀하셨다.

"무슨 까닭으로 구걸하지 않았는가?"

대답하여 말하였다.

"저희들은 세존께서 계율을 제정하시어서 발우를 구걸하는 것을 허락하지 않으신다고 들었고, 다시 발우를 보시하는 자도 없었습니다."

세존께서 말씀하셨다.

"옳도다. 옳도다. 비구들이여. 그대들은 신심으로 출가하였는데, 법은 곧 마땅히 그러하니라. 나아가 목숨을 잃더라도 고의로 계율을 범하지 않아야 하느니라. 오늘부터는 발우를 잃은 때에는 구걸하는 것을 허락하겠노라."

다시 다음으로 세존께서는 사위성에 머무셨으며, 자세한 설명은 앞에서와 같다.

이때 북방에 60명의 비구가 발우를 잃고서 기환정사에 이르렀다. 존자 난타와 우파난타가 말하였다.

"장로들이여. 세존께서는 발우를 잃었다면 구걸하는 것을 허락하셨습니다. 무슨 까닭으로 구걸하지 않습니까?"

대답하여 말하였다.

"여러 범행인들이 우리에게 발우를 주었습니다."

다시 말하였다.

"그대들이 만약 구걸하여 마땅히 얻지 않는다면 곧 이러한 이익을 잃을 것이오."

대답하여 말하였다.

"우리들은 이미 발우를 얻었으니 이것으로써 잃거나 잃지 않는 것이 없을 것입니다."

난타가 말하였다.

"내가 마땅히 그대들을 위하여 구걸하겠소."

대답하여 말하였다.

"그대가 스스로 마땅히 아십시오."

나아가 우바새들이 말하였다.

"존자여. 기와의 가게를 지으려고 합니까?"

[옷을 구걸하는 가운데에서 자세하게 설한 것과 같다.]

여러 비구들이 이를 듣고서 세존께 가서 아뢰었고, 세존께서 말씀하셨다.

"난타와 우파난타를 불러오라."

왔으므로, 세존께서는 난타와 우파난타에게 물으셨다.

"그대들이 진실로 그러하였는가?"

대답하여 말하였다.

"진실입니다. 세존이시여."

"무슨 까닭으로 구걸하였는가?"

대답하여 말하였다.

"우리는 발우를 잃은 비구들을 위하여 구걸하였습니다."

세존께서 말씀하셨다.

"발우를 잃은 비구들을 불러오라."

왔으므로, 세존께서는 비구들에게 물으셨다.

"그대들이 난타와 우파난타를 시켜서 발우를 구걸하였는가?"

대답하여 말하였다.

"아닙니다. 세존이시여."

세존께서 말씀하셨다.

"무슨 인연으로 구걸하였는가?"

대답하여 말하였다.

"이와 같고 이와 같았습니다."

세존께서 여러 비구들에게 말씀하셨다.

"이 난타와 우파난타가 마땅히 구걸하지 않을 것을 곧 구걸하였고, 구걸할 것은 구걸하지 않았느니라."

난타와 우파난타에게 말씀하셨다.

"이것은 악한 일이니라. 그대들은 항상 내가 무수한 방편으로써 욕심이 많음을 꾸짖었고 욕심이 적음을 찬탄하는 것을 듣지 않았는가? 이것은 법이 아니고, 율이 아니며, 세존의 가르침이 아니니라. 이것으로써 선법을 장양하지 못하느니라."

세존께서는 여러 비구들에게 알리셨다.

"비사리성을 의지하는 비구들을 모두 모이게 하라. 열 가지의 이익을 까닭으로써 여러 비구들을 위하여 계율을 제정하겠나니, 나아가 이미 들었던 자들도 마땅히 거듭하여 들을지니라. 만약 비구가 사용하는 발우를 다섯 번을 꿰매지 않았는데 다시 새로운 발우를 좋아하였던 까닭으로 구걸하였다면 니살기바야제를 범한다. 이 발우는 마땅히 승가의 가운데에 버려야 하고 비구들은 대중의 가운데에서 가장 나쁜 발우를 마땅히 주고서 마땅히 이와 같이 가르쳐야 하느니라. '그대 비구는 이 발우를 받고, 나아가 부서지는 때까지 지니십시오.' 이것이 일의 법(事法)이니라."

'비구'는 앞의 설명과 같다.

'다섯 번을 꿰매지 않다.'는 만약 한 번을 꿰매었어도 양(量)으로 다섯 번이 부족하다면 이것을 부족하다고 이름한다. 만약 두 군번을 꿰매었거나, 나아가 다섯 번을 꿰매었어도 양(量)으로 다섯 번이 부족하다면 이것을 부족하다고 이름한다.

'다섯 번을 꿰매다.'는 이미 다섯 번을 꿰맸던 것이 있고, 역시 채웠다면 이것을 채웠다고 이름한다. 만약 네 번이거나, 세 번이거나, 두 번이거나, 한 번을 꿰매었거나, 꿰맨 것이 없더라도 양이 다섯 번을 채웠다면 이것도 채웠다고 이름한다.

'다섯 번을 꿰맨 양은 부서진 곳의 꿰맸던 사이가 서로 한 엄지손가락의 길이이다.

'발우'는 앞의 설명과 같다.

'새로운 것'은 처음 완성된 것이다.

'다시 구하다.'는 만약 구걸하였거나, 만약 권화(權化)하는 것이다.

'좋아하였던 까닭으로'는 너무 컸거나, 너무 작았거나, 너무 무겁거나, 너무 가볍거나, 만약 추하고 거친 것을 싫어하여서 나에게 단월이 있고, 진흙이 있으며, 손의 힘이 있으니 마땅히 다시 좋은 발우를 짓는 것이다. 이 비구는 마땅히 새로운 발우를 지녔다면, 대중 승가의 가운데에 버려야 하고, 대중 승가의 가운데에서 나쁜 발우를 골라서 마땅히 이 비구에게 주면서 마땅히 이와 같이 가르쳐야 한다. "그대 장로는 이 발우를 받고서, 나아가 고의로 깨뜨리지 마십시오. 때려서 깨트린다면 바야제의 허물을 참회해야 합니다."

이 새로운 발우는 마땅히 승가의 가운데에서 버려야 하고 바야제를 참회해야 한다. 만약 버리지 않고서 참회한다면 월비니죄를 범한다.

'바야제'는 앞의 설명과 같다.

이 비구의 발우를 다섯 번을 꿰매지 않았는데, 다시 좋은 것을 구한다면 니살기바야제를 범한다. 이 비구는 마땅히 계율을 지니고 갈마를 아는 자, 나아가 5법(法)을 성취한 사람을 청해야 한다. 승가는 마땅히 갈마하여 행발인(行鉢人)을 뽑아야 한다. 무엇이 5법인가? 첫째는 욕망이 없고, 둘째는 성내지 않으며, 셋째는 두려워하지 않고, 넷째는 어리석지 않으며, 다섯째는 주는 것과 주지 않을 것을 아는 것이다. 이것을 5법이라고 이름한다. 갈마인은 마땅히 마땅히 이렇게 말을 지어야 한다.

"'대덕 승가께서는 허락하십시오. 누구 비구는 5법을 성취하였으니, 만약 승가께서 때에 이르렀다면 승가께서는 누구 비구를 뽑아서 행발인으로 지어서 주십시오. 이와 같이 아룁니다.'

'대덕 승가께서는 허락하십시오. 누구 비구는 5법을 성취하였으니, 승가께서는 지금 어느 비구를 뽑아서 행발인으로 짓겠습니다. 여러 대덕들께서 어느 비구를 행발인으로 짓는 것을 인정하신다면 승가께서는 묵연하시고, 만약 인정하지 않는다면 곧 말씀하십시오. 승가께서 이미 인정하셨으므로 누구 비구를 행발인으로 시키는 것을 지어서 마쳤습니다. 승가께서 인정하신 것은 묵연하였던 까닭입니다. 이 일을 이와 같이 지니겠습니다.'"

갈마를 지어서 마쳤다면 마땅히 승가의 가운데에서 창언(唱言)해야 한다.

"대덕 승가께서 수지하였던 발우를 모두 가지고 오십시오."

만약 창언하지 않는다면 월비니죄를 범한다. 여러 비구들이 마땅히 각자 이미 수지하였던 발우를 가지고 왔는데, 만약 어느 비구가 먼저 받았던 발우를 버리고서 다시 나쁜 발우를 가지고 오는 자는 월비니죄를 범한다.

갈마인은 마땅히 이 비구에게 마땅히 말해야 한다.

"이 발우를 버리시오."

오른쪽 어깨를 드러내고 오른쪽 무릎을 땅에 꿇고서 말해야 한다.

"나 누구 비구는 발우가 다섯 번을 꿰매지 않았는데, 좋은 것을 지니려는 까닭으로 다시 새로운 발우를 구하였으나, 나는 지금 승가의 가운데에서 버리겠습니다."

율사(律師)는 마땅히 묻는다.

"그대가 수용하였는가?"

만약 수용하였다고 말하였다면, 마땅히 말해야 한다.

"이 가운데에서 부정한 발우를 수용하였으니, 무량한 월비니죄를 얻었습니다. 마땅히 참회하십시오."

마땅히 참회하면서 말해야 한다.

"장로여. 나 누구는 발우가 다섯 번을 꿰매지 않았는데, 다시 새로운 발우를 구걸하였으나, 승가의 가운데에서 버렸습니다. 이 가운데에서 비야제죄를 범하였고 부정한 발우를 수용하였으므로 무량한 월비니죄를 범하였습니다. 일체의 허물을 참회합니다."

율사는 묻는다.

"그대는 죄를 보았는가?"

대답한다.

"보았습니다."

"근신하여 다시 범하지 마십시오."

대답하여 말한다.

"정대(頂戴)하여 지니겠습니다."

행발인은 마땅히 이 발우를 가가고 승가의 상좌(上座)에게 줄 것이고, 상좌가 만약 취하였다면, 마땅히 상좌의 발우를 가지고 제2의 상좌에게 줄 것이며, 이와 같이 차례를 따라서, 나아가 법랍이 없는 비구까지 이르렀으나, 모두 취하는 사람이 없다면 마땅히 본래의 주인에게 돌려준다. 만약 이 발우가 매우 귀하다면 마땅히 팔아서 10전의 발우값을 취하여 9전의 발우값은 승가의 청정한 부엌(淨廚)에 들여놓고, 1전의 값은 본래의 주인에게 돌려주면서 마땅히 말해야 한다.

"그대는 이 발우를 지니고서, 나아가 깨지도록 이 꿰맸던 발우를 지니십시오."

비구는 취락에 들어가서 걸식하여 음식을 먹고서 마땅히 꿰맨 곳을 풀었다면, 만약 재(灰)이거나, 만약 흙으로 깨끗이 씻어야 한다. 씻는 때에 단단한 물건을 가지고 구멍을 찔러 깨뜨릴 수 없고, 마땅히 새털로서 구멍의 가운데를 찔러야 한다. 발우를 씻는 때에 모래나 재로써 씻어서 빛깔이 변하게 하지 않을 것이니, 마땅히 모래가 없는 거마근(巨摩根)의 즙이거나, 잎의 즙이거나, 꽃의 즙이거나, 과일의 즙으로 씻어야 한다. 씻는 때에는 구덩이나, 언덕 위 등의 위험한 곳에서는 아니되고, 익은 과일나무의 아래도 아니되며, 돌 위나 벽돌 위도 아니되고, 마땅히 평지에서 발우를 씻어야 한다.

만약 땅이 진흙으로 더럽거나, 만약 분소(糞掃)이거나, 만약 앉을 곳이 없다면 마땅히 몸을 구부리고 땅에서 1책수(磔手)[5]를 벗어나서 씻고서 햇빛으로 말리며 가지고 돌아와서 노끈을 가지고 꿰매야 하고 꿰매었다면

---

5) 산스크리트어 vitasti 길이의 단위로 열두 손가락 마디의 길이를 가리킨다.

한곳에 놓아두어야 한다. 구덩이거나, 언덕 위의 위험한 곳이거나, 익은 비혜륵(鞞醯勒)의 과일나무의 아랫니거나, 야자수의 아랫니거나, 돌 위와 벽돌 위와 오고 다니는 곳이거나, 문을 여는 곳에 놓아둘 수 없다. 만약 걸망의 가운데에 넣었거나, 만약 벽 위의 감실(龕)의 가운데에 놓아두었다면 물건으로 입구를 막아야 한다.

만약 일이 있어서 매우 바빠서 잘 씻을 수 없다면 마땅히 뿌리의 즙이거나, 잎의 즙 등으로써 발라서 닦아야 하고, 일이 끝났다면 마땅히 씻거나, 밝은 날에 씻어서 지니고 취락에 들어가서 걸식해야 한다. 설사 꿰맨 발우가 하루를 사용할 수 없더라도 나아가 마땅히 깨끗이 씻는 것은 분명히 필요하다. 만약 고의로 때려서 깨뜨린다면 바야제를 범한다.

만약 화상이거나, 아시리이거나, 지식이 '이 어질고 선한 비구가 발우를 씻는 까닭으로 좌선과 수경(受經)과 송경(誦經)이 방해된다.'라고 이렇게 생각을 지었고, 만약 때려서 깨뜨렸거나, 만약 감추고 떠나갔으므로 발우를 볼 수 없어서 다시 구걸하였다면 무죄이다.

발우가 없어서 하나의 발우를 구걸하여 얻었다면 마땅히 수지할 것이고, 만약 두 개의 발우를 구걸하여 얻었다면 하나의 발우는 마땅히 수지해야 하고, 하나의 발우는 마땅히 대중 승가의 청정한 부엌에 들여놓아야 한다. 이와 같이 나아가 열 개의 발우를 얻었다면 하나의 발우는 스스로가 수지하고 아홉 개의 발우는 마땅히 대중 승가의 청정한 부엌에 들여놓아야 한다.

만약 비구가 발우가 없어서 발우를 구하였고 하나의 발우값을 얻었다면 이것은 발우가 있다고 이름한다. 만약 두 개의 발우값을 구걸하여 얻었다면 하나의 발우값은 대중 승가의 청정한 부엌에 들여놓아야 한다. 이와 같이 나아가 열 개의 발우값을 얻었다면 아홉 개의 발우값은 마땅히 대중 승가의 청정한 부엌에 들여놓아야 한다.

이러한 까닭으로 설하였노라.

세존께서는 사위성의 기원정사에 머무셨으며, 자세한 설명은 앞에서와 같다.

세존께서는 다섯 일의 이익을 까닭으로써 5일에 한 번은 여러 비구들의 방을 돌아보셨는데, 난타와 우파난타의 주처에서 병에 소·기름·꿀·석밀이 가득하였고, 뿌리의 약·줄기의 약·잎의 약·꽃의 약·과일의 약이 흘러나왔다. 세존께서는 아시면서도 일부러 물으셨다.

"여러 비구들이여. 이곳은 누구의 주처이고, 이 병에 소·기름·꿀·석밀 등이 가득하며, 여러 곳에서 넘쳐서 흘러나오는 것이 이와 같은가?"

여러 비구들은 대답하여 말하였다.

"세존이시여. 이곳은 난타와 우파난타의 주처입니다."

그때 세존께서 말씀하셨다.

"오는 것을 기다려서 마땅히 묻겠노라."

다시 다음으로 세존께서는 비야리성의 대림중각정사에 머무셨으며, 자세한 설명은 앞에서와 같다.

세존께서는 때에 이르러 옷을 입고 발우를 지니고 대중의 많은 비구들과 함께 비사리대성에 들어가시면서 우파난타가 발우에 꿀을 채워서 가지고 성에서 나오는 것을 보셨고, 보시고 아시면서도 일부러 물으셨다.

"이 발우의 가운데는 무엇인가?"

대답하여 말하였다.

"세존이시여. 이것은 꿀입니다."

다시 물으셨다.

"무엇을 짓고자 하는가?"

대답하여 말하였다.

"난타의 병에 필요합니다."

세존께서 말씀하셨다.

"너무 많구나."

"하루를 복용하며 필요합니다."

세존께서 말씀하셨다.

"어찌하여 약을 저축하여 하루를 복용하는가? 오늘부터는 약을 저축하여 하루를 복용할 수 없느니라."

세존께서는 가유라위국 니구율수(尼拘律樹)의 석씨정사(釋氏精舍)에 머무르셨다.

세존께서는 다섯 일의 이익을 까닭으로써 5일에 한 번을 여러 비구들의 방을 돌아보셨나니, 무엇이 다섯인가? 첫째는 나의 성문(聲聞)인 제자들이 유위(有爲)의 일에 집착했는가를 살피는 것이고, 둘째는 세속의 희론(戲論)에 집착하는가를 살피는 것이며, 셋째는 잠에 빠져서 행도(行道)에 방해되는가를 살피는 것이고, 넷째는 병든 비구를 잘 보살피는가를 살피는 것이며, 다섯째는 나이가 젊은 비구들이 새롭게 출가하였다면 여래의 위의를 보고 환희심을 일으키기 위한 것이다.

이 다섯의 일을 위하여 여래께서 5일마다 여러 방사를 돌아보시면서 한 병든 비구의 얼굴빛이 마비되어 누렇고 여위었으며 수척한 것을 보시고서 아시면서도 일부러 물으셨다.

"비구여. 그대는 조화(調和)로운가?"

대답하여 말하였다.

"세존이시여. 저는 병의 고통으로 조화롭지 못합니다."

세존께서 말씀하셨다.

"그대는 능히 병을 따라서 음식을 구하지 않았고 병을 따라서 약으로 치료하지 않았는가?"

대답하여 말하였다.

"세존께서 계율을 제정하시어 약을 저축하여 때에 복용하지 못하도록 하셨으므로 오래 전에 그만두었습니다. 이러한 까닭으로 저는 고통스럽습니다."

세존께서는 여러 비구에게 알리셨다.

"오늘부터는 병든 비구의 약을 하루로 제한하여 허락하겠노라."

그때 세존께서는 난타에게 물으셨다.

"그대는 사위성에 있으면서 소·기름·꿀·석밀을 많이 저축하였는가?"

대답하여 말하였다.

"진실로 그렇습니다. 세존이시여."

세존께서 말씀하셨다.

"그대는 어찌하여 욕심이 많아서 싫어함이 없는가?"

여러 종류로 꾸짖으셨다.

"지금부터 뒤에는 많이 저축하는 것을 허락하지 않겠노라."

다시 다음으로 세존께서는 바라나성(波羅奈城)의 선인녹야원(仙人鹿野苑)에 머무셨으며, 자세한 설명은 앞에서와 같다.

이때 60명의 병든 비구가 있었는데, 어느 한 의사(醫師)가 도(道)를 위하여 출가하였고, 여러 병든 비구들을 치료하였다. 이 의사 비구가 와서 세존께 문신하고 머리숙여 발에 예경하고서 곧 한쪽에 머물렀다. 세존께서는 아시면서도 일부러 의사 비구에게 물으셨다.

"여러 병든 비구는 조화로운가?"

대답하여 말하였다.

"세존이시여. 여러 병든 비구는 안은하고, 다만 제가 피곤하고 괴롭습니다."

세존께서 말씀하셨다.

"무슨 까닭으로 피곤하고 괴로운가?"

대답하여 말하였다.

"세존이시여. 바라나성으로 떠나가면 이것이 반 유순입니다. 필요한 것을 구하기 위하여 날마다 가서 되돌아오는데, 이것으로써 피곤하고 괴롭습니다. 또한 병든 비구의 약을 하루로 제한하셨으나 병자에게는 빠르게 지나갑니다."

세존께서 의사에게 물으셨다.

"비구에게 약을 며칠을 저축하게 시킨다면 안은함을 얻겠는가?"

대답하여 말하였다.

"세존이시여. 약의 세력이 서로 접촉하더라도 7일에는 알 수 있습니다."

세존께서 말씀하셨다.

"오늘부터 이전의 하루에 다시 6일을 주어서 7일을 저축하는 것을 허락하겠노라."

세존께서는 여러 비구들에게 알리셨다.

"비사리성을 의지하는 비구들을 모두 모이게 하라. 열 가지의 이익을 까닭으로써 여러 비구들을 위하여 계율을 제정하겠나니, 나아가 이미 들었던 자들도 마땅히 거듭하여 들을지니라. 만약 병든 비구가 마땅히 복용할 약인 소(酥)·기름(油)·꿀·석밀·생소(生酥)·지(脂) 등을 병든 비구가 저축하여 7일을 복용하는 것을 허락하겠노라. 만약 7일이 지났는데 나머지를 버리지 않고 복용하는 자는 니살기바야제를 범하느니라."

'비구'는 앞의 설명과 같다.

'병자가 마땅히 복용할 약'은 소·기름·꿀·석밀·생소·지 등이니, 앞의 도계의 가운데에서 설한 것과 같다.

'병'은 404가지의 병이 있으니, 풍병(風病)에 101가지가 있고, 화병(火病)에 101가지가 있으며, 수병(水病)에 101가지가 있고, 잡병(雜病)에 101가지가 있다. 만약 풍병이라면 마땅히 기름과 지를 사용하여 다스려야 하고, 열병(熱病)에는 마땅히 소를 사용하여 다스려야 하며, 수병에는 마땅히 꿀을 사용하여 다스려야 하고, 잡병에는 마땅히 앞의 세 가지의 약을 모두 사용하여 다스려야 한다.

'7일'은 숫자(數)의 최대이다.

'7일로 제한하여 저축하다.'는 스스로가 받아서 7일을 복용하는 것이다. 7일을 넘겨서 복용하는 자는 니살기바야제를 범한다.

'니살기바야제'는 이 약을 마땅히 승가의 가운데에서 버려야 하고 바야제 죄를 참회해야 한다. 만약 버리지 않고서 참회한다면 월비니죄를 범한다.

'바야제'는 앞의 설명과 같다.

만약 비구가 하루에 열 종류의 약인 소·기름·석밀·꿀·생소의 다섯 종류를 모두 얻었고 일체를 복용하면서 작정하지 않고 7일이 지났다면 일체가 니살기바야제를 범한다. 비구가 만약 열 종류의 약을 얻고서 절반은 작정하고 절반은 작정하지 않았다면, 이 가운데에서 작정한 것은 법에 마땅하지만, 작정하지 않은 것이 7일이 지났다면 일체가 니살기바야제를 범한다. 만약 비구가 하루에 열 종류의 약을 얻는 것은 앞의 장의계(長衣戒)의 가운데에서 널리 말한 것과 같다. 다만 이 가운데에서는 약을 7일로 제한한 것이 다르고, 나아가 앞에서는 기억하지 못하면서 기억한다고 생각을 지었어도, 이것에서는 말을 짓지 않는 것이다.

그리고 등을 켜는 기름과 발에 바르는 기름과 옷에 바르는 기름을 만들고 기억하지 못하여 작정하지 않고서 7일이 지났다면 니살기바야제를 범한다. 여법하게 작정하지 않았거나, 만약 심의(心意)가 없는 사람의 주변에서 작정하고서 7일이 지났다면 니살기바야제를 범한다. 마땅히 비구·비구니·식차마니·사미·사미니·세속의 사람·축생의 주변에서 작정하여야 한다.

약을 저축하면 이익이고 약을 저축하더라도 이익이 서로를 염오시키거나, 약을 저축하면 이익이고 약을 저축하지 않더라도 이익이 서로를 염오시키거나, 약을 저축하지 않아도 이익이고 약을 저축하지 않더라도 이익이 서로를 염오시키지 않거나, 약을 저축하지 않아도 이익이고 약을 저축하지 않더라도 이익이 서로를 염오시키지 않거나, 세속 사람의 약의 이익이 비구의 약의 이익을 염오시키거나, 비구의 약의 이익이 세속 사람의 약의 이익을 염오시키거나, 세속 사람의 약의 이익이 세속 사람의 약의 이익을 염오시키거나, 비구의 약의 이익이 비구의 약의 이익을 염오시키거나, 객비구의 약의 이익이 옛 비구의 약의 이익을 염오시키거나, 옛 비구의 약의 이익이 객비구의 약의 이익을 염오시키거나, 객비구의 약의 이익이 객비구의 약의 이익을 염오시키거나, 옛 비구의 약의 이익이 옛 비구의 약의 이익을 염오시키거나, 승가의 약의 이익이 비구의 약의 이익을 염오시키거나, 비구의 약의 이익이 승가의 약의 이익을 염오시키거나, 승가의 약의 이익이 승가의 약의 이익을 염오시키거나, 비구의 약의 이익이 비구의 약의 이익을 염오시키는 것이다.

먹었던 사이(間)였고 받지 않는 사이였거나, 받는 사이였고 먹지 않는 사이였거나, 먹는 사이였고 받은 사이였거나, 먹지 않는 사이였고 받지 않는 사이였거나, 석밀병(石蜜甁)·연등(燃燈)·낙병(酪甁)·지(脂)가 있다.

'약을 저축하면 이익이고 약을 저축하면 이익이 서로를 염오시키다.'는 만약은 비구가 식전(食前)에 석밀을 얻고 섞어서 먹으면서 나머지를 작정하지 않고 먹으면서, 뒤에 다시 석밀을 얻었으나 다시 작정하지 않고 취하여 저축한다면, 이것을 약을 저축하면 이익이고 약을 저축하면 이익이 서로를 염오시킨다고 이름한다.

'약을 저축하면 이익이고 약을 저축하지 않았어도 이익이 서로를 염오시키다.'는 이 비구가 식전에 석밀을 얻고 섞어서 먹으면서 나머지를 작정하지 않고 먹으면서, 뒤에 다시 석밀을 얻고서 다시 작정하고서 받아서 저축한다면, 이것을 약을 저축하면 이익이고 약을 저축하지 않았어도 이익이 서로를 염오시킨다고 이름한다.

'약을 저축하지 않아도 이익이고 약을 저축하더라도 이익이 서로를 염오시키지 않는다.'는 만약 비구가 식전에 석밀을 얻고 섞어서 먹지 않으면서 작정하고 먹으면서, 뒤에 다시 다른 석밀을 얻고서 작정하지 않고서 받았다면, 이것을 약을 저축하지 않아도 이익이고 약을 저축하더라도 이익이 서로를 염오시키지 않는다고 이름한다.

'약을 저축하지 않아도 이익이고 약을 저축하지 않더라도 이익이 서로를 염오시키지 않는다.'는 만약 비구가 식전에 석밀을 얻고 섞어서 먹지 않으면서 곧 작정하고 먹었고, 뒤에 다시 다른 석밀을 얻고서 작정하고 받았다면, 이것을 약을 저축하지 않아도 이익이고 약을 저축하지 않더라도 이익이 서로를 염오시키지 않는다고 이름한다.

무엇을 '세속 사람의 약의 이익이 비구의 약의 이익을 염오시킨다.'라고 말하는가? 이때 어느 우바새가 와서 비구의 발에 예배하였는데, 비구는 제7일의 석밀이 있었으므로 우바새에게 말하였다.

"그대는 석밀장(石蜜漿)을 마시고자 합니까?"

대답하여 말하였다.

"마시고자 합니다."

이때 우바새가 곧 이 석밀을 가지고 떠나가서 다른 비구의 발에 예배하고 곧 다른 비구에게 말하였다.

"존자여. 마시고자 합니까?"

대답하여 말하였다.

"마시고자 합니다."

이 비구는 곧 그날에 석밀을 얻었고 작정하지 않고 취하는 것이다. 이것을 세속 사람의 약의 이익이 비구의 약의 이익을 염오시킨다고 이름한다.

무엇을 '비구의 약의 이익이 세속 사람의 약의 이익을 염오시키다.'라고 말하는가? 어느 한 우바새가 석밀을 가지고 왔고 지나가면서 비구의 발에 예배하였고, 비구는 제7일의 석밀이 있었으므로 그 우바새에게 말하였다.

"그대는 석밀장을 마시고자 합니까?"

대답하여 말하였다.

"마시고자 합니다."

곧 취하였고 병안에 담아서 가지고 떠나갔다. 다시 어느 우바새가 석밀을 가지고 오면서 도중에서 서로가 만났고 이전의 우바새가 뒤의 우바새에게 물었다.

"그대는 어디로 가고자 합니까?"

대답하여 말하였다.

"나는 이 석밀을 가지고 누구 비구에게 주고자 합니다."

곧 말하였다.

"그대는 이 석밀도 가져가서 역시 누구 비구에게 주십시오."

곧 받아서 가지고 떠났다면 이것을 비구의 약의 이익이 세속 사람의 약의 이익을 염오시킨다고 이름한다.

무엇을 '세속 사람의 약의 이익이 세속 사람의 약의 이익을 염오시킨다.'

라고 말하는가? 곧 두 가지가 함께 다른 까닭이다.

무엇을 '비구의 약의 이익이 비구의 약의 이익을 염오시킨다.'라고 말하는가? 비구에게 제7일의 석밀이 있었으므로 다른 비구에게 말하였다.

"석밀장을 마시고자 합니까?"

대답하여 말하였다.

"마시고자 합니다."

이 비구가 곧 그날에 석밀을 얻고서 작정하지 않고 받았으면 이것을 비구의 약의 이익이 비구의 약의 이익을 염오시킨다고 이름한다.

무엇을 '객비구의 약의 이익이 옛 비구의 약의 이익을 염오시킨다.'라고 말하는가? 객비구에게 제7일의 석밀이 있었으므로 옛 비구에게 말하였다.

"석밀장을 마시고자 합니까?"

대답하여 말하였다.

"마시고자 합니다."

옛 비구가 곧 그날에 석밀을 얻고서 작정하지 않고 받았으면 이것을 객비구의 약의 이익이 옛 비구의 약의 이익을 염오시킨다고 이름한다.

무엇을 '옛 비구의 약의 이익이 객비구의 약의 이익을 염오시킨다.'라고 말하는가? 어느 객비구가 왔는데 옛 비구에게 제7일의 석밀이 있었으므로 객비구에게 말하였다.

"석밀장을 마시고자 합니까?"

대답하여 말하였다.

"마시고자 합니다."

객비구가 곧 그날에 석밀을 얻고서 작정하지 않고 받았으면 이것을 옛 비구의 약의 이익이 객비구의 약의 이익을 염오시킨다고 이름한다.

무엇을 '객비구의 약의 이익이 객비구의 약의 이익을 염오시킨다.'라고 말하는가? 어느 두 명의 객비구가 대중에게 왔는데 한 객비구의 가운데에 제7일의 석밀이 있었으므로 객비구가 다른 객비구에게 말하였다.

"석밀장을 마시고자 합니까?"

대답하여 말하였다.

"마시고자 합니다."

이 한 명의 객비구가 곧 그날에 석밀을 얻고서 작정하지 않고 받았으면 이것을 객비구 약의 이익이 객비구 약의 이익을 염오시킨다고 이름한다.

무엇을 '옛 비구의 약의 이익이 옛 비구의 약의 이익을 염오시킨다.'라고 말하는가? 옛 비구가 제2의 비구에게 제7일의 석밀이 있었으므로 한 명의 옛 비구에게 말하였다.

"석밀장을 마시고자 합니까?"

대답하여 말하였다.

"마시고자 합니다."

이 옛 비구가 곧 그날에 석밀을 받고서 작정하지 않고 받았으면 이것을 옛 비구 약의 이익이 옛 비구의 약의 이익을 염오시킨다고 이름한다.

무엇을 '승가의 약의 이익이 비구의 약의 이익을 염오시킨다.'라고 말하는가? 승가에 제7일의 석밀이 있었으므로 몫을 나누었고, 이 비구가 그날에 석밀을 얻었으며 작정하지 않고 받았으면 이것을 승가의 약의 이익이 비구의 약의 이익을 염오시킨다고 이름한다.

무엇을 '비구의 약의 이익이 승가의 약의 이익을 염오시킨다.'라고 말하는가? 비구에게 제7일의 석밀이 있었으므로 곧 가지고 승가에 보시하였고, 승가는 그날에 석밀을 얻었으며 작정하지 않고 취하였다면 이것을 비구의 약의 이익이 승가의 약의 이익을 염오시킨다고 이름한다.

무엇을 '승가의 약의 이익이 승가의 약의 이익을 염오시킨다.'라고 말하는가? 승가에게 제7일의 석밀이 있었으므로 곧 가지고 다른 승가에 주었고, 다른 승가는 그날에 석밀을 얻었으며 작정하지 않고 받았다면 이것을 승가의 약의 이익이 승가의 약의 이익을 염오시킨다고 이름한다.

무엇을 '비구의 약의 이익이 비구의 약의 이익을 염오시킨다.'라고 말하는가? 비구에게 제7일의 석밀이 있었으므로 다른 비구에게 말하였다.

"석밀장을 마시고자 합니까?"

대답하여 말하였다.

"필요합니다."

이 비구는 곧 그날에 석밀을 얻었으며 작정하지 않고 받았다면 이것을 비구의 약의 이익이 비구의 약의 이익을 염오시킨다고 이름한다.

무엇을 '먹었던 사이이고, 받았던 사이가 아니다.'라고 말하는가? 만약 비구가 7일을 석밀을 먹었고, 아울러 8일을 다시 받아서 먹은 자는 사이를 짓지 않은 까닭으로 월비니죄를 범한다. 마땅히 1일의 사이를 지어야 한다. 이것을 먹었던 사이이고, 받았던 사이가 아니라고 이름한다.

무엇을 '받았던 사이이고, 먹었던 사이가 아니다.'라고 말하는가? 만약 비구가 석밀을 7일을 받아서 먹지 않았고, 8일에 다시 석밀을 받았다면, 사이가 없이 받았으므로 월비니죄를 범한다. 마땅히 1일의 사이를 지어야 한다. 이것을 받았던 사이이고, 먹었던 사이가 아니라고 이름한다.

무엇을 '받았던 사이이고, 먹었던 사이이다.'라고 말하는가? 만약 비구가 7일을 석밀을 받아서 먹었고, 다시 8일에 다시 석밀을 받아서 먹었다면 두 가지의 월비니죄를 범한다.

무엇을 '받았던 사이가 아니고, 먹었던 사이가 아니다.'라고 말하는가? 만약 비구가 많은 송경으로 가슴이 고통스럽고 피를 토하였으므로 약사(藥師)가 말하였다.

"이 병은 마땅히 석밀을 오래 복용해야 합니다."

식전에도 석밀을 얻어서 먹었다면 식후에는 물로 깨끗이 씻고서 먹어야 한다. 이것을 받았던 사이가 아니고, 먹었던 사이가 아니라고 이름한다.

무엇을 '석밀병'이라 말하는가? 무라국(武羅國)에서 구족계(具足戒)를 받고자 하는 사람이 계장(戒場) 위에 있으면서 구족계를 받고서 승가에 석밀을 각자 한 병씩 보시하였다. 여러 비구들이 신심으로 공덕을 짓기를 기뻐하여 곧 석밀병을 가지고 승가의 상좌에 보시하였는데, 상좌도 신심이 있어서 "승가는 좋은 복전이다."라고 말하면서, 곧 다시 승가에 보시하였다. 여러 비구들에게 제7의 석밀이 있었는데, 곧 이 석밀을 취하였다면 이것을 서로 염오시킨다고 이름한다.

만약 비구가 음식 위에 사탕수수를 크게 얻었고 먹고서 남은 찌꺼기로 장을 지어서 야분(夜分)에 받아야 하고, 만약 모두 마시지 못하여 끓여서 석밀을 지었는데, 석밀을 7일을 받았어도 석밀을 모두 없애지 못하였다면, 태워서 재를 짓고 목숨을 마치도록 받을 것이며, 만약 일이 있어서 누르지 못한다면, 곧 오전의 이전에 마땅히 물로써 작정하며 마땅히 이렇게 말을 지어야 한다.

"이 가운데에서 청정한 물건이 생겨난다면 내가 마땅히 받겠습니다."

만약 음식 위에 과일을 많이 얻었고 모두 먹을 수 없다면, 눌러서 장을 짓고 야분에 받아야 하고, 만약 일이 있어서 누르지 못한다면, 곧 때에 마땅히 이렇게 말을 지어야 한다.

"이 가운데에서 청정한 물건이 생겨난다면 내가 마땅히 받겠습니다."

만약 시간이 지났다면 마땅히 지을 수 없다.

'연등'은 만약 신심이 돈독한 여인이 대중 승가에게 음식을 보시하고 아울러 떡을 지어서 연등과 함께 승가께 보시한다면 승가에서는 마땅히 등명(燈明)과 합쳐서 받을 수 없고, 마땅히 정인을 시켜서 취하며, 만약 정인이 없으면 마땅히 보시하는 자에게 시켜서 땅에 놓아두고 등을 끄고서 그러한 뒤에 받아야 한다. 만약 여인이 신심이 있는 까닭으로 등을 끄고자 아니하고 은근히 권하는 까닭이라면 받을 수 있다. 받고서 뒤에는 칼을 가지고서 때묻은 곳을 자르고 그러한 뒤에 먹어야 한다. 이것을 연등이라고 이름한다.

'낙(酪)의 병'은 음식을 얻는 때에 낙을 많이 얻고서 모두 먹을 수 없다면 곧 끓여서 생소(生酥)를 짓고 7일을 받아야 하고, 만약 생소가 7일보다 길다면 끓여서 숙소(熟酥)를 짓고 7일을 받아야 한다. 만약 비구가 걸식하는 때에 소를 많이 얻었는데 만약 지식인 비구가 적었다면 곧 가늘고 치밀한 모직물로 깨끗이 거르고 소를 취하여 7일을 받아야 하고, 만약 일이 있어서 오전의 이전에 소를 지을 수 없으면 마땅히 이렇게 말을 지어야 한다.

"이 가운데에서 청정한 물건이 생겨난다면 내가 마땅히 받겠습니다."

만약 잊어버려서 받지 않았거나, 작정하지 않고 때가 지났다면 이것을 부정(不淨)이라고 이름한다.

만약 걸식하는 때에 기름(油)을 많이 얻었다면 앞의 소의 가운데에서 설한 것과 같다. 만약 음식 위에 호마(胡麻)를 많이 얻어서 먹었는데 모두 먹지 못하여 남았다면 곧 누르고 유를 지어서 7일을 받아야 한다. 만약 일의 인연으로 유를 지을 수 없다면 앞의 소의 가운데에서 설한 것과 같다. 이것을 낙병이라고 이름한다.

'지'는 승가의 가운데에서 행하는 생선 기름·곰 기름·큰곰 기름·돼지 기름·실수마라(失修摩羅) 기름 등이고, 지식이 적은 비구가 얻었다면 곧 가늘고 치밀한 모직물로 거르고 취하여 7일을 받아야 하고, 만약 일이 있어서 얻을 수 없다면 앞의 소의 가운데에서 설한 것과 같다. 만약 대중 승가의 가운데에서 기름을 나누는 때이거나, 혹은 기름(油)을 가지고 작정하고자 하였거나, 혹은 7일의 기름을 지었거나, 혹은 연등의 기름을 지었거나, 혹은 발에 바르는 기름을 지었거나, 혹은 몸에 바르는 기름을 지으면서, 만약 나누었는데 부족하여 다시 거두어서 한곳에 놓아두었다면 일체가 부정하다.

만약 청정한 기름이라면 다시 청정한 기름인 한곳에 다시 놓아두고서 씻어서 청정하게 담고서 정인에게 주어야 하고, 이것이 7일의 기름과 같다면 다시 7일의 기름과 한곳에 다시 놓아두고서 씻어서 청정하게 담고서 정인에게 주어야 한다. 이와 같이 연등의 기름과 발에 바르는 기름을 이미 얻었다면 마땅히 받아야 한다. 만약 비구가 재(灰)를 복용하고 기름을 마시려고 하는 자는 재가 종신약(終身藥)이고, 기름은 7일의 약이니, 먼저 재를 복용하고서 뒤에 기름을 복용할 수 없고, 마땅히 먼저 기름을 복용하고 손을 씻고서 입을 헹구어 깨끗이 하고서 그러한 뒤에 재를 복용해야 한다.

만약 비구가 아랫부분에 병이 있는 자는 마땅히 먼저 소를 복용해야 하나니, 소는 7일의 약이다. 손을 씻고 입을 헹구어서 깨끗이 하고서 그러한 뒤에 복용해야 한다. 만약 비구가 윗부분에 병이 있는 자는 마땅히 먼저 소를 복용해야 하나니, 소는 7일의 약이다. 음식을 먹고서 손을 씻고 입을 헹구어서 깨끗이 하고서 그러한 뒤에 소를 복용해야 한다.

만약 비구가 기름을 복용하고서 남은 기름이 있어서 연등의 기름으로 짓고자 하였거나, 만약 발에 기름을 바르고자 하였는데, 화상과 아사리가 와서 보고서 많다고 싫어하였으므로 만약 다시 마시는 자는 월비니죄를 범한다. 만약 비구가 석밀을 먹고서 야분의 장(漿)으로 마시고자 하였다면 마땅히 먼저 입을 헹구어서 깨끗이 하고서 그러한 뒤에 장을 마셔야 하고, 장을 마시고서 석밀을 먹고자 한다면 역시 이와 같다.

만약 비구가 석밀을 끓이고자 한다면 마땅히 정인을 시켜 끓여야 한다. 만약 비구가 스스로 소(酥)를 받았거나, 소에 소를 접촉하고 소를 기름에 접촉하였거나, 소를 꿀에 접촉하고 소를 석밀에 접촉하였거나, 소를 생소에 접촉하고 소를 지(脂)에 접촉하였거나, 이와 같이 기름·꿀·석밀·생소와 나아가 지에 소에 접촉하고 지에 기름을 접촉하였으며, 지에 꿀을 접촉하고 지에 생소를 접촉하였거나, 지에 석밀을 접촉하고 지에 지를 접촉하는 것도 역시 다시 이와 같다.

시약·야분약·7일 약·종신약이 함께 섞였다면 때에 복용하고, 야분약·7일 약·종신약이 함께 섞였다면 밤에 복용하며, 7일 약·종신약이 함께 섞였다면 7일을 복용한다. 만약 지식이 적은 비구가 걸식하는 때에 적염(赤鹽)과 자염(慈鹽) 등을 얻었다면 마땅히 소금을 깨끗이 씻어서 종신토록 받아야 한다. 만약 후추와 필발(蓽鉢)을 얻었어도 역시 이와 같다. 만약 지식이 적은 비구가 걸식하는 때에 흑석밀(黑石蜜)을 얻었거나, 백석밀(白石蜜)을 얻었어도 깨끗이 씻어서 먹는 기운을 제거하고 7일약을 지어서 받아야 한다.

이러한 까닭으로 설하였노라.

마하승기율 제11권

동진 천축삼장 불타발타라·법현 공역
석보운 번역

4) 30니살기바야제의 법을 밝히다 ④

세존께서는 사위성에 머무셨으며, 자세한 설명은 앞에서와 같다.

그때 장로 난타와 우파난타는 겨울의 매우 추운 때에 두꺼운 납의(衲衣)를 입고서 따뜻한 평상과 요를 펼쳐놓고 머리 위에 모자를 쓰고 발에는 부라(富羅)를 신었으며 앞에는 화롯불을 피웠다. 검은 얼굴에 푸른 눈의 두 명의 외도(外道)가 추위에 떨면서 왔고 앞에 서서 머물렀으며, 외도는 보고서 마음에 즐거움이 생겨나서 곧 비구에게 말하였다.

"그대들은 출가한 몸으로 이와 같은 즐거움을 얻는구려."

그때 외도들은 마음으로 불법을 즐거워하면서 곧 이렇게 말을 지었다.

"우리들도 역시 출가하였다고 이름하나, 불란가섭(弗蘭迦葉)의 가르침을 만나서 우리들은 벌거벗고 머리털을 뽑으며 바위에 몸을 던지고 시냇물에 나아가며 다섯 가지의 열(熱)로 몸을 굽고 걸식을 행하며, 모두 심한 고통을 받고 즐거운 일은 없습니다."

비구가 알려 말하였다.

"그대들이 만약 이 법이 좋아하는 자는 곧 와서 출가한다면 역시 다시 나와 같이 즐겁게 머물 것이오."

외도가 대답하여 말하였다.

"나에게는 사문의 승가리가 없소."

비구가 알려 말하였다.

"다만 오시오. 내가 마땅히 그대에게 주겠소."

외도들은 왔고 곧 출가시켜 구족계(具足戒)를 주고서 말하였다.

"내가 지금 그대를 제도하여 출가시켜 구족계를 받았으니, 그대는 마땅히 이와 같이 일을 제공하며 지어야 하오. 내가 새벽에 마땅히 일찍이 일어났다면 편안히 잤는가를 문신하고, 침을 뱉는 그릇과 소변보는 그릇을 항상 놓는 곳에 내놓아야 하고, 깨끗이 손을 씻게 물과 치목을 주어야 하며, 발우를 가지고 죽을 맞이할 것이고, 먹었다면 발우를 씻고 말려서 항상 놓는 곳에 놓아야 하오.

만약 청하는 곳이 있다면 마땅히 음식을 맞이하고, 내가 취락에 들어가려는 때에는 마땅히 취락에 들어갈 옷을 취하여 나에게 주며, 내가 항상 옷을 입고 요리(料理)하는 권첩(卷疊)[1]을 항상 놓는 곳에 놓아두어야 하고, 내가 취락에서 돌아오는 때는 그대가 마땅히 작은 평상과 자리를 펼쳐야 하며, 나에게 물과 아울러 나뭇잎을 주어야 하고, 음식을 먹을 때에는 부채로 부채질해야 하며, 음식을 먹었다면 발우를 씻고 말려서 항상 놓아두는 곳에 놓아야 하고, 취락에 들어갔던 옷을 벗었다면 접어서 들고 다시 나에게 평소에 입던 옷을 주어야 하오.

그대가 음식을 먹었다면 마땅히 땔나무를 취하고, 옷을 세탁하고 삶아서 염색하며, 방안을 깨끗이 쓸고, 거마(巨磨)[2]로 바닥을 발라야 하며, 내가 숲에 들어가서 좌선하려는 때에는 그대가 마땅히 좌구(坐具)를 가지고 뒤를 따르고, 돌아오는 때에 따라서 돌아와서 나에게 손을 씻을 물을 주고 향과 꽃을 주며, 공양을 마치면 마땅히 평상을 펼치고 나에게 발을 씻을 물을 주고, 다시 기름을 바르는 까닭으로 와구를 펼치며, 방안에 침뱉는 그릇과 소변의 그릇과 연등을 놓아두고, 이와 같이 여러 종류로 공급하여 나를 안은하게 하고서 뒤에 자기의 일을 해야 하오."

---

1) 권(卷)은 옛날에는 글(책)을 두루마리처럼 말아 놓았으므로 옷을 접어서 걸어두 었던 횟대를 가리킨다.
2) 쇠똥을 가리키는 말이다.

이때 그 비구가 스승에게 대답하여 말하였다.

"이것은 출가법이 아니고 곧 여노비를 짓는 것이오."

스승이 말하였다.

"그대가 만약 지을 수 없다면 마땅히 나의 승가리를 돌려주시오."

그는 곧 승가리를 땅에 벗어놓고 떠나갔다.

다시 다음으로 세존께서는 사위성에 머무셨으며, 자세한 설명은 앞에서와 같다.

그때 존자 난타는 우파난타의 형이었다. 이때 우파난타가 형의 공행제자(共行弟子)[3]에게 말하였다.

"내가 그대와 함께 취락에 들어가서 마땅히 그대에게 물건을 주겠으니, 내가 만약 위의가 아닌 일을 짓더라도 그대는 다른 사람에게 말하지 말게. 나는 그대의 숙부이네."

대답하여 말하였다.

"나는 만약 아버지가 비법(非法)을 짓는 것을 보았다면, 역시 마땅히 다른 사람을 향하여 말하는데, 하물며 다시 숙부이겠습니까?"

다시 말하였다.

"만약 그대가 이것과 같다면 마땅히 그대에게 알게 하겠네."

곧 데리고 존귀한 단월의 집에 이르러서 음식을 먹고자 머무르면서 그에게 음식을 주려고 하지 않았던 까닭으로 이렇게 사유를 지었다.

'서로가 날과 때를 기다려서 이자를 걸식하지 못하도록 하겠고 돌아가도 다시 때를 놓치게 해야겠다.'

곧바로 알려 말하였다.

"그대는 정사로 돌아가게."

곧 돌아오면서 때를 잃는 것이 두려웠던 까닭으로 매우 **빠르게** 해를 바라보면서 경행하였다. 정사에 이르러 보았는데 여러 비구들은 모두

---

3) 스승의 곁에서 모시는 제자를 가리킨다.

음식을 먹고서 문 앞에서 경행하였다. 멀리서 빠르게 걷는 것을 보았고 반드시 이유가 있다고 의심하면서 곧 물었다.

"그대는 오늘 지식인 많은 비구와 같이 여러 곳에서 교화하였고, 무슨 좋은 음식을 얻었으므로 입술이 이와 같이 기름진가?"

대답하여 말하였다.

"나는 지금 음식을 잃었는데, 하물며 좋은 음식을 얻었겠습니까?"

우파난타는 그를 돌려보내고 뒤에 여러 종류의 음식을 먹었다. 먹고서 일의 사정이 드러나는 것이 두려웠으므로 빠르게 돌아왔는데, 여러 비구들이 모두 모여서 의논하는 것이 보았고, 이렇게 사유를 지었다.

'여러 사람들이 모여서 의논하는 것은 반드시 그 비구가 여러 범행인을 향하여 나의 악한 허물을 말한 것이다.'

곧 난타에게 말하였다.

"장로여. 그대의 제자가 여러 범행인을 향하여 나의 악한 허물을 말하였습니다."

그는 곧 성내면서 제자에게 말하였다.

"그대는 어찌하여 내 아우의 허물을 말하였는가? 그대는 다시 나의 승가리를 가져오라."

여러 비구들이 듣고서 서로가 의논하여 말하였다.

"이 비구는 오늘 두 가지의 고뇌를 만났구나. 첫째는 음식을 잃은 것이고, 둘째는 승가리를 잃은 것이다."

세존께서는 이것을 들으셨고 아시면서도 일부러 물으셨다.

"여러 비구들이여. 어느 비구가 높은 소리로 크게 말하는가?"

여러 비구들이 세존께 아뢰었다.

"세존이시여, 이것은 난타가 공행제자의 옷을 벗기는 것입니다. 이러한 까닭으로 큰 소리가 있습니다."

"난타를 불러오라."

왔으므로 난타에게 자세히 물으셨다.

"그대는 진실로 스스로를 위하여 공급하고자 고의로 사람을 제도하였

고 옷을 주었는데, 제자가 성내면서 능히 여노비처럼 짓지 않았고, 나아가
공행제자의 옷을 빼앗았는가?"

대답하여 말하였다.

"진실로 그렇습니다."

세존께서는 난타에게 말씀하셨다.

"그대는 어찌하여 사람을 제도하여 출가시켜서 교법(敎法)과 율은 가르
치지 않고 다만 자기에게 공급하도록 지으면서 집착하였는가?"

세존께서는 여러 종류로 꾸짖으셨으며, 여러 비구들에게 알리셨다.

"오늘부터는 자기에게 공급하는 것을 위하였던 까닭으로 뜻을 세울
수 없고, 고의로 사람을 제도하여 출가시키는 자는 월비니죄를 얻는다.
마땅히 이와 같이 생각을 지어야 한다. '마땅히 그 사람이 나를 인연하여
제도된 까닭으로 여러 선법을 닦아서 도과(道果)를 이루게 하겠다.'"

세존께서는 여러 비구들에게 알리셨다.

"사위성을 의지하는 비구들을 모두 모이게 하라. 열 가지의 이익을
까닭으로써 여러 비구들을 위하여 계율을 제정하겠나니, 나아가 이미
들었던 자들도 마땅히 거듭하여 들을지니라. 만약 비구가 비구에게 옷을
주었으나 뒤에 성내고 기뻐하지 않았으므로, 만약 스스로가 빼앗았거나,
만약 사람을 시켜서 빼앗으면서 '비구여. 다시 나의 옷을 가져오시오.'라고
이렇게 말을 짓고서 그에게 주지 않았으며, 얻는 자는 니살기바야제를
범하느니라."

'비구'는 앞의 설명과 같다.

'옷'은 일곱 종류이고, 앞의 설명과 같다.

'성내면서 기뻐하지 않다.'는 아홉 가지의 번뇌이고, 앞의 설명과 같다.

'빼앗다.'는 만약 스스로가 빼앗거나, 만약 사람을 시켜서 빼앗으면서
'비구여. 다시 나의 옷을 가져오시오.'라고 이렇게 말을 짓고서 그에게
주지 않았으며, 얻는 자는 니살기바야제를 범한다.

'니살기바야제'는 앞의 설명과 같다.

혹은 스스로가 주었고 사람을 시켜서 빼앗거나, 사람을 시켜서 주었고

스스로가 빼앗거나, 스스로가 주었고 스스로가 빼앗거나, 사람을 시켜서 주었고 사람을 시켜서 빼앗거나, 합하여 주었고 개별적으로 빼앗거나, 개별적으로 주었고 합하여 빼앗거나, 합하여 주었고 합하여 빼앗거나, 개별적으로 주었고 개별적으로 빼앗는 것이 있다.

'합하여 주었고 개별적으로 빼앗다.'는 비구가 일시에 3의를 주었고 개별적으로 빼앗으면서 "나의 승가리를 돌려주시오. 나의 울다라승을 돌려주시오. 나의 안타회를 돌려주시오."라고 말하는 것이니, 이와 같이 빼앗는 자는 많은 바야제를 얻는다. 이것을 합하여 주었고 개별적으로 빼앗는다고 이름한다.

'개별적으로 주었고 합하여 빼앗다.'는 비구가 한때가 아니었는데 승가리를 주었고 울다라승을 주었으며 안타회를 주었고, 다시 한때에 모두 빼앗으면서 "그대는 나의 옷을 돌려주시오."라고 말하는 것이니, 이와 같이 빼앗는 자는 하나의 바야제를 얻는다. 이것을 개별적으로 주고서 합하여 빼앗는다고 이름한다.

'합하여 주었고 합하여 빼앗다.'는 비구가 일시에 옷을 주었고 뒤에 "나의 옷을 모두 돌려주시오."라고 말하는 것이니, 이와 같이 빼앗는 자는 하나의 바야제를 얻는다.

'개별적으로 주었고 개별적으로 빼앗다.'는 비구가 한때가 아니었는데 승가리를 주었고 울다라승을 주었으며 안타회를 주었는데, 점차로 빼앗으면서 "나의 승가리를 돌려주시오. 나의 울다라승을 돌려주시오. 나의 안타회를 돌려주시오."라고 말하는 것이니, 이와 같이 빼앗는 자는 여러 바야제를 얻는다.

만약 비구가 비구에게 옷을 주는 때에 "그대가 나의 주변에 머무른다면 마땅히 그대에게 옷을 주겠으나, 만약 머무르지 않는다면 옷을 빼앗겠다."라고 말하였다면 무죄이다. 만약 비구가 비구에게 옷을 주는 때에 "그대가 이 주처에 머무른다면 마땅히 옷을 주겠으나, 만약 머무르지 않는다면 옷을 빼앗겠다."라고 말하였다면 무죄이다. 만약 비구가 비구에게 옷을 주면서 "그대가 나의 뜻을 따른다면 마땅히 옷을 주겠으나, 따르지 않겠다면 옷을 빼앗겠다."라고 말하였다면 무죄이다.

경(經)을 받는 자를 위하여 주겠다고 말하였고, 경을 받지 않는 자에서 다시 빼앗았어도 무죄이다. 만약 비구가 옷을 팔았는데 값을 취하지 않았고, 만약 금전을 곧 치르지 않았는데, 만약 옷을 취하는 자는 무죄이다. 만약 비구가 공행제자와 의지제자(衣止弟子)에게 옷을 주었으나, 교계(敎誡)할 수 없어서 절복(折伏)하기 위한 까닭으로 옷을 빼앗았고, 뒤에 절복하고서 다시 주었다면 무죄이다.

비구의 옷을 빼앗는 자는 니살기바야제를 범하고, 비구니의 옷을 빼앗는 자는 투란차죄를 범하며, 식차마니와 사미와 사미니의 옷을 빼앗는 자는 월비니죄를 범하고, 나아가 세속 사람의 옷을 빼앗는 자는 월비니죄를 마음으로 참회해야 한다.

이러한 까닭으로 설하였노라.

세존께서는 사위성에 머무르셨으며, 사방으로 각각 12유순의 안의 승가에게 우욕의(雨裕衣)를 보시하였고, 『비사거녹모인연경(毘舍佉鹿母因緣經)』에서 자세히 설한 것과 같다.

다시 다음으로 세존께서는 교살라국(憍薩羅國)에 머무시면서 유행하시던 때이었다.

어느 한 마하라(摩訶羅) 비구가 아래에는 우의를 입고 위에는 안타회를 입고서 긴 비를 잡고서 땅을 쓸고 있었다. 세존께서는 보시고서 여러 비구들에게 말씀하셨다.

"그대들은 이 마하라를 보았는가? 어찌하여 뒤바뀌게 옷을 입었는가?"

이 마하라는 세존을 보았고 가서 세존의 처소에 이르렀으며 머리숙여 발에 예경하고 물러나서 한쪽에 머물렀다. 세존께서는 아시면서도 일부러 물으셨다.

"마하라여. 그대는 아래에는 무슨 옷을 입었는가?"

대답하여 말하였다.

"우의입니다."

세존께서 말씀하셨다.

"위에는 무슨 옷을 입었는가?"

대답하여 말하였다.

"안타회를 입었습니다."

세존께서 말씀하셨다.

"비구여. 그대는 어찌하여 마땅히 위에 있을 옷이 반대로 아래에 있고, 아래에 있을 옷이 위에 있는가? 그대는 지금 어찌하여 일체의 때에 우의를 수용하는가?"

세존께서는 여러 비구들에게 말씀하셨다.

"그대들은 여래가 교살라국을 유행하고 사위성에 돌아오는 때를 기다려 마땅히 나에게 말하라. 마땅히 여러 비구들을 위하여 우욕의(雨浴衣)를 제정하겠노라."

세존께서는 교살라국의 유행에서 돌아오셨고, 여러 비구들은 세존께 아뢰어 말하였다.

"세존께서 교살라국에 머무시면서 유행하시던 때에 '여래께서 교살라국을 유행하여 사위성에 돌아오는 때에 그대들은 곧 나에게 말하라. 마땅히 여러 비구들을 위하여 우욕의를 제정하겠노라.'라고 이렇게 말씀을 지으셨는데, 지금이 바로 이때입니다. 원하건대 우의(雨衣)를 제정하여 주십시오."

세존께서는 여러 비구들에게 알리셨다.

"사위성을 의지하는 비구들을 모두 모이게 하라. 열 가지의 이익을 까닭으로써 여러 비구들을 위하여 계율을 제정하겠나니, 나아가 이미 들었던 자들도 마땅히 거듭하여 들을지니라. 만약 비구가 봄의 한 달이 남았고 비구가 마땅히 우의를 구하였다면 보름에 마땅히 비옷을 짓고 완성하여 수용하라. 만약 비구가 봄의 한 달이 남지 않았는데 우의를 구하였고 보름에 짓고 완성하여 수용하는 자는 니살기바야제를 범하느니라."

'봄의 한 달이 남았다.'는 3월 15일로부터 4월 초의 15일까지이다. 이것을 봄이 한 달이 남았다고 이름한다.

'우의'는 세존께서 허락하신 것과 같다.

'옷'은 열 종류가 있고, 앞의 설명과 같다.

'구하다.'는 구걸하여 구하면서 권화(權化)하는 것이니, 구하는 때에 마땅히 작은 집을 쫓아서 여러 곳에서 1척(尺)이나 2척을 구할 수 없고, 마땅히 만약 세력이 있는 큰 집의 가운데를 따라서 구하면서 만약 한 사람의 주변이나, 만약 대중이 많은 주변에서 구해야 한다. 이것을 구한다고 이름한다.

'남은 보름'은 3월 16일부터 마땅히 세탁하고 염색하며 꿰매고서, 4월 1일에 이르면 마땅히 수용해야 한다.

'비구가 만약 때가 이르지 않았는데 구하다.'는 3월 16일이 이르기 전에 구하였다면 짓고서, 수용하는 자는 니살기바야제를 범한다.

'니살기바야제'는 앞의 설명과 같다.

비구가 5법을 성취하였다면 승가는 마땅히 갈마하여 우의를 나누어 주는 사람으로 짓는다. 무엇이 다섯 가지인가? 애욕을 따르지 않고, 성냄을 따르지 않으며, 두려움을 따르지 않고, 어리석음을 따르지 않으며, 다섯째는 얻거나 얻지 못함을 아는 것이다. 이것을 5법이라고 이름한다.

갈마인은 마땅히 이렇게 말을 지어야 한다.

"대덕 승가께서는 허락하십시오. 어느 비구는 5법을 성취하였습니다. 승가께서 때에 이르렀다면 승가는 누구 비구에게 예배하고 우의를 나누어 주는 사람으로 지어주십시오. 이와 같이 아룁니다.'

'대덕 승가께서는 허락하십시오. 어느 비구는 5법을 성취하였습니다. 승가께서 때에 이르렀다면 승가는 누구 비구에게 예배하고 우의를 나누어 주는 사람으로 짓겠습니다. 여러 대덕들께서 누구 비구를 우의를 나누어 주는 사람으로 짓는 것을 인정하신다면 승가께서는 묵연하시고, 인정하지 않으신다면 곧 말씀하십시오. 승가께서는 이미 인정하셨으므로 누구 비구를 우의를 나누어주는 사람으로 짓겠습니다. 승가께서 인정하신 것은 묵연하였던 까닭입니다. 이 일은 이와 같이 지니겠습니다.'"

갈마를 지었다면 마땅히 대중 가운데에서 창언해야 한다.

"대덕 승가께서는 허락하십시오. 만약 옷에 크고 작은 것이 있어서 4지(指)와 8지로 일정하지 않습니다. 헤아리지 않는다면 내가 마땅히 나누겠습니다."

만약 창언하지 않는다면 월비니죄를 얻는다.

이 사람은 갈마를 짓고서 마땅히 승가를 위하여 구해야 하고, 구하는 때에는 작은 집을 쫓아서 여러 곳에서 1척이나 2척을 구할 수 없고, 마땅히 만약 세력이 있는 큰 집의 가운데를 따라서 구하면서 만약 한 사람의 주변에서 얻거나, 만약 대중이 많은 주변에서 얻어야 한다. 하좌에 이르기까지 한 벌의 우의를 얻었다면 이것을 구하였다고 이름한다.

만약 3월 16일의 뒤에 옷을 보내왔다면 마땅히 나누면서 마땅히 승가의 상좌에게 "지금 취하겠습니까? 다음을 기다려서 뒤에 취하겠습니까? 혹은 뒤에 수승한 것이 있다면 취하겠습니까?"라고 말할 것이고, 상좌가 "지금 취하겠습니다."라고 말한다면 곧 주어야 하고, 만약 "뒤에 취하겠습니다."라고 말한다면 뒤에 마땅히 주어야 한다.

만약 객비구가 있다면 마땅히 "그대가 어느 처소에서 하안거하고자 합니까?"라고 물을 것이고, "이곳입니다."라고 말한다면 마땅히 주어야 하고, 만약 "나는 다른 곳에서 안거하려고 합니다. 이곳에서는 우의를 취하고자 합니다."라고 말한다면, 역시 마땅히 주면서 "그대는 다른 곳에서는 다시 취하지 마십시오."라고 말해야 한다. 만약 "나는 이곳에서 취하지 않겠고, 안거하는 곳을 기다려서 마땅히 취하겠습니다."라고 말한다면, 그의 뜻을 따라야 한다.

만약 우의를 많이 얻었다면 한 사람은 마땅히 두 사미에게 한 벌씩을 주어야 하고, 만약 우의가 적어서 골고루 주지 못하였다면 안거를 마치고서 옷을 나누어주는 때에 마땅히 별도로 우의의 값을 주어야 하는데 이 옷은 받을 수 없다. 마땅히 3의를 작정하지 않았다면 보시하였어도 우의를 입을 수 없다. 강이나 연못 안에 들어가서 목욕하면서 적은 비의

때라면 우의를 입을 수 없고, 목욕하면서 역시 나신(裸身)으로 목욕할
수 없다. 목욕하면서 사륵(㲪勒)이나 만약 낡은 다른 옷을 입을 수 있으나
우의를 입고 여러 종류의 일을 지을 수 없다. 마땅히 큰 비의 때라면
우의를 입고서 목욕한다. 만약 비가 갑자기 그쳤고 때가 있는 자는 입고서
다른 물속에 들어가서 목욕하여도 무죄이다.

　만약 비구가 음식을 먹는 때에 기름으로써 몸에 바르고자 하였거나,
만약 병의 때이거나, 만약 많은 사람들이 다니는 곳에서는 양쪽의 머리를
묶어서 막을 수 있다. 이 우의는 4개월 15일을 사용할 수 있으나, 8월
15일에 이르면 마땅히 버려야 한다. 버리는 법은 한 비구가 마땅히 대중
승가의 가운데에서 이렇게 창언해야 한다.

　"대덕 승가께서는 허락하십시오. 오늘 승가는 우욕의를 버리겠습니다."

　이와 같이 세 번을 말해야 한다. 만약 16일에 이르러 버리는 자는
월비니죄를 범하고, 버리고서 얻었으며 3의를 지었거나, 역시 지식인
비구에게 작정하였거나, 역시 다른 물속에 들어가서 목욕하면서 여러
종류로 입었다면 무죄이다.

　이러한 까닭으로 설하였노라.

　세존께서는 사위성에 머무르셨으며, 자세한 설명은 앞에서와 같다.

　그때 존자 난타와 우파난타는 실(縷)을 가지고 거사의 집에 들어가서
우바이들에게 말하였다.

　"나에게 실을 보시하시오."

　여러 거사의 부인들이 이렇게 생각을 지었다.

　'이 비구가 실을 사고자 하는구나.'

　각자 실을 가지고 나왔고, 비구는 보고서 곧 취하여 자기의 실과 비교하
면서 이렇게 말을 지었다.

　"나는 바로 이러한 실을 구하고자 하였소. 지금 비슷한 것을 얻었소."

　만약 좋은 것을 보았다면 곧 이렇게 말을 지었다.

　"내가 이것과 비슷한 것을 구하고자 하였는데 다시 수승한 것을 얻었소."

만약 거친 것을 보았다면 곧 이렇게 말을 지었다.

"이 실은 비록 거칠지만 좋은 것을 지을 수 있소."

이와 같은 인연으로 실을 가지고 왔던 자들은 도무지 벗어날 수가 없었고, 무겁게 짊어지고 왔다. 기원정사에서 멀지 않은 곳의 한 빈궁한 골목 가운데에서는 직방(織坊)을 일으키고 있었는데, 직사(織師)를 제도하여 출가시켰고, 옷감을 짜게 시켰다. 존자 아난은 때에 이르러 취락에 들어가는 옷을 입고 발우를 지니고 차례로 걸식하면서 그 문 앞에 이르렀고, 난타와 우파난타가 실의 뭉치를 잡고서 함께 모직물의 날줄(經)을 펴는 것을 보았으며, 보고서 함께 서로가 문신하였다. 아난이 물어 말하였다.

"장로여. 무엇을 짓고 있습니까?"

대답하여 말하였다.

"옷감을 짜고 있습니다."

그는 곧 생각하며 말하였다.

'우리들이 오늘 세존을 시자(侍子)인 아난을 보았으니, 반드시 세존께 말할 것이다. 마땅히 방편을 지어야겠다.'

곧 실의 뭉치를 가지고 존자 아난에게 주면서 말하였다.

"가지고 옷감을 짜십시오."

아난은 취하지 않았고, 식후에 앞의 인연으로써 자세히 세존께 아뢰었으며, 세존께서는 말씀하셨다.

"난타와 우파난타를 불러오라."

왔으므로 세존께서는 우파난타에게 앞의 일들을 물으셨다.

"나아가 아난이 그대의 실을 받지 않았고, 그대가 진실로 그러하였는가?"

대답하여 말하였다.

"진실로 그렇습니다."

세존께서는 말씀하셨다.

"이것은 악한 일이니라. 그대는 내가 무수한 방편으로 욕심이 적은 것을 찬탄하고 욕심이 많은 것을 꾸짖는 것을 듣지 않았는가? 이것은 비법이고, 계율이 아니며, 세존의 가르침이 아니니라. 이것으로써 선법을 크게 장양하지 못하느니라."

세존께서는 여러 비구들에게 알리셨다.

"사위성을 의지하는 비구들을 모두 모이게 하라. 열 가지의 이익을 까닭으로써 여러 비구들을 위하여 계율을 제정하겠나니, 나아가 이미 들었던 자들도 마땅히 거듭하여 들을지니라. 만약 비구가 스스로가 다니면서 실을 구걸하였고 직사를 시켜서 옷감을 짜게 하는 자는 니살기바야제를 범하느니라."

'비구'는 앞의 설명과 같다.

'스스로가 구걸하다.'는 권화하여 구하였거나, 혹은 1냥(兩)[4]이거나, 2냥의 실을 구걸하는 것이다.

'실'은 일곱 종류이다.

'직사'는 지금의 비제파주구리(毘提波晝俱利)이다. 직사에게 옷감을 짜게 하는 자는 니살기바야제를 범한다.

'니살기바야제'는 앞의 설명과 같다.

만약 비구가 스스로 다니면서 실을 구걸하였다면 월비니죄를 마음으로 참회해야 하고, 얻은 자는 월비니죄를 범하며, 옷감이 이루어졌다면 니살기바야제를 범한다.

가시국(迦尸國)의 법에는 비구가 안거를 마치고서 실을 주었거나, 짜는 값을 주었거나, 비구가 모직물을 짜려는 때에는 마땅히 직사에게 이렇게 말을 지어야 한다.

"그대에게 이 실을 주겠으니, 나를 위하여 알아서 모직물을 짜서 주십시오."

직사는 대답하여 말하였다.

---

4) 무게의 단위로 10돈은 1냥이고 16냥이 1근(斤)이다. 1냥(兩)은 10돈, 또는 37.5g으로 통용되고 있다.

"존자여. 나는 이 말을 이해할 수 없습니다."

마땅히 물어 말하였다.

"그대의 집에서는 무슨 업을 짓습니까?"

대답하여 말하였다.

"모직물을 짭니다."

다시 말하였다.

"그대는 나를 위하여 알아서 모직물을 짜서 주십시오."

만약 다시 이 말을 이해하지 못한다면 마땅히 실을 가지고 정인에게 주면서 알아서 짜게 해야 한다. 일체를 고용하여 짜라고 말할 수 없고, 만약 비구가 요대(腰帶)를 짜는 것을 알았다면 비구에게 시켜서 짜게 하려는 자는 마땅히 실을 가져다가 주면서 이렇게 말을 지어야 한다.

"장로여. 나를 위해서 요대를 짜서 주십시오."

이러한 까닭으로 설하였노라.

세존께서는 사위성의 기원정사에 머무셨다.

그때 비사거녹모(毘舍佉鹿母)는 항상 날마다 대중 승가의 가운데에서 음식의 때에 청하였다. 한 비구가 차례로 그 집에 이르러 음식을 먹으면서 보았는데, 비사거녹모가 실을 가지고 직사에게 주면서 말하였다.

"그대가 나를 위하여 모직물을 짜서 주세요. 존자 난타와 우파난타에게 보시하고자 합니다. 그 사람들은 어려우므로 그대가 마땅히 잘 짜서 주세요."

비구는 음식을 먹고서 정사에 돌아와서 난타에게 말하였다.

"장로여. 나는 그대에게 좋은 일을 말하여 주고자 합니다."

물어 말하였다.

"무슨 좋은 일이 있습니까?"

대답하여 말하였다.

"내가 비사거녹모가 그대에게 옷을 보시하려는 것을 보았습니다."

대답하여 말하였다.

"이것은 나에게 옷을 보시하는 것이 아니오. 왜 그러한가? 이 우바이는 마땅히 현성(賢聖)에게 보시하오."

다시 말하였다.

"그렇지 않습니다. 나는 눈으로 비사거녹모가 실을 직사에게 주면서 이렇게 말을 짓는 것을 보았습니다. '그대에게 이 실을 주겠으니, 나를 위하여 모직물을 짜서 주세요. 이 모직물을 난타에게 보시하고자 하는데, 그분은 어렵습니다.'"

물어 말하였다.

"그대는 그 직사가 어디인가를 압니까?"

대답하여 말하였다.

"그 집을 압니다."

곧 다시 물어 말하였다.

"그의 집이 어느 곳의 어느 골목에 있으며, 대문은 어디를 향합니까? 나에게 표상(標相)을 보여주시오."

갖추어 물어서 그곳을 알았으므로 다음 날에 취락에 들어가는 옷을 입고서 갔으며, 그 집에 이르러 직사가 날줄(經)을 펼치는 것을 보고서 직사에게 물어 말하였다.

"장수여. 누구를 위하여 날줄을 펼치고 있습니까?"

대답하여 말하였다.

"나는 비사거녹모를 위하여 날줄을 펼치고 있습니다."

다시 물어 말하였다.

"그대는 아시오?. 누구를 위해 짓고 있소?"

대답하여 말하였다.

"나는 난타와 우파난타를 위한다고 알고 있습니다."

다시 물었다.

"그대는 난타를 압니까?"

대답하여 말하였다.

"나는 알지 못합니다."

곧바로 말하였다.

"난타와 우파난타는 바로 우리들이오. 그대는 마땅히 길고 넓으며 세밀하게 잘 짜서 주시오."

직사가 대답하여 말하였다.

"나의 실은 양에 한계가 있고, 역시 정해져 있습니다. 나는 능히 씨줄(緯)이 없이 짜겠습니까?"

곧 다시 말하였다.

"그대는 다만 나의 말과 같이 잘 지으시오. 그 집은 크게 부유하니 스스로가 마땅히 그대에게 실을 다시 줄 것이오."

직사가 다시 말하였다.

"그 집에서 나에게 실을 주고서 값을 지었는데, 누가 마땅히 품값을 나에게 주겠습니까?"

곧 말하였다.

"그대는 다만 잘 짜서 주시오. 짜는 값은 내가 마땅히 그대에게 주겠소."

직사가 말하였다.

"만약 존자께서 나에게 짜는 값을 주시고 그 집에서 다시 실을 채워준다면, 마땅히 시키시는 것과 같이 짜겠습니다."

직사는 곧 좋게 짜기 위하여 실이 부족하면 다시 가서 구하면서 이와 같이 세 번을 구하였다. 비사거녹모는 생각하며 말하였다.

'이 사람은 다만 와서 실만 요구하고 품값은 요구하지 아니하는데, 내가 무슨 까닭으로 부족한 실을 주지 않겠는가?'

실을 주어서 완성되었는데 넓고 길고 세밀하여 좋았다. 비사거녹모에게 보냈고 녹모는 취하고서 이렇게 생각을 지었다.

'이것은 좋은 모직물이니 마땅히 그에게 줄 수 없다. 이것은 무거운 공양이다. 비록 그렇지만 본래 그를 위해 지었구나!'

곧바로 보내어 난타에게 주었다. 모직물이 완성되기 전에는 날마다 직사의 집에 이르렀으나 이제 이미 모직물을 받았으므로 직사의 집을 멀리하여 다른 골목으로 다녔는데, 비유하면 늙은 새가 활을 쏘는 방향을 멀리 벗어나는 것과 같았다. 직사는 지었던 업무가 많았으므로 와서 지었던 품값을 찾지 않았으나, 뒤에 직사들이 경영하는 모임에 와서 사위성에 이르렀다. 직사는 그때 곧 이렇게 생각을 지었다.

'여러 사람들이 모이지 않았으니 나는 지금 가서 짰던 값을 구해야겠다.'

그러므로 기원으로 갔고 이르러 여러 비구들에게 물었다.

"난타와 우파난타는 어느 처소에 머무릅니까?"

비구가 말하였다.

"이 방입니다."

곧 방 안에 들어가서 보았고 발에 예배하고 문신하였다. 난타는 거짓으로 모른다고 하였으므로 일찍이 서로를 보지 못한 것과 같았다. 곧 물어 말하였다.

"존자여. 모직을 아직 얻지 못했습니까?"

물어 말하였다.

"무슨 모직물이오?"

대답하여 말하였다.

"내가 비사거녹모를 위하여 짰던 것입니다."

대답하여 말하였다.

"얻었소."

대답하여 말하였다.

"모직물은 존자의 뜻으로 칭찬하였습니까?"

대답하여 말하였다.

"다시 그러하오."

곧 말하였다.

"아사리여. 마땅히 나에게 짰던 값을 주십시오."

물어 말하였다.

"무엇을 짰던 값이오?"

대답하여 말하였다.

"나아가 우바이도 만족하여 실을 허락하였으니, 나에게 짰던 값을 주십시오."

난타가 성내면서 말하였다.

"이와 같고 이와 같은 자에게 곡물을 주었구려. 그대는 난타와 우파난타를 아는가? 그대의 눈을 뽑고 속눈썹을 취하여 허공중에 태우겠다. 나는 다섯 손가락을 모아서 깨끗이 씻은 솥을 취하고자 하였고, 음식을 바랐던 까닭으로 많은 음식을 얻었으며, 나형외도에게 오히려 두 장(張)의 모직물을 벗겨서 취하고자 하였고, 늙거나 죽은 새의 발 위에서도 5백냥의 고기를 벗겨서 취하려고 하였으며, 한 움큼의 쌀겨가 항하의 굽이치는 연못의 가운데에 흩어져도 거두어서 취하려고 하면서 이와 같은 곳에서 물건을 구하는데, 하물며 다시 그대가 나의 물건을 얻고자 바라는가?"

곧 제자들에게 말하였다.

"그대는 나의 승가리를 취하여 가져오라. 나는 입고서 왕가(王家)에 나아가서 사람을 불러와서 이 사람을 묶어서 관가에 부촉하겠다."

직사는 이렇게 생각을 지었다.

'이 사문은 몸에 큰 힘이 있고 또한 왕가에 출입하니, 반드시 능히 나에게 요익(饒益)하지 않은 일을 지을 것이다. 이것의 값을 구하여도 소용이 있겠는가? 다만 목숨을 살리고자 달아나야겠다.'

두려워서 곧 떠나갔고 문밖으로 달려갔으며, 모여 있는 사람들의 가운데에 이르렀다. 그 여러 사람들이 싫어하면서 말하였다.

"우리들이 각기 집 일을 그만두고 이곳에 이르러 함께 관청의 일을 요리하는데, 그대는 지금 어찌하여 여러 사람들의 일을 방해하는가?"

그는 곧 대답하여 말하였다.

"그대들은 들으십시오. '비사거녹모가 나에게 실을 주면서 모직물을 짜게 하였고, 난타와 우파난타가 나아가 모직물이 완성되지 않은 때에 날마다 왔는데, 모직물을 얻고서 오히려 늙은 새가 활을 쏘는 방향을 멀리하는 것과 같았으며, 나아가 사유하였고, 다만 목숨을 살리려고 하였습니다.' [앞의 일을 자세히 말하였다] 이러한 까닭으로 늦게 왔습니다."

여러 사람들은 곧 성내면서 말하였다.

"이 비구가 우리들을 업신여기며 지었던 값을 주지 않고서 반대로 왕의 힘으로 사람을 얽어매고자 하였으므로 우리들은 오늘부터 제한(制限)을 지어야겠소. 뒤에는 다시 사문을 위하여 모직물을 짜지 마시오."

어느 사람이 말하였다.

"우리들은 마땅히 드러나지 않는 곳에 있으면서 함께 제한을 지어서 사람들이 알지 못하도록 합시다. 나는 사문 옷의 양(量)은 길이는 5주(肘)이고 넓이는 3주이거나, 길이는 5주이고 넓이는 2주이니, 이와 같은 옷의 양은 짜지 맙시다. 만약 그 사람들이 안다면 이 사문들은 힘이 있으므로, 능히 왕가를 시켜서 힘으로써 사람을 시킬 것이며, 나아가 능히 사람에게 요익하지 않은 일을 지을 것이니, 사람들이 알게 하지 마시오."

세(歲)의 받는 때에 이르자 여러 사람들이 실을 짊어지고 왔고, 직사들의 처소에 나아가서 직사를 고용하여 짜게 하고자 하였다. 직사가 물어 말하였다.

"그대들은 어떠한 양의 옷을 짓고자 합니까?"

대답하여 말하였다.

"길이가 5주이고 넓이가 3주이거나, 길이가 5주이고 넓이가 2주입니다."

직사는 생각하며 말하였다.

"이것은 사문들의 옷의 양이다."

곧 대답하여 말하였다.

"나는 이미 사람들을 위하여 짜고 있으니, 다시 지을 수 없습니다."

이와 같이 널리 물었어도 도무지 짜려는 자가 없었다. 그때 여러 부귀한 집에서는 곧 집안에서 짜놓았던 모직물을 취하여 승가에 보시하였으나, 여러 가난한 사람들은 이전에 짜놓았던 것이 없었으므로 옷을 승가에 보시할 수가 없었다. 그때 승가가 보시받는 옷은 적었다. 세존께서는 아시면서도 일부러 물으셨다.

"아난이여. 승가는 무슨 까닭으로써 보시받는 옷은 적은가?"

아난은 곧 앞의 일들과 나아가 직사들이 기쁘지 않은 마음을 일으켜서 함께 약속을 지었던 것을 갖추어 세존께 아뢰었고, 세존께서는 말씀하셨다.

"난타를 불러오라."

왔으므로 세존께서는 난타와 우파난타에게 물으셨다.

"그대들이 진실로 그러하였는가?"

대답하여 말하였다.

"진실로 그렇습니다. 세존이시여."

세존께서 말씀하셨다.

"이것은 악한 일이니라. 그대들은 내가 욕심이 적음을 찬탄하고 욕심이 많음을 꾸짖는 것을 듣지 못하였는가?"

세존께서는 여러 비구들에게 알리셨다.

"사위성을 의지하는 비구들을 모두 모이게 하라. 열 가지의 이익을 까닭으로써 여러 비구들을 위하여 계율을 제정하겠나니, 나아가 이미 들었던 자들도 마땅히 거듭하여 들을지니라. 만약 거사와 거사의 아내가 직사를 시켜서 비구들을 위하여 옷을 짜서 지었는데, 이 비구가 먼저 청하지 않아도 곧 직사에게 가서 '그대는 아시오? 이 옷은 나를 위하여 짓는 것이니 그대는 마땅히 좋게 짜고 길고 넓고 치밀하게 한다면 마땅히 그대에게 금전이거나, 금전의 값이거나, 음식이거나, 음식값을 주겠소.'라고 권유하여 말하였고, 이 비구가 이와 같이 권유하였으며, 금전·금전의 값·음식·음식값을 주고서 옷을 얻은 자는 니살기바야제를 범하느니라."

'거사'는 집의 주인이다.

'아내'는 집 주인의 부인이다.

'비구를 위하다.'는 만약 승가이거나, 만약 여러 사람이거나, 만약 한 사람이다.

'직사'는 앞의 설명과 같다.

'옷'은 열 종류이고, 앞의 설명과 같다.

'먼저 청하지 않다.'는 본래 청하지 않았는데 청하였다고 생각하였거나, 다른 사람을 청하였는데 자기라고 생각하였거나, 다른 물건을 주고자 청하였는데 옷을 준다고 생각하는 것이다.

'곧 가다.'는 밭의 가운데나, 집의 가운데를 가는 것이다.

'권유하다.'는 세밀하게 하라고 말하거나, 길고 넓게 하라고 말하는 것이다.

'금전'은 여러 종류의 금전이다.

'금전의 값'은 다른 물건이다.

'음식'은 보릿가루·보리밥·물고기·고기 등의 음식이다.

'음식값'은 금전과 물건이고, 옷을 얻은 자는 니살기바야제를 범한다.

'니살기바야제'는 앞의 설명과 같다.

만약 비구가 직사에게 "나에게 좋게 짠 것, 견고하게 짠 것, 치밀하게 짠 것을 주시오."라고 이렇게 말을 지을 때는 월비니죄를 범하고, 직사가 아래로 손을 치면서 짜는 때에는 가장 아래에서 바야제를 범하며, 지어서 완성하였는데 얻었다면 니살기바야제를 범한다. 만약 비구가 직사에게 설법하는데, 직사가 손으로 턱을 괴고서 듣는 때에 비구가 직사에게 "이것은 마땅히 귀로 듣는 것이고, 손으로 듣는 것이 아니오. 손을 마주 잡으시오."라고 이렇게 말을 지을 때는 월비니죄를 얻는다.

만약 비구가 옷을 지어서 주겠다는 것을 들었고 가서 권유하여 값을 허락하지 않고 옷을 얻었다면 월비니죄를 범한다. 옷을 지어서 주겠다는 것을 들었고 가서 권유하였으며, 역시 값을 허락하고 옷을 얻은 자도 니살기바야제를 범한다. 듣지 못하였고 가서 권유하였으며, 스스로가 값을 주고 옷을 얻은 자는 월비니죄를 범한다. 듣지 못하였고 가서 권유하지도 않았으며 값을 주지도 않고 옷을 얻은 자는 무죄이다.

만약 과부가 대중 승가에 옷을 보시하였고, 비구가 승가의 가운데에서 차례대로 마땅히 이러한 옷을 얻었는데, 부인이 비구에게 "우리 집에는 사람이 없으니, 존자께서 직사의 처소에 이르러 경영하십시오. 이 옷을 존자께서 만약 가서 능히 요리한다면 빨리 이루어져서 얻을 것이고, 역시 좋은 것을 얻을 것입니다."라고 말하였고, 비구가 그때 직사의 처소에 가서 "장수여. 그대가 알아서 빨리 짜거나, 알아서 치밀하게 짜십시오."라고 이와 같이 말하였다면 이렇게 말을 짓는 자는 무죄이다.

이러한 까닭으로 말하였노라.

세존께서는 사위성에 머무셨으며, 자세한 설명은 앞에서와 같다.

이때 육군비구들이 한 취락에 있으면서 하안거를 하였다.

처음으로 안거하는 때에 이른 아침에 취락에 들어가는 옷을 입고 종이와 붓을 잡고서 취락의 가운데에 들어가서 여러 우바새에게 말하였다.

"그대들은 화합하는 뜻으로 우리에게 하안거의 옷을 주시오."

우바새들이 말하였다.

"안거의(安居衣)를 구하는 때가 아닙니다. 가을의 곡식이 익는 것을 기다리십시오. 그때 여러 사람들은 즐거워하는 마음이 있으므로 마땅히 옷을 보시할 것입니다."

육군비구들이 말하였다.

"그대들은 세간에 여러 환란이 많은 것을 알지 못하는구려. 만약 왕난(王難)이거나, 수난(水難)이거나, 화난(火難)이거나, 도적난(盜賊難)이거나, 혹은 그대들의 부모가 막아서 보시를 얻을 수 없다면 그대들은 다시 공덕을 이룰 수 없고, 나는 곧 이익을 잃게 되오."

우바새들이 말하였다.

"존자여. 다만 우리들의 여러 환란은 보는데, 스스로가 여러 환란은 보지 못하십니까? 존자여. 안거의 금전을 얻는다면 능히 도를 깨뜨리고 다른 곳으로 떠나고자 합니까? 무슨 까닭으로 욕심이 많아서 탐내고 구합니까? 이와 같은데 무슨 도가 있겠습니까?"

여러 비구들이 듣고서 곧 앞의 일들을 갖추어 세존께 아뢰었고, 세존께서는 말씀하셨다.

"육군비구들을 불러오라."

왔으므로 세존께서는 육군비구들에게 물으셨다.

"그대들이 진실로 처음으로 안거하는 때에 여러 우바새를 쫓아서 안거의를 구하였고, 여러 우바새들이 꾸짖었는가?"

대답하여 말하였다.

"진실로 그렇습니다."

세존께서는 비구들에게 알리셨다.

"이것은 악한 일이니라. 안거를 마치지 않고서 먼저 옷을 구하는가?
오늘부터는 안거를 마치지 않고서 먼저 안거의를 구할 수 없느니라."

다시 다음으로 세존께서는 사위성에 머무셨다.

그때 파사닉왕(波斯匿王)의 대신은 미니찰리(彌尼利利)라고 이름하였
는데, 반역하였다. 왕은 한 대신을 보내었는데 선인달다(仙人達多)라고
이름하였고, 가서 그를 토벌하게 하였다. 이 대신은 떠나갈 때가 다가왔으
므로 존자 아난의 처소로 가서 이르렀고 알려 말하였다.

"존자여. 파사닉왕의 대신이 반역하였고, 왕이 지금 나를 보내어 가서
토벌하게 하였습니다. 비록 가더라도 강적(强敵)이므로 목숨을 보전하기
어렵습니다. 나는 항상 해마다 안거를 마치면 승가께 공양하고 옷을
보시하였으나, 내가 지금 관청을 위하는 것이니, 때를 기다릴 수 없어서
먼저 옷을 보시하겠습니다. 안은하게 돌아온다면 뒤에 마땅히 음식을
베풀겠습니다."

존자 아난은 앞의 일을 갖추어 세존께 아뢰었고, 세존께서는 아시면서
도 일부러 물으셨다.

"아난이여. 그대의 안거는 며칠이나 남아있는가?"

대답하여 말하였다.

"10일이 남아있습니다."

세존께서는 말씀하셨다.

"오늘부터 자자(自恣)의 날짜가 10일이 남지 않았다면 급하게 보시하는
옷을 받을 수 있느니라."

세존께서는 여러 비구들에게 알리셨다.

"사위성을 의지하는 비구들을 모두 모이게 하라. 열 가지의 이익을

까닭으로써 여러 비구들을 위하여 계율을 제정하겠나니, 나아가 이미 들었던 자들도 마땅히 거듭하여 들을지니라. 만약 10일을 채우지 않은 여름의 3개월에 급하게 보시하는 옷을 얻었고, 비구가 필요한 자는 스스로가 손으로 취하여 옷의 때에 이르기까지 저축하라. 만약 때를 넘겨서 저축하는 자는 니살기바야제를 범하느니라.”

'10일'은 7월 6일부터 7월 15일까지이고, 이것을 10일이라고 이름한다.

'급하게 보시하는 옷을 얻다.'는 만약 여자이거나, 만약 남자이거나, 만약 늙은 사람이거나, 만약 어린 사람이거나, 만약 재가자이거나, 만약 출가자이거나, 만약 군대로 정벌(征行)하는 때에 주었거나, 정벌에서 돌아오는 때에 주었거나, 죽은 때에 주었거나, 여인과 함께 집에 돌아오는 때에 주었거나, 상인과 떠나가는 때에 주는 것이다. 시주가 비구에게 “만약 오늘 취하지 않는다면 내일이면 없습니다.”라고 말하였다면, 이것을 급하게 보시하는 옷이라고 이름한다.

'옷'은 일곱 종류이고, 앞의 설명과 같다.

'취하고자 하다.'는 만약 이 물건이 필요하다면 마땅히 취하여 옷의 때에 이르기까지 저축하는 것이다.

'옷의 때'는 가치나의(迦絺那衣)가 없다면, 8월 15일까지 얻을 수 있고, 가치나의가 있다면 12월 15일까지 얻을 수 있다. 만약 때를 넘겨서 저축하는 자는 니살기바야제를 범한다.

'니살기바야제'는 앞의 설명과 같다.

5법의 성취가 있다면 승가는 마땅히 예배하고 권화(勸化)하여 옷을 나누는 사람으로 짓는다. 무엇이 다섯인가? 애욕을 따르지 않고, 성냄을 따르지 않으며, 두려움을 따르지 않고, 어리석음을 따르지 않으며, 얻고 얻지 못함을 아는 것이니, 이것을 5법이라고 이름한다. 갈마법을 짓는 자는 마땅히 이렇게 말을 지어야 한다.

“대덕 승가께서는 허락하십시오. 누구 비구는 5법을 성취하였습니다. 만약 승가께서 때에 이르렀다면 승가는 누구 비구에게 예배하고 권화하여 옷을 나누는 사람으로 짓겠습니다. 이와 같이 아룁니다.'

'대덕 승가께서는 허락하십시오. 누구 비구는 5법을 성취하였습니다. 승가께서 때에 이르렀다면 승가는 어느 비구에게 예배하고 권화하여 옷을 나누는 사람으로 짓겠습니다. 여러 대덕들께서 누구 비구를 승가께서 권화하여 옷을 나누는 사람으로 짓는 것을 인정하신다면 승가께서는 묵연하시고, 인정하지 않으신다면 곧 말씀하십시오. 승가께서는 이미 인정하셨으므로 어느 비구를 권화하여 옷을 나누는 사람으로 짓는 것을 마치겠습니다. 승가께서 인정하신 것은 묵연하였던 까닭입니다. 이 일은 이와 같이 지니겠습니다.'"

갈마를 받았다면 마땅히 승가에게 이렇게 말을 지어서 아뢰어야 한다.

"여러 대덕들이여. 만약 옷의 모양이 4지(指)와 8지로 내려가면서 균등하지 않습니다. 만약 이것이 통한다면 내가 마땅히 나누겠습니다."

만약 아뢰지 않고 나눈다면 월비니죄를 얻는다. 앞에서와 같이 아뢰고서 마땅히 나누어야 한다.

이 비구는 3월 16일부터 마땅히 여러 단월에게 말하고서, 종이와 붓을 잡고　방사(房舍)·강당(講堂)·온실(溫室)·선방(禪坊)·문옥(門屋)·식주(食廚)·정수옥(淨水屋)·측옥(廁屋)·신옥(薪屋)·욕실(浴室)·나무 아래의 앉는 곳·경행처(經行處) 등의 조목으로 모두 이름을 적고서 마땅히 승가의 가운데에서 창언해야 한다.

"대덕 승가는 허락하십시오. 어느 비구의 주처에는 그와 같이 평상과 요가 허락되었고, 그와 같이 안거의가 허락되었으며, 그와 같이 음식이 허락되었고, 그와 같이 재일(齋日)의 음식이 허락되었으며, 그와 같이 축원하는 물건이 허락되어 있습니다. 어느 주처에는 아련야(阿練若)의 주처가 그와 같이 허락되었고, 만약 좌우로 여러 정사가 있는데 먼 곳은 12일이나 13일이 걸립니다."

이때 마땅히 방사를 나누는데 만약 이 주처에서 서로를 수용하지 못하는 자는 다른 곳에 떠나갈 수 있으며, 만약 가까운 취락에 정사가 있다면 14일이나 15일에 마땅히 조목을 적고서 이 방사와 평상과 요 등을 상좌에게 주고서, 마땅히 승가에게 아뢰어야 한다.

"어느 주처에는 방사와 평상과 요 등이 그와 같이 허락되어 있으므로 상좌에게 주겠으니 뜻을 따라서 취하십시오. 취하고서 차례로 제2·제3의 상좌와 나아가 법랍이 없는 비구까지 나누어 주십시오."

상좌는 마땅히 이렇게 말을 지어야 한다.

"방사는 차례대로 머무르고 보시받은 물건은 마땅히 평등하게 나누십시오."

그때 마땅히 상좌의 처분에 따라야 하고, 상좌가 취하였다면 마땅히 차례로 제2·제3의 상좌도 역시 이와 같으며, 나아가 법랍이 없는 비구까지 이른다. 만약 방사가 많다면 마땅히 한 사람에게 두 개의 방사를 주는데, 두 개의 방사를 주는 때에 만약 즐거이 취하지 않는다면 마땅히 말하여야 한다.

"이 방사는 일을 다스리려는 까닭으로 주는 것이고, 수용하기 위한 까닭으로 주는 것은 아닙니다."

사미에게는 두 개의 방사를 주지 못한다. 만약 방사가 적다면 두 사람이 함께 수용하고, 이와 같아도 오히려 방사가 부족하다면 마땅히 세 사람이 함께 수용하거나, 네 사람이 함께 수용하거나, 다섯 사람, 나아가 열 사람이 함께 수용해야 한다.

만약 대방(大堂)이거나, 만약 온실이거나, 만약 선방이거나, 만약 강당에 일체가 함께 들어갔는데, 만약 수용하지 못한다면 상좌에게는 와상(臥床)을 주어야 하고, 젊은 자에게는 좌상(坐床)을 주어야 하며, 만약 다시 수용하지 못한다면 상좌에게는 좌상을 주어야 하고, 젊은 자에게는 지상(地床)을 펼치며, 만약 다시 수용하지 못한다면 상좌에게는 초욕(草褥)을 주어야 하고, 젊은 자는 가부좌를 맺으며, 만약 다시 수용하지 못한다면 여러 상좌들은 앉을 것이고, 젊은 자는 서 있으며, 만약 다시 수용하지 못한다면 상좌는 서 있고 젊은 자는 만약 나무의 아래이거나, 다른 곳으로 나가야 한다.

이 비구는 6월 16일 이후에는 마땅히 여러 단월에게 말해야 한다.

"장수여. 각각 옷을 준비하십시오."

그때 단월이 만약 옷을 준다면 마땅히 말해야 한다.

"잠시 그대의 주변에 놓아두고서 필요한 때를 기다려서 주십시오. 만약 군대로 정벌하고자 떠나간다면 주십시오. 만약 정벌에서 돌아온다면 주십시오, 만약 죽는 때라면 주십시오, 상인이 떠나가는 때에 주십시오, 여인이 집에 돌아오는 때에 주십시오."

만약 오늘에 옷을 취하지 않고 내일이 없다면 그때에 마땅히 취해야 한다. 7월 5일 이후에 이러한 옷이 와서 취하였고 한곳에 놓아두었다면, 만약 나뭇잎이나, 나무껍질을 마땅히 취하면서 "그와 같이 시의(時衣)로 허락되었고, 그와 같이 비시의(非時衣)로 허락되었으며, 그와 같이 급시의(急時衣)로 허락되었다."라고 숫자를 기록해야 한다.

시의는 시의를 입는 때에 나누어 주고, 비시의는 비시의를 입는 때에 나누어 주며, 급시의는 급시의를 입는 때에 나누어야 한다. 만약 도(道)를 깨뜨렸거나, 만약 죽었다면 옷을 나누어주지 않아야 한다. 만약 때가 지났다면 마땅히 이와 같이 옷을 바꾸어서 나누어주어야 한다. 비구니의 옷은 마땅히 비구에게 주어야 하고, 비구의 옷은 마땅히 비구니에게 주어야 하며, 만약 이와 같이 얻지 못한 자는 사미의 옷을 마땅히 비구에게 주어야 하고, 비구의 옷을 마땅히 사미에게 주어야 한다.

만약 다시 얻지 못한 자는 마땅히 승가의 가운데에서 아뢰어 말해야 한다.

"여러 대덕들이여. 옷의 때가 이미 지났으므로 대중승가는 화합하여 사방승가(四方僧伽)의 와구를 짓겠습니다."

만약 허락한다면 사방승가의 와구를 짓는다.

만약 어느 사람이 "우리들은 하안거를 머무르면서 이러한 옷을 얻고서 나누었는데, 무슨 까닭으로 사방승가의 용도로 짓겠습니까?"라고 말한다면, 마땅히 이 사람에게 "내년의 옷의 때를 기다려서 마땅히 그대에게 주겠습니다."라고 말해야 한다.

이러한 까닭으로 설하였노라.

세존께서는 사위성에 머무르셨다.

그때 여러 비구들은 아련야에서 하안거하였다. 여러 비구들은 때에
이르자 취락에 들어가서 걸식하였고, 소와 염소를 방목하는 사람과 땔감
과 풀을 취하는 사람이 열쇠(戶鉤)를 가지고 왔으며, 여러 비구들의 방문을
열고서 옷과 물건들을 훔쳐갔다. 이때 여러 비구들은 도둑이 두려웠던
까닭으로 옷과 물건을 모두 가지고 취락에 들어갔다. 세존께서는 아시면
서도 일부러 물으셨다.

"이것은 무엇 등이고 비구가 운반하였으며 이곳에 와서 이르렀는가?"

여러 비구들이 세존께 아뢰어 말하였다.

"세존이시여. 이 여러 비구들은 아련야의 처소에 있으면서 안거하였는
데, 걸식하고자 떠나가면 뒤에 어느 사람들이 열쇠를 가지고서 뒤에
문을 열었으며 여러 옷과 물건들을 훔칩니다. 이러한 까닭으로 운반하였
고 이곳에 와서 이르렀습니다."

세존께서 말씀하셨다.

"오늘부터는 도둑이 두려운 때라면 3의의 가운데에서 하나·하나의
옷을 취락의 안에 맡겨서 놓아두는 것을 허락하겠노라."

다시 다음으로 세존께서는 사위성의 기원정사에 머무르셨다.

사기국(沙祇國)에서 하안거의 가운데에서 대중승가가 투쟁하는 일이
생겨나고 있어서 법이 없어질 것과 같았다. 세존께서는 우바리(優婆離)에
게 말씀하셨다.

"그대가 사기국으로 가서 대중승가를 여법하게 다투는 이러한 일을
소멸시키도록 하게."

그때 장로 우바리는 사양하고 떠나가지 않았다. 세존께서 우바리에게
물으셨다.

"그대가 무슨 까닭으로 떠나가지 않는가?"

대답하여 말하였다.

"세존이시여. 저의 승가리가 무거워서 만약 비를 맞는다면 이길 수

없습니다. 지금은 절반 안거의 가운데이니 만약 옷을 남겨둔다면 니살기
바야제를 범합니다."

세존께서 우바리에게 물으셨다.

"그대는 며칠이라면 갔다가 돌아올 수 있는가?"

우바리가 세존께 아뢰어 말하였다.

"세존이시여. 계산하건대 떠나가면서 2일이고, 머물면서 2일이며, 돌아
오면서 2일이므로 모두 계산한다면 6일을 묵는다면 갔다가 돌아올 수
있습니다."

세존께서 말씀하셨다.

"오늘부터는 옷을 남겨두고서 6일을 묵을 수 있느니라."

우바리는 그곳에 이르렀고 이들이 다투는 일을 보았는데, 갑자기 없앨
수 없었으므로 곧바로 돌아왔다. 돌아와서 세존의 발에 예경하고서 물러
나서 한쪽에 머물렀다. 세존께서는 아시면서도 일부러 물으셨다.

"우바리여. 그대가 돌아왔는데 무슨 까닭으로 빠른가? 승가의 가운데의
다투는 일을 결국 소멸시키지 못하였는가?"

대답하여 말하였다.

"아직 소멸시키지 못하였습니다. 세존이시여."

세존께서 말씀하셨다.

"무슨 까닭인가?"

대답하여 말하였다.

"다투는 일을 소멸시키기 어려웠고 갑자기 판결하지 못하였으며, 다시
날짜가 지나면 옷을 잃어서 니살기바야제를 범하는 것이 두려웠습니다.
이러한 까닭으로 돌아왔습니다."

세존께서 말씀하셨다.

"오늘부터는 1개월의 불실의숙갈마(不失衣宿羯磨)를 짓도록 하고, 승가
는 1개월의 불실의숙갈마를 청하여 구한다면 마땅히 주도록 하라."

갈마자는 마땅히 이렇게 말을 지어야 한다.

"대덕 승가께서는 허락하십시오. 장로 우바리는 지금 사기국으로 향하

여 승가의 투쟁하는 일을 소멸시키고자 합니다. 만약 승가께서 때에 이르렀다면 우바리는 승가를 쫓아서 1개월의 불실의숙 갈마를 애원하고 자 합니다. 여러 대덕들께서는 우바리가 승가를 쫓아서 1개월의 불실의숙 갈마를 애원하는 것을 허락하십시오. 승가께서 인정하신 것은 묵연하였 던 까닭입니다. 이 일은 이와 같이 지니겠습니다."

마땅히 승가를 쫓아서 애원하면서, 이렇게 말을 지어야 한다.

"대덕 승가께서는 허락하십시오. 나 우바리 비구는 사기국으로 향하여 승가의 다투는 일을 소멸시키고자 합니다. 오직 원하건대. 대덕 승가께서 는 나에게 1개월의 불실의숙갈마를 주십시오."

이와 같이 두 번·세 번째에도 애원하라. 갈마인은 마땅히 이렇게 말을 지어야 한다.

"'대덕 승가께서는 허락하십시오. 장로 우바리는 사기국으로 향하여 승가의 다투는 일을 소멸시키고자 하면서, 승가를 쫓아서 1개월의 불실의 숙갈마를 애원하고 있습니다. 만약 승가께서 때에 이르렀다면 승가는 우바리에게 1개월의 불실의숙갈마를 주겠습니다. 이와 같이 아룁니다.'

'대덕 승가께서는 허락하십시오. 장로 우바리는 사기국으로 향하여 승가의 다투는 일을 소멸시키고자 하면서, 승가를 쫓아서 1개월의 불실의 숙갈마를 애원하였고 승가는 지금 우바리에게 1개월의 불실의숙갈마를 주겠습니다. 여러 대덕들께서 우바리는 승가를 쫓아서 1개월의 불실의숙 갈마를 애원하는 것을 허락하신다면 승가께서는 묵연하시고, 인정하지 않으신다면 곧 말씀하십시오.'"

이것이 처음의 갈마이고, 두 번·세 번째에도 역시 이와 같이 말해야 한다.

"승가시여. 이미 우바리에게 1개월의 불실의숙갈마를 주어서 마쳤습니 다. 승가께서 인정하신 것은 묵연하였던 까닭입니다. 이 일은 이와 같이 지니겠습니다."

세존께서는 여러 비구들에게 물으셨다.

"승가는 이미 우바리에게 1개월의 불실의숙갈마를 주었는가?"

대답하여 말하였다.

"이미 주었습니다."

세존께서는 여러 비구들에게 알리셨다.

"사위성을 의지하는 비구들을 모두 모이게 하라. 열 가지의 이익을 까닭으로써 여러 비구들을 위하여 계율을 제정하겠나니, 나아가 이미 들었던 자들도 마땅히 거듭하여 들을지니라. 여름 3개월을 채우지 않았는데, 비구들이 아련야의 처소에 머물러 있으면서 두려움과 의심이 있어서 비구가 3의의 가운데에서 하나하나의 옷을 재가의 집안에 맡겨두었고, 비구가 인연의 일이 있었다면 6일을 묵을 수 있느니라. 만약 넘기는 자는 승가의 갈마를 제외하고는 니살기바야제를 범하느니라."

'안거의 3개월'은 4월 16일부터 7월 15일까지이다.

'채우지 않다.'는 8월 15일이 이르지 않은 것이다. 비구가 마지막 달의 가운데에 이르지 않았다면 아련야의 처소에 있어야 한다.

'아련야의 처소'는 길이 5주(肘)의 활로 5백궁(弓)이고, 중간에 방목하는 사람의 집이 없는 곳이다. 이것을 아련야의 처소라고 이름한다.

'두렵다.'는 만약 죽이거나. 겁탈하는 것이다.

'의심하다.'는 비록 죽이고 겁탈하는 일이 없어도 의심이 있어서 잠깐 사이에 사람을 죽이거나 사람의 옷을 빼앗는 것을 두려워하거나, 만약 비구가 이와 같이 두려운 곳을 아는 것이다.

'3의의 가운데에서 하나하나의 옷'은 승가리이거나, 울다라승이거나, 안타회이다. 승가리와 안타회를 맡길 수 없고 울다라승을 취락의 가운데에 놓아둘 수 있다.

'집에 들이다.'는 세속 사람의 집에는 맡길 수 없고, 믿을 수 있는 사람의 집에 다시 맡기는 것이니, 의심할 수 있는 집이거나, 의심되는 집이라면 '여러 비구들이 모두 다시 얻지 못할 것이다.'라고 이렇게 생각을 지으면서 모두가 함께 방비(防備)할 것이다. 여러 비구들이 만약 인연이 있어서 탑을 위하고 승가를 위하는 일이라면 6일 밤을 묵을 수 있다.

'6일 밤'은 한정하여 6일을 묵는 것이다.

'승가의 갈마를 제외하다.'는 세존께서 무죄라고 말씀하신 것이다. 만약 가의 갈마를 성취하지 못하였다면 갈마라고 이름할 수 없다.

'갈마가 성취되지 못하다.'는 대중이 성취되지 않았고, 아뢰는 것이 성취되지 않았으며, 갈마가 성취되지 않은 것이다. 만약 아뢰는 것이 성취되었고, 갈마가 성취되었으며, 대중이 성취되었다면, 이것을 승가가 갈마를 지었다고 이름한다.

만약 승가의 가운데에서 갈마를 받았으면 공양하기를 기다리는 까닭으로 머무를 수 없고 마땅히 빨리 떠나가야 한다. 만약 식전에 갈마를 지었다면 식후에는 마땅히 떠나가고, 식후에 갈마를 받은 자는 다음날의 이른 아침에 마땅히 떠나가야 한다. 떠나가는 때에는 구부러진 도로로 단월을 쫓아갈 수 없고 마땅히 곧은 길로 떠나가며, 만약 곧은 길에 어려움이 있는데, 만약 사자(師子)의 환난·호랑이와 이리의 환난·독충의 환난 등으로 목숨을 잃는 환난이라면 그때 길을 돌아서 가더라도 무죄이다.

그곳에 이르렀다면 공양을 기다리지 않을 것이고, 객비구의 음식을 먹을 것이며, 만약 식전에 이르렀으면 식후에는 곧 승가를 모으고서 다투는 일을 소멸시켜야 하고. 만약 식후에 이르렀다면 맑은 아침에 승가를 모으고서 다투는 일을 소멸시켜야 한다. 만약 식후에 일을 판결하여 마쳤다면 곧 맑은 아침에 돌아와야 하고, 만약 식전에 일을 판결하여 마쳤다면 식후에 곧 돌아오며, 머물러서 객비구의 공양을 기다리지 않아야 하고. 돌아오는 때에 구부러진 도로로 쫓아올 수 없고, 마땅히 곧은 길로 돌아와야 한다. 오는 길에 환난이 있다면 앞의 설명과 같다.

처음으로 가서 이르렀다면 그때 송경하고 발우를 훈증하며 옷을 염색하지 못하고, 만약 일을 판결하여 마쳤다면 공부(功夫)에 장점이 있으므로 송경하거나, 다른 일을 지을 수 있다. 만약 일을 판결하기 어렵다면 중간에 송경하고 발우를 훈증하는 것을 역시 수지할 수 있으며, 객비구의 공양을 받아서 먹더라도 무죄이다.

다투는 일을 소멸시키는 때는 갑자기 판결하지 말고 그곳에서 사람을 취하여야 하는데, 마땅히 대중의 가운데에서 만약 능히 감당할 수 있는 위덕(威德)과 세력이 있는 자이어야 한다. 만약 아련야에 머무는 자가 처소에 옷을 맡겼다면 집안에서 6일을 묵을 수 있다. 만약 6일이 지났다면 니살기바야제를 범한다. 이 비구가 사의법(捨衣法)을 하고자 하였다면 마땅히 지율비구를 청해야 하나니, 앞의 제1계의 가운데에서 설한 것과 같다.

이러한 까닭으로 설하였노라.

세존께서는 사위성에 머무르셨다.

어느 한 걸식하는 비구가 때에 이르자 취락에 들어가는 옷을 입고 발우를 지니고 사위성에 들어가서 차례로 걸식하면서 한 집에 이르렀다. 어느 한 여인이 비구에게 말하였다.

"존자여. 어느 날에 우리들이 마땅히 승가께 공양하고 아울러 승가에게 옷을 보시하겠습니다."

비구가 말하였다.

"옳습니다. 누이여. 세 가지의 견고하지 못한 법으로써 세 가지의 견고한 법으로 바꾸어야 하나니, 몸과 목숨과 재물입니다. 마땅히 그것을 빠르게 하십시오. 재물은 무상(無常)하여 여러 어려움이 많이 있습니다."

이렇게 말을 짓고서 곧 정사에 돌아왔으며, 여러 비구들에게 말하였다.

"내가 그대들에게 좋은 일을 말하겠습니다."

여러 비구들에게 말하였다.

"무슨 좋은 일이 있습니까?"

대답하여 말하였다.

"내가 들었는데 어느 우바이가 승가께 음식을 공양하고 아울러 승가의 옷을 보시하고자 합니다."

이때 육군비구들이 이 말을 듣고서 다시 물었다.

"그대가 무슨 말을 하였소?"

대답하여 말하였다.

"내가 들었는데 어느 우바이가 승가께 음식을 공양하고 아울러 승가의 옷을 보시하고자 합니다."

물어 말하였다.

"그대가 그 집을 아시오? 어느 골목에 있고 대문은 어느 쪽을 향하였소?"

갖추어 묻고서 이른 아침에 취락에 들어가는 옷을 입고 가서 그 집에 이르렀으며 보고서 물었다.

"장수여. 안은하오?"

대답하여 말하였다.

"안은합니다."

우바이에게 말하였다.

"내가 들었는데 그대가 승가께 음식을 공양하고 아울러 승가의 옷을 보시하고자 하였는데, 진실로 그렇소?"

대답하여 말하였다.

"존자여. 나는 이러한 마음을 가지고 있으나, 다만 중간에 많은 어려운 일이 있는 것이 두렵습니다. 이루어지는 것을 알 수 있을까요?"

곧 말하였다.

"나와 같이 먼저 출가하여 오래 묵은 비구에게 그대가 만약 보시한다면 내가 마땅히 입고서 왕가에 들어가고, 세존께 예경하며, 만약 귀하고 수승한 집에서 만약 사람이 나에게 '그대는 어디서 얻었습니까?'라고 묻는다면, 내가 마땅히 '어느 신심있는 우바이의 주변에서 얻었습니다.'라고 대답할 것이니, 이와 같다면 그대가 명성을 받아서 여러 사람에게 알게 될 것이오."

우바이가 말하였다.

"우리 집에는 다시 물건이 없고, 나는 바로 승가께 주기로 하였으므로, 만약 아사리에게 주고자 하더라도 내가 이미 승가께 허락하였습니다. 내가 만약 물건들이 있다면 역시 마땅히 별도로 아사리에게도 주고 역시 승가에게도 줄 것입니다."

육군비구들이 말하였다.

"주거나, 주지 않는 것을 그대의 뜻에 따르시오."

이렇게 말을 짓고서 떠나갔다. 떠나가고서 우바이가 이렇게 생각을 지었다.

'내가 만약 이 비구들에게 준다면 승가에게 줄 수 없는데, 승가는 우량한 복전(福田)이다. 만약 이 비구들에게 주지 않는다면 이 비구들은 왕의 주변에 세력이 있으니, 능히 나에게 요익하지 못한 일을 지을 것이다.'

이러한 까닭으로 승가에게 주지 않았고, 육군비구들이 성냈던 까닭으로 역시 다시 주지 않았다. 여러 비구들은 듣고서 이 일로서 세존께 가서 아뢰었고, 세존께서는 말씀하셨다.

"난타와 우파난타를 불러오라."

왔으므로, 세존께서는 앞의 일들을 자세히 물으셨다.

"그대들이 진실로 그리하였는가?"

대답하여 말하였다.

"진실로 그렇습니다."

세존께서 말씀하셨다.

"이것은 악한 일이니라. 두 가지 옳지 못하나니, 보시할 자에게 복을 잃게 하였고, 받을 자는 옷을 잃었느니라."

세존께서는 난타와 우파난타에게 말씀하셨다.

"그대들은 항상 무수한 방편으로 욕심이 적은 것을 찬탄하고 욕심이 많은 것을 꾸짖는 것을 듣지 않았는가? 이것은 비법이고, 계율이 아니며, 세존의 가르침이 아니니라. 이것으로써 선법을 크게 장양하지 못하느니라."

세존께서는 여러 비구들에게 알리셨다.

"사위성을 의지하는 비구들을 모두 모이게 하라. 열 가지의 이익을 까닭으로써 여러 비구들을 위하여 계율을 제정하겠나니, 나아가 이미 들었던 자들도 마땅히 거듭하여 들을지니라. 만약 비구가 승가에게 향하는 물건을 알고서 자기에게 회향(廻向)하였다면 니살바야제를 범하느니라."

'비구'는 앞의 설명과 같다.

'알다.'는 만약 스스로가 알았거나, 만약 다른 사람을 따라서 들은 것이다.

'물건'은 여덟 종류가 있으니, 시분(時分)·야분(夜分)·7일분·종신분(終身分)·따르는 물건·무거운 물건·부정한 물건·청정한 물건·청정하고 부정한 물건이다.

'향하다.'는 승가로 향하는 물건을 뜻으로 나아가서 선택하는 것이다.

'승가'는 여덟 종류이니, 비구 승가·비구니 승가·객승가·떠나가는 승가·구주(舊住) 승가·안거하는 승가·화합하는 승가·화합하지 못한 승가이다.

'스스로에게 회향하다.'는 스스로가 저축하고 스스로가 사용하며 스스로가 들이는 것이니, 니살기바야제를 범한다. 이 물건은 마땅히 승가의 가운데에 버려야 하고 바야제를 마땅히 참회해야 한다. 만약 버리지 않고서 참회하는 자는 월비니죄를 범한다.

'바야제'는 앞의 설명과 같다.

만약 어느 사람이 와서 보시하려고 하면서 비구에게 물어 말하였다.

"존자여. 내가 보시하려고 합니다. 마땅히 어느 곳에 보시하여야 합니까?"

비구는 마땅히 대답하여 말한다.

"그대의 마음이 존경하는 곳을 따라서 곧 주십시오."

시주가 다시 물었다.

"어느 곳이 과보가 많습니까?"

대답하여 말한다.

"승가에게 보시하면 과보가 많습니다."

시주가 다시 물었다.

"누가 청정하게 지계하고 공덕이 있는 승가입니까?"

비구는 마땅히 대답하여 말한다.

"승가는 계율을 범하는 부정한 자가 없습니다."

만약 사람들이 물건을 가지고 와서 보시하려고 한다면, 비구는 마땅히 말하여야 한다.

"승가에게 보시하는 자는 큰 과보를 얻습니다."

만약 "나는 이미 승가에게 보시하였으니, 지금 바로 존자에게 보시하려고 합니다."라고 말하였고, 비구가 받았다면 무죄이다. 만약 사람이 비구에게 "내가 이 물건을 보시하고자 합니다. 어느 곳에 놓아두어야 내가 이 물건들을 오래 수용하는 것을 보겠습니까?"라고 말한다면, 그때는 비구가 마땅히 말해야 한다.

"어느 비구는 좌선과 송경과 지계이니, 만약 그에게 보시하는 자는 오래 수용하는 것을 볼 것입니다."

만약 물건이 승가를 향하는 것을 알면서도 자기에게 회향한다면 니살기바야제를 범하고, 되돌려서 다른 사람에게 주었다면 바야제를 범한다. 물건이 이 승가를 향하는 것을 알면서도 다른 승가에게 회향한다면 월비니죄를 범하고, 물건이 이곳의 대중의 많은 사람에게 향하는 것을 알면서도 되돌려서 저곳의 여러 사람에게 주었다면 월비니죄를 범하며, 물건이 이곳의 축생들에게 향하는 것을 알면서도 되돌려서 저곳의 축생에게 주었다면 월비니죄를 마음으로 참회해야 하고, 물건이 승가에게 향하는 것을 알면서도 자기에게 회향하였다면 니살기바야제를 범한다. 이 물건은 대중 승가에게 마땅히 주지 않을 것이고, 대중 승가가 마땅히 수용해야 한다.

이러한 까닭으로 말하였노라.

[30사(事)의 일을 마치겠노라.]

마하승기율 제12권

동진 천축삼장 불타발타라·법현 공역
석보운 번역

4. 단제(單提) 92사(事)의 법을 밝히다

1) 단제(單提) 92사(事)의 법을 밝히다 ①

세존께서는 사위성에 머무셨으며, 자세한 설명은 앞에서와 같다.

그때 대중 승가는 한곳에 모여서 갈마를 짓고자 하였는데, 장로 시리야바(尸利耶婆)가 오지 않았으므로, 곧 사자를 보내어 부르면서 말하였다.

"장로여. 승가가 모여서 법사(法事)를 짓고자 합니다."

시리야바는 곧 생각하며 말하였다.

"바로 마땅히 나를 위한 까닭으로 갈마를 짓는 것이다."

곧 마음에 두려움이 생겨났고 멈추지 않으나 왔다. 왔으므로 여러 비구들이 물었다.

"장로여. 그대는 승가바시사의 죄를 범하였습니까?"

대답하여 말하였다.

"범하였습니다."

그는 마음에 환희가 생겨나서 이렇게 생각을 지었다.

'여러 범행인이 나의 주변에서 참회할 수 있는 일을 거론하였으니 다스리지 못한 일이 아니다.'

대중 승가에게 알려 말하였다.

"나에게 잠깐 나가는 것을 허락하십시오."

여러 비구들이 뒤에서 이렇게 말을 지었다.

"이 비구는 일의 단서가 많아서 일정하지 않다. 나간다면 반드시 잠깐 사이에 마땅히 망어를 지을 것이다. 마땅히 세 번을 지나면서 반드시 사실을 물어야 한다."

이 시리야바는 나가서 이렇게 생각을 지었다.

'내가 무슨 까닭으로 일이 없는데, 이러한 죄를 받아야 하는가? 이 여러 비구들이 항상 자주자주 나의 죄를 다스렸으나 내가 지금 마땅히 이러한 죄를 받지 않겠다. 지금 오히려 대중 승가에게 망어하여도 마땅히 나의 망어죄를 다스릴 것이니, 비록 다스리는 까닭으로 가벼운 것이다.'

여러 비구들은 곧 시리야바를 들어오게 불렀고 들어왔으므로 물어 말하였다.

"그대가 승가바시사의 죄를 범하였습니까?"

대답하여 말하였다.

"범하지 않았습니다."

여러 비구들은 물어 말하였다.

"그대는 이전에 무슨 까닭으로 범하였다고 말하였습니까?"

대답하여 말하였다.

"대중 승가가 이전에 내가 범하였다고 시키고자 하였고, 이러한 까닭으로 범하였다고 대답하여 말하였으나, 나는 죄가 있다고 기억하지 못합니다."

여러 비구들이 이러한 인연으로써 갖추어 세존께 아뢰었고, 세존께서는 말씀하셨다.

"시리야바를 불러오라."

왔으므로 앞의 일을 갖추어 물으셨다.

"그대가 진실로 그러하였는가?"

대답하여 말하였다.

"진실로 그렇습니다. 세존이시여."

세존께서는 말씀하셨다.

"이것은 악한 일이니라. 그대는 항상 무량한 방편으로 망어를 꾸짖고 진실한 말을 찬탄함을 듣지 못하였는가? 그대는 지금 어찌하여 알면서도 망어를 하였는가? 이것은 비법이고, 계율이 아니며, 세존의 가르침이 아니니라. 이것으로써 선법을 크게 장양하지 못하느니라."

세존께서는 여러 비구들에게 알리셨다.

"사위성을 의지하는 비구들을 모두 모이게 하라. 열 가지의 이익을 까닭으로써 여러 비구들을 위하여 계율을 제정하겠나니, 나아가 이미 들었던 자들도 마땅히 거듭하여 들을지니라. 만약 비구가 알면서도 망어한다면 바야제를 범하느니라."

'비구'는 앞의 설명과 같다.

'알다.'는 먼저 생각하여 아는 것이다.

'망어'는 일이 그렇지 않은 것이다.

'말하다.'는 구업(口業)으로 말하는 것이다.

'바야제'는 분별하여 제재하는 죄의 이름이다. 현성(賢聖)의 여덟 가지의 말·직설(直說)·망어·불망어·의심한 것·의심하지 않는 것·결정한 것·결정하지 않은 것·한 방향(一向)으로 말하는 것이 있다.

'현성의 여덟 가지의 말은 보았다면 보았다고 말하고, 들었다면 들었다고 말하며, 망어는 망어라고 말하고, 알았다면 알았다고 말하며, 보지 않았다면 보지 않았다고 말하고, 듣지 않았다면 듣지 않았다고 말하며, 망어가 아니라면 망어가 아니라고 말하고, 알지 못한다면 알지 못한다고 말하는 것이니, 이것을 여덟 가지의 현성의 말이라고 이름하고, 무죄이다.

'여덟 가지의 현성의 말이 아닌 것'은 보았어도 보지 않았다고 말하고, 들었어도 듣지 않았다고 말하며, 망어를 망어가 아니라고 말하고, 알았어도 알지 못한다고 말하며, 보지 않았어도 보았다고 말하고, 듣지 않았어도 들었다고 말하며, 망어가 아니어도 망어라고 말하고, 알지 못하여도 안다고 말하는 것이니, 이것을 여덟 가지의 현성의 말이 아니라고 한다.

이것은 바야제를 얻는다.

'직설'은 보았고 들었으며 알았고 인식하였거나, 보지 못하였고 듣지 못하였으며 알지 못하였고 인식하지 못하였던 것이니, 이것을 직실이라고 이름하고 바야제를 얻는다.

'망어'는 망어를 보고서 망어가 아니라고 말하고, 망어를 듣고서 망어가 아니라 말하며, 망어를 알고서 망어가 아니라고 말하고, 망어를 인식하고서 망어가 아니라고 말하였거나, 망어를 보지 않았고 듣지 않았으며 알지 않았고 인식하지 않았으며 망어가 아니라고 말하는 것이니, 바야제를 얻는다.

'망어가 아니다.'는 망어가 아닌 것을 보았고, 들었으며, 알았고, 인식하였으며, 망어가 아니라고 말하였거나, 망어가 아닌 것을 보았고 들었으며 알았고 인식하였으며 망어가 아닌 것을 망어라고 말하는 것이니, 바야제를 얻는다.

'의심하다.'는 보았고 들었으며 알았고 인식하였으며 의심하면서 의심하지 않는다고 말하였거나, 보지 않았고 듣지 않았으며 알지 않았고 인식하지 않았으며 의심하면서 의심하지 않았다고 말하는 것이니, 바야제를 얻는다.

'의심하지 않다.'는 보았고 들었으며 알았고 인식하였으며 의심하지 않으면서 의심한다고 말하였거나, 보지 않았고 듣지 않았으며 알지 않았고 의심하지 않았으면서 의심하였다고 말하는 것이니, 바야제를 얻는다.

'결정하다.'는 보았고 들었으며 알았고 인식하였으며 결정하면서 결정하지 않는다고 말하였거나, 보지 않았고 듣지 않았으며 알지 않았고 인식하지 않았으며 결정하면서 결정하지 않았다고 말하는 것이니, 바야제를 얻는다.

'의심하지 않다.'는 보았고 들었으며 알았고 인식하였으며 결정하지 않았으면서 결정하였다고 말하였거나, 보지 않았고 듣지 않았으며 알지 않았고 인식하지 않았으며 결정하지 않았으면서 결정하였다고 말하는 것이니, 바야제를 얻는다.

'한 방향으로 말하다.'는 보았고 들었으며 알았고 인식하였으나, 보지 않았고 듣지 않았으며 알지 않았고 인식하지 않았다고 말하는 것이니. 바야제를 얻는다. 있다고 알고서도 없다고 말하였으며, 알았으나 망어하면 바야제를 얻는다. 없다고 알고서 있다고 말하였으며, 알았으나 망어하면 바야제를 얻는다. 진실로 있는데 없다고 말하고, 없는데 있다고 말하였으며, 알았으나 망어하면 바야제를 얻는다. 진실로 없는데 있다고 말하고 있는데 없다고 말하였으며, 알았으나 망어하면 바야제를 범한다.

진실로 있어서 있다고 생각하였고, 있어도 없다고 말하며, 알았으나 망어하면 바야제를 범한다. 진실로 없어서 없다고 생각하였고, 없어도 있다고 말하며, 알았으나 망어하면 바야제를 얻는다. 진실로 있어도 없다고 생각하였고, 없어도 있다고 말하며, 알았으나 망어하면 바야제를 범한다. 진실로 없어도 있다고 생각하였고, 있어도 없다고 말하며, 알았으나 망어하면 바야제를 얻는다.

어느 5법이 성취되었고, 알았으나 망어하면 바야제를 얻는다. 무엇이 다섯 가지인가? 진실로 있어서 있다고 생각하는 것과 마음이 전전하는 것과 상(想)을 위반한 것과 입으로 다르게 말하는 것이다. 이것이 다섯 가지의 일이다. 알았으나 망어하면 바야제를 얻는다.

어느 4법이 성취되었고, 알았으나 망어하면 바야제를 얻는다. 무엇이 네 가지인가? 있다고 생각하는 것과 마음이 전전하는 것과 상(想)을 위반한 것과 입으로 다르게 말하는 것이다. 이것이 네 가지의 일이니, 알았으나 망어하면 바야제를 얻는다.

어느 3법이 성취되었고, 알았으나 망어하면 바야제를 얻는다. 무엇이 세 가지인가? 마음이 전전하는 것과 상(想)을 위반한 것과 입으로 다르게 말하는 것이다. 이것이 세 가지의 일이니, 알았으나 망어하면 바야제를 얻는다.

어느 2법이 성취되었고, 알았으나 망어하면 바야제를 얻는다. 무엇이 두 가지인가? 상(想)을 위반한 것과 입으로 다르게 말하는 것이다. 이것이 두 가지의 일이니, 알았으나 망어하면 바야제를 얻는다.

어느 1법이 성취되었고, 알았으나 망어하면 바야제를 얻는다. 무엇이 두 가지인가? 입으로 다르게 말하는 것이다. 이것이 한 가지의 일이니, 알았으나 망어하면 바야제를 얻는다.

이러한 까닭으로 설하였노라.

세존께서는 사위성에 머무셨으며, 자세한 설명은 앞에서와 같다.

그때에 육군비구들이 유연한 말로 여러 나이가 젊은 비구들을 유인하여 말하였다.

"그대들의 이름은 무엇이고, 그대들 집안의 성이 무엇이며, 부모님의 이름이 무엇이고, 그대들은 집에서 본래 무슨 생업(生業)을 지었는가?"

나이가 젊은 비구들은 그들의 성품이 질직(質直)하였으므로 사실로서 대답하였다.

"우리들의 집은 이와 같고, 이와 같은 성과 이름이며, 이와 같은 생업입니다."

그 육군비구들은 뒤에 싫어하고 원한이 있는 때에 곧 이렇게 말을 지었다.

"그대들은 지극히 낮고 미천한 종성이다. 그대들은 전다라(旃陀羅)였고, 이발사였으며, 직공(織師)이었고, 와공(瓦師)이었으며, 피혁공(皮師)이었다."

나이 젊은 비구들이 이러한 말을 듣고서 매우 부끄럽게 생각하였다. 여러 비구들이 듣고서 세존께 가서 아뢰었고, 세존께서는 말씀하셨다.

"육군비구들을 불러오라."

왔으므로 세존께서는 육군비구들에게 물으셨다.

"그대들은 진실로 유연한 말로 여러 나이 젊은 비구들에게 유인하여 물었고 뒤에 싫어하고 원한이 있는 때에 '나아가 와공이었고, 피혁공이었다.'라고 곧 말하였는가?"

대답하여 말하였다.

"진실로 그러하였습니다."

세존께서 말씀하셨다.

"이것은 악한 일이니라. 육군비구들이여, 그대들은 어찌하여 범행인의 주변에서 종족의 부류와 형상을 말하였는가?"

[『난제본생경(難提本生經)』의 가운데에서 자세히 설한 것과 같다.]

나아가 세존께서 육군비구들에게 알리셨다.

"축생도 오히려 헐뜯으면 악한 것이거늘 하물며 다시 사람이겠는가?"

세존께서는 여러 비구들에게 알리셨다.

"사위성을 의지하는 비구들을 모두 모이게 하라. 열 가지의 이익을 까닭으로써 여러 비구들을 위하여 계율을 제정하겠나니, 나아가 이미 들었던 자들도 마땅히 거듭하여 들을지니라. 만약 비구가 종족의 부류와 형상을 말하였다면 바야제를 범하느니라."

'비구'는 앞의 설명과 같다.

'종족의 부류를 헐뜯다.'는 일곱 가지의 일이 있으니, 종성·업·모습·병·죄·꾸짖음·결사(結使)이다.

'종성'은 하(下)·중(中)·상(上)이 있다. '하'는 "그대는 전다라이고, 이발사이며, 직사이고, 와공이며, 피혁공의 종성이다."라고 만약 이렇게 말을 지어서, 그들을 수치스럽게 하였다면, 바야제를 얻는다. 만약 "그대의 부모가 전다라이고, 나아가 피혁공의 종성이다."라고 만약 이렇게 말을 지어서, 그들을 수치스럽게 하였다면, 바야제를 얻는다. 만약 "그대의 화상과 아사리가 전다라이었고, 나아가 피혁공의 종성이다."라고 만약 이렇게 말을 지었고, 그들을 수치스럽게 하였다면, 투란차죄를 얻는다. 만약 "그대의 친구와 지식이 전다라이고, 나아가 피혁공의 종성이다."라고 만약 이렇게 말을 지어서, 그들을 수치스럽게 하였다면, 월비니죄를 얻는다. 이것을 하라고 이름한다.

'중'은 "그대들은 중간(中間)의 종성(種姓)이다."라고 말하는 것이니, 이렇게 말을 지어 그들을 수치스럽게 하는 자는 투란차죄를 범한다. "그대들의 부모가 중간의 종성이다."라고 말하는 자는 투란차죄를 범한다. "그대의 화상과 아사리는 중간의 종성이다."라고 말하여 그들을 수치스럽게 하였다면, 월비니죄를 얻는다. "그대의 친구와 지식이 중간의 종성이다."라고 말하여 그들을 수치스럽게 하였다면, 월비니죄를 마음으로 참회해야 한다. 이것을 중이라고 이름한다.

'상'은 그 사람들에게 "그대들 찰제리(刹帝利)와 바라문의 종성이다."라고 말하는 것이니, 이렇게 말을 지어 그들을 수치스럽게 하는 자는 월비니죄를 범한다. 만약 "그대들의 부모가 찰제리이고 바라문의 종성이다."라고 이렇게 말을 지어서, 그들을 수치스럽게 하는 자는 월비니죄를 범한다. 만약 "그대들의 화상과 아사리는 찰체리이고 바라문의 종성이다."라고 이렇게 말을 지어서, 그들을 수치스럽게 하는 자는 월비니죄를 마음으로 참회해야 한다. 만약 "그대들의 그대의 친구와 지식이 중간의 종성이다."라고 이렇게 말을 지어서, 그들을 수치스럽게 하는 자는 월비니죄를 마음으로 참회해야 한다. 이것을 종성(種姓)이라고 이름한다.

'업'은 하·중·상이 있다. '하'는 만약 "그대는 백정(屠兒)이고, 돼지 파는 사람(賣猪人)이며, 어부(漁獵人)이고, 새의 사냥꾼(捕鳥人)이며, 축생의 사냥꾼(張弢人)이고, 수문인(守成人)이며, 괴회인(魁膾人)[1]이다."라고 이렇게 말을 지어서, 그들을 수치스럽게 하는 자는 바야제를 범하고, 부모도 역시 이와 같다. 만약 "그대들의 화상이나 아사리는 백정이고, 나아가 괴회인이다."라고 말하는 자는 투란차죄를 얻는다. 만약 "그대들의 친구와 지식이 백정이고, 나아가 괴회인이다."라고 이렇게 말을 짓는 자는 월비니죄를 범한다. 이것을 하업(下業)이라고 이름한다.

'중'은 "그대는 향을 파는 사람(賣香人)이고 좌판에서 물건을 파는 사람(坐店肆人)이며, 밭을 가는 사람(田作人)이고, 채소를 가꾸는 사람(種菜人)이며, 그대는 통하는 사자(使人)이다."라고 이렇게 말을 지어서, 그들을 수치스럽게 하는 자는 투란차죄를 얻고, 부모도 역시 이와 같다. 만약 "그대들의 화상과 아사리도 역시 그러하다."라고 이렇게 말을 짓는 자는 월비니죄를 범한다. 만약 "그대들의 친구와 지식도 역시 그러하다."라고

---

1) 죄인을 다스리고 사형을 집행하던 관리를 가리킨다.

말하는 자는 월비니죄를 마음으로 참회해야 한다. 이것을 중업이라고 이름한다.

'상'은 "그대는 금·은·마니(摩尼)·동그릇(銅器)의 판매인으로 살아가던 사람이다."라고 말하여 그들을 수치스럽게 하는 자는 투란차죄를 얻고, 부모·화상·아사리도 역시 이와 같다. 만약 친구와 지식을 이렇게 말을 짓는 자는 월비니죄를 마음으로 참회해야 한다. 이것을 상업이라고 이름한다.

'모습'은 하·중·상이 있다. '하'는 만약 "그대는 애꾸눈이거나, 꼽추이거나, 절름발이거나, 어깨가 새의 날개 같거나, 머리는 술통과 같거나, 이빨은 톱(鋸)과 같다."라고 이렇게 말을 지어서, 그들을 수치스럽게 하는 자는 바야제를 얻고, 부모도 역시 이와 같다. 화상과 아사리에 대하여 이렇게 말을 짓는 자는 투란차죄를 얻고, 친구와 지식에 대하여 이렇게 말을 짓는 자는 월비니죄를 마음으로 참회해야 한다. 이것을 하의 모습이라고 이름한다.

'중'은 "그대는 매우 검거나, 매우 희거나, 매우 노랗거나, 매우 붉다."라고 말하는 것이니, 이렇게 말을 지어서 그들을 수치스럽게 하는 자는 투란차죄를 얻고, 부모도 역시 이와 같다. 화상과 아사리에 대하여 이렇게 말을 짓는 자는 월비니죄를 얻고, 친구와 지식에 대하여 이렇게 말을 짓는 자는 월비니죄를 얻는다. 이것을 중의 모습이라고 이름한다.

'상'은 "그대에게 32상(相)과 원광(圓光)과 금색(金色)이 있다."라고 말하는 것이니, 이렇게 말을 지어서 그들을 수치스럽게 하는 자는 월비니죄를 얻고, 부모·화상·아사리도 역시 이와 같다. 친구와 지식에 대하여 이렇게 말을 짓는 자는 월비니죄를 마음으로 참회해야 한다. 이것을 상의 모습이라고 이름한다.

'병'은 하·중·상이 없고 일체의 병을 모두 '하'라고 이름한다. "그대들에게 선개(癬疥)[2]·황란(黃爛)·나병(癩病)[3]·옹저(癰疽)[4]·치병(痔病)[5]·불금

---

2) 옴병을 가리킨다. 풍독(風毒)의 기운이 피부 깊은 곳에 있는 것을 선(癬)이라고 하고, 풍독(風毒)의 사기가 피부 얕은 데에 있는 것을 개(疥)라고 한다.

(不禁)6)·황병(黃病)7)·학병(瘧病)8)·척리병(瘠羸病)9)·전광(癲狂)10) 등의 이와 같은 여러 종류의 병이 있다."라고 이렇게 말을 지어서 그들을 수치스럽게 하는 자는 월비니죄를 얻고, 부모·화상·아사리도 역시 이와 같다. 화상과 아사리에 대하여 이렇게 말을 짓는 자는 투란차죄를 얻고, 친구와 지식에 대하여 이렇게 말하는 자는 월비니죄를 얻는다. 이것을 병이라고 이름한다.

'죄'는 하·중·상이 없고 일체의 병을 죄라고 이름한다. "그대는 바라이를 범하였거나, 승가바시사를 범하였거나, 바야제를 범하였거나, 바라제제사니를 범하였거나, 월비니죄를 범하였다."라고 말하는 것이니, 이렇게 말을 지어서 그들을 수치스럽게 하는 자는 비야제죄를 얻고, 부모도 역시 이와 같다. 화상과 아사리에 대하여 이렇게 말을 짓는 자는 투란차죄를 얻고, 친구와 지식에 대하여 이렇게 말하는 자는 월비니죄를 얻는다. 이것을 죄라고 이름한다.

'꾸짖다.'는 하·중·상이 없고 일체의 병을 '꾸짖다.'라고 이름한다. 세간의 꾸짖음을 짓는 것·음일(婬逸)·오예(汚穢) 등의 일체의 악하게 꾸짖는 것이니, 이렇게 말을 지어서 그들을 수치스럽게 하는 자는 바야제를 얻고, 부모도 역시 이와 같다. 화상과 아사리에 대하여 이렇게 말을 짓는 자는 투란차죄를 얻고, 친구와 지식에 대하여 이렇게 말하는 자는 월비니죄를 얻는다. 이것을 꾸짖는다고 이름한다.

'결사'는 하·중·상이 없고 일체의 결사를 모두 '하'라고 이름한다. "그대

---

3) 전염성 피부병의 하나인 문둥병을 가리킨다.
4) 기혈(氣血)이 막혀서 살과 뼈의 사이에서 발생하는 큰 부스럼의 병이다.
5) 치질병을 가리킨다.
6) 실금(失禁)의 다른 이름으로 대소변을 참지 못하고 저절로 조금씩 나오는 병이다.
7) 황달(黃疸)의 다른 이름으로 급성유행성 간염, 만성간염, 간경변증, 간암, 취장두부암, 담낭염, 담석증, 용혈성황달 등의 질병을 가리킨다.
8) 말라리아 모기가 매개하여 생기는 '말라리아' 전염병을 가리킨다.
9) 당뇨로 몸이 여위는 병이다.
10) 정신의 이상이 생긴 병을 가리킨다.

는 우치(愚痴)하거나, 암둔(闇鈍)하거나, 무지한 사람이어서 오히려 진흙
덩어리와 같다거나, 염소와 같다거나, 흰 고니와 같다거나, 부엉이와
같이 지었다."라고 이와 같이 여러 종류로 말하여 그들을 수치스럽게
하는 자는 바야제를 얻고, 부모도 역시 이와 같다. 화상과 아사리에
대하여 이렇게 말을 짓는 자는 투란차죄를 얻고, 친구와 지식에 대하여
이렇게 말하는 자는 월비니죄를 얻는다. 이것을 결사라고 이름한다.

만약 비구가 앞에서와 같이 일곱 종류의 일로 종성의 부류를 헐뜯는
자는 바야제를 얻고, 종성의 부류로 비구니를 헐뜯는 자는 투란차죄를
범하며, 식차마니·사미·사미니를 헐뜯는 자는 월비니죄를 범하고, 종성
의 부류 세속 사람을 헐뜯는 자는 월비니죄를 마음으로 참회해야 한다.

이러한 까닭으로 말하였노라.

세존께서는 사위성에 머무셨으며, 자세한 설명은 앞에서와 같다.

그때에 육군비구들이 방편으로 유인하여 여러 나이가 젊은 비구들을
물었다.

"그대들은 누구 비구의 종성(種姓)과 사업(事業)을 아는가?"

나이가 젊은 비구들은 그들의 성품이 질직하였으므로 일을 따라서
말하였다.

그 육군비구들은 뒤에 성내는 때에 이렇게 말을 지었다.

"그대들은 전다라였고 이발사였으며 직공이었고 와공이었으며 피혁공
이었다."

다시 말하였다.

"내가 스스로 이것을 알았던 것이 아니고, 누구 비구가 그대를 말하였
네."

비구가 이 말을 듣고서 극심한 부끄러움이 생겨났다. 여러 비구들이
이러한 인연으로써 가서 세존께 아뢰었고, 세존께서는 말씀하셨다.

"육군비구들을 불러오라."

왔으므로 세존께서는 육군비구들에게 물으셨다.

"그대들이 진실로 여러 나이 젊은 비구들을 유인하여 물었고, 나아가 비구들이 부끄러워하였는가?"

대답하여 말하였다.

"진실로 그렇습니다. 세존이시여."

세존께서 말씀하셨다.

"그대들은 무슨 까닭으로 이와 같았는가?"

대답하여 말하였다.

"저희들은 이러한 일을 지으면서, 쾌락으로 이용하였습니다."

세존께서 말씀하셨다.

"어리석은 사람이여. 이것은 악한 일인데 범행인의 주변에서 양설(兩舌)을 지었고 이것은 고통스러운 일인데 곧 즐겁다고 말하는가? 세존께서 무수한 방편으로 꾸짖으셨고 그들을 위하여 인연을 말씀하신 것은, 『삼수본생경(三獸本生經)』의 가운데에서 자세히 말한 것과 같다.]"

세존께서는 여러 비구들에게 알리셨다.

"사위성을 의지하는 비구들을 모두 모이게 하라. 열 가지의 이익을 까닭으로써 여러 비구들을 위하여 계율을 제정하겠나니, 나아가 이미 들었던 자들도 마땅히 거듭하여 들을지니라. 만약 비구가 양설을 하였다면 바야제를 범하느니라."

'비구'는 앞의 설명과 같다.

'양설'은 일곱 가지의 일이 있으니, 무엇이 일곱 가지인가? 종성·업·모습·병·죄·꾸짖음·결사(結使)이다.

'종성'은 하·중·상이 있다. '하'는 "그대는 전다라이고, 나아가 피혁공이다."라고 말하였고, 다시 "누가 그대를 알았겠는가? 이것은 어느 비구가 말하였다."라고 말하였으며, 이렇게 생각을 짓게 하여 그들을 이간하여 자기와 합하게 하고자 하였으며, 만약 그들을 이간하였거나, 이간하지 않았거나 모두 바야제를 얻는다. 만약 "그대들의 부모가 전다라이고, 다시 "누가 그대를 알았겠는가? 이것은 누구 비구가 말하였다."라고 말하였으며, 이렇게 생각을 짓게 하여 그들을 이간하여 자기와 합하게 하고자 하였으며, 만약 그들을 이간하였거나, 이간하지 않았거나 모두 바야제를 얻는다. 만약 "그대의 화상과 아사리는 전다라이고, 나아가 피혁공이다."라고 말하였고, 다시 "누가 그대를 알았겠는가? 이것은 누구 비구가 말하였다."라고 말하였어도 역시 바야제를 얻는다. 그대의 친구와 지식도 역시 이와 같다. 이것을 하라고 이름한다.

'중'은 "장로여. 그대들은 중간의 종성으로서 관리와 군인의 종성이고, 광대(伎兒)의 종성입니다."라고 말하였고, 다시 "나는 그대들을 알지 못하였는데, 이것은 누구 비구가 말하였다."라고 말하였으며, 이렇게 생각을 짓게 하여 별도로 떠나가게 하면서 자기를 향하게 하고자 하였는데, 만약 그들이 떠나갔거나, 떠나가지 않았거나 모두 바야제를 얻는다. 만약 부모·화상·아사리·친구·지식을 말하였어도 모두 바야제를 범한다. 이것을 중이라고 이름한다.

'상'은 "장로여. 그대들은 찰리와 바라문의 종성이다."라고 말하였고, 다시 "나는 그대들을 알지 못하였는데, 이것은 누구 비구가 말하였다."라고 말하였으며, 이렇게 생각을 짓게 하여 별도로 떠나가게 하면서 자기를 향하게 하고자 하였는데, 만약 그들이 떠나갔거나, 떠나가지 않았거나 모두 바야제를 얻는다. 만약 부모·화상·아사리·친구·지식을 말하였어도 모두 바야제를 범한다. 이것을 상이라고 이름한다. 이것은 종성을 말한다.

'업'은 하·중·상이 있다. '하'는 만약 "그대는 백정이고, 나아가 괴회인이다."라고 말하였고, 다시 "나는 그대들을 알지 못하였는데, 이것은 누구 비구가 말하였다."라고 말하였으며, 만약 이렇게 생각을 짓게 하여서 별도로 떠나가게 하면서 자기를 향하게 하고자 하였는데, 만약 떠나갔거나, 떠나가지 않았거나 모두 바야제를 얻는다. 만약 부모·화상·아사리·친구·지식을 말하였어도 모두 바야제를 범한다. 이것을 하라고 이름한다.

'중'은 "그대는 향을 파는 사람이고 상점에서 판매하는 사람이며, 나아가 통하는 사자이다."라고 말하였고, 다시 "나는 그대들을 알지 못하였는데, 이것은 누구 비구가 말하였다."라고 말하였으며, 만약 이렇게 생각을 짓게 하여서 별도로 떠나가게 하면서 자기를 향하게 하고자 하였는데,

만약 떠나갔거나, 떠나가지 않았거나 모두 바야제를 얻는다. 만약 부모·화상·아사리·친구·지식을 말하였어도 모두 바야제를 범한다. 이것을 중이라고 이름한다.

'상'은 "그대는 금·은 상점의 사람이고, 나아가 구리 상점의 사람이다."라고 말하였고, 다시 "나는 그대들을 알지 못하였는데, 이것은 누구 비구가 말하였다."라고 말하였으며, 만약 이렇게 생각을 짓게 하여서 별도로 떠나가게 하면서 자기를 향하게 하고자 하였는데, 만약 그들이 떠나갔거나, 떠나가지 않았거나 모두 바야제를 얻는다. 만약 부모·화상·아사리·친구·지식을 말하였어도 모두 바야제를 범한다. 이것을 상이라고 이름한다. 이것은 업을 말한다.

'모습'은 하·중·상이 있다. '하'는 만약 "그대는 애꾸눈이거나, 나아가 이빨은 톱(鋸)과 같다."라고 말하였고, 다시 "나는 그대들을 알지 못하였는데, 이것은 누구 비구가 말하였다."라고 말하였으며, 만약 이렇게 생각을 짓게 하여서 별도로 떠나가게 하면서 자기를 향하게 하고자 하였는데, 만약 떠나갔거나, 떠나가지 않았거나 모두 바야제를 얻는다. 만약 부모·화상·아사리·친구·지식을 말하였어도 모두 바야제를 범한다. 이것을 하라고 이름한다.

'중'은 만약 "그대는 매우 검고, 나아가 매우 붉다."라고 말하였고, 다시 "나는 그대들을 알지 못하였는데, 이것은 누구 비구가 말하였다."라고 말하였으며, 만약 이렇게 생각을 짓게 하여서 별도로 떠나가게 하면서 자기를 향하게 하고자 하였는데, 만약 떠나갔거나, 떠나가지 않았거나 모두 바야제를 얻는다. 만약 부모·화상·아사리·친구·지식을 말하였어도 모두 바야제를 범한다. 이것을 중이라고 이름한다.

'상'은 "그대에게 32상과 원광과 금색이 있다."라고 말하였고, 다시 "나는 그대들을 알지 못하였는데, 이것은 누구 비구가 말하였다."라고 말하였으며, 만약 이렇게 생각을 짓게 하여서 별도로 떠나가게 하면서 자기를 향하게 하고자 하였는데, 만약 떠나갔거나, 떠나가지 않았거나 모두 바야제를 얻는다. 만약 부모·화상·아사리·친구·지식을 말하였어도 모두 바야제를 범한다. 이것을 상이라고 이름한다.

'병'은 하·중·상이 없고 일체의 병을 '하'라고 이름한다. 만약 "그대들에게 선개(癬疥)가 있고 나아가 전광이 있다."라고 말하였고, 다시 "나는 그대들을 알지 못하였는데, 이것은 누구 비구가 말하였다."라고 말하였으며, 만약 이렇게 생각을 짓게 하여서 별도로 떠나가게 하면서 자기를 향하게 하고자 하였는데, 만약 떠나갔거나, 떠나가지 않았거나 모두 바야제를 얻는다. 만약 부모·화상·아사리·친구·지식을 말하였어도 모두 바야제를 범한다. 이것을 병이라고 이름한다.

'죄'는 하·중·상이 없고 일체의 병을 '죄'라고 이름한다. 만약 "그대는 바라이를 범하였고, 나아가 월비니를 범하였다."라고 말하였으며, 만약 이렇게 생각을 짓게 하여서 별도로 떠나가게 하면서 자기를 향하게 하고자 하였는데, 만약 떠나갔거나, 떠나가지 않았거나 모두 바야제를 얻는다. 만약 부모·화상·아사리·친구·지식을 말하였어도 모두 바야제를 범한다. 이것을 죄라고 이름한다.

'꾸짖다.'는 하·중·상이 없고 일체의 병을 '꾸짖다.'라고 이름한다. 세간의 꾸짖음을 짓는 것·음일·오예 등의 일체의 악하게 꾸짖는 것이니, 만약 이와 같이 꾸짖음을 지었고, 떠나갔거나, 떠나가지 않았거나 모두 바야제를 얻는다. 만약 부모·화상·아사리·친구·지식을 말하였어도 모두 바야제를 범한다. 이것을 꾸짖음이라고 이름한다.

'결사'는 하·중·상이 없고 일체의 결사를 모두 '하'라고 이름한다. "그대는 우치하거나, 암둔하거나, 무지한 사람이어서 오히려 진흙 덩어리와 같다거나, 염소와 같다거나, 흰 고니와 같다거나, 부엉이와 같이 지었다."라고 이와 같이 여러 종류로 말하였고, 다시 "나는 그대들을 알지 못하였는데, 이것은 어느 비구가 어느 비구가 말하였다."라고 말하였으며, 만약 이렇게 생각을 짓게 하여서 별도로 떠나가게 하면서 자기를 향하게 하고자 하였는데, 만약 떠나갔거나, 떠나가지 않았거나 모두 바야제를 얻는다. 만약 부모·화상·아사리·친구·지식을 말하였어도 모두 바야제를 범한다. 이것을 결사라고 이름한다.

비구의 처소에서 양설한다면 바야제를 범하고, 비구니의 처소에서 양설한다면 투란차죄를 범하며, 식차마니·사미·사미니의 처소에서 양설한다면 월비니죄를 범하고, 세속 사람의 처소에서 양설한다면 월비니죄를 마음으로 참회해야 한다.

이러한 까닭으로 말하였노라.

세존께서는 사위성에 머무셨으며, 자세한 설명은 앞에서와 같다.

이때 육군비구들은 대중 승가가 여법하고 율과 같이 멸쟁(滅諍)의 일을 마쳤는데, 이렇게 말을 지었다.

"이 일은 명료하지 않소. 마땅히 다시 판결해야 하오."

육군비구들이 이렇게 말을 하였으므로, 다시 분쟁의 일이 일어났고 화합하며 머무르지 못하였다. 여러 비구들은 이 일로서 세존께 가서 아뢰었고, 세존께서는 말씀하셨다.

"육군비구들을 불러오라."

왔으므로 세존께서는 육군비구들에게 물으셨다.

"그대들이 진실로 대중 승가가 여법하고 율과 같이 일을 멸쟁하여 마쳤는데, 다시 일으켰는가?"

대답하여 말하였다.

"진실로 그렇습니다. 세존이시여."

세존께서 말씀하셨다.

"무슨 까닭으로 이와 같았는가?"

대답하여 말하였다.

"저희들의 이와 같은 방편은 쾌락을 위한 까닭입니다."

세존께서 말씀하셨다.

"어리석은 사람이여. 범행을 뇌란(惱亂)시키는 이것은 악한 일인데 어찌하여 즐겁다고 말하는가?"

세존께서는 육군비구에게 말씀하셨다.

"그대들은 내가 무수한 방편으로써 범행인이 처소에서 몸으로 항상 자비를 행하고 입과 마음으로 자비를 행함을 찬탄하는 것을 듣지 않았는가? 항상 마땅히 공경해야 하는데, 그대들은 지금 어찌하여 이러한 악한 일을 지었는가? 이것은 비법이고, 계율이 아니며, 세존의 가르침이 아니니라. 이것으로써 선법을 크게 장양하지 못하느니라."

세존께서는 여러 비구들에게 알리셨다.

"사위성을 의지하는 비구들을 모두 모이게 하라. 열 가지의 이익을 까닭으로써 여러 비구들을 위하여 계율을 제정하겠나니, 나아가 이미 들었던 자들도 마땅히 거듭하여 들을지니라. 만약 비구가 대중 승가가 여법하고 율과 같이 일을 멸쟁하여 마쳤던 것을 알면서도 오히려 다시 분쟁을 일으키면서 '이 갈마는 명료하지 못하오. 마땅히 다시 지어야 하오.'라고 말을 지었고, 이와 같은 인연으로 (처신이) 다른 자는 바야제를 범하느니라."

'비구'는 앞의 설명과 같다.

'알다.'는 만약 스스로가 알았거나, 만약 다른 사람에게 들은 것이다.

'승가'는 여덟 종류가 있고, 앞의 설명과 같다.

'분쟁의 일'은 네 종류가 있으니, 서로가 말로 투쟁하는 것, 비방하며 투쟁하는 것, 죄로 투쟁하는 것, 항상 행하는 일로 투쟁하는 것이다.

'여법하고 율과 같이 일을 멸쟁하다.'는 7멸쟁사(滅諍事)의 가운데에서 하나·하나를 여법하고 율과 같이 없애는 것이다. 다시 일으켜서 이와 같은 인연을 거론하면서 (대중과) 다른 자는 바야제의 죄를 범한다.

'바야제'는 앞의 설명과 같다.

'네 가지의 투쟁'은 서로가 말로 투쟁하는 것, 비방하며 투쟁하는 것, 죄로 투쟁하는 것, 항상 행하는 일로 투쟁하는 것이다. 서로가 말로 분쟁하는 일에는 세 가지의 비니(毘尼)를 사용하여 하나·하나를 멸쟁해야 한다. 무엇이 세 가지인가? 현전비니(現前毘尼)로 멸쟁하고, 다멱비니(多覓毘尼)로 멸쟁하며, 포초비니(布草毘尼)로 멸쟁하는 것이다.

'현전비니'는 세존께서는 사위성에 머무셨다.

이때 구섬미국(拘睒彌國)의 비구들이 서로가 말로 투쟁(鬪諍)하면서 화합하며 같이 머무르지 못하였고, 법을 비법(非法)이라고 말하였으며, 율을 율이 아니라고 말하였고, 죄를 죄가 아니라고 말하였으며, 무거운 죄를 가벼운 죄라고 말하였고, 다스릴 수 있어도 다스릴 수 없다고 말하였으며, 여법한 갈마를 비법의 갈마라고 말하였고, 화합갈마를 화합갈마가 아니라고 말하였으며, 마땅히 지을 것을 마땅히 짓지 않아야 한다고 말하였다. 그때 자리의 가운데에서 한 비구가 이와 같이 말을 지었다.

"여러 대덕이시여. 이것은 법이 아니고, 율이 아니며, 수다라(修多羅)와 서로 상응(相應)하지 않고, 비니와 서로 상응하지 않으며, 우바제사와 서로 상응하지 않고, 수다라·비니·우바제사에 서로가 어긋나므로 여러 염오(染汚)와 루(漏)를 일으키고 있습니다. 내가 말한 것과 같다면 이것이 법이고, 이것이 율이며, 이것이 세존의 가르침인 수다라·비니·우바제사와 서로 상응하므로 염오와 루가 생겨나지 않습니다."

이 비구가 말하였다.

"여러 대덕들이여. 나는 이 투쟁을 멸쟁시키지 못하므로, 나는 사위성으로 나아가서 세존의 처소에 이르러 마땅히 이 투쟁의 일을 멸쟁시키는 것을 묻겠습니다."

이 비구는 곧 이르렀고 머리숙여 세존의 발에 예경하고서 물러나서 한쪽에 머무르면서 세존께 아뢰어 말하였다.

"세존이시여. 구섬미국의 여러 비구들이 서로가 말로 투쟁하였고 머무르면서도 화합하지 못합니다. 이를테면, 법과 비법(非法)이고, 나아가 저는 능히 이러한 투쟁을 소멸시키지 못하였으므로, 마땅히 세존의 처소에 나아가서 이러한 투쟁의 일을 멸쟁시키고자 묻습니다. 오직 원하옵건대 세존이시여. 여러 비구들을 위하여 이러한 투쟁을 멸쟁시켜 주십시오."

그때 세존께서는 우바리에게 말씀하셨다.

"그대가 구섬미국으로 나아가서 여법하고 율과 같이 이러한 투쟁의 일을 멸쟁시키도록 하라. 이를테면, 현전비니로 멸쟁시켜야 한다. 우바리여. 투쟁의 일은 세 처소에서 일어나므로, 만약 한 사람이거나, 만약 여러 사람이거나, 만약 승가이더라도 역시 마땅히 세 처소이니라. 세 처소를 버릴 것이고, 세 처소를 취하여 멸쟁시켜야 한다. 우바리여. 그대는 구섬미국 비구들의 처소에 나아가서 여법하고 율과 같이 이러한 투쟁의 일을 멸쟁시켜야 하나니, 이를테면, 현전비니로 멸쟁시켜야 하느니라."

존자 우바리가 세존께 아뢰어 말하였다.

"세존이시여, 비구들은 몇 가지의 법을 성취하여야 능히 투쟁의 일을 멸쟁시킬 수 있습니까?"

세존께서 우바리에게 알리셨다.

"비구는 5법을 성취하였다면 능히 투쟁의 일을 멸쟁시킬 수 있느니라. 무엇이 5법인가? 이것이 진실이고 이것이 진실이 아니라고 알아야 하고. 이것이 이익되고 이익되지 않는다고 알아야 하며, 이것은 반려를 얻을 수 있고 반려를 얻을 수 없다고 알아야 하고, 이것이 평등한 반려를 얻을 수 있고 평등한 반려를 얻을 수 없다고 알아야 하며, 때를 얻고 때를 얻지 못한다고 알아야 하느니라.

우바리여. 만약 때가 아닌 때에 일을 판결하면 혹은 승가 파괴되거나, 혹은 승가가 투쟁하거나, 혹은 승가가 떠나고 흩어지느니라. 만약 때를 얻어서 투쟁의 일을 멸쟁시키는 자는 승가가 파괴되지 않고, 승가가 투쟁하지 않으며, 승가가 분산(分散)되지 않으니, 이것을 5법이 성취되었다고 이름하느니라. 비구는 능히 투쟁의 일을 멸쟁시키면서 여러 범행자를 위하여 사랑하고 생각하며 칭찬하라. 지금 그대는 구섬미국 비구들의 처소에 가서 이른다면 여법하고 율과 같으며 세존의 가르침과 같이 일을 판결하라. 이를테면 현전비니이니라."

그때 존자 우바리는 세존의 발에 예경하고서 구섬미국 비구들의 처소에 가서 말하였다.

"장로들이여. 돌아가십시오. 그 투쟁의 일이 일어났던 처소에 이르러서 마땅히 그 사이에서 멸쟁시키겠습니다. 이곳에서는 일을 판결할 수 없습니다. 왜 그러한가? 이곳에서는 대중 승가가 화합하고 환희하여 투쟁하지 않고 함께 한 가지로 배우고 머물고 있다면 마땅히 요란(擾亂)하지 않습니다."

그때 구섬미국 비구들이 존자 우바리에게 알려 말하였다.

"대덕이시여. 만약 우리들이 그곳에서 능히 투쟁하는 일을 멸쟁시켰다면 이곳에 오지 않았습니다. 오직 원하건대 존자시여. 우리들을 위하여 그곳에 이르러 이렇게 투쟁하는 일을 멸쟁시켜 주십시오."

우바리가 말하였다.

"만약 내가 가서 이르렀고 그곳에서 마땅히 갈마를 짓는 자로 갈마를 짓는다면, 마땅히 벌로 다스릴 자는 마땅히 그에게 벌을 주겠고, 마땅히 절복갈마(折伏羯磨)·불어갈마(不語羯磨)·발희갈마(發喜羯磨)·빈출갈마(擯出羯磨)·거갈마(舉羯磨)·별주갈마(別住羯磨)·마나타갈마(摩那埵羯磨)·아부가나갈마(阿浮呵那羯磨)를 짓겠습니다. 이와 같고 이와 같은 허물이 있다면 내가 마땅히 이와 같은 갈마를 지어서 다스릴 것인데, 그대들은 그때 마음에 기쁘지 않음이 없게 하십시오."

그들은 비구를 시켜서 존자 우바리에게 알려 말하였다.

"우리들은 만약 이와 같은 허물이 있으면 마땅히 이와 같은 다스림을 받아도 마음에 기쁘지 않음이 없게 하겠습니다."

이때 존자 우바리는 세존의 처소에 다시 이르렀고 세존께 아뢰어 말하였다.

"세존이시여. 그 비구들이 투쟁하는 일을 멸쟁시키고자 합니다. 어떻게 마음을 수용해야 합니까?"

세존께서 우바리에게 알리셨다.

"투쟁하는 일을 멸쟁시키려는 자는 마땅히 먼저 자기의 몸의 힘·복덕의 힘·변재(辯才)의 힘·무외(無畏)의 힘을 헤아리고서 일의 연기(緣起)를 알아야 하느니라. 비구는 먼저 스스로가 이와 같은 힘 등이 있는가를 사량(思量)하고, 또한 이러한 투쟁이 일어나서 왔던 것을 사량한다면 오래지 않아서 이 사람들의 마음이 조복되고 부드러워져서 투쟁하던 일이 쉽게 멸쟁될 것이다. 이 비구는 그때 마땅히 멸쟁을 지어야 하느니라.

만약 스스로가 사량하여 앞의 여러 힘이 없고 투쟁하는 일이 일어나서 오래되었고 그 사람들이 매우 강(强)하여 갑자기 멸쟁시킬 수 없다면 마땅히 대덕인 비구를 구하여 함께 이러한 일을 멸쟁시켜야 하고, 만약 대덕인 비구가 없다면 마땅히 들은 것이 많은 비구를 구할 것이며, 만약 들은 것이 많은 비구도 없다면 마땅히 아련야의 비구를 구할 것이고, 만약 아련야의 비구도 없다면 마땅히 큰 세력이 있는 우바새를 구해야 한다.

그 투쟁하던 비구가 우바새를 본다면 마음에 부끄러움이 생겨나서 투쟁하던 일이 쉽게 멸쟁될 것이다. 만약 이러한 우바새를 구할 수 없다면 마땅히 왕이거나, 만약 대신이거나, 큰 세력이 있는 자를 구할 것이니, 그 투쟁하던 비구도 이 큰 세력을 본다면 마음에 공경과 두려움이 생겨나서 투쟁하던 일이 쉽게 멸쟁될 것이다. 만약 겨울의 때에 있으면서 이러한 투쟁을 멸쟁시키고자 한다면 마땅히 바람과 추위가 없는 따뜻하고 가려진 처소에서 다스려야 하며, 객비구가 왔다면 마땅히 화롯불을 주어야 한다. 만약 이것이 봄의 때라면 마땅히 서늘한 처소에서 다스려야 하고, 만약 나무 아래라면 평상과 자리를 펼치고 냉수와 장(漿)을 마시게 하면서 마땅히 부채로써 부채질하여야 한다.

만약 이것이 여름이라면 마땅히 높고 서늘한 처소에서 해야 하는데, 때를 따라서 일에 필요한 것을 일로 공급하여야 한다. 그때 마땅히 한 매우 능한 비구이고 지혜가 있는 자를 추천해야 하는데, 일의 인연을 알면서 겁약(怯弱)하지 않고, 다른 사람의 허물을 구하지 않으며, 대중의 사람들을 두려워하지 않아야 한다. 만약 우바새가 왔다면 마땅히 승가의 화합하는 공덕을 찬탄해야 하고, 다시 우바새에게 세존의 말씀과 같이 '하나의 법이 세상에 나온다면 천인(天人)이 고뇌하고 천인이 이익을 잃습니다.'라고 말해야 한다.

'이를테면, 하나의 법은 대중 승가를 파괴하고 어지럽힌다면 몸이 무너지고 목숨이 마치면 곧 니리(泥犁)에 들어가는 것입니다.' 또는 그 우바새에게 세존의 말씀과 같이 '하나의 법이 세상에 나온다면 천인이 안락하고 천인이 이익을 얻습니다.'라고 말해야 한다. '이를테면, 하나의 법은 대중 승가가 화합한다면 몸이 무너지고 목숨이 마치면 좋은 처소인 천상과 인간의 가운데에 태어나는 것입니다. 이와 같이 우바새여. 큰 공덕을 얻고자 하는 자는 마땅히 화합하는 대중 승가의 2중(二衆)이 말하는 때입니다.' 이 비구는 마땅히 자세하게 그 일을 자세하게 관찰하고서 그 말과 글자와 글귀와 뜻과 맛을 취해야 하느니라."

이때 자리의 가운데에서 어느 비구는 달뢰타(闥賴吒) 비구가 아니었으나 달뢰타의 모습으로 이렇게 말을 지었다.

"듣건대, 여러 대덕들께서는 본래 이와 같이 말을 지으셨고, 지금도 이와 같은 말을 짓고 있습니다."

서로 상응하지 않았던 때에 이 사람이 모두 성품이 부드러워서 절복(折伏)할 수 있는 자라면, 마땅히 승가의 가운데에서 부끄럽게 시키면서 말해야 한다.

"그대가 선하지 못하여 화합하지 않는 일을 지었고 화합하지 않는 견해를 지었으나, 대중 승가는 오늘에 이러한 일을 까닭으로 이 가운데에 모였습니다."

만약 악한 사람이고 성품이 강하고 포악하여 능히 투쟁하는 일을 증장한다면, 마땅히 부드러운 말로 말해야 한다.

"장로여. 대중 승가는 오늘에 모여서 이러한 투쟁하는 일을 멸쟁하고자 합니다. 나는 마땅히 장로와 함께 반려가 되고 화합하여 이러한 투쟁하는 일을 멸쟁하고자 합니다."

만약 이 비구가 마음과 뜻이 유연해졌다면 그때 승가의 단사인(斷事人)은 일이 있는 비구에게 말해야 한다.

"그대가 지금 이러한 일을 드러내십시오."

이 비구는 이와 같이 말을 짓는다.

"내가 지금 이러한 일을 드러내겠습니다. 원하건대 승가께서는 나에게 여법하고 율과 같이 판결하여 주십시오."

그때 마땅히 이 비구를 꾸짖고, 부끄럽게 하면서 마땅히 말해야 한다.

"그대는 선하지 않았습니다. 어찌하여 대중 승가가 법이 아니고 율이 아니게 일을 판결하였겠습니까?"

그 비구가 만약 "나는 아직 승가의 가운데에서 말을 듣지 못하였습니다. 원하건대 대중 승가는 나에게 위의와 법을 가르쳐 주십시오."라고 말하였다면, 그때 마땅히 이렇게 말을 짓게 가르쳐야 한다.

"내가 지금 이렇게 투쟁하는 일의 인연을 드러내고 있으니, 승가의 교칙(教敕)을 따라서 나는 마땅히 받들어 행하겠습니다."

그 비구가 만약 승가의 말을 따르지 않는다면, 다시 마땅히 말해야 한다.

"그대가 만약 승가의 가르침을 받아들이지 않겠다면, 내가 승가의 가운데에서 그대를 산가지(籌)를 뽑아서 그대를 대중에서 쫓아내겠습니다."

이 비구가 다시 말을 따르지 않는다면, 그때 다시 마땅히 우바새를 보내어 이 비구에게 물어 말한다.

"그대는 승가의 가르침을 따르겠습니까? 만약 따르지 않겠다면 내가 마땅히 백의(白衣)의 법을 주고서 그대를 쫓아내어 취락과 성읍으로 내보내겠습니다."

비구들이 투쟁하는 일이 만약 아주 작은 투쟁의 일이라면, 승가는 곧 우바새의 앞에서 멸쟁해야 하고, 만약 비루하고 지저분한 일이라면 우바새에게 쫓아내게 해야 한다. 승가는 여법하고 율과 같으며 수다라와 같고 그 일에 따라서 진실로 현전비니를 이용하여 없애고 멸쟁해야 한다.

그때 존자 아난은 가서 세존의 처소에 이르렀고 머리숙여 발에 예경하고 세존께 아뢰어 말하였다.

"이를테면, '현전비니로 멸쟁하다.'고 하셨는데, 무엇을 현전비니로 멸쟁한다고 이름합니까?"

세존께서 아난에게 알리셨다.

"비구들의 투쟁하는 일은 '법인가? 비법인가? 율인가? 율이 아닌가?

죄인가? 죄가 아닌가? 가벼운 죄인가? 무거운 죄인가? 다스릴 수 있는
죄인가? 다스릴 수 없는 죄인가? 여법한 갈마인가? 비법의 갈마인가?
화합하는 갈마인가? 화합하지 않는 갈마인가? 마땅히 지어야 할 갈마인
가? 마땅히 짓지 않을 갈마인가?' 등이니라. 아난이여. 만약 이와 같은
일이 일어났다면 마땅히 빠르게 승가를 모아야 하느니라. 빠르게 승가를
모으고서 이러한 일을 검교하여 여법하고 율과 같으며 수다라와 같이
그 일을 따라서 현전비니를 실제로 사용하여 없애고 멸쟁해야 하느니라.
   만약 5비법(非法)을 성취하였다면 함께 현전비니를 성취하지 못하나니,
무엇이 5법인가? 현전에서 주지 않았고, 묻지 않았으며, 허물을 받아들이
지 않았고, 여법하지 않았으며, 화합하지 않고서 주는 것이니, 이것을
다섯의 비법이므로 현전비니를 주어도 성립하지 못한다고 이름한다.
만약 다섯 가지를 성취하면 여법하게 현전비니를 주는 것을 성취하는
것이니, 무엇이 다섯 가지인가? 현전에서 주었고, 물었으며, 허물을 받아
들였고, 여법하며, 화합하여 주는 것이니, 이것을 5법을 성취하고 현전비
니를 주었다고 이름한다.
   이와 같이 아난이여. 여법하고 율과 같으며 세존의 가르침과 같이
현전비니를 사용하여 일을 멸쟁해야 한다. 만약 객비구가 있었거나,
만약 비구가 떠나갔거나, 만약 욕(欲)을 주었던 비구이거나, 만약 보았어도
하고자 않는 비구이거나, 만약 새롭게 계율을 받은 비구이거나, 만약
앉아서 졸았던 비구이거나, 이러한 여러 비구들이 '이와 같이 좋지 않은
갈마이라면 세존과 별도이고, 법과 별도이며, 승가와 별도이고, 소나
염소와 같은 승가이니, 좋지 않은 갈마이다.'라고 이렇게 말을 지었다면
갈마는 성취되지 못하느니라. 아난이여. 이와 같이 다시 일으키는 자는
바야제를 범하느니라."
   이것을 서로가 말로 투쟁하였다면 현전비니로서 멸쟁한다고 이름한다.
   '비방하여 투쟁하다.'는 만약 비구가 보지 못하였고 듣지 못하였으며
의심치 않고서 비구가 바라이·승가바시사·바야제·바라제제사니·월비
니죄를 범하였다고, 이러한 5편(篇)의 죄로써 비방하는 것이니, 이것을

비방하며 투쟁한다고 이름한다. 두 가지의 비니를 사용하여 멸쟁시키나니, 이를테면 억념비니(憶念毘尼)로 멸쟁시키고, 불치비니(不癡毘尼)로 다툼을 멸쟁시키는 것이다.

　억념비니는 세존께서 왕사성에 머무르셨는데, 자지(慈地) 비구니가 범행이 아닌 것을 지었고, 마침내 곧 임신하고서 육군비구들의 처소에 이르러 이렇게 말을 지었다.

　"나는 범행이 아닌 일을 행하여 지금 임신하였습니다. 존자여 누구를 함께 싫어하고 있습니다. 내가 능히 그를 비방하겠습니다."

　육군비구들이 알려 말하였다.

　"옳습니다. 자매여. 나아가 우리들을 위하여 요익한 일을 짓고자 하는데, 타표마라자(陀驃摩羅子)는 우리에게 원한이 생겨났소. 우리들에게 파괴된 방사와 좋지 않은 평상과 거칠고 악한 음식을 주었소. 만약 이 사람이 오래 범행에 머무른다면 우리들은 장야(長夜)에 고통을 받을 것이오. 그대는 이 비구가 재일(齋日)에 대중에게 설법하는 때에 가운데에 있는 것을 보았다면 그대가 마땅히 그 대중의 가운데에서 범행이 아닌 것으로써 비방하시오."

　대답하여 말하였다.

　"마땅히 존자의 가르침과 같이 짓겠습니다."

　이 비구니는 만약 매달 8일·14일·15일에 대중에게 설법하는 때에 가서 대중 앞에 이르렀고 이렇게 말을 지었다.

　"존자여. 나를 위하여 소(酥)·기름·멥쌀·여러 음식을 준비하여 주시고, 함께 방사를 수리하시며 아울러 해산을 도와줄 사람을 구해주십시오. 나는 해산하는 때에 이르렀습니다."

　이 장로가 대답하여 말하였다.

　"자매여. 그대가 스스로 그것을 아시오. 나는 이러한 일이 없었소."

　비구니가 다시 말하였다.

　"기이하고 괴상하구려. 기이하고 괴상하구려. 그대는 장부이고 새벽에

갔고 밤에 와서 나와 함께 일을 따랐는데 지금에 '나는 이러한 일이 없었소'라고 말하는구려. 다시 많이 말하지 마시고 다만 마땅히 나에게 소와 기름 등을 준비하여 주십시오. 나는 해산하는 때에 이르렀습니다."

다시 말하였다.

"자매여. 그대가 스스로 그것을 아시오. 나는 이러한 일이 없었소."

이와 같이 세 번을 말하고 떠나갔다. 이때 대중 가운데서 여러 불신하는 자들은 곧 이렇게 말을 지었다.

"이 두 사람은 모두 젊은 나이이므로, 반드시 이러한 일이 있었다."

그를 약간 믿는 사람들은 모두 '있었다.', '없었다.'라고 의혹이 생겨났고, 굳게 곧 이렇게 말을 지었다.

"이 존자는 이미 삼독(三毒)을 없애고 악법을 영원히 마쳤으므로, 이러한 일은 없었다."

그때 존자 타표마라자는 범행이 아닌 일을 지었다는 악한 소문이 유포(流布)되어 가려진 곳까지 역시 들렸고, 대중들도 많이 들었으며, 승가에서도 역시 들었다.

여러 비구들이 앞의 인연으로써 갖추어 세존께 아뢰었고, 세존께서는 말씀하셨다.

"비구들이여. 이 타표마라자가 범행이 아닌 일을 하였다고 악한 소문이 유포되었으니, 그대들은 마땅히 가려진 곳에서 세 번을 묻고, 대중의 많은 사람의 가운데에서 세 번을 물으며, 승가의 가운데서 세 번을 묻도록 하라. 가려진 곳에서 묻는 자는 마땅히 타표마라자에게 '장로여. 자지 비구니가 이렇게 말을 지었는데, 이러한 일을 아는가?'라고 이렇게 묻도록 하라. 이때 장로가 '나는 알지 못하고 지은 것을 기억하지 못합니다.'라고 말하였다면, 이와 같이 두 번·세 번을 물어야 하며, 대중의 많은 사람의 가운데에서 세 번을 묻는 것도 역시 이와 같다."

승가의 가운데에서 타표마라자에게 물어 말해야 한다.

"장로여. 자지 비구니가 이렇게 말을 지었는데, 이러한 일을 압니까?"

대답하여 말하였다.

"나는 알지 못하고 지은 것을 기억하지 못합니다."

두 번·세 번을 물었어도 역시 이와 같았다. 여러 비구들은 이 일로써 세존께 가서 아뢰어 말하였다.

"장로 타표마라자에게 이미 가려진 곳에서 세 번을 물었고, 대중의 많은 사람의 가운데에서 세 번을 물었으며, 승가의 가운데서 세 번을 물었어도 스스로가 '나는 알지 못하고 지은 것을 기억하지 못합니다.'라고 말하였습니다."

세존께서는 여러 비구들에게 알리셨다.

"이것은 타표마라자가 청정하여 무죄이고, 이 자지 비구니는 스스로가 범했다고 말하였으니, 마땅히 쫓아내야 하느니라."

이때 왕사성의 비구니들이 세존께서 이와 같이 말한 것을 싫어하였다.

"이 일을 판결하는 것을 보건대 평등하지 않다. 두 사람은 함께 죄를 범하였는데, 어찌하여 비구는 남겨두고, 비구니는 쫓아내는가? 만약 두 사람이 함께 죄가 있다면 마땅히 함께 쫓아내야 하고, 만약 무죄라면 함께 남겨두어야 하는데, 어찌하여 세존께서는 한 사람은 쫓아내고 한 사람은 남겨두는가?"

여러 비구들이 이 인연으로써 갖추어 세존께 아뢰었고, 세존께서는 아난에게 말씀하셨다.

"그대가 가서 왕사성의 비구니 승가를 불러오게."

"그렇게 하겠습니다. 세존이시여."

그때 아난은 비구니들의 처소에 이르러 이렇게 말을 지었다.

"여러 자매들이여. 세존께서 그대들을 부르셨습니다."

이때 비구니들이 존자 아난에게 말하였다.

"우리들은 세존의 처소에 인연의 일이 없는데, 무슨 까닭으로 우리들을 부르십니까? 만약 일의 인연이 있다면 부르지 않아도 스스로 갈 것입니다. 존자께서는 돌아가십시오. 우리들은 일의 인연이 없으므로 가지 않겠습니다."

이때 아난은 이렇게 생각을 지었다.

'이것은 기이(奇異)한 일이다. 세존의 은혜를 입어서 출가하여 도를 위하는데, 어찌하여 세존께 공경하는 마음을 일으키지 않고 교명(教命)을 따르지 않는가?'

그때 아난이 돌아와서 세존의 처소에 이르렀고, 머리숙여 발에 예경하고서 이러한 인연으로써 갖추어 세존께 아뢰었고, 세존께서는 아난에게 알리셨다.

"그대는 왕사성에 가서 비구니들에게 '그대들은 허물이 있어서 이곳에 머무를 수 없으므로, 세존께서 그대들에게 떠나가라고 칙명하셨다.'라고 말하게."

아난이 가르침을 받고 곧 비구니들의 처소로 이렇게 말을 지었다.

"자매들이여. 그대들은 허물이 있어서 이곳에 머무를 수 없으므로, 세존께서 그대들에게 떠나가라고 칙명하셨습니다."

비구니들이 대답하였다.

"우리들은 왕사성 바깥에 여러 인연의 일이 없으므로 능히 떠나갈 수 없습니다. 만약 인연이 있다면 칙명이 없어도 스스로가 떠나갈 것입니다."

이때 아난은 이렇게 생각을 지었다.

'이것은 기이(奇異)한 일이다. 세존의 은혜를 입어서 출가하여 도를 위하는데, 어찌하여 세존께 공경하는 마음을 일으키지 않고 불러도 오지 않으며 떠나라고 하여도 떠나가지 않는가?'

아난은 곧 세존의 처소에 돌아왔고, 머리숙여 발에 예경하고서 이러한 인연으로써 갖추어 세존께 아뢰었으며, 세존께서는 말씀하셨다.

"여래·응공·정변지는 만약 성읍과 취락의 비구와 비구니의 승가를 오라고 불렀는데 오지 않고 떠나보내도 떠나가지 않는다면, 여래가 스스로 마땅히 피하여 떠나갈 것이다. 아난이여. 그대는 나의 승가리를 취하여 오게."

이때 존자 아난은 곧 승가리를 주었고, 세존께서는 승가의 가운데에서 때를 말씀하지 않으셨으며, 오직 아난을 데리고 오통(五通) 거사의 취락을 지나서 사위성으로 향하셨다.

그때 위제희(韋提希)의 아들인 아사세왕(阿闍世王)은 부왕(父王)을 죽이고서 깊이 근심하고 괴로워하면서 항상 날마다 세 번을 세존께 나아가서 참회하였으니, 이른 아침과 한낮과 포시(哺時)였다. 새벽에 참회하고서 한낮에 다시 왔는데 세존께서 보이지 않았으므로 곧 여러 비구에게 물었다.

"세존께서는 어디에 계십니까?"

여러 비구들이 대답하여 말하였다.

"세존께서는 떠나셨습니다."

왕은 이렇게 말을 지었다.

"세존께서 매번 떠나시는 때에는 한 달이나 보름에 항상 나에게 말씀하셨는데, 지금은 무슨 인연이 있어서 묵연히 가셨는가?"

이때 여러 비구들은 세존을 향하여 들었던 말을 곧 대답하여 말하였다.

"대왕이시여. 왕사성의 여러 비구니들이 세존의 교명을 따르지 않았고 오라고 불러도 오지 않았으며 떠나보내어도 떠나가지 않았습니다. 이와 같이 대왕께서 아십시오. 여래·응공·정변지께서는 성읍과 취락의 비구와 비구니의 승가를 오라고 말하였는데 오지 않고 떠나보내도 떠나가지 않는다면, 여래가 스스로 마땅히 피하여 떠나가십니다. 지금 왕사성의 비구니들이 세존의 교명을 따르지 않았고, 이러한 까닭으로 세존께서는 묵연히 떠나셨습니다."

왕은 이 말을 듣고서 크게 성내면서 여러 신하에게 칙명하였다.

"현재 나의 경내(境內)에 있는 여러 비구니 승가 일체를 쫓아내시오."

이때 어느 지혜로운 신하가 곧 왕에게 간언하여 말하였다.

"경내에 있는 여러 비구니들 일체는 허물이 있지 않습니다. 다만 왕사성의 비구니들이 세존의 교명을 어겼습니다."

왕은 곧 그 신하의 말을 수용하였고, 여러 유사(有司)에게 칙명하였다.

"왕사성의 비구니들을 쫓아내시오."

그때 여러 유사들은 모두 막대기·나무·흙덩이·기와와 돌을 잡고서 여러 비구니들을 때리고 던지면서 왕사성 밖으로 쫓아내면서 이렇게 꾸짖어 말하였다.

"그대들은 폐악한 사람이다. 세존의 은혜를 입고 출가하여 도를 위하면서 공경하지 않았고, 세존의 교명을 위배(違背)하였으니 빠르게 떠나가라. 그대들은 폐악한 늙은 할멈이다. 나에게 세존을 보지 못하여 하였고 정법을 듣지 못하도록 하였으니, 그대들은 빠르게 떠나가고 여기에 머물지 말라."

그때 취락과 거리의 여러 사람들이 이 일을 보고서 모두 멀리서 꾸짖어 말하였다.

"나에게 세존을 보지 못하도록 하였고, 정법을 듣지 못하도록 하였으니, 그대들은 빠르게 떠나가고 여기에 머물지 말라."

그때 우타이(優陀夷)도 역시 막대기를 잡고서 여러 비구니들을 쫓아내면서 꾸짖었는데, 역시 앞의 설명과 같다. 왕은 여러 신하에게 칙명하였다.

"그대들이 비구니들을 보아서 만약 세존의 뒤를 따라서 떠나가는 자라면 그대들이 마땅히 법으로 보호를 지어서 안온하게 할 것이고, 만약 다른 곳을 향하는 자라면 곧 그들의 뜻을 따라서 반드시 보호하지 마시오."

이때 여러 비구니들은 왕사성에서 쫓겨났으므로 각자 이렇게 말을 지었다.

"만약 우리들이 다른 방향으로 향한다면 머무는 여러 곳에서 모두 쫓겨나서 머무를 곳이 없다. 우리들은 지금 마땅히 세존의 뒤를 따라갑시다."

세존께서 아침에 떠나신 곳으로 여러 비구니들은 저녁에 이르렀고, 이와 같이 도로에 있으면서 항상 하루가 늦었다. 그때 세존께서는 교화하고 제도하기 위하여 오통거사(五通居士)의 취락을 지나서 사위성으로 향하였다. 오통거사는 상법(常法)은 비구와 비구니의 승가가 왔다고 들었다면 1유연(由延)에 이르러 맞이하고 여러 종류로 공양하는 것이다.

그때 오통거사는 이 여러 비구니들이 온다는 것을 듣고 곧 정수(正受)11)에 들어가서 그들을 관하였고, 여러 비구니들이 무슨 인연을 까닭으로 오는가를 관하였다. 관하고서 보았는데, 그 여러 비구니들 일체가 허물이 있어서 모두 쫓겨나는 벌을 받았고 아직 허물이 풀어지지 않아서 청정한 그릇이 아니고 성법(聖法)의 부분이 없었다. 이렇게 관을 짓고서 도무지 가서 맞아들이지 않았고 여러 공양도 베풀지 않았다. 여러 비구니들은 전전하여 다음을 물었고 와서 그의 문 앞에 이르렀으며 말하였다.

"왕사성의 여러 비구니들이 지금 문밖에 있습니다. 거사에게 알려주십시오."

거사는 사인(使人)에게 칙명하여 파괴된 집과 피폐한 평상과 요를 주었으나, 따뜻한 물을 공급하여 발을 씻게 하지 않았고, 발에 바르는 기름도 주지 않았으며, 역시 비시장(非時漿)도 주지 않았고, 역시 문신하고 안위(安慰)하지도 않았으며, 밤에 등불을 켜주지도 않았고, 다음날에도 치목(齒木)과 깨끗한 물을 공급하지 않았으며, 거친 음식을 주었고, 음식을 먹었으므로 빨리 떠나가게 하였다. 여러 비구니들은 문밖으로 나와서 스스로가 서로에게 알려 말하였다.

"우리들이 듣건대, 이 거사는 항상 신심이 있어서 대중 승가를 공경하고 공양한다고 하였는데, 지금 그를 살펴보니 신심과 공경이 없구나."

그 가운데에 어느 비구니가 여러 사람에게 알려 말하였다.

"그만하세요! 그만하세요! 아이(阿姨)들이여. 마땅히 스스로 관찰(觀察)하세요. 우리들이 세존의 가르침을 어겼으니, 이렇게 공급받은 것도 스스로의 분수를 지나쳤습니다."

여러 비구니들은 점점 앞으로 가서 사위성에 이르렀고, 아난의 처소에 나아가서 머리숙여 아난에게 예배하고 물러나서 한쪽에 있으면서 알려 말하였다.

"저희들이 세존을 보고서 예경(禮敬)하고 문신하고자 합니다. 원하건대 비구니 승가를 위하여 세존께 아뢰어 주십시오. 오직 애민(哀愍)하므로 허락하여 주십시오."

---

11) 산스크리트어 samaya의 음사로 삼매(三昧)로 번역되고, 등지(等至)·정수(正受)·정정현전(正定現前) 등으로 번역된다.

아난이 대답하여 말하였다.

"옳습니다. 여러 자매들이여."

곧 세존의 처소로 나아가서 머리숙여 발에 예경하고 물러나서 한쪽에 있으면서 세존께 아뢰어 말하였다.

"왕사성의 비구니 승가가 와서 세존을 받들어 뵙고자 합니다. 허락하신다면 마땅히 앞에 오도록 명(命)하겠습니다."

세존께서는 아난에게 알리셨다.

"그대는 왕사성의 비구니 승가가 와서 나를 보게 하지 말라."

아난이 말하였다.

"옳습니다."

세존께 예경하고 곧 돌아갔으며 비구니들의 처소에 이르러 알려 말하였다.

"여러 자매들이여. 세존께서는 그대들이 앞에 오는 것을 허락하지 않으신다는 가르침이 있었습니다."

두 번·세 번째도 역시 이와 같았으며, 세존께서는 아난에게 말씀하셨다.

"그대가 무슨 까닭으로 왕사성의 비구니들을 위하여 은근하며, 더불어 그러한가?"

아난은 세존께 아뢰어 말하였다.

"세존이시여. 저는 비구니의 생각을 짓지 않습니다. 왜 그러한가? 세존께서 오라고 불러도 오지 않았고, 떠나보내도 떠나가지 않았습니다. 또한 옛날에 다만 세존께서는 다른 이치가 있다고 말씀하셨고, 왕사성의 비구니 승가를 승가로서의 까닭이라고 말하였습니다. 이러한 까닭으로 은근히 청한 것입니다."

세존께서 말씀하셨다.

"왕사성의 비구니 승가가 앞에 있도록 허락하겠노라."

아난은 곧 비구니들의 처소에 돌아와서 말하였다.

"여러 자매들이여. 좋은 이익을 크게 얻었습니다. 세존께서는 그대들이 앞에 있도록 허락하셨습니다."

여러 비구니들은 듣고서 모두 칭찬하였다.

"옳습니다. 옳습니다. 아난이여."

곧 세존 처소의 앞에서 머리숙여 발에 예경하고 물러나서 한쪽에 머무르면서 세존께 아뢰어 말하였다.

"세존이시여. 저희들은 선하지 못하여 어린아이와 같이 어리석었고 복전을 알지 못하였으며 은혜로 길러주셨으나, 알지 못하여 세존의 가르침을 받아들이지 않았습니다. 저희들은 지금 스스로가 죄를 보았고 알았습니다. 오직 원하옵건대 세존이시여. 저희들의 참회를 받아주십시오."

세존께서는 왕사성의 비구니들에게 알리셨다.

"그대들은 선하지 못하여 어린아이와 같이 어리석었고 복전을 알지 못하였으며 은혜로 길러주었으나, 알지 못하여 세존께서 오라고 불렀어도 오지 않았고 떠나보내도 떠나가지 않았다. 그대들이 지금 스스로가 죄를 보았으니, 그대들이 허물을 참회하도록 허락하겠노라. 성스러운 법의 가운데에서 능히 허물을 참회하는 자는 선근이 증장하느니라. 지금부터는 다시 거듭하여 짓지 말라."

만약 비구 승가가 여법하게 비구니 승가를 부르면 비구니 승가는 법에 마땅하게 곧 와야 한다. 만약 오지 않는 자는 월비니죄를 얻고, 비구 승가는 마땅히 비구니 승가의 포살과 자자를 막아야 하고, 만약 왔더라도 문에 들어오는 것을 허락하지 않아야 한다. 만약 비구 승가가 여법하게 대중의 많은 비구니를 불렀거나, 한 비구니를 부르는 것도 역시 이와 같다.

만약 대중의 많은 비구가 여법하게 비구니 승가를 부르면 비구니 승가는 법에 마땅하게 곧 와야 한다. 만약 오지 않는 자는 월비니죄를 얻고, 마땅히 비구니 승가의 포살과 자자를 막아야 하고, 만약 왔더라도 문에 들어오는 것을 허락하지 않아야 한다. 만약 대중의 많은 비구가 여법하게 대중의 많은 비구니를 불렀거나, 한 비구니를 부르는 것도 역시 이와 같다.

만약 한 비구가 여법하게 대중의 많은 비구니를 불렀거나, 한 비구니를 불렀어도 법에 마땅하게 곧 와야 한다. 만약 오지 않는 자는 월비니죄를 얻고, 마땅히 비구니 승가의 포살과 자자를 막아야 하고, 만약 왔더라도 문에 들어오는 것을 허락하지 않아야 한다. 만약 대중의 많은 비구니이었 거나, 만약 한 비구니이었거나, 비구 승가를 향하였거나, 대중의 많은 비구를 향하였거나, 한 비구를 향하여 허물을 참회하는 법은 이전에 세존을 향하여 허물을 참회하는 법에서 자세하게 설한 것과 같다.

그때 세존께서는 왕사성의 비구니들을 위하여 수순하여 설법하시어 보여주셨고 가르쳤으며 이익되고 기쁘게 하셨다. 이때 한 비구니는 법안 정(法眼淨)을 얻었고, 세존께서는 여러 비구니에게 알리셨다.

"그대들은 떠나가라. 돌아가면서 왔던 길을 의지하고 때에 만약 오통거 사가 말하였거나, 만약 말하였던 것이 있다면 그대들이 마땅히 받아서 행하라."

그때 왕사성의 여러 비구니들은 곧 돌아오면서 오통거사의 취락으로 나아갔다. 이때 오통거사는 정(定)에 들어가서 이 여러 비구니들이 세존을 향하여 참회하였고 모두 청정하여 법기(法器)를 성취한 것을 보았다. 이때 오통거사는 상법과 같이 흰 암소의 마차를 타고서 1유연에서 맞이하 면서 멀리서 여러 비구니 승가를 보았고 곧 마차에서 내렸으며 걸어와서 오른 어깨를 드러내고 오른쪽 무릎을 땅에 대고서 합장하여 말하였다.

"잘 오셨습니다. 아이들이여. 도로를 다니면서 피로하지 않았습니까?"

거사는 곧 여러 비구니들을 청하여 앞에 있으면서 가게 하였고 뒤에서 따라서 돌아왔으며, 집안에 이르러 좋은 새로운 방과 평상과 요와 와구(臥 具)들을 주었고, 따뜻한 물을 주어서 발을 씻게 하였으며, 발에 바르는 기름을 주었고, 비시장을 주었으며, 밤에는 등불을 켰으며, 안위하고 문신하며 말하였다.

"아이들이여. 안은하게 머무십시오."

다음 날 아침에 치목과 양치질할 물을 공급하였고, 여러 종류의 죽을 주었으며, 때에 이르자 입맛에 따라서 음식을 주었고, 음식을 먹었으므로, 오른쪽 어깨를 드러내고 오른쪽 무릎을 땅에 대고서 합장하여 말하였다.

"나는 지금 아이들께 하안거를 청합니다. 내가 마땅히 필요한 옷·음식·
평상·질병(病瘦)에 필요한 의약품을 공급하고, 마땅히 가르침을 배우고
경과 게송을 받아 외우겠습니다. 오직 포살과 자자는 제외하겠습니다."

그때 여러 비구니들은 이렇게 생각을 지었다.

'지금은 이미 4월 12일이고 여름의 자리를 핍박받고 있다. 또한 세존께
서 다시 마땅히 〈오통거사의 말을 받아들이라.〉라고 칙명하셨다.'

이렇게 사유하고서 곧바로 청을 받아들여 하안거하였다. 거사는 날마
다 비구니들을 위하여 4념처(念處) 등을 말해였고, 여러 비구니들은 이
법을 듣고서 초야(初夜)부터 후야(後夜)까지 정근하였고 게으르지 않았으
며 성스러운 도(道)를 수습하여 증득을 성취하였고, 여러 비구니들은
자자를 받아들여서 마쳤으며, "우리들은 마땅히 세존께 나아가서 예경하
고 문신하며 스스로가 과(果)를 증득한 때를 말하겠습니다."라고 말하였
다.

여러 비구니들은 사위성을 향하였고 아난의 처소에 이르러 머리숙여
발에 예배하고 물러나서 한쪽에 머무르면서 존자 아난에게 알려 말하였
다.

"여래·응공·정변지께서는 여러 성문들을 위하여 4념처를 말씀하셨습
니다. 우리들은 초야부터 후야까지 정근하였고 게으르지 않았으며 성스
러운 도를 수습하여 증득을 성취하였습니다."

이렇게 말을 짓고서 곧 머물렀던 곳으로 돌아갔다. 여러 비구니들이
떠나가고 오래지 않아서 이때 존자 아난은 세존의 처소에 나아가서 머리숙
여 발에 예경하고 물러나서 한쪽에 머무르면서 왕사성의 여러 비구니들이
말한 것을 세존께 갖추어 아뢰었고, 나아가 도를 수습하여 증득한 것을
아뢰었고, 다시 세존께 아뢰어 말하였다.

"이러한 일은 무엇입니까? 오직 원하옵건대 설명하여 주십시오."

세존께서는 아난에게 알리셨다.

"여러 비구니들이 말한 것과 같아서 진실로 다르지 않네. 왜 그러한가?
만약 비구·비구니·우바새·우바이 등이 그것에 능히 4념처에 정근하고

수습한다면 일체의 모두가 증득을 성취할 것이네."

[『사념처경』의 가운데 자세히 설한 것과 같다.]

그때 여러 비구들이 세존께 아뢰어 말하였다.

"세존이시여. 무슨 인연이 있어서 왕사성의 비구니들이 세존에게 은혜와 분수를 알지 못하였고, 사위성에 와서 아난의 처소에 나아갔으며, 세존을 보지 못하였고, 우타이가 막대를 잡고서 쫓아내게 하였으며, 존자 아난은 은근하게 청하며 구하였습니까? 오직 원하옵건대 설명하여 주십시오."

세존께서 여러 비구들에게 알리셨다.

"이 여러 비구니들은 다만 오늘에 나의 은혜와 분수를 알지 못하였고, 우타이가 막대기를 잡고서 쫓아냈으며, 아난이 은근하게 청하며 구한 것이 아니고, 과거 세상의 때에서도 이미 일찍이 이와 같았느니라."

[『상왕본생경(象王本生經)』의 가운데 자세히 설한 것과 같다.]

마하승기율 제13권

동진 천축삼장 불타발타라·법현 공역
석보운 번역

2) 단제 92사의 법을 밝히다 ②

세존께서 사위성에 머무셨으며, 자세한 설명은 앞에서와 같다.

이때 성의 가운데에 크게 부유한 음녀의 집이 있었는데, 재보(財寶)가 매우 많아서 여러 종류를 성취하였고 창고가 가득하고 넘쳤어도 수비가 견고하여 바깥의 도둑들이 엿보았고 구하여도 얻는 자가 없었다. 이때 어느 한 도둑 두목은 방편을 잘 지었고 사자를 보내어 음녀에게 말하였다.

"우리들은 어느 연못 위에 나아가서 많은 음녀들을 청하여 여러 종류의 음식을 베풀고 스스로가 뜻을 따라서 오락하고자 하오. 그대는 곧 스스로가 좋게 장엄하고서 그 연못 위로 나아가면서 좋지 못한 장엄으로 그들이 비웃지 않게 하시오."

여인의 마음은 질투로써 이전의 이름을 수승함으로 삼는다. 옷 위에 둥글고 네모난 영락으로 모두 몸을 꾸미고서 여러 종류로 장식하여 광염(光焰)이 눈을 비추게 하고서 그가 청하는 곳으로 나아갔다. 이때 도둑의 두목은 방편으로 유도(誘導)하여 데리고 매우 깊숙한 곳으로 피하고 숨었으므로 음녀가 물어 말하였다.

"이전에 청한 여러 여인들은 지금 어디에 있습니까?"

대답하여 말하였다.

"잠깐 사이에 마땅히 이를 것이니, 잠시 환락(歡樂)을 지읍시다."

그때 음녀는 이렇게 생각을 지었다.

'지금 이 사람을 보건대 도둑이고 의심할 것이 없다. 무슨 까닭으로 그것을 알겠는가? 이곳이 본래 약속했던 곳이 아니고, 또한 여러 여인들은 모두 오지 않았으며, 날이 마침내 저물고 있다.'

음녀는 곧 말하였다.

"나는 집으로 돌아가고자 합니다."

도둑의 두목은 알려 말하였다.

"잠시 서로 오락합시다. 어찌하여 서두르는 것이오?"

이때 음녀가 사유하였다.

'이 자는 바로 도둑질을 지을 것이니, 반드시 그에게 곤욕(困辱)을 당할 것이다. 나에게 묘한 기술이 64종류가 있으니, 지금이 바로 이때이다. 만약 사용하지 않는다면 무슨 까닭으로 벗어나겠는가?'

그때 이 여인은 거짓으로 애교를 부리면서 사랑스러운 모습을 나타내었고 도적의 두목과 술잔을 나누면서 스스로가 음주하는 것과 같게 하였고 도둑의 두목에게 권유하여 모두 마시게 하였다. 겉으로는 은근하게 요사스러운 애교로 친근함을 나타내고 속마음으로는 멀리하면서도 그 도둑의 마음으로 탐닉하게 하였고 혹은 열락(悅樂)하게 하여서 다시 의심하지 않게 하였다. 이때 도둑의 두목은 혼자서 음녀를 데리고 한 가려진 곳에 이르렀으나 술기운이 마침내 일어나서 취하였고 정신이 없었다. 이 여인은 천천히 몸을 거두고 도둑의 옆을 떠났고, 몸의 장신구들을 거두고서 사위성으로 향하였으나, 성문은 이미 닫혀 있었고, 기원정사로 향했으나 사찰의 문도 역시 닫혀 있었다.

그때 문밖에 어느 한 장로 비구는 가로(迦盧)라고 이름하였고, 문밖으로 나가서 멀지 않은 한 가려진 곳에 승상(繩床)[1]을 펴고 앉아 있었는데, 그의 옷이 사방으로 흘러내렸다. 그 음녀는 두려움의 가운데에서 안은한 곳에 이르렀고, 곧 장로의 승상 아래로 들어갔으나, 그때 가로 비구는

---

1) 노끈으로 얽어서 만들어서 접거나 펼칠 수 있게 만든 평상을 가리킨다.

삼매에 들어갔으므로 승상의 아래를 관찰하지 않았다. 도둑의 두목은 밤중이 지난 뒤에 술에서 깨어나서 음녀의 옷을 벗기고자 찾았으나 보이지 않았다. 도둑의 두목은 여러 부하들에게 물어 말하였다.

"그대들은 그 여인을 보았는가?"

모두가 말하였다.

"보지 못하였습니다."

각자가 등불을 들고서 구하면서 찾았으나 모두가 있는 곳을 알지 못하였고, 다시 서로에게 의논하여 말하였다.

"만약 이와 같다면 찾을 수 없으니, 마땅히 발자국으로 찾읍시다."

곧 발자국을 따라서 사위성에 이르렀으나 성문이 닫혔고, 다시 발자국을 따라서 기원의 문 아래에 이르렀으나, 발자국을 잃어서 어디로 향하였는가를 알지 못하였으며, 도둑들이 비록 이 비구를 보았으나 의심하는 마음이 없었다. 그때 하늘의 시간이 새벽을 향하였고 사위성의 가운데에서 새벽을 알리는 북을 쳤으며, 다시 코끼리·말·닭·개의 소리들이 들렸다. 그때 도둑의 부하들이 곧 서로에게 의논하여 말하였다.

"지금 이 여인을 놓쳐서 어느 곳인가를 알 수 없고 하늘이 다시 밝으려고 하니 마땅히 오래 머물 수 없소. 마땅히 수풀 속에 숨겨진 곳으로 피해야 하오."

이렇게 생각을 짓고서 곧 숲속으로 돌아갔다. 하늘은 밝았고 성안의 사람들과 코끼리와 말과 수레들이 성에서 나왔고, 또한 여러 우바새도 성에서 나와 세존께 예경하고서 가로 비구를 지나면서 이 음녀가 승상의 아래에서 나오는 것을 보았다. 여러 사람이 보고서 비난하고 싫어하면서 말하였다.

"이곳은 아련야인데 어찌하여 납의(納衣)를 입고 걸식하면서 밤이 지나도록 음녀와 함께 일을 따르고서 새벽에 풀어주어 보내는가? 사문법을 잃었는데, 무슨 도가 있겠는가?"

그때 장로 타표마라자(陀驃摩羅子)와 가로 비구의 추한 소문이 유포되었고, 여러 비구들이 듣고서 세존께 갖추어 아뢰었다. 세존께서는 비구들에게 말씀하셨다.

"비구인 이 타표와 가로 비구는 범행이 아닌 악을 행하였고, 악한 소문이 유포되었으니, 그대들은 마땅히 가려진 곳에서 세 번을 묻도록 하고, 많은 사람의 가운데에서 세 번을 묻도록 하며, 승가의 가운데에서 세 번을 묻도록 하라. 가려진 곳에서 묻는 자는 이렇게 물어야 한다.

'장로 타표와 가라여. 여러 범행인들이 이러한 일을 이렇게 말을 짓고 있는데, 이 일을 압니까?' '지었던 것을 알지 못하고 기억하지도 못합니다.'라고 말한다면, 이와 같이 두 번·세 번째에도 묻도록 하고, 많은 사람 가운데서도 이와 같이 세 번을 묻도록 하며, 대중 승가의 가운데서도 역시 이와 같이 세 번을 묻도록 하라."

여러 비구들이 세존께 아뢰어 말하였다.

"세존이시여. 이 타표와 가로 비구에게 이미 가려진 곳에서 세 번을 물었고, 많은 사람 가운데서 세 번을 물었으며, 승가의 가운데서도 세 번을 물었으나, 스스로가 '지은 것을 알지 못하고 기억하지도 못합니다.'라고 말하였습니다."

세존께서는 여러 비구들에게 알리셨다.

"이 타표와 가로 비구가 청정하여 무죄라면, 승가는 마땅히 억념비니를 주어서 멸쟁하고, 청정하게 함께 머물도록 하라."

구청갈마(求聽羯磨)를 지으면서 갈마하는 자는 마땅히 이렇게 말을 지어야 한다.

"대덕 승가께서는 허락하십시오. 이 장로 타표와 가로는 여러 범행인들에게 '스스로가 지은 것을 알지 못하고 기억하지도 못합니다.'라고 이렇게 말을 지었습니다. 만약 승가께서 때에 이르렀다면, 승가께서는 장로 타표와 가로에게 승가를 쫓아서 억념비니로 멸쟁을 애원하여 청정하게 머물게 하고자 합니다. 여러 대덕들께서는 이 타표와 가로 비구가 승가를 쫓아서 억념비니로 멸쟁을 애원하여 청정하게 머무는 것을 허락하십시오. 승가께서 묵연하게 인정하신 까닭으로 이 일을 이와 같이 지니겠습니다."

애원하는 법은 이 타표와 가로 비구는 오른쪽 어깨를 드러내고 가죽신을 벗으며 오른쪽 무릎을 땅에 대고서 이렇게 말을 짓도록 하라.

"우리 타표와 가로 비구는 여러 범행인들께 이렇게 말을 지었습니다. '우리들은 지은 것을 알지 못하고 기억하지도 못합니다.' 우리들 타표와 가로는 승가를 쫓아서 억념비니로 멸쟁하고 청정하게 머물고자 애원합니다. 오직 원하건대 승가께서는 우리에게 억념비니를 주시어 멸쟁하고 청정히 머물게 하십시오."

이와 같이 두 번·세 번째도 애원해야 한다. 갈마인은 마땅히 이렇게 말을 지어야 한다.

"대덕 승가께서는 허락하십시오. 이 장로 타표와 가로는 여러 범행인에게 '스스로가 지었던 것을 알지 못하고 기억하지도 못합니다.'라고 이렇게 말을 지었고, 승가를 쫓아서 억념비니로 멸쟁하고 청정하게 머무는 것을 애원하고 있습니다. 만약 승가께서 때에 이르렀다면 승가께서는 장로 타표와 가로에게 억념비니를 주어서 멸쟁하고 청정히 머물게 하십시오. 이와 같이 아룁니다.'

'대덕 승가께서는 허락하십시오. 장로 타표와 가로는 여러 범행인에게 스스로가 지은 것을 알지 못하고 기억하지도 못한다고 이렇게 말을 지었고, 승가를 쫓아서 억념비니로 멸쟁하고 청정하게 머물고자 애원하고 있습니다. 승가께서는 지금 장로 타표와 가로에게 억념비니를 주어서 멸쟁하고 청정히 머물게 하십시오. 여러 대덕들께서 장로 타표와 가로에게 억념비니를 주어서 멸쟁하고, 청정하게 머무는 것을 인정하신다면 묵연하시고 만약 인정하지 않으신다면 말씀하십시오.'"

이것이 처음의 갈마이다. 이와 같이 두 번·세 번째도 말해야 한다.

"승가께서는 이미 장로 타표와 가로에게 억념비니를 주어서 멸쟁하고 청정하게 머물도록 하는 것을 마쳤습니다. 승가께서 묵연하게 인정하신 까닭입니다. 이 일을 이와 같이 지니겠습니다."

세존께서는 여러 비구들에게 물으셨다.

"타표와 가로에게 이미 억념비니를 주었는가?"

대답하여 말하였다.

"이미 주었습니다."

세존께서 말씀하셨다.

"비구가 5법을 성취하였어도 비법(非法)으로 억념비니를 주나니, 무엇이 다섯 가지인가? 청정하지 않으면서 청정하다고 생각하면서 주는 것, 청정하면서 청정하지 않다고 생각하며 주는 것, 먼저 검교하지 않는 것, 비법인 것, 화합하지 않는 것이니, 이것을 다섯 가지의 비법으로 억념비니를 주었다고 이름한다. 다섯 가지의 여법하게 억념비니를 주는 것이 있으니, 무엇이 다섯 가지인가? 청정하였고 청정하다고 생각하여 주는 것, 청정하지 않은 것을 청정하지 않다고 생각하며 주는 것, 먼저 검교하는 것, 여법한 것, 화합하는 것이니, 이것을 다섯 가지의 여법하게 억념비니를 주었다고 이름하느니라."

이때 여러 비구들이 세존께 아뢰어 말하였다.

"세존이시여. 어찌하여 이 음녀는 도둑에게 쫓기게 되었습니까?"

세존께서 말씀하셨다.

"다만 오늘에 도둑에게 쫓긴 것이 아니고, 지나간 세상의 때에서도 일찍이 그들에게 쫓겼느니라."

[『원가본생경(怨家本生經)』의 가운데 자세히 설한 것과 같다.]

그때 존자 아난은 세존의 처소에 이르러 머리숙여 발에 예경하고 한쪽에 머무르면서 세존께 아뢰어 말하였다.

"세존이시여. 무엇을 억념비니라고 이름합니까?"

세존께서 말씀하셨다.

"만약 비구가 비구를 '만약 바라이이거나, 승가바시사이거나, 바야제이거나, 바라제제사니이거나, 월비니죄를 범하였다.'라고 비방하였다면, 마땅히 빠르게 대중을 모을 것이고, 빠르게 대중이 모였다면, 이 비구의 화상이거나, 아사리이거나, 친구이거나, 지식에게 '장로여. 그대는 어느 비구의 이전부터의 사람됨을 아는가? 계행을 아는가? 누구와 비슷한가? 누가 지식인가? 그의 지식들이 선한가? 악한가?'라고 이렇게 말을 지을 것이고, 만약 '누구는 이전부터 계행을 수지하여 청정하였고, 선지식(善知識)과 함께 친구이며, 작은 죄를 범하여도 마음으로 부끄러워하면서 빨리 없애고자 참회하였다.'라고 대답하였다면, 이와 같은 사람에게 승가는 마땅히 억념비니를 주어야 한다.

만약 '나는 그 비구는 이전부터 계행이 청정하지 않았고, 또한 악지식(惡知識)의 일을 따랐으며, 죄를 범하여도 능히 여법하게 참회하지 않았다고 알고 있습니다.'라고 말하였다면, 아난이여. 이와 같은 비구에게 승가는 마땅히 억념비니를 주어도 멸쟁시킬 수 없느니라.

이와 같아서 아난이여. 여법하고 율에 같다면 억념비니를 주어 비방의 다툼을 멸해야 하느니라. 만약 객비구이거나, 만약 떠나가는 비구이거나, 만약 여욕(與欲)의 비구이거나, 만약 불견욕(不見欲) 비구이거나, 만약 앉아서 졸았던 비구이거나, 새롭게 계율을 받은 비구와 같은 이러한 여러 비구들이 '이와 같이 갈마를 짓더라도 성취되지 못하고, 여법하지 않으며, 우치(愚癡)하고 무지(無智)하며, 세존과 별도이고, 법과 별도이며, 승가와 별도이므로, 소나 양과 같아서 선한 갈마가 아니므로 성취되지 못한다.'라고 말하여, 이와 같이 다시 일으켜서 짓는 자는 바야제를 범한다. 이것을 비방하여 투쟁하는 것을 억념비니로써 멸쟁시킨다고 이름한다."

무엇을 비방하여 투쟁하는 것을 불치비니로 멸쟁한다고 말하는가?
세존께서는 사위성에 머무르셨으며, 자세한 설명은 앞에서와 같다.
존자 겁빈나(劫賓那)에게는 두 명의 공행제자(共行弟子)가 있었으며, 첫째는 난제라고 이름하였고, 둘째는 발차난제(鉢遮難提)라고 이름하였다. 이 두 비구는 본래 광치병(狂癡病)[2]이 있어서 병의 때에는 여러 종류의 비법을 지었으나, 지금 병이 나았다. 여러 범행인들이 오히려 옛날 그들이 어리석고 미쳤을 때에 지었던 것을 말하였고, 이 두 비구는 이러한 말을

---

2) 미치고 어리석음이 나타나는 병을 가리킨다.

듣고 수용하면서 부끄러워하였으며, 이러한 인연으로써 여러 비구들에게 말하였다. 여러 비구들이 이 일을 갖추어 세존께 아뢰었고, 세존께서는 말씀하셨다.

"이 난제와 발차난제는 본래 광치병의 때는 여러 종류의 비법을 지었느니라. 지금은 어리석고 미친병이 나았으나, 여러 범행인들이 오히려 옛날 그들의 어리석고 미쳤던 때에 지었던 것을 말하는구나."

세존께서는 여러 비구들에게 알리셨다.

"그대들은 마땅히 가려진 곳에서 세 번을 묻도록 하고, 많은 사람의 가운데에서 세 번을 묻도록 하며, 승가의 가운데에서 세 번을 묻도록 하라. 가려진 곳에서 묻는 자는 마땅히 이렇게 말을 지어야 한다.

"장로여. 여러 범행인들이 이렇게 말을 지었는데, 그대는 아는가?"

대답하여 말하였다.

"지은 것을 알지 못하고 기억하지도 못합니다."

이와 같이 두 번·세 번째에도 묻도록 하고, 많은 사람 가운데서도 이와 같이 세 번을 묻도록 하며, 대중 승가의 가운데서도 역시 이와 같이 세 번을 물었고, 이 여러 비구들은 이러한 일로써 세존께 가서 아뢰었다.

"세존이시여. 이미 가려진 곳에서 세 번을 물었고, 많은 사람의 가운데에서도 세 번을 물었으며, 승가의 가운데에서도 세 번을 물었으나, '지은 것을 알지 못하고 기억하지도 못합니다.'라고 스스로가 말하였습니다."

세존께서는 여러 비구들에게 알리셨다.

"이 두 비구가 본래 어리석었고 미쳤으나, 지금은 어리석지 않고 미치지도 않았는데, 여러 범행인들이 이전의 어리석고 미쳤을 때 행을 말하는구나. '스스로가 지었던 것을 알지 못하고 기억하지도 못합니다.'라고 말하였으므로, 승가는 마땅히 불치비니를 주어서 멸쟁시켜야 하느니라."

작법(作法)하는 자는 마땅히 구청갈마를 지으면서 창언해야 한다.

"대덕 승가께서는 허락하십시오. 이 장로 난제와 발차난제는 본래 어리석었고 미쳤으나, 지금은 어리석지 않고 미치지 않았습니다. 여러 범행인들이 이전의 어리석고 미쳤을 때 행을 말하였어도 스스로는 지었던 것을 알지 못하고 기억하지도 못합니다. 승가께서 때에 이르렀다면 승가는 이 난제와 발차난제 비구에게 승가를 좇아서 불치비니를 애원하여 멸쟁하고자 합니다. 여러 대덕들께서 이 난제와 발차난제가 승가를 좇아서 불치비니로 멸쟁하고자 애원하는 것을 허락하십시오. 승가께서는 묵연하게 인정하신 까닭으로, 이 일을 이와 같이 지니겠습니다."

애원하는 법은 난제와 발차난제는 오른쪽 어깨를 드러내고 호궤(胡跪) 합장하고서 마땅히 이렇게 말을 지어야 한다.

"우리들 누구는 본래 어리석었고 미쳤었으나, 지금은 어리석고 미치지 않았는데, 여러 범행인들이 이전의 어리석고 미쳤던 행을 말합니다. 우리들은 지었던 것을 알지도 못하고 기억하지도 못합니다. 지금 승가를 좇아서 불치비니로 멸쟁하고자 애원합니다. 오직 원하건대 승가께서는 우리에게 불치비니를 주시어 멸쟁시켜 주십시오."

이와 같이 두 번·세 번을 애원해야 한다. 승가는 마땅히 그 비구에게 말해야 한다.

"승가에서는 그대들의 일을 말하는 자가 없습니다. 그대들의 일을 말한다면 그대들이 마땅히 가서 말하고 다시 말하지 않게 하십시오."

이 비구는 마땅히 그 비구들의 처소에 가서 말해야 한다.

"장로여. 나는 이전에 미치고 어리석었던 때에 지었던 것을 나는 지금 알지 못하고 기억하지 못합니다. 원하건대 장로께서는 다시는 내가 미치고 어리석었던 때에 지었던 것을 말하지 마십시오."

그들이 만약 멈추면 좋으나, 만약 멈추지 않는다면 마땅히 그들의 화상·아사리·친구·지식에게 말해야 한다.

"장로여. 그대의 제자이거나, 만약 친구·지식이 내가 본래 어리석었고 미쳤던 때에 지었던 일을 말하여도, 나는 지었던 것을 알지 못하고 기억하지도 못합니다. 원하건대 장로께서 나를 위하여 그들을 꾸짖어서 다시 거듭하여 말하지 않게 하십시오."

그들의 화상과 아사리는 마땅히 꾸짖어 말해야 한다.

"그대는 선하지 않고 계상(戒相)을 알지 못하는구려. 세존께서는 어리석고 미쳐서 마음이 어지러워서 지었다면 무죄라고 말씀하신 것을 듣지 못하였는가?"

그 일을 말하였던 사람이 받아들인다면 좋으나, 그때 승가는 마땅히 갈마를 지어야 한다.

갈마인은 이와 같이 창언해야 한다.

"'대덕 승가께서는 허락하십시오. 이 장로 난제와 발차난제는 본래 어리석었고 미쳤으나, 지금은 어리석지 않고 미치지 않았습니다. 여러 범행인들이 이전의 어리석고 미쳤을 때 행을 말하였어도 스스로는 지었던 것을 알지 못하고 기억하지도 못하였고, 승가를 쫓아서 불치비니로 멸쟁하고자 애원하고 있습니다. 만약 승가께서 때에 이르렀다면 승가께서는 난제와 발차난제에게 불치비니를 지어서 주십시오. 이와 같이 아룁니다.'

'대덕 승가께서는 허락하십시오. 이 장로 난제와 발차난제는 본래 어리석었고 미쳤으나, 지금은 어리석지 않고 미치지 않았습니다. 여러 범행인들이 이전의 어리석고 미쳤을 때의 행을 말하였어도 스스로는 지었던 것을 알지 못하고 기억하지도 못하고, 승가를 쫓아서 불치비니로 멸쟁하고자 애원하였습니다. 승가께서는 누구에게 불치비니로 멸쟁을 지어서 주십시오. 여러 대덕들께서 이 난제와 발차난제에게 불치비니로 멸쟁하는 것을 허락하신다면 묵연하시고, 만약 허락하지 않는다면 곧 말씀하십시오.'"

이것이 처음의 갈마이다. 이와 같이 두 번·세 번째도 말해야 한다.

"승가께서는 이미 누구와 누구에게 불치비니를 주어서 멸쟁시키는 것을 마쳤습니다. 승가께서 인정하신 것은 묵연하였던 까닭입니다. 이 일을 이와 같이 지니겠습니다."

세존께서 여러 비구들에게 물으셨다.

"이미 난제와 발차난제에게 불치비니를 주었는가?"

대답하여 말하였다.

"이미 그에게 불치비니를 주었습니다. 세존이시여."

세존께서 말씀하셨다.

"비구가 5법을 성취하였어도 비법(非法)으로 불치비니를 주나니, 무엇이 다섯 가지인가? 어리석지 않으면서 어리석다고 생각하면서 주는 것, 청하며 구하지 않았는데 일을 거론하는 것, 사람이 시키면서 마음이 유연하지 않은 것, 승가를 쫓아서 불치비니를 애원하지 않는 것, 비법인 것, 화합하지 않는 것이니, 이것을 다섯 가지의 비법을 성취하고 불치비니로 멸쟁을 주었다고 이름한다. 다섯 가지의 여법한 불치비니를 주는 것이 있으니, 무엇이 다섯 가지인가? 어리석지 않으면서 어리석지 않다고 생각하면서 주는 것, 청하며 구하였고 일을 거론하는 것, 사람이 시키면서 마음이 유연한 것, 승가를 쫓아서 불치비니를 애원한 것, 여법한 것, 화합한 것이니, 이것을 다섯 가지의 여법한 불치비니를 주었다고 이름하느니라."

이때 존자 아난은 세존의 처소로 나아가서 머리숙여 발에 예경하고 세존께 아뢰어 말하였다.

"세존이시여. 이를테면, '불치비니로 멸쟁한다.'는 무엇을 불치비니라고 이름합니까?"

세존께서는 아난에게 알리셨다.

"어느 비구가 본래는 어리석었으나 지금은 어리석지 않았는데, 여러 범행인들이 이전의 어리석었던 행을 말하였다면, 그때 마땅히 빠르게 승가를 모을 것이고, 승가가 모였다면 수다라와 같고 비니와 같게 이 비구의 일의 실제를 따라서 불치비니를 주어야 하느니라. 이와 같아서 아난이여. 여법하고 율과 같으며 세존의 가르침과 같게 불치비니로써 비방하며 투쟁하는 일을 멸쟁시켜야 하느니라. 만약 객비구가 나아가 우치하고 무지하여 소나 염소와 같아서 다시 일으키는 자는 바야제를 범한다. 이것을 불치비니로써 비방하며 투쟁하는 일을 멸쟁시킨다고 이름하느니라."

'죄를 다투다.'는 만약 비구와 비구가 서로의 죄와 허물을 만약 바라이이거나, 나아가 월비니죄라고 비방하는 것이다. 이러한 죄의 투쟁은 두 가지의 비니로써 멸쟁시켜야 하나니 이를테면, 자언비니(自言毘尼)와 멱죄비니(覓罪毘尼)이다.

'자언비니'는 세존께서는 사위성에 머무르셨는데, 혜명(慧命) 라후라(羅睺羅)는 때에 이르러 취락에 들어가는 옷을 입고 발우를 지니고 사위성에 들어가서 차례로 걸식하였고 정사에 돌아와서 음식을 먹고서 옷과 발우를 잡고서 일상적인 곳에 놓아두고서 니사단을 지니고 좌선하고자 득안림(得眼林)으로 향하였다. 도로의 가운데에 한 비구가 여인과 함께 비법을 짓는 것을 보았고, 이 악한 비구는 이렇게 생각을 지었다.

'세존의 아들인 라후라는 내가 비법을 짓는 것을 보았으니, 반드시 세존께 말할 것이다. 따라서 그가 세존께 말하기 전에 내가 마땅히 세존의 처소에 나아가서 그의 허물을 말해야겠다.'

이때 악한 비구는 세존의 처소에 나아가서 머리숙여 발에 예경하고서 아뢰어 말하였다.

"세존이시여. 저는 존자 라후라가 득안림에 나아가는 도로의 가운데에서 여인과 함께 비법의 일을 짓는 것을 보았습니다."

그때 세존께서는 묵연히 대답하지 않으셨다. 이때 존자 라후라는 한 나무의 아래에서 삼매에 들어갔고 선정(禪定)에서 일어나서 왔으며 세존의 처소에 나아갔으며, 악한 비구의 일을 기억하지 않고서 상법(常法)과 같이 머리숙여 발에 예경하고 물러나서 한쪽에 머물렀다. 그때 세존께서는 라후라에게 이전의 일을 기억하게 하려는 까닭으로, 곧 악한 비구의 모습으로 변화하여 그의 앞에 있게 하였고, 라후라는 보고서 곧 본래의 기억이 일어나서 세존께 아뢰었다.

"제가 득안림의 안으로 향하면서 도로의 가운데에서 이 비구가 여인과 함께 비법을 짓는 것을 보았습니다."

세존께서 말씀하셨다.

"라후라여. 그 비구도 역시 이렇게 말을 지었느니라. '저는 라후라가 도로의 가운데에서 비법을 짓는 것을 보았습니다.' 이러한 일은 무엇인가?"

라후라는 세존께 아뢰어 말하였다.

"세존이시여. 저에게 이러한 법은 없습니다."

세존께서 라후라에게 알리셨다.

"만약 그 비구도 역시 '저에게 이러한 법은 없습니다.'라고 이렇게 말하였다면, 이러한 일은 무엇인가?"

라후라는 다시 세존께 아뢰어 말하였다.

"세존이시여. 만약 이와 같더라도 오직 세존께서는 저를 아실 것입니다."

세존께서 말씀하셨다.

"그가 다시 비구도 역시 '오직 세존께서는 저를 아실 것입니다.'라고 이렇게 말하였다면, 이러한 일은 무엇인가?"

라후라는 다시 세존께 아뢰어 말하였다.

"오직 원하옵건대 저에게 자언비니(自言毘尼)를 주어서 다스리십시오."

세존께서는 다시 라후라에게 알리셨다.

"만약 그 비구가 역시 원하옵건대 '세존께서는 저에게 자언비니를 주어서 다스리십시오.'라고 이렇게 말하였다면, 다시 마땅히 무엇인가?"

라후라는 다시 세존께 아뢰어 말하였다.

"만약 다시 그와 같다면 원하옵건대 세존께서는 저희 두 사람에게 함께 자언비니를 주십시오."

그때 세존께서는 대중의 많은 비구의 처소에 가셨고 니사단을 펼치고 앉으시어 여러 비구들에게 앞의 일을 자세히 설명하시고 말씀하셨다.

"이 비구에게 알리겠나니, 이 비구에게 자언비니를 주어서 멸쟁하라. 왜 그러한가? 미래의 세상에 혹은 악한 비구가 있어서 청정한 비구를 비방하였고, 비구가 자언비니로 다스리는 것을 얻지 못한다면, 곧 쫓겨나는 까닭이니라."

세존께서는 여러 비구들에게 알리셨다.

"여덟 가지의 비법이 있다면 자언비니를 주도록 하라. 무엇이 여덟 가지인가? 무거운 것을 물었는데 가볍다고 말한다면 가벼운 일은 진실하지 않으니, 이것을 비법이라고 이름하며 자언비니를 주어서 다스릴 것이며, 가벼운 것을 물었는데 무겁다고 말하였거나, 남았는가를 물었는데 남아있지 않았다고 말하였거나, 남아있지 않았는가를 물었는데 남았다고 말하였거나, 가벼움을 물었는데 가볍다고 말하였거나, 무거움을 물었는데 무겁다고 말하였거나, 남았는가를 물었는데 남았다고 말하였거나, 남지 않았는가를 물었는데 남지 않았다고 말하였다면, 이와 같은 하나하나가 모두 진실하게 말하지 않은 것이니, 이것을 비법이라고 이름하며 자언비니를 주어서 다스리도록 하라.

　여덟 가지의 여법한 자언비니를 주어서 다스리는 것이 있으니, 무엇이 여덟 가지인가? 무거움을 물었는데 가볍다고 말하였다면 진실로 가벼운 죄가 있었고 가볍다고 말하였으므로, 이것을 여법하다고 이름하고 자언비니를 주어서 다스리는 것이다. 가벼움을 물었는데 무겁다고 말하였거나, 남았는가를 물었는데 남지 않았다고 말하였거나, 남지 않았는가를 물었는데 남았다고 말하였거나, 무거움을 물었는데 무겁다고 말하였거나, 가벼움을 물었는데 가볍다고 말하였거나, 남았는가를 물었는데 남았다고 말하였거나, 남지 않았는가를 물었는데 남지 않았다고 말하였다면, 이와 같은 하나하나가 모두 진실하게 말하는 것이니, 이것을 여법하다고 이름하며 자언비니를 주어서 다스리도록 하라.”

　이때 존자 아난은 세존의 처소로 나아가서 머리숙여 발에 예경하고 세존께 아뢰어 말하였다.
　“세존이시여. 이를테면, ‘자언비니로 멸쟁한다.’는 무엇을 자언비니라고 이름합니까?”
　세존께서는 아난에게 알리셨다.
　“만약 비구와 비구가 서로의 죄와 허물을 만약 바라이거나, 나아가 월비니죄라고 비방하였다면, 아난이여. 그때 마땅히 빠르게 승가를 모을 것이고, 승가가 모였다면 수다라와 같고 비니와 같게 이 비구의 일의 실제를 따라서 자언비니를 주어야 하느니라. 이와 같아서 아난이여. 여법하고 율과 같으며 세존의 가르침과 같게 자언비니를 사용하여 일을 멸쟁시켜야 하느니라. 만약 객비구가 나아가 다시 일으키는 자는 바야제를 범한다. 이것을 자언비니로 죄의 투쟁을 멸쟁시킨다고 이름하느니라."

'멱죄상비니(覓罪相毘尼)'는 세존께서는 사위성에 머무셨는데, 장로 시리야바(尸利耶婆)는 자주자주 승가바시사를 범하였으므로, 대중 승가는 모여서 갈마의 일을 짓고자 하는 때에 시리야바가 오지 않았으므로 곧 사자를 보내었고 가서 불렀다.

"장로 시리야바여. 대중 승가는 모여서 법사(法事)를 짓고자 합니다."

시리야바는 생각하며 말하였다.

'바로 마땅히 나를 위하여 갈마를 지으려는 까닭이다.'

곧 마음에 무서움이 생겨났으나 부득이 왔다. 여러 비구들이 물어 말하였다.

"장로여. 승가바시사를 범하였습니까?"

대답하여 말하였다.

"범하였습니다."

그는 환희심이 생겨나서 이렇게 생각을 지었다.

'범행인들이 나의 주변에서 참회할 일을 거론하였으니 다스릴 일은 아니구나.'

대중 승가에게 알려 말하였다.

"내가 잠시 나가는 것을 허락하십시오."

여러 비구들이 뒤에서 이렇게 정확하지 않은 사람이고, 나간다면 잠깐 사이에 마땅히 지을 것이니, 마땅히 세 번을 바로 사실인가를 묻고서 그러한 뒤에 갈마를 지어야 합니다."

시리야바가 이렇게 생각을 지었다.

'나는 무슨 까닭으로 이러한 죄를 받아야 하는가? 여러 비구들이 자주자주 나의 죄를 다스렸으니, 나는 지금 마땅히 이러한 죄를 받지 않겠다.'

　여러 비구들이 곧 시리야바를 불렀고 들어왔으므로, 여러 비구들이 물었다.
　"그대가 진실로 승가바시사를 범하였습니까?"
　대답하여 말하였다.
　"범하지 않았습니다."
　여러 비구들이 물었다.
　"이전에 그대는 무슨 까닭에 승가의 가운데에서 이러한 죄가 있다고 말하고서, 다시 범하지 않았다고 말합니까?"
　시리야바가 말하였다.
　"나는 이러한 일을 기억하지 못합니다."
　여러 비구들이 이 일로써 세존께 아뢰었고, 세존께서는 말씀하셨다.
　"시리야바를 불러오라."
　왔으므로 세존께서는 이 일로서 자세히 시리야바에게 물으셨다.
　"그대가 진실로 그렇게 하였는가?"
　대답하여 말하였다.
　"진실로 그렇습니다."
　세존께서는 여러 비구들에게 알리셨다.
　"시리야바는 대중 승가의 가운데에서 죄가 있으나 죄가 없다고 말하였고, 죄가 없으나 다시 죄가 있다고 말하였으며, 스스로가 '나는 기억하지 못한다.'라고 이렇게 말을 지었으니, 승가는 마땅히 멱죄상비니를 주어서 멸쟁시키도록 하라."
　갈마인은 마땅히 이렇게 말을 짓도록 하라
　"대덕 승가께서는 허락하십시오. 승가의 가운데에서 죄가 있으나 죄가 없다고 말하였고, 죄가 없으나 다시 죄가 있다고 말하였으며, 스스로가 〈나는 기억하지 못한다.〉라고 말하였습니다. 만약 승가께서 때에 이르렀다면 승가께서는 시리야바 비구에게 멱죄상비니를 주어서 멸쟁시키십시오. 이와 같이 아룁니다.'
　'대덕 승가께서는 허락하십시오. 시리야바 비구는 죄가 있으나 죄가

없다고 말하였고, 죄가 없으나 다시 죄가 있다고 말하였으며, 스스로가
〈나는 기억하지 못한다.〉라고 말하였습니다. 승가께서는 지금 시리야바
비구에게 멱죄상비니를 주어서 멸쟁시키십시오. 여러 대덕들께서 시리야
바 비구에게 멱죄상비니로 멸쟁하는 것을 허락하신다면 묵연하시고,
만약 허락하지 않는다면 곧 말씀하십시오.'"

　이것이 처음의 갈마이다. 이와 같이 두 번·세 번째도 말해야 한다.

　"승가께서는 시리야바 비구에게 멱죄상비를 주어서 멸쟁하는 것을
마쳤습니다. 승가께서 인정하신 것은 묵연하였던 까닭입니다. 이 일을
이와 같이 지니겠습니다."

　세존께서 여러 비구들에게 말씀하셨다.

　"이 비구에게 승가가 멱죄상비니의 갈마를 지어서 마쳤다면, 이 비구는
마땅히 목숨이 마치도록 여덟 가지의 법을 행해야 한다. 무엇이 여덟
가지인가? 사람을 제도할 수 없고, 사람들과 함께 구족계를 받을 수
없으며, 의지를 받을 수 없고, 승가의 청하는 차례를 얻을 수 없으며,
승가의 사행(使行)을 지을 수 없고, 승가와 함께 설법하는 사람을 지을
수 없으며, 승가와 함께 비니를 말할 수 없고, 승가와 함께 갈마인을
지을 수 없느니라. 승가가 갈마를 지어서 마쳤다면 이 비구는 수명이
마치도록 버리는 것이 허락되지 않는다. 이것을 여덟 가지의 법이라고
이름하느니라."

　그때 존자 아난은 세존의 처소로 가서 머리숙여 발에 예경하고서
세존께 아뢰어 말하였다.

　"무엇을 멱죄상비니라고 이름합니까?"

　세존께서 아난에게 알리셨다.

　"만약 비구가 승가의 가운데에서 죄가 있으나 죄가 없다고 말하였고,
죄가 없으나 다시 죄가 있다고 말하였으며, 스스로가 '나는 기억하지
못한다.'라고 방자함을 짓는 것에 이르렀다면, 그때 마땅히 빠르게 승가를
모을 것이고, 승가가 모였다면 수다라와 같고 비니와 같게 이 비구를

따라서 멱죄상비니를 주어서 멸쟁시켜야 하느니라. 승가는 마땅히 이 비구에게 말하도록 하라.

'장로여. 그대는 선한 이익을 얻지 못하였습니다. 어찌하여 승가의 가운데에서 죄가 있으나 죄가 없다고 말하였고, 죄가 없으나 다시 죄가 있다고 말하였으며, 스스로가 〈나는 기억하지 못한다.〉라고 말하였습니까? 그대가 승가의 가운데에서 이러한 말을 지었던 까닭으로 승가는 그대에게 멱죄상갈마를 지어서 주었습니다.'

이와 같아서 아난이여. 여법하고 율과 같으며 세존의 가르침과 같게 멱죄상비니를 주어서 멸쟁시켜야 하느니라. 만약 객비구가 나아가 다시 일으키는 자는 바야제를 범한다. 이것을 멱죄상비니를 사용하여 죄의 투쟁을 멸쟁시킨다고 이름하느니라."

서로가 말로 투쟁하였다면 세 가지의 사용하여 죄의 투쟁을 멸쟁시키는데 앞에서 이미 현전비니를 설명하여 마쳤느니라.

'다멱비니(多覓毘尼)로 서로가 비만하며 투쟁하는 것을 멸쟁시킨다.'는 세존께서는 사위성의 구섬미(拘瞼彌)에 머무르셨다.

이때 2부(部)의 대중에게 각각 한 스승이 있었는데, 첫째는 청론(淸論)이라고 이름하였고, 둘째는 선석(善釋)이라고 이름하였다. 청론에게 한 명의 공행제자(共行弟子)가 있어서 박구(雹口)라고 이름하였고, 선석에게 한 명의 공행제자가 있어서 점박(拈雹)이라고 이름하였다. 제1부(部)의 의지제자(依止弟子)는 두두가(頭頭伽)라고 이름하였고, 제2부의 의지제자는 타가(吒伽)라고 이름하였으며, 제1부의 우바새 제자가 있어서 두마(頭磨)라고 이름하였고, 제2부의 우바새 제자가 있어서 무연(無煙)이라고 이름하였으며, 제1부의 단월이 있어서 우타야왕(優陀耶王)이라고 이름하였고, 제2부의 단월이 있어서 거사라(渠師羅) 거사(居士)라고 이름하였으며, 제1부의 우바이 제자가 있어서 사미부인(舍彌夫人)이라고 이름하였고, 제2부의 우바이 제자가 있어서 마건제(摩楗提)의 딸인 아누파마(阿㝹波磨)라고 이름하였으며, 제1부의 후궁(後宮)의 청의(靑衣) 제자는 빈두마라(頻

頭摩邏)였고, 제2부의 후궁의 청의 제자는 파타마라(波馱摩邏)라고 이름하
였다.

제1부와 제2부는 각각 5백 명의 비구와 5백 명의 비구니, 5백 명의
우바새와 5백 명의 우바이가 있었다. 제1부의 주인이 측간(廁間)에 들어가
서 행하여 마치고 물을 사용하고자 하면서 물속에 벌레가 있는 것을
보고서 풀로서 그릇 위에 가로로 표시를 하였는데, 제2부의 의지제자가
뒤에 왔고 측간에 들어갔다가 물그릇 위에 풀이 있는 것을 보고서 곧
이렇게 말을 지었다.

"무슨 부끄럼이 없는 사람이어서 풀을 가지고 물그릇 위에 놓아두었는
가?"

제1부의 주인의 공행제자가 이러한 말을 듣고서 그 사람에게 말하였다.

"그대는 어찌하여 나아가 우리의 화상을 부끄러움이 없는 사람이라고
이름하였는가?"

이러한 일의 인연을 까닭으로 2부의 사부대중에게 마침내 큰 투쟁이
생겨났다.

이때 구섬미국의 성의 내외(內外)에서 투쟁하는 소리가 거론되었고
내외가 요동하여 오히려 금시조왕(金翅鳥王)이 바다에 들어가서 용을
취하면 물에 큰 물결이 일어나는 것과 같이, 이와 같은 큰 투쟁이 오직
풀인가? 풀이 아닌가의 그것이었다. 이러한 까닭으로 여러 비구들은
투쟁하며 함께 살면서도 화합하지 못하였고, 법이거나 법이 아니거나,
계율이거나 계율이 아니거나, 무거운 죄거나 가벼운 죄거나, 다스릴 수
있거나 다스릴 수 없거나, 법갈마이거나 법갈마가 아니거나, 화합갈마이
거나 화합갈마가 아니거나, 마땅히 지을 것이거나 마땅히 지을 것이
아니라고 하였다. 그때 자리의 가운데에 있었던 한 비구가 이렇게 말을
지었다.

"여러 대덕들이여. 이것은 법이 아니고, 율이 아니며, 수다라와 상응하
지 않고, 비니에도 수다라와 상응하지 않으며, 우바제사에도 수다라와
상응하지 않고, 수다라·비니·우바제사에도 서로 어긋나므로 다만 여러

염오와 루(漏)를 일으킵니다. 내가 아는 것과 같다면 이것이 법이고, 이것이 율이며, 이것이 세존의 가르침이고, 수다라·비니·우바제사와 상응하므로 염오와 루가 생겨나지 않습니다."

이 비구가 말하였다.

"여러 대덕들이여. 나는 능히 이 투쟁을 멸쟁시킬 수 없습니다. 마땅히 사위성으로 나아가서 세존의 처소에 이른다면 마땅히 이러한 투쟁을 멸쟁시키는 일을 묻겠습니다."

이 비구가 이르렀고 머리숙여 발에 예경하고 물러나서 한쪽에 머물면서 세존께 아뢰어 말하였다.

"구섬미의 여러 비구들이 투쟁하였고, 다시 서로에게 비난하여 말하여서 함께 살면서도 화합하지 못하였으며, 나아가 저는 능히 이 투쟁을 멸쟁시킬 수 없었으므로, 저는 마땅히 세존께 가서 아뢰고 이러한 투쟁의 일을 멸쟁시키고자 하였습니다. 오직 원하옵건대 세존이시여. 여러 비구들을 위하여 이러한 투쟁의 일을 멸쟁시켜 주십시오."

그때 세존께서는 우바리에게 알리셨다.

"그대가 함께 구섬미의 비구에게 가서 법과 같고 율과 같으며 세존의 가르침과 같이 이를테면 다멱비니로 이러한 투쟁의 일을 멸쟁시키도록 하라. 이와 같이 여러 석종(釋種)과 여러 리차(離車)들을 위하여 일을 판결하는 때에 명료하지 않다면 역시 다멱비니를 주어서 멸쟁시켜야 하느니라. 우바리여. 투쟁의 일은 세 처소에서 일어나나니, 만약 한 사람이거나, 만약 대중이 많거나, 만약 승가이니라. 마땅히 세 처소를 버리고 세 처소를 취하여 멸쟁시켜야 하느니라.

우바리여, 그대가 구섬미의 비구들의 처소에 나아가서 법과 같고 율과 같으며 세존의 가르침과 같이 이러한 투쟁의 일을 멸쟁시켜야 하나니 이를테면, 다멱비니이고, 앞의 현전비니의 가운데에서 자세히 설한 것과 같으며, 나아가 그 비구들의 마음이 유연해졌다면 승가는 마땅히 사라(舍羅)[3]를 행해야 하느니라.

비구가 5법이 성취되었다면 승가는 마땅히 사라인(舍羅人)으로 행하도록 갈마를 짓는다. 무엇이 다섯 가지인가? 애욕을 따르지 않고, 성냄을 따르지 않으며, 두려움을 따르지 않고, 어리석음을 따르지 않으며, 취할 것과 취하지 않는 것을 아는 것이다. 갈마하는 자는 마땅히 이렇게 말을 지어야 한다.

'대덕 승가께서는 허락하십시오. 누구 비구가 5법을 성취하였으므로 능히 대중 승가를 위하여 행주인(行籌人)으로 짓겠습니다. 만약 승가께서 때에 이르렀다면 승가께서는 지금 어느 비구를 세워서 행주인 짓겠습니다. 이와 같이 아룁니다."

'대덕 승가께서는 허락하십시오. 누구 비구가 5법을 성취하였으므로 승가는 지금 어느 비구를 행주인으로 세워서 짓겠습니다. 여러 대덕들께서 누구 비구를 행주인으로 짓는 것을 허락하신다면 묵연하시고, 만약 허락하지 않는다면 곧 말씀하십시오. 승가께서 이미 인정하셨으므로 누구 비구를 세워서 행주인으로 짓는 것을 마쳤습니다. 승가께서 인정하신 것은 묵연하였던 까닭입니다. 이 일을 이와 같이 지니겠습니다.'

갈마를 마치면 이 비구는 마땅히 두 종류의 색깔인 산가지(籌)를 지을 것이니, 첫째는 검고 둘째는 흰 것이다. 마땅히 '비법인 자는 검은 산가지를 잡고, 여법한 자는 흰 산가지를 잡으십시오.'라고 창언하지 않을 것이고, 마땅히 '이렇게 말한 자는 검은 산가지를 잡고, 이렇게 말한 자는 흰 산가지를 잡으십시오.'라고 창언하라. 행주인이 산가지를 행하는 때에는 마땅히 마음을 세워서 5법의 안에 있게 하고, 그러한 뒤에 산가지를 행해야 하고, 마땅히 여법하지 못한 반려와 짓지 않고, 마땅히 여법한 반려와 산가지를 행하여 마쳐야 한다.

숫자가 만약 비법(非法)의 산가지가 나아가 하나라도 많다면, 마땅히 '비법의 사람이 많고 법다운 사람이 적습니다.'라고 창언하지 않을 것이고, 마땅히 방편을 지어서 비구들을 해산하도록 하라. 만약 전식(前食)의

---

3) 산스크리트어 śalākā의 음사로서 주(籌)라고 번역된다. 대·나무·뿔 등으로 만든 작고 평평한 조각으로, 갈마를 행하는 처소에 모인 비구의 숫자를 계산하거나, 다수결로 결정할 때의 투표 등에 사용한다.

때에 이르렀다면 마땅히 창언하여 전식하게 하고, 만약 후식(後食)의 때에 이르렀다면 마땅히 창언하여 후식하게 하며, 만약 씻고 목욕하는 때에 이르렀다면 마땅히 창언하여 씻고 목욕하게 하고, 만약 설법의 때에 이르렀다면 마땅히 창언하여 설법의 때에 이르게 하고, 만약 비니를 설할 때가 이르렀다면 마땅히 창언하여 비니를 설하는 때에 이르게 해야 한다.

만약 비법인 자들이 알고서 '우리들이 이겨서 우리를 까닭으로 자리를 해산하려고 하는구나. 우리들은 지금 일어나지 않고 반드시 곧 이 자리에서 이 일을 결단(決斷)하겠다.'라고 말하였다면, 그때 정사의 주변에 작은 집이 있고 벌레들이 없다면 마땅히 정인(淨人)을 시켜서 불태우며 '불이 났습니다. 불이 났습니다.'라고 창언하였다면, 곧 자리에서 흩어져 일어나서 불을 꺼야 한다.

가까운 주처(住處)에 여법한 자가 있다면 마땅히 가서 부르면서 '장로여. 이전에 산가지를 행하여 마쳤는데, 비법인 자가 많았고 여법한 자가 적었습니다. 장로여. 마땅히 법을 위한 까닭으로 그곳에 가서 여법한 자들이 산가지를 많이 얻게 하시어 불법이 증장하고 역시 스스로가 이익인 공덕을 얻으십시오.'라고 말하도록 하라. 만약 그가 듣고서 오지 않는다면 월비니죄를 범하느니라. 왔다면 마땅히 다시 산가지를 행하고 산가지를 행하였다면 숫자를 보아서 만약 흰 산가지가 하나라도 많다면 마땅히 '하나가 많다.'라고 창언하지 않을 것이고, 마땅히 '이와 같이 말한 사람이 많고 이와 같이 말한 사람이 적습니다.'라고 창언하며 마땅히 많은 자를 쫓아야 한다.

다시 5법이 성취하였다면 여법하지 않게 산가지를 행한 것이다. 무엇이 다섯 가지인가? 여법하게 말하는 사람이 적고, 비법을 말하는 사람이 많으며, 설법하여 말하는 사람을 같이 보지 않고, 비법을 말하는 사람을 같이 보며, 비법을 법이라 말하고, 법을 비법이라고 말하는 것이다. 이것을 인연하여 산가지를 행한다면 마땅히 승가를 파괴하고, 나아가 승가를 다르게 분리된다. 이것을 다섯의 비법이라고 이름하며, 앞의 것을 뒤집었다면 다섯 가지로 여법하게 산가지를 행하여 성취하였다고 이름하느니라."

그때 존자 아난은 세존의 처소로 가서 머리숙여 발에 예경하고서 세존께 아뢰어 말하였다.

"이를테면, '다멱비니로써 멸쟁시킨다.'는 무엇을 다멱비니로 멸쟁시킨다고 이름합니까?"

세존께서 아난에게 알리셨다.

"여러 비구들이 수다라의 가운데에서, 비니의 가운데에서, 위의(威儀) 가운데에서, '이것은 죄이고, 이것은 죄가 아니며, 이것은 가볍고, 이것은 무거우며, 이것은 다스릴 수 있고, 이것은 다스릴 수 없으며, 이것은 남아있는 죄이고, 이것은 남아있지 않은 죄이다.'라고 말하면서 투쟁하고 서로를 비난하였다면, 그때에 빠르게 승가를 모으고서 여법하고 율과 같으며 세존의 가르침과 같이 그 일의 사실을 따라서 여법하고 율과 같게 판결하여 멸쟁시켜야 하느니라.

만약 다시 능히 명료하지 않았고, 어느 지방의 주처에 장로 비구가 있어서 수다라를 암송하고, 비니를 암송하며, 마제리가(摩帝利伽)를 암송한다고 들었으며, 이와 같이 만약 중년(中年)이거나, 만약 소년(少年)의 비구들이 수다라를 암송하고, 비니를 암송하며, 마제리를 암송한다고 들었으면, 마땅히 빠르게 가서 묻거나, 만약 오게 청하고 그 비구들의 말하는 것을 따라서 다멱비니를 주어서 투쟁하는 일을 멸쟁시키도록 하라. 멸쟁시켰으며 이와 같은데 아난이여. 만약 객비구이거나, 나아가 새롭게 수계한 비구가 다시 일으키는 자는 바야제를 범한다. 이것을 서로가 비난하며 투쟁하는 것을 다멱비니를 사용하여 멸쟁시킨다고 이름하느니라."

'초포지비니(草布地毘尼)와 같이 서로 비난하며 투쟁하는 것을 멸쟁시키는 것'은 세존께서는 사위성에 머무셨으며, 이때 구섬미의 비구들이 서로가 비난하며 투쟁하였고 함께 살면서 화합하지 못하여 법을 비법이라고 말하였고 율을 율이 아니라고 말하였으며, 나아가 존자 우바리가 그 비구에게 말하였다.

"장로들이여. 내가 그곳에 가서 마땅히 갈마를 짓겠습니다. 마땅히 여러 갈마를 지어서 다스리겠으며 그대들을 쫓아낼 것이니, 그때 이렇게 시켜도 마음에 기쁘지 않음이 없게 하십시오."

비구들이 말하였다.

"우리들은 잠시 나가고자 합니다."

나와서 이렇게 생각을 지었다.

'우리들이 만약 존자 우바리를 따라서 떠나간다면 혹은 능히 고통스럽게 우리들의 죄를 다스릴 것이다. 우리들은 지금 마땅히 혼자서 구섬미에 돌아가서 스스로가 함께 이러한 투쟁의 일을 멸쟁시켜야겠다.'

구섬미에 이르렀으나, 다시 능히 투쟁하는 일을 멸쟁할 수 없어서 다시 말하였다.

"장로들이여. 우리들은 스스로가 능히 이러한 투쟁의 일을 멸쟁시키지 못합니다. 지금 마땅히 사위성으로 돌아가서 이러한 투쟁의 일을 멸쟁시켜야 합니다."

이렇게 말을 짓고서 곧 사위성에 갔으며 존자 우바리의 처소에 이르러 이렇게 말을 지었다.

"옳으신 존자여. 구섬미의 비구들을 위하여 이러한 투쟁의 일을 멸쟁시켜 주십시오."

우바리가 그 비구들에게 말하였다.

"옛날에 내가 말한 것과 같이 그대들을 따라서 그러한 일이 있었으니, 마땅히 여러 종류로 여법하게 다스리겠습니다. 그대들은 그때 마음에 즐겁지 않게 하지 마십시오. 마땅히 그대들을 따라서 그곳으로 떠나가겠습니다."

비구들이 말하였다.

"감히 다시 어기지 않겠습니다."

우바리가 말하였다.

"떠나가십시오. 그곳에 돌아가서 멸쟁시키겠으니, 이곳의 승가를 어지럽히지 마십시오."

그때 구섬미의 비구들은 세존의 처소로 가서 이르렀고 머리숙여 발에 예경하고서 세존께 아뢰어 말하였다.

"세존이시여. 구섬미의 비구들이 함께 살면서도 화합하지 못하고 다시 서로를 비난하여 말합니다. 오직 원하옵건대 세존이시여. 이러한 투쟁의 일을 멸쟁시켜 주십시오."

세존께서는 구섬미의 비구들에게 알리셨다.

"그대들은 투쟁하고 다시 서로가 비난하여 말하며 함께 살면서도 불화(不和)하지 말라. 왜 그러한가? 과거의 오래된 세상의 때에 성이 있어서 가비라(迦毘羅)라고 이름하였고, 왕은 바라문달다(婆羅門達多)라고 이름하였으며, [『장수왕본생경(長壽王本生經)』의 가운데에서 자세히 설한 것과 같다.]"

세존께서는 구섬미의 비구들에게 알리셨다.

"그들에게도 이와 같이 나라를 무너뜨리고 집을 망하게 하였으나, 나아가 태자인 장생(長生)은 부왕(父王)의 원수를 갚지 않았고 오히려 다시 화합하여 악한 마음이 생겨나지 않았느니라. 그대들은 어찌하여 정법의 가운데에 신심으로 출가하였는데, 다시 분노하고 투쟁하면서 함께 살면서도 화합하지 못하는가?"

세존께서는 우바리에게 알리셨다.

"그대는 구섬미의 비구에게 가서 여법하고 율과 같으며 세존의 가르침과 같게 포초지비니로 함께 이러한 투쟁의 일을 멸쟁시키도록 하라."

세존께서는 다시 우바리에게 알리셨다.

"투쟁의 일은 세 처소에서 일어나나니, 세 처소를 버리고 세 처소를 취하여 멸쟁시키도록 하고, 나아가 이 투쟁하는 일이 청정하다면 마땅히 우바새와 함께 판결할 것이고, 이것이 부정한 일이라면 마땅히 우바새를 달래어 내보내고서 이 비구들의 사실에 따라서 여법하고 율과 같게 포초지비니를 지어서 멸쟁시켜야 하느니라. 만약 하좌(下座)에게 허물과 과실이 있다면 마땅히 상좌(上座)의 처소에 나아가서 머리숙여 발에 예배하고 이렇게 말을 지어야 한다.

'장로여. 나는 비법인 것을 지어서 허물과 죄를 침범(侵犯)하였습니다. 나는 지금 참회하고 감히 다시는 짓지 않겠습니다.'

상좌는 마땅히 손으로 그의 머리를 만지면서 부축하여 일으키고 손으로 감싸면서 말해야 한다.

'혜명(慧命)이여, 나도 역시 허물이 있소. 그대는 마땅히 용서해 주시오.'

만약 상좌에게 허물이 있다면 하좌의 처소에 이르러서 손을 잡고서 말해야 한다.

'내가 비법을 지어서 허물이 있소. 지금 그대에게 나는 참회고 다시는 짓지 않겠소.'

하좌는 마땅히 일어나서 상좌의 발에 예배하고 역시 앞과 같이 참회해야 하느니라."

그때 존자 아난은 세존의 처소로 가서 머리숙여 발에 예경하고서 세존께 아뢰어 말하였다.

"세존이시여. 이를테면, '포초비니로써 멸쟁시킨다.'는 무엇을 포초비니라고 이름합니까?"

세존께서 아난에게 알리셨다.

"만약 비구들에게 투쟁하는 일이 일어나서 함께 살면서도 화합하지 못하고, 2부(部)의 대중들이 인욕하지 못하여 악심(惡心)이 생겨나서 함께 서로가 비난하며 각각 수순하지 않는 법을 말하였다면 인욕하지 못하는 일이 일어나느니라. 아난이여. 그때 마땅히 빠르게 대중 승가를 모으고서 여법하고 율과 같이 마땅히 1부의 대중 가운데에 숙덕(宿德)으로 일을 알고, 인연과 변재로 명료하게 설법하며, 두려워하지 않고 대중 승가의 공덕을 찬탄하면서 화합시킬 수 있다면, 마땅히 자리에서 일어나서 오른 어깨를 드러내고 호궤 합장하며, 제2부의 대중을 향하여 이렇게 말을 지어야 한다.

'여러 대덕들이여. 우리들이 어찌하여 동일(同一)한 법의 가운데에서 신심으로 출가하였는데, 투쟁하는 일을 일으켜서 함께 살면서 화합하지 못하고, 2부의 대중들이 인욕하지 못하여 각각 악심이 생겨나서 함께 서로가 비난하며 수순하지 않는 법을 말하면서 인욕하지 못하는 일이 일어납니까? 일체의 이것은 선하지 않은 사유에서 이루어진 것이므로, 지금의 세상에서는 괴롭게 머물고 다음의 세상에서는 악도(惡道)에 떨어질 것입니다. 여러 대덕이여. 마땅히 각각 이러한 투쟁하는 일을 버리면서 풀을 땅에 펼치는 것과 같게 하십시오. 나는 지금 여러 장로들을 향하여 참회합니다. 각각 뜻을 낮추시고 화합하여 함께 머무십시오.'

아난이여. 만약 제2부의 대중들이 일체가 묵연하게 머물렀다면, 제2부의 대중의 가운데 숙덕이고 총명하며 변재가 있는 자는 곧 마땅히 일어나서 참회할 것이니, 참회하는 법은 앞에서 말한 것과 같으니라. 아난이여. 승가의 가운데에서 이와 같이 투쟁하는 일이 일어났다면 마땅히 빠르게 대중 승가를 모으고서 여법하고 율과 같이 풀을 땅에 펼치는 것과 이러한 투쟁의 일을 멸쟁시켜야 하느니라."

세존께서 아난에게 알리셨다.

"이러한 일체의 투쟁하는 일은 서로를 때리는 것과 같고, 서로를 끌어내면서 방으로 쫓아내는 것과 같으며, 양설(兩舌)로 근거없이 비방하는 것과 같다면, 이와 같은 죄는 마땅히 모두 포초지비니의 가운데와 같이 멸쟁시키느니라. 이와 같이 포초지비니로 멸쟁을 시켰는데, 만약 객비구이거나, 나아가 새롭게 수계한 비구가 다시 일으키는 자는 바야제를 범하느니라."

'항상 행하는 일로 투쟁하다.'는 만약 승가가 지을 일을 여법하게 판결하고 여법하게 결집하며 여법하게 드러내고 여법하게 버리며 여법하게 주면서 이와 같이 세존의 제자인 비구들이 행하는 무량한 일은 모두 7멸쟁으로 멈추게 하는 것이니, 하나하나의 일인 이것을 항상 행하는 일의 투쟁을 멸쟁시키는 것이고 이름한다.

이러한 까닭으로 설하였느니라.

세존께서는 사위성에 머무셨으며, 자세한 설명은 앞에서와 같다.
그때 존자 우타이는 때에 이르자 취락에 들어가는 옷을 입고 발우를
지니고 사위성에 들어가서 차례대로 걸식하였고 한 집에 이르러 대중의
많은 여인들을 위하여 설법하였다. 이때 존자 아난은 차례대로 걸식하며
그 집에 이르렀고 보고서 물어 말하였다.
"장로여. 무엇을 짓고 있습니까?"
대답하여 말하였다.
"나는 이 여러 여인들을 위하여 설법하고 있소."
존자 아난은 우타이에게 말하였다.
"어찌하여 비구라고 이름하면서 아는 남자가 없는데, 홀로 여인들을
위하여 설법합니까?"
아난은 걸식하여 음식을 먹고서 세존의 처소로 가서 머리숙여 발에
예경하고 앞의 인연으로써 세존께 갖추어 아뢰었고, 세존께서는 말씀하셨
다.
"우타이를 불러오라."
왔으므로 세존께서는 우타이에게 물으셨다.
"그대가 진실로 이러한 일을 지었는가?"
대답하여 말하였다.
"진실로 그렇습니다. 세존이시여."
세존께서 말씀하셨다.
"이것은 악한 일이니라. 그대는 어찌하여 아는 남자가 없는데, 여인들만
위하여 설법하였는가? 지금부터 이후에는 아는 남자가 없다면 여인을
위하여 설법하는 것은 허락하지 않겠노라."

다시 세존께서는 사위성에 머무셨으며, 자세한 설명은 앞에서와 같다.
그때 존자 우타이는 때에 이르자 취락에 들어가는 옷을 입고 발우를

지니고 사위성에 들어가서 차례대로 걸식하였고 한 집에 이르러 대중의 많은 여인들을 위하여 설법하였다. 이때 존자 아난은 차례대로 걸식하며 그 집에 이르렀고 보고서 물어 말하였다.

"장로여. 무엇을 짓고 있습니까?"

대답하여 말하였다.

"여러 여인들을 위하여 설법하고 있소."

아난이 말하였다.

"장로여. 세존께서 남자가 없다면 여인을 위하여 설법할 수 없다고 말씀하신 것을 듣지 못하였습니까?"

대답하여 말하였다.

"아난이여. 그대는 이 돌로 만든 사람, 나무로 만든 사람, 풀로 만든 사람, 그림으로 그린 사람을 보지 못하였습니까? 한 사람이라도 곧 만족하는데, 하물며 다시 많은 사람이 있습니다."

아난은 걸식하여 음식을 먹고서 세존의 처소로 가서 머리숙여 발에 예경배하고 앞의 인연으로써 세존께 갖추어 아뢰었고, 세존께서는 말씀하셨다.

"우타이를 불러오라."

왔으므로 세존께서는 우타이에게 물으셨다.

"그대가 진실로 이러한 일을 지었는가?"

대답하여 말하였다.

"진실로 그렇습니다. 세존이시여."

세존께서 말씀하셨다.

"우타이여. 그대는 어찌하여 마음이 없는 남자를 정인(淨人)으로 삼고서 여인을 위하여 설법하였는가?"

세존께서 말씀하셨다.

"오늘부터는 마음이 없는 남자를 정인으로 삼고서 여인을 위하여 설법하는 것을 허락하지 않겠노라."

다시 세존께서는 사위성에 머무셨으며, 자세한 설명은 앞에서와 같다.

그때 우타이는 때에 이르자 취락에 들어가는 옷을 입고 발우를 지니고 사위성에 들어갔으며, 나아가 존자 아난에게 대답하여 말하였다.

"그대는 이렇게 안고 있는 아이, 젖을 먹고 있는 아이, 누워있는 아이를 보지 못하였습니까? 한 사람이라도 곧 만족하는데, 하물며 다시 많은 사람이 있습니다."

아난은 걸식하여 음식을 먹고서 세존의 처소로 가서 머리숙여 발에 예경하고 앞의 인연으로써 세존께 갖추어 아뢰었고, 세존께서는 말씀하셨다.

"우타이를 불러오라."

왔으므로 세존께서는 우타이에게 물으셨다.

"그대가 진실로 이러한 일을 지었는가?"

대답하여 말하였다.

"진실로 그렇습니다. 세존이시여."

세존께서 말씀하셨다.

"우타이여. 그대는 어찌하여 어린아이를 정인으로 삼고서 여인을 위하여 설법하였는가? 오늘부터는 젖먹이부터 어린아이를 마땅히 남자로 삼고서 여인을 위하여 설법하는 것을 허락하지 않겠노라."

다시 세존께서는 사위성에 머무셨으며, 자세한 설명은 앞에서와 같다.

그때 비사거녹모(毘舍佉鹿母)가 병들었으므로 존자 아난은 새벽에 일어나서 취락에 들어가는 옷을 입고 갔으며 병을 물으면서 말하였다.

"우바이의 병은 어떻습니까? 크게 괴롭지는 않습니까?"

대답하여 말하였다.

"병이 낫지 않아서 견딜 수 없습니다. 원하건대 존자께서 나를 위하여 설법하여 주십시오."

아난이 대답하여 말하였다.

"세존께서는 정인이 없다면 여인을 위하여 설법하는 것을 허락하시지 않았습니다."

우바이가 말하였다.

"만약 많이 설법할 수 없다면 나를 위하여 다섯·여섯 마디라도 설법할 수 있습니까?"

아난이 대답하여 말하였다.

"나는 할 수 있는가를 알지 못하니, 감히 곧 설법할 수 없습니다."

우바이가 말하였다.

"아사리께 화남(和南)합니다."

아난이 말하였다.

"질병을 빨리 나으십시오."

말을 마치고서 곧 떠나갔다. 존자 아난은 돌아왔고 세존의 처소에 이르러 머리숙여 발에 예경하고 물러나서 한쪽에 머물렀는데, 세존께서는 아시면서도 일부러 물으셨다.

"아난이여. 그대가 어느 곳에서 왔는가?"

아난이 곧 앞의 인연을 세존께 갖추어 아뢰었고, 세존께서는 아난에게 알리셨다.

"비사거녹모는 지혜로운 사람이니라. 아난이여. 그대가 만약 다섯·여섯 마디라도 설법하였어도 그녀의 병이 나아져서 안락하게 머물렀을 것이다. 오늘부터 이후에는 남자가 없어도 여인을 위하여 다섯·여섯 마디라도 설법하는 것을 허락하겠노라."

세존께서는 여러 비구들에게 알리셨다.

"사위성을 의지하는 비구들을 모두 모이게 하라. 열 가지의 이익을 까닭으로써 여러 비구들을 위하여 계율을 제정하겠나니, 나아가 이미 들었던 자들도 마땅히 거듭하여 들을지니라. 만약 비구가 정인이 없으나 여인을 위하여 설법하면서 다섯·여섯 마디의 말을 넘겼다면 아는 남자가 있는 것은 제외하고는 바야제를 범하느니라."

'비구'는 앞의 설명과 같다.

'아는 남자가 없다.'는 만약 눈이 멀었거나, 만약 귀머거리라면, 역시 정인이 없다고 이름한다. 만약 한 사람의 장님과 한 사람의 귀머거리가 있다면 이 두 사람은 정인의 한 사람에 해당한다. 비록 정인이 있더라도 잠잤다면, 역시 남자가 없다고 이름한다.

'여인'은 만약 어머니이거나, 만약 자매이거나, 만약 늙었거나, 만약 젊었거나, 재가이거나, 출가한 자이다.

'법(法)'은 세존께서 말씀하신 것이거나, 세존께서 인가(印可)하신 것이다.

'세존께서 설하신 것'은 세존께서 입으로 스스로가 말씀하신 것이다.

'세존께서 인가하신 것'은 세존의 제자이거나, 다른 사람이 말한 것을 세존께서 인가하신 것이다.

'말하다.'는 외우게 가르치고 풀어서 설명하는 것이다.

'다섯·여섯 마디의 말'은 두 가지가 있으니, 긴 구(句)와 짧은 구이다. '긴 구'는 일체의 악을 짓지 않게 하는 것이고, '짧은 구'는 눈(眼)이 무상(無常)하다고 말하는 것이다.

'아는 남자를 제외하다.'는 만약 7살보다 적다면 좋고 나쁜 말의 뜻과 맛을 이해하지 못하므로, 무지(無知)한 남자라고 이름한다. 비록 7살이 넘었더라도 좋은 말과 나쁜 말의 뜻과 맛을 이해하지 못한다면, 역시 무지한 남자라고 이름한다. 만약 7살이거나, 만약 7살이 넘었다면 좋은 말과 나쁜 말의 뜻과 맛을 이해하므로 이자를 아는 것이 있는 남자라고 이름한다.

다시 어느 여인이 이른 새벽에 와서 탑에 예경하였고, 예경을 마치고서 비구의 발에 예배하고 알려 말하였다.

"존자여, 나는 법을 듣고자 합니다. 원해건대 나를 위해 말하여 주십시오."

비구는 그때 그 여인을 위하여 하나의 게송과 절반(半)을 말하였고, 이 비구가 취락에 들어가서 만약 다시 먼저의 여인을 위하여 다시 다섯·여섯 마디의 말을 하였다면 바야제를 범한다. 세존께서 다섯·여섯 마디의 말로서 제정하신 것은 하루의 가운데에서 말하는 것이다. 만약 비구가 아련야의 주처에 머물렀는데, 어느 여인이 왔고 탑에 예경하고서 다음으로 비구의 발에 예배하고 알려 말하였다.

"존자여. 나를 위하여 설법하십시오."

비구는 마땅히 그 여인에게 말해야 한다.

"세존께서 계율을 제정하시어 정인이 없다면 여인을 위하여 설법하지 못하도록 하셨습니다."

그 여인이 비구에게 알려 말하였다.

"제가 불법이 세존께서 허락하신 것과 같다고 알고 있습니다. 원하건대 나를 위하여 말하여 주십시오."

비구는 그때 그 여인을 위하여 하나의 게송과 절반을 말하여야 하고, 만약 두 여인이라면 세 개의 게송으로 제한하여도 무죄이다. 만약 비구가 취락에 들어가서 교화하였는데, 대중의 많은 여인이 있었고 와서 법을 듣고자 하였다면 각각 6구(句)를 설할 수 있으나, 마땅히 제1의 여인에게 말하여야 한다.

"내가 그대를 위하여 6구를 설하겠습니다."

설하고서 다시 제의 여인에게 말하여야 한다.

"내가 그대를 위하여 6구를 설하겠습니다."

이와 같이 대중이 많았다면 무죄이다. 비구가 나가는데, 여러 여인들이 떠나보내면서 비구의 발에 예배하고, 비구와 이별하는 그때 비구가 만약 축원하면서 "그대들이 빠르게 고제(苦際)를 마치십시오."라고 말하였다면 바야제죄를 얻는다. 만약 "그대들이 병이 없고 안락하게 머무십시오"라고 말하였다면, 무죄이다.

나왔고 다시 다른 집에 나아가서 설법하는데, 먼저 여인이 다시 따라와서 밖에 있으면서 멀리 들었으므로 비구가 보고서 말하였다.

"그대가 다시 와서 들었습니까?"

대답하여 말하였다.

"그렇습니다."

비구가 말하였다.

"그대가 매우 법을 좋아하니 들으십시오."

이 비구는 바야제를 범한다. 비록 이 여인을 보았으나 함께 말하지 않고서, 곧 다른 여인을 위하여 설법하였다면, 먼저 여인이 비록 들었더라도 무죄이다. 만약 비구가 여인을 위하여 설법하는 때에 비록 정인이 앉아있지 않았어도 일꾼(作人)이 있어서 가고 오며 머물러 쉬었으며, 바깥을 향하였고 안을 향하였으며, 혹은 누각 위에서, 혹은 누각 아래에서 멀리 서로 보고 들었다면, 무죄이다.

만약 세속 사람의 집이 길을 향하였고, 비구가 집안에 있는 여인을 위하여 설법하였는데, 비록 정인이 없었더라도 다만 길 위의 다니는 사람이 끊기지 않았고 보고 들었다면, 역시 무죄이다. 만약 길 위의 다니는 사람이 끊겨서 보고 듣는 자가 없으면 설법할 수 없다. 만약 어느 여인이 와서 탑을 예배하고서 비구에게 알려 말하였다.

"존자여. 이것은 무슨 탑입니까? 원하건대 나에게 처소와 이름을 가르쳐 주십시오."

비구가 그때 말하였다.

"이것은 세존께서 태어나신 곳의 탑이고, 이것은 도를 얻으신 곳의 탑이며, 이것은 세존께서 법륜을 굴리신 곳의 탑이고, 이것은 세존께서 열반하신 곳의 탑입니다."

물었던 일마다 따라서 대답하여도 무죄이다. 정인에는 네 종류가 있으니, 혹은 보았으나 듣지는 못하였거나, 혹은 들었으나 보지는 못하였거나, 혹은 보았고 들었거나, 혹은 보지 못하고 듣지 못한 것이다.

'보았으나 듣지 못하였다.'는 눈으로 멀리서 비구와 여인을 보았으나, 이와 같은 4구를 자세하게 말하는 것을 듣지 못한 것이다. 보고서 듣지 못하였다면 월비니죄를 범하고, 듣고서 보지 못한 것도 역시 이와 같다. 보지도 못하였고 듣지도 못하였다면 바야제를 범하고, 보았고 들었다면 무죄이다.

이러한 까닭으로 설하였느니라.

세존께서는 광야성(曠野城)에 머무셨으며, 자세한 설명은 앞에서와
같다.

그때 일을 경영하는 비구가 있어서 대중의 많은 동자(童子)들을 가르치
면서, 구절·구절에 파라야나(波羅耶那)⁴⁾를 말하였다. 이때 한 바라문은
이렇게 생각을 지었다.

'어느 곳에 선하고 수승한 법이 있는가? 내가 마땅히 그것에 출가해야겠
다.'

곧 광야정사(曠野精舍)에 가서 출가를 구하고자 하면서 비구가 동자들
에게 배우고 독송시키면서 가르치는 것을 보았는데, 동자들이 학당(學堂)
의 가운데에서 받아서 독송하는 소리와 같았다. 이때 바라문은 이렇게
생각을 지었다.

'나는 지금 수승한 법을 구하였고 그것을 쫓아서 출가하고자 하였는데,
이 가운데서 위위(嘩嘩)⁵⁾하는 것이 동자들이 학당의 가운데에 있으면서
독송하는 소리를 배우는 것과 같으며, 역시 다시 누가 스승이고 누가
제자인지 알지 못하겠구나.'

그 사람이 보고서 공경하고 믿지 않는 마음이 생겨나서 마침내 세존을
보지 않고서 곧바로 집으로 돌아가서 다시는 출가하려고 하지 않았다.
여러 비구들이 이러한 인연으로써 가서 세존께 아뢰었고, 세존께서는
말씀하셨다.

"일을 경영하는 비구를 불러오라."

왔으므로 세존께서는 일을 경영하는 비구에게 물으셨다.

"그대가 진실로 그러하였는가?"

대답하여 말하였다.

---

4) 『번범어(翻梵語)』에서는 '파라'는 번역하면 '피안'이고, 야나는 '건너다.' 또는
   '떠나가다.'라고 말하고 있으며, 『불본행집경(佛本行集經)』에서는 "수나라 말로
   는 '파라야나'는 '능히 피안을 건너간다.'"라고 주석하고 있다.
5) 嘩는 '놀라서 소리가 일어나지 않다.'는 뜻이므로, '여기저기서 웅성웅성거리다.'
   는 뜻이다.

"진실로 그렇습니다. 세존이시여."

세존께서 말씀하셨다.

"이것은 악한 일이니라. 그대는 어찌하여 구족계를 받지 않은 사람에게 구법(句法)의 독송을 가르쳤는가? 오늘부터 이후에는 구족계를 받지 않은 사람에게 구법을 말하는 것을 허락하지 않겠노라."

세존께서는 여러 비구들에게 알리셨다.

"광야성을 의지하는 비구들을 모두 모이게 하라. 열 가지의 이익을 까닭으로써 여러 비구들을 위하여 계율을 제정하겠나니, 나아가 이미 들었던 자들도 마땅히 거듭하여 들을지니라. 만약 비구가 구족계를 받지 않은 사람에게 구법을 말하였다면 바야제이니라."

'비구'는 앞의 설명과 같다.

'구족계를 받지 않은 사람'은 비구와 비구니는 제외하며, 비구니는 비록 구족계를 받았더라도 역시 가르치지 못한다.

'구법'은 '구'는 맛과 글자이니, 글귀와 맛과 글자를 함께 독송하는 것이다.

'법'은 세존께서 설하신 것이거나, 세존께서 인가하신 것이다. '세존께서 말씀하신 것'은 세존께서 스스로가 설하신 것이고요, '세존께서 인가하신 것'은 성문들 제자와 다른 사람이 말하였고, 세존께서 인가하신 것으로 여러 선법과 나아가 열반인 이것을 법이라고 이름한다.

'가르치다.'는 설하거나, 보여주면서 말하는 것이다.

'바야제'는 앞의 설명과 같다.

만약 비구가 구족계를 받지 않은 사람에게 "눈은 무상하다."라고 가르쳐서 말하였고, 소리로 일시(一時)에 올리고 일시에 내리며 일시에 끊으면서, 소리가 합하여 즐거워하면서 막지 않았다면 바야제이니라.

귀·코·혀·몸·뜻·18계(界)·5음(陰)·6계(界)와 제법은 고(苦)이고, 공(空)이며, 무상(無常)이고, 비아(非我)라고 말하여도 역시 이와 같다. 만약 비구가 공행제자와 의지제자에게 『팔군경(八群經)』, 『파라야나경(波羅耶那經)』, 『논란경(論難經)』, 『아뇩달지경(阿耨達池經)』, 『연각경(緣覺經)』 등의 이와 같은 여러 종류의 경을 만약 함께 올리고 함께 내리고 함께 끊었다면, 마땅히 이와 같이 제자들을 가르쳐 말해야 한다.

"그대들은 나의 독송 끊어지는 것을 기다려서 그대들이 마땅히 독송하도록 하라."

이와 같이 가르쳤는데 말을 받아들이지 않는 자는 다시 가르칠 수가 없다. 만약 그들의 제자들이 "원하건대 아사리께서 우리들에게 다시 경을 가르쳐 주십시오."라고 이렇게 말을 지었다면, 스승은 그때 마땅히 말해야 한다.

"만약 그대들이 다시 함께 외우지 못하는 자는 내가 마땅히 그대들에게 가르치겠다."

이와 같이 제자와 나아가 우바새와 우바이에게는 다시 가르칠 수 없다. 만약 비구들이 함께 경을 독경하면서 상좌에서 독송하면 하좌에서는 마음속으로 묵연히 따라야 하고, 만약 상좌가 독송하는 것이 이익되지 않는다면, 하좌가 마땅히 독송하고 상좌는 마땅히 마음으로 묵연히 따라서 독송하며, 나아가 우바이도 역시 이와 같다. 만약 승가의 가운데에서 게송을 창언하여 설하는 때에는 한 게송을 같이 말해서는 아니되고, 같은 때에 각각 별도로 다른 게송을 말해야 한다.

이러한 까닭으로 설하였느니라.

세존께서는 사위성에 머무셨으며, 자세한 설명은 앞에서와 같다.

제4계인 망어계 가운데서 일과 일의 인연은 자세하게 말한 것과 같고, 다만 이 가운데에서 사실을 말한 것과 다르다. 나아가 세존께서 비구들에게 말씀하셨다.

"이것은 일이 악한 일이니라. 비유한다면 음녀가 색(色)을 팔아서 스스로 살아가는 것과 같이, 그대들도 그와 같아서 미묘하고 진실한 법으로써 사람을 향해 말하였어도, 입과 배를 위한 까닭으로 색을 팔아서 목숨을 살아가는 것과 같으니라."

세존께서는 여러 비구들에게 알리셨다.

"사위성을 의지하는 비구들을 모두 모이게 하라. 열 가지의 이익을 까닭으로써 여러 비구들을 위하여 계율을 제정하겠나니, 나아가 이미 들었던 자들도 마땅히 거듭하여 들을지니라. 만약 비구가 '스스로가 과인법을 얻었다.'라고 스스로가 찬탄하면서 '나는 이와 같이 알았고, 이와 같이 보았다.'라고 사실을 말하는 자는 바야제이니라."

'비구'는 앞의 설명과 같다.

'스스로가 과인법을 찬탄하다.'는 과인법은 앞의 설명과 같다. 만약 스스로가 "내가 법지(法智)인가?"라고 말한다면 월비니죄를 마음으로 참회해야 하고, 만약 "내가 법지이다."라고 말한다면 월비니죄를 범하며, 만약 "내가 법지를 얻었으니 증명을 짓겠다."라고 말한다면 바야제를 범하나니, 구절·구절에 앞의 설명과 같다. 나아가 10무학법(無學法)을 얻었다고 사실을 말하는 자는 비야제죄를 범한다.

만약 비구가 여인에게 "어느 처소에서 하안거하였던 비구는 모두 범부가 아니다."라고 말하였다면 월비니죄를 마음으로 참회해야 하고, "존자도 역시 가운데에 있습니까?"라고 물어 말하였는데, "역시 가운데에 있었습니다."라고 대답하여 말하였다면, 월비니죄를 범한다. 만약 우바새가 "존자도 역시 이러한 법을 얻었습니까?"라고 물어 말하였는데, "얻었습니다."라고 대답하여 말하면서 사실을 말하는 자는 바야제를 범한다.

만약 비구가 우바이에게 "어느 처소에서 자자(自恣)한 비구는 범부가 아니고 모두 아라한이다."라고 말하였다면 월비니죄를 마음으로 참회해야 하고, 우바이가 "존자도 역시 그 가운데에서 자자하였습니까?"라고 물어 말하였는데, "이와 같습니다."라고 대답하여 말하였다면, 월비니죄를 범한다. 다시 "존자도 아라한을 얻었습니까?"라고 물어 말하였는데, "얻었습니다."라고 대답하여 말하면서 사실을 말하는 자는 바야제를 범한다.

만약 다시 "어느 처소와 취락에 묶인 비구는 왕의 집·대신의 집·장자의 집·거사의 집·그대의 집·그대 집의 권속들을 위하여 경전을 교수하였고, 비구는 나아가 이와 같이 갔고, 비구는 이와 같이 머물렀고 앉았으며 누웠고, 이와 같은 옷을 입었으며, 이와 같은 발우를 지녔고, 이와 같은 음식을 먹는다."라고 말하였어도 역시 이와 같다.

만약 중국의 말로 변방을 향하여 말하였거나, 변방의 말로 중국을 향하여 말하였거나, 중국의 말로 중국을 향하여 말하였거나, 변방의 말을 변방을 향하여 말하면서, 만약 뜻을 말하고 맛을 말하지 않는다면 월비니죄를 범하고, 맛을 말하고 뜻을 말하지 않는다면 월비니죄를 마음으로 참회해야 하며, 뜻을 말하고 맛을 말하면 바야제를 범하고, 뜻을 말하지 않고 맛도 말하지 않는다면 무죄이다.

만약 글을 짓거나, 수상인(手相印)을 지으면서 뜻을 나타내고 맛을 나타내지 않는다면 월비니죄를 범하고, 맛을 나타내고 뜻을 나타내지 않는다면 비니죄를 마음으로 참회해야 하며, 뜻을 나타내고 맛을 나타내면 투란차죄를 범하고, 뜻을 나타내지 않고 맛을 나타내지 않는다면 무죄이다. 아래로 내려가서 아라한의 모습을 나타내면 비니죄를 마음으로 참회해야 한다.

이러한 까닭으로 설하였노라.